Die langfristige Rendite deutscher Standardaktien

Europäische Hochschulschriften
Publications Universitaires Européennes
European University Studies

Reihe V
Volks- und Betriebswirtschaft

Série V Series V
Sciences économiques, gestion d'entreprise
Economics and Management

Bd./Vol. 2901

PETER LANG
Frankfurt am Main · Berlin · Bern · Bruxelles · New York · Oxford · Wien

Ulrich Ronge

Die langfristige Rendite deutscher Standardaktien

Konstruktion eines historischen Aktienindex ab Ultimo 1870 bis Ultimo 1959

PETER LANG
Europäischer Verlag der Wissenschaften

Die Deutsche Bibliothek - CIP-Einheitsaufnahme

Ronge, Ulrich:

Die langfristige Rendite deutscher Standardaktien : Konstruktion eines historischen Aktienindex ab Ultimo 1870 bis Ultimo 1959 / Ulrich Ronge. - Frankfurt am Main ; Berlin ; Bern ; Bruxelles ; New York ; Oxford ; Wien : Lang, 2002
(Europäische Hochschulschriften : Reihe 5, Volks- und Betriebswirtschaft ; Bd. 2901)
Zugl.: Würzburg, Univ., Diss., 2002
ISBN 3-631-39201-X

D 20
ISSN 0531-7339
ISBN 3-631-39201-X

www.peterlang.de

GELEITWORT

Die Anfang 2000 geplatzte Luftblase an den internationalen Wertpapierbörsen beruhte nicht zuletzt auf der von interessierten Kreisen der Finanzszene bewußt genährten Vorstellung, mit Aktien ließen sich in durchschnittlichen Jahren nahezu problemlos zweistellige Renditen erreichen und ein besseres Abschneiden als mit Anleihen sei schon bei vergleichsweise kurzen Anlagezeiträumen von nur wenigen Jahren praktisch garantiert. Trifft eine von solchen Erwartungen getragene und mit hinreichender Liquidität unterlegte Nachfrage nach Aktien auf ein begrenztes Angebot, so können sich die Erwartungen vorübergehend durchaus selbst bestätigen, wenn das wirtschaftliche Umfeld durch anhaltende Prosperität, sinkende Zinsen und das Ausbleiben schwerwiegender Krisen gekennzeichnet ist. Wer sich solche Phasen aussucht, um die historische Performance eines Aktienportfolios zu messen, muß sich überhaupt nicht anstrengen, um dem staunenden Publikum Renditen von 12 oder gar 15 % pro Jahr als Normalfall zu präsentieren.

Etliche Großunternehmen, nicht zuletzt aus dem Bankensektor, glauben dann auch noch, ihre Kapitalkosten lägen in dieser Höhe. In der Konsequenz leisten sie einen ungewollten Beitrag zur Steigerung der Arbeitslosigkeit, indem sie auf Investitionsprojekte verzichten, die entsprechende Renditevorgaben nicht erreichen. Weniger ungewollt dürften die Konsequenzen sein, die sich insoweit mit der Tätigkeit des Berufsstands der Wirtschaftsprüfer verbinden. Aus günstig gewählten Anlagezeiträumen zieht er die Schlußfolgerung, Aktien brächten alljährlich im Durchschnitt eine um wenigstens fünf Prozentpunkte höhere Rendite als Anleihen. Folgerichtig rechnet er mit entsprechenden Kalkulationszinsfüßen die Unternehmenswerte herunter, zu denen Kleinaktionäre zwangsweise abgefunden werden.

Betrachtet man Investitionszeiträume von wenigstens dreißig Jahren, so wird allerdings sehr schnell deutlich, daß sich für Deutschland derartige Renditeerwartungen historisch nur dann bestätigen lassen, wenn man die ersten Jahre nach der Währungsreform zum Einstieg in Aktien genutzt hat. Wer seine Aktien erst in den sechziger Jahren gekauft hat, mußte sich mit wesentlich bescheideneren Ergebnissen begnügen.

Dem neutralen Beobachter drängt sich naturgemäß die Frage auf, warum ausgerechnet die überraschend günstigen Entwicklungen in der Phase des Wiederaufbaus nach dem 2. Weltkrieg eine geeignete Basis für die heutige Investitionstätigkeit von Großkonzernen und die gängige Bewertungspraxis von Wirtschaftsprüfern abgeben sollen. Schließlich waren die Aktienkurse zu Beginn dieser Phase dadurch geprägt, daß nicht nur die SPD, sondern zunächst auch die CDU auf eine Sozialisierung des Produktiveigentums abzielende Parteiprogramme verfolgen wollten. Auch die Entflechtungsmaßnahmen der Alliierten, die Deutschland ursprünglich in einen Agrarstaat zurückverwandeln wollten, lasteten auf den Aktienkursen. In dem Maße, wie sich in der Realität ganz andere Entwicklungen abzeichneten, kam es zu drastischen Revisionen der Zukunftserwartungen, die die Aktienkurse in ungeahnter Weise beflügeln mußten. Nur große Narren können glauben, daß sich derartige Aufwärtsbewegungen auf Dauer fortsetzen lassen.

Man kann daraus einerseits den Schluß ziehen, die Kursentwicklungen der fünfziger Jahre seien bei der Bildung von Erwartungen für die Zukunft gänzlich außer acht zu lassen; andererseits kann man sie in die Erwartungsbildung zwar einbeziehen, muß dann aber auch die Frage stellen, wie sich die Aktienkurse über einen längeren Zeitraum entwickelt haben, der nicht ausgerechnet kurz nach dem 2. Weltkrieg beginnt, sondern auch die vorausgegangenen Jahrzehnte umfaßt.

Wer diese Frage beantworten will, sieht sich mit einem auffälligen Defizit der empirischen Literatur konfrontiert. Die meisten bisher vorgelegten Untersuchungen der langfristigen Rendite am deutschen Kapitalmarkt umfassen nur die Zeit nach dem 2. Weltkrieg. Soweit längerfristige Arbeiten bis ins 19. Jahrhundert zurückreichen, werden die großen Krisen der deutschen Geschichte und somit auch die schlimmsten Phasen der Wertvernichtung zumeist ausgespart, während der jeweils anschließende Wiederaufschwung voll erfaßt wird. Es fehlt an einer in sich konsistenten, über den gesamten Zeitraum hinweg erhobenen Indexziffer, der halbwegs realistische Investitionsprämissen aus der Sicht eines durchschnittlichen Aktienanlegers zugrunde liegen.

Diese Lücke schließt die Arbeit von Ulrich Ronge. Er stellt damit die Diskussion auf eine historisch fundierte Grundlage. Seine Ergebnisse decken sich mit den Erkenntnissen der jüngeren wissenschaftlichen Literatur in den USA. Danach liefern die in den letzten Jahrzehnten ex post erzielten Aktienrenditen eben gerade keine erwartungstreue Schätzung für die ex ante vom Kapitalmarkt gestellten Renditeanforderungen - und zwar weder für die Vergangenheit noch für die Zukunft.

Neben der Formulierung einer historisch plausiblen Anlagestrategie, die über den gesamten Zeitraum durchgehalten werden kann, ist die korrekte Würdigung der historischen Besonderheiten des Untersuchungszeitraums ein besonderes Verdienst der vorgelegten Arbeit. Die im Einzelfall notwendigen Veränderungen des Indexportfolios, die beispielsweise aus den Verstaatlichungen von

Eisenbahngesellschaften im 19. Jahrhundert oder den alliierten Entflechtungsmaßnahmen nach dem 2. Weltkrieg resultieren, werden jeweils im Einzelfall begründet. Dank der konsequenten Vorgehensweise muß die grundsätzlich verfolgte Anlagestrategie nicht durchbrochen werden, so daß - anders als bei bisherigen Untersuchungen - keine erst nachträglich bekannten Informationen das Verhalten des hypothetischen Anlegers beeinflussen.

Wegen der mehrmaligen Währungsumstellung ist eine Preisbereinigung der berechneten Indexziffer unumgänglich. Da die Bereinigung mit deutschen Lebenshaltungskosten die schleichende Entwertung der deutschen Währung während des Preisdiktats im III. Reich nicht abbildet, präsentiert Ronge auch eine alternative Preisbereinigung aus der Sicht eines Schweizer Anlegers. Er liefert damit nicht nur für den Gesamtzeitraum, sondern auch für die besonders kritischen Teilperioden erstmals verläßliche Ergebnisse aus realwirtschaftlicher Sicht. Wer zukünftig dem Anlegerpublikum Aktienrenditen vorgaukeln will, die unter Ausklammerung ungünstiger Anlagezeiträume errechnet werden, wird sich nicht mehr darauf berufen können, daß man zu wenig weiß, um die Performance von Aktienanlagen während der Kriegs- und Nachkriegswirren des vergangenen Jahrhunderts quantifizieren zu können.

Aufgrund der Vielzahl der Fallschilderungen und der im Anhang enthaltenen Datensammlung ist die Arbeit auch eine wertvolle Grundlage für die weitere empirische Kapitalmarktforschung. Angesichts der ausführlichen Dokumentation von historischen Besonderheiten, wie etwa Handelsbräuchen, Börsenschließungen und Steuerungseingriffen der Nationalsozialisten, wird Ronges Dissertation auch das Interesse des an der deutschen Wirtschaftsgeschichte interessierten Lesers finden.

Vor allem aber ist sie geeignet, mit den illusionären Vorstellungen von dauerhaft erzielbaren Aktienrenditen aufzuräumen, von denen sich gerade in der jüngeren Vergangenheit viele unerfahrene Anleger haben leiten lassen. Wenn sie darüber hinaus noch dazu beitragen würde, daß Großkonzerne ihre Investitionspolitik und Wirtschaftsprüfer ihre Bewertungspraxis an vernünftigen Renditevorstellungen orientieren, wäre mehr gewonnen, als man bei den meisten Dissertationen zu träumen wagt.

Prof. Dr. Ekkehard Wenger

VORWORT

Die vorliegende Arbeit ist das Ergebnis meines Promotionsvorhabens an der wirtschaftswissenschaftlichen Fakultät der Universität Würzburg. Mein besonderer Dank gilt allen von mir betreuten Diplomanden, die mit ihren Arbeiten zur Ergänzung und Verbesserung des Datenmaterials beigetragen haben. Hervorheben möchte ich insbesondere den Diplom-Kaufmann Jörn Schwanhold, der mich auch nach Abschluß seiner Diplomarbeit als studentische Hilfskraft des Lehrstuhls bei der Vervollständigung der im Gesamtzeitraum verbliebenen Datenlücken unterstützt hat. Danken möchte ich auch allen anderen Diplomanden, die teilweise noch nach Abschluß ihres Studiums zur Bereinigung von Unklarheiten beigetragen haben.

Dank gebührt auch meinem akademischen Lehrer, Doktorvater und Erstgutachter, Prof. Dr. Ekkehard Wenger, der mich zu dieser Arbeit motiviert hat - auch wenn ich mehr als einmal zu der festen Überzeugung gekommen bin, daß diese nie zu einem Abschluß kommen würde. Durch seinen schonungslosen Blick für mögliche Schwachpunkte hat er mich zu einer selbstkritischen Vorgehensweise animiert.

Prof. Dr. Hansrudi Lenz danke ich für die zügige Erstellung seines Zweitgutachtens und für die inhaltlichen Anregungen.

Meinen ehemaligen Kollegen vom Lehrstuhl für Bank- und Kreditwirtschaft möchte ich für das gute und freundschaftliche Arbeitsklima, die Offenheit und die vielen fruchtbaren Diskussionen danken, die mir wertvolle Impulse für die weitere Arbeit gaben. Besonders hervorheben möchte an dieser Stelle meinen damaligen Zimmerkollegen und heutigen Partner, Jochen Knoesel.

Die Promotion wurde im Rahmen eines Stipendiums ein Jahr lang vom Verein zur Förderung der Aktionärsdemokratie, e.V. (Würzburg) finanziell unterstützt. Für die Gewährung dieses Stipendiums möchte ich dem Verein an dieser Stelle meinen Dank aussprechen.

Meinen Eltern danke ich aufrichtig dafür, daß Sie mir das Studium ermöglicht haben. Rückblickend haben sie mir stets wertvolle Freiräume gewährt, die ich sicher nicht nur in der gewünschten Weise genutzt habe. Die bedingungslose Unterstützung, die Sie mir in jeder Situation gegeben haben, war mir immer ein wichtiger Haltepunkt und ist es noch heute.

Schließlich gebührt besonderer Dank meiner Frau Karin, die sich durch mehrere Entwicklungsphasen des Manuskripts quälen mußte und die mir durch Ihre Tipps bei der Datenverarbeitung viel unnötige Arbeit erspart hat. Sie war es, die mich vor allem im letzten Jahr vor Abgabe der Dissertation immer wieder motivierte und mit großem Verständnis bis zum Abschluß der Arbeit unterstützte. Sie hat auch an der Gestaltung der Druckfassung des Buches mitgewirkt.

Ulrich Ronge

Inhaltsverzeichnis

ABKÜRZUNGSVERZEICHNIS

a.A.	[Kommanditgesellschaft] auf Aktien
ABl. AHK	Amtsblatt der Alliierten Hohen Kommission für Deutschland
ADHGB	Allgemeines Deutsches Handelsgesetzbuch
AG	Aktiengesellschaft
AHK	Alliierte Hohe Kommission für Deutschland
AktG	Aktiengesetz
Art.	Artikel
Bd.	Band
BGBl.	Bundesgesetzblatt
BGBl.NB	Bundesgesetzblatt des Norddeutschen Bundes
bzw.	beziehungsweise
ca.	circa
CAPM	Capital Asset Pricing Model
d.h.	das heißt
DAV	Dividendenabgabeverordnung
DAX	Deutscher Aktienindex
Diss.	Dissertation
DM	Deutsche Mark
ebd.	ebenda
f	folgende
ff	fortfolgende
FN	Fußnote
GK	Grundkapital
Hrsg.	Herausgeber
i.d.R.	in der Regel
i.L.	in Liquidation
Jg.	Jahrgang
Jr.	Junior
KG a.A.	Kommanditgesellschaft auf Aktien

M	Mark
Mio.	Million(en)
MRG	Militärratsgesetz
No.	Number
o.V.	ohne Verfasser
p.a.	per annum
RGBl.	Reichsgesetzblatt
RM	Reichsmark
S.	Seite
SFr	Schweizer Franken
sog.	sogenannt
SZ	Stückzinsen
u.a.	unter anderem; [AUTOR/]und andere
v.a.	vor allem
vgl.	vergleiche
Vol.	Volume
WiGBl.	Gesetzblatt der Verwaltung des Vereinigten Wirtschaftsgebietes
z.B.	zum Beispiel
ZfH	Zeitschrift für das gesamte Handelsrecht

SYMBOLVERZEICHNIS

0	Basiszeitpunkt bzw. letzter Verkettungszeitpunkt
a	Altgesellschaft (bei Fusionen)
A	Altgesellschaft (bei Zerschlagungen)
BK	Börsenkapital
BV	Bezugsverhältnis (in Nennwerten): (alte Aktien)/(junge Aktien)
BZR	Wert des Bezugsrechts
c_i	Korrekturfaktoren aus individuellen Bereinigungsereignissen
c_{fa}	Korrekturfaktor für die Nachfolgergesellschaft aus einer Fusion
c_Z	gemeinsamer Korrekturfaktor für die Nachfolgergesellschaften einer bestimmten Zerschlagung
cum	Bezeichnung des letzten Kurszeitpunkts vor einem bestimmten Ereignis
D	Dividendenzahlung
ex	Bezeichnung des ersten Kurszeitpunkts nach einem bestimmten Ereignis
g_i	individuelle Gewichtungsfaktoren
i	Laufindex über alle Gesellschaften
I_L	Index nach LASPEYRES
I_P	Index nach PAASCHE
I_W	Wertindex
K_{Bezug}	Bezugskurs (bei Kapitalerhöhungen)
K_t	Aktienkurs zum Zeitpunkt t
n	Nachfolgergesellschaft (bei Zerschlagungen)
N	Nachfolgergesellschaft (bei Fusionen)
p_i	Preis bzw. Kurs des i-ten Elements
q_i	Gewichtung des i-ten Elements
r_Z	Zerschlagungsrendite
s	*Steuersatz*

SZ_{Bezug}	Stückzinsen, die auf den Bezug junger Aktien zu zahlen sind
SZ_t	Stückzinsen, die auf einen bestimmten Kurs zum Zeitpunkt t zu zahlen sind
t	Zeitpunkt
U	Bezeichnung für einen bestimmten Verkettungszeitpunkt (i.d.R.: Jahresultimo)
UV	Umtauschverhältnis (in Nennwerten): (hingegebene Aktien)/(erhaltene Aktien)

(weitere, nur vereinzelt auftretende Symbole sind jeweils im Zusammenhang im Text erklärt)

Verzeichnis der Abbildungen

„There may be plenty of good reasons for buying equities, but history is not one of them."

– THE ECONOMIST: Taking Stock of History - 23. September 1995 -

1 Problemstellung

Im Gegensatz zum Aktienmarkt der USA entzieht sich bislang die Geschichte des deutschen Kapitalmarktes aufgrund mehrerer struktureller Krisen, Kriege und Währungsumstellungen einer konsistenten und zugleich langfristigen Untersuchung. Keiner der ab Ende des 19. Jahrhunderts für den deutschen Markt erstellten Aktienindizes wurde durchgehend bis in die Gegenwart fortgeschrieben, so daß langfristige Untersuchungen sich in Deutschland auf die Zeit nach 1948 beschränken.

In verschiedenen Ansätzen wurde bereits versucht, diese wissenschaftliche Lücke zu füllen, wobei die meisten Arbeiten in diesem Bereich nach wie vor an der Tatsache leiden, daß keine durchgehende Datenreihe als Maß für die Entwicklung deutscher Aktien über einen sehr langen Zeitraum zur Verfügung steht. Hervorzuheben ist in diesem Zusammenhang die Arbeit von GIELEN[1], der ohne zeitliche Unterbrechung die Entwicklung deutscher Aktien ab 1870 bis in die Gegenwart nachzeichnet. Er muß dabei jedoch mehrere Brüche im Indexkonzept in Kauf nehmen, so daß die von ihm ermittelten Renditen nicht auf Basis einer konsistenten, realistischen Anlagestrategie gemessen werden konnten.

Die Kenntnis der empirisch langfristig erzielbaren Rendite eines durchgehend gehaltenen Aktienportfolios würde für Anlageentscheidungen aber eine außerordentlich wichtige Entscheidungshilfe darstellen. Beim Vertrieb von Kapitalanlagen wird oft unter Bezug auf die Aktienrenditen der letzten 10 bis 20 Jahre der Eindruck erweckt, mit breit gestreuten Aktienfonds könnten „langfristig" mehr oder weniger sicher annualisierte Renditen in zweistelliger Höhe erwirtschaftet werden. Demzufolge wäre mit Aktien etwa alle 8 Jahre eine Verdopplung des Einsatzes zu erwarten, während sichere Anlagen nur einen Bruchteil dessen erwarten lassen. Unter anderem mit Hilfe solcher Werbeargumente wurde in den letzten Jahren ein Börsenfieber forciert, das in der deutschen Geschichte seinesgleichen sucht. Um so mehr überrascht es, daß der Erfolg einer historischen Aktienanlage in Deutschland zwar für kurze und mittelfristige Teilperioden, jedoch niemals durchgehend gemessen wurde.

---

1 Vgl. ausführlich Abschnitt 2.2.3.

Dabei handelt es sich nicht nur um ein Problem von wirtschaftshistorischer Relevanz, wie man auf den ersten Blick vermuten könnte.

So ist die historische Performance von Aktien unter anderem von eminenter Bedeutung für die aktuelle Praxis der Unternehmensbewertung. Soweit dabei nämlich die Ertragswertmethode[2] zur Anwendung kommt, streiten Bewertungsgutachter und Wirtschaftswissenschaftler um die Wahl des richtigen Kapitalisierungszinsfußes. Die Wahl dieses Zinsfußes schwankt in der Praxis der Bewertungsgutachten bei börsennotierten Gesellschaften zwischen ca. 3% und bis zu 12%. Wesentliche Ursache für das Zustandekommen derartiger Extremwerte dürfte die im Einzelfall unterschiedliche Interessenlage der auftraggebenden Großaktionäre sein[3]. In der Rechtsprechung hat sich die Überzeugung durchgesetzt, daß für die Berechnung des Barwerts aus den nachhaltig erzielbaren Einzahlungsüberschüssen eines Unternehmens prinzipiell der langfristige Zinssatz sogenannter „vergleichbarer Anlagen" zugrunde zu legen ist. Damit stellt sich die Frage nach dem relevanten Alternativzins äquivalenter Anlagen auf dem entsprechenden Kapitalmarkt. Bisher wird in der Bewertungspraxis börsennotierter Unternehmen in dieser Frage vor allem auf historisch erzielbare Renditen einer langfristigen Anlage in ein breit gestreutes Aktienportfolio abgestellt.

Auch bei der Festlegung von Renditevorgaben im Rahmen der betrieblichen Investitionspolitik wird implizit auf die Kapitalmarktalternative verwiesen. Wird

---

2 Nach einer jüngeren Entscheidung des Bundesverfassungsgerichts im Zusammenhang mit der Abfindung von Minderheitsaktionären dürfen zwar auch Börsenkurse bei der Bewertung von börsennotierten Unternehmen nicht mehr außer Betracht gelassen werden. Dennoch geht es weiter darum, die Abfindung zum „wahren Wert" zu bestimmen, für den der Verkehrswert (also der Börsenwert) lediglich eine Untergrenze darstellt. Die Ertragswertmethode wird somit nicht durch die Börsenbewertung ersetzt, sondern durch diese lediglich einer Gegenprobe unterzogen. Der korrekte Kalkulationszinsfuß wird also auch nach dieser Entscheidung ein wichtiger Zankapfel bleiben. Vgl. Beschluß des Ersten Senats vom 27.4.1999, Aktenzeichen: 1 BVR 1613/94.

3 Der niedrigste dem Verfasser bekannte Kalkulationszinsfuß in Höhe von 2,9% wurde bei der Bewertung der Anteile der Central Krankenversicherung anläßlich des Kaufs durch die Volksfürsorge Holding AG im Bewertungsgutachten der KPMG Deutsche Treuhandgesellschaft AG vom 22.2.1994 verwendet, vgl. Urteil des Landgerichts Hamburg vom 26.5.1997 (Geschäftsnummer 415 O 14/96). Weitaus üblicher sind in der deutschen Bewertungspraxis derzeit jedoch hohe Kalkulationszinsen in der Größenordnung von (nominal) 8-12%. Im Fall der Central Krankenversicherung ging es bemerkenswerterweise auch nicht um die Abfindung einer Minderheit, sondern um den Verkauf einer Beteiligung der Konzernmutter an ein mehrheitlich beherrschtes Unternehmen zu Lasten der dortigen Minderheit. Vgl. ausführlich HECKER/WENGER (1995), S. 328.

die langfristig erzielbare Rendite überschätzt, so unterbleiben Investitionen, die aus objektiver Sicht sinnvoll und gesamtwirtschaftlich erwünscht wären. Angesichts dieser praktischen Relevanz erscheint die oben beschriebene Forschungslücke nicht tragbar.

Da die langfristig erzielte Rendite für den deutschen Markt bislang noch nicht bestimmt wurde, wird mit verschiedenen Schätzmethoden gearbeitet, die das eigentliche Meßproblem jedoch nicht aus der Welt schaffen können:

So wird in den meisten Bewertungsgutachten ausgehend von einem sicheren, landesüblichen Basiszins die langfristige, riskante Rendite durch den Ansatz eines Risikozuschlags geschätzt. Damit wird gewissermaßen das Pferd von hinten aufgezäumt, da ohne empirische Kenntnis der langfristigen Rendite eines Aktienmarktes die Festlegung dieses Risikozuschlags wieder eine weitgehend willkürliche Entscheidung bleibt. Oft wird in diesem Zusammenhang mit systematischen und unternehmensspezifischen Risiken argumentiert, ohne daß diese im Einzelnen nachvollziehbar belegt werden.

In den letzten Jahren wird die zur Diskontierung herangezogene Rendite einzelner Unternehmen bei Bewertungen auch unter Anwendung von Kapitalmarktmodellen geschätzt[4]. Dabei wird regelmäßig auf das CAPM (Capital Asset Pricing Model) Bezug genommen, wonach die Rendite einzelner Unternehmen langfristig in einem linearen Zusammenhang mit der Marktrendite steht. Die entsprechende Formel setzt sich zusammen aus dem Zins für sichere Anlagen und einem Term, in dem die Risikoprämie des Marktportfolios mit einem für das einzelne Unternehmen spezifisch ermittelten Faktor (Beta-Faktor) multipliziert wird.

Diese Vorgehensweise ist bei Gesellschaften mit einer hohen Korrelation zum Marktportfolio auch sinnvoll. Allerdings steht und fällt die praktische Anwendbarkeit der entsprechenden Formel mit der korrekten Ermittlung der eingehenden Parameter. Während der sichere Zinssatz für langfristige Anlagen relativ unproblematisch aus aktuellen Marktdaten ermittelt werden könnte[5], muß bereits bei der Ermittlung der Beta-Faktoren auf die Schwächen des Modells Rücksicht genommen werden. Nur bei eng mit dem Gesamtmarkt korrelierten Werten kann

---

4 Vgl. hierzu BALLWIESER (1995).

5 Für die ersten 30 Jahre nach dem Bewertungsstichtag liegt mit der Rendite 30jähriger Bundesanleihen ein quasi-sicherer Marktzins vor. Annahmen über künftige Zinsänderungen können daher erst nach 30 Jahren eine Rolle spielen und wirken sich im Rahmen der Unternehmensbewertung nur geringfügig aus.

dieser Schätzparameter durch Regression mit hinreichend großem Bestimmtheitsmaß ermittelt werden[6].

Für die praktische Anwendung ist dieses Vorgehen jedenfalls nicht geeignet, wenn die langfristige Rendite des Marktportfolios (bzw. die daraus abzuleitende Risikoprämie) nicht bekannt ist. In der Praxis werden oft Schätzungen der historischen Risikoprämie für die USA in der Größenordnung von 5-6% zugrunde gelegt. Die Übertragung solcher Zahlen auf den deutschen Markt ist jedoch überaus problematisch. Selbst als Renditeerwartung für die Zukunft des US-amerikanischen Aktienmarktes sind sie nur bedingt gültig[7]. Damit wird aber dem - im Kern begrüßenswerten – Ansatz die empirische Basis entzogen. Insoweit ist es ein weiteres Anliegen dieser Untersuchung, mit den vorgelegten Ergebnissen künftigen Arbeiten in dieser Richtung eine verläßliche Datengrundlage zu geben.

Trotz aller theoretischen Fortschritte der betriebswirtschaftlichen Forschung bleibt also nach wie vor das Problem, daß keine langfristigen Messungen über den deutschen Aktienmarkt vorliegen. Die Performance der langfristigen Aktienanlage in Deutschland ist insofern ein weitgehend unbeschriebenes Blatt, als alle empirischen Arbeiten über die Zeit vor 1948 nur abgeschlossene Teilperioden mit einem einheitlichen Konzept erfassen. Ein durchgehender Aktienindex existiert bislang nicht.

Es ist daher Aufgabe dieser Arbeit, eine historische Indexziffer zu erstellen, mit der die Entwicklung des deutschen Aktienmarktes seit dessen breitem Aufkommen Anfang der 70er Jahre des 19. Jahrhunderts bis zur Jahrtausendwende erfaßt wird. Die historischen Besonderheiten, die bisher eine durchgehende Analyse verhinderten, sollen darin in geeigneter Weise berücksichtigt werden. Ein zentrales Problem sind dabei die mehrmaligen Währungsumstellungen, die den Ausweis einer „nominalen" Rendite nur unter Vorbehalt (z.B. umgerechnet in eine durchgehende Währung) erlauben. In diesem Zusammenhang kommt der langfristigen Preisbereinigung eine besondere Bedeutung zu.

---

[6] In letzter Zeit ist auch vermehrt zu beobachten, daß Beta-Faktoren anderer Aktien der gleichen Branche bei der Bestimmung des Unternehmenswertes herangezogen werden. Ein solches Vorgehen ist jedoch strikt abzulehnen, da Beta-Faktoren unternehmensspezifisch zu ermitteln und nicht übertragbar sind.

[7] Vgl. hierzu Abschnitt 2.4.

2 Bisheriger Stand der Forschung

Die langfristige Rendite am deutschen Aktienmarkt ist hier nicht zum ersten Mal Gegenstand einer empirischen Arbeit. Es existieren bereits Veröffentlichungen verschiedener anderer Autoren. Unter diesen ist sowohl hinsichtlich der prinzipiellen Vorgehensweise als auch der Art der durchgeführten Datenerhebungen eine gleichermaßen breite Streuung festzustellen. In diesem Kapitel wird eine Auswahl der bislang erschienenen Studien mit deren wesentlichen Ansätzen dargestellt[8].

Teilweise wird in den bisher vorgelegten Arbeiten versucht, zwar einen möglichst langen Rahmenzeitraum in die Untersuchung der langfristigen Rendite einzubeziehen, wobei dann jedoch bestimmte Phasen in der historischen Entwicklung ausgeklammert werden, um das Augenmerk auf sogenannte „normale" oder „repräsentative" Zeitspannen zu beschränken. Dieser selektive Ansatz wird im Folgenden unter Abschnitt 2.1 diskutiert.

Andere Autoren haben teils auf Basis eigener Erhebungen, teils durch Verknüpfung bereits existierender Indizes durchgehende Zeiträume untersucht. Hier bestehen erhebliche Unterschiede sowohl in der Methode der Datenauswertung als auch in der Länge der im einzelnen untersuchten Zeitspannen. Die Ergebnisse einiger bekannter Arbeiten aus diesem Spektrum werden in Abschnitt 2.2 zusammengefaßt.

Da dem Ansatz von STEHLE, der ausgehend von dem seit 1988 veröffentlichten DAX unter plausiblen Annahmen eine vergleichbare historische Indexreihe berechnet hat, im Rahmen dieser Arbeit eine besondere Rolle zukommt, wird auf dessen Veröffentlichungen in Abschnitt 2.3 gesondert eingegangen.

2.1 Selektive langfristige Zeiträume

In einigen Arbeiten wird davon ausgegangen, daß es nicht sinnvoll sei, den deutschen Aktienmarkt über den gesamten, langfristigen Zeitraum hinweg zum Gegenstand einer durchgehenden Untersuchung zu machen. Es wird argumentiert, daß aufgrund von Sonderfaktoren wie Kriegen, Inflationen und Währungsumstellungen dieses Vorgehen nicht repräsentativ sei und die *„mathematisch kor-*

---

8 Einen umfassenderen Überblick über bisher veröffentlichte Studien für Deutschland und einige andere Länder findet man in der Zusammenfassung bei v. ROSEN (HRSG.) (1999).

rekte Performancemessung" [9] über den Gesamtzeitraum dazu führe, daß deren Ergebnisse mit denen anderer Länder nicht mehr vergleichbar wären.

Dem ist jedoch entgegen zu halten, daß „repräsentative" Zeiträume für einen nationalen Markt langfristig eben gerade auch dessen historische nationale Sonderfaktoren beinhalten müßten. Wenn alle „bewegten Zeiten"[10] aus der Betrachtung einer im historischen Zeitablauf tatsächlich turbulenten Marktentwicklung ausgeklammert werden, so wird dadurch die Vergleichbarkeit mit einem anderen, historisch stabilen Markt nicht erzeugt, sondern lediglich vorgetäuscht. Besondere Erwähnung verdient dabei die Tatsache, daß die Autoren, die sich bemühen, „Sonderfaktoren" auszuklammern, dies ausgesprochen einseitig tun. So wird beispielsweise aufgrund des II. Weltkriegs i.d.R. die Zeit bis 1948 oder 1950 nicht erfaßt, während andererseits die durch die Auswirkungen dieses Krieges erst ermöglichte Phase des deutschen „Wirtschaftswunders" ab Beginn der 50er Jahre ohne Bedenken einbezogen wird.

Soweit die Entwicklung eines Aktienmarktes langfristig auch durch Krisen und Strukturveränderungen gekennzeichnet ist, müssen diese korrekt berücksichtigt werden. Andernfalls sollte auf die Ermittlung der langfristigen Rendite völlig verzichtet werden. In der hier vorgelegten Arbeit wird die Auffassung vertreten, daß die langfristige Rendite nur durch vollständige Erfassung des gesamten Beobachtungszeitraums gemessen werden kann. Das Weglassen der „Sonderfaktoren" kann nicht zu einer Rendite führen, die für einen Daueranleger mit ex ante formulierter Anlagestrategie erzielbar war. Selbst wenn sich ein Anleger schon ex ante darauf festlegt, während „bewegter Zeiten" seine Anlagestrategie zu ändern, kann dies nicht so umsetzen, daß er vor Beginn einer Krise den ex post optimalen Zeitsprung in eine spätere Phase mit stabilen Rahmenbedingungen vornimmt.

Obwohl also ihre Vorgehensweise im wesentlichen Ansatzpunkt nicht akzeptiert wird, sollen hier zwei Arbeiten mit selektiven Zeiträumen dargestellt werden, die beide grundsätzlich in gleicher Weise vorgehen.

---

[9] Vgl. MORAWIETZ (1994), S. 74.

[10] CONEN/VÄTH (1993), S. 643.

2.1.1 MORAWIETZ (1994)

MORAWIETZ stellt sich selbst am Anfang seiner 1993 vorgelegten Dissertation[11] die Aufgabe, *„die speziellen Probleme langfristiger deutscher Wertereihen* [...] *besonders"*[12] zu berücksichtigen. Er erkennt auch die Gefahr, daß, falls Überlegungen zur Repräsentativität des Untersuchungszeitraumes angestellt würden[13], die Beobachtungszeiträume von bestimmten Börsenphasen dominiert werden könnten, *„wenn etwa ‚ungünstige' Start- und Endpunkte gewählt werden"*. Deswegen solle in seiner Arbeit unter Berücksichtigung dieser Erkenntnisse *„eine möglichst umfassende und über einen längstmöglichen Zeitraum reichende empirische Untersuchung über den deutschen Kapitalmarkt durchgeführt"*[14] werden.

Bei der Abgrenzung des Beobachtungszeitraums[15] stellt sich jedoch heraus, daß tatsächlich nur selektive Zeiträume untersucht werden, die sich im Wesentlichen nach der Verfügbarkeit historischer Indexziffern richten[16]. Denn bei der Ermittlung der Rentabilität deutscher Aktienanlagen bezieht er sich durchweg auf jeweils verfügbare Indizes des Statistischen Bundesamts bzw. auf deren Vorgänger[17]. Diese werden von ihm unter stark vereinfachenden Annahmen um Dividendenerträge ergänzt[18].

---

11 MORAWIETZ (1994): Rentabilität und Risiko deutscher Aktien- und Rentenanlagen seit 1870 – Eine Berücksichtigung von Geldentwertung und steuerlichen Einflüssen, Wiesbaden 1994.

12 Vgl. MORAWIETZ (1994), S. 3.

13 Vgl. MORAWIETZ (1994), S. 17.

14 Vgl. MORAWIETZ (1994), S. 18.

15 Vgl. MORAWIETZ (1994), S.71ff.

16 So wurde von MORAWIETZ *„das Jahr 1870, wegen der erstmaligen Verfügbarkeit entsprechenden Datenmaterials, als Beginn des Beobachtungszeitraumes gewählt. Zwar existiert eine den deutschen Aktienmarkt beschreibende Kursindexziffer bereits seit dem Jahr 1856, jedoch erst ab Januar 1870 wurde ein Aktienindex auf monatlicher Basis ermittelt."* – vgl. MORAWIETZ (1994), S. 71.

17 Vgl. MORAWIETZ (1994), S. 114: von Januar 1870 bis Dezember 1913 handelt es sich um den vom Institut für Konjunkturforschung auf der Basis 1913=100 anhand von 80 Werten nachträglich erstellten Index (von 1870-1889 unbereinigt und ungewogen, danach bereinigt und gewogen), von Januar 1924 bis Juni 1943 um den auf der Basis 1924-1926=100 anhand von 329 einbezogenen Werten errechneten Aktienindex des Statistischen Reichsamts. Der Index des Statistischen Bundesamts selbst liegt seit 1954 rückberechnet für die Zeit ab 1950 vor und wurde mehrmals umbasiert und neu zusammengesetzt sowie nachträglich um Kapitalveränderungen bereinigt (vgl. SPELLEN-

Das von MORAWIETZ erhobene und seiner Untersuchung zugrunde gelegte Datenmaterial umfaßt also größtenteils nicht tatsächliche Rohdaten (Aktienkurse), aus denen ein den Erkenntnissen der Indextheorie entsprechender, in sich konsistenter Aktienindex durchgehend konzipiert wurde. Vielmehr wurden die verschiedenen Indizes des Statistischen Bundesamts bzw. des Statistischen Reichsamts sowie der nachträglich berechnete Index des Instituts für Konjunkturforschung miteinander verknüpft. Da zwischen diesen unterschiedlichen historischen Indizes außerdem teilweise Lücken bestehen, ist ohne deren Ergänzung - selbst wenn man die unterschiedliche Konzeption und Gewichtung nicht problematisiert und als unbekannten Restfehler hinnimmt - die angestrebte *„umfassende und über einen längstmöglichen Zeitraum reichende empirische Untersuchung“*[19] schon wegen der fehlenden Daten gar nicht möglich, die für die Messung der langfristigen Wertentwicklung über mehrere Perioden der Kursaussetzung hinaus unabdingbar wären.

MORAWIETZ teilt den Gesamtzeitraum in die drei Teilperioden 1870-1913, 1924-1942 und 1950-1992. Diese werden anhand von *„exogenen Einflüssen“* begründet, die nach seiner Darstellung nicht in den Gesamtbeobachtungszeitraum einbezogen werden dürften, da die Performancemessung sonst *„ungerechtfertigterweise verschleiert oder sogar verzerrt“*[20] würde.

All diese Bemühungen, die *„Repräsentativität“*[21] der letztlich zugrunde gelegten Zeiträume zu begründen, sind allerdings dem schwer widerlegbaren Vorwurf ausgesetzt, daß hier lediglich die Unvollständigkeit des von dritter Seite bereitgestellten Datenmaterials[22] gerechtfertigt wird. Es ist daher zu vermuten, daß MORAWIETZ′ selektive Vorgehensweise sich mehr an der Verfügbarkeit empiri-

---

BERG/SCHNEIDER (1967), S. 344). Ab 1980 wurde er als Wertindex berechnet (rückwirkend bis 1977), vorher nach der Formel von LASPEYRES (vgl. Abschnitt 4.1).

18 Auch hierbei muß sich MORAWIETZ auf historische (Durchschnitts-)Erhebungen verlassen: Für die Zeit von 1870-1913 übernimmt er die von ihm selbst als ungenau eingestuften Untersuchungen DONNERS zur damaligen Dividendenrendite, vgl. MORAWIETZ (1994), S. 115f sowie DONNER (1934), S. 13ff. Für spätere Zeiträume übernimmt er die von den statistischen Ämtern veröffentlichten Jahresdurchschnittsrenditen. Die Dividenden werden von ihm dabei auf Monatsrenditen umgerechnet unter der Annahme, daß die Verteilung der Dividendenzahlungen des Jahres 1991 für den gesamten Beobachtungszeitraum ab 1870 repräsentativ sei, vgl. MORAWIETZ (1994), S. 122ff.

19 Vgl. MORAWIETZ (1994), S. 18.

20 Vgl. MORAWIETZ (1994), S. 75.

21 Vgl. MORAWIETZ (1994), S. 74ff.

22 Vgl. MORAWIETZ (1994), S. 76f.

scher Erhebungen und weniger an grundsätzlichen Überlegungen ausrichtet. Dadurch könnte jedoch die Aktienrendite systematisch überschätzt werden, da die von ihm ausgeklammerten *„exogenen Einflüsse"* weitgehend durch offensichtliche Phasen der Wertevernichtung gekennzeichnet sind.

Zweifel am Argument der Repräsentativität der einbezogenen Zeiträume kommen auch durch die uneinheitliche Vorgehensweise auf: So fällt z.B. auf, daß der *„exogene Einfluß I"* (I. Weltkrieg) vom 1.8.1914 auf Januar 1914 *„vorverlegt"* wurde, offensichtlich da bestimmte Datenreihen für den Autor ab diesem Zeitpunkt nicht mehr verfügbar waren. Umgekehrt wurde der *„exogene Einfluß II"* (II. Weltkrieg) vom 3.9.1939 auf Januar 1942 gelegt. Als Begründung wird explizit ausgeführt, daß die meisten Datenreihen bis zu diesem Datum reichten. Das Ende des II. Weltkriegs schließlich wird von Mai 1945 auf Januar 1950 gelegt mit der Begründung, daß erst ab dann wieder ein geregelter Börsenverkehr stattgefunden habe. Dies widerspricht jedoch der Tatsache, daß bereits 1945 nach nur kurzer Unterbrechung der Börsenhandel wieder aufgenommen wurde[23]. Da umgekehrt die Wertpapierbereinigung[24] nicht bereits Ende 1949, sondern erst Ende 1952 abgeschlossen war, ist davon auszugehen, daß auch hier die vorhandenen Lücken in den verwendeten Datenreihen als eigentliche Beweggründe zu sehen sind.

MORAWIETZ erkennt auch, daß die Aufteilung in voneinander getrennte Zeiträume eine *„erhebliche Erschwernis"* für die Analyse bedeutet, weil sich nun die Frage stelle, *„wie die Unterbrechungen der Datenreihen innerhalb des Gesamtbeobachtungszeitraum überbrückbar sind, ohne daß dabei der Aussagegehalt der langfristigen Wertereihen verschleiert oder verfälscht wird."* Da jedoch andererseits denkbare Lösungsansätze dieses Problems nach seiner Ansicht ebenfalls *„die Gefahr der Verfälschung"* beinhalten, *„wird der erste Ansatz, das Ignorieren der Unterbrechungen, bevorzugt."*[25]

Mit dieser Begründung unterstellt er bei der Ermittlung der geometrischen Rendite sogar, daß es die Jahre, für die ihm keine Daten vorlagen, gar nicht gegeben hätte. Dies bedeutet aber auch, daß er das geometrische Mittel der langfristigen Rendite noch stärker überschätzt, als wenn er für die zwischen seinen Teilperioden liegenden Jahre eine (ebenfalls eher optimistische) Nullrendite ansetzen würde: Denn der Untersuchungszeitraum von 1870 bis 1992 umfaßt bei ihm

---

23 Vgl. Abschnitt 5.5.4.

24 Vgl. Abschnitt 5.5.9.

25 MORAWIETZ (1994), S. 78.

nicht 123, sondern aufgrund der Selektion nur noch 105 Jahre[26]. Da er seine Ergebnisse nachher aber dennoch ausdrücklich auf den Gesamtzeitraum „*1870 bis 1992*" bezieht[27], wird implizit der Eindruck erweckt, daß das geometrische Mittel der Aktienrenditen in den ausgeklammerten Jahren genauso hoch gewesen wäre wie in den Jahren, die tatsächlich in die Untersuchung einbezogen wurden. Somit werden nicht nur einseitig die bedeutendsten Krisenzeiten aus der Entwicklung völlig ausgeklammert, sondern aufgrund der Darstellung sogar die geometrische Durchschnittsrendite der einbezogenen Jahre einfach auf die fehlenden Jahre übertragen.

Da demgegenüber z.B. der Sonderfaktor „Wirtschaftswunder" - also die kausal eng mit der (von MORAWIETZ ignorierten) Wertvernichtung des II. Weltkriegs zusammenhängende Wiederaufbauphase - ohne Bedenken einbezogen wird, verwundert die Höhe der von ihm beobachteten Gesamtrenditen[28] nicht mehr. Nachdem die überdurchschnittlichen Renditen der Nachkriegszeit nur vor dem Hintergrund der vorangegangenen Wertevernichtung zu sehen sind, ist evident, daß bei Ausklammern der Kriegsjahre und gleichzeitiger Einbeziehung des Wiederaufbaubooms die langfristige Rendite systematisch überschätzt wird.

In diesem Zusammenhang spielen dann auch die angesichts der tatsächlichen Dividendentermine stark vereinfachenden Annahmen bzgl. der Reinvestitionszeitpunkte[29] eine eher untergeordnete Rolle.

2.1.2 CONEN/VÄTH (1993)

Die Studie von CONEN/VÄTH[30] hat zwar weniger wissenschaftliche Beachtung gefunden, wird aber in juristischen Auseinandersetzungen oft als Argumentationshilfe eingesetzt[31] und soll deswegen auch im Rahmen dieser Arbeit nicht ignoriert werden.

---

26 Vgl. MORAWIETZ (1994), S. 78.

27 Vgl. MORAWIETZ (1994), S. 257ff.

28 Vor Steuern kommt er zu einer langfristigen Rendite von nominal 8,9% und real 7,2%, vgl. MORAWIETZ (1994), S. 257 bzw. 259.

29 Vgl. FN 18.

30 CONEN/VÄTH (1993): Risikoprämien am deutschen Kapitalmarkt, in: Die Bank 11/93, S. 642-647.

31 Die Veröffentlichung wird bei strittigen Unternehmensbewertungen zitiert, wenn eine möglichst hohe Risikoprämie gerechtfertigt werden soll.

Als Datengrundlage für die Berechnung der langfristigen Aktienrenditen verwenden die beiden Autoren die gleichen Indizes wie MORAWIETZ[32], so daß von einer prinzipiell gleichen Datenbasis auszugehen ist. Das zugrunde gelegte Datenmaterial ist also auch gleichermaßen heterogen (wegen der unterschiedlichen Indexkonzepte) und lückenhaft (wegen der fehlenden Teilperioden). Entsprechend der Argumentation von MORAWIETZ werden auch hier *„bewegte Zeiten"*[33] zur nachträglichen Begründung der selektiven Erhebung herangezogen.

Angesichts der gleichermaßen selektiven Vorgehensweise decken sich diverse Kritikpunkte an der Studie von CONEN/VÄTH prinzipiell mit den obigen Ausführungen zur Arbeit von MORAWIETZ. Zusätzlich ist allerdings anzumerken, daß die aus den gleichen verfügbaren Indexreihen in die Untersuchung einbezogenen Zeiträume von den durch MORAWIETZ ausgewerteten Teilperioden abweichen: Die erste Teilperiode beginnt bei CONEN/VÄTH erst 1876 und nicht schon 1870. Der Ausgangswert der von DONNER übernommenen Indexziffer sinkt durch diese Verschiebung von 55,80 (Jahresdurchschnitt 1870) auf 43,083 (Jahresdurchschnitt 1876)[34]. Nachdem CONEN/VÄTH also die sogenannte „Gründerkrise" ausklammern, steigt entsprechend die in der ersten Teilperiode ermittelte Rendite gegenüber den Ergebnissen DONNERS.

Auch die Auswertung an sich ist gröber als bei MORAWIETZ, da von CONEN/VÄTH nur Jahresdurchschnitte ausgewertet wurden. Letztlich werden die Zeiträume 1876-1913, 1924-1941 und 1949-1992 einbezogen[35].

Außerdem legen die Autoren ihren Auswertungen die Annahme zugrunde, daß über den gesamten Untersuchungszeitraum hinweg eine Steuerbelastung von 50% auf Zinseinkünfte und Dividendenerträge gegolten habe. Da demzufolge fast der gesamte Ertrag aus festverzinslichen Papieren voll zu versteuern ist, während bei Aktien die Kursgewinne (und damit ein Großteil des Ertrags) ohne Steuerbelastung in die Rechnung eingehen, verschiebt sich schon aus diesem Grund das Renditebild zugunsten der Aktie.

Dabei soll hier ausdrücklich nicht der prinzipielle Ansatz, Nachsteuer-Renditen zu vergleichen, kritisiert werden. Vielmehr ist die Art, wie dies bei CONEN/VÄTH geschieht, abzulehnen: Es werden nämlich einfach die aktuellen steuerlichen Regelungen in vereinfachter Form (reduziert auf die Annahme eines

32 Vgl. FN 17.

33 Vgl. CONEN/VÄTH (1993), S. 643.

34 Vgl. DONNER (1934), S. 98.

35 Vgl. CONEN/VÄTH (1993), S. 643.

durchgehenden Grenzsteuersatzes von 50% und der Steuerfreiheit sämtlicher Kursgewinne) auf den **gesamten** Untersuchungszeitraum ab 1876 übertragen. Dabei wird auch völlig außer Acht gelassen, daß nicht nur die absoluten Steuersätze historisch erheblich niedriger waren (und es selbst heute noch für die meisten Anleger sind), sondern daß sich im Zeitablauf auch immer wieder die steuerliche Vorteilhaftigkeit zwischen Aktien und zinstragenden Papieren durch diverse staatliche Eingriffe verschoben hat.[36]

Vor allem das in der zitierten Veröffentlichung mit besonderer Selbstverständlichkeit praktizierte Ausklammern unerwünschter Teilperioden entbehrt jeder wissenschaftlich fundierten Grundlage. Selbst wenn die Börsen einmal für einen bestimmten Zeitraum geschlossen sind (tatsächlich war dies nur für jeweils relativ kurze Zeiträume der Fall), so existieren doch für die Zeit vorher und nachher Aktienkurse, anhand derer über den Gesamtzeitraum hinweg die Rendite berechnet werden kann[37]. Es ändert nichts an der langfristigen Rendite eines Portfolios, wie stark der Index zwischenzeitlich nach oben oder nach unten ausgeschlagen hat – auch nicht, ob überhaupt Kurse feststellbar waren, denn schließlich sind jede Woche zumindest am Wochenende auch keine Kurse festzustellen. Einzig für diejenigen Gesellschaften, die gegebenenfalls während der Börsenschließung untergegangen sind, kann auch hinterher kein Kurs mehr festgestellt werden. Diese Vermögensvernichtung muß jedoch bei einem korrekt berechneten Aktienindex ohnehin berücksichtigt werden, da sie gerade das systematische Risiko widerspiegelt, welches durch die Existenz der Risikoprämie entlohnt wird.

Wenn man sich jedoch schon darauf verlegt, die sogenannten *„bewegten Zeiten"* wegen der aufwendigen Datenerhebung außer Betracht zu lassen, so müßte man dies wenigstens vollständig tun. So ist es in Bezug auf den Zeitraum ab 1942 hochgradig unseriös, einseitig die Wertevernichtung der letzten Kriegsjahre, die auf die Niederlage folgende Unsicherheit sowie die einschneidende Korrektur durch die Währungsreform[38] auszuklammern. Inkonsequent verfahren

---

[36] Ein zusammengefaßter Überblick über den Gesamtzeitraum ist dem Autor nicht bekannt. Für die Zeit von 1870 bis 1900 sei hier anstelle vieler auf die Diplomarbeit von HÄFFNER (1997), S. 26ff, 52ff, 73ff, 83ff und 106ff verwiesen. Für die Zeit von 1900 bis 1929 kann die Diplomarbeit von HOPFENGÄRTNER (1997) einige Orientierungspunkte geben. Eine Sammlung der Veränderungen in der Zeit von 1929 bis 1958 bietet die Diplomarbeit von STAIGER (1996), S. 2-30.

[37] Vgl. Abschnitt 5.5.4.

[38] Erst durch die Währungsreform 1948 trat die durch Preisregulierung verdeckte Inflation seit den 30er Jahren in Form des Umstellungsverhältnisses von 10:1 offen zutage. Die Güterpreise blieben nach der Freigabe in etwa auf gleichem nominellen Niveau, hatten

CONEN/VÄTH, wenn sie andererseits den durch den verlorenen Krieg und die umfangreichen Vermögensvernichtungen erst ermöglichten Boom in der Wiederaufbauphase der 50er Jahre nicht ebenfalls aus ihrem Untersuchungszeitraum herausnehmen. Die für die Zeit ab 1949 angegebene Aktienrendite von 12,9% p.a.[39] gibt daher ein stark zum positiven verzerrtes Bild der Realität wieder. Legte man bei vergleichbarem Datenmaterial den Zeitraum ab 1961 (also nach Ende des Wiederaufbaubooms) zugrunde, so käme man zu einer langfristigen nominalen Aktienrendite von nur noch 6,67% p.a.[40].

Was die Autoren des zitierten Artikels tatsächlich unterstellen, ist eine Anlagestrategie, bei der jeweils kurz vor einem Krieg oder sonst einer im negativen Sinne *„bewegten Zeit"* das gesamte Portfolio verkauft und dann pünktlich zum Wiederaufblühen des Börsenwesens wieder in den Index investiert wird. Dies sind jedoch alles andere als die von CONEN/VÄTH in ihrem Schlußwort apostrophierten *„realistischen Bedingungen"*. Vielmehr wird mit dieser Vorgehensweise eine systematische Überschätzung der langfristigen Rendite verfolgt. Es verwundert nicht, daß man zu einer besonders hohen Risikoprämie kommt, wenn man die Phasen, die das „Risiko" ausmachen, nachträglich herausfiltert und die Betonung um so stärker auf die „Prämie" legt, mit der eben dieses Risiko entgolten wird.[41]

In einer 1996 erschienenen Studie über den deutschen Kapitalmarkt seit dem II. Weltkrieg ziehen BRAEHMS/HAFFNER die Konsequenzen aus dieser Erkenntnis: Sie kommen zu der Feststellung, daß die Vorteilhaftigkeit von Aktien gegenüber Rentenpapieren seit 1951 nicht die für Deutschland „normale" langfristige Relation widerspiegelt, sondern vielmehr in der außergewöhnlichen Überperformance der Aktien während der Phase des „Wirtschaftswunders" in den 50er Jahren zu begründen sei[42]. Bei Ausklammerung dieser Phase bis 1960 kommen sie demzufolge inflationsbereinigt zu geometrischen Mittelwerten von 2,3% p.a. für Aktien und 3,7% p.a. für festverzinsliche Wertpapiere[43] und somit sogar zu einer deutlichen Überlegenheit der Rentenpapiere über die Aktie.

---

sich also während der verdeckten Inflation etwa verzehnfacht. Vgl. Abschnitte 5.5.5 und 6.2.

39 CONEN/VÄTH (1993), S. 643 – hier war das geometrische Mittel angegeben.

40 Vgl. die Berechnungen auf Basis der Daten von BIMBERG (1993) in Abschnitt 2.2.2.

41 Vgl. dazu auch die späteren Ausführungen zum *survival bias* in Abschnitt 2.4.

42 Vgl. BRAEMS/HAFFNER (1996), S. 9.

43 Vgl. BRAEMS/HAFFNER (1996), S.10. Nominal entspricht dies einem geometrischen Mittel der Aktienrendite von 6,5% p.a. (ebd., S. 46).

Passend zum qualitativen Gesamtbild der Arbeit von CONEN/VÄTH - für die Bewertung der ermittelten Risikoprämie aber letztlich nicht mehr entscheidend – sind die meisten ermittelten „langfristigen Renditen“ auch finanzmathematisch ohne Aussagekraft. Die Autoren richten das Augenmerk vor allem auf arithmetische Mittelwerte[44] der Jahresrenditen für Aktien und Anleihen[45] und geben die langfristige Risikoprämie als Differenz dieser Werte an.

2.2 Durchgehende Zeiträume

Auch Untersuchungen, bei denen ein durchgehender Zeitraum für die Messung der langfristigen Aktienrendite zugrunde gelegt wird, decken bislang in keinem Fall mit einem durchgehenden Indexkonzept (also einer konsequent verfolgten Anlagestrategie) den gesamten Zeitraum seit dem Aufkommen des Aktienhandels in Deutschland ab. Die bisher dazu vorgelegten Arbeiten beschränken sich entweder mit einem jeweils einheitlichen Indexkonzept auf kurz- bis mittelfristige Zeiträume (diese Vorgehensweise trifft auf die überwiegende Mehrzahl der bisherigen Veröffentlichungen zu) oder der tatsächlich langfristige Zeitraum wird mit sehr heterogenen Indexkonzepten abgedeckt. Letzteres gilt nach Ansicht des Verfassers für die Veröffentlichung von GIELEN, der einzigen auf einen sehr langen Zeitraum angelegten Studie.

Im Folgenden werden drei Arbeiten diskutiert, die jeweils mit einem unterschiedlichen durchgehenden Ansatz versuchen, die langfristige Rendite zu messen.

2.2.1 HÄUSER/ROSENSTOCK/VORWERK/SEUM (1985)

Diese Arbeit erregte Ende der 80er Jahre einiges Aufsehen, da mit der bereits im Titel angesprochenen *„Renditenparadoxie“* die theoretische Erkenntnis, daß riskantere Investments auch durch eine höhere Rendite entlohnt werden müßten, in Frage gestellt wurde. Tatsächlich resultierte das scheinbar paradoxe Ergebnis, wonach Anleihen eine Rendite von nominal 6,8% p.a. abwarfen, während mit

---

44 Zur Irrelevanz arithmetischer Mittelwerte vgl. auch die Ausführungen in Abschnitt 2.5.

45 Dabei bleibt unklar, ob diese Mittelwerte nur aus Jahresrenditen oder aus verschiedenen Anlagehorizonten ermittelt wurden. Teilweise sind zwar auch geometrische Mittelwerte angegeben, die jedoch nicht weiter ausgewertet wurden.

Aktien nur 6,18% p.a. erzielt werden konnten[46], in erster Linie aus der Wahl des mit 20 Jahren relativ kurzen und für Rentenpapiere gegenüber deutschen Aktien besonders günstigen Untersuchungszeitraumes von 1964 bis 1983[47].

Dennoch ist der Vorgehensweise von HÄUSER/ROSENSTOCK/VORWERK/SEUM zuzustimmen, wenn sie bewußt auf die Einbeziehung der vor diesem Zeitraum liegenden Jahre seit der Währungsreform verzichten, da die steile Entwicklung der Aktienkurse bis zum Beginn der 60er Jahre als Folge des II. Weltkriegs zu werten sei und daher *„nicht für repräsentative Berechnungen herangezogen werden"*[48] solle.

Der Messung wurde der *„ungewichtete"* Durchschnitt von 38 nachträglich ausgewählten Gesellschaften zugrunde gelegt, wobei Dividendenerträge (ab 1978 inklusive Körperschaftsteuergutschrift) und Kapitalerhöhungen gemäß der *opération blanche*[49] bereinigt wurden. Ausgewählt und in die Untersuchung einbezogen wurden diejenigen Gesellschaften, die 1983 zum Terminhandel zugelassen waren – somit wurde sogar noch ein positiver *bias*[50] erzeugt, da Gesellschaften, die während der vorangegangenen 20 Jahre ihre ursprüngliche Bedeutung verloren, systematisch vorab ausselektiert wurden.

Das ernüchternde Ergebnis mochte aus damaliger Sicht um so enttäuschender gewesen sein, als im Rahmen der zitierten Arbeit *„bei Entscheidungen darüber, welche Methoden oder Hypothesen angesichts alternativer Möglichkeiten zu wählen seien, im Zweifel jene bevorzugt wurden, die den höheren Renditewert ergaben."*[51] Allerdings „fehlen" in dem erfaßten Sample die großen Versicherungsgesellschaften, die in dem betreffenden Zeitraum sicher besser abgeschnitten haben. Ein Problem stellt auch die „ungewichtete" Messung dar: Letztlich wird ein Durchschnitt der annualisierten Einzelrenditen (der Gesell-

---

46 HÄUSER/ROSENSTOCK/VORWERK/SEUM (1985), S. 63.

47 Das Ergebnis von HÄUSER/ROSENSTOCK/VORWERK/SEUM in diesem Zeitraum wird durch BIMBERGS Untersuchung (siehe weiter unten) bestätigt, wenn auch aufgrund der größeren Marktbreite mit geringfügigen Abweichungen. Über einen längeren Zeitraum kann die Paradoxie demnach allerdings nicht aufrecht erhalten werden.

48 HÄUSER/ROSENSTOCK/VORWERK/SEUM (1985), S. 21.

49 Vgl. Abschnitt 4.6.

50 Unter einem *bias* versteht man allgemein die - positive oder negative - Verzerrung der wahren Performance durch die Wahl der entsprechenden Formel bzw. durch die Auswahl der in die entsprechende Maßzahl eingehenden Daten.

51 HÄUSER/ROSENSTOCK/VORWERK/SEUM (1985), S. 9.

schaften) ermittelt[52], während die annualisierte Rendite des gesamten Samples notwendigerweise zu einem höheren Ergebnis führen würde.

Angesichts der verglichen mit Rentenpapieren in jedem Falle recht mageren Aktienrenditen ist der Befund, der Aktienmarkt habe seine ursprüngliche Funktion verloren[53], aus damaliger Sicht nicht unverständlich.

2.2.2 BIMBERG (1993)

In seiner 1993 veröffentlichten Dissertation berechnet BIMBERG die Renditen deutscher Aktien im Zeitraum 1954 bis 1988 anhand des Aktienkursindex des Statistischen Bundesamtes, den er um Dividendenerträge ergänzt.

Aufgrund des zur Auswahl der Gesellschaften angewandten *cut-off*-Verfahrens[54] weist dieser amtliche Index durchweg einen Konzentrationsgrad von über 90% aus. Daher kann jedenfalls die Zusammensetzung als repräsentativ für den Gesamtmarkt bezeichnet werden[55]. Andererseits ist er wegen der mehrmaligen (wenn auch geringfügigen) Umstellung der Gewichtungsmethode[56] und der Reinvestitionsprämisse[57] als Maßzahl für ein langfristiges hypothetisches Portfolio nur bedingt interpretierbar. Die relativ seltene Aktualisierung bzw. Neugewichtung impliziert bis 1977 ein Anlegerverhalten, bei dem nicht eine kontinuierliche Anlagestrategie verfolgt wird, sondern nur zum Einstiegszeitpunkt einmalige Anlagekriterien formuliert werden, deren Gültigkeit in den Folgeperioden dann entbehrlich ist bzw. die zumindest nicht weiterhin beachtet werden. Ab 1977 dagegen wird mit der seitdem angewandten Portefeuille-Methode[58] implizit eine kontinuierliche Anpassung des hypothetischen Portfolios an die zu jedem Indexzeitpunkt aktuellen Marktverhältnisse vorgenommen.

---

52 Vgl. HÄUSER/ROSENSTOCK/VORWERK/SEUM (1985), S. 122.

53 HÄUSER/ROSENSTOCK/VORWERK/SEUM (1985), S. 11.

54 Vgl. Abschnitt 4.2.2.

55 Vgl. BIMBERG (1993), S. 30f.

56 Vgl. BIMBERG (1993), S. 34ff, mit weiteren Verweisen.

57 Vgl. BIMBERG (1993), S. 41ff.

58 Die Berechnung erfolgt nach der Formel des WERTINDEX, vgl. Abschnitt 4.1.

BIMBERG ergänzt die Kursveränderungen um eine Reinvestition der Bruttodividenden[59], für die er durchgehend die zeitliche Verteilung des Jahres 1987 annimmt[60]. Für die Zeit von 1954 bis 1988 kommt er so zu einer Gesamtrendite von 11,89% p.a.[61], wobei davon die Kursveränderungen im Mittel 7,7% p.a.[62] ausmachen.

Wenn man den Startzeitpunkt jedoch nicht wie BIMBERG auf Mitte der 50er Jahre legt sondern erst auf das Jahr 1961, nachdem sich der Boom des „Wirtschaftswunders" normalisiert hatte, so verringert sich das geometrische Mittel der ermittelten Gesamtrendite dadurch auf nur noch etwa 6,67% p.a. nominal. Allein hieraus wird erkennbar, daß BIMBERGs Untersuchung zwar nicht durch die Methodik der Erhebung an sich, wohl aber durch den gewählten günstigen Untersuchungszeitraum ein zum Positiven verfälschendes Gesamtbild zeichnet.

Für den der Untersuchung von HÄUSER/ROSENSTOCK/VORWERK/SEUM zugrunde liegenden Zeitraum kommt man mit dem von BIMBERG errechneten Datenmaterial zu einem geometrischen Mittel von 6,94% p.a. (gegenüber 6,18% p.a. bei HÄUSER ET AL.).

2.2.3 GIELEN (1994)

Der Arbeit von GIELEN (1994) kann nach Kenntnis des Verfassers zugestanden werden, daß sie die bislang einzige durchgehende Untersuchung darstellt, die den gesamten Zeitraum seit Dezember 1869 bis in die jüngere Gegenwart (1993) abdeckt.

In seiner Untersuchung wurden *„wo immer möglich"*[63] Indizes aus *„vorhandenen Arbeiten"* verwendet. Dadurch fließen sowohl die amtlichen Indizes des Statistischen Reichsamts bzw. nach dem II. Weltkrieg des Statistischen Bundesamts in seine Untersuchung ein als auch Arbeiten verschiedener anderer Autoren[64]. Diese unterschiedlichen Indizes wurden miteinander verknüpft und die

---

59 BIMBERG (1993), S. 60.

60 BIMBERG (1993), S. 46.

61 BIMBERG (1993), S. 96.

62 BIMBERG (1993), S. 90.

63 GIELEN (1994), S. 1.

64 z.B. die Arbeiten von KRONENBERGER (1920) und DONNER (1934). Zu den verschiedenen Indizes in der amtlichen deutschen Statistik vgl. MORAWIETZ (1994). Siehe auch FN 17.

verbleibende Lücke nach dem II. Weltkrieg durch einen von GIELEN selbst für die Zeit von 1943-1950 erstellten Kursdurchschnitt aus 36 Gesellschaften ergänzt, so daß ihm letztlich eine durchgehende Reihe bis 1993 zur Verfügung stand.

Für die Performance einer Aktienanlage von Dezember 1870 bis Mitte 1993 kommt er so zu einem geometrischen Mittelwert von nominal ca. 5,8% p.a.[65]. Nachdem das Jahr 1870 historisch betrachtet jedoch ein überaus günstiger Startpunkt für eine Anfangsinvestition in deutsche Aktien war (unmittelbar vor der Reichsgründung und noch vor dem sogenannten „Gründerboom"), gibt er zum Vergleich ebenfalls das geometrische Mittel der nominalen Gesamtrendite ab 1873 an, also auf der Höhe des Booms und kurz vor Beginn der „Gründerkrise". GIELEN kommt, gerechnet ab diesem vergleichsweise ungünstigen Startpunkt, zu einer annualisierten Performance von 5,3%[66]. Mit späteren, wieder vergleichsweise günstigen Startpunkten waren nach GIELEN höhere annualisierte Gesamtrenditen erzielbar. Insgesamt stellen sich die Ergebnisse GIELENs bis 1993 bei verschiedenen Einstiegszeitpunkten wie folgt dar:

- 5,8% p.a. ab 1870 (unmittelbar vor der Reichsgründung)
- 5,3% p.a. ab 1873 (kurz vor der „Gründerkrise")
- 6,0% p.a. ab 1877 („die Talsohle am Ende einer weltweiten Wirtschaftsflaute"[67])
- 7,2% p.a. ab 1924 („nach Überwindung der Hyperinflation"[68])
- 8,6% p.a. ab 1932 („im Tiefpunkt der Weltwirtschaftskrise"[69]).

Die kurzfristigen Ergebnisse, die bei diesen besonders günstigen Startpunkten durchaus 20-30% p.a. erreichen konnten, normalisieren sich durchweg nach den ersten Jahren: „*Entfernt man sich weiter vom Startpunkt der Anlage, dann reduzierten sich* [...] *die festgestellten Resultatsunterschiede.*"[70]

---

65 GIELEN (1994), S. 90.

66 GIELEN (1994), S. 91.

67 GIELEN (1994), S. 92.

68 GIELEN (1994), S. 93.

69 GIELEN (1994), S. 93.

70 GIELEN (1994), S. 93.

In der Folge analysiert GIELEN nicht nur die langfristige Performance sondern auch die verschiedensten kurzfristig erzielbaren Ergebnisse, die aus ein- bis zehnjährigen Anlagezeiträumen resultieren. In der Zusammenfassung hält er fest, daß die *„langfristig erzielbaren Durchschnittsergebnisse* [...] *zwischen 6,5 und 8,0%"*[71] lägen, wobei hier allerdings die kritische Frage zu stellen ist, ob als *„langfristig erzielbares"* Ergebnis nicht eben doch das geometrische Mittel einer möglichst langfristigen Anlage zu verstehen wäre und nicht, wie von GIELEN in dieser Zusammenfassung unterstellt, auch arithmetisch gemittelte, kurzfristige Anlagezeiträume[72].

GIELEN analysiert auch die Auswirkungen der Inflation auf die reale Performance einer Aktienanlage. Durch Bereinigung der verknüpften Indexreihe mit den deutschen Lebenshaltungskosten kommt er zu einer Realperformance von 3,9% p.a.[73]. Basierend auf diesem deutlich positiven Ergebnis kann man sich wohl GIELENs Schlußfolgerung anschließen, wonach *„Aktienbesitz* [...] *sich langfristig als guter Schutz vor inflationären Entwicklungen"*[74] erweist. Gleichermaßen zeigt sich daran aber auch, daß überzogene Erwartungen an die langfristige Aktienrendite im zweistelligen Prozentbereich zumindest für den deutschen Aktienmarkt kein historisches Fundament haben.

Trotz der Langfristigkeit der Untersuchung GIELENS und der Plausibilität der ermittelten Ergebnisse besteht die Notwendigkeit, seine Ergebnisse durch eine konsistente Datenerhebung und Indexbildung einer eingehenden Überprüfung zu unterziehen. Denn die Erstellung eines Aktienindex ist mit nahezu beliebig vielen Freiheitsgraden verbunden, beginnend mit der Auswahl und Anzahl der aufgenommenen Gesellschaften, über die Art der Gewichtung, bis hin zu Umstrukturierungen und Reinvestitionsprämissen.

Selbst wenn zwei Autoren nach dem gleichen Grundkonzept an die Erstellung eines Aktienindex herangingen, so würden sie doch bei der Lösung der vielen Detailfragen (Durchschnitts- oder Stichtagskurse, Berücksichtigung von Festbesitz, Reinvestitionsprämissen) zumindest geringfügig voneinander abweichen. Es ist zwar richtig, daß unterschiedliche Indexkonzepte auf lange Sicht oft dennoch zu ähnlichen Ergebnissen bezüglich der Performance kommen. Dabei sollte jedoch sinnvollerweise jeweils **ein** Indexkonzept vorab festgelegt und

---

71 GIELEN (1994), S. 112.

72 Zur Diskussion um den Aussagewert arithmetischer und geometrischer Mittelwerte vgl. Abschnitt 2.5.

73 GIELEN (1994), S. 135.

74 GIELEN (1994), S. 144.

dann konsequent durchgehalten werden, damit die phasenweise voneinander abweichenden Reaktionen verschiedener Konzepte auf unterschiedliche Marktbewegungen sich im Zeitablauf ausgleichen. Es sollte ausgeschlossen werden können, daß es zu einer Kumulation positiver oder negativer Abweichungen aufgrund der angewandten Meßmethoden kommt.

Gerade letztere Gefahr besteht jedoch bei GIELEN, da die in seiner Arbeit miteinander verknüpften Indizes nicht nur eine unterschiedliche Gewichtung (teils kursgewichtet, teils kapitalgewichtet) sondern auch eine sehr unterschiedliche Marktbreite aufweisen. Nacheinander beinhalten die von ihm verwendeten bzw. erstellten Kennziffern 13, 20, 48, 71 bzw. 115 Gesellschaften bis hin zu einem Kursindex des Gesamtmarkts. Zur Rekonstruktion der Zeit zwischen 1943 und 1950 verwendet er eine nachträgliche Auswahl von 36 Gesellschaften[75]. GIELEN selbst erkennt auch die darin liegende potentielle Fehlerquelle und verweist auf *„genauere Rechnungen"*[76], die noch durchzuführen wären.

Nachdem er jedoch von seinem Grundkonzept her zumindest durchgehend den gesamten Zeitraum von Beginn des deutschen Aktienhandels bis heute erfaßt, ist der Ansatz von GIELEN als wesentlich zuverlässiger als die von MORAWIETZ und CONEN/VÄTH[77] gewählte selektive Vorgehensweise anzusehen. Es bleibt dennoch eine potentielle Fehlerquelle, daß immer wieder sehr unterschiedliche Indexportfolios einander abwechseln. Ein solches Vorgehen wäre für einen hypothetischen Anleger nicht realistisch und spiegelt auch nicht die Entwicklung eines möglichst konstanten, breiten Ausschnitts des Gesamtmarktes wieder. Zudem läuft auch der von GIELEN zusammengestellte Index Gefahr, aufgrund eines *survival bias*[78] die Rendite in Teilperioden systematisch zu hoch auszuweisen, da in die von ihm zur Schätzung der durchgehenden Entwicklung ausgewählten Indexziffern zumindest teilweise nur solche Gesellschaften eingingen, die auch überlebt haben[79].

---

75 Vgl. GIELEN (1994), S. 47.

76 Vgl. GIELEN (1994), S. 48.

77 Vgl. Abschnitt 2.1.2.

78 Vgl. Abschnitt 2.4

79 Dies trifft auf den von DONNER übernommenen Index ab 1870 ebenso zu wie auf die nachträgliche Schätzung der Entwicklung zum Ende des II. Weltkriegs ab 1943, dem Anschein nach auch auf die KRONENBERGER-Daten, anhand derer die Marktentwicklung während des I. Weltkriegs rekonstruiert wurde. Vgl. GIELEN (1994), S.20, 27 bzw. 47.

Mit der Arbeit von GIELEN ist somit die *„entscheidenden Lücke“*[80] noch nicht als endgültig geschlossen anzusehen. Allerdings liegt mit seinen Ergebnissen die erste brauchbare Schätzung für die langfristige Aktienrendite in Deutschland vor, selbst wenn einzelne Ansatzpunkte seiner Untersuchung noch mit den von ihm selbst genannten konzeptionellen Schwächen behaftet ist.

2.3 Arbeiten von STEHLE und Koautoren

Grundsätzlich verfolgt STEHLE mit den am Institut für Bank-, Börsen und Versicherungswesen der Humboldt-Universität Berlin erstellten Indizes das Ziel, ein einheitliches Indexkonzept jeweils für einen möglichst langfristigen Zeitraum durchzuhalten, um so zu einer verläßlichen, langfristigen Rendite deutscher Aktien zu kommen. Daher hätten seine Arbeiten hier auch Abschnitt 2.2 zugeordnet werden können. Allerdings weisen einige der von STEHLE vorgelegten Indexreihen[81] eine so weitreichende konzeptionelle Deckung mit dem in der hier vorgelegten Arbeit erstellten historischen Aktienindex auf, daß aus diesem Grund eine gesonderte Darstellung seiner Vorgehensweise sinnvoll erscheint.

2.3.1 STEHLE/HARTMOND (1991)

Bereits 1991 veröffentlichten STEHLE/HARTMOND eine durchgehende Indexreihe für die Zeit von 1954 bis 1988, der eine Erhebung aller an der Frankfurter Wertpapierbörse im amtlichen Handel notierten Stamm- und Vorzugsaktien[82] zugrunde lag. Hierbei wurden aus den monatlichen Renditen der einzelnen enthaltenen Aktien unter Berücksichtigung von Dividenden[83] und anderen geldwerten Vorteilen zunächst gewichtete monatliche Durchschnittsrenditen gebildet[84]. Diese gewichteten Monatsdurchschnitte wurden anschließend geometrisch

---

80 GIELEN (1994), S. 1.

81 Insbesondere der Index „30 Größte“ bei Annahme eines Steuersatzes von 0%, siehe STEHLE/HUBER/MAIER (1996), S. 299. Diese Reihe wurde später weiter zurückgerechnet und durch Ergänzung des DAX um die Körperschaftssteuergutschrift weiter aktualisiert.

82 Vgl. STEHLE/HARTMOND (1991), S. 380.

83 Dividenden gingen dabei brutto, also inklusive Körperschaftsteuergutschrift in die Berechnung ein, vgl. STEHLE/HARTMOND (1991), S. 382.

84 Vgl. STEHLE/HARTMOND (1991), S. 384.

verknüpft[85], so daß das Ergebnis als Wertentwicklung eines hypothetischen Portefeuilles interpretiert werden kann.

Für den gesamten Zeitraum von 1954 bis 1988 konnte mit einem solchen Portefeuille demnach bei passiver Anlagestrategie im geometrischen Mittel eine Rendite von 12,1%[86] p.a. erzielt werden.

2.3.2 Stehle/Huber/Maier (1996)

Vor dem Hintergrund des inzwischen als Marktindex für deutsche Standardaktien international etablierten DAX berechneten Stehle/Huber/Maier 1996 unter anderem *„auf Basis der 30 Gesellschaften, die in den jeweiligen Jahren vermutlich im DAX gewesen wären"*[87] eine durchgehende monatliche Datenreihe für den Zeitraum 1955 bis 1987, die mit dem ab dann verfügbaren DAX verknüpft wurde. Dabei wurden die im Index enthaltenen 30 Gesellschaften nach der Börsenkapitalisierung ausgewählt und ihre Renditen entsprechend gewichtet, Dividenden wurden unter Annahme eines individuellen Steuersatzes von 36% reinvestiert[88]. Bei der genannten Auswahl- und Gewichtungsmethode ergibt sich aus den abgedruckten Indexständen[89] ein geometrisches Mittel der nominellen Aktienrendite von 8,39% p.a.[90]. Für den gleichen Zeitraum erfolgte die Berechnung des Index der *„Größten 30"* auch alternativ unter Annahme eines Steuersatzes von 0% - hier ist nur das arithmetische Mittel von 13,3%[91] angegeben.

85 Vgl. Stehle/Hartmond (1991), S. 386.

86 Stehle/Hartmond (1991), S. 388.

87 Stehle/Huber/Maier (1996), S. 284.

88 Damit deckte sich die Vorgehensweise mit den impliziten Annahmen des DAX ab 1988, in dessen Dividendenbereinigung nur Bardividenden einfließen. Wegen des Anrechnungsverfahrens für inländische Privatanleger und des damals geltenden Körperschaftsteuersatzes auf ausgeschüttete Gewinne in Höhe von 36% entsprach dieser Berechnung die Annahme eines individuellen Einkommensteuersatzes von ebenfalls 36% (ab 1994: 30%).

89 1.536,54 per Dezember 1991 gegenüber 78,08 per Dezember 1954, vgl. Stehle/Huber/Maier (1996), S. 296.

90 Das arithmetische Mittel ist mit 11,68% angegeben, vgl. Stehle/Huber/Maier (1996), S. 294.

91 Stehle/Huber/Maier (1996), S. 299.

Als einziger „Bruch“ im Indexkonzept ist anzumerken, daß bei STEHLE/HUBER/MAIER die Gewichtung des Index nach dem Marktkapital monatlich aktualisiert wird, während beim DAX i.d.R. nur einmal jährlich eine Anpassung erfolgt. Die Deutsche Börse AG läßt allerdings bei der DAX-Zusammensetzung neben objektiven Kriterien auch Entscheidungsspielräume zur Geltung kommen, die es bei der Erstellung einer historischen Indexziffer möglichst nicht geben sollte. Nach Einschätzung der Autoren ist der aus der monatlichen Verkettung resultierende Unterschied gegenüber einer jährlichen Portfoliorevision vernachlässigbar[92].

2.3.3 *Aktualisierungen*

In diversen Erweiterungen[93] zu STEHLE/HUBER/MAIER wurde die dort beschriebene DAX-Replikation (der Index der *„Größten 30"*) in weitgehend identischer Konzeption[94] auch für die Zeit ab 1948 bis 1954 unter Annahme eines individuellen Steuersatzes von 0% berechnet. Auch der DAX ab 1988 bis einschließlich 1999 wurde inzwischen um die fehlende Körperschaftsteuergutschrift auf Dividenden ergänzt. Damit stellt STEHLE eine Indexreihe vor Steuern zur Verfügung[95], die bis in die Gegenwart reicht. Es kann eine weitgehende Kontinuität der Vorgehensweise innerhalb dieser gesamten Datenreihe angenommen werden.

Aus den jährlichen Renditen der hier verwendeten Aktualisierung[96] ergibt sich ein langfristiges geometrisches Mittel für den Zeitraum ab Ende 1948 bis Ende 1999 von nominal 15,74% p.a. und real 12,72% p.a.

---

92 Vgl. STEHLE/HUBER/MAIER (1996), FN 33 auf S. 288.

93 Vgl. z.B. STEHLE/WULFF/RICHTER (1999).

94 Für die gegenüber STEHLE/HUBER/MAIER (1996) neu berechneten Jahre 1948 bis 1954 wurde bei STEHLE(WULFF/RICHTER (1999) nur noch einmal jährlich die Zusammensetzung aktualisiert.

95 Daneben wurde die Indexreihe außerdem für Steuersätze von 36% und 56% berechnet.

96 Bei Fertigstellung dieser Arbeit wurde dem Verfasser eine Aktualisierung bis einschließlich 1999 zur Verfügung gestellt, die hier zugrunde gelegt wurde. Im Internet ist zum Zeitpunkt der Drucklegung unter *http://www.wiwi.hu-berlin.de/finance/* auch eine jüngere Fassung von STEHLE/WULFF/RICHTER/SCHULZ veröffentlicht. Auf jüngste Aktualisierungen wird im Schlußwort dieser Arbeit nochmals eingegangen.

Da dem Portfolio bei STEHLE im Grundansatz die gleiche Strategie zugrunde liegt wie dem in dieser Arbeit erstellten Index, wird die letzte verfügbare Fassung ab 1960 zur Verknüpfung herangezogen[97].

2.4 Gefahren einer Fehlinterpretation bisheriger Forschungsergebnisse

2.4.1 Ex ante geforderte und ex post realisierte Renditen

Hinsichtlich der Problematik langfristiger Untersuchungen formuliert die wirtschaftswissenschaftliche Literatur den sogenannten *survival bias*. Darunter versteht man den systematischen Meßfehler, der dadurch entsteht, daß in ex-post-Analysen nur diejenigen Werte eingehen, welche die historische Periode auch „überlebt" haben:

> *„Empirical analysis of rates of return in finance implicitly condition on the security surviving into the sample.* [...] *In general this conditioning induces a spurious relationship between observed return and total risk for those securities that survive to be included in the sample."*[98]

Obwohl die Diskussion um den *survival bias* in erster Linie darauf abzielt, daß langfristige Datenreihen nur dann vorliegen, wenn der gesamte Markt „überlebt" hat, gilt das Problem auch für einzelne Aktien. Auch Einzelwerte müssen in historische Indexziffern unabhängig von ihrem späteren Überleben einbezogen werden, damit nicht die Performance der Gesamtreihe systematisch überschätzt wird. Allerdings ist davon auszugehen, daß der *survival bias* bezogen auf das Überleben des Gesamtmarktes größer als bezogen auf das Überleben einzelner Gesellschaften.

Ausgehend von der am US-Kapitalmarkt beobachtbaren, auffallend hohen Risikoprämie[99] hat sich ein Bewußtsein für das prinzipielle Problem gebildet, daß für langfristige Untersuchungen auch durchgehende Datenreihen benötigt werden. Damit erfolgt die Messung bereits nicht mehr unvoreingenommen, sondern

---

[97] Vgl. Abschnitt 6.1.2. Dort werden auch die Abweichungen gegenüber dem hier erstellten Index in den parallel berechneten Jahren erläutert.

[98] BROWN/GOETZMANN/ROSS (1995), S. 853.

[99] Vgl. die beispielsweise bei BALLWIESER (1995), S.123, für den US-Markt angegebene Risikoprämie von 5-6%.

ist durch das „Überleben" der entsprechenden Datenreihe bedingt. Die Aktienmärkte der USA und Großbritanniens standen historisch in Konkurrenz mit einer Vielzahl anderer Märkte, die im Gegensatz zu den beiden genannten jedoch nicht in einer durchgehenden Datenreihe dargestellt werden können, da ihre Kontinuität durch Krisen bzw. strukturelle Veränderungen unterbrochen wurde.

Somit stehen für langfristige empirische Untersuchungen im Finanzsektor entsprechende Daten zwar mehr oder weniger exklusiv für diese beiden großen Märkte zur Verfügung, gleichzeitig sind die dort meßbaren Ergebnisse aus demselben Grund alles andere als repräsentativ: BROWN/GOETZMANN/ROSS weisen darauf hin, daß die an „überlebenden" Märkten nachträglich meßbare Risikoprämie systematisch höher ist, als wenn die Messung nicht an diese Bedingung des *survival* geknüpft wäre[100]. Durch Modellrechnungen wurde von MEHRA/PRESCOTT[101] bereits 1985 nachgewiesen, daß die am US-Kapitalmarkt ex post ermittelte Risikoprämie wesentlich höher ist, als dies durch die Risikoaversion der Marktteilnehmer zu erklären wäre.

Eine Schlußfolgerung aus den genannten Ergebnissen ist, daß die hohe Risikoprämie an den „überlebenden" Märkten zum Teil ein nachträgliches Entgelt für das ex ante-Risiko darstellt, daß diese Märkte genauso hätten zusammenbrechen können wie ihre „zeitgenössischen" Konkurrenten. Verglichen mit der Vielzahl der historisch gesehen „kurzlebigen" Märkte muß die langfristig besonders glückliche Entwicklung in den USA und Großbritannien als Ausnahmeerscheinung betrachtet werden. So stellen JORION/GOETZMANN die Stellung der USA als in der Vergangenheit unbestitten erfolgreichstes kapitalistisches System heraus. Bei einem breit angelegten Vergleich historischer Renditen auf 39 internationalen Aktienmärkten über den Zeitraum von 1921 bis 1996 kommen sie zu dem Schluß: *„The high U.S. equity premium seems to be the exception rather than the rule."* [102] Demzufolge wäre es eine unzulässige Verallgemeinerung, die in den USA ex post realisierte Prämie auf andere Märkte zu übertragen, die historisch weniger erfolgreich waren bzw. für die lediglich jüngere kontinuierliche Datenreihen existieren. Sie kann insbesondere nicht in die Zukunft projiziert werden.

Hinzu kommt, daß aufgrund der besseren Datenverfügbarkeit die historischen Renditen in den USA meist für die Zeit ab 1926 angegeben werden. Die in den

---

100 Vgl. BROWN/GOETZMANN/ROSS (1995), S. 862ff.

101 MEHRA/PRESCOTT (1985): The Equity Premium – A Puzzle, in : Journal of Monetary Economics 15 (1985), S. 145-161.

102 JORION/GOETZMANN (1999), S. 960.

letzten sieben Jahrzehnten in den USA realisierten Aktienrenditen sowie die daraus ermittelten Risikoprämien sind jedoch selbst für die Vergangenheit des US-Marktes nicht repräsentativ, denn Untersuchungen der davor liegenden Zeiträume zeichnen ein etwas nüchterneres Bild. GOETZMANN/IBBOTSON/PENG kommen für den Zeitraum 1825 bis 1925 zu langfristigen Durchschnittsrenditen von 8,5% p.a. bzw. 5,99% p.a.[103]. SIEGEL gibt die durchschnittliche Risikoprämie für die Zeit von 1802 bis 1870 mit 2,2% und für die Zeit von 1870 bis 1925 mit 2,9% an. Über den Zeitraum von 1802 bis 1998 bleibt dann noch eine durchschnittliche Risikoprämie von 3,5% am US-Markt[104].

Die Tatsache, daß am deutschen Markt seit dessen „Neustart" nach dem II. Weltkrieg **ex post** ebenfalls eine recht hohe Aktienrendite gemessen werden kann, sollte nicht darüber hinweg täuschen, daß als Ausgangspunkt für diese Messung eine denkbar tiefe Baisse gewählt wird: Die längste bislang vorgelegte Untersuchung mit einem konsistenten Indexkonzept ist die im vorigen Abschnitt beschriebene Arbeit von STEHLE und seinen Koautoren. Sie setzt nach der umfassenden Vernichtung von Produktionsanlagen, Infrastruktur und Vermögenswerten durch einen jahrelangen Bombenkrieg ein, zu einem Zeitpunkt, als das alte Währungssystem seiner Funktion durch schleichende Inflation seit Jahren weitgehend beraubt und das Vertrauen in das Wirtschaftssystem zerstört war, und unmittelbar nachdem mit der Währungsreform die Grundlage geschaffen wurde, um die vorangegangen Zerstörungen wieder auf marktwirtschaftlicher Basis aufzubauen.

Davon abgesehen ist zu bedenken, daß eine historisch gemessene Risikoprämie selbst dann nicht in die Zukunft extrapoliert werden könnte, wenn von einem weiteren Überleben des Marktes – also von auch **zukünftiger** Stabilität – sicher auszugehen wäre. Durch BROWN/GOETZMANN/ROSS wurde ein entsprechendes Modell mit dem Verlauf einer vereinfachten Marktindexkurve unter solchen Rahmenbedingungen formuliert. Langfristig folgt ein typisierter Marktindex mit zunehmender Stabilität demnach einem Pfad mit stetig abnehmenden Zuwachsraten. Dies aber bedeutet, daß die Renditen in den späteren Perioden der Datenreihe niedriger sind als das geometrische Mittel der gesamten Reihe zuvor[105]. Vereinfacht ausgedrückt: Mit zunehmender Stabilität eines Marktes entfällt auch der Grund, Investoren auf diesem Markt eine höhere Risikoprämie zu bieten. Gerade wenn man dem Einwand des *survival bias* also entgegenhält, daß die der

---

103 Vgl. GOETZMANN/IBBOTSON/PENG (2000), S. 32. Das unterschiedliche Ergebnis hängt von alternativen Annahmen über die nicht erfaßten Dividenden ab, vgl. ebd. S. 7ff.

104 SIEGEL (1999), S. 12.

105 Vgl. BROWN/GOETZMANN/ROSS (1995), S. 856ff.

historischen Performancemessung implizit zugrunde liegende Bedingung des Überlebens für den deutschen Aktienmarkt mit großer Sicherheit auch für die Zukunft gelten wird, darf das durch diese Bedingung ex post erhöhte Meßergebnis nicht auf diese Zukunft übertragen werden. Wenn die Marktbewertung (und mithin die historisch realisierte Risikoprämie) nur deshalb steigt, weil die Marktteilnehmer von künftiger Stabilität ausgehen, so ist dies gleichzusetzen mit einem Absinken der ex ante zu erwartenden Risikoprämie.

Jüngere Quellen befassen sich vor diesem Hintergrund verstärkt mit dem fundamentalen Unterschied zwischen ex post realisierten und ex ante zu erwartenden Risikoprämien. Während die ex post realisierten Risikoprämien insbesondere durch nicht antizipierte Veränderungen der fundamentalen Daten steigen können (sinkende Renditeanforderungen, Anstieg der Gewinnerwartungen) spielen für die heutige Marktbewertung nur die ex ante zu erwartenden Risikoprämien eine Rolle.

FAMA/FRENCH schätzen die aktuelle Gewinnerwartung ausgehend von den beobachtbaren Dividenden bei Annahme plausibler Wachstumserwartungen und kommen so zu ex-ante-Risikoprämien für die USA in Höhe von 2,55% p.a.. Beim Vergleich mit den wesentlich höheren, ex post realisierten Risikoprämien kommen sie zu dem Schluß, daß die in der zweiten Hälfte des 20. Jahrhunderts realisierten Renditen im Wesentlichen durch nicht erwartete Senkungen der Renditeanforderungen hervorgerufen wurden[106].

Aus der Untersuchung von Aktienkursen, Gewinnerwartungen und Zinsniveau schließen CLAUS/THOMAS, daß die realistische ex-ante-Risikoprämie keinesfalls über 3% p.a. liegen könne. Sie weisen darauf hin, daß wesentlich höhere Risikoprämien einen aus heutiger Sicht nicht plausiblen, deutlichen Anstieg der Unternehmensgewinne voraussetzen: „*Not only are such growth rates substantially in excess of any reasonable forecasts of aggregate growth (e.g. GDP), the projected streams for various indicators [...] are also internally contradictory and inconsistent with intuition and past experience.*“[107]

In einer weitergehenden Schlußfolgerung könnte man annehmen, daß die „wahre“ Risikoprämie sämtlicher erfolgreicher und gescheiterter Märkte im langfristigen Zeithorizont theoretisch recht nahe an Null liegen müßte, wenn die Messung nicht an die Bedingung des „Überlebens“ geknüpft wird. Denn wenn über einen unendlichen Anlagehorizont hinweg dennoch eine deutliche Risikoprämie verbliebe, müßten Marktprozesse einsetzen, um diese abzuschöpfen.

---

106 Vgl. FAMA/FRENCH (2001), abstract. .

107 CLAUS/THOMAS (2001), S. 1662.

Diese Arbitrageprozesse würden zu einer beinahe risikoneutralen Bewertung der Aktienmärkte führen.

Obwohl diese Überlegung aus theoretischer Sicht eine gewisse Berechtigung hat, scheitert ein potentieller Nachweis schon an der Unmöglichkeit, für die riskanten Anlagen sämtlicher Märkte einen gemeinsamen, möglichst langfristigen Zeitraum zu definieren und über diese Periode ein Aggregat für die Entwicklung dieser Anlagen zu berechnen. Abgesehen von diesem Meßproblem ist auch in Betracht zu ziehen, daß reale Anleger keinen ewigen Planungshorizont haben und somit zumindest eine geringfügig positive Risikoprämie fordern müssen, die allerdings erheblich unter den an besonders glücklichen Märkten beobachtbaren Ergebnissen liegen dürfte.

2.4.2 Arithmetische versus geometrische Mittelwerte

Die von manchen Autoren gewählte, etwas irreführende Darstellungsweise der Ergebnisse führt ebenfalls zu einer Fehlinterpretation der Vergangenheit: Häufig wird das Augenmerk vor allem auf die – ökonomisch völlig bedeutungslosen – **arithmetischen** Mittelwerte der Renditen gerichtet. Dies führt dazu, daß immer wieder die Differenz aus den arithmetischen Mittelwerten von Aktien- und Anleiherenditen zu Unrecht als „Risikoprämie" bezeichnet wird[108] und in der Praxis der Unternehmensbewertung dann möglicherweise auch als solche in die Barwertformel einfließt, die jedoch auf einer **geometrischen** Verknüpfung beruht.

Hintergrund dafür mag die Annahme sein, daß der arithmetische Durchschnitt als Mittelwert einer statistischen Verteilung der Einzelrenditen den Erwartungswert für künftige Einzelrenditen liefere. Dem ist nach Ansicht des Verfassers jedoch entschieden zu widersprechen, da sich dann durch Festlegung der Länge der Teilperioden das Gesamtergebnis manipulieren ließe. Aus den täglichen, wöchentlichen, monatlichen oder jährlichen Renditen lassen sich jeweils mit der gleichen Berechtigung arithmetische Mittelwerte errechnen, die, eingesetzt in eine geometrische Reihe mit 250, 52, 12 oder einer Teilperiode pro Jahr, zu jeweils unterschiedlichen Endwerten führen würden.

Die arithmetischen Mittelwerte der Aktienrenditen weichen auch systematisch von den finanzmathematisch korrekt ermittelten, geometrischen Werten ab. Bei

---

108 Vgl. CONEN/VÄTH (1993), S. 645.

per Saldo positiver Rendite ist der arithmetische Durchschnitt aufeinander folgender Realisationen höher als das geometrische Mittel dieser Perioden.

Man veranschauliche sich dies an einer 2-Perioden-Zeitreihe, bei der alternativ in den Zeitpunkten (t_1;t_2) die Renditen (10%;10%), (5%;15%), (0%;20%) oder (-10%;+30%) realisiert würden. Der arithmetische Durchschnitt der beiden Einzelperioden ist bei allen vier Zeitreihen 10%, während das geometrische Mittel – und somit die **tatsächlich erzielte Rendite** - mit 10%, 9,89%, 9,54% und 8,17% in den Szenarios mit stärkeren Schwankungen tatsächlich deutlich schlechter ist. Der Fehler wird um so größer, je mehr die Renditen der einzelnen Perioden voneinander abweichen. Entsprechend werden Renditevergleiche zwischen Aktien und sicheren Anlagen allein durch Betrachtung der arithmetischen Mittelwerte systematisch zu Gunsten der Aktie verzerrt, da die Performance von Aktien regelmäßig stärkeren Schwankungen ausgesetzt ist. Aus diesen Gründen ist eine so ermittelte Risikoprämie auch grundsätzlich zu hoch.

2.5 Fazit

Selbst bei wohlwollender Würdigung der Arbeiten von MORAWIETZ und CONEN/VÄTH als erste Annäherungen an einen sehr langen Zeitraum ist festzustellen, daß deren selektiver Ansatz schon wegen der einseitigen, gezielten Eliminierung der großen Krisenzeiträume des vergangenen Jahrhunderts für die langfristige Performancemessung als nicht aussagekräftig einzustufen sind.

Die Arbeiten von GIELEN und HÄUSER/ROSENSTOCK/VORWERK/SEUM sind zwar aufgrund der zumindest teilweise erst nachträglichen Festlegung der Indexzusammensetzung immer noch mit dem grundsätzlichen Konstruktionsmangel des *ex post selection bias* behaftet. Allerdings fällt die hier teilweise praktizierte ex-post-Auswahl einzelner Gesellschaften ungleich weniger schwer ins Gewicht als der von MORAWIETZ und CONEN/VÄTH erzeugte *bias* durch die ex post erfolgte Auswahl zusammenhängender (und teilweise langfristiger!) Teilperioden unter Ausklammerung von Zeiträumen mit Katastrophenereignissen.

Der Arbeit von GIELEN kann sogar zugestanden werden, daß sie die bislang einzige Untersuchung darstellt, welche den gesamten Zeitraum seit 1870, also seit dem Aufkommen eines breiten Aktienhandels in Deutschland, bis 1993 abdeckt. Eine schwer zu kalkulierende Fehlerquelle liegt hier jedoch in dem häufigen Wechsel des Indexkonzepts, da er seine Datenerhebung auf sehr unterschiedliche Vorarbeiten anderer Autoren stützen muß.

Als ein Fazit des bisherigen Standes der Forschung bleibt festzuhalten, daß die gesichteten Vorarbeiten anderer Autoren aus verschiedenen Gründen die Frage nach der langfristigen Rendite am deutschen Kapitalmarkt nicht befriedigend beantworten können. Von der Konzeption her hat STEHLE einen theoretisch fundierten und zugleich praktikablen Ansatz gewählt, der im Hinblick auf die in der vorliegenden Arbeit untersuchte Fragestellung lediglich insofern zu wünschen übrig läßt, als bislang nur die Nachkriegszeit in den Erhebungszeitraum einbezogen wurde. Der später erweiterte Index der *„30 Größten"* von STEHLE/HUBER/MAIER bietet sich ab 1960 für eine Verknüpfung mit der hier bis 1959 zu erstellenden Indexziffer an. Es besteht damit die Möglichkeit, eine konsistente Datenreihe ab dem Aufkommen eines breiten Aktienhandels in Deutschland zu schaffen, die bis ins 19. Jahrhundert zurück reicht und in die Zukunft fortgeschrieben werden kann.

Nachdem es für den deutschen Aktienmarkt also immer noch keine durchgehende Performancemessung über den Zeitraum seit der ersten Gründerwelle nach 1870 bis über das Ende des II. Weltkriegs und die Währungsreform hinaus gibt, gilt es, die Lücken der Kriegs- und Krisenzeiten, welche von bisherigen Untersuchungen unberücksichtigt geblieben sind, durch die vorgelegte Arbeit zu schließen.

3 Gang der Untersuchung

In der vorgelegten Arbeit soll die empirisch beobachtbare Rendite riskanter Wertpapiere in Deutschland als langfristige Performance des Aktienmarkts gemessen werden. Um nicht einseitig die Zeiträume mit ungewöhnlich hohen Renditen (wie die 50er Jahre) in die Untersuchung einzubeziehen, die erst dadurch möglich wurden, daß ihnen andere Zeiträume ungewöhnlicher Wertvernichtung (wie der II. Weltkrieg) vorangingen, soll der Beobachtungszeitraum durchgehend die gesamte Zeit seit Aufkommen eines nennenswerten Aktienhandels in Deutschland umfassen. Dadurch wird auch der sogenannte *survival bias* vermieden. Die bislang durch Verknüpfung verschiedener Datenreihen in Kauf genommenen Brüche werden durch die Erstellung einer neuen, konsistenten Indexziffer umgangen.

Die Antwort auf die Frage, was nun als „langfristiger" Zeitraum zu bezeichnen ist, entfernt sich im Zusammenhang mit der Problematik des *survival bias* erheblich vom landläufigen Sprachgebrauch. Eine Beschränkung auf Zeiträume mit einem durchgehend relativ stabilen politischen oder wirtschaftlichen System würde implizit auf der Annahme gründen, daß tiefere Krisen, die ein solches System von Grund auf erschüttern, oder politische Umwälzungen, die zu völlig veränderten Rahmenbedingungen führen, auch für alle Zukunft völlig auszuschließen sind.

So mag aus Sicht des einzelnen Anlegers die Zeit seit der Währungsreform von 1948 durchaus als „dauerhafte" Stabilität empfunden werden. Bezogen auf den gesamten Zeitraum seit dem Aufkommen eines breiteren Aktienhandels Anfang der 70er Jahre des 19. Jahrhunderts war diese Phase im historischen Überblick jedoch alles andere als typisch für den deutschen Markt. Entscheidend für die Wahl des Untersuchungszeitraums sollte daher nicht die Dauer glücklicher Rahmenbedingungen am Aktienmarkt sein, sondern vielmehr die Dauer seit Bestehen des Aktienmarkts selbst.

Ein über diesen langfristigen Zeitraum durchgehender, einheitlicher historischer Marktindex wurde noch nicht veröffentlicht. Auch sind die über verschiedene Teilperioden bereits erstellten Indizes in ihrer Konzeption und Zusammensetzung so unterschiedlich[109], daß diese für eine Verknüpfung untereinander aus wissenschaftlicher Sicht nicht geeignet erscheinen, selbst wenn man die längeren Datenlücken zwischen den bislang abgedeckten Zeiträumen noch ergänzt. Es besteht zwar Grund zu der Annahme, daß bei hinreichend langen Teilperioden

[109] Vgl. Abschnitte 2.1 und 2.2.

die durch unterschiedliche Indexkonzepte meßbaren Renditen nicht mehr signifikant voneinander abweichen[110]. Es soll aber dennoch einem langfristig fundierten Ergebnis an dieser Stelle nicht vorgegriffen werden, da andererseits auch die Meinung vertreten wird, daß systematische *Size-Effekte* eben doch existieren. Diese könnten dazu führen, daß derartige geringe Abweichungen sich über längere Zeiträume akkumulieren.

Die Zielsetzung der vorliegenden Arbeit ist mangels aussagefähiger Vergleichsdaten zwischen riskanten und quasi-sicheren Anlagen weit davon entfernt, die langfristige ex-post-Risiko**prämie**[111] des deutschen Marktes messen zu können. Allerdings soll der Versuch unternommen werden, die Messung der historischen deutschen Aktienrendite von der geschilderten Bedingung des „Überlebens" zu lösen. Soweit dies möglich ist, sollen die historisch verfügbaren Daten genutzt werden, um eine konsistente, langfristige Datenreihe seit Aufkommen eines signifikanten Aktienhandels in Deutschland zu erstellen und somit die Frage nach der langfristig erzielbaren riskanten **Rendite** zu klären. Damit wäre die Vergangenheit des deutschen Aktienmarkts bis heute realitätsnah abgebildet und könnte einerseits mit der in anderen Ländern beobachtbaren Entwicklung, andererseits mit künftig verfügbaren Daten für den langfristigen deutschen Rentenmarkt verglichen werden.

Der seit Ende 1987 berechnete DAX liefert heute eine allgemein akzeptierte Maßzahl für die Entwicklung des Marktes deutscher Standardaktien, die auch den wissenschaftlichen Anforderungen an die Erfordernisse eines Performanceindex genügt. Als störend ist im Rahmen langfristiger Untersuchungen jedoch die fehlende Körperschaftsteuergutschrift zu beurteilen, da dies für den Inländer zur Annahme unterschiedlicher Einkommensteuersätze im Zeitablauf führt.

Durch STEHLE wurde unter anderem ein Vorläufer für den heutigen DAX für die Zeit ab 1955[112] berechnet, indem das mit dem DAX verfolgte Indexkonzept im

---

110 Diese Ausgangsvermutung wurde auch bislang durch die am Lehrstuhl für Bank- und Kreditwirtschaft der Universität Würzburg vergebenen Diplomarbeiten bestätigt, im Rahmen derer für Teilperioden jeweils ceteris paribus Indexziffern nach verschiedenen Gewichtungsmethoden (Börsenkapital, Kursgewichtung, Gleichgewichtung) nebeneinander berechnet wurden.

111 Dies wäre nur möglich, wenn eine gleichermaßen konsistente Datenreihe für festverzinsliche Wertpapiere verfügbar wäre (vgl. auch Kapitel 7). Ein derartiges Forschungsprojekt läuft derzeit am Lehrstuhl für Betriebswirtschaftslehre, Bank- und Kreditwirtschaft der Universität Würzburg.

112 STEHLE/HUBER/MAIER (1996).

Rahmen einer Vorwärtsrechnung[113] auch auf die Zeit vor 1988 angewandt wurde. Im so konstruierten Index sind also diejenigen Werte enthalten, die, hätte es den DAX bereits früher gegeben, wohl in den betreffenden Jahren in dessen Berechnung eingegangen wären.

Die heutigen Steuersätze sind (entgegen der Annahmen von CONEN/VÄTH[114]) keineswegs auf den gesamten Untersuchungszeitraum übertragbar, und selbst bei genauer Kenntnis der historischen Steuergesetzgebung im Zeitablauf müßten zur Berechnung einer langfristigen Nachsteuer-Rendite bis heute weitreichende Annahmen z.B. über den persönlichen Grenzsteuersatz, aber auch über die Wohnsitzgemeinde[115] des hypothetischen Anlegers getroffen werden. Der durchaus gerechtfertigten Kritik, daß ein Steuersatz von 0% für einen steuerehrlichen Kleinanleger so i.d.R. nicht realisierbar gewesen sei, kann entgegen gehalten werden, daß die durchgehende Unterstellung jedes anderen denkbaren Steuersatzes ebenso unrealistisch ist. Zudem trifft die Steuerfreiheit sämtlicher (Kurs- und Dividenden-)Erträge aus der Aktienanlage immerhin für Lebensversicherungen zu, die einen erheblichen Teil der privaten Aktienanlage auf sich vereinen. Es erscheint daher nicht nur aus Gründen der Praktikabilität angebracht, über den gesamten Zeitraum die Vorsteuer-Rendite zu messen.

Für die Zeit ab 1948 haben STEHLE et al. einen solchen Vorsteuer-Index[116] berechnet und ab 1988 bis Ende 1999 mit einem modifizierten DAX verknüpft, der um die fehlenden Körperschaftsteuergutschriften ergänzt wurde. Auch für den durch den DAX abgedeckten Zeitraum erscheint daher die Arbeit von STEHLE geeignet, um eine langfristige Anlageerwartung vor Steuern in die Gegenwart fortzuschreiben.

Für die Zeit vor 1960 wird ein solcher Index im Rahmen dieser Arbeit erstellt. Damit verbleibt ein Überlappungszeitraum mit dem Index von STEHLE, so daß auch Untersuchungen bezüglich der Kontinuität der beiden Datenreihen ermöglicht werden.

Um die Messung der langfristigen Performance auf eine theoretisch fundierte Basis zu stellen, werden zunächst die Grundlagen der Indextheorie aufgearbeitet. Danach wird ein historischer Aktienindex konzipiert, der einerseits hinsichtlich der implizit verfolgten Anlagestrategie den Erkenntnissen der modernen

---

113 Vgl. STEHLE/HUBER/MAIER (1996), S. 287.

114 Vgl. Abschnitte 2.1.2.

115 Zum früheren Hebesatzrecht der Gemeinden auch bei der Einkommensteuer vgl. HÄFFNER (1997) und EUBE (1998).

116 Hierbei handelt es sich um die letzte verfügbare Aktualisierung, vgl. Abschnitt 2.3.3.

Kapitalmarkttheorie genügt und andererseits auch die bislang ungelösten Besonderheiten des Untersuchungszeitraums bei der Messung der Rendite korrekt berücksichtigt.

Eine Verknüpfung mit der Indexziffer von STEHLE und dem von ihm ab 1988 modifizierten DAX wird zu einem möglichst langfristigen Anlageerfolg aus Aktien bei passiver Anlagestrategie bis in die Gegenwart führen. Durch geeignete Berücksichtigung der nominellen Preisentwicklung soll auch die reale Wertentwicklung einer langfristig verfolgten Anlagestrategie in deutsche Aktien gemessen werden. Eine Untersuchung des im Zeitablauf durch den Index abgebildeten Marktanteils soll Anhaltspunkte für die Repräsentativität der Ergebnisse über das Indexportfolio hinaus liefern.

4 Grundlagen der Theorie der Aktienindizes

Unter einem Aktienindex versteht man ein statistisches *„Instrument zur Messung der aggregierten Aktienkursveränderungen"*[117]. Durch den Index soll die *„durchschnittliche Veränderung einer Vielzahl gleichartiger Tatbestände in einer einzigen Zahl"*[118] ausgedrückt werden.

Aktienindizes werden zu den unterschiedlichsten Zwecken erstellt. Einen idealen Index für alle Zwecke gibt es nicht. Das folgende Zitat aus einem Beitrag von YULE in der Diskussion über den „FISHERschen Idealindex"[119] bringt das Dilemma der Suche nach einem idealen Index auf den Punkt:

> *„Fisher's belief that he is able to give the correct answer to a question without knowing what the question is does not appear to me well founded. An unknown question cannot be answered at all.* [...] *so far from ignoring the purpose of the index number, we must start from the purpose in order to deduce the formula required."*[120]

Es ist also jeweils notwendig, zuerst die Aufgabe eines Index zu bestimmen, bevor anschließend seine zweckgerichtete Konstruktion erfolgen kann[121]. Dieses Postulat wurde auch durch die Vorgehensweise der Praxis eingeholt: Der „Idealindex" konnte sich nie durchsetzen. Die von verschiedenen Institutionen erstellten und veröffentlichten Indexziffern orientierten sich schon immer an bestimmten Zwecken. Während früher eine möglichst einfache Berechnung oft noch im Vordergrund stand, wird inzwischen verstärkt Wert auf eine möglichst realistische Interpretationsmöglichkeit der erstellten Indexziffern gelegt. Diese Interpretationsmöglichkeit sollte dann auch mit dem angestrebten Zweck korrespondieren. Als Aufgaben eines Aktienindex[122] kommen neben der rein deskriptiven Dokumentation der durchschnittlichen Kursentwicklung[123] vor allem die

---

117 BLEYMÜLLER (1966), S. 16.

118 BLEYMÜLLER (1966), S. 15.

119 Es handelt sich dabei um die geometrische Kreuzung aus den Indizes nach PAASCHE und LASPEYRES, die weiter unten behandelt werden.

120 YULE (1923), S. 425f, zitiert nach MCINTYRE (1938), S. 557f.

121 Vgl. BLEYMÜLLER (1966), S. 20.

122 Vgl. hierzu anstelle vieler BLEYMÜLLER (1966), S. 19-28 und GIEßELBACH (1989), FN 10 auf S. 47.

123 Ein Beispiel hierfür wäre z.B. der Dow Jones Industrial Average.

Performancemessung einer durchschnittlichen Kapitalanlage[124] sowie die Benchmarkfunktion als Vergleichsmaßstab mit Anlagealternativen[125] in Betracht. Auch die Messung der Entwicklung des insgesamt am Aktienmarkt investierten Risikokapitals kann z.B. aus Sicht des Volkswirts eine Aufgabe für einen Aktienindex darstellen[126].

Grundsätzlich unterscheidet man in „echte" und „unechte" Indizes[127]. Letztere stellen lediglich Kursdurchschnitte oder Maßzahlen aus Kursdurchschnitten dar. Streng genommen können sie aufgrund der wechselnden Zusammensetzung und der schwankenden Gewichtung nur auf den jeweils aktuellen Zeitpunkt bezogen werden, da ihnen der zur Beurteilung der langfristigen Entwicklung notwendige Bezug zu einem festen Vergleichszeitpunkt fehlt[128]. Allerdings könnte unter Umständen die anfängliche Basis als Vergleichszeitpunkt beibehalten werden, sofern die ursprüngliche Zusammensetzung unverändert bleibt und die Kurse um abfließende Rechte bereinigt werden[129]. Selbst dann findet jedoch noch eine fundamental nicht zu rechtfertigende, implizite Gewichtung mit dem Stückkurs der einzelnen Aktien statt[130], so daß die Verwendung von „unechten" Indizes aus wissenschaftlicher Sicht abzulehnen ist, auch wenn sie wegen der einfachen Berechnung in Form von arithmetischen Mittelwerten weite Verbreitung gefunden haben[131]. Im Folgenden soll die Darstellung daher auf „echte" Indizes beschränkt werden.

Da mit einem Performanceindex das Ziel verfolgt wird, den erzielbaren Gesamtanlageerfolg eines Investors zu messen, entspricht dies der Konzeption als hypothetisches Portefeuille[132], wobei die genaue Indexformel und die Art und

124 Für deutsche Standardwerte erfüllt diese Aufgabe v.a. der DAX-Performanceindex.

125 V.a. bei Branchenindizes.

126 Hierzu dient z.B. der nach der WERTINDEX-FORMEL berechnete Index des Statistischen Bundesamts.

127 Vgl. BLEYMÜLLER (1966), S. 45ff.

128 Vgl. SCHULZE/SPIEKER (1994), S. 6.

129 Da jedoch die einfache Berechnung bei „unechten" Indizes im Vordergrund steht, wird davon meist abgesehen.

130 Bei anderen Preisindizes: mit dem Stückpreis der einzelnen Güter. Vgl. hierzu auch Abschnitt 4.3.

131 Auch der „Dow Jones Industrial Average", das bis heute bekannteste Maß für die Entwicklung des US-amerikanischen Aktienmarkts, zählt als arithmetisches Mittel zu den „unechten Indizes".

132 Vgl. BLEYMÜLLER (1966), S. 39ff.

Weise, in der die notwendigen Korrekturen technischer Kursbewegungen im Zeitablauf vorgenommen werden, immer auch eine bestimmte Anlagestrategie impliziert. Auf einer sehr anschaulichen Ebene kann ein Performanceindex also immer als Abbild der Entwicklung eines bestimmten Aktienkorbes unter Berücksichtigung der Erträge aus Dividenden und Bezugsrechten interpretiert werden[133]. Vor diesem Hintergrund sollen die gängigen mathematischen Konzepte beurteilt werden.

4.1 Die Wahl des Indextyps

Die Formeln der meisten „echten" Indizes unterscheiden sich vor allem hinsichtlich des Zeitpunktes, auf den sich die Gewichtung der jeweiligen Maßzahl bezieht. Dabei kann zunächst noch außer Acht bleiben, nach welchem Kriterium (Grundkapital, Börsenkapital, Umsatz) diese Gewichtung letztlich erfolgt. Im Folgenden sollen die gängigen mathematischen Konzepte kurz dargestellt werden. Dabei wird ausschließlich auf Aktienindizes Bezug genommen.

4.1.1 Die Indexformel nach LASPEYRES

Die Indexformel nach LASPEYRES für *i* Elemente zum Zeitpunkt *t* mit der Basis *0* hat folgende Struktur (Symbole siehe Symbolverzeichnis):

$$I_L = \frac{\sum_i (p_{it} * g_{i0} * c_{it})}{\sum_i (p_{i0} * g_{i0})}$$

(Formel 1)

Bei einem LASPEYRES-INDEX werden also die Gewichte der einzelnen Elemente zum Basiszeitpunkt festgelegt und dann im Zeitablauf prinzipiell starr beibehalten. Bei einem Aktienindex ist dieses Konzept sehr anschaulich als aktueller Wert eines hypothetischen Portfolios zu deuten, welches im Basiszeitpunkt nach bestimmten Gewichtungskriterien zusammengestellt und dann als langfristige

---

133 Vgl. LANG (1993), S. 648.

Anlage gehalten wird. Der LASPEYRES-INDEX kommt somit bereits in der unveränderten Grundformel dem Anlegerverhalten eines passiven Investors, der eine *buy-and-hold*-Strategie verfolgt, sehr nahe. Diese einfache Interpretierbarkeit als Wertentwicklung eines unveränderten Aktienkorbes zwischen zwei Zeitpunkten, die auch bei langfristiger Betrachtung für den Anwender leicht nachzuvollziehen ist, stellt den Hauptvorteil dieses Konzepts dar. Dem steht als Nachteil gegenüber, daß durch die Fixierung der Gewichte auf den Basiszeitpunkt nach und nach eine Veraltung[134] eintritt, da die einmal starr festgelegten Gewichte den ursprünglich zugrunde gelegten Anlagekriterien nur noch eingeschränkt oder unter Umständen überhaupt nicht mehr entsprechen[135].

Um dieses Veralten zu vermeiden, muß in regelmäßigen Abständen die Gewichtung überprüft und aktualisiert werden. Daneben muß bei Verwendung der LASPEYRES-Formel auch eine Lösung für das Problem gefunden werden, daß die im Zeitablauf unvermeidliche Fluktuation, also der Austausch von Indexgesellschaften, nicht automatisch im Index abgebildet wird. So ist neben einer regelmäßigen Anpassung der Gewichte an die veränderte Bedeutung der Gesellschaften auch zu bedenken, daß einzelne Gesellschaften durch Liquidation untergehen oder durch Gründung neu entstehen. Um sowohl die Gewichte als auch die Zusammensetzung des Index an die im Zeitablauf veränderten Begebenheiten anzugleichen, sind regelmäßige Anpassungen sinnvoll. Zu diesem Zweck werden i.d.R. in festgelegten Abständen Verkettungen durchgeführt, die in einem späteren Abschnitt noch genauer erläutert werden[136].

Daneben werden üblicherweise die aus Bartransaktionen resultierenden technischen Kursänderungen fortlaufend durch Korrekturfaktoren ausgeglichen, um den Gesamterfolg der Aktienanlage zu messen. Auch hierauf wird später noch eingegangen[137].

Es wurde vereinzelt kritisiert, daß ein LASPEYRES-INDEX die *„Zeitumkehrprobe“*[138] nicht besteht. Dies ist zutreffend, sofern sich im Zeitablauf die Basis ändert. Da dieses „Problem“ im Zusammenhang mit Verkettungen auftritt, soll es erst in dem entsprechenden Abschnitt 4.5 erörtert werden.

---

134 Vgl. JANßEN/RUDOLPH (1991), S. 29.

135 Vgl. LÜTZEL/JUNG (1984), S. 44.

136 Vgl. Abschnitt 4.5.

137 Vgl. Abschnitt 4.6.

138 Dieses Kriterium, Irving Fishers *„Time Reversal Test“*, zielt unabhängig vom Zweck (und von der Realitätsnähe) einer Indexziffer auf deren mathematische Eigenschaften, vgl. ausführlich YULE (1923), S. 424f. Siehe auch LERCH (1971), S. 48.

4.1.2 Die Indexformel nach PAASCHE

Ein PAASCHE-INDEX ist wie folgt definiert:

$$I_P = \frac{\sum_i (p_{it} * g_{it} * c_{it})}{\sum_i (p_{i0} * g_{it})}$$

(Formel 2)

Auch PAASCHE-Aktienindizes messen die Entwicklung eines Aktienkorbes zwischen zwei Zeitpunkten, allerdings unter der Annahme, daß die aktuelle Gewichtung bereits in der Basisperiode vorgelegen hätte[139]. Dadurch entfällt zwar das Problem, die Gewichte an die veränderte Bedeutung der einzelnen Gesellschaften anzupassen. Gleichzeitig ist jedoch als Nachteil zu sehen, daß dies permanent geschieht. Während der damit verbundene Rechenaufwand im Zeitalter der elektronischen Datenverarbeitung kein ernstes Hindernis mehr wäre, stellt die fehlende Realitätsnähe die Anwendung der PAASCHE-Formel bei Aktienindizes erheblich in Frage. Wollte man einen solchen Index nachbilden, so wäre diese Nachbildung aufgrund der ständig zu verändernden Struktur mit hohen Transaktionskosten belastet. Vor allem würde der erzielte Anlageerfolg nicht der Performance des Index entsprechen, da diesem nur eine stetig veränderte, hypothetische Basis zugrunde liegt, während bei der tatsächlichen Nachbildung die ursprüngliche Basis im Nachhinein nicht mehr verändert werden kann.

Als Wertentwicklung eines hypothetischen Portfolios ist ein solcher Index für den Anwender damit weniger aussagekräftig als ein LASPEYRES-INDEX, da sich bei der PAASCHE-Formel die Basis der Messung laufend verändert.

---

139 Vgl. SCHULZE/SPIEKER (1994), S. 8.

4.1.3 Kreuzungen aus LASPEYRES- und PAASCHE-Indizes

Verschiedene Autoren vertreten die Meinung, daß die Indexformel nach LASPEYRES einen positiven, die nach PAASCHE einen negativen *bias* erzeuge[140]. Bei einem LASPEYRES-INDEX bestünde demnach die Tendenz zur Überbewertung einer Hausse und zur Unterbewertung einer Baisse, während beim Index nach PAASCHE das Gegenteil der Fall wäre. Um diese gegenläufigen Effekte auszugleichen, wurden diverse Kreuzungen der beiden Formeln vorgeschlagen[141].

Im Zusammenhang mit dieser Arbeit spielen diese Argumente jedoch keine Rolle: Diese Kreuzungen sind sämtlich als Kunstprodukte anzusehen, die sich einer anschaulichen Interpretation entziehen. Nachdem der LASPEYRES-INDEX den Gesamtwert eines bestimmten, realen Aktienkorbes abbildet, ist festzustellen, daß der *bias* hier ganz im Gegenteil in der Abweichung der Ergebnisse anderer Indexformeln vom LASPEYRES-Wert besteht.

Da zur Messung der historischen Gesamtrendite eines langfristigen Engagements in Standardaktien also nur die LASPEYRES-Formel eine realistische Interpretation ermöglicht, wird auf derartige Kreuzungen[142] im Rahmen dieser Arbeit nicht weiter eingegangen werden.

4.1.4 Der WERTINDEX

Weite Verbreitung in der statistischen Erfassung der Aktienmärkte hat die sogenannte Portefeuille-Methode gefunden. Die zugehörige WERTINDEX-Formel setzt aktuelle Preise und Gewichte mit denen des Basiszeitpunkts ins Verhältnis[143]:

---

[140] Einen Überblick mit weiteren Verweisen bietet LERCH (1971), S. 48ff.

[141] Vgl. RÜHLE (1991), S. 76.

[142] Beispielsweise wären hier die Formeln für den Index von SIGWICK und DROBISCH (arithmetische Kreuzung) sowie für den bereits erwähnten „FISCHERschen Idealindex" (geometrische Kreuzung) zu nennen, vgl. hierzu LERCH (1971), S. 52f, dort mit weiteren Verweisen. Zur MARSHALL-EDGEWORTH-Formel (arithmetische Kreuzung der Gewichte) vgl. RICHARD (1992), S. 38, ebenfalls mit weiteren Verweisen.

[143] Vgl. RICHARD (1992), S. 35.

$$I_W = \frac{\sum_i (p_{it} * g_{it} * c_{it})}{\sum_i (p_{i0} * g_{i0})}$$

(Formel 3)

Entsprechen die Gewichte der Gesellschaften dem Verhältnis der Grundkapitalien, so mißt der WERTINDEX die Entwicklung des gesamten Börsenkapitals der einbezogenen Gesellschaften. Damit werden Kapitalveränderungen automatisch berücksichtigt und führen gleichzeitig auch zu einer veränderten Gewichtung. Da demzufolge (anders als beim LASPEYRES-INDEX) auch *fresh money* in voller Höhe in den Index einfließt, wird hier zu jedem Zeitpunkt die Veränderung des gesamten Werts der einbezogenen Marktelemente abgebildet.

Nachdem somit auch echte Neueinzahlungen den Stand eines WERTINDEX beeinflussen, wird er in der Praxis nicht in Reinform angewandt, sondern es werden – wie auch sonst bei Bartransaktionen üblich[144] – Korrekturen vorgenommen, um die entsprechenden technischen Indexsprünge zu vermeiden[145]. Andernfalls würden Kapitalerhöhungen zum Ausweis einer zu hohen Rendite führen.

Will man einen WERTINDEX als Maßstab für den Anlageerfolg eines hypothetischen Portfolios interpretieren, so kommt dies - ähnlich wie beim PAASCHE-INDEX - der Annahme gleich, daß in diesem Portfolio häufig auch sehr geringfügige Umstrukturierungen vorgenommen werden. Anders als bei PAASCHE bleibt jedoch die ursprüngliche Basis trotz der impliziten Umstrukturierungen erhalten. Damit orientiert sich die entsprechende Anlagestrategie kurzfristiger an der Marktstruktur als bei einem Index nach LASPEYRES. Ausgehend von einem LASPEYRES-INDEX, der börsentäglich neu gewichtet und verkettet wird, kommt man zum gleichen Ergebnis wie mit dem WERTINDEX, sofern die verbleibenden performanceneutralen Indexsprünge aus Dividenden und Kapitalerhöhungen[146] jeweils in gleicher Weise eliminiert werden.

---

[144] Vgl. Abschnitt 4.6.

[145] Vgl. SCHULZE/SPIEKER (1994), S. 10.

[146] Bei RICHARD (1992), S. 98, findet sich die Aussage, beim WERTINDEX entfalle *„die gesamte Adjustierungsprozedur, da die Zahl der Aktien* [...] *im selben Verhältnis erhöht wird wie sich der Kurs* [...] *vermindert"*. Diese Aussage ist jedoch nur für Kapitalerhöhungen aus Gesellschaftsmitteln zutreffend, da sich die Zahl der Aktien z.B.

Da solche häufigen Umstrukturierungen in der Realität aufgrund der damit verbundenen hohen Transaktionskosten kaum sinnvoll wären, ist der WERTINDEX zwar ein geeigneter Maßstab für das Wachstum des Gesamtmarktes, nicht jedoch für den erzielbaren Anlageerfolg einer realistischen Anlagestrategie. Hier ist einem – um technische Kursveränderungen bereinigten - LASPEYRES-INDEX eindeutig der Vorzug zu geben.

4.2 Auswahl der Gesellschaften

4.2.1 Total- oder Teilerhebung

Nachdem ein Aktienindex meist die Entwicklung eines bestimmten Marktes[147] möglichst gut abbilden soll, wäre demzufolge erstrebenswert, wenn auch alle an diesem Markt gehandelten inländischen Gesellschaften im jeweiligen Index enthalten wären[148]. Dem würde ein Aktienindex entsprechen, der auf Basis einer Totalerhebung erstellt wird.

Ausgehend von dieser Idealvorstellung spielen bei der Konzeption eines Aktienindex jedoch außer der Vollständigkeit auch andere Gesichtspunkte eine Rolle. So ist es sinnvoll, daß bei den im Index enthaltenen Gesellschaften möglichst regelmäßig eine marktgerechte Kursfeststellung zustande kommt. Andernfalls besteht die Gefahr, daß durch das Beibehalten von historisch veralteten oder aufgrund der Marktenge manipulierbaren Kursen[149] die Indexziffer entgegen der realen Wertentwicklung verfälscht wird.

Gerade bei sehr kleinen Gesellschaften kommt es aufgrund der geringen Umsätze immer wieder zu fehlenden Notizen, so daß zwischenzeitlich Kurse geschätzt werden müßten. Auch liegen oft getaxte, also durch den Makler geschätzte Kurse ohne Umsatz vor. Sofern der letzte bekannte Kurs als Schätzung

bei einer Kapitalerhöhung im Verhältnis 2:1 - völlig unabhängig vom Bezugskurs – immer um 50% erhöht.

147 Je nach Indexzweck könnte damit auch ein ganz bestimmter Marktausschnitt gemeint sein: So könnte man z.B. alternativ einen amtlichen Markt, einen Gesamtmarkt aller börsennotierten Aktien oder bestimmte Branchenmärkte (z.B. Bankaktiengesellschaften) definieren. Im Folgenden wird der Begriff „Gesamtmarkt" als Synonym für das Zielsegment verwendet, dessen Entwicklung ein Index abbilden soll.

148 Vgl. PLOCH (1971), S. 22.

149 Vgl. PLOCH (1971), S. 25.

für eine zwischenzeitlich fehlende Notiz genommen wird, nimmt auch die Aktualität der Indexziffer ab, da dann auch „quasi-historische“ Kurse in die Berechnung eingehen[150]. Gleiches gilt bei Gesellschaften, die zu einem Großteil in Festbesitz liegen, so daß das zum Börsenhandel verfügbare *„free floating capital“* für eine regelmäßige und marktgerechte Kursfeststellung nicht mehr ausreicht. In beiden Fällen ist auch die Gefahr der Manipulierbarkeit stark erhöht. Zwar ist gerade bei marktgewichteten Indizes der Einfluß kleiner Gesellschaften auf die Indexziffer so gering, daß deswegen nicht das Gesamtaggregat manipulierbar würde. Nachdem jedoch außerdem der Arbeitsaufwand durch den Verzicht auf eine Totalerhebung erheblich verringert werden kann, werden die meisten Aktienindizes auf Basis von Teilerhebungen berechnet.

Für eine solche Vorgehensweise spricht auch das Argument, daß eine Nachbildung des Index für einen typischen privaten Anleger möglich sein sollte, um gleichermaßen ein repräsentatives Maß für die private Aktienanlage darzustellen. Bei hinreichend großen Vermögen ist diese Vorgabe zwar auch im Falle einer Totalerhebung realisierbar, gleichwohl wird der „Normalanleger“ sich üblicherweise auf eine Mischung von relativ wenigen Aktien beschränken, so daß auch aus diesem Grund der Kreis der in den Index aufzunehmenden Gesellschaften eingegrenzt werden sollte.

Auch bei einer Teilerhebung wird eine möglichst gute Repräsentation der Struktur der Grundgesamtheit als erstrebenswert angesehen, um zu Ergebnissen zu kommen, die Geltung für den Gesamtmarkt beanspruchen können. Es ist zwischen dem Vorteil eines hohen Repräsentationsgrads und dem dadurch zugleich erhöhten Arbeitsaufwand abzuwägen. Durch ein geeignetes Auswahlverfahren läßt sich auch mit einer überschaubaren Anzahl von Gesellschaften ein relativ hoher Repräsentationsgrad erreichen[151].

4.2.2 Aufnahmekriterien bei Teilerhebungen

Für die Festlegung der bei einer Teilerhebung in den Index aufzunehmenden Gesellschaften sind verschiedene Kriterien denkbar. Als ungeeignet werden reine Zufallsstichproben bzw. die willkürliche Auswahl angesehen[152], die beide

[150] Vgl. RICHARD (1992), S. 45.

[151] Dies gilt vor allem für die Auswahl nach dem Kriterium der Unternehmensgröße, vgl. weiter unten.

[152] Vgl. anstelle vieler BLEYMÜLLER (1966), S. 116f und ZINGG (1976), S. 55ff.

eines objektiven Kriteriums entbehren. Als objektive Kriterien stehen für einen Aktienindex vor allem das Grundkapital und die Börsenkapitalisierung als Merkmale für die Unternehmensgröße sowie die Börsenumsätze und das *free floating capital* als Merkmale für das Handelsvolumen zur Verfügung.

Gegen das Grundkapital als Auswahlkriterium spricht, daß letztlich nicht dieser eher buchhalterische Wert allein über die Bedeutung einer Aktiengesellschaft entscheiden kann, sondern ihm nur in Verbindung mit dem Aktienkurs Aussagekraft zukommt. Unter den Größenkriterien ist daher der Börsenkapitalisierung der einzelnen Gesellschaften der Vorzug zu geben[153]. Hiergegen kann eingewandt werden, daß es dabei zu unerwünschten Doppelzählungen kommt, wenn Indexgesellschaften aneinander beteiligt sind.. Um das im Durchschnitt aller Anleger realisierbare Portfolio abzubilden, müßten die Überkreuzverflechtungen zwingend eliminiert werden, was angesichts der unzureichenden Daten bei einem historischen Aktienindex leider nicht durchführbar ist.

Börsenumsätze sind zwar theoretisch ein hervorragendes Auswahlkriterium für Handelsindizes; aufgrund der relativ großen Schwankungen, denen sie selbst bei „normalem" Börsenverlauf unterworfen sind, stellen sie jedoch kein praktikables Kriterium für die objektive Zusammensetzung eines Index dar, zumal koordinierte Kauf- und Verkaufsorders Umsätze generieren können, die nicht das tatsächliche Verhältnis von Angebots- und Nachfragevolumen für eine Aktie widerspiegeln. Es bestünde also nicht nur ein theoretisches, sondern tatsächlich ein realistisches Potential, die Zusammensetzung der Indexziffer zu manipulieren.

Das *free floating capital* schließlich wäre zwar ebenfalls theoretisch ein sinnvolles Kriterium, zumal hier eine relativ geringen Schwankungen unterworfene Größe über die Aufnahme in den Index entscheiden würde, welche zugleich einen Indikator für das handelbare Umsatzvolumen darstellt. Allerdings bleibt ein erheblicher Spielraum für willkürliche Entscheidungen – ganz zu schweigen von dem bereits angesprochenen Problem, die Eigentümerstrukturen der Aktiengesellschaften überhaupt erst aufzudecken. Schon allein das letztgenannte Problem ist im Rahmen einer langfristigen historischen Arbeit praktisch unlösbar. Die Auswahl gemäß der Börsenkapitalisierung erscheint daher im Rahmen dieser Arbeit als einzige Möglichkeit sowohl sinnvoll als auch durchführbar.

---

[153] Zu den immer noch verbreiteten begrifflichen Mißverständnissen über nach Grundkapitalien und nach Börsenwerten gewichteten Indizes vgl. die Ausführungen in Abschnitt 4.3 mit dem Verweis auf BLEYMÜLLER (1966), S. 57.

Ist die Entscheidung für ein bestimmtes Kriterium gefallen, so werden diejenigen Gesellschaften in den Index aufgenommen, welche entsprechend einer Rangfolge nach diesem Merkmal an vorderster Stelle stehen. Denkbar ist alternativ die Aufnahme einer fixen Anzahl Gesellschaften oder die Aufnahme jeweils weiterer Gesellschaften bis zum Erreichen einer vorab bestimmten Repräsentationsquote. Wird eine solche Mindestquote z.B. nach dem Kriterium der Börsenkapitalisierung festgelegt, so entspricht dies dem vom Aktienindex des Statistischen Bundesamtes bekannten *cut-off*-Verfahren oder Konzentrationsprinzip. Es werden beim *cut-off*-Verfahren so viele der größten Aktiengesellschaften in den Index aufgenommen, bis die Auswahl z.B. mindestens 90% des gesamten Börsenkapitals am Markt repräsentiert. Die Zahl der Indexgesellschaften ist entsprechend variabel und wird zu jedem Verkettungstermin neu festgelegt. Denkbar ist außerdem noch eine Nebenbedingung, wonach einzelne Marktsegmente bzw. vorab bestimmte Branchen stets ihrerseits mit einer bestimmten Mindestrepräsentationsquote im Index vertreten wären[154]. Die Gesamtauswahl ist dann gleich der Summe der einzelnen Gruppen[155].

Da das *cut-off*-Verfahren aufgrund der Aufsplittung in kleinste Anteile an sehr vielen Gesellschaften zum einen nicht dem Realverhalten privater Anleger entsprechen dürfte und zum anderen der historische Datenerhebungsaufwand enorm erhöht würde, wird im Rahmen dieser Arbeit eine fixe Anzahl von Indexgesellschaften vorab festgelegt, die im Wesentlichen nach dem Kriterium der Börsenkapitalisierung ausgewählt werden sollen[156]. Zudem ist die verbreitete Annahme nicht korrekt, wonach ein nach dem Konzentrationsprinzip zusammengestellter Index nicht durch die Kursbewegungen weniger Gesellschaften dominiert werde. Aufgrund der Auswahl und Gewichtung[157] nach der Börsenkapitalisierung sind die Indexbeiträge der großen Gesellschaften auch beim *cut-off*-Verfahren überproportional. So weist der aus nur 30 Werten zusammengestellte DAX heute eine Repräsentationsquote von über 60% des Gesamtmarkts auf. Der Index des Statistischen Bundesamts erreicht zwar eine Repräsentationsquote von über 90%, muß dazu aber auch rund 300 Gesellschaften aufnehmen. In soweit ist es eine Frage der Abwägung, ob die zu erwartenden zusätzlichen

---

154 In der geschilderten Gestaltung mit mindestens 90% Repräsentation sowohl insgesamt als auch innerhalb der einbezogenen Branchen entspricht dieses Vorgehen der Auswahl für den Index des Statistischen Bundesamtes seit 1953, vgl. BIMBERG (1993), S. 28ff mit weiteren Verweisen.

155 Vgl. BLEYMÜLLER (1966), S. 123.

156 Zur Konkretisierung der verfolgten Anlagestrategie vgl. Abschnitt 5.2.

157 Vgl. Abschnitt 4.3.

Erkenntnisgewinne den immensen Arbeitsaufwand durch die Einbeziehung einer größeren Zahl von Gesellschaften rechtfertigen.

4.3 Bedeutung der Gewichtung

Das Problem der Gewichtung der einzelnen Elemente kann bei Aktienindizes aufgrund der prinzipiellen Gleichartigkeit der einbezogenen Wertpapiere befriedigend gelöst werden. Schließlich entfallen die bei einem Lebenshaltungskostenindex ausgeprägt vorhandenen Schwierigkeiten, normierte Qualitätsstufen und Mengen der enthaltenen Güter festzulegen, da die relevanten Daten bei Aktien i.d.R. in Form von Kursen und Grundkapitalien zahlenmäßig objektivierbar und bekannt sind.

Die Frage der Gewichtung der im Index enthaltenen Gesellschaften ist eng verknüpft mit der Auswahl und sollte sinnvollerweise anhand der gleichen Kriterien festgelegt werden, welche auch für die Entscheidung über die Aufnahme in den Index herangezogen wurden. Zu denkbaren Kriterien und ihren Vor- und Nachteilen sei daher auf die Diskussion im vorigen Abschnitt verwiesen[158].

Aus der Auswahl der Indexgesellschaften nach der Börsenkapitalisierung ergibt sich eine Gewichtung, bei der der prozentuale Beitrag der Rendite einer Aktiengesellschaft zur Performance des Gesamtindex dem Anteil der jeweiligen Börsenkapitalisierung an der Summe des insgesamt im Index repräsentierten Börsenkapitals entspricht. Die Gewichte der Indexgesellschaften *i* ergeben sich somit wie folgt:

$$g_i = \frac{BK_i}{\sum\limits_i BK_i} \quad \text{mit} \sum_i g_i = 1$$

(Formel 4)

An dieser Stelle soll auch kurz auf ein verbreitetes Mißverständnis eingegangen werden: Oft wird ein Unterschied zwischen der Gewichtung nach dem Grundkapital und nach dem Börsenkapital vermutet, der bei genauer Betrachtung le-

---

158 Darüber hinaus sind natürlich auch weitere Gewichtungsmethoden denkbar, vgl. anstelle vieler BLEYMÜLLER (1966), S. 61.

diglich aus der unterschiedlichen Darstellung ein und derselben Formel resultiert. So gilt der von der Deutschen Börse AG berechnete DAX für manche Autoren als grundkapitalgewichteter Index, was nur insofern richtig ist, als in die übliche DAX-Formel absolute Kurse eingehen.

Dies kommt jedoch einer Formel gleich, in welche die einzelnen Kurs**renditen** eingehen, die dann jeweils nach dem Börsenkapital gewichtet werden[159]. Es besteht somit kein inhaltlicher Unterschied, sondern lediglich eine begriffliche Ungenauigkeit, da der DAX, interpretiert man ihn als hypothetischen Aktienkorb, letztlich doch börsenkapitalgewichtet ist. Es können also tatsächlich *„einem und demselben Laspeyres-Index zwei verschiedene Gewichte zugrunde"* liegen, je nachdem ob der (gewichtete) *„Mittelwert aus Meßzahlen"* oder die identische *„Meßzahl aus Mittelwerten"*[160] betrachtet wird.

In dieser Arbeit wird die verwendete Indexformel als Aggregat von Kursrenditen dargestellt, die jeweils auf dem letzten Verkettungstermin basieren. Demzufolge erfolgt die Festlegung der Gewichte stets anhand der Börsenkapitalien, da diese Diktion auch mit der Struktur eines den Index nachbildenden Portfolios übereinstimmt.

Hier soll auch nochmals kurz auf die „unechten" Indizes eingegangen werden. Da diese i.d.R. als arithmetische Kursdurchschnitte berechnet werden, kann von einer bewußten Gewichtung im engeren Sinne eigentlich nicht die Rede sein. Dennoch sollte man sich vor Augen halten, daß hier sehr wohl eine implizite Gewichtung erfolgt, die allerdings willkürlich nach Maßgabe der aktuellen Kursniveaus der enthaltenen Aktien bestimmt ist. Da das Kursniveau einer Aktie jedoch kein sinnvolles Kriterium für die Bedeutung der entsprechenden Gesellschaft darstellen kann, *„übt die Kurshöhe einen durch nichts gerechtfertigten und deshalb unerwünschten Gewichtungseffekt aus."*[161] Demzufolge sind „unechte" Indizes aus wissenschaftlicher Sicht abzulehnen.

Diese fehlende theoretische Fundierung disqualifiziert wegen der inhaltlichen Verknüpfung von Gewichtungsmethode und Auswahl darüber hinaus auch jede aus einer Teilerhebung resultierende Zusammensetzung eines Kursdurchschnitts. Die Auswahl der enthaltenen Aktien ist bei einem arithmetischen Mittelwert entweder vollständig oder willkürlich. Jede Vorgabe, z.B. die größten oder die umsatzstärksten Gesellschaften in eine solche Kursziffer aufzunehmen,

---

159 Bezüglich der mathematischen Identität der beiden Darstellungsformen vgl. BLEYMÜLLER (1966), S. 57.

160 BLEYMÜLLER (1966), S. 57.

161 BLEYMÜLLER (1966), S. 59.

wird durch die Konzeption als reiner Durchschnittspreis ohne bewußte Gewichtung ad absurdum geführt. Wenn schon alle Aktien hinsichtlich irgendwelcher Kriterien gemäß ihrer Bedeutung in eine Rangordnung gebracht werden, so stellt sich unmittelbar die Frage, weshalb man diese Kriterien dann nicht auch auf die Gewichtung innerhalb des Index anwendet.

Es bleibt daher an dieser Stelle festzuhalten, daß die ins Feld geführten Vorteile von kursgewichteten, also „unechten" Indizes (Kursdurchschnitten) hinsichtlich ihrer einfachen Interpretierbarkeit und Berechnung zwar in früheren Zeiten ihre Berechtigung hatten, angesichts der Möglichkeiten der elektronischen Datenverarbeitung aber inzwischen keine Rolle mehr spielen können. Nachdem somit den nicht mehr vorhandenen Vorteilen unverändert erhebliche Nachteile gegenüberstehen, sind diese Meßzahlen nicht mehr zeitgemäß.

Der Grund, weshalb sich ungewichtete Maßzahlen vereinzelt immer noch halten[162], liegt wohl einerseits darin, daß man sich mit der Zeit an sie „gewöhnt hat", und daß andererseits der systematisch nicht bestreitbare Fehler dieser Konstrukte langfristig überraschend wenig ins Gewicht fällt.

HÄUSER/ROSENSTOCK/VORWERK/SEUM stellen in ihrer Arbeit beispielsweise die Ergebnisse bei Gleichgewichtung der Aktienrenditen der alternativen Gewichtung mit dem Grundkapital und dem Börsenkapital gegenüber, wobei Kapitalmaßnahmen und Dividendenerträge jeweils in gleicher Weise bereinigt werden[163]. Die Abweichungen in der langfristigen Rendite betragen über den zugrunde gelegten Zeitraum von 20 Jahren weniger als 0,2 %-Punkte p.a.[164]. Über längere Zeiträume weichen die Ergebnisse alternativer Gewichtungsmethoden bei sonst gleicher Vorgehensweise also nicht mehr stark voneinander ab.

---

162 Nach wie vor gilt der Dow-Jones als international bekanntester Aktien-„Index".

163 Vgl. HÄUSER/ROSENSTOCK/VORWERK/SEUM (1985), S. 42f. Anders als bei der Gleichgewichtung wurden bei den Alternativgewichtungen jedoch die Gewichte zum Anfang der Zeitreihe festgelegt und beibehalten, vgl. ebd., S. 30f.

164 Die ebenfalls von HÄUSER/ROSENSTOCK/VORWERK/SEUM durchgeführte Alternativgewichtung mit dem Grundkapital, der Börsenkapitalisierung und dem *free floating capital* zum **Ende** des Untersuchungszeitraums führt zu deutlich größeren Abweichungen. Da es sich bei diesen drei Alternativen jedoch jeweils um eine echte ex post-Auswahl handelt, sind deren Ergebnisse nicht aussagefähig. Es verwundert beispielsweise nicht, daß bei **nachträglicher** Auswahl anhand der zuletzt erreichten Börsenkapitalisierung eine höhere Rendite gemessen wird als bei **anfänglicher** Auswahl anhand des gleichen Kriteriums. Gleiches gilt in abgeschwächter Form für das Grundkapital. Bezogen auf die Gewichtung nach dem *free floating capital* fehlt die Vergleichszahl.

Allerdings gibt es durchaus Phasen, in denen die Rendite eines marktgewichteten Index unter- oder übertroffen wird. Um die Gefahr auszuschließen, daß diese Abweichungen sich durch ständigen Wechsel zwischen verschiedenen Anlagestrategien addieren, muß für die langfristige Betrachtung also zumindest eines der Indexkonzepte im voraus ausgewählt und dann über den gesamten Meßzeitraum durchgehalten werden.

Nachdem ein bewußt gewichteter Index jedoch in jedem Fall das plausiblere, mithin „richtigere" Ergebnis liefert, wird auf die alternative Erstellung eines arithmetischen Kursziffer oder eines gleichgewichteten Index hier ganz verzichtet.

4.4 Festlegung der Indexbasis

Als Basis für einen Aktienindex kommt prinzipiell entweder ein bestimmter Zeit**punkt** in Frage, für den tatsächlich notierte Kurse zugrunde gelegt werden, oder ein Zeit**raum**, für den dann Kursdurchschnitte gebildet werden, die in die erste Indexermittlung einfließen[165].

Für die Wahl der Indexbasis sollte in beiden Fällen beachtet werden, daß keine durch außerordentliche Kurseinflüsse ausgelösten Verzerrungen vorliegen. Dies gilt vor allem für die Wahl eines Basiszeitpunktes, da gerade hier die Gefahr besteht, daß der entsprechende Stichtag zufällig auf den Hochpunkt einer Hausse oder auf den Tiefpunkt einer Baisse fallen könnte. Entsprechend würde durch einen derart basierten Index die langfristige Performance im ersten Fall unter-, im zweiten Fall überschätzt. Besonders bei erst neu berechneten, aktuellen Indizes besteht die Gefahr, daß durch ungeschickte Wahl der Basis die Indexentwicklung in den ersten Jahren der Berechnung trotz korrekter Messung der Performance ein verfälschtes Bild der Realität zeichnet[166]. Bei einem langfristigen Index, der über mehrere Jahrzehnte läuft, kommt diesem Effekt mit zunehmender Laufzeit eine immer geringere Bedeutung zu. Gleichwohl sollte auch hier eine möglichst „normale" Basis gewählt werden.

Selbstverständlich kann auch ein Basiszeit**raum** in eine Hausse- oder Baissephase fallen. Die dadurch entstehende Verzerrung relativiert sich jedoch schon dadurch, daß die Basis hier einen Durchschnittswert darstellt, mit dem zumin-

---

165 Vgl. RICHARD (1992), S.68ff.

166 So wird beispielsweise die Basierung des DAX auf Ultimo 1987 aufgrund der zeitlichen Nähe zum Oktober-Crash von 1987 kritisiert, vgl. RICHARD (1992), S. 75.

dest kurzfristige konjunkturelle Schwankungen ausgeglichen werden. Wird ein hinreichend langer Basiszeitraum gewählt, so besteht demzufolge zwar die Gefahr der Performanceverzerrung nicht mehr - der Index ist dann jedoch als hypothetisches Portfolio nur noch eingeschränkt interpretierbar. Bei Ausdehnung der Basisperiode auf mehrere Jahre verschärft sich diese fehlende Realitätsnähe. Ein solches zu Durchschnittskursen bewertetes Portfolio müßte dann über den gesamten Basiszeitraum hinweg kontinuierlich zugekauft worden sein.

Demgegenüber kann als Vorteil eines Basisstich**tages** gesehen werden, daß der Indexbasis hier ein tatsächlich beobachtbares Kursniveau zugrunde liegt und daher zu jedem Zeitpunkt die Kursentwicklung zwischen zwei Stichtagen nachvollziehbar ist[167]. Aus diesem Grund ist ein auf einen Zeitpunkt basierter Index problemlos als Aktienkorb interpretierbar, der zum Basisstichtag gekauft wurde und unter Reinvestition der abfließenden Rechte dann dauerhaft gehalten wird.

Da die Grundidee eines solchen hypothetischen Portfolios im Rahmen der hier vorgelegten Arbeit – vor allem bei der Berücksichtigung historischer Besonderheiten[168]- als Entscheidungskriterium herangezogen werden soll, um mit dem erstellten Index plausibles Anlegerverhalten zu simulieren, wird auch hier einem Basiszeitpunkt der Vorzug vor einer grundsätzlich ebenso denkbaren Basisperiode gegeben. Damit wird auch der größeren Akzeptanz Rechnung getragen, die Zeitpunkt-basierten Indizes in Deutschland derzeit entgegen gebracht wird.

Nach Festlegung der Basis wird der Index üblicherweise auf seinen ersten Wert normiert, also auf eine „runde" Zahl umgerechnet. In der Regel wird als Basiswert 100 oder 1.000 festgelegt. Bei einer Basis von 100 kann die Gesamtentwicklung des Index seit der ersten Berechnung in Prozent unmittelbar abgelesen werden. Diesem Wert kommt jedoch zur Beurteilung der aktuellen Börsensituation nach mehreren Jahren geringere Bedeutung zu als der prozentualen Veränderung im jeweils aktuellen Jahr. Durch Normierung der Basis auf 1.000 werden kleinere Schwankungen stärker hervorgehoben (sog. „Lupeneffekt"). Ob dies als Vor- oder Nachteil empfunden wird, hängt davon ab, wie groß die Gefahr eingestuft wird, daß den absoluten Veränderungen zu große Bedeutung geschenkt wird[169].

---

[167] Vgl. BLEYMÜLLER (1966), S. 126.

[168] Vgl. Abschnitt 5.5.

[169] Vgl. JANßEN/RUDOLPH (1991), S.21.

4.5 Planmäßige Verkettungen

Wie bereits festgestellt wurde[170], veraltet ein nach der Formel von LASPEYRES konzipierter Index mit der Zeit, da die anfangs (z.B. nach Maßgabe der Börsenkapitalisierung) festgelegten Gewichte durch unterschiedliche Ausschüttungspolitik, Kapitalmaßnahmen sowie die heterogene Kursentwicklung nicht mehr den aktuellen Verhältnissen entsprechen.

Bei gewichteten Indizes mit fester Basis – also insbesondere bei Verwendung der Formel nach LASPEYRES - ist daher in regelmäßigen Abständen eine Prüfung notwendig, ob das aktuelle Indexportfolio noch die unterstellte Anlagestrategie widerspiegelt. Soweit sich aufgrund der Entwicklung im Zeitablauf Abweichungen hiervon ergeben haben, sollte durch Umstrukturierungen des Index die mit der Wahl des Indexkonzepts ursprünglich gewünschte Gewichtung wiederhergestellt werden[171]. Es empfiehlt sich, diese Aktualisierungen in regelmäßigen Abständen durchzuführen.

Diese regelmäßigen Umstrukturierungen innerhalb ein und derselben Indexziffer erreicht man mittels planmäßiger Verkettungen[172]. Da nach jeder dieser regelmäßigen Umstrukturierungen dem Index eine neue, also nicht mehr die ursprüngliche Basis zugrunde liegt, werden die aufeinander folgenden Teilperioden jeweils durch Verkettungsfaktoren zu einer gemeinsamen Zeitreihe mit einer gemeinsamen Basis verbunden[173]. Der Verkettungsfaktor V, mit dem die neue Indexziffer nach dem Zeitpunkt der Umstrukturierung U zu diesem Zweck zu multiplizieren ist, errechnet sich nach der Formel:

$$V_U = \frac{I_U^{alt}}{I_U^{neu}}$$

(Formel 5)

Es werden also zum Zeitpunkt der Verkettung die neue und die alte Indexziffer parallel berechnet, wobei die neue Ziffer zugleich auf den Zeitpunkt U basiert

---

[170] Vgl. Abschnitt 4.1.1.

[171] Vgl. RICHARD (1992), S. 86.

[172] Vgl. BLEYMÜLLER (1966), S. 53.

[173] Vgl. BAMBERG (1993), S. 60.

ist. Der durch die Verkettung fortgeführte ursprüngliche Index berechnet sich nach der Umstrukturierung somit zu

$$I_{t>U} = I_t^{neu} * V_U$$

(Formel 6)

Damit werden jeweils von Verkettung zu Verkettung getrennte Indexziffern mit prinzipiell gleicher Konstruktion berechnet, deren Gesamtrenditen multiplikativ zu einem Gesamtindex verknüpft sind. Die Implikation für ein hypothetisches Portfolio lautet, daß die im alten Index übergewichteten Aktien verkauft und mit dem Erlös Aktien untergewichteter Gesellschaften zugekauft werden.

Auch bei einem gleichgewichteten Index würden regelmäßige Umstrukturierungen nötig. Denn die in diesem Fall unterstellte Anlagestrategie besagt, daß in alle im Index enthaltenen Aktien gleich hohe Teilbeträge investiert werden sollen. Sofern jedoch nicht alle Indexgesellschaften eine genau identische Rendite erbringen, trifft die mit diesem Indexkonzept gewünschte Gleichgewichtung schon bald nicht mehr zu und müßte durch eine regelmäßige Neuzusammensetzung des Indexportfolios wiederhergestellt werden.

Einzig bei kursgewichteten (also „unechten") Indizes erübrigt sich eine Verkettung über längere Zeiträume, da sie lediglich einen Durchschnittspreis angeben. Selbst Veränderungen in der Zusammensetzung führen unter Umständen nicht zu Verkettungen, obwohl dadurch der Aussagegehalt der Entwicklung dieser Meßzahlen ganz erheblich an Wert verliert.

An dieser Stelle ist auch noch auf die bereits in Abschnitt 4.1.1 angesprochene Kritik wegen der durch den LASPEYRES-INDEX nicht bestandenen *„Zeitumkehrprobe"* einzugehen.

> *"The index number reckoned forward should be the recipocal of that reckoned backward."*[174]

Der Test basiert auf der hypothetischen Annahme, daß die Zeit ab Ende der Messung rückwärts läuft. Die Indexformel soll dann automatisch wieder den Ausgangswert erreichen. Diese Probe wird durch einen LASPEYRES-INDEX tatsächlich dann nicht erfüllt, wenn die Gewichtung beliebig festgelegt wird. Da bei Gewichtung der Kursrenditen mit dem Börsenkapital ein LASPEYRES-INDEX

---

174 FISHER (1922), S. 64.

aber insgesamt die Veränderung des gesamten Börsenkapitals mißt (die Gewichte am Ende der Zeitreihe also vom Verlauf des Index abhängen), würde ein solcher Index die Zeitumkehrprobe sogar erfüllen, wenn zwischenzeitlich keine Verkettungen oder Reinvestitionen die Messung der reinen Kursrendite „stören" würden. Er erfüllt den Test dann nicht, wenn zwischenzeitlich Verkettungen stattgefunden haben.

Dem ist jedoch entgegen zu halten, daß auch bei einem real existierenden Portfolio die *„Zeitumkehrprobe"* nicht mehr durchführbar ist, wenn dessen Zusammensetzung verändert wurde. Gerade die möglichst realistische Abbildung der Entwicklung eines hypothetischen Portfolios wird jedoch im Zusammenhang mit dieser Arbeit angestrebt.

> „[...] *when the purpose is stated with complete precision,* [...] *the correct formula* [...] *may or it may not fulfil Professor Fisher's Tests. The fact that it does, or that it does not, as the case may be, is no evidence one way or the other as to the correctness of our answer."*[175]

Die zeitliche Umkehrbarkeit mag also in anderem Zusammenhang wünschenswert sein; soweit durch den Index jedoch der langfristig erzielbare Anlageerfolg eines Aktienportfolios unter plausiblen Prämissen gemessen werden soll, ist ihr keine Bedeutung beizumessen[176].

In der Literatur wird dementsprechend auch die Meinung vertreten, daß „eine Ablehnung der Verkettungsmethode zur Ablehnung der Aktienkursindizes überhaupt führen"[177] würde, da jede Korrektur immer auch als Verkettung interpretiert werden könne. Ohne laufende Korrekturen würde ein Aktienindex bald wertlos.

---

175 YULE (1923), S. 425.

176 In diesem Zusammenhang sei darauf hingewiesen, daß ein LASPEYRES-INDEX auf seinen Ausgangswert zurückfällt, wenn die Kurse aller enthaltenen Aktien wieder ihr Ausgangsniveau erreichen und zwischenzeitlich keine Korrekturen oder Verkettungen durchgeführt wurden. Der bei RÜHLE (1991), S. 73 angeführte und zuletzt bei EUBE (1998), S. 86f zitierte „Nachteil", wonach dies nicht der Fall sei, trifft nur zu, wenn das zugrunde liegende Portfolio sich ändert. Gerade dadurch wird aber die Realität korrekt abgebildet.

177 BLEYMÜLLER (1966), S. 92. Vgl. dazu auch SCHULZE/SPIEKER (1994), S. 10.

4.6 Bereinigung performanceneutraler Kursveränderungen

Als Hauptaufgabe moderner Aktienindizes ist üblicherweise die Messung des Gesamterfolges einer Aktienanlage zu sehen. Auch im Rahmen der hier vorgelegten Arbeit hat dieses Ziel Vorrang gegenüber anderen möglichen Intentionen. Dementsprechend sind Kursveränderungen, die aus Kapitalerhöhungen, Dividendenzahlungen oder dem Abfluß von sonstigen Rechten[178] aus einer Aktie resultieren, durch Einsatz eines entsprechenden Korrekturfaktors zu bereinigen. Der errechnete Indexwert soll dann den wirtschaftlichen Gesamterfolg einer Aktienanlage widerspiegeln, bei der eine möglichst genau festgelegte und nachvollziehbare Anlagestrategie verfolgt wird.

Ein rein technischer Kursabschlag oder -zuschlag wird also dergestalt kompensiert, daß nicht marktbedingte Indexsprünge entfallen[179] und damit jede Veränderung des Index auch einer tatsächlichen Veränderung des investierten Vermögens in einem hypothetischen Portfolio entspricht.

4.6.1 Retrograde versus progressive Bereinigung

Denkbar ist eine Bereinigung nach der sogenannten „retrograden" oder nach der „progressiven" Methode. Während bei der retrograden Methode rückwirkend alle Kurse vor dem Störereignis mit einem Bereinigungsfaktor multipliziert werden, läuft die progressive Bereinigung in der Gegenrichtung ab. Hier werden alle Kurse nach einem Störereignis mit einem entsprechenden Faktor multipliziert und somit bereinigt. Da der retrograde Bereinigungsfaktor mathematisch den Kehrwert des entsprechenden progressiven Faktors darstellt[180], sind die Bereinigungsmethoden im Ergebnis äquivalent: In beiden Fällen geht eine Aktie mit der gleichen Gesamtrendite in die Indexermittlung ein.

Die Vor- und Nachteile ergeben sich aus der unterschiedlichen Handhabung: Bei der retrograden Methode gehen aktuelle Kurse unverändert in die Indexberechnung ein. Andererseits müssen bei Eintritt eines Bereinigungsereignisses alle zurückliegenden Kurse (bis zum letzten Verkettungstermin) entsprechend korri-

---

178 Denkbar wären hier z.B. Liquidationsausschüttungen oder die Zuteilung von Anteilen bei Spaltungen.

179 Eine regelmäßige Ausnahme von diesem Effekt der Kursglättung stellt sich während der Zeit der Stückzinsusance ein, vgl. dazu die Ausführungen unter Abschnitt 5.5.2.

180 Vgl. VOGEL, (1985), S. 49.

giert werden. Es wird also das spätere Nachvollziehen des Zusammenhangs zwischen den zurückliegenden Vergangenheitsdaten und dem entsprechenden Indexwert erschwert.

Bei der progressiven Methode weichen die jeweils aktuellen Aktienkurse von den entsprechenden bereinigten Werten nach mehreren Korrekturen immer mehr ab, so daß der direkte Zusammenhang zwischen tagesaktuellen Börsenkursen und der in den Index einfließenden Rendite aus den jeweiligen Rohdaten schwerer erkennbar ist. Allerdings kann die gesamte zurückliegende Indexreihe bei diesem Verfahren unverändert bleiben. Da zudem die Bereinigungsfaktoren bei den ohnehin regelmäßig vorzunehmenden Verkettungen wieder auf eins gesetzt werden können, wird dieser Methode aufgrund des überschaubareren Rechenaufwands in dieser Arbeit der Vorzug gegeben. Alle nachfolgend dargestellten Korrekturfaktoren gelten also für die in dieser Untersuchung angewandte progressive Bereinigung.

Sofern zwischen zwei Verkettungsterminen bei einer Aktie mehrere Bereinigungsereignisse anfallen, sind die entsprechenden Faktoren multiplikativ zu verknüpfen. Mit der nächsten Verkettung wird dann, wie geschildert[181], die bis dahin angelaufene Gesamtrendite über den Verkettungsfaktor konserviert. Sämtliche Bereinigungsfaktoren der einzelnen Aktien können daher nach einer Verkettung bis zum nächsten Bereinigungsereignis auf eins zurückgesetzt werden.

4.6.2 Bartransaktionen

Der am häufigsten auftretende technische Kursabschlag ist mit Dividendenzahlungen (allgemein: Bartransaktionen) verbunden. Bereinigt man den Kurs der entsprechenden Gesellschaft um diese Bartransaktion, so wird damit implizit unterstellt, daß die ausgezahlten Mittel zum Erwerb weiterer Aktien der gleichen Gesellschaften verwendet werden[182] (sog. *„opération blanche"*[183]). In diesem Fall wird der übliche Faktor für die progressive Bereinigung wie folgt aus dem

---

[181] Vgl. Abschnitt 4.5.

[182] Vgl. BLEYMÜLLER (1966), S. 79.

[183] Vgl. BÜSCHGEN (1966), S. 506 sowie JANßEN/RUDOLPH (1991), S. 28.

letzten Kurs vor der Bartransaktion K_{cum} und der Höhe des abfließenden Betrags D ermittelt[184]:

$$c_{i,t} = \frac{K_{cum}}{K_{cum} - D}$$

(Formel 7)

Man sollte sich bewußt sein, daß diesem Korrekturfaktor streng genommen nicht eine realistische Reinvestitionsprämisse zugrunde liegt[185]. Denn ein den Index nachbildender Anleger investiert die abfließende Dividende nicht auf Basis am cum-Tag zu erwartender theoretischer Kursabschläge sondern erst am ex-Tag in tatsächlicher Höhe und zu tatsächlichen ex-Kursen. Der für die Simulation eines hypothetischen Anlegerportfolios korrekte Faktor wäre also ebenfalls auf ex-Basis zu ermitteln:

$$c_{i,t} = \frac{K_{ex} + D}{K_{ex}}$$

(Formel 8)

Auch wenn zwischen den beiden Korrekturmethoden nur geringfügige Unterschiede bestehen, wäre die zweite Formel der ersten unter dem Realitätsaspekt eigentlich vorzuziehen[186]. Dennoch soll im Rahmen dieser Arbeit die bei den

[184] Diese Formel gleicht den „theoretischen Kursrückgang" aus und wird bei den meisten Indizes angewandt. Vgl. BLEYMÜLLER (1966), S. 78. Sie wird auch beim DAX eingesetzt, vgl. JANßEN/RUDOLPH (1991), S. 23. Die weite Verbreitung erklärt sich aus der Tatsache, daß der rechnerische Wert unmittelbar in einen Laufindex eingearbeitet werden kann, während tatsächlich notierte Dividendenabschläge erst mit zeitlicher Verzögerung festzustellen sind.

[185] Vgl. ZINGG (1976), S. 40.

[186] Ein systematischer Fehler entsteht aufgrund von Steuern: Der Dividendenabschlag *(K_{cum}-K_{ex})* ist in der Regel um den durchschnittlichen Steuersatz s der für die Kursbildung maßgeblichen Anleger niedriger als die Bruttodividende D. Wird D in einem Vorsteuer-Index dennoch auf Basis des cum-Kurses vereinnahmt, so läßt sich der Fehler der ersten Formel eingrenzen, indem man zunächst K_{cum} durch $(K_{ex}+(1-s)*D)$ ersetzt. (Formel 7) wird dann zu $(K_{ex}+(1-s)*D)/(K_{ex}-s*D)$. Verglichen mit (Formel 8) ist das Ergebnis gemäß

gängigen modernen Aktienindizes eingebürgerte Konvention nicht durchbrochen werden, um die Vergleichbarkeit mit anderen Performanceindizes in Teilperioden nicht zu beeinträchtigen. Die erste Methode hat sich wohl nicht zuletzt deshalb durchgesetzt, weil der auf Basis der cum-Kurse berechnete Korrekturfaktor bereits am Tag vor seiner Gültigkeit feststeht und daher in aktuell berechnete Indexziffern sofort eingehen kann.

Soweit Reinvestitionen allerdings (aufgrund historischer Besonderheiten) nicht zeitnah erfolgen konnten und daher später nachgeholt werden mußten, würde der anhand der cum-Kurse abgeleitete Korrekturfaktor sich zu weit von der Realität entfernen. Dieses Problem tritt z.B. nach längeren Unterbrechungen des Börsenhandels auf. Im Falle der nachträglichen Reinvestitionen für die Jahre 1914 bis 1918 muß daher bei Wiederaufnahme der Notizen der Faktor gemäß der zweiten oben genannten Formel verwendet werden[187].

Prinzipiell könnte man auch eine Reinvestition in den Gesamtindex (also gestreut auf alle Aktien) unterstellen. Dies wäre jedoch bei der Nachbildung des Index mit stark erhöhten Transaktionskosten verbunden, da jede Bartransaktion zum Kauf von sämtlichen im Index enthaltenen Aktien nach Maßgabe der aktuellen Indexgewichte verwendet würde. Jede Dividendenzahlung hätte also eine Fülle von Einzelorders zur Folge. Daher entspricht es einer plausiblen Konvention, zu unterstellen, daß Unternehmen mit höheren Dividendenausschüttungen als für die Reinvestition besonders attraktiv eingestuft werden. Es wurde daher an der bei den meisten Aktienindizes praktizierten Methode festgehalten, Bartransaktionen in die jeweils ausschüttende Gesellschaft zu reinvestieren.

In der früheren deutschen Indexliteratur war sogar noch umstritten, ob Dividendenzahlungen überhaupt bei der Bereinigung berücksichtigt werden sollten. So wurde beispielsweise angeführt, daß die durch eine Dividendenzahlung hervorgerufene Wertminderung relativ klein und deswegen eine Bereinigung des dadurch verursachten Kursrückgangs nicht notwendig sei[188]. Selbst wenn es jedoch zutrifft, daß der Kursabschlag im Einzelfall relativ klein ist, so kumulieren sich doch die abfließenden Beträge. Somit würde die erreichte Gesamtperformance systematisch zu niedrig ausgewiesen.

Auch wurde vereinzelt argumentiert, eine Bereinigung sei abzulehnen, weil *„mit dem Kursabschlag bei Abgang der Dividende lediglich der im Verlauf des Divi-*

(Formel 7) bei einer Vorsteuer-Dividende von 5% (auf den ex-Kurs) und einem Steuersatz von 25% um ca. 0,063% Punkte zu hoch.

[187] Vgl. auch die Ausführungen hierzu in Abschnitt 5.5.4.5.2.

[188] Vgl. BÜSCHGEN (1966), S. 262.

dendenjahres eingetretene zusätzliche Kursanstieg korrigiert"[189] werde. Ohne weiteren Kommentar sei hier auch der Einwand wiedergegeben, wonach der Rückgang des Index aufgrund einer Dividendenausschüttung gerechtfertigt sei, da sich auch das Vermögen der Indexgesellschaft durch die Ausschüttung vermindert habe[190]. Nachdem im Rahmen eines Performanceindex der wirtschaftliche Erfolg eines Investments in Aktien aus Sicht des Anlegers gemessen werden soll, sind diese Argumente irrelevant und werden heute auch nicht mehr ernsthaft vertreten.

4.6.3 Bezugsrechte

Bei Kapitalerhöhungen gegen Einlage (ordentliche Kapitalerhöhung) wird, sofern ein positiver Wert des Bezugsrechts feststellbar ist, üblicherweise unterstellt, daß der Aktionär nach Maßgabe der sogenannten *opération blanche*[191] handelt, also so viele Bezugsrechte veräußert, bis der Erlös gerade zur Ausübung der verbleibenden Bezugsrechte ausreicht. Sofern die neu ausgegebenen, jungen Aktien nicht ebenfalls in den Index aufgenommen werden sollen (was bei den meisten Indizes unterbleibt), entspricht dies für die Indexerstellung rechnerisch der Annahme, daß sämtliche Bezugsrechte zu ihrem theoretischen Wert verkauft werden und der Erlös zum Erwerb von Altaktien an der Börse verwendet wird. Damit entspricht die Bereinigung der oben bereits für Bartransaktionen genannten Formel[192], wobei der Wert der Bartransaktion bzw. der Dividende durch den Wert des Bezugsrechts *BZR* zu ersetzen ist.

$$c_{i,t} = \frac{K_{cum}}{K_{cum} - BZR}$$

(Formel 9)

[189] BERGMANN (1962), S.322.

[190] Vgl. ERLENBACH (1985).

[191] Vgl. Abschnitt 4.6.2.

[192] Die im Zusammenhang mit der Dividendenbereinigung bereits ausgeführte Ungenauigkeit aufgrund der Verwendung von cum-Kursen gilt hier gleichermaßen. Korrekter wäre die bereits dargelegte, aus ex-Kursen abgeleitete Formel. Auch im Zusammenhang mit Bezugsrechtsbereinigungen soll die gängige Konvention jedoch nur in den Fällen durchbrochen werden, in denen cum- und ex-Kurse zeitlich weit auseinanderfallen.

Der in dieser Formel zugrunde gelegte rechnerische Wert des Bezugsrechts[193] ergibt sich aus dem Aktienkurs vor Abtrennung des Bezugsrechts K_{cum}, dem Bezugskurs der jungen Aktien K_{Bezug} (abzüglich eines etwaigen Dividendennachteils) und dem Bezugsverhältnis zu

$$BZR = \frac{K_{cum} - K_{Bezug}(-Dividendennachteil)}{BV+1}$$

(Formel 10)

wobei der Dividendennachteil der jungen Aktien i.d.R. vernachlässigt wird. Dieser Nachteil entsteht dann, wenn die jungen Aktien nicht in gleichem Umfang an der Jahresdividende teilhaben wie die Altaktien. Der maximal anzunehmende Nachteil wird dann gegeben sein, wenn die mit der Kapitalerhöhung neu ausgegebenen Aktien mit einer Gewinnberechtigung erst ab dem nächsten, noch nicht laufenden Geschäftsjahr ausgestattet sind. Der Dividendennachteil setzt sich dann zusammen aus der entgangenen Dividende für das bereits laufende Geschäftsjahr (die im nächsten Geschäftsjahr ausgezahlt wird) sowie unter Umständen der entgangenen Dividende für das vorherige Geschäftsjahr, falls die Auszahlung nicht schon vor der Ausgabe der jungen Aktien erfolgt ist. Selbst unter ungünstigen Modellannahmen ist die entstehende Überschätzung der Rendite vertretbar[194]. Daher erscheint die bei allen bedeutenden Indizes praktizierte Vernachlässigung akzeptabel.

---

[193] Der tatsächlich im Bezugsrechtshandel an der Börse erzielbare Wert weicht i.d.R. mehr oder weniger deutlich von diesem rechnerischen Wert ab. Nachdem für die bis zu 129 Jahre zurückliegenden Kapitalmaßnahmen jedoch nur vereinzelt tatsächlich erzielbare Bezugsrechtswerte zu ermitteln waren, wurde im Rahmen dieser Arbeit letztlich durchgängig auf den rechnerischen Wert des Bezugsrechts zurückgegriffen. Dies entspricht auch der Vorgehensweise beim von der Deutschen Börse AG veröffentlichten DAX, vgl. RICHARD (1992), S. 130. HARTMOND kommt zu dem Schluß, daß der Unterschied zwischen rechnerischen und tatsächlichen Werten bei der Bereinigung vernachlässigt werden könne, vgl. HARTMOND (1993), S.33. Letztendlich führt die Verwendung rechnerischer Bezugsrechtswerte zu der Annahme, daß durch Ausübung aller Bezugsrechte und anschließenden Verkauf von Aktien zur Korrektur der Neueinzahlung keine signifikanten Arbitragegewinne möglich sind.

[194] Berechnet man aus den 14 Bezugsrechten des Jahres 1899 (meiste Kapitalerhöhungen außerhalb der Hyperinflation) den gewichteten durchschnittlichen Fehler des hier erstellten Index unter der Annahme, daß **bei allen Kapitalerhöhungen** Aktien mit **maximalem Dividendennachteil** ausgegeben wurden, so würde die Rendite mit jedem Bezugsrecht um ca. 0,0197% überschätzt. Da bis Ende 1959 insgesamt 314 Bezugsrechte berücksichtigt sind, würde der durchschnittliche Fehler für die 89 Indexjahre demnach etwa bei $(1{,}06199^{(1/89)}-1)=0{,}0676\%$ p.a. liegen.

4.6.4 Sonstige Maßnahmen

Bei sonstigen Kapitalmaßnahmen, durch die lediglich die Zahl der Aktien verändert wird, ohne daß das Vermögen der Gesellschaft sich durch Ein- oder Auszahlungen verändert, entspricht der Kursveränderung i.d.R. ein Umstellungsverhältnis, mit dem neue Aktien geschaffen oder zusammengelegt werden. Als Beispiel für die Ausgabe neuer Aktien ist hier die Kapitalerhöhung aus Gesellschaftsmitteln (Aktiensplit[195]) zu nennen. Für den Einzug von Aktien ohne Berührung des Gesellschaftsvermögens steht die vereinfachte Kapitalherabsetzung, also der „Kapitalschnitt".

In diesen Fällen wird die resultierende Kursveränderung durch Multiplikation mit dem Verhältnis aus der Zahl der Aktien nach der Maßnahme zur Zahl der Aktien vor der Maßnahme, also mit dem umgekehrten Umstellungsverhältnis, bereinigt.

Beim Einzug eigener Aktien, die sich bereits zuvor als „Vorratsaktien" oder „Schutzaktien" unter den Aktiva der betroffenen Gesellschaft befanden, ist keine Bereinigung notwendig, da sich durch eine solche Maßnahme die von den Anlegern gehaltene Stückzahl nicht verändert.

Besonderheiten des Untersuchungszeitraums, die eine Bereinigung nach sich ziehen oder in sonstiger Weise im Index zu berücksichtigen sind, werden in Kapitel 5 behandelt. Hierzu zählen neben den heute nicht mehr gebräuchlichen Stückzinsen auf Aktien[196] auch die Vorgehensweise bei längeren Börsenschliessungen[197], Veränderungen der Indexzusammensetzung aufgrund von Verstaatlichungen oder Fusionen[198] sowie die alliierten Zerschlagungsmaßnahmen nach dem II. Weltkrieg[199]. Auf weitere Fragestellungen wie die Einbeziehung der Anteilscheine der Reichsbank, die wechselhafte Währungssituation in Deutschland, staatliche Eingriffe in den freien Kapitalverkehr oder die Bereinigung des Wertpapierwesens nach Kriegsende wird dort ebenfalls eingegangen.

---

[195] Im Untersuchungszeitraum existierten noch andere Bezeichnungen für den gleichen Vorgang; so wurden aufgrund der Dividendenabgabeverordnung vom 12.6.1941 zahlreiche „Kapitalberichtigungen" durchgeführt, mit denen Rücklagen in Grundkapital umgewandelt wurden, vgl. Abschnitt 5.5.7.3.

[196] Vgl. Abschnitt 5.5.2.

[197] Vgl. Abschnitt 5.5.4

[198] Vgl. Abschnitt 5.5.6.

[199] Vgl. Abschnitt 5.5.10.

5 Die Konstruktion eines langfristigen deutschen Aktienindex

Dem in dieser Arbeit erstellten Aktienindex liegt der Gedanke eines hypothetischen Portfolios zugrunde, mit dem eine möglichst nachvollziehbare Anlagestrategie verfolgt wird. Diese Vorgehensweise ist zum einen besonders anschaulich interpretierbar, zum anderen stellt sie bei der historischen Indexerstellung eine wichtige Entscheidungshilfe dar. Wünschenswert wäre in diesem Zusammenhang auch die Konzeption als „typisches Portefeuille", um den Erfolg der Aktienanlage „repräsentativer" Investoren zu messen. Da es ein solches typisches Anlegerverhalten jedoch *„schlechterdings nicht gibt"*[200], soll der Anspruch dieser Arbeit sich darauf beschränken, eine historisch plausible Anlagestrategie zu unterstellen.

Es ist also bei der Konstruktion des Index und der Behandlung der durch historische Sonderfaktoren notwendigen Abweichungen von der Grundformel stets die Frage zu stellen, wie sich ein hypothetischer Anleger in der gestellten Situation wohl verhalten hätte. Dabei ist von entscheidender Bedeutung, keine erst **nachträglich** bekannten Informationen in die Konstruktion des Index einfließen zu lassen.

In diesem Kapitel wird zunächst der Untersuchungszeitraum sowie die unterstellte Anlagestrategie festgelegt. Ferner wird neben der angewandten Indexformel auch auf das verfügbare Datenmaterial eingegangen. Breiten Raum nehmen die relevanten historischen Besonderheiten ein, deren Berücksichtigung ausführlich unter 5.5 diskutiert wird.

5.1 Der Untersuchungszeitraum

Wilhelm I. wurde am 18.1.1871 zum Deutschen Kaiser gekrönt, die Reichsverfassung trat erst am 16.4.1871 in Kraft. Unabhängig von diesem Akt der politischen Gründung des Deutschen Reiches kann man jedoch davon ausgehen, daß bereits ab Ende 1870 die Voraussetzungen für einen breiten Aktienhandel in Deutschland vorlagen. Hierfür sprechen folgende Gründe:

---

200 BLEYMÜLLER (1966), S. 41.

Zwar wurden erst durch Einführung der „Mark“ als „Reichsgoldmünze“[201] mit dem Münzgesetz vom 4.12.1871, also knapp ein Jahr später, endgültig fixe Wechselkurse zwischen noch weiter parallel existierenden Binnenwährungen festgeschrieben und so die gesetzliche Grundlage für die einheitliche Reichswährung geschaffen[202]; schon davor existierten jedoch im Börsenverkehr feste Umrechnungstabellen zwischen den verschiedenen Landesmünzen, die keinen Schwankungen unterworfen waren[203].

Mit der Aktienrechtsnovelle auf dem Gebiet des Norddeutschen Bundes vom 11.6.1870[204] wurde das vorherige Konzessionssystem abgeschafft. An die Stelle der individuellen staatlichen Genehmigung und Beaufsichtigung der Aktiengesellschaften trat nun ein System von Normativbestimmungen. Der Gründungshergang sowie die laufenden Rechte und Pflichten der Aktiengesellschaften und ihrer Organe waren nun vereinheitlicht und gesetzlich kodifiziert. Eine Aktiengesellschaft mußte auch nicht mehr Handelsgeschäfte betreiben, vielmehr galt gemäß Art. 208 ADHGB nun jede Aktiengesellschaft, unabhängig vom Unternehmensgegenstand, auch als Handelsgesellschaft. Dadurch wurde der künftigen Errichtung von Aktiengesellschaften auf breiter Ebene enormer Vorschub geleistet. Mit dieser Novelle war in Preußen nun beispielsweise auch die Gründung von Aktienbanken möglich, die vorher nur ausnahmsweise in Einzelfällen staatlich genehmigt wurde. Noch 1870 trat die Verfassung des Norddeutschen Bundes auch für Hessen, Bayern, Baden und Württemberg in Kraft. Bereits im Jahre 1870 setzte auch, ausgehend von Preußen, unmittelbar nach dieser Novelle die vermehrte Gründung von Aktiengesellschaften ein.

Es sollte in dieser Arbeit ein möglichst langer Zeitraum erfaßt werden, in dem ein nennenswerter Handel in deutschen Aktien stattfand. Da der deutsche Aktienmarkt mit der Aktienrechtsnovelle von 1870, befreit von den Fesseln des staatlichen Konzessionszwangs, anfing, nennenswerte Ausmaße anzunehmen, erscheint es sinnvoll, den Untersuchungszeitraum mit dem Jahresende 1870 beginnen zu lassen. Ein Startpunkt Ultimo 1869 scheidet aufgrund des noch vorherrschenden Konzessionssystems aus. Das erste volle Indexjahr ist dann 1871.

---

201 Gemeint war die Goldmünze zu 10 Mark.

202 Vgl. Abschnitt 5.5.5.1.

203 Die meisten deutschen Währungen basierten 1870 auf einer Silberdeckung. Vgl. auch Abschnitt 5.5.5.1.

204 BGBl.NB 1870, S. 375ff. Das Aktienrecht war damals noch nicht in einem eigenen Gesetz verankert, vielmehr handelte es sich um die Änderung einer Vielzahl von Paragraphen des Allgemeinen Deutschen Handelsgesetzbuchs (ADHGB) des Norddeutschen Bundes.

Nachdem ab 1955 mit der Arbeit von STEHLE/HUBER/MAIER und deren späterer Ergänzung um die zunächst noch fehlende Körperschaftsteuergutschrift bis in die jüngste Vergangenheit auf einen existierenden, konsistenten Index zurückgegriffen werden kann, wird der historische Index im Rahmen dieser Arbeit bis einschließlich 1959 berechnet. Ab 1960 kann dieser mit den existierenden Ziffern gleicher Konzeption verknüpft werden[205].

5.2 Die unterstellte Anlagestrategie

Der in dieser Untersuchung unterstellte hypothetische Anleger investiert in ein auf 30 Werte gestreutes Portfolio inländischer Standardaktien. Die Auswahl und Gewichtung dieser Werte richtet sich nach deren Börsenkapitalisierung.

Für den durchschnittlichen Anleger wäre es kaum sinnvoll, in eine wesentlich größere Zahl von Gesellschaften zu investieren. Dazu müßte das investierte Vermögen in so kleine Teileinheiten zerlegt werden, daß die dafür aufzuwendenden Transaktionskosten[206] in keinem Verhältnis mehr zum erwarteten Ertrag stünden. Die Nachbildung eines möglichst vollständigen Gesamtmarkt-Portfolios stellt auch aufgrund der Unteilbarkeit einzelner Aktien ein viel größeres Problem dar als die Nachbildung des hier beschriebenen Index, selbst wenn diese bei realistischen Anlagebeträgen ebenfalls nicht exakt möglich ist[207].

Es wird eine *buy-and-hold*-Strategie unterstellt: Der hypothetische Anleger verfolgt einen langfristigen Anlagehorizont, so daß kurzfristige, spekulativ orien-

---

205 Vgl. Abschnitt 6.1.2.

206 Während des Untersuchungszeitraums lag die Summe der Transaktionskosten (Bankprovision, Maklercourtage, Börsenumsatzsteuer, ab 1932 auch Abwicklungsgebühr) noch deutlich unter 1% und überschritt diese Marke erst nach dem II. Weltkrieg. Vgl. NACHTIGALL (1996), S. 37ff, dort mit weiteren Verweisen, sowie EUBE (1998), S. 69. Prohibitiv wirken sich im Zusammenhang mit der Indexnachbildung aber die Mindestgebühren aus, die in der Vergangenheit zumindest nicht niedriger als heute gewesen sein dürften. Bei Umschichtungen im Depot ist außerdem zu bedenken, daß Transaktionskosten immer doppelt anfallen, nämlich sowohl beim Verkauf der einen als auch beim Kauf der anderen Position.

207 Da jedoch aus Gründen der methodischen Vereinfachung auf die Prämisse der unendlichen Teilbarkeit innerhalb des erstellten Index nicht verzichtet werden kann, wird im Folgenden, wie bei allen Aktienindizes, von diesem Problem abstrahiert. Allerdings ist festzuhalten, daß die Nachbildung eines marktgewichteten Index aus einer begrenzten Anzahl von Standardwerten wesentlich realistischer ist als die Abbildung der Struktur des Gesamtmarkts.

tierte Umschichtungen des Portfolios unterbleiben. Er nimmt auch prinzipiell weder Auszahlungen aus noch Einzahlungen in den Index vor. Demzufolge werden abfließende Dividenden in voller Höhe reinvestiert. Entsprechend den auch sonst üblichen Annahmen erfolgt die Reinvestition in die gleiche Aktie, aus der auch die Ausschüttung erfolgt ist. Ebenso werden bei Kapitalerhöhungen keine Neueinzahlungen vorgenommen, sondern so viele Bezugsrechte verkauft, bis vom Erlös die verbliebenen Bezugsrechte ausgeübt werden können[208].

Da für diese Reinvestitionen unterjährige Käufe notwendig sind, wird unterstellt, daß der Anleger Dividenden und Kapitalmaßnahmen der Tagespresse entnimmt und gegebenenfalls die abgeflossenen Mittel zeitnah[209] reinvestiert. Es wäre angesichts des damit verbundenen Zinsverlusts als übertriebene Passivität anzusehen, wenn Reinvestitionskäufe freiwillig[210] seltener stattfinden.

Um ein Veralten des Index zu vermeiden, werden außerdem jährlich planmäßige Revisionen durchgeführt. Der hypothetische Anleger prüft also jeweils zum Jahresultimo, welche Mischung aus 30 Gesellschaften er aufgrund der an diesem Tag aktuellen Marktverhältnisse nach dem Kriterium der Börsenkapitalisierung in sein Portfolio aufnehmen würde. Soweit das bereits bestehende Portfolio von dieser Struktur abweicht, werden am letzten Börsentag des Jahres Aktien mit einem zu hohen Anteil verkauft und dafür Aktien gekauft, deren Gewicht gemessen an der Börsenkapitalisierung noch zu niedrig ist[211]. Käufe und Verkäufe sind fast ausschließlich beim Austausch von Gesellschaften sowie zur Anpassung an vollzogene Kapitalerhöhungen nötig. Davon abgesehen passen sich die Gewichte der Gesellschaften mit der Einzelperformance weitgehend „automatisch" an, sofern die Dividendenrenditen nicht wesentlich voneinander abweichen.

Die angestrebte Gewichtung wird also nicht kontinuierlich realisiert, da dies zu unverhältnismäßig hohen Transaktionskosten führen würde. Nachdem aber zumindest jährlich eine Revision des Indexportfolios stattfindet, wird mit dem hier vorgelegten Index dennoch die Annahme erfüllt, daß grundsätzlich die Einhaltung der eingangs gewählten Kriterien auch dauerhaft angestrebt wird. Als Ein-

208 Vgl. auch Abschnitt 4.6.

209 Der nominale Index wird wöchentlich berechnet. Auch für die Reinvestitionen werden Wochendaten zugrunde gelegt.

210 Eine Ausnahme bildet dementsprechend die unfreiwillige Barhaltung aufgrund der besonderen Rahmenbedingungen während des I. Weltkriegs, vgl. Abschnitt 5.5.4.5.

211 Zur Berechnung der Verkettungsfaktoren vgl. Abschnitt 4.5.

stiegszeitpunkt in das Indexportfolio kann so im Prinzip[212] jeder Jahresultimo bei Annahme einer konstanten Anlagestrategie gewählt werden.

Auch in Anbetracht der regelmäßigen Indexrevisionen wäre die Streuung auf wesentlich mehr als 30 Gesellschaften für die breite Masse der Privatanleger eher unplausibel, da die jährlich anfallenden Transaktionskosten bei „normalen“ Depotvolumina schnell prohibitive Dimensionen erreichen würden.

Aufgrund der historischen Entwicklung in Deutschland wäre es nicht realistisch, anzunehmen, daß diese Anlagestrategie immer in Reinform durchzuhalten gewesen wäre. So liegt es beispielsweise auf der Hand, daß während einer Börsenschließung oder eines Handelsverbots keine Umstrukturierungen im Indexportfolio oder Reinvestitionen von Dividenden unterstellt werden können. Hinsichtlich der aus der Festlegung des Untersuchungszeitraums entstehenden Detailprobleme ist im Einzelfall stets die Frage zu stellen, was ein Marktteilnehmer in der gestellten Situation hätte tun können und welches Verhalten demzufolge für den hypothetischen Anleger anzunehmen ist. Dieses historisch plausible Verhalten soll dann im Index abgebildet werden. Auf die Abweichungen, die sich durch diese historischen Besonderheiten gegenüber dem Grundkonzept ergeben, wird detailliert unter Abschnitt 5.5 eingegangen.

5.3 Das Indexmodell

In der vorliegenden Arbeit wird ein Index erstellt, der den langfristigen Anlageerfolg riskanter Anlagen in Deutschland am Beispiel der Performance eines nach Maßgabe der Börsenkapitalisierung gewichteten Portfolios aus jeweils 30 deutschen Standardaktien mißt.

Die geschilderte Anlagestrategie führt zu folgendem Grundmodell des Index nach der Formel von LASPEYRES:

[212] Einschränkungen ergeben sich durch staatliche Eingriffe in den Börsenhandel. Insbesondere während der Stoppkursphase von 1943 bis 1948 (vgl. Abschnitt 5.5.8) war wegen des zu geringen Angebots mit Sicherheit kein Neueinstieg in das Indexportfolio möglich.

$$I_t = \sum_{i=1}^{30} \left(g_{i0} * \frac{K_{i,t}}{K_{i,0}} * c_{i,t} \right) * V_0 \quad \text{mit} \quad g_{i,0} = \frac{BK_{i,0}}{\sum_{i=1}^{30} BK_{i,0}}$$

(Formel 11)

Die Reinvestition von Bezugsrechten und Dividenden erfolgt gemäß den bereits dargestellten, üblichen Formeln[213]. Da tatsächliche Bezugsrechtswerte nur vereinzelt zu recherchieren waren, wurde generell auf den rechnerischen Wert der abfließenden Bezugsrechte zurückgegriffen, der jeweils aus den bekannten Daten ermittelt werden konnte. Eine Ausnahme bilden zwei Bezugsrechte auf an die Aktionäre emittierte Genußscheine während der Hyperinflation, die im Index zu ihrem tatsächlich gehandelten Wert verwertet und reinvestiert wurden[214]. Der nominelle Index wird wöchentlich berechnet, um eine möglichst zeitnahe Reinvestition aller abfließenden Rechte zu gewährleisten.

Bei Gesellschaften mit mehreren Aktiengattungen werden nur die Kurse der börsengängigsten Gattung laufend erhoben. Die Gewichtung wird jedoch auf Basis des gesamten Börsenkapitals festgelegt, um der tatsächlichen Bedeutung einer Gesellschaft besser gerecht zu werden. Diese Festlegung der Gewichtung erfolgt einmal jährlich zu Jahresultimokursen.

Die Zusammensetzung des Index zu allen ordentlichen Verkettungszeitpunkten ist für die 89 Indexjahre 1871 bis einschließlich 1959 mit Dividendenzahlungen und Kapitalmaßnahmen im Anhang dieser Arbeit abgedruckt.

Soweit möglich, gibt es unterjährig keine aktiven Veränderungen der so bestimmten Indexzusammensetzung. Alle Abweichungen die von diesem Grundmodell notwendig werden, sind in den nachfolgenden Abschnitten begründet. Vorwegzunehmen sind folgende Grundsätze:

- „Passive" Strukturveränderungen (z.B. durch Fusion[215] oder Spaltung[216] von Indexgesellschaften) werden möglichst bis zum nächsten Verkettungstermin hingenommen.

---

213 Vgl. Abschnitte 4.6.2 und 4.6.3 sowie die unter 5.5 beschriebenen Modifikationen, die wegen historischer Besonderheiten nötig sind.

214 Diese Bezugsrechte auf Genußscheine betrafen folgende Gesellschaften: Oberschlesische Kokswerke AG am 20.7.1923 (gehandelter Wert des Bezugsrechts: 300.000 Mark) und Ilse Bergbau AG am 19.10.1923 (4,5 Mio. Mark).

215 Vgl. Abschnitt 5.5.6.2.

- Wird eine Gesellschaft „aus dem Index herausgekauft" (z.B. gegen Gewährung von Anleihen oder Bargeld), so ist dies entsprechend den Begebenheiten des Einzelfalls zu berücksichtigen[217]. Werden daraus unterjährige Anpassungen nötig, so gilt das Prinzip der „Indextreue", d.h. der Anleger versucht in solchen Fällen, zu der eigentlich gewünschten Portfoliostruktur zurückzukehren.

- Darüber steht aber der Grundsatz der „historischen Plausibilität": Es dürfen keine erst ex post bekannten Informationen einfließen, die für einen historischen Anleger noch keine Entscheidungsgrundlage bilden konnten, da dies zu einem *ex post selection bias* führen würde.

5.4 Das Datenmaterial

Die Rohdaten über Grundkapitalien, Kurse, Dividenden und Bezugsrechte der Indexgesellschaften von Ultimo 1870 bis Ultimo 1959 wurden in 17 Diplomarbeiten am Lehrstuhl für Betriebswirtschaftslehre, Bank- und Kreditwirtschaft der Wirtschaftswissenschaftlichen Fakultät an der Universität Würzburg ermittelt. Im Rahmen dieser Diplomarbeiten wurden für jeweils mehrjährige Teilperioden die verfügbaren zeitgenössischen Quellen ausgewertet und die relevanten Daten erfaßt, anhand derer auch bereits verschiedene Indizes über diese Teilperioden erstellt wurden.

Die wöchentlichen Kurse (meist Wochenschlußkurse) wurden den Wirtschaftsteilen der im Datenquellenverzeichnis aufgeführten Zeitungen entnommen. Die meisten Aktien waren an der Berliner Börse notiert. I.d.R. wurde nur dann auf andere Börsen zurückgegriffen, wenn eine Gesellschaft in Berlin nicht gehandelt wurde oder dort zu selten ein Kurs festgestellt werden konnte. Für die Zeit des Kursveröffentlichungsverbots von 1914-1918 konnte zur Rekonstruktion der vermutlichen Wertentwicklung während des Krieges auf die zeitnah erstellte Kursdatensammlung von KRONENBERGER zurückgegriffen werden[218].

Die wöchentliche Indexermittlung über 89 Jahre (abzüglich der Zeiten der Kursaussetzung) führt bei normalerweise 30 Indexgesellschaften grob geschätzt zu einer verarbeiteten Datenmenge von rund $85 * 30 * 52 = 132.600$ Einzel-

---

216 Vgl. Abschnitt 5.5.10.

217 Vgl. Abschnitte 5.5.6.1 und 5.5.6.3.

218 Vgl. hierzu ausführlich Abschnitt 5.5.4.5.3.

kursen[219]. Hinzu kommen über 3.000[220] Bereinigungsereignisse aus Dividendenzahlungen und Kapitalveränderungen.

Grundkapitalien und Kapitalveränderungen wurden teilweise ebenfalls der Tagespresse, vor allem aber den im Datenquellenverzeichnis aufgeführten Handbüchern entnommen. Anhand dieser i.d.R. jährlich, zum Teil auch seltener erschienenen Periodika wurden auch die Dividendenzahlungen und Jahresschlußkurse einer Gegenprobe unterzogen.

Außerdem wurde in größeren Abständen[221] möglichst umfassend die Börsenkapitalisierung aller Gesellschaften des Gesamtmarktes zum Jahresultimo erhoben, um bei den jährlichen Revisionen alle in Frage kommenden Gesellschaften ins Kalkül zu ziehen. Damit sollte vermieden werden, eventuell solche Aktien auszulassen, die ursprünglich als Nebenwerte einzustufen waren, welche über einen längeren Zeitraum hinweg jedoch stark an Bedeutung gewonnen haben könnten.

Davon abweichend wurden Gesellschaften nicht berücksichtigt, deren Aufnahme in den Index trotz auf den ersten Blick ausreichend hoher Börsenkapitalisierung aufgrund individueller Konstellationen nicht plausibel wäre. So wurden insbesondere Gesellschaften dann nicht (oder: nicht mehr) in den Index aufgenommen, wenn der bekannte Festbesitzanteil deutlich über 75% betrug und dem errechneten „Börsen"-Kapital daher kaum börsengängige Anteile gegenüber standen. Im Zusammenhang mit den im Zeitablauf notwendigen Umstrukturierungen (Abschnitt 5.5.6.) wird auf einzelne Fälle verwiesen, in denen Gesellschaften zunächst im Index vertreten waren und später wegen zu hohen Festbesitzes ausgesondert wurden.

---

[219] Von den 89 Indexjahren sind allein wegen der Kursaussetzung des I. Weltkrieges eigentlich mehr als vier Jahre abzuziehen. Hinzu kommen kürzere Perioden der Börsenschließung. Andererseits kommen vor allem durch die alliierten Zerschlagungsmaßnahmen eine Vielzahl zusätzlicher Kursdaten zu den 30 regulären Indexgesellschaften hinzu. Aus diesem Grund wurden hier von den 89 Jahren pauschal nur 4 abgezogen und dafür durchgehend mit 30 Indexgesellschaften à 52 Wochen kalkuliert.

[220] Wenn durchschnittlich für jede Indexgesellschaft jährlich nur ein Bereinigungsereignis zu berücksichtigen gewesen wäre, so käme man bereits auf 89*30=2.670 Bereinigungen.

[221] Vgl. Abschnitt 6.3.

Umgekehrt wurden die Anteilscheine an der Deutschen Reichsbank in den Index aufgenommen, obwohl es sich dabei strenggenommen nicht um eine privatrechtliche Aktiengesellschaft handelte[222].

Die Vorarbeiten im Rahmen der Datenerfassung wurden mehrfach revidiert und ergänzt. Dabei wurde nicht nur die Plausibilität der Ergebnisse sondern auch die korrekte Rohdatenerhebung im Einzelnen überprüft. In umfangreichen Stichproben wurden die ersten Bestandsaufnahmen mehreren Gegenproben unterzogen. Soweit an der Qualität der Datenerfassung danach Zweifel bestanden, wurde sie für die betreffende Teilperiode neu durchgeführt. Bei der Beschaffung der relevanten Daten wurde zwar größte Sorgfalt angewandt, dennoch kann nicht mit letzter Sicherheit ausgeschlossen werden, daß die in den Index eingehenden Rohdaten noch Fehler beinhalten. Das Fehlerpotential für das Gesamtergebnis läßt sich dabei wie folgt eingrenzen:

Vereinzelte Datenfehler bei den unterjährigen Kursen würden nur stichtagsbezogen zu Abweichungen führen. Datenfehler, die in die Korrekturfaktoren der Bereinigungsereignisse einfließen, würden wegen der dadurch veränderten Reinvestitionsannahme jedoch die Performance der gesamten Indexreihe verändern. Da größere Sprünge bereits im Rahmen der für jedes Indexjahr durchgeführten Plausibilitätsprüfung auffallen, geht es im Wesentlichen um solche Fragen wie z.B. die, ob die 1941 ausbezahlte Dividende der I.G. Farben tatsächlich 8% (wie in den Vorjahren) oder 6% (wie in den Folgejahren) war[223].

Die Veränderung der Performance eines einzelnen Indexjahres aufgrund von derartigen Fehlern beträgt selbst unter Annahme von besonders ungünstigen Fehlerkonstellationen (Datenfehler bei einer Dividende um den Faktor 10) weniger als 0,24 %-Punkte[224]. Bezogen auf den hier bearbeiteten Untersuchungs-

---

222 Vgl. Abschnitt 5.5.3.

223 Das genannte Beispiel ist nicht aus der Luft gegriffen, da durch das Beibehalten der höheren Dividende bei der I.G. Farben als einziger Indexgesellschaft in diesem Jahr eine (leicht vermeidbare) Belastung durch die neu eingeführte Dividendenabgabe entstanden sein müßte. Vgl. Abschnitt 5.5.7.3 und dort FN 387.

224 Bei dieser Quantifizierung wurde angenommen, daß bei einer Gesellschaft mit 1/30 des Indexgewichts statt 10% Dividende durch einen Übertragungsfehler nur 1% in den Index eingehen. Bei einem Kursniveau der betreffenden Aktie von 150% vor der Dividendenzahlung würde durch diesen Fehler der errechnete Korrekturfaktor statt 1,0714286 (=150/140) nur 1,0067114 (=150/149) betragen. Der in gleicher Größenordnung entstehende Einbruch bei den bereinigten Daten einer Gesellschaft sollte bereits im Rahmen der Plausibilitätsprüfung auffallen. Bliebe er dennoch unbemerkt, so würde bei einer angenommenen Kursrendite von 10% die Jahresperformance der betreffenden Gesellschaft (von 17,857% auf 10,738%) um 7,12 %-Punkte und die des

zeitraum von Ende 1870 bis 1959 ergibt sich daraus eine Abweichung von weniger als 0,003 %-Punkte p.a., bezogen auf den Zeitraum bis heute weniger als 0,002 %-Punkte p.a. Zwar können mehrere derartige Fehler im Zeitablauf auftreten, solange es sich jedoch nicht um systematische Fehler (wie z.B. falsche Formeln) handelt, können diese sich dann auch gegenseitig ausgleichen.

Die Erfahrungen aus der Überprüfung der zugrunde liegenden Diplomarbeiten zeigen jedoch, daß Fehler in der Datenerfassung („Vertipper") hauptsächlich bei den unterjährigen Kursen und weniger bei den Daten im Zusammenhang mit Bereinigungsereignissen in Erscheinung treten. Weitaus gravierender sind Verständnisfehler und demzufolge falsche Formeln oder die nicht korrekte Berücksichtigung von historischen Besonderheiten. Die Endversion des Index wurde daher auf Basis der in dieser Arbeit dargelegten Überlegungen aus den vorhandenen Rohdaten komplett neu berechnet.

5.5 Besonderheiten des Untersuchungszeitraums

Unstrittig hat der deutsche Kapitalmarkt im Untersuchungszeitraum eine turbulente Entwicklung durchgemacht. In diesem Zusammenhang werden stets die beiden Weltkriege und die damit verbundene Entwertung der deutschen Währung genannt. Auch andere Krisen und politische Steuerungseingriffe sowie heute nicht mehr übliche Handelsbräuche erschweren die nachträgliche Analyse.

Der Grundansatz und zugleich die Hauptaufgabe dieser Arbeit besteht darin, daß diese Schwierigkeiten bei der Ermittlung der Rendite in den entsprechenden Phasen keinesfalls ausgeblendet werden dürfen. Vielmehr müssen geeignete Methoden gefunden werden, mit denen die relevanten Besonderheiten des Untersuchungszeitraums in einen langfristigen Aktienindex eingearbeitet werden können.

Es soll auf Basis der verfügbaren Daten daher geklärt werden, welche Modifikationen am vorgestellten Indexmodell vorzunehmen sind, um trotz dieser Besonderheiten zu einem aussagekräftigen Ergebnis für den Gesamtzeitraum zu kommen.

Index um 0,237 %-Punkte zu niedrig ausgewiesen. Der Fehler verringert sich durch eine niedrigere Kursrendite, ein höheres Kursniveau zum Zeitpunkt der Bereinigung oder durch ein geringeres Indexgewicht der Gesellschaft.

5.5.1 Prozentkurse und Teileinzahlungen

Vorweg ist eine eher unspektakuläre Konvention des Untersuchungszeitraums aufzugreifen: Bis in die 60er Jahre des 20. Jahrhunderts hinein waren die meisten Aktien nicht „pro Stück" notiert, sondern der Kurs wurde allgemein in „Prozent des Nennwertes" ausgedrückt[225]. Eine Ausnahme hiervon bildeten die Versicherungsgesellschaften, deren Aktien durchweg als Stücke notiert wurden. Nachdem aus beiden Notizen letztlich das Börsenkapital einer Gesellschaft ermittelt und die Indexentwicklung dann aus Kursrenditen berechnet werden kann, stellt die Existenz von Prozent- und Stücknotizen für sich genommen ein simples Umrechnungsproblem dar.

Eine Besonderheit des Untersuchungszeitraums sind in diesem Zusammenhang allerdings die (vergleichsweise seltenen) teileingezahlten Aktien, die damals wie heute hauptsächlich von Versicherungen ausgegeben wurden. Da Versicherungsaktien, wie oben erwähnt, nicht in Prozent des Grundkapitals sondern in Mark pro Stück notiert wurden, sind bei diesen die fehlenden Einzahlungen „automatisch" im Kurs verarbeitet. Bei den Versicherungsaktien mußte zu Beginn des Untersuchungszeitraumes auch der nicht eingezahlte Teil in Form von Solawechseln oder Staatspapieren als Sicherheit deponiert werden. Da die Gesellschaft im Falle der Einforderung des nicht eingezahlten Teils darauf jederzeitigen Zugriff hatte, bestand kein großer Unterschied mehr zur Volleinzahlung. Die Einforderung des nicht eingezahlten Teils war bei Versicherungen als Maßnahme zur Deckung ungewöhnlich hoher Schadensfälle vorgesehen, von der jedoch während des Untersuchungszeitraumes zumindest im Index in keinem Fall Gebrauch gemacht werden mußte.

Bei den wenigen in Prozent des Nennwertes notierten Indexgesellschaften mit nur teileingezahlten Aktien[226] war jedoch die fehlende Einzahlung nicht direkt im notierten Aktienkurs verarbeitet, sondern mußte von diesem noch abgezogen werden. Die Kurse gingen daher in entsprechend korrigierter Form in die Ermittlung der Renditen ein[227]. Wenn nun nicht eingezahlte Teile des Grundkapi-

[225] Bei Aktien sind Prozentnotizen heute nur noch vereinzelt bei „Nebenwerten" zu finden.

[226] Folgende teileingezahlte Nicht-Versicherungen befanden sich im Index: Preußische Central-Bodencredit-AG (1877-1878, 1884-1899), Süddeutsche Bodenkreditbank (1879-1881), Deutsche Effekten- und Wechselbank (1880-1881, 1890-1895), Hamburger Vereinsbank (1890-1899). Die betreffenden Gesellschaften sind im Anhang hervorgehoben.

[227] Andernfalls würde die absolute Rendite aus der Entwicklung der veröffentlichten Kurse aufgrund der tatsächlich wesentlich geringeren Basis erheblich unterschätzt.

tals später vom Anleger eingefordert wurden, so ist dies im Index ebenfalls zu berücksichtigen. Zwar änderte sich die veröffentlichte Kursnotiz nicht unmittelbar durch eine Veränderung der Einzahlungsquote; die für die Berechnung der Renditen verwendeten, ökonomisch „richtigen" Aktienkurse erhöhen sich jedoch absolut um den eingeforderten Betrag und sind daher um die Neueinzahlung zu bereinigen.

Da dem Index keine neuen Mittel zufließen sollen, wird unterstellt, daß zusätzliche Einzahlungen durch Verkauf aus dem entsprechenden Aktienbestand finanziert wurden. Hierzu sind bis zur nächsten Verkettung die „wahren" Aktienkurse (Notiz abzüglich der fehlenden Einzahlung) nach der Erhöhung der Einzahlungsquote mit folgendem Korrekturfaktor zu multiplizieren.

$$c_{i,t} = \frac{\left(K_{cum} - fehlendeEinzahlung_{cum}\right)}{\left(K_{cum} - fehlendeEinzahlung_{ex}\right)}$$

(Formel 12)

Auf diese Weise wird analog der *opération blanche*, bei der Barausschüttungen in die entsprechende Aktie reinvestiert werden, unterstellt, daß die Nachforderungen auf das Grundkapital aus Desinvestitionen der entsprechenden Aktie finanziert werden. Es werden also genau so viele Aktien verkauft, daß der Erlös zur Begleichung der Nachzahlungsforderung ausreicht[228]. Anders als bei der Reinvestitionsprämisse im Zusammenhang mit Bartransaktionen[229] ist hier die Verwendung von cum-Kursen (und damit der Ausgleich des theoretisch zu erwartenden Kursabschlags) tatsächlich plausibel, da andernfalls eine vermeidbare Zwischenfinanzierung der Nachzahlung nötig würde.

Ab Ende des 19. Jahrhunderts gab es im Index nur noch einzelne Kapitalerhöhungen, die nicht sofort voll eingezahlt werden mußten, meist aber innerhalb relativ kurzer Zeit eingefordert wurden[230]. Die Veränderung des rechnerischen Wertes des Bezugsrechts ist in solchen Fällen geringfügig, da es sich nur um einen Zinseffekt handelt, und wurde daher ebenso vernachlässigt wie Dividendennachteile junger Aktien.

---

[228] Das auf den ersten Blick vielleicht nahe liegende Ignorieren der Nachzahlung bis zu nächsten Verkettung würde analog zu FN 227 aufgrund der tatsächlich nun höheren Basis zu einer Überschätzung der absoluten Renditen führen.

[229] Vgl. Abschnitt 4.6.2.

[230] Meist wurden diese Kapitalerhöhungen zunächst unter Teileinzahlung von einem Konsortium übernommen und erst nach Volleinzahlung dem Publikum angeboten.

5.5.2 Stückzinsen auf Aktien

5.5.2.1 Der Handelsbrauch

Unter den Besonderheiten des Untersuchungszeitraums nimmt die aus heutiger Sicht schwer nachvollziehbare Stückzinsusance[231] eine besonders kuriose Rolle ein. Dieser Brauch stammte aus den Anfängen des Aktienhandels, als er von den gewohnten Gepflogenheiten des Handels mit festverzinslichen Wertpapieren übernommen wurde. Somit war es *„allgemein herrschende Uebung, beim Verkauf von Aktien außer dem bedungenen Kurse noch laufende Zinsen von verschiedener Höhe zu berechnen."*[232] Obwohl diese Usance im Widerspruch zu Art. 217 Abs. 1 ADHGB stand, wonach Aktien ausdrücklich keine zinstragenden Papiere waren, wurden diese Stückzinsen doch widerspruchslos bezahlt, und zwar selbst auf Aktien, *„die notorisch gar keine oder eine höchst geringe Dividende bringen"*[233]. Nachdem die Usancen von ihrer Rechtsnatur her prinzipiell zwischen den Vertragspartnern frei verhandelbar waren, konnten an verschiedenen Börsenplätzen auch unterschiedliche Modalitäten gelten. Die Hinzurechnung von Stückzinsen wurde bis zu ihrem Verbot per Bundesratsbeschluß[234] Ende 1912 praktiziert.

Diese nominalen p.a.-Zinsen wurden zeitanteilig ab Geschäftsjahresbeginn bis zur Detachierung (Abtrennung) des Dividendenscheins nach der kaufmännischen Zinsmethode[235] berechnet und beim Kauf und Verkauf jeweils auf den Börsenkurs aufgeschlagen. Dabei wurde der Dividendenschein i.d.R. bereits am Ende des jeweiligen Verwaltungsjahres abgetrennt und die Aktie schon ab die-

---

231 Der Begriff der „Usance" wurde in der zeitgenössischen juristischen Literatur in Abgrenzung zum „Handels-Gewohnheitsrecht" benutzt: Während letzteres, soweit es nicht dem Handelsgesetzbuch widersprach, als eigene Rechtsquelle betrachtet wurde, die noch über dem bürgerlichen Recht einzuordnen war (LABAND (1872), S. 466), waren die „Usancen" beiderseitig stillschweigend akzeptierte, mit heutigen „Allgemeinen Geschäftsbedingungen" vergleichbare Geschäftsgebräuche, die in beiderseitigem Einverständnis für eine bestimmte Art von Geschäften galten. Vgl. LABAND (1872), S. 484.

232 LABAND (1872), S. 493.

233 LABAND (1872), S. 494.

234 *„Bei anderen Wertpapieren* [als solchen mit festen Zinsen] *findet eine Berechnung von Stückzinsen nicht statt."* - Bekanntmachung, betreffend die Feststellung des Börsenpreises von Wertpapieren vom 21. November 1912, in Kraft getreten am 1.1.1913, in: RGBl. 1912, S.538.

235 Pro Monat wurden 30 Zinstage unterstellt.

sem Zeitpunkt „exklusive Dividende" gehandelt, auch wenn die Dividende erst später ausbezahlt wurde und meist noch gar nicht feststand. Der technische Kursabschlag, der sich in diesem Fall am ex-Tag einstellte, ergab sich daher aus der Differenz zwischen dem – geschätzten[236] - Wert des Dividendenanspruchs (also der abgezinsten, zu erwarteten Dividendenzahlung) D^* und nominalem p.a.-Stückzins SZ (für ein Jahr):

$$K_{cum} - K_{ex} \approx D^* - SZ$$

(Formel 13)

Es fällt schwer, konkrete Beispieldaten zu benennen, bei denen sich diese Relation tatsächlich exakt einstellte, da neben dem technischen Abschlag auch immer eine marktbedingte Kursveränderung stattfand. Die ***Rheinische Eisenbahn*** *notierte Ultimo 1869 bei 116%. Zu diesem Zeitpunkt mußten auch noch (fast genau) 4% Stückzinsen gezahlt werden. Die Dividendenschätzung für 1869 wurde mit 7,5% angegeben, der später tatsächlich auch ausgezahlten Dividende. Am 7.1.1870 notierte die Aktie dann zu 112,75%, auf die (fast genau) 0% Stückzinsen zu zahlen waren. Daneben hatte der Anleger den abgetrennten Dividendenschein über geschätzte 7,5%, die jedoch erst Anfang Juli ausbezahlt wurden. Unter Berücksichtigung dieses Zinseffekts hat sich hier also per Saldo die obige Relation eingestellt. In etwa erwartungsgemäß verlief während des Untersuchungszeitraums auch der Kursabschlag bei der* ***Leipziger Creditanstalt*** *zum Jahreswechsel 1888/1889: Ultimo 1888 notierte diese Gesellschaft noch zu 194,25%. Aus dem Stückzinssatz von 4% und der Ende März ausgezahlten Dividende von 10% war ein Abschlag auf das Kursniveau am 5.1.1889 (188%) zu erwarten.*

Nachdem alle Marktteilnehmer die Stückzinsen natürlich laufend in ihr Kalkül einbezogen, stellte sich folgerichtig bei den Gesellschaften, deren zu erwartende Dividende unter dem p.a.-Stückzins lag, ein Kurs**zu**schlag anstelle des Abschlags ein: Im hypothetischen Fall einer Aktie, die bei Nichtexistenz von Stückzinsen das ganze Jahr über auf konstantem Kurs und ohne Ausschüttungen geblieben wäre, mußte der notierte Kurs im Jahresverlauf stetig in dem Maße sinken, wie sich die zu zahlenden Stückzinsen kumulierten. Der zu zahlende Gesamtpreis (Kurs zzgl. Stückzinsen) wäre dann das gesamte Jahr über konstant geblieben.

---

[236] Die Schätzung der zu erwarteten (nicht abgezinsten) Dividendenzahlung wurde dabei nicht etwa dem Marktgeschehen überlassen, sondern von „Sachverständigen-Kommissionen" vorgenommen und in den Börsenblättern veröffentlicht – freilich bildete sich anhand der tatsächlich beobachtbaren Kursabschläge dann letztlich doch eine Marktschätzung heraus.

Die obige Relation für den zu erwartenden Kursabschlag gilt nur im einfachen Fall, wenn Detachierung der Dividende und Neubeginn der Stückzinsrechnung zugleich auf den Beginn des Verwaltungsjahres fallen. Ausnahmen von der Abtrennung zum Ende des Verwaltungsjahres gab es allerdings für bestimmte auswärtige Aktien[237] sowie für Aktien, die in den Terminhandel einbezogen waren. Somit wurden zahlreiche Aktien noch über das Verwaltungsjahr hinaus inklusive Dividendenschein gehandelt, der dann entsprechend der heute üblichen Verfahrensweise erst bei Zahlung der Dividende detachiert wurde.

Erschwerend bzw. aus heutiger Sicht besonders verwirrend ist die Tatsache, daß dadurch nicht nur die Stückzinsberechnung verkompliziert wurde, sondern zeitweise in diesem Punkt auch unterschiedliche Usancen an verschiedenen Börsenplätzen bestanden:

In den 70er und 80er Jahren des 19. Jahrhunderts wurden in Berlin auch bei den Gesellschaften, deren Dividendenschein erst später abgetrennt wurde, die Stückzinsen bereits ab Beginn des neuen Geschäftsjahres berechnet. Sinngemäß fand sich jeweils folgender Eintrag in den Aktienführern:

> *„Der Dividendenschein wird erst nach erfolgter Bekanntmachung getrennt. Zinsberechnung trotzdem in Berlin stets 4% vom 1.1. des **laufenden*** [...] *Jahres"*[238]

Gleichzeitig wurden die Stückzinsen in Frankfurt aber fortlaufend („überlappend") – also vom 1.1. des **abgelaufenen** Jahres - berechnet und bis zum Zeitpunkt der Detachierung des Dividendenscheins auf den Börsenkurs aufgeschlagen.

Auf den Kurs einer Aktie mit Kalendergeschäftsjahr, deren Dividendenschein erst Ende März abgetrennt wurde[239], wurden dort also unmittelbar vor der Detachierung fast 15/12 des p.a.-Stückzinses aufgeschlagen. Am Tag nach der Detachierung bezog sich die Stückzinsberechnung dann auf das laufende Verwaltungsjahr, so daß dann gut 3/12 des p.a.-Stückzinses aufgeschlagen wurden. Dieser „überlappenden" Stückzinsberechnung lag der Gedanke zugrunde, daß

---

[237] Bei diesen wurde die Abtrennung des Dividendenscheins von der Sachverständigen-Kommission der Berliner Fondsbörse erst dann entschieden, wenn die Dividende festgesetzt war. Vgl. Bericht der Sachverständigen-Kommission der Fonds-Börse von Berlin vom 1.5.1873, in: ZfH 1874 S. 210.

[238] Eintrag über die Handelsusancen für Aktien der Dresdner Bank in Saling's Börsen-Papieren 1890/91.

[239] Dies betraf z.B. die Deutsche und die Dresdner Bank.

der Käufer der Aktien als Gegenleistung für den mitgelieferten Dividendenschein des verflossenen Jahres die vollen nominellen Stückzinsen und daneben noch für den gleichfalls mitgelieferten Dividendenschein des laufenden Jahres (gerechnet auf die seit dessen Beginn verstrichene Frist) zeitanteilig weitere Stückzinsen als Entschädigung für die dem Verkäufer entgehende Dividende zu zahlen hätte. Die Erkenntnis, daß bevorstehende Auszahlungen gleichermaßen im Kurs selbst verarbeitet werden können und daher keine gesonderte Berechnung notwendig ist, war bei der Etablierung des Brauchs noch nicht selbstverständlich.

Somit gab es Aktien, bei denen Stückzinsen je nach Börsenplatz zwischen Ablauf des Verwaltungsjahres und Detachierung des Dividendenscheins in unterschiedlicher Höhe zu zahlen waren. Aus diesen abweichenden Gepflogenheiten resultierten natürlich Kursdifferenzen zwischen den Börsen; denn auf den Prozentkurs einer Aktie, deren Dividendenschein z.B. zum 30.3. abgetrennt wurde, waren in Frankfurt zwischen dem 1.1. und dem 30.3. neben den anteiligen Zinsen für das laufende Jahr auch volle 4% Stückzinsen für das abgelaufene Jahr zu zahlen, die in Berlin nicht verlangt wurden, so daß bei identischen Kursen Arbitragegewinne möglich gewesen wären. Ab 1895 wurden dann auch in Berlin die kumulierten Stückzinsen bis zur Detachierung vom 1.1. des abgelaufenen Jahres an, also ebenfalls überlappend, berechnet[240].

Die Höhe der nominellen Stückzinsen p.a. für ein und dieselbe Aktie konnte sich ebenfalls je nach Börse unterscheiden: So wurden beispielsweise die Aktien der *Württembergischen Vereinsbank*[241] in Berlin mit 4%, in Frankfurt jedoch mit 5% Stückzinsen gehandelt.

Ein Anleger konnte also nicht unmittelbar die Kurse an verschiedenen Börsen vergleichen, sondern er mußte zugleich den möglicherweise unterschiedlichen Stückzins sowie die eventuell abweichenden Berechnungsintervalle berücksichtigen. Gleichermaßen ist bei der Einarbeitung in einen historischen Index für jede Aktie individuell die Usance der jeweiligen Börse zu berücksichtigen, an welcher auch der Kurs der Gesellschaft erhoben wurde.

Mit der Börsenpreisbekanntmachung vom 28.6.1898[242] wurden ab 1.1.1899 die Usancen an den Börsen des Deutschen Reichs wie folgt vereinheitlicht: Der Dividendenschein von nur im Kassamarkt gehandelten Inlandsaktien wurde

[240] Zur Auswirkung dieser Umstellung siehe auch Abschnitt 5.5.2.7.

[241] Die Zahlen gelten für den Zeitraum 1882-1884, als die Gesellschaft erstmals im Index vertreten war. Weitere Beispiele finden sich bei SCHWANHOLD (1999), S. 41.

[242] Vgl. RGBl. 1898, S. 915ff.

nunmehr *„am Schlusse des Geschäftsjahres der Gesellschaft"* und *„bei den übrigen inländischen und bei den ausländischen Aktien* [...] *erst dann vom Stücke getrennt, wenn er zur Auszahlung gelangt.* [...] *In allen Fällen, in denen der Dividendenschein erst nach Ablauf des Geschäftsjahres vom Stücke getrennt wird, werden die Stückzinsen für den entsprechenden Zeitraum über ein Jahr hinaus berechnet"* [243]. Damit hatte sich die in Frankfurt etablierte „überlappende" Berechnung durchgesetzt.

Zugleich wurde der nominelle Stückzins für alle Börsen grundsätzlich auf 4% p.a. festgelegt[244], wovon allerdings Ausnahmen für bestimmte Wertpapiere (z.B. für die Reichsbank) vorgesehen waren. Unverständlich bleibt, warum nicht auch die Praxis der Detachierung für alle Gesellschaften vereinheitlicht wurde, da nach wie vor der Dividendenschein aller nur am Kassamarkt notierten Aktien bereits zum Ende des Geschäftsjahres abgetrennt wurde.

Bis zur Abschaffung der Stückzinsen auf Aktien ab dem 1.1.1913[245] blieb dieses Relikt also eine aus heutiger Sicht schwer nachvollziehbare Komplikation des Börsenhandels.

5.5.2.2 Bisherige Berücksichtigung

In seiner Dissertation veröffentlicht EUBE ebenfalls einen Aktienindex über den Zeitraum der Stückzinsusance hinweg. Er widmet dabei *„den Usancen und Besonderheiten* [...] *die sich teilweise stark von den heutigen Gepflogenheiten unterschieden"*[246] zwar einigen Raum im deskriptiv gehaltenen historischen Teil seiner Arbeit und gibt dabei auch das prinzipielle Verfahren bei der Stückzinsusance korrekt wieder[247]. Allerdings hat er dennoch seinen Index ohne Berücksichtigung von Stückzinsen berechnet. Im Zusammenhang mit der Dividendenbereinigung erwähnt er nochmals deren damalige Existenz, kommt jedoch zu dem Schluß, daß *„zusätzliche Erkenntnisse im Zusammenhang mit einer Performancebetrachtung daraus nicht gewonnen werden"* könnten und nimmt

---

[243] § 8 der Börsenpreisbekanntmachung vom 28.6.1898. Prinzipiell waren noch Ausnahmen zulässig, allerdings nur *„für bestimmt zu bezeichnende"* Wertpapiere, nicht aber für ganze Börsen.

[244] § 4 der Börsenpreisbekanntmachung vom 28.6.1898.

[245] Vgl. FN 234.

[246] EUBE (1998), S. 19.

[247] Vgl. EUBE (1998), S. 67ff.

„diese Ungenauigkeit in Kauf [...], *zumal sie sich nur im kurzfristigen, insbesondere unterjährigen Vergleich bemerkbar"* mache[248].

Bei genauer Betrachtung wirkt sich jedoch die Existenz von Stückzinsen sehr wohl auch auf die Messung des langfristigen Erfolgs einer Aktienanlage aus – und nicht nur die Kursänderungen, Kapitalveränderungen und Dividenden, wie EUBE voraussetzt[249]. Denn all diese drei Einflußfaktoren des Gesamterfolgs werden durch die Existenz von Stückzinsen – in unterschiedlichem Umfang – verändert bzw. verfälscht, falls der Indexkonstrukteur die Usance unberücksichtigt läßt. Die Art und das Ausmaß dieser Veränderung wird nachfolgend erörtert.

5.5.2.3 Auswirkung auf die Performancemessung ohne Reinvestitionen

Auf den ersten Blick scheinen zu berechnende Stückzinsen zumindest bei einem reinen Kursindex ohne Reinvestitionen tatsächlich keine größeren Auswirkungen auf die langfristige Performance eines hypothetischen Portfolios zu haben, da sie im Prinzip wie ein „durchlaufender Posten" funktionieren. Selbst in einem solchen Index wirken sich Stückzinsen jedoch auf die Gewichtung[250] aus und spielen infolgedessen auch im Zusammenhang mit Umstrukturierungen des Indexportfolios eine Rolle. Allerdings verändert sich die Struktur des Portfolios nur in dem Maße, wie die zugrunde zu legenden nominalen Stückzinsen oder Kursniveaus für die gegeneinander getauschten Aktien voneinander abweichen. Gleichzeitig wird die veränderte Gewichtung andererseits durch eine Veränderung der gemessenen Performance (s.u.) teilweise kompensiert, die damit einher geht.

Handelt es sich bei dem Kursindex um einen LASPEYRES-Index, so stellt der Stückzins jedoch nur dann tatsächlich einen vollständig durchlaufenden Posten dar, falls die Stückzinsen **und** Kurse exakt übereinstimmen. Weichen die Kursniveaus der Aktien bzw. die nominellen Stückzinsen nämlich nur geringfügig voneinander ab, so würde das Ignorieren dieses Handelsbrauchs bei der Index-

---

248 Vgl. EUBE (1998), S. 115.

249 Vgl. EUBE (1998), S. 112.

250 Da sich der ökonomische Gesamtwert einer Aktie aus dem jeweils aktuellen Börsenkurs zuzüglich Stückzinsen ergibt, fließen diese also auch in das für die Gewichtung relevante Börsenkapital ein. Andernfalls würden die relativen Preise der Aktien untereinander verfälscht, bei Umstrukturierungen würde ein (wenn auch geringfügig) unzutreffendes Tauschverhältnis unterstellt.

erstellung zu einer - möglicherweise geringfügig, aber eben doch systematisch - veränderten Indexstruktur und Performancemessung führen.

So steigt durch Berücksichtigung von Stückzinsen die Gewichtung von Aktien mit niedrigem Kursniveau, da hier die Stückzinsen relativ stark wiegen. Gleichzeitig wird bei diesen Aktien wegen der relativ starken Erhöhung der Basis bei identischem Kurszuwachs eine deutlich eine geringere Rendite gemessen. Das Ignorieren der Stückzinsen würde sich also auf Gewichtung und gemessene Rendite auswirken: Das Gewicht der „leichten" Aktien würde gegenüber dem der „schweren" systematisch zu gering angesetzt. Die absolute Performance würde bei „leichten" Papieren deutlich, bei „schweren" geringfügig überschätzt.

Obwohl sich die Fehler bei Gewichtung und Performancemessung teilweise aufheben, ist es doch wichtig, sich zu veranschaulichen, daß selbst bei einem reinen Kursindex ohne Reinvestitionen die Stückzinsen nur unter ganz bestimmten Konstellationen zu vernachlässigen wären. Denn zu einer völligen gegenseitigen Nivellierung dieser Fehler würde es nur dann kommen, wenn alle Aktien exakt die gleiche Performance aufwiesen oder der LASPEYRES-Index mit jeder Kursveränderung (also zu jedem Berechnungszeitpunkt) neu gewichtet und verkettet würde[251]. Andernfalls ergibt sich aufgrund der starren Gewichtung eine Abweichung der gemessenen von der ökonomisch richtigen Rendite. Zur Verdeutlichung soll die Verfälschung der Performance an einem einfachen Beispiel demonstriert werden:

> *In einem hypothetischen Index seien nur zwei Werte enthalten, Aktie A mit niedrigem Kurs von 100% und Aktie B mit hohem Kurs von 300%. Der Stückzins sei für beide Aktien 5% nominal p.a., das Grundkapital beider Gesellschaften betrage 100. Erfolgt die Gewichtung der Kursrenditen nach dem Börsenkapital kurz vor Detachierung (BK_A=(100+5)%*100, BK_B=(300+5)%*100) und finden Bereinigungsereignisse nicht statt, so ergibt sich der korrekte Indexwert I_0 zum Basiszeitpunkt (Jahresultimo) mit dem Wert 1 nach der Formel von LASPEYRES[252] aus*
>
> $I_0=\{105/(105+305)*105/105\}+\{305/410*305/305\}=1$
>
> *Steigt nun der %-Kurs von A innerhalb eines Jahres auf 300, während der von B konstant bleibt, so ergibt sich ein Indexwert I_1 von*

---

[251] Damit wäre er im Ergebnis jedoch mit einem WERTINDEX identisch, der aus bereits erörterten Gründen im Rahmen dieser Arbeit jedoch nicht geeignet erscheint, vgl. Abschnitt 4.1.4.

[252] Vgl. Abschnitt 5.3.

$I_1=\{105/410*305/105\}+\{305/410*305/305\}=1{,}48780$

bzw. 305/205[253]

Würde man in dem gleichen Beispiel die Stückzinsen bei der Gewichtung und der Renditeermittlung ignorieren, so würde dieser Index im gleichen Zeitraum um den Faktor 1,5 (bzw. 300/200) wachsen, und nicht um den korrekten Faktor 305/205.

Sofern also bei Aktien unterschiedlicher Kursniveaus Renditeabweichungen vorliegen, ändert sich bei Vernachlässigung der Stückzinsusance schon allein dadurch auch die Performance des Gesamtindex, wie obiges Beispiel zeigt. Es bleibt zu untersuchen, ob dieser Effekt signifikant positive oder negative Auswirkungen hat.

Schon allein die durch Addition der Stückzinsen zum Kurs geringere prozentuale Veränderung dürfte dazu führen, daß die Gesamtperformance bei steigenden Kursen niedriger, bei fallenden Kursen höher ausfallen wird als bei Vernachlässigung der Usance. Je nach Börsenentwicklung könnten einander abwechselnde Phasen fallender und steigender Kurse also dazu führen, daß die meßbaren Renditeunterschiede sich aufheben. Nachdem allerdings im betreffenden Zeitraum insgesamt – wie bereits andere Quellen vermuten lassen[254] - positive Aktienrenditen erzielt wurden, ist zu erwarten, daß die Gesamtperformance entsprechend überschätzt würde, wenn Stückzinsen vernachlässigt werden.

5.5.2.4 Bereinigung abfließender Dividenden

Neben den bisherigen Überlegungen muß beachtet werden, daß zusätzlich auch die Korrekturfaktoren c_l berührt werden. Der Handelsbrauch wirkt sich also auch über eine dadurch veränderte Reinvestitionsprämisse auf die Gesamtperformance aus.

Bei Existenz von Stückzinsen ändern sich z.B. die Bereinigungsfaktoren aus Dividendenzahlungen. Unterstellt man die Reinvestition der Dividende wie üblich bei deren Zufluß, so tritt bei korrekter Berücksichtigung an jede Stelle, an der

[253] Bei einer Gewichtung der absoluten Kurse mit dem Grundkapital ergäbe sich: $I_0=\{0{,}5*105\}+\{0{,}5*305\}=205$ und $I_1=\{0{,}5*305\}+\{0{,}5*305\}=305$.

[254] Vgl. DONNER (1934) oder EUBE (1998).

sonst nur der Kurs in die Formel des Bereinigungsfaktors[255] eingeht, nun der Kurs zzgl. Stückzins, also $(K_{cum} + SZ)$.

$$c_{i,t} = \frac{(K_{cum} + SZ)}{(K_{cum} + SZ) - D}$$

(Formel 14)

Dieser Bereinigungsfaktor ist wegen der zu zahlenden Stückzinsen also stets geringfügig kleiner, wie auch aus Sicht eines realen Anlegers unmittelbar plausibel ist: Bei der Reinvestition der Dividende können weniger Aktien erworben werden, als wenn nur der Prozentkurs ohne Stückzinsen zu zahlen wäre. Dennoch kann die Auswirkung auf die Performance nicht schon vorab pauschal quantifiziert werden. Anhand einer alternativen Berechnung mit und ohne Stückzinsen wird in Abschnitt 5.5.2.7 die Auswirkung auf die Performance empirisch überprüft.

Der Kursglättungseffekt der Dividendenbereinigung geht in der betreffenden Zeit verloren, sofern der Termin der Detachierung vom Auszahlungstermin abweicht, da der Kursabschlag in jedem Fall bei Abtrennung des Dividendenscheins von der Aktie erfolgt. Gleichwohl ist die Bereinigung nach obiger Formel zum Zeitpunkt der Auszahlung die für einen Performanceindex korrekte Vorgehensweise.

Da der Index zum Jahresultimo verkettet wird, werden die bei der Umstrukturierung abzugebenden Aktien noch inklusive Dividendenschein verkauft und neu aufzunehmende Aktien auch inklusive Dividendenschein erworben. Im Indexportfolio sind also stets die „richtigen“ Dividendenscheine enthalten, auch wenn diese dann bereits zum Jahreswechsel von der Aktie abgetrennt werden[256].

5.5.2.5 Vorgezogene Bereinigung zum Zeitpunkt der Detachierung

Legt man stärkeren Wert auf den jeweils tagesaktuellen Wert des Indexportfolios, so stört man sich verständlicherweise an den zwischenzeitlich „wertlosen“

---

[255] Zur übrigen Struktur der Formel vgl. Abschnitt 4.6.

[256] Würde die Verkettung erst zum Jahresbeginn erfolgen, so entstünde das Problem, daß die Dividende der bei der letzten Verkettung verkauften Aktien noch dem Portfolio zufließt, während die Dividende der neu aufgenommenen Aktien (mangels Dividendenschein) unberücksichtigt bleiben müßte.

Dividendenscheinen. Nach der Abtrennung bis zu Auszahlung wird diesen im Index kein Wert beigemessen, da sie – anders als heute – schon vor ihrer Auszahlung nicht mehr im Kurs der Aktie verarbeitet sind.

Denkbar wäre als Lösung dieses Problems, dem Dividendenschein zum Zeitpunkt der Abtrennung den abgezinsten Wert der entsprechenden Dividende zugrunde zu legen und diesen bereits vor Auszahlung zum Zeitpunkt der Abtrennung zu reinvestieren. Hier entstehen jedoch mehrere Probleme: Die Wahl des korrekten Zinssatzes wäre dabei noch recht einfach zu lösen, da bei unterstellter Zwischenfinanzierung ein am Markt zu ermittelnder kurzfristiger Sollzins für Schuldner guter bis sehr guter Bonität[257] unterstellt werden könnte. Wesentlich schwieriger sind jedoch Annahmen darüber zu treffen, wie die Höhe der Dividendenzahlung, die zum Zeitpunkt der Abtrennung des Dividendenscheins noch gar nicht feststand, geschätzt werden sollte. Hier könnte man aus Sicht des damaligen Anlegers lediglich die offizielle Schätzung der Börsensachverständigenkommission[258] heranziehen. Es entsteht dann jedoch regelmässig das Problem, daß diese Schätzungen von den später tatsächlich gezahlten Dividenden (wenn auch geringfügig) abwichen. Sofern die tatsächlichen Dividendenzahlungen später höher waren als die ursprüngliche Schätzung, müßte noch zusätzlich der Differenzbetrag nachträglich reinvestiert werden. Sofern die Dividenden niedriger waren als die Schätzung, müßten Aktien verkauft werden, um den zum Zeitpunkt der Abtrennung für die vorgezogene Reinvestition aufgenommenen Kredit zu tilgen. Die Reinvestitionsannahmen würden also nicht nur wesentlich komplizierter, sie würden auch die bisherige Realitätsnähe verlieren. Die gemessene Performance würde dadurch unnötig verfälscht.

Um die Schwankungen aufgrund der noch nicht ausgezahlten, jedoch schon vom Kurs abgeschlagenen Dividenden dennoch auszugleichen, könnte daher allenfalls den beobachteten Aktienkursen zwischen Detachierung und Auszahlung die spätere (abgezinste) Dividende bis zum Zahlungszeitpunkt zugeschlagen werden. Die realistische Annahme, daß Dividenden erst bei Auszahlung reinvestiert wurden, müßte dann nicht verändert werden. In einer reinen ex-post-Betrachtung würden damit die vorgezogenen Abschläge weitgehend ausgeglichen, da gleichzeitig der „wahre" Wert des Dividendenscheins dem Depot zugerechnet würde. Weil eine solche Kurskorrektur jedoch definitiv keinerlei Einfluß auf die langfristige Performance ausüben würde, wurde auf den dafür notwendigen zusätzlichen Rechenaufwand im Rahmen der Indexerstellung verzichtet.

---

[257] Hier wäre anzunehmen, daß der Anleger als Sicherheit sein Wertpapierdepot beleihen könnte.

[258] Vgl. FN 236.

Man kann sich die Frage stellen, in welchem Umfang der durch das freie Spiel von Angebot und Nachfrage am Markt erzielte Kursabschlag noch Möglichkeiten zur Arbitrage zugelassen hätte. Zur Überprüfung dieser Fragestellung soll alternativ die Annahme getroffen werden, daß ein hypothetischer Anleger den Dividendenschein bei voneinander abweichenden Terminen der Detachierung und Auszahlung stets am Tag T nach der Abtrennung am freien Markt verkauft und den so erzielten Erlös sofort in die zugehörige Aktie investiert habe. Sofern dieses Verhalten ohne systematische Arbitragegewinne oder -verluste möglich gewesen wäre, läßt sich damit eine „arbitragefreie Dividende zum Zeitpunkt der Detachierung" abschätzen.

$$\left(K_{T-1} + SZ_{T-1}\right) \approx \left(K_T + SZ_T\right) + D^*$$

$$\Rightarrow D^* \approx \left(K_{T-1} + SZ_{T-1}\right) - \left(K_T + SZ_T\right)$$

(Formel 15)

Diese „geschätzte Dividende" kann, eingesetzt in die Formel aus Abschnitt 5.5.2.4, bereits am Tag der Detachierung bereinigt werden. Ein Schwachpunkt an dieser Vorgehensweise ist, daß demnach die Kursbewegung an diesem Tag durch zeitanteiligen Stückzins und erwartete Dividende determiniert wäre. Dies ist allerdings eine sehr gewagte Hypothese, da zwischen der letzten Notiz vor und der ersten Notiz nach der Abtrennung des Dividendenscheins immer auch eine nicht-technische Kursbewegung stattfand. Immerhin sollte diese verbleibende Kursbewegung bei Arbitragefreiheit jedoch über einen langen Zeitraum nicht signifikant positiv oder negativ gewesen sein.

Eine alternative Interpretation führt zu der Annahme, daß Aktien mit vorzeitiger Abtrennung des Dividendenscheins grundsätzlich unmittelbar vor Detachierung verkauft und der Erlös unmittelbar danach wieder reinvestiert, also sogenanntes *Dividenden-Stripping* betrieben worden wäre.

In einer Kontrollrechnung von HÖFER[259] wurde eine in Details abweichende[260] Version des vorgelegten Index für die Zeit von 1890 bis einschließlich 1899 parallel nach beiden Methoden berechnet, also

---

[259] Vgl. HÖFER (1999), S. 32ff.

[260] Von vereinzelten Datenkorrekturen abgesehen besteht der Hauptunterschied darin, daß bei HÖFER teileingezahlte Aktien noch so behandelt wurden, als wären sie voll eingezahlt. Auf die vorgenommene Kontrollrechnung hat dieser Unterschied jedoch keinen Einfluß, da beide Indizes HÖFERs bis auf die alternative Dividendenbereinigung nach gleicher Methode berechnet wurden. Vgl. HÖFER (1999), S. 14.

a) unter Reinvestition der tatsächlich gezahlten Dividende zum Zeitpunkt der Auszahlung und

b) unter Reinvestition des „arbitragefreien“ Werts des Dividendenscheins zum Zeitpunkt der Abtrennung.

Der Hauptunterschied besteht in der Kursglättung bei dem mit „geschätzter Dividende“ bereinigten Index, da hier Detachierung, Kursabschlag, Umstellung der Stückzinsrechnung und hypothetische Reinvestition des abgetrennten Wertes zeitlich zusammen fallen. Im Ergebnis hatte der auf Basis der späteren, tatsächlichen Dividendenzahlungen berechnete Index über die betreffende Dekade hinweg eine um 0,5 %-Punkte p.a. höhere Rendite. Zum Zeitpunkt der Abtrennung war der Kursabschlag also im Schnitt kleiner, als dies durch den mit der Kursrendite abgezinsten Wert der späteren Dividende zu erklären wäre. Eine mögliche Erklärung für die Abweichung sind Steuern auf Dividendenerträge, wenn man unterstellt, daß diese durch das *Dividenden-Stripping* umgangen werden konnten. Durch deren Berücksichtigung könnte sich der obige Nachteil des Alternativindex umkehren[261].

Dennoch muß festgehalten werden, daß für die Performance in Teilperioden[262] im Zweifel nur der konventionell berechnete Index korrekte Werte liefert, bei dem die Dividende erst mit ihrer Auszahlung bereinigt wird. Nur bei dieser Vorgehensweise liegt eine historisch plausible Anlagestrategie zugrunde[263]. Für die Ermittlung der langfristigen Performance im Rahmen dieser Arbeit wurde

---

261 Der Steuersatz *s*, ab dem sich die Vorteilhaftigkeit umkehren würde, kann wie folgt ermittelt werden: Unterstellt man eine Überrendite in Höhe der ermittelten Abweichung von 0,5% des Vorsteuer-Korrekturfaktors aus (Formel 14) gegenüber dem gleichen Korrekturfaktor nach Steuern, so wären die alternativen Reinvestitionsannahmen a) und b) im untersuchten Zeitraum gerade äquivalent. Ersetzt man dann beim Korrekturfaktor nach Steuern die Bruttodividende D durch $D*(1-s)$, so kann die Überrendite von 0,5% bei einer (Brutto-)Dividendenrendite in Höhe von 5% durch einen impliziten Steuersatz in der Größenordnung von 10% erklärt werden. Bei Verwendung des realistischeren Korrekturfaktors auf ex-Basis (vgl. Abschnitt 4.6.2) muß der kritische Steuersatz geringfügig höher sein als auf cum-Basis.

262 Diese Teilperioden müssen wegen der vom Zahlungszeitpunkt abweichenden Dividendenabschläge jeweils von Jahresultimo zu Jahresultimo festgelegt werden. Andernfalls könnten bereits detachierte, aber noch nicht ausgezahlte Dividenden zum Ausweis einer zu geringen Performance führen.

263 Abgesehen von individuell möglicherweise bestehenden Steuervorteilen dürfte sich das erwähnte *Dividenden-Stripping* aufgrund der dadurch erheblich steigenden Transaktionskosten nicht gelohnt haben. Zu üblichen Provisionen, Maklercourtagen und Börsenumsatzsteuern im Untersuchungszeitraum vgl. NACHTIGALL (1996), S. 37ff, dort mit weiteren Verweisen.

daher an der korrekten Methode festgehalten. Unterjährige Schwankungen durch die vorgezogenen Detachierung mußten daher in Kauf genommen werden.

5.5.2.6 *Auswirkung bei Kapitalveränderungen*

Bei der Zuteilung von Bezugsrechten sind die Kurse ebenso wie bei Dividendenzahlungen durch um Stückzinsen erweiterte Kurse zu ersetzen.

$$c_{i,t} = \frac{\left(K_{cum} + SZ_{cum}\right)}{\left(K_{cum} + SZ_{cum}\right) - BZR_{SZ}}$$

(Formel 16)

Zusätzlich ist jedoch bei der Bestimmung des rechnerischen Wertes des Bezugsrechts darauf zu achten, daß auf die Bezugskurse meist ebenfalls Stückzinsen zu zahlen waren.

$$BZR_{SZ} = \frac{\left(K_{cum} + SZ_{cum}\right) - \left(K_{Bezug} + SZ_{Bezug}\right) - Dividendemachteil}{BV + 1}$$

(Formel 17)

Der eventuell bestehende Dividendennachteil der jungen Aktien wird dabei gemäß der gängigen Konvention vernachlässigt[264]. Die Bereinigungsfaktoren bei sonstigen Kapitalmaßnahmen (Aktiensplits, vereinfachte Kapitalherabsetzungen) werden durch Stückzinsen nicht beeinflußt.

5.5.2.7 *Abschätzung der Konsequenzen einer Ignorierung des Handelsbrauchs*

Man könnte sich trotz der erläuterten Effekte die Frage stellen, ob auf eine explizite Berücksichtigung der Stückzinsen in einer langfristigen Betrachtung eventuell dennoch verzichtet werden könnte, nachdem die Stückzinsen von der Grundidee eben doch wie ein „durchlaufender Posten" funktionieren und die auftretenden Verfälschungen der Performancemessung teilweise gegenläufig sind. Im langfristigen Vergleich könnten sich beim historischen Index die Ab-

---

264 Vgl. Abschnitt 4.6.3.

weichungen zwischen einer Messung mit und ohne Berücksichtigung von Stückzinsen ausgleichen, da z.B. die Renditeunterschiede i.d.R. nicht so drastisch wie in dem unter 5.5.2.3 gewählten Beispiel sind und die geringfügigen Änderungen der Bereinigungsfaktoren evtl. langfristig nicht ins Gewicht fallen. Das aufgrund der zusätzlichen Datenerhebung recht aufwendige Verfahren, einen korrekten Stückzins-Index zu berechnen, indem auf jeden einzelnen Aktienkurs der an der jeweiligen Börse gültige, zeitanteilig korrekte Stückzins aufgeschlagen wird, wäre dann für die Ermittlung der langfristigen Rendite entbehrlich.

Im unterjährigen Verlauf würden sich freilich dennoch erhebliche Unterschiede ergeben, denn je nach Zeitpunkt der Basierung schwankt der Verlauf des Stückzins-Index um den vereinfachten Index, da die Stückzinsen bis zur Detachierung zeitanteilig kumuliert auf den Kurs aufgeschlagen werden. Nachdem der Zeitpunkt der Detachierung für viele Gesellschaften der Jahreswechsel war, weist ein Stückzins-Index dementsprechend zum Jahresbeginn grundsätzlich eine schlechtere Rendite aus. Im Verlauf steigt er dann gegenüber dem vereinfachten Index (ohne Stückzinsen) des gleichen Jahres, wobei an den unterjährigen Detachierungsterminen jeweils wieder Stückzinsen bei Teilen des Indexportfolios abgeschlagen werden.

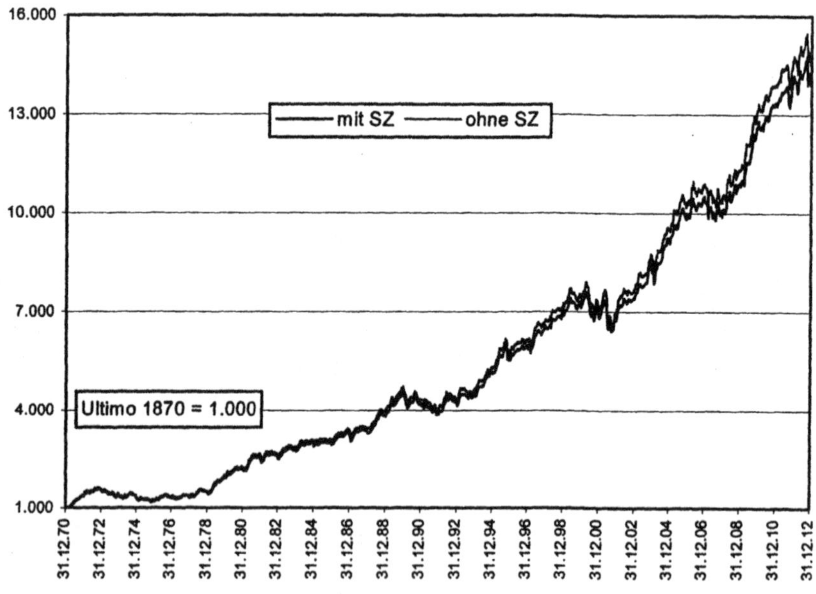

Abbildung 1: Index mit und ohne Stückzinsen Ende 1870 bis 1912

In obiger Abbildung ist bei gemeinsamer Basierung auf Ultimo 1870 der Verlauf des Stückzins-Index („mit SZ") sowie der eines vereinfachten Index, bei dem Stückzinsen ignoriert wurden („ohne SZ"), bis Ende 1912 dargestellt. Da der einzige Unterschied zwischen den beiden Indexreihen in der Einbeziehung von Stückzinsen liegt, wird deutlich, daß diese einen zwar geringen, aber systematischen Einfluß auf die Messung haben und deswegen nicht vernachlässigt werden sollten. Über den relevanten Zeitraum von 42 Indexjahren ist die gemessene Gesamtperformance bei Berücksichtigung der Stückzinsen immerhin 4,07 %-Punkte geringer. Im geometrischen Mittel weist somit der ohne Stückzinsen berechnete Index zwar eine um „nur" 0,11 %-Punkte p.a. zu hohe Rendite auf, die jedoch kontinuierlich aufgebaut wird. Da am Anfang und am Ende der betrachteten Phase jeweils Ultimodaten liegen und demzufolge keine unterjährigen Schwankungen den Grund für die Gesamtdifferenz darstellen können, ist als Begründung vor allem die gemäß obiger Schilderung veränderte Reinvestitionsprämisse anzusehen.

Die Graphik in Abbildung 2 verdeutlicht die relative Abweichung der gemessenen Gesamtperformance. Sie zeigt für den gesamten einbezogenen Zeitraum der Stückzinsusance bis Ultimo 1912 den prozentualen Unterschied, den der Index mit Stückzinsen gegenüber einem alternativ unter Vernachlässigung des Handelsbrauchs erstellten Index aufweist. Auf den ersten Blick stellen sich unterjährig tatsächlich die nach obigen Überlegungen zu erwartenden „Sprünge" zu den üblichen Detachierungsterminen ein, welche durch die Kumulation der Stückzinsen im Verlauf eines Jahres weitgehend wieder ausgeglichen werden. Da jedoch zusätzlich zu diesen „durchlaufenden" Stückzinsen auch neu zu zahlende Stückzinsen die Reinvestition der abfließenden Rechte verteuern, oszilliert die relative Entwicklung nicht langfristig um 0% (was die Vernachlässigung rechtfertigen würde), sondern verläuft in Phasen positiver Aktienrenditen nachhaltig zuungunsten des Stückzins-Index.

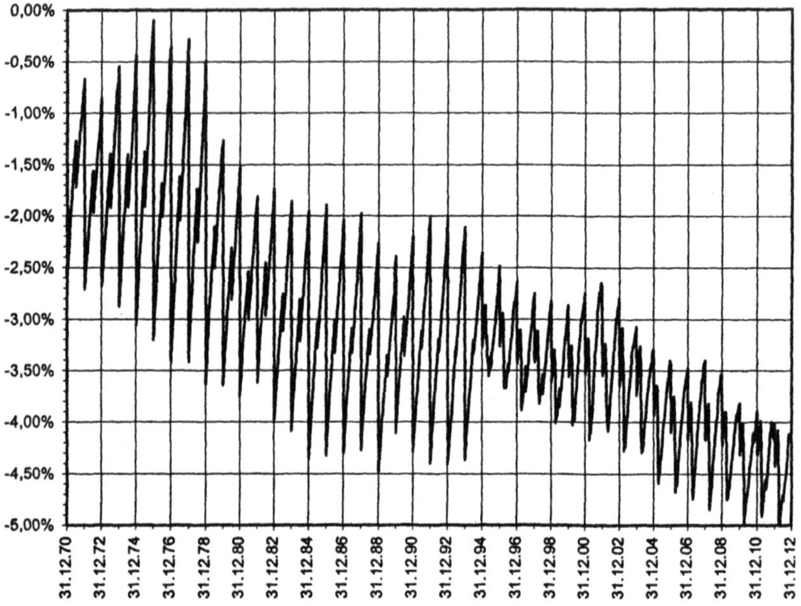

Abbildung 2: Abweichung des Stückzinsindex gegenüber der Ignorierung

Gleichzeitig bestätigt der relative Verlauf z.B. in der Zeit von Ultimo 1872 bis 1875 (oder auch Ultimo 1889 bis 1892) die These aus Abschnitt 5.5.2.3, wonach die unter Berücksichtigung der Stückzinsen gemessene Performance bei stagnierenden oder fallenden Aktienkursen wegen der realistischeren Reinvestitionsprämisse besser ausfällt, als wenn dieser Brauch ignoriert wird[265].

Die deutlich geringeren Ausschläge ab dem Jahreswechsel 1894/95 resultieren aus der Umstellung auf die in Abschnitt 5.5.2.1 beschriebene, „überlappende" Zinsberechnung an der Berliner Börse. Dadurch fiel der relative Kursabschlag[266] des Index inklusive Stückzinsen am 1.1.1895 und in den Folgejahren deutlich geringer aus als in den Jahren zuvor. Die Minima der Kurve liegen ab diesem

265 Vgl. hierzu die Ausführungen unter 5.5.2.4.

266 Tatsächlich hat nicht der Stückzins-Index einen jährlichen Abschlag, wie die gemeinsame Ultimobasis glauben macht; vielmehr holt der vereinfachte Index ohne Stückzinsen zum Jahresanfang jeweils die vorher „unterschlagene" Performance auf, die aus Stückzinsen tatsächlich realisierbar gewesen wäre.

Zeitpunkt also insgesamt höher, während sich die Lage der Maxima zum Jahresultimo nicht verschiebt, da die Überlappung fast ausschließlich zwischen Jahreswechsel und Jahresmitte relevant war.

Als Ergebnis ist festzuhalten, daß die Stückzinsusance die Reinvestitionsmöglichkeiten im Indexportfolio systematisch verändert und daher nicht grundsätzlich vernachlässigt werden darf. Nur in ausgewählten Phasen aufeinanderfolgender Auf- und Abwärtsbewegungen (z.B. Ultimo 1889 bis 1900) kann zwischenzeitlich der Eindruck entstehen, daß der Handelsbrauch per Saldo keine nennenswerten Auswirkungen auf die Performance habe. Angesichts der nachhaltigen Abweichung über den betrachteten Gesamtzeitraum hinweg ist eine solche Annahme entgegen dem Vorgehen EUBEs jedoch nicht aufrecht zu erhalten. In einzelnen Jahren mit besonders starkem Wachstum (z.B. 1871 oder 1879) wäre die Verzerrung besonders eklatant.

Bei dem im Rahmen dieser Arbeit erstellten langfristigen Index wurden für die Zeit von Ende 1870 bis 1912 also die tatsächlichen Stückzinsen berücksichtigt, die Bereinigung abfließender Rechte erfolgte mit den realistischen Faktoren aus Abschnitt 5.5.2.4 (Dividendenbereinigung bei Auszahlung) und 5.5.2.6 (Kapitalveränderungen). Der Kursabschlag bei Detachierung wird also zunächst in Kauf genommen und die tatsächliche Dividende dann zum Zeitpunkt der Auszahlung reinvestiert.

5.5.3 Anteilscheine der Reichsbank

Mit Wirkung zum 1.1.1876 wurde die Reichsbank durch Übernahme des Vermögens und Umwandlung[267] der Preußischen Bank gegründet[268]. Gemäß § 12 des Bankgesetzes vom 14.3.1875[269] stellte sie die erste Zentralbank Deutschlands dar und unterstand der Aufsicht und Leitung des Deutschen Reichs, vertreten durch den Reichskanzler. Dieser übte als Vorsitzender des Bank-Kuratoriums die Aufsicht aus. Gleichzeitig unterstand ihm das Reichsbank-Direktorium, welches die administrative Leitung innehatte. Die Generalversammlung

---

267 Zu den Details vgl. Abschnitt 5.5.3.2.

268 Maßgeblich war der Vertrag vom 17./18.5.1875 zwischen Preußen und dem Deutschen Reich über die Abtretung der Preußischen Bank an das Deutsche Reich, vgl. RGBl. 1875, S. 215.

269 RGBl. 1875, S. 177.

der Anteilseigner stellte kein entscheidendes, sondern vielmehr ein kontrollierendes Organ der Gesellschaft dar[270].

Mit dem Bankgesetz von 1924 wurde aufgrund der Erfahrungen aus der Hyperinflation die Unabhängigkeit der Reichsbank von der Regierung bestimmt. Ab 1933 ging jedoch zunächst die Befugnis wieder an den Reichskanzler über, die personelle Zusammensetzung des Direktoriums zu bestimmen und 1937 wurde auch formal die Unabhängigkeit der Reichsbank wieder abgeschafft, ehe sie mit dem Reichsbankgesetz von 1939 vollends in den Dienst der nationalsozialistischen Kriegsfinanzierung gestellt wurde.

5.5.3.1 Aufnahme als Indexgesellschaft

Für die Behandlung der Reichsbank im Rahmen der Indexerstellung sind die für die Anlageentscheidung eines Privatanlegers relevanten Rahmendaten zu klären. Diese Entscheidung kann nicht einfach auf die Fragestellung reduziert werden, ob es sich bei den Reichsbankanteilscheinen um Aktien oder um Rentenpapiere handelte, da beides streng genommen nicht der Fall war.

Die Anteile am Grundkapital der Reichsbank von zunächst 120 Mio. Mark waren breit gestreut, das Reich selbst war nicht beteiligt. Die börsennotierten Reichsbankanteile befanden sich zwischen 1876 und 1900 zu 79,5% im Besitz von Inländern[271]. Die Verwendung des Reingewinns war in § 24 des Bankgesetzes genau festgelegt: Zuerst wurden 4,5% des Grundkapitals den Anteilseignern als Dividende ausbezahlt, vom verbleibenden Betrag wurden 20% einem Reservefonds zugeteilt, bis dieser maximal ¼ des Grundkapitals erreichte. Der Rest floß je zur Hälfte wiederum den Anteilseignern und der Reichskasse zu, sofern die gesamte Dividende dadurch nicht mehr als 8% betrug. In diesem Fall wurde der darüber hinausgehende Betrag zu ¼ an die Anteilseigner und zu ¾ an die Reichskasse verteilt. Sofern der Reingewinn nicht 4,5% des Grundkapitals betragen sollte, war der fehlende Betrag dem Reservefonds zu entnehmen[272].

---

[270] § 30 des Bankgesetzes vom 14.3.1875.

[271] Vgl. REICHSBANK (HRSG.), S. 423.

[272] Die Gewinnverteilung wurde später – je nach politischen Rahmenbedingungen – mehrfach geändert.

Durch die herausragende Stellung als beherrschende Notenbank[273] unter staatlicher Einflußnahme war die Reichsbank streng genommen keine Aktiengesellschaft privatwirtschaftlicher Prägung. Auch waren die Entscheidungsbefugnisse der Generalversammlung auf die Wahl eines ständigen Zentralausschusses als Vertreter der Anteilseigner beschränkt. Die Versammlung konnte weder die Satzung ändern, noch die Zusammensetzung des Direktoriums beeinflussen oder über die Verwendung des Gewinns beschließen. Durch die praktisch feste Dividendenzusage von mindestens 4,5% und die Aufteilung des weiteren Gewinns zwischen Reichskasse und Anteilseignern wies sie außerdem Merkmale eines Genußscheins auf.

Allerdings waren die Anteilseigner definitiv Miteigentümer, nicht Gläubiger der Reichsbank[274]. In der Zeit von 1876 bis zum II. Weltkrieg war die Reichsbank, gemessen an der hohen Börsenkapitalisierung, fast durchweg eine der wichtigsten Gesellschaften auf dem deutschen Kurszettel. Auch stellte die Dividende trotz der festgelegten Verteilungsregelung eine echte Gewinnbeteiligung dar, die nur über die massive Rücklagenbildung im Reservefonds und die dadurch erreichte Verstetigung den Charakter einer Zinszahlung bekam. Diese Kriterien wiegen schwerer als die fehlende Mitbestimmung, die für die historischen Privatanleger angesichts der breiten Streuung offensichtlich kein Grund war, die Reichsbankanteile gegenüber „echten Aktien" zu diskriminieren. Die Reichsbank ist also wie jede andere Gesellschaft in den betreffenden Jahren[275] im Index zu berücksichtigen.

Zum 31. Januar 1931 wurde den Aktionären fakultativ ein Bezugsrecht auf Aktien der neu geschaffenen Golddiskontbank oder eine Barabfindung gewährt. Da die Golddiskontbank in der Folgezeit als eine von der Reichsbank beherrschte Beteiligung anzusehen ist[276], wurde im Index die Barverwertung dieses Bezugsrechts angenommen.

---

[273] Die Reichsbank hatte allerdings nicht das absolute Monopol über die Notenausgabe, vielmehr existierten daneben immer noch Privatnotenbanken, denen jedoch nur untergeordnete Bedeutung zukam. Vgl. DEUTSCHE BUNDESBANK (1989), S. 2.

[274] Vgl. BITTER (1941), S. 57ff.

[275] Bis zur Währungsreform 1948 war die Reichsbank fast durchweg im Index enthalten. Lediglich während der Hyperinflation erfüllte sie in den Jahren 1921 bis 1924 nicht das Aufnahmekriterium nach der Börsenkapitalisierung, da ihr Kurs die Inflationsbewegung langsamer als andere Gesellschaften nachvollzog.

[276] Vgl. HANDBUCH DER DEUTSCHEN AKTIENGESELLSCHAFTEN (1934), S. 30ff: Hier ist die Rede von Beteiligungen, welche die Reichsbank „über die Golddiskontbank" hält.

5.5.3.2 Umtausch der Aktien der Preußischen Bank

Bis einschließlich 1875 war die Vorgängerin der Deutschen Reichsbank, die Preußische Bank, im Index vertreten. Laut Vertrag vom 17./18.5.1875[277] wurde zunächst die Preußische Bank an das Deutsche Reich abgetreten. Die flüssigen Mittel gingen sodann auf die neue Deutsche Reichsbank über. Die „Umwandlung" selbst wurde also durch das Reich vollzogen. Die ehemaligen Anteilseigner der Preußischen Bank hatten gemäß § 4 des Vertrags jedoch das Recht, ihre Anteile zum gleichen Nennwert in Anteile der Deutschen Reichsbank zu tauschen. Gemäß § 5 des Vertrags war die Deutsche Reichsbank verpflichtet, ab dem 1.1.1876 diejenigen Anteilseigner der ehemaligen Preußischen Bank, die von diesem Umtauschrecht keinen Gebrauch machen wollten, zu 115% des Nennwerts plus der anteiligen Hälfte des Reservefonds[278] auszuzahlen. Durch öffentliche Subskription wurden außerdem weitere 20.000 Anteile à 3.000 M zu einem Kurs von 130% begeben (also neu am Markt emittiert), so daß die Deutsche Reichsbank ab 1.1.1876 mit einem Grundkapital von 120 Mio. Mark zur zweitgrößten Indexgesellschaft wurde.

5.5.3.3 Plausibles Anlegerverhalten nach 1945

Nach Kriegsende 1945 verlor die Reichsbank ihre beherrschende Bedeutung als Notenbank. Sie wurde ebenso wie die I.G. Farben und die Gesellschaften der Montanindustrie[279] zunächst unter alliierte Aufsicht gestellt. Mit der Verordnung Nr. 18 der Britischen Militärregierung vom 24.11.1945 wurde ein neuer Reichsbankvorstand und eine Reichsbankleitstelle in der Britischen Zone eingesetzt. Zu diesem Zeitpunkt war die wirtschaftliche und rechtliche Zukunft der Reichsbank noch ebenso unklar wie bei den anderen von alliierten Entflechtungsmaßnahmen betroffenen Industrien. Ein den Index nachbildender Anleger dürfte sich also zunächst abwartend verhalten haben.

---

[277] RGBl. 1875, S. 203.

[278] Der Reservefonds der Preußischen Bank (GK: 60 Mio. Mark) belief sich zum Zeitpunkt des Vertrages auf 9 Mio. Mark. Die gesamte Abfindung betrug somit 115% + 7,5% = 122,5%. Der Börsenkurs der Preußischen Bank lag 1875 ab Abschluß des Vertrags durchweg über 149%. Es verwundert also nicht, daß lediglich 81 der 20.000 Anteilscheine nicht getauscht wurden.

[279] Vgl. Abschnitt 5.5.10.

Mit der Währungsreform im Juni 1948 war das Ende der Reichsbank als Notenbank jedoch besiegelt. Durch § 1 des Emissionsgesetzes erhielt die Bank deutscher Länder am 20.6.1948 das alleinige Recht zur Banknotenausgabe. Aktiva und Passiva der Reichsbank wurden von den Landeszentralbanken übernommen[280].

Bereits in den Monaten vor der Währungsreform zeichnete sich immer deutlicher ab, daß die Reichsbank wohl keinen Geschäftsbetrieb mehr ausüben würde. Schon im Januar war bekannt, daß die bisherigen Aufgaben der Reichsbank künftig von einem föderalen Zentralbankensystem nach amerikanischen Vorbild übernommen werden sollten[281]. Am 1.3.1948 wurde die „Bank deutscher Länder" in Frankfurt gegründet, und Anfang April stellten die ehemaligen Leitstellen der Reichsbank ihre Tätigkeit ein, deren Personal auf die neu geschaffenen Landeszentralbanken verteilt wurde. Anfang Juni verdichteten sich Presseberichte, wonach eine Währungsreform nunmehr unmittelbar bevorstand[282]. Zu diesem Zeitpunkt nahm auch der Verkaufsdruck auf Reichsbankanteile zu, die noch Ende Mai knapp unterhalb des Stoppkurses von 150% notierten. Bis zum 18.6.1948 (dem letzten Indextag vor der Währungsreform) sank der Kurs dann jedoch auf 126%. Es erscheint aus diesen Gründen plausibel, daß die Reichsbank im Juni 1948, also noch vor der Währungsreform, verkauft wurde. Daher wurde am 18.6.1948 eine außerordentliche Verkettung durchgeführt[283].

Das juristische Ende und die Abfindung der noch lange gehandelten[284] Reichsbankanteile ließ jedoch viele Jahre auf sich warten. Erst am 2.8.1961 wurde ein Gesetz[285] verabschiedet, in dem der Umtausch der Reichsbankanteile in *„Bun-*

---

[280] Verordnung Nr. 140 der Britischen Militärregierung. Soweit Verbindlichkeiten der Reichsbank nicht übernommen wurden, waren diese gemäß § 1 Abs. 1 Nr. c, ff Umstellungsgesetz als Altgeld der Gruppe III eingestuft, welches wie die Verbindlichkeiten des Reiches nicht auf DM umgestellt wurde.

[281] Vgl. o.V. (1948b).

[282] Vgl. o.V. (1948c).

[283] Annahmegemäß konnte der hypothetische Anleger den rechtmäßigen Erwerb seiner Reichsbankanteile nachweisen und so die zum Verkauf notwendige Lieferbarkeitsbescheinigung (Affidavit) erhalten. Vgl. Abschnitt 5.5.11.

[284] Wie bei allen Aktien wurden während der Wertpapierbereinigung (vgl. Abschnitt 5.5.9) zunächst nur Zuteilungsrechte gehandelt. Ab 1953 wurden Neugiroanteile gutgeschrieben, die zunächst mit etwa 70% des Nennwerts notierten. Diese waren noch zum Ende des Untersuchungszeitraums Ultimo 1959 börsengängig und wurden zuletzt etwa zum Nennwert gehandelt.

[285] Gesetz über die Liquidation der Deutschen Reichsbank und der Deutschen Golddiskontbank vom 2.8.1961, BGBl. I 1961, S. 1165-1168.

desbankgenußscheine" geregelt wurde. § 3 dieses Gesetzes bestimmte ein nominales Abfindungsverhältnis von $66^2/_3$ DM in Bundesbankgenußscheinen je 100 RM-Anteil an der Reichsbank. Die Genußscheine gewährten gemäß § 5 rückwirkend ab 1.1.1958 eine Verzinsung von 6% p.a. auf den Nennwert und waren zum Börsenhandel zugelassen. Damit endete auch die Börsenzulassung der Reichsbankanteile. Zugleich wurde mit § 7 ein Fonds bei der Bundesbank eingerichtet, der aus dem Bundesbankgewinn gespeist wurde und zur Finanzierung der späteren Rücknahme der ausgegebenen Genußscheine bestimmt war. Die Bundesbank wurde ermächtigt, gegen Zahlung eines Entgelts von 150% des Nennwerts von 66 $^2/_3$ DM (also 100 DM) die Genußscheine „*auf Grund einer Auslosung*" einzuziehen. Erst 1970 war die Übernahme der ausgegebenen Genußscheine durch die Bundesbank abgeschlossen[286].

5.5.4 Börsenschließungen und Kursveröffentlichungsverbote

In der Zeit zwischen 1870 und 1960 wurde die Entwicklung des Aktienmarkts durch mehrere Börsenschließungen bzw. Kursaussetzungen unterbrochen, die sehr unterschiedliche Gründe hatten. Für die nachfolgend beschriebenen Phasen lagen zur Erstellung dieser Arbeit keine Kurse vor.

5.5.4.1 I. Weltkrieg

Mit Ausbruch des I. Weltkrieges wurden die deutschen Börsen für den amtlichen Verkehr geschlossen. Mit dieser Maßnahme sollte offiziell der „*um sich greifenden Börsenpanik Einhalt geboten*"[287] werden. In erster Linie wollte die Obrigkeit vermutlich die Alternativanlagen gegenüber den Kriegsanleihen des Deutschen Reichs erschweren. Dennoch fanden weitere Börsensitzungen statt, die sich auf den nichtamtlichen Handel beschränkten.

Durch das sogenannte „*Kurslistenverbot*" vom 25.2.1915 wurden öffentliche Bekanntmachungen oder Mitteilungen, „*die für einen größeren Kreis von Personen bestimmt sind*"[288] hinsichtlich der Kurse und Umsätze von an deutschen Börsen gehandelten Wertpapieren ebenso verboten wie alle Angaben, die auf

---

[286] Vgl. CLAUSSEN (1984), S. 97.

[287] KRONENBERGER (1920), S. 7.

[288] RGBl. 1915, S. 111.

Kurse und Umsätze schließen lassen konnten. Kurz darauf wurde am 17.3.1915 eine weitere Bekanntmachung[289] erlassen, wonach zahlenmäßige Angaben zwischen Personen des Bankier- und Geldwechslergewerbes bis auf weiteres erlaubt waren. Damit hatten nur noch professionelle Börsianer unmittelbaren Zugang zu den Börsendaten. Am 8.11.1917 wurde die Bekanntmachung vom 25.2.1915 in ihrem wesentlichen Inhalt bestätigt, wobei in der Formulierung nun auch größeren Wert darauf gelegt wurde, verbale Umschreibungen von Börsendaten (und damit mögliche Umgehungen des Verbots) auszuschließen. Es waren nun Angaben, die auf den Preis oder den Umsatz von Wertpapieren schließen lassen *„oder als Anhalt dafür dienen“*[290] konnten, ebenso verboten wie Angaben über die Veränderung der Preise von Wertpapieren. Dadurch blieben Bankiers und professionelle Investoren, die direkten Zugang zur Börse hatten, in Bezug auf das Marktgeschehen während des Krieges privilegierte Informationsempfänger.

Bereits Anfang Dezember 1917 wurden wieder erste amtliche Einheitskurse festgestellt[291], die jedoch von dem genannten Verbot erfaßt waren und deshalb nicht veröffentlicht werden durften. Einem Zeitungsleser, der nicht selbst an den Börsensitzungen teilnahm, konnten sie daher nicht als Entscheidungsgrundlage dienen. Das Kursveröffentlichungsverbot wurde erst am 5.8.1919 offiziell aufgehoben[292]. Allerdings muß es bereits zuvor faktisch außer Kraft gesetzt worden sein, da ab Ende November 1918 wieder die amtlichen Börsenkurse veröffentlicht wurden.

Insgesamt mußte aufgrund der fehlenden Notizen während des I. Weltkriegs zwischen dem 25.7.1914 und dem 30.11.1918 die Indexermittlung ausgesetzt werden[293]. Dies war die längste Unterbrechung der in Zahlen erfaßten Börsengeschichte für Deutschland überhaupt. In Abschnitt 5.5.4.5 wird darauf eingegangen, wie dennoch der langfristige Anlageerfolg über diese Zeit hinweg ermittelt werden kann.

289 RGBl. 1915, S. 154.

290 RGBl. 1917, S. 1019.

291 Vgl. Kronenberger (1920), S. 8 und 18.

292 Vgl. RGBl. 1919, S. 1366.

293 Zu den Folgen daraus vgl. weiter unten.

5.5.4.2 Weltwirtschaftskrise

In den Wirren der Weltwirtschafts- und Bankenkrise wurde der amtliche Wertpapierverkehr vom 13.7.1931 bis 3.9.1931 sowie vom 22.9.1931 bis 12.4.1932 unterbrochen[294]. Zum einen sollte durch diesen Eingriff der seit Ende 1930 andauernde Kursverfall aufgehalten werden. Man hatte die Hoffnung, daß so besonders Kleinaktionäre von Panikverkäufen unter Wert abgehalten werden könnten und die Kurse sich dadurch wieder stabilisieren würden. Zum anderen war der Zahlungsverkehr durch die Bankenkrise nicht mehr voll funktionsfähig, so daß die ordnungsgemäße Abwicklung der Börsengeschäfte nicht mehr gewährleistet war.

Auch in dieser Zeit etablierte sich ein Freiverkehr, der durch ein neues Kursveröffentlichungsverbot behindert wurde[295]. Dieses Verbot konnte jedoch umgangen werden, indem nur die Veränderung zum Vortag bzw. ein verschlüsselter Kurs bekanntgegeben wurde (z.B. „1/2 des Paristandes", „14 Punkte unter dem Bilanzkurs"[296]). Dennoch liegt trotz dieser Umgehungsmöglichkeiten heute kaum Datenmaterial vor, so daß diese Zeitspanne nicht zuverlässig in einem Index darzustellen ist.

Wegen der Weltwirtschafts- und Bankenkrise mußte daher die Indexermittlung vom 13.7.1931 bis 3.9.1931 und vom 22.9.1931 bis 12.4.1932 ausgesetzt werden. Zur methodischen Vorgehensweise sei an dieser Stelle ebenfalls auf Abschnitt 5.5.4.5 verwiesen.

5.5.4.3 II. Weltkrieg

Der II. Weltkrieg führte bemerkenswert lange zu keiner Aussetzung der Börsennotizen. Die letzten Börsensitzungen fanden noch am 18.4.1945 in Berlin und am 27.4.1945 in München statt. Nach Beendigung des Krieges konnte Hamburg am 9.7.1945 zunächst mit dem kontrollierten Freiverkehr starten. Danach folgen Frankfurt, München, Bremen, Stuttgart und Freiburg noch in 1945, schließlich 1946 Düsseldorf und Hannover. Die Münchener Wertpapierbörse konnte bereits am 14.8.1945 wieder den amtlichen Verkehr aufnehmen[297], allerdings mit zu

---

[294] Vgl. o.V. (1931a).

[295] Vgl. o.V. (1931b) und o.V. (1931d).

[296] Vgl. o.V. (1932a).

[297] Vgl. GIELEN (1994), S. 39.

wenigen Gesellschaften, um den Index auf Basis dieser Kursnotizen fortführen zu können. An den übrigen Börsen wurde bis zur Währungsreform im kontrollierten Freiverkehr gehandelt.

Ab dem 5.10.1945 stehen ausreichend Kursnotizen zur Verfügung, um den am 24.4.1945 aus den zu diesem Zeitpunkt letzten bekannten Wochenschlußkursen berechneten Index auf zuverlässiger Datenbasis weiterzuführen.

5.5.4.4 Währungsreform von 1948

Am 18.6.1948 wurden die Wertpapierbörsen auf behördliche Anordnung mit der Verkündung der Währungsreform[298] geschlossen. In Düsseldorf und Frankfurt wurde am 14.7.1948 der Börsenverkehr wieder aufgenommen, ab dem 2.8.1948 in Frankfurt auch im amtlichen Handel. Es existierte zwar vor der Börsenschließung ein Schwarzmarkt für Stoppkurswerte[299], in welchem Umfang und zu welchen Kursen dort auch während der Börsenschließung gehandelt wurde, ist heute jedoch nicht zuverlässig festzustellen.

Insgesamt führte die Währungsreform von 1948 also zu einer Unterbrechung der Indexermittlung zwischen dem 18.6. und dem 16.7.1948.

5.5.4.5 Folgen von Börsenschließungen für die Indexerstellung

Wie bereits in Abschnitt 2.1 ausgeführt, „berücksichtigen" bisherige Autoren diese Börsenschließungen meist in der Form, daß die Messung der langfristigen Performance kurz vor Börsenschließung endet und nach Wiedereröffnung der Börsen wieder neu beginnt. In diesen Fällen ist die Basis des neuen Index unabhängig von dem dazwischen eingetretenen Zuwachs oder Verlust.

Die Wertentwicklung während längerer Börsenschließungen, insbesondere während des I. Weltkriegs, wird bei einer solchen Vorgehensweise völlig ignoriert. Eine durchgehende Messung über die strukturellen Krisen der deutschen Wirtschaftsgeschichte hinweg fand unter Beibehaltung eines konsistenten Indexkonzepts bislang nicht statt. Es wurde bereits unter Abschnitt 2.1 darauf hingewiesen, daß damit die Messung der historischen Performance nicht nur unvoll-

---

298 Siehe auch Abschnitt 5.5.5.1.

299 Vgl. o.V. (1948a), S. 21. Siehe auch Abschnitt 5.5.8.

ständig ist, sondern aufgrund der nachträglichen Selektion stabiler Rahmenbedingungen auch definitiv unrichtig. Hinzu kommt, daß die genannten Autoren gleichzeitig die Durchschnittsrendite der gemessenen Jahre implizit auf die Zeiten der Börsenschließung übertragen.

Außerdem geht mit der Neuaufnahme der Messung bei diesen Autoren nicht nur eine veränderte Zusammensetzung in Bezug auf Zahl und Auswahl der in den Indizes enthaltenen Gesellschaften einher. Auch die Konzeption der jeweiligen Maßzahl ist verändert, weil die zeitgenössischen Indizes nach längeren Unterbrechungen meist neu modelliert wurden. Die Verknüpfung dieser unterschiedlichen Indexziffern impliziert daher einen Wechsel der von einem hypothetischen Anleger verfolgten Anlagestrategie und ist auch aus diesem Grund unter plausiblen Annahmen nicht zu rechtfertigen.

5.5.4.5.1 Ruhendes Depot bei Börsenschließung

Es ist nicht nachzuvollziehen, weswegen eine zwischenzeitliche Börsenschliessung die Erstellung eines durchgehenden Index über diese Phasen hinweg ausschließen sollte. Denn Umstrukturierungen am Index werden z.B. bei der Konzeption als LASPEYRES-Index annahmegemäß nicht stetig, sondern nur in regelmäßigen Abständen vorgenommen, und zwar jeweils bei den Verkettungsterminen zum Jahresende. Dazwischen findet – abgesehen von der Reinvestitionsprämisse bei technischen Bereinigungsereignissen[300] - konzeptionell ohnehin kein Handel statt. Es wird also lediglich die Preisentwicklung eines grundsätzlich konstanten Portfolios dargestellt, wobei für die Messung der Gesamtperformance im Nachhinein nur noch der Endstand dieser Entwicklung interessiert. Es ist unverständlich, weshalb Lücken im **Verlauf** diesen **Endstand** unbrauchbar machen sollen. Denn zwischen den Wochenschlußkursen, welche die Datenbasis des nominalen Index darstellen, liegen auch immer Tageskurse, die unberücksichtigt bleiben, ohne daß deswegen die jeweils nachfolgenden Indexstände auf Basis der Schlußkurse weniger richtig wären.

Ebenso kann im Zusammenhang mit den genannten Börsenschließungen verfahren werden. Bei Aussetzung der Notiz ist der letzte Wert des Indexportfolios durch die letzten Kurse bestimmt. Während die Börse geschlossen ist, kann ein Anleger, der den Index nachbildet, auch keine Aktien zu- oder verkaufen[301]. Die Zusammensetzung des hypothetischen Portfolios bleibt folglich konstant, ohne

300 Zu deren Berücksichtigung in Zeiten von Börsenschließungen vgl. weiter unten.

301 Abgesehen von Freiverkehrshandel bzw. Schwarzmarktgeschäften, vgl. weiter unten.

daß Preise festzustellen sind. Bei Wiederaufnahme veröffentlichter Notizen wird dann der inzwischen erreichte Wert des Indexportfolios wieder erkennbar. Sofern zwischenzeitlich einzelne Gesellschaften untergegangen sind, ist eine Einbeziehung dieser Wertevernichtung prinzipiell erwünscht, um den beschriebenen *survival bias*[302] zu vermeiden.

5.5.4.5.2 Dividenden und Bezugsrechte

Das einzige systematische Problem stellt die Berücksichtigung von Dividenden und Bezugsrechten dar, die während der Kursaussetzung aus den Aktien abgeflossen sind. Dividenden konnten während einer Börsenschließung nicht wie sonst üblich reinvestiert werden, weil kein Handel in der ausschüttenden Aktie stattfand. Bezugsrechte konnten zwar ausgeübt werden, allerdings muß auch hier die Reinvestitionsprämisse gegenüber der normalen Bereinigung modifiziert werden, da in einer Phase der Börsenschließung auch kein Bezugsrechtshandel stattfand und somit nicht der Erlös aus dem Verkauf von Bezugsrechten zur Zeichnung von Kapitalerhöhungen verwendet werden konnte.

Bezüglich der abfließenden Dividenden führen die üblichen Korrekturfaktoren, in deren Berechnung nach der gängigen Konvention cum-Kurse eingehen[303], bei längeren Börsenschließungen zu einer realitätsfremden Reinvestitionsannahme. Da der Unterschied zwischen den Kursen vor und nach der Börsenschließung aufgrund der Dauer der dazwischen liegenden Zeitspanne weit über den abfliessenden Wert hinaus gehen kann, müssen die auf die ersten Kurse bei Börsenöffnung anzuwendenden Korrekturfaktoren unter Berücksichtigung des jeweiligen ex-Kurses berechnet werden[304].

Dem erstellten Index liegt die Annahme zugrunde, daß alle abfließenden Dividenden zwischenzeitlich bar gehalten werden. Diese zinslose Barhaltung erscheint zwar auf den ersten Blick unbefriedigend, ist in Ermangelung praktikabler Alternativen dennoch vertretbar. Der Einfluß dieser Vereinfachung auf die Gesamtperformance läßt sich wie folgt quantifizieren: Unterstellt man für

302 Vgl. Abschnitt 2.4.

303 Vgl. Abschnitt 4.6.

304 Vgl. die entsprechende (Formel 8) in Abschnitt 4.6, in die nun allerdings die Summe der während der Börsenschließung aufgelaufenen Dividendenzahlungen einer Gesellschaft einzusetzen ist.

die Zeit der Kursaussetzung von 1914-1918[305] z.B. einen durchschnittlichen Zinssatz für sichere Anlagen von 4,5%[306] bei einer durchschnittlichen Dividendenrendite von 5%[307], so würde die Annahme, daß die ausgezahlten Dividenden bis zu ihrer Reinvestition verzinslich angelegt worden wären, den Indexstand Ende 1918 um ca. 1,96% und die Performance bis 1959 um ca. 0,022 %-Punkte p.a. erhöhen.

Selbst bei Vernachlässigung gegenläufiger Effekte wäre der dadurch entstehende Gesamtfehler also akzeptabel. Außerdem steht ihm ein Fehler mit umgekehrtem Vorzeichen gegenüber, weil bei der Behandlung von Kapitalerhöhungen so vorgegangen wurde, als sei bis Kriegsende eine Finanzierung ohne Zinsbelastung möglich gewesen.

Bezüglich der Kapitalerhöhungen hätte man statt dessen zwar auch unterstellen können, daß diese aus den bis dahin angesammelten Dividenden finanziert worden wären[308]. Auch dadurch hätte sich der oben quantifizierte Zinsverlust verringert. Will man aber auf diese komplizierte und auch etwas willkürliche Vorgehensweise[309] verzichten und gleichzeitig dennoch nicht das unrealistische Verhalten unterstellen, daß ein hypothetischer Anleger seine Bezugsrechte wertlos hätte verfallen lassen, so bietet sich an, die Zeichnung von Kapitalerhöhungen zunächst wie Nettoeinzahlungen in das Indexportfolio zu behandeln, die zur Ermittlung der Performance später korrigiert werden. Werden die bei einer solchen „Zwischenfinanzierung" anfallenden Sollzinsen vernachlässigt, so führt dies zu einer teilweisen Kompensation der oben vernachlässigten Zinsen aus der Zwischenanlage von Dividenden.

---

305 Die anderen Börsenschließungen im Untersuchungszeitraum werfen keine größeren Probleme auf, da sie wesentlich kürzer waren, kaum Kursunterschiede vorliegen und außerdem so gut wie keine Bereinigungsereignisse dazwischen liegen.

306 Aus den bei KRONENBERGER (1920) abgedruckten Kursen deutscher Staatsanleihen mit unterschiedlichem Kupon ergibt sich ein Zinsniveau in dieser Größenordnung.

307 Dies entspricht – bezogen auf die Vorkriegskurse - der im Krieg durchschnittlich erreichten Dividendenrendite.

308 Die bis dahin insgesamt im Indexportfolio angesammelten Dividenden würden zur vollen Teilnahme an den Kapitalerhöhungen der I.G. Farben-Gesellschaften während des I. Weltkriegs ausreichen.

309 Dazu müßte die sonstige Praxis, Dividenden in die jeweils ausschüttende Aktie zu reinvestieren, teilweise aufgegeben werden. Es müßte folglich auch eine (mehr oder weniger willkürliche) Entscheidung darüber getroffen werden, welche Dividenden für die Kapitalerhöhungen verwendet werden und welche in „ihre" Aktien zurückfließen. Allein aus den bis dahin angesammelten Dividenden der I.G. Farben-Aktien waren deren Kapitalerhöhungen nämlich nicht finanzierbar.

Bei dieser Vorgehensweise kann der übliche Korrekturfaktor für Kapitalerhöhungen mit Bezugsrecht, der eine sofortige Verwertung der rechnerischen Bezugsrechtswerte unterstellt, während einer Börsenschließung nicht angewandt werden.

Der korrekte Faktor für die Bereinigung dieser Kapitalerhöhungen kann am einfachsten aus der Annahme abgeleitet werden, daß zunächst sämtliche Bezugsrechte ausgeübt werden. Bei Wiederaufnahme der Notiz wird dann ein Teil der Aktien verkauft, um diese Nettoeinzahlung in das Portfolio wieder zu kompensieren. Zum Bestand vor der Börsenschließung kommen also zunächst nach Maßgabe des Bezugsverhältnisses BV weitere Aktien hinzu. Um den Bezug einer Aktie zum Bezugskurs K_{Bezug} wieder zu kompensieren, müssen bei Wiederaufnahme der Notiz genau K_{Bezug}/K_{ex} Aktien zum Kurs K_{ex} verkauft werden. Damit sich der gesamte Korrekturfaktor auf jeweils eine Aktie des Altbestandes bezieht, muß noch durch das Bezugsverhältnis dividiert werden. Dieser Ansatz führt zu folgendem Bereinigungsfaktor, der auf K_{ex} und die Kurse danach bis zur nächsten Verkettung anzuwenden ist:

$$c_{i,t} = \frac{BV + 1 - \dfrac{K_{Bezug}}{K_{ex}}}{BV}$$

(Formel 18)

Der Faktor entspricht dem Zuwachs (bzw. bei ex-Kursen unter dem Bezugskurs: der Verringerung) des Altbestandes, der sich aus der Wahrnehmung aller Bezugsrechte und der nachträglichen Deckung des Bezugskurses zum Zeitpunkt der Wiederaufnahme der Notiz ergibt. Die erforderlichen Zahlungsströme werden intertemporal gemäß einer nachvollziehbaren Strategie aus Mitteln des Portfolios finanziert.

Bei der oben beschriebenen Vorgehensweise ergibt sich für den ab 25.7.1914 „ruhenden" Index bis zum 30.11.1918 über den Zeitraum der Börsenschließung eine Gesamtrendite von 13,69%. Nominal wurde also über den I. Weltkrieg hinweg bei passiver Anlagestrategie nominal eine annualisierte Rendite von ca. 3,01% p.a. erzielt. Allerdings steht dem bereits eine erhebliche Geldentwertung gegenüber, wie bei der späteren Inflationsbereinigung deutlich wird.

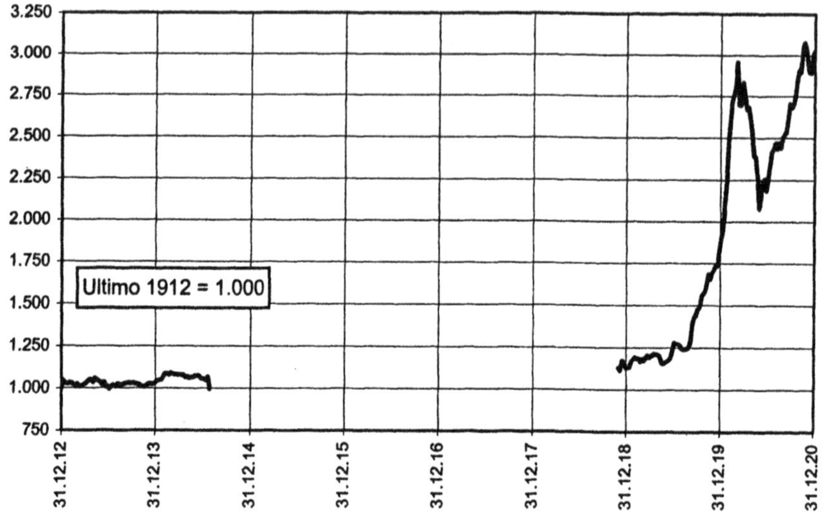

Abbildung 3: Nominaler Index über den I. Weltkrieg hinweg

5.5.4.5.3 Zum Handel im Freiverkehr

Es ist im Zusammenhang mit den Börsenschließungen noch auf ein anderes Problem einzugehen, von dem hier bislang abstrahiert wurde: Tatsächlich kann man nämlich davon ausgehen, daß sich während der langfristigen Kursaussetzungen ein Ersatzhandel im freien Verkehr etablierte. Dieser konnte bei der Erstellung des hier vorgelegten Index jedoch nicht berücksichtigt werden. Dies liegt vor allem daran, daß keine genauen Angaben über den Umfang[310] zu recherchieren sind. Auch ist davon auszugehen, daß nicht jeder „repräsentative" Anleger ohne weiteres an diesem freien Handel hätte teilnehmen können und daß auch nicht jede Aktie handelbar gewesen ist.

---

[310] Sowohl die Zahl der gehandelten Gesellschaften und das Handelsvolumen als auch die geographische Verteilung dieser außerbörslichen Geschäfte sind heute nicht mehr zu ermitteln.

Indizien hierfür liefert die Arbeit von KRONENBERGER[311], der für die Zeit des I. Weltkriegs nachträglich die Freiverkehrskurse von ca. 120 Gesellschaften veröffentlicht hat. Selbst in dieser zeitnah erstellten Sammlung sind nur weniger als die Hälfte der Gesellschaften enthalten, die zu Beginn des Veröffentlichungsverbots aufgrund ihrer Börsenkapitalisierung im Index enthalten waren. Es stellt sich daher auch das viel banalere Problem, daß damit für diesen Zeitraum heute zuwenig Kurse vorliegen, um den Index sinnvoll fortzuführen.

Immerhin ist aber durch die Datensammlung von KRONENBERGER der freie Handel[312] während des I. Weltkriegs teilweise tatsächlich belegt. Es wäre also zumindest für einen Teil der damaligen Anleger durchaus möglich gewesen, verschiedene Aktien zu kaufen, zu verkaufen und damit insbesondere auch einige Dividenden sofort zu reinvestieren. Zur Berücksichtigung im Index müßten jedoch weitreichende Annahmen getroffen werden[313], deren Gültigkeit für die damaligen Anleger überaus fraglich wäre. Noch schwieriger sind sinnvolle Annahmen über einen etwaigen Bezugsrechtshandel in dieser Zeit festzulegen, so daß hinsichtlich sämtlicher abfließender Rechte weiter an der oben geschilderten, für jeden Anleger nachvollziehbaren Vorgehensweise festgehalten wird, daß Dividenden bis zur Wiederaufnahme der Notiz bar gehalten und Bezugsrechte zunächst ausgeübt und später die Neueinzahlungen korrigiert werden[314].

Die gleichen Einwände gelten folgerichtig auch in Bezug auf die jährlichen Verkettungen während der Börsenschließungen. Hierzu bleibt es ebenfalls bei der Feststellung, daß die zu treffenden Annahmen, sofern ihre Umsetzung in einem Aktienindex heute überhaupt möglich sein soll, kaum realistisch sind. Gleichzeitig hätten solche Annahmen und ihre Umsetzung eine erhebliche Veränderung der Indexstruktur zur Folge.

So würde sich ein in der Zeit der Börsenschließung 1914-1918 anhand der von KRONENBERGER erfaßten Kurse strukturierter Index – abweichend von der

---

311 Obwohl er selbst Zeitzeuge war, konnte er das von dritter Seite in seiner kriegsbedingten Abwesenheit gesammelte Kursmaterial nur nachträglich sichten und redigieren, vgl. KRONENBERGER (1920), S. 5.

312 Laut KRONENBERGER kamen bereits Mitte 1915 für bestimmte „*Kriegswerte*" Umsätze zustande, „*die kaum hinter denen ruhiger Tage* [während des] *Friedens zurückstanden.*" – KRONENBERGER (1920), S. 7.

313 Die einzig umsetzbare Annahme wäre für den heutigen Indexkonstrukteur, daß lediglich diejenigen Aktien handelbar gewesen seien, für die heute nachträglich Kurse vorliegen. Angesichts des nach wie vor völlig unbekannten Gesamtumfangs der damaligen außerbörslichen Geschäfte ist eine solche Vorgehensweise jedoch abzulehnen.

314 Vgl. Abschnitt 5.5.4.5.2.

eigentlichen Anlagestrategie – nicht mehr auf die größten Werte, sondern vor allem auf *„Spezialitäten, d.h. auf spezielle Kriegswerte"* und die Aktien *„sämtlicher nur irgendwie mit dem Krieg zusammenhängenden Industrien"*[315] konzentrieren. Dies impliziert spekulativ motivierte, umfangreiche Umschichtungen, die zu der eigentlichen Anlagestrategie nicht passen würden. Außerdem müßten dann die Werte, für die keine Kurse verfügbar sind, aus dem Index herausgenommen, also verkauft werden. Dies könnte jedoch nur mit dem letzten bekannten Kurs erfolgen, so daß wieder das Problem der nachträglichen Auswahl[316] entstünde.

Es stellt sich zusätzlich die Frage, auf Basis welcher Informationen der Anleger in der Zeit des Freiverkehrs die Revisionen seines Indexportfolios hätte durchführen sollen. Schließlich wurden die zur Feststellung der Gewichtungsfaktoren notwendigen Kurse des freien Handels damals nicht veröffentlicht, und selbst der wissenschaftlich interessierte Zeitzeuge KRONENBERGER, dessen Arbeit heute nach Kenntnis des Verfassers den einzigen Beleg über den damaligen freien Handel darstellt, konnte diese Daten erst nach Kriegsende sichten. Es erscheint wenig realistisch, daß ein einzelner Privatanleger sich ohne prohibitive Suchkosten einen realistischen Marktüberblick hätte verschaffen können. Diese Vermutung wird gestützt durch die Beobachtung KRONENBERGERS, wonach *„das Fehlen jeder amtlichen Festsetzung der Kurse und die Nichtveröffentlichung der Notierungen* [...] *es den Banken möglich* [machte], *nach Belieben große Kursschnitte zu machen."*[317]

Anders als bei den Verzerrungen durch die späte Reinvestition der entsprechenden Dividenden, denen mit Blick auf die Gesamtrendite eher untergeordnete Bedeutung zukommt, würden die aus heutiger Sicht umsetzbaren Annahmen[318], angewendet auf die Verkettungstermine, aufgrund der dadurch hervorgerufenen erheblichen Veränderung der Struktur des hypothetischen Portfolios unter Umständen sogar zu einer groben Verfälschung der tatsächlich erzielbaren Performance führen.

Die aus der Arbeit KRONENBERGERS verfügbaren Kursdaten wurden also nicht in den eigentlichen Index eingearbeitet, sondern zur Erstellung einer isolierten In-

---

315 KRONENBERGER (1920), S. 7.

316 Vgl. die Diskussion um die Problematik des *„survival bias"* in Abschnitt 2.4.

317 KRONENBERGER (1920), S. 8.

318 Vgl. FN 313.

dexziffer ab 1915[319] genutzt. Auf diese Weise kann aus den überlieferten Daten des Freiverkehrs zumindest abgeschätzt werden, welche Entwicklung der eigentliche Index tendenziell während der Kursaussetzung genommen haben dürfte. Freilich ist diese Ziffer nur mit Vorbehalt zu lesen, da sie die Entwicklung des Index nur für diejenigen Gesellschaften reflektiert, die in der Schrift KRONENBERGERs enthalten sind. Dieser „Kriegsindex" wurde aus den 14 Aktiengesellschaften gebildet, die sich 1914 im Index befanden und für die KRONENBERGER auch in der Zeit fehlender Börsenkurse die Kurse des Freiverkehrs festgehalten hat. Er ist mit der Konstruktion des normalen Index bis auf die Tatsache identisch, daß er nur 14 Werte beinhaltet, die jedoch davon abgesehen nach dem gleichen Prinzip kapitalgewichtet und zum Jahresultimo verkettet wurden. Bezugsrechte und Dividenden werden in diesem „Kriegsindex" anhand der Kurse KRONENBERGERs und der bekannten Bereinigungsdaten in der üblichen Weise bereinigt.

Da der „Kriegsindex" nicht mit dem Hauptindex verknüpft ist, kommt ihm nur informativer Charakter zu. Die Gesamtentwicklung zwischen Juli 1914 und November 1918 bleibt daher von den Daten KRONENBERGERs und den daran vorgenommenen Bereinigungen unberührt. Demzufolge müssen die während des Krieges angefallenen Bereinigungsereignisse wie oben beschrieben[320] noch in den Hauptindex eingearbeitet werden. Die notwendigen Bereinigungen werden also bezogen auf den ersten Kurs nach Wiederaufnahme der Notiz vorgenommen.

---

319 Zwischen Juli 1914 und Januar 1915 sind leider gar keine Kurse des Freiverkehrs verfügbar, da KRONENBERGERs Arbeit erst 1915 einsetzt. Basis des „Kriegsindex" ist jedoch der letzte Wert des Hauptindex vor der Börsenschließung.

320 Vgl. Abschnitt 5.5.4.5.2.

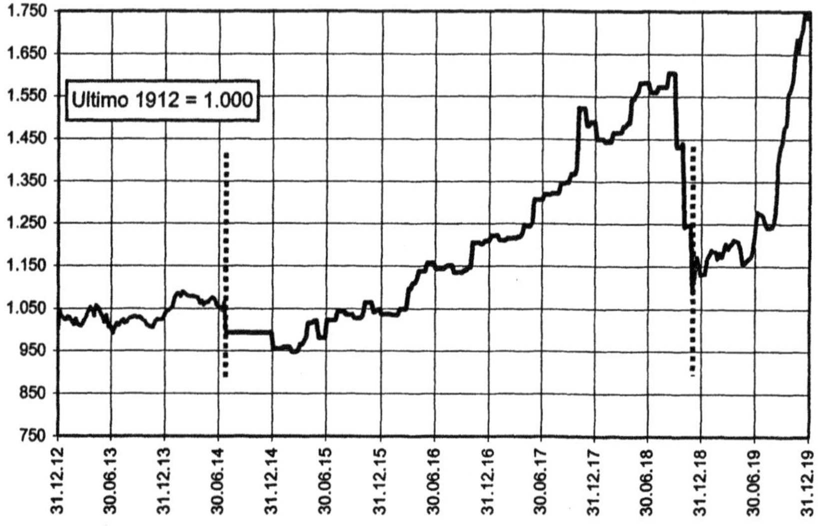

Abbildung 4: „Kriegsindex" auf Basis der Kurse bei KRONENBERGER

Im Verlauf der ersten Kriegsjahre stiegen die Kurse im Freiverkehr deutlich an, lt. KRONENBERGER getragen vor allem von dem immer stärker werdenden Geldüberhang[321]. Erst mit der sich abzeichnenden Niederlage ging ein entsprechender Kursrutsch einher. Während der Hauptindex über die Börsenschließung hinweg ab 25.7.1914 bis 30.11.1918 eine Nominalrendite von 13,69% (3,01% p.a.) erzielt hat, kommt der Kriegsindex aus den 14 bei KRONENBERGER erfaßten Indexwerten im gleichen Zeitraum auf nominal 9,61% (2,14% p.a.).

Für die Zeit der übrigen aufgeführten Kursaussetzungen waren keine nachträglich veröffentlichten Daten über möglicherweise organisierten Freiverkehrshandel oder Aktienkurse am grauen Markt verfügbar. Es wurde in diesen Phasen analog der Lücke von 1914 bis 1918 ebenfalls gemäß der Annahme eines „ruhenden Portfolios" verfahren.

321 Vgl. KRONENBERGER (1920), S. 7f.

5.5.5 *Inflationen und Währungsumstellung*

Anders als beispielsweise in den USA zeichnet sich die deutsche Wirtschaftshistorie seit Ende des 19. Jahrhunderts keineswegs durch eine durchgehende, einheitliche Währungseinheit aus. Zunächst soll die Entwicklung der verschiedenen, sich gegenseitig ablösenden Währungen kurz nachgezeichnet werden, bevor auf die Konsequenzen für eine Berücksichtigung in einem historischen Aktienindex eingegangen wird.

5.5.5.1 Deutsche Währungen seit Reichsgründung

Zu Beginn des Untersuchungszeitraums gab es noch eine Vielzahl nebeneinander existierender Währungen auf dem deutschen Aktienmarkt, unter denen der Norddeutsche Thaler eine vorherrschende Stellung einnahm. Für die Abwicklung von Wertpapiergeschäften existierten feste Umrechnungstabellen in den sog. „Vereinstaler", für den eine Parität von 1:1 mit dem Norddeutschen Thaler bestand. Daher wurden bis Ultimo 1871 alle Daten anhand der amtlichen Umrechnungstabellen zunächst in Thaler umgerechnet. Im Anhang sind die Grundkapitalien des Jahres 1871 jedoch zur Vereinheitlichung bereits in „Mark" umgerechnet, wobei der spätere Umrechnungskurs (3 Mark = 1 Thaler)[322] zugrunde gelegt wurde.

Bereits mit dem Münzgesetz vom 4.12.1871[323] wurde die Mark als sogenannte „Reichsgoldmünze" faktisch zur gemeinsamen Währungseinheit auf dem gesamten Gebiet des Deutschen Reiches. Zwar existierten daneben an einigen deutschen Börsen noch Kursnotizen in den nach wie vor gültigen Landeswährungen, für diese Landesmünzen galten mit dem Münzgesetz allerdings feste, amtliche Umrechnungstabellen[324]. Wenn es also auch noch nicht zur formellen Einführung der einheitlichen Reichswährung kam, so war dieser Schritt doch durch die starre Bindung der bislang konkurrierenden Währungen aneinander de facto bereits vollzogen. Mit dem Münzgesetz vom 9.7.1873[325] wurde dann offiziell die Mark als „Reichsgoldwährung" eingeführt und im Zuge dessen die ein-

322 Vgl. FN 324.

323 RGBl. 1871, S. 404ff.

324 Je 10 Mark entsprachen gemäß § 8 des Münzgesetzes vom 4.12.1871 nun $3^1/_3$ norddeutsche Thaler, $5^5/_6$ süddeutsche Gulden, 8 Mark und $5^1/_3$ Schilling der lübischen und hamburgischen Kurant-Währung oder $3^1/_{93}$ auf Gold lautende Bremer Thaler.

325 RGBl. 1873, S. 233ff.

zelnen Landeswährungen sukzessive außer Kraft gesetzt. Mit dem 1.1.1876 wurde endgültig die Mark offiziell zur alleinigen Reichswährung[326]. Im Untersuchungszeitraum wechselten im Gefolge der großen Inflationen dann mehrere Währungsreformen die Mark als Reichswährung bzw. als Währung des deutschen Wirtschaftsraumes ab.

Aufgrund des hohen Finanzbedarfs wurde zu Beginn des I. Weltkriegs zunächst die Pflicht zur Goldeinlösung der Mark am 31.7.1914 aufgehoben[327]. Die folgende Entwertung der bald zur „Papiermark" verkommenden Reichswährung führte, bedingt durch Kriegskosten und Kriegsfolgekosten und die damit verbundene übermäßige Geldschöpfung, in die Hyperinflation der 20er Jahre: Nach der ersten Reparationszahlung Ende August 1921 beschleunigte sich die Zunahme der Geldmenge und ging ab Mitte 1922 in eine Hyperinflation über. Gleichzeitig gewann die sogenannte „Goldmark", deren Wert durch den Dollarkurs und die Vorkriegsparität (4,2 Mark = 1 Dollar) definiert war, mit fortschreitender Geldentwertung eine immer wichtigere Rolle[328]. Der Wert der ab 16.11.1923 schließlich als Zwischenwährung eingeführten „Rentenmark" wurde mit einer Billion Papiermark festgesetzt[329]. Diese Rentenmark war durch Rentenbriefe gedeckt, denen ihrerseits Sachvermögenswerte zur Sicherung zugrunde lagen. Mit der Einführung der Rentenmark wurde auch die Geldschöpfung zugunsten des Reiches eingestellt, der Notenumlauf streng begrenzt und zu einer deflationären Finanzpolitik übergegangen. Wenn auch die Papiermark immer noch das gesetzliche Zahlungsmittel blieb, führte die Reform doch mit Hilfe der Reichsbank, welche ab November 1923 an einem Dollarkurs von 4,2 Billionen Papiermark festhielt, zu einer stabilen Parität von 1 Billion Papiermark = 1 Rentenmark = 1 Goldmark = 10/42 US-Dollar.

Ab dem 30.12.1923 trat auch die „Goldbilanzverordnung" in Kraft, wonach alle Kaufleute ihre Handelsbücher künftig in Goldmark zu führen hatten. Die Goldmark-Eröffnungsbilanzen zum 1.1.1924 bildeten die Grundlage für die späteren Bilanzumstellungen auf die Reichsmark. Die Umstellung mußte jedoch nicht sofort vollzogen werden. Allerdings drohte die Löschung der Gesellschaft, so-

326 RGBl. 1875, S. 303ff.

327 RGBl. 1914, S. 417.

328 Schon im Versailler Friedensvertrag wurde festgelegt, daß die Reparationszahlungen in Goldmark zu leisten waren.

329 Mit dem Aufwertungsgesetz vom 16.7.1925 wurde später versucht, besondere Härten, die durch das Umstellungsverhältnis vor allem für Gläubiger entstanden waren, abzumildern. Die massive Benachteiligung von Geldforderungen sollte durch die nachträgliche Aufwertung bestimmter Schuldtitel teilweise wieder rückgängig gemacht werden.

fern diese der Pflicht nicht spätestens bis zum 21.5.1926 nachkam. Die überwiegende Mehrzahl[330] der Gesellschaften stellte ihre Bilanzen bis Ende 1925 um.

Mit dem Bankgesetz vom 30.8.1924[331] wurde dann die „Reichsmark" als neues gesetzliches Zahlungsmittel eingeführt. Die Reichsbanknoten wurden im Verhältnis 1 RM = 1 Rentenmark = 1 Billion Papiermark = 1 Goldmark ausgegeben. Die Reichsbank wurde nun eine von der Regierung unabhängige Notenbank. Mit § 31 des Bankgesetzes wurde auch wieder eine Einlösungspflicht in Gold oder Devisen eingeführt.

Die Umstellung der Aktienkurse auf RM-Prozentnotizen erfolgte nicht zum einem einheitlichen Stichtag, sondern hing wegen der Notierung in Prozent des Nennwerts streng genommen vom Zeitpunkt der Umstellung des Grundkapitals der einzelnen Gesellschaften ab. Da die Stabilisierung der Währung jedoch bereits Ende 1923 nach Einführung der Rentenmark und der festen Dollarparität erreicht war, wurden die Kurse ab 1924 bei für die meisten Gesellschaften bereits vor der Umstellung in „Goldprozent"[332] angegeben. Im Index wurden die erhobenen Kurse daher ab Anfang 1924 einheitlich in „Goldprozent" umgerechnet, gleichermaßen bereits interpretierbar als Prozentnotierung in Rentenmark bzw. in Billionen Papiermark bzw. ab dem Bankgesetz in Reichsmark. Bis Ende 1925 hatten alle Indexgesellschaften auch ihr Grundkapital auf Reichsmark umgestellt. Damit ging oftmals eine Herabsetzung des Grundkapitals einher, die noch zu einer rein technischen Kurskorrektur führte[333].

Mit Einführung der Reichsmark war die Nachkriegsinflation im Gefolge des I. Weltkriegs endgültig überwunden. Die aus dieser Erfahrung geborene Fixierung der Politik auf eine Vermeidung künftiger Inflationen um jeden Preis führte zu einer stark deflationär orientierten Fiskalpolitik, welche zu Beginn der 30er Jahre die Krisensituation im Strudel der weltweiten Depression sogar noch verschärfte.

Ab der nationalsozialistischen Machtergreifung und vor allem während des II. Weltkriegs wurde der Wert der Reichsmark durch eine exzessive Geldschöp-

---

330 Vgl. GIELEN (1994), S. 34.

331 RGBl. 1924, S. 235ff.

332 Unter „Goldprozent"-Notizen war die nicht mehr in Prozent vom tatsächlichen RM-Nennwert, sondern in Prozent vom rechnerischen Goldmark-Nennwert angegebene Notiz zu verstehen, die wegen des festen Umrechnungsverhältnisses genau um den Faktor 1:1 Billion niedriger war.

333 Vgl. die im Anhang dokumentierten Korrekturen aufgrund von Währungsumstellungen.

fung erneut ausgehöhlt. Aufgrund der staatlichen Preisregulierung für die meisten Güter des täglichen Bedarfs schlug sich diese Inflation offiziell nicht in steigenden Lebenshaltungskosten nieder. Sie führte jedoch dazu, daß viele Güter nur in stark rationierter Menge oder auf dem Schwarzmarkt (und dort zu höheren Preisen) zu erhalten waren. Diese nach Kriegsende vorherrschende Situation führte zur Währungsreform von 1948, im Zuge derer dann die schleichende Inflation[334] seit Mitte der 30er Jahre offen zu Tage trat. Das offizielle Umtauschverhältnis von Reichsmark zur neu geschaffenen „Deutschen Mark“ wurde per 20.6.1948 mit 100:10 festgelegt. Die Umstellung von Altgeld und Bankguthaben wurde jedoch mit dem Vierten Gesetz zur Änderung des Geldwesens im Oktober 1948 auf 100:6,5 verschlechtert. Gleichzeitig wurden die meisten Preise wieder freigegeben.

Die Währungsreform von 1948 stellte auch die nominelle Parität zum US-Dollar in Höhe von 4,2:1 von 1870 wieder her, die auch 1959 noch Bestand hatte (Dezember 1959: 4,17 DM/US$). Bis zum Ende des Untersuchungszeitraums galt dann die Deutsche Mark als gesetzliches Zahlungsmittel auf dem Gebiet der Bundesrepublik Deutschland. Die weitere Währungsentwicklung auf dem Gebiet der ehemaligen DDR kann im Rahmen dieser Arbeit ignoriert werden[335].

5.5.5.2 Folgen für die Indexerstellung

Es stellt sich nun die Frage, ob und in welcher Form sich die mehrmals wechselnde Währungssituation in der deutschen Wirtschaftsgeschichte auf die Erstellung eines historischen Aktienindex auswirkt.

5.5.5.2.1 „Normale“ Inflation

In der Literatur erwecken manche Autoren durch Auslassen der großen Inflationen den Eindruck, nur eine „normale“ Inflation sei in einem Aktienindex geeig-

---

334 Vgl. hierzu auch Abschnitt 5.5.5.2.

335 Eigenständige Gesellschaften, die auf dem Gebiet der DDR zwangsweise verstaatlicht oder enteignet wurden, waren nicht im Index enthalten. Enteignungen einzelner Aktiva oder ganzer Teilbetriebe in der Folge der Teilung interessieren hier nur, soweit das Vermögen von Indexgesellschaften berührt wurde. Diese Wertminderungen wurden dann jedoch automatisch durch die Börsenentwicklung der entsprechenden (West-)Aktien berücksichtigt. Betroffen war in erster Linie das umfangreiche Ostvermögen der I.G. Farben, vgl. I.G. FARBENINDUSTRIE AG I.L. (1955), S. 16f und S. 75ff.

net zu berücksichtigen, wogegen eine Hyperinflation die Erstellung eines Aktienindex für diesen Zeitraum überhaupt obsolet erscheinen lasse[336]. Sofern dieser Eindruck beabsichtigt ist, muß dem jedoch entschieden widersprochen werden.

Schon der Versuch, in „normale" einbeziehbare und „nicht normale" auszuklammernde Inflation zu unterscheiden, ist bis zu einem gewissen Grade willkürlich. Ganz abgesehen von der Subjektivität der Entscheidung, welche Inflation noch als „normal" erachtet werden kann, gibt es auch keinen Grund, der dagegen spräche, **alle** Phasen der Preisentwicklung zunächst im nominalen Index einzubeziehen, da jegliche Inflation im Rahmen der Bereinigung der nominellen Größen ohnehin wieder korrigiert werden muß, um zu einem realen Index zu kommen. Insofern ist es völlig gleichgültig, ob man diese Inflation nun streckenweise als „normal" oder als „außergewöhnlich" bewertet. Einzig entscheidend ist die Frage, welche Verfahren der Inflationsbereinigung für möglichst alle Phasen am sinnvollsten erscheinen.

Will man – losgelöst von der jeweiligen Währung – die Werte des Indexportfolios in reale Größen überführen, so muß man dessen nominalen Wert mit dem des entsprechenden Preisindex bereinigen. Da diese Preise ebenfalls in der jeweils gültigen Währung ermittelt sind, kürzt sich die Einheit der Währung aus dem preisbereinigten Index heraus und als Ergebnis bleibt ein in realen Größen (also in Mengen eines Warenkorbes) normierter Index[337]. Zum gleichen Ergebnis kommt man, wenn die unbereinigten Renditen (also die nominale Performance) um die Preissteigerungsraten berichtigt werden.

Auf die Erstellung des ursprünglichen, nominalen Index hat also jegliche Form von Inflation, auch eine Hyperinflation wie in den frühen 20er Jahren, keinerlei Einfluß. Sie kann daher bei der Berechnung zunächst unberücksichtigt bleiben. Der Index wird in den jeweils gültigen, nominalen Währungseinheiten berechnet, die ohne Kenntnis der Preisentwicklung ohnehin nur beschränkte Aussagekraft haben. Erst durch die spätere Inflationsbereinigung des einmal erstellten Nominalindex werden die monetären Größen auf reale Werte umgerechnet. Das

---

336 Vgl. MORAWIETZ (1994), S. 75f. In der oben ebenfalls bereits erwähnte Studie von CONEN/VÄTH (1993) wird das Auslassen der Inflationsjahre darauf gestützt, daß für diese Zeit keine Vergleichsindizes verfügbar sind. Zu den damit verbundenen Implikationen wurde bereits in Abschnitt 2.1.2 Stellung genommen.

337 Dabei ist zu beachten, daß sich Inflationsdaten meist auf Zeiträume beziehen – i.d.R. werden Preisindizes als Monatsdurchschnitte angegeben. Der ursprünglich zeit**punkt**bezogene nominale Aktienindex muß also vor der Normierung zunächst auf die gleichen Zeit**räume** umgerechnet werden, für die die jeweiligen Inflationsdaten gelten.

Hauptproblem besteht darin, diese Inflation in möglichst konsistenten Daten zu messen[338].

5.5.5.2.2 Währungsumstellungen

Aus den gleichen Gründen, die für laufende Inflationsraten gelten, muß auch das Umstellungsverhältnis einer Währungsreform im nominalen Index nicht bereinigt werden. Denn durch die Umstellung an sich werden keine Aktien gespalten oder zusammengelegt[339] und es fließen durch sie auch sonst keinerlei Rechte ab. Damit entfallen alle zwingenden Gründe für eine technische Korrektur des nominellen Index.

Diese Aussage gilt völlig unabhängig vom Umstellungsverhältnis. Jede der Währungen im Zeitablauf implizierte die Konvention, wirtschaftliche Werte in dieser Recheneinheit auszudrücken. Würde man bereits den nominalen Index aufgrund der Währungsreform korrigieren, so müßte man dies später wieder rückgängig machen, um eine Inflationsbereinigung durchführen zu können. Denn schließlich beinhalten denkbare Bereinigungsdaten zunächst den gleichen Bruch durch die Umstellung.

Allerdings sind nominale Renditen, die über Währungsumstellungen hinweg nach dem Grundsatz Mark = Mark berechnet werden, ökonomisch nur eingeschränkt interpretierbar. Ein hypothetischer Anleger, der Ende 1870 3,3 Billionen norddeutsche Thaler bzw. 10 Billionen Mark Bargeld hatte, verfügte 1924 nach der Umstellung 1 Billion:1 noch über 10 Reichsmark, die er 1948 bestenfalls 10:1 in 1 DM tauschen konnte. Diese Währungsumstellungen haben zur Folge, daß die nach dem Grundsatz Mark = Mark berechnete nominale Aktienrendite nicht mit einer Rendite auf Bargeld von Null zu vergleichen ist, sondern mit einem annualisierten Wertverfall von 28,56%. Zu dieser annualisierten Negativrendite gelangt man dann, wenn man das Umstellungsverhältnis von 10 Bio.:1 auf 89 Jahre verteilt.

Durch Multiplikation des Nominalindex mit dem Umstellungsverhältnis würde zwar formal die Vergleichbarkeit mit Bargeldhaltung in inländischer Währung

---

338 Vgl. Abschnitt 6.2.1.

339 Soweit bei den einzelnen Bilanzumstellungen, wie oben erwähnt, das Grundkapital individuell herabgesetzt wurde, sind die daraus resultierenden technischen Kursveränderungen natürlich berücksichtigt.

hergestellt, eine materielle Interpretation einer auf dieser Basis berechneten Aktienrendite bleibt jedoch fragwürdig.

Bemerkenswert ist demgegenüber die Kontinuität, die durch die Festsetzung der Währungsparität erzeugt wird: Der nicht bereinigte, nominale Index beruht immerhin 1870 am Beginn des Untersuchungszeitraums, 1914 vor Ausbruch des I. Weltkriegs, 1924 nach Bereinigung der Hyperinflation und 1959 am Ende des Untersuchungszeitraums auf einem jeweils fast identischen Wechselkurs der jeweiligen Währungseinheit zum US-Dollar, so daß die erzielte Gesamtrendite als Nominalrendite in US-Dollar interpretiert werden kann. Über den gesamten Untersuchungszeitraum hinweg betrachtet drückt die annualisierte Nominalrendite demzufolge den durchschnittlichen jährlichen Vermögenszuwachs relativ zur Bargeldhaltung in US-Dollar aus.

5.5.6 Außerplanmäßige Veränderungen der Indexstruktur

Es wurde bereits mehrfach ausgeführt, daß dem hier erstellten Index grundsätzlich die Strategie eines „ruhenden Depots“ aus deutschen Standardaktien zugrunde liegt. Durch die in regelmäßigen Abständen durchgeführten, planmäßigen Verkettungen zum Jahresultimo soll sichergestellt werden, daß im Zeitablauf die Struktur des Indexportfolios noch mit der verfolgten Anlagestrategie konform geht.

Mehrere historische Ereignisse werfen allerdings die Frage auf, wie bestimmte außerplanmäßige Veränderungen der Indexstruktur innerhalb der grundsätzlich angestrebten Anlagestrategie berücksichtigt werden können. Es sind dabei verschiedene Fallkonstellationen zu unterscheiden, in denen jeweils unterschiedliche Reaktionen eines hypothetischen Anlegers plausibel sind.

5.5.6.1 Vorhersehbare Strukturveränderungen

Vor allem im ersten Drittel des Untersuchungszeitraums gab es viele Fälle, in denen sich bereits zum Jahresende abzeichnete, daß eine Gesellschaft im darauf folgenden Jahr durch eine andere Indexgesellschaft übernommen, gegen Entschädigung verstaatlicht oder in anderer Weise aus dem Index verkauft werden sollte. Es entspricht im Rahmen des Indexkonzepts dann einer plausiblen Anlagestrategie zu unterstellen, daß diese Gesellschaften bereits im Rahmen der zum Jahresultimo ohnehin stattfindenden Indexrevision durch eine andere Gesellschaft ersetzt wurden. Denn die Information, daß die betreffenden Aktien in absehbarer Zeit nicht mehr die Kriterien zur Aufnahme in das Indexportfolio erfüllen würden, lagen den damaligen Anlegern bereits zum Zeitpunkt der planmäßigen Neugewichtung vor.

Bis zum Ende des 19. Jahrhunderts handelt es sich ausschließlich um Verstaatlichungen von Eisenbahngesellschaften, die den Aktienmarkt in dieser Phase noch deutlich beherrschten[340]. Diese Verstaatlichungen waren den Anlegern bereits frühzeitig bekannt. Der Umtausch in Staatsanleihen erfolgte meist wesentlich später. Da daneben auch die Notiz dieser Gesellschaften (oft noch über mehrere Jahre) weiter aufrecht erhalten wurde, liegen auch zu den normalen Verkettungsterminen gehandelte Kurse vor. Die der Entscheidung über die Herausnahme aus dem Index zugrunde liegenden Daten (meist das Datum der Beschlußfassung in der Generalversammlung) sind den Aktienführern der Folgejahre[341] entnommen.

Es stellt sich in diesem Zusammenhang auch die Frage nach der Verzerrung der Performance in den frühen Indexjahren aufgrund der zahlreichen Verstaatlichungen. Denn die Umtauschmodalitäten waren für die Aktionäre (gemessen an den Kursen vor Bekanntgabe der Verstaatlichung) so lukrativ, daß die Börsenkurse bis zum Zeitpunkt der vorweggenommenen Herausnahme dieser Gesellschaften aus dem Index meist spürbar anzogen.

Ein Blick in die damaligen Börsenhandbücher verrät, daß für diese durchweg konzessionierten Gesellschaften bereits bei Vergabe der Konzessionen das Recht zur späteren Übernahme der Bahnbetriebe durch den Staat vorgesehen war und daß dafür auch konkrete Abfindungsregeln festgelegt waren. So findet sich beispielsweise im Jahrgang 1870 der folgende Eintrag zur Oberhessischen Eisenbahn:

> *„Nach Ablauf von 35 Jahren seit der Betriebseröffnung hat die Regierung jederzeit das Recht, die Bahn gegen Erstattung des 20fachen durchschnittlichen Rein-Ertrages der letzten fünf Jahre zu erwerben, und sollen in diesem Falle die garantirten 3½% als Minimal-Reinertrag angenommen werden.“*[342]

---

[340] Vgl. Abschnitt 6.3.

[341] Vgl. Datenquellenverzeichnis.

[342] Saling's Börsen-Papiere 1870, II. Theil, 2. Hälfte, S. 285.

Obwohl die Oberhessische Eisenbahn offiziell erst *„am 31.7.1871 vollständig dem Betriebe übergeben“*[343] worden war, wurde bereits 1875 der Vertrag zur Verstaatlichung geschlossen. Auch die anderen beobachteten Verstaatlichungen fanden wesentlich früher statt als in der staatlichen Konzession (bzw. in der Satzung der Gesellschaften) vorgesehen. Aus Sicht der privaten Aktionäre handelte es sich bei diesen „vorzeitigen“ Verstaatlichungen daher zunächst nur um ein Angebot, welches angenommen oder auch abgelehnt werden konnte. Entsprechend lukrativ mußten die angebotenen Abfindungen ausfallen, wenn der Staat die Bahnen wirklich bereits übernehmen wollte.

Die meisten Eisenbahnen wurden wohl nicht nur aus wirtschaftlichen, sondern auch aus politischen Gründen übernommen, z.B. um zu verhindern, daß nur profitable Strecken betrieben würden. Die angebotenen Kursaufschläge sind daher natürlich in anderem Licht zu beurteilen als bei rein privatwirtschaftlichen Übernahmen. Eine andere, erst nachträglich begründete Zusammensetzung des Index in dieser Phase (mit weniger oder gar keinen später verstaatlichten Gesellschaften) würde nach Ansicht des Verfassers jedoch erst recht zu einer Verzerrung der Ergebnisse führen. Bei Ausgrenzung der verstaatlichten Gesellschaften bereits vor Bekanntwerden der Übernahme würde nämlich aus Sicht eines hypothetischen historischen Anlegers ohne plausiblen Grund schon vorab von der verfolgten Anlagestrategie abgewichen. In jedem Fall wäre die Performance der ersten 10 Indexjahre ohne die Eisenbahnverstaatlichungen wesentlich schlechter ausgefallen.

Die Fälle, in denen bereits vorhersehbare Strukturveränderungen im ordentlichen Verkettungstermin (also zum Jahresultimo) realisiert wurden, sind nachfolgend in chronologischer Reihenfolge aufgelistet.

Ultimo 1875

Bayrische Ostbahn: *Am 25.5.1875 wurden die Umtauschmodalitäten in Bayerische Eisenbahnschuldbriefe bekannt gemacht. Mitte September des gleichen Jahres begann der Umtausch, der zum Jahresende jedoch noch nicht abgeschlossen war. Die Aktien, die noch länger notiert waren, wurden Ultimo 1875 aus dem Index genommen.*

Oberhessische Eisenbahn: *Am 30.10.1875 beschloß die Generalversammlung den Verkauf der Bahn an den Staat. Der Vertrag dürfte ebenfalls erst im Jahr 1875 abgeschlossen worden sein. Zum Umtausch in Staatspapiere wurden die Aktionäre ab Juni 1876 aufgefordert. Da die kommende Verstaatlichung jedoch schon mit dem Beschluß*

---

343 Saling's Börsen-Papiere 1870, II. Theil, 2. Hälfte, S. 284.

der Generalversammlung besiegelt war, wurde die Gesellschaft bereits Ultimo 1875 aus dem Index genommen.

Ultimo 1879

Berlin-Potsdam-Magdeburger Eisenbahn: *Durch Vertrag vom 24.12.1879 und Gesetz vom 14.2.1880 wurde die Bahn verstaatlicht. Wie üblich wurde der Vertrag rückwirkend für das gesamte Geschäftsjahr des Vertragsdatums geschlossen, so daß bereits die 1880 für das Geschäftsjahr 1879 zur Auszahlung anstehende Dividende allein dem Staat zustand, während die Altaktionäre nur noch Anspruch auf eine feste Rente hatten. Da die Aktie bereits ab Anfang 1880 eher als Anleihe anzusehen war, wurde die Gesellschaft ab Ultimo 1879 aus dem Index genommen.*

Berlin-Stettiner Eisenbahn: *Am 13.6.1879 wurde der Vertrag über die Verstaatlichung abgeschlossen. Auch wenn der Betrieb laut Vertrag erst ab 1.4.1881 auf Rechnung des Staates erfolgte und der Umtausch in Staatspapiere sogar erst ab Februar 1883 durchgeführt wurde, erhielten die Aktionäre doch bereits ab 1880 keine Dividende mehr, sondern nur noch eine feste Rente. Außerdem stand die Verstaatlichung ab Vertragsabschluß fest, so daß die Gesellschaft ebenfalls zum Ultimo 1879 aus dem Index genommen wurde.*

Rheinische Eisenbahn: *Durch Vertrag vom 13./17.12.1879 wurde die Verstaatlichung der Gesellschaft ab dem 1.1.1880 vereinbart. Der Umtausch der Aktien erfolgte zwar erst wesentlich später (lt. Vertrag spätestens bis 1.4.1884), die Gesellschaft wurde jedoch bereits ab Ultimo 1879 aus dem Index genommen, da die Verstaatlichung beschlossene Sache war.*

Köln-Mindener Eisenbahn: *Durch Vertrag vom 27.8. und 10.10.1879 wurde die Verstaatlichung vereinbart. Auch hier wurde schon vor dem Umtausch, der vom 1.10.1881 bis 1.7.1883 durchgeführt wurde, bereits 1880 für das Geschäftsjahr 1879 keine Dividende sondern eine feste Rente gezahlt. Wie in anderen Fällen wurde die Gesellschaft aufgrund der besiegelten Verstaatlichung ab Ultimo 1879 aus dem Index genommen.*

Magdeburg-Halberstädter Eisenbahn: *Laut Beschluß der Generalversammlung vom 2.7.1879 und Vertrag vom 5.7.1879 wurde die Gesellschaft per 1.2.1880 offiziell zu einem Staatsbetrieb. Es war spätestens ab Vertragsabschluß bekannt, daß für das Geschäftsjahr 1879 keine Dividende mehr ausgezahlt werden sollte sondern nur noch eine feste Rente. Zum Ultimo 1879 wurde die Gesellschaft aus dem Index genommen.*

Ultimo 1881

Bergisch-Märkische Eisenbahn: *Laut Beschluß der Generalversammlung vom 24.11.1881 und Vertrag vom 7.12.1881 wurde die Gesellschaft verstaatlicht. Der Umtausch erfolgte erst ab 1883, bereits ab 1882 sollte jedoch eine feste Rente anstelle* *der Dividende ausbezahlt werden. Zum Ultimo 1881 wurde die Gesellschaft aus dem Index genommen.*

Thüringische Eisenbahn: *Der Beschluß der Generalversammlung zur Verstaatlichung der Gesellschaft wurde am 29.10.1881, dem Datum des Vertrags gefaßt. Die Verwaltung wurde offiziell erst ab 1.5.1882 durch den Staat ausgeübt, und das entsprechende Gesetz folgte sogar erst am 18.3.1883. Statt einer echten Dividende wurde 1883 für das Geschäftsjahr 1882 erstmalig eine feste Rente gezahlt, der Umtausch in Staatspapiere erfolgte ab dem 1.10.1884. Dennoch war bereits ab der Generalversammlung absehbar, daß die Gesellschaft künftig nicht mehr unter privatwirtschaftlicher Verwaltung stehen würde, so daß sie zum ordentlichen Verkettungstermin Ultimo 1881 aus dem Index genommen wurde.*

Berlin-Görlitzer Eisenbahn: *Hier datiert der Beschluß der Generalversammlung auf den 18.10.1881, der Staatsvertrag wurde am 14.11.1881 geschlossen und das entsprechende Gesetz am 28.3.1882 verabschiedet. Die Verwaltung ging offiziell zum 1.5.1882 auf den Staat über, der Umtausch in Staatspapiere erfolgte ab dem 1.11.1882. Entsprechend dem bereits getroffenen Beschluß wurde die Gesellschaft zum ordentlichen Verkettungstermin Ultimo 1881 aus dem Index genommen.*

Märkisch-Posener Eisenbahn: *Die Gesellschaft wurde per Beschluß der Generalversammlung vom 5.11.1881, Vertrag vom 14.11.1881 und Gesetz vom 28.3.1882 verstaatlicht und stand ebenfalls ab dem 1.5.1882 unter staatlicher Verwaltung. Den Aktionären wurde, wie schon bei der Berlin-Görlitzer Eisenbahn, keine feste Rente angeboten. Auch wenn der Umtausch in Staatspapiere erst ab dem 1.11.1882 erfolgte, wurde die Gesellschaft aufgrund der bereits sicheren Verstaatlichung Ultimo 1881 aus dem Index genommen.*

Ultimo 1882

OberschlesischeEisenbahn: *Bei dieser Verstaatlichung datiert der Generalversammlungsbeschluß auf den 25.9.1882, der Vertrag auf den 20./23.10.1882 und das Gesetz auf den 24.1.1883. Eine feste Rente wurde erstmals für das Geschäftsjahr 1883 gezahlt, der Umtausch in Staatspapiere erfolgte ab dem 1.12.1884. Analog dem unterstellten Anlegerverhalten in gleichartigen Fällen wurde die Gesellschaft Ultimo 1882 aus dem Index genommen.*

Berlin-Anhaltische Eisenbahn: *Die Gesellschaft wurde per Beschluß der Generalversammlung vom 8.3.1882, Vertrag vom 13.5.1882 und Gesetz vom gleichen Datum verstaatlicht und stand schon ab dem 1.6.1882 unter staatlicher Verwaltung. Der Umtausch in Staatspapiere erfolgte bereits ab dem 1.10.1882, dauerte aber bis in das Jahr 1883 hinein noch an. Die Gesellschaft schied im Rahmen der planmäßigen Verkettung Ultimo 1882 aus dem Index aus.*

Ultimo 1883

Rechte Oderufer Eisenbahn: *Laut Veröffentlichung im Reichsanzeiger vom 16.6.1883 sollte bereits für 1883 eine feste Rente gezahlt werden. Zu diesem Zeitpunkt stand auch schon fest, daß der Umtausch spätestens 4 Monate nach Übernahme der Verwaltung beginnen solle und daß dem Staat nach Ablauf einer weiteren Nachfrist das Recht zur Übernahme des Vermögens und zur Liquidation der Gesellschaft zustehe. Der Vertrag über die Verstaatlichung datierte vom 20./24.10.1883, das Gesetz vom 24.1.1884. Auch wenn nicht verifiziert werden konnte, daß der Beschluß der Generalversammlung ebenfalls 1883 gefaßt wurde, ist davon angesichts der übrigen Daten und der Erfahrungen aus den anderen Verstaatlichungen doch auszugehen. Unabhängig davon waren in jedem Fall Ultimo 1883 die Voraussetzungen erfüllt, die Gesellschaft aus dem Index zu nehmen.*

Altona-Kieler Eisenbahn: *Die Verstaatlichung der Gesellschaft basierte auf dem Beschluß der Generalversammlung vom 13.10.1883, dem Vertrag vom 31.10.1883 und Gesetz vom 24.1.1884. Eine feste Rente sollte erstmals für das Geschäftsjahr 1883 gezahlt werden. Obwohl der Umtausch der Aktien erst vom 1.1.1885 an erfolgte, war die Gesellschaft bereits Ultimo 1883 aus dem Index zu nehmen.*

Breslau-Schweidnitz-Freiburger Eisenbahn: *Die Daten liegen hier analog dem vorherigen Fall. Der Beschluß über die Verstaatlichung wurde in der Generalversammlung vom 19.9.1883 gefaßt, der zugehörige Vertrag datiert auf den 12./16.10.1883 und das entsprechende Gesetz vom 24.1.1884. Auch hier wurde bereits 1884 für das vorangegangene Geschäftsjahr eine feste Rente ausgezahlt, während der Umtausch erst ab 1.6.1885 erfolgte. Per Ultimo 1883 wurde die Gesellschaft aus dem Index genommen.*

Ultimo 1884

Berlin-Hamburger Eisenbahn: *Die Gesellschaft wurde laut Beschluß der Generalversammlung vom 29.3.1884, Vertrag vom 29.3.1884 und Gesetz vom 17.5.1884 verstaatlicht. Eine feste Rente wurde erstmalig für 1884 gezahlt. Der Umtausch der Aktien erfolgte vom 16.3.1885 an. Dennoch schied die Gesellschaft bereits zum Ultimo 1884 aus dem Index aus.*

Ultimo 1896

Hessische Ludwigsbahn: *Die Verstaatlichung der Gesellschaft wurde festgelegt durch Staatsvertrag zwischen Preußen und dem Großherzogtum Hessen vom 23.6.1896, durch einen Vertrag zwischen den beiden Landesregierungen und der Gesellschaft vom 8./9.7.1896 sowie durch hessisches Gesetz vom 3.10.1896 und preußisches Gesetz vom 16.12.1896. Der Vollzug der Auflösung der Gesellschaft mit der Einreichung der*

Aktien begann am 1.2.1897. Zum Jahresultimo 1896 wurde die Gesellschaft aus dem Index genommen.

Ultimo 1920

***Hohenlohe-Werke AG:** Eigentlich würde die Gesellschaft nach der Börsenkapitalisierung auf Rang 30 in den Index aufrücken. Seit dem Versailler Vertrag war jedoch mit der alsbaldigen Abstimmung in Oberschlesien über dessen territoriale Zugehörigkeit zu Deutschland oder Polen zu rechnen. Es war den Anlegern bekannt, daß die Gesellschaft ihren Sitz auf einem Gebiet mit hohem Anteil polnischer Bevölkerung hatte, und das unnachgiebige Verhalten der Siegermächte gegenüber Deutschland in den ersten Nachkriegsjahren ließ die Teilung Oberschlesiens im Zuge einer bevorstehenden Abstimmung befürchten*[344]*. Daher kann unterstellt werden, daß diese Gesellschaft in den Augen eines Anlegers Ultimo 1920 insgesamt nicht mehr die Aufnahmekriterien für einen Index deutscher Standardaktien erfüllt hätte, so daß sie per Ultimo 1920 - trotz des knapp erreichten Größenkriteriums - nicht mehr aufgenommen wurde.*

Ultimo 1922

***Vereinigte Stahlwerke Zypen:** Die Gesellschaft wurde per Ultimo 1922 aus dem Index genommen, da der sehr hohe Festbesitz zu einer nur noch sporadischen Notiz führte: Bereits 1922 mußte wegen fehlender Kurse immer häufiger auf die Notiz der Vorwoche zurückgegriffen werden. 1923 kam dann monatelang kein Kurs mehr zustande.*

Ultimo 1928

***Gesellschaft für elektrische Hoch- und Untergrundbahnen:** Für diese Gesellschaft existierte zwar bereits 1926 ein Umtauschangebot der Stadt Berlin, das jedoch nur von rund der Hälfte der Aktionäre angenommen wurde. Aufgrund der weiter bestehenden Marktliquidität kamen noch Ende 1928 normale Kursnotizen zustande. Durch Beschluß der Generalversammlung vom 11.12.1928 trat die Gesellschaft dann jedoch ab 1929 in Liquidation und der Betrieb ging am 1.1.1929 auf die öffentliche **Berliner Verkehrs-AG** über. Damit war das Schicksal der Gesellschaft besiegelt. Im Rahmen der planmäßigen Verkettung wurde die Gesellschaft Ultimo 1928 aus dem Index genommen.*

---

[344] Diese Teilung wurde nach der am 20.3.1921 durchgeführten Abstimmung tatsächlich durchgeführt.

5.5.6.2 Indexinterne Strukturveränderungen

Bei indexinternen Strukturveränderungen, z.B. aufgrund der Übernahme einer Indexgesellschaft durch eine andere, ist meist selbst dann kein Abweichen von der Annahme des „ruhenden Depots“ notwendig, wenn diese Veränderung nicht vorher abzusehen war.

Bei Fusionen[345] wurden die Aktien der untergehenden Gesellschaft(en) gegen Aktien[346] der Nachfolgerin getauscht. Anhand des Umtauschverhältnisses *UV* kann die Veränderung im Indexportfolio abgebildet werden. Der hypothetische Anleger konnte den Vorgang passiv „über sich ergehen lassen“. Es veränderte sich dadurch bis zur nächsten planmäßigen Indexrevision die Anzahl der Indexgesellschaften. Der Gewichtungsfaktor einer durch Fusion gewachsenen (oder neu entstandenen) Gesellschaft entspricht der Summe der Gewichtungsfaktoren der Vorläufer. Die kumulierte Rendite der verschmolzenen Gesellschaften kann unter Berücksichtigung des Umtauschverhältnisses bis zum Jahresende fortgeschrieben werden.

Die numerische Handhabung solcher Vorgänge verläuft prinzipiell analog zu den erst später zu behandelnden alliierten Zerschlagungsmaßnahmen[347]. Bei Fusionen innerhalb des Index liegen für die aufnehmende Gesellschaft *a* nach der Fusion normalerweise zwei unterschiedlich zu behandelnde Teilbestände vor, nämlich ein „alter“ Teilbestand *(1)*, der bereits am Jahresanfang im Depot war und ein „neuer“ Teilbestand *(2)*, der sich aus dem Umtausch der vorher im Indexdepot befindlichen Aktien der untergegangenen Gesellschaft(en) ergeben hat. Indextechnisch ist für jeden Teilbestand zunächst ein unterschiedlicher Kor-

---

[345] Der Begriff wird hier zur Vereinfachung für jede Übernahme verwendet, bei der die Aktien einer Gesellschaft gegen Gewährung von anderen Aktien (i.d.R. der Übernehmerin) umgetauscht wurden.

[346] Eine Ausnahme bildet die Übernahme der Magdeburg-(Cöthen-Halle-)Leipziger Eisenbahn durch die ebenfalls im Index vertretene Magdeburg-Halberstädter Eisenbahn im Herbst des Jahres 1876: Den Altaktionären der Magdeburg-Leipziger wurde für eine Stammaktie im Nennwert von 300 RM (Kurse zuletzt ca. 260%) während einer Frist vom 1.9.-30.11.1876 festverzinsliche Prioritätsobligationen im Nennwert von 900 RM zum Umtausch angeboten, die zum Börsenhandel zugelassen wurden. Nach Ablauf der Frist gab es nur noch eine wesentlich ungünstigere Zwangsabfindung von 600 RM in bar je Aktie, deren Notiz völlig eingestellt wurde, so daß von der Annahme des Umtauschangebots auszugehen ist. Wegen der kurzen Frist bis zur ordentlichen Verkettung blieben bis Ultimo 1876 die Prioritätsobligationen anstelle der umgetauschten Aktien im Index. Eine unterjährige Verkettung wurde hier also nicht durchgeführt.

[347] Vgl. Abschnitt 5.5.10.2.

rekturfaktor $c_{f(1)}$ und $c_{f(2)}$ zu ermitteln, anhand dessen die kumulierten Renditen korrekt fortgeschrieben werden.

Die kumulierte Rendite des nicht untergehenden Altbestandes *(1)* am „ex-Tag" der Fusion[348] ergibt sich weiter aus aktuellem Renditefaktor und letztem Korrekturfaktor[349] $c_{a(cum)}$ der Gesellschaft *a*.

$$c_{f(1)} = \left(\frac{K_{a(ex)}}{K_{a(Basis)}} \right) * c_{a(cum)}$$

(Formel 19)

Die kumulierte Rendite des „neuen" Teilbestands *(2)* am „ex-Tag" ergibt sich aus dem letzten Renditefaktor der Aktien von *b* vor dem Umtausch, deren letztem Korrekturfaktor $c_{b(cum)}$ und der „Umtauschrendite". Diese „Umtauschrendite" ergibt sich aus dem Verhältnis des ex-Kurses der durch Umtausch neu erhaltenen Anteile an *a* zum letzten Kurs der dafür hingegebenen Anteile an *b*, multipliziert mit dem umgekehrten Umtauschverhältnis:

$$c_{f(2)} = \left(\frac{K_{b(cum)}}{K_{b(Basis)}} \right) * c_{b(cum)} * \frac{K_{a(ex)} * 1/UV}{K_{b(cum)}}$$

bzw. nach Kürzen von $K_{b(cum)}$

$$c_{f(2)} = \left(\frac{K_{a(ex)} * 1/UV}{K_{b(Basis)}} \right) * c_{b(cum)}$$

(Formel 20)

Während die Rendite des Altbestands *(1)* der Gesellschaft *a* bis zum nächsten Verkettungstermin weiter mit dem alten Gewicht g_a in die Indexrendite einfließt, tritt die kumulierte Rendite des „neuen" Bestandes *(2)* der gleichen Gesellschaft ab dem ex-Tag an die Stelle der umgetauschten Anteile von *b* und fließt mit

348 Gemeint ist der erste Handelstag nach dem Vollzug des Aktienumtauschs.

349 In der folgenden Ableitung wird davon ausgegangen, daß am ex-Tag noch keine weiteren Bereinigungsereignisse wie z.B. Dividenden anfallen. Andernfalls käme ein weiterer Korrekturfaktor multiplikativ hinzu.

deren Gewicht g_b in die Indexermittlung ein. Das Gesamtgewicht g_{fa}, mit dem die kumulierten Renditen von a ab dem ex-Tag in die Indexermittlung einfliessen, beträgt demnach (g_a+g_b). Die weitere Rendite ab dem Umtausch wird für beide Teilbestände auf den ex-Tag basiert.

Nach diesen Überlegungen kann der gemeinsame Korrekturfaktor am ex-Tag c_{fa} für den Gesamtbestand an a wie folgt abgeleitet werden[350]:

$$g_{fa} * \frac{K_{a(t)}}{K_{a(Basis)}} * c_{fa} = g_a * \frac{K_{a(t)}}{K_{a(ex)}} * c_{f(1)} + g_b * \frac{K_{a(t)}}{K_{a(ex)}} * c_{f(2)}$$

$$\Rightarrow c_{fa} = \frac{g_a}{g_{fa}} * \frac{K_{a(Basis)}}{K_{a(ex)}} * c_{f(1)} + \frac{g_b}{g_{fa}} * \frac{K_{a(Basis)}}{K_{a(ex)}} * c_{f(2)}$$

(Formel 21)

Die unterschiedlichen kumulierten Renditen der getrennt zu beurteilenden Teilbestände von a werden so mit dem jeweiligen Anteil am gesamten Gewicht der Gesellschaft bewertet und anschließend addiert. Mit diesem Korrekturfaktor sind alle Teilrenditen der Altgesellschaften vollständig und korrekt in einer Weise verarbeitet, daß die weitere Entwicklung der Kursrendite von a wie zuvor einheitlich auf den letzten Verkettungstermin *(Basis)* basiert werden kann.

Die auf diese Weise im Index berücksichtigten Zusammenschlüsse sind nachfolgend in chronologischer Reihenfolge aufgeführt. Die resultierenden Korrekturfaktoren sind im Anhang zu finden.

Norddeutsche Bank: *Gemäß Verschmelzungsbeschluß der Generalversammlung vom 16.4.1895 wurden sämtliche Aktiva und Passiva der Norddeutschen Bank rückwirkend zum 1.1.1895 auf die Disconto Gesellschaft übertragen. Die Aktionäre der Norddeutschen Bank erhielten im Verhältnis 6:4 neue Anteile an der Disconto-Gesellschaft (KG a.A.). Ab dem 20.4.1895 steigt das Gewicht der Disconto-Gesellschaft entsprechend, während die Norddeutsche Bank aus dem Index genommen wurde.*

Bergisch Märkische Bank: *Mit Beschluß der Generalversammlung vom 30.3.1914 wurde die vollständige Übernahme der Gesellschaft durch die Deutsche Bank vollzo-*

350 Die resultierenden Bereinigungsfaktoren für die nachfolgend beschriebenen Fälle sind im Anhang abgedruckt.

gen. Das Umtauschverhältnis betrug 8:5 (in Nennwerten: 9.600 M : 6.000 M). Ab dem 4.4.1914 wurde demzufolge die Bergisch Märkische Bank aus dem Index genommen, deren Gewicht und kumulierte Rendite bis zur nächsten Verkettung auf die Deutsche Bank übertragen wurde.

Schaaffhausen'scher Bankverein: *Gemäß Beschluß der Generalversammlung vom 28.5.1914 wurde die Gesellschaft auf die Disconto-Gesellschaft verschmolzen. Die Aktionäre des Schaaffhausen'schen Bankvereins erhielten für 2.000 M Aktiennennwert einen Kommanditanteil im Nennwert von 1.200 M, woraus (gemessen in jeweils 100%) ein Umtauschverhältnis von 5:3 resultiert, welches ab dem 30.5.1914 berücksichtigt wurde.*

Rheinisch-Westfälische-Disconto-Gesellschaft: *Während des I. Weltkrieges wurde die Gesellschaft am 30.10.1917 durch Beschluß der Generalversammlung von der Dresdner Bank übernommen. Für je 4.000 M wurden im Gegenzug 3.000 M der Dresdner Bank gewährt. Der Umtausch wird im Index wegen des Kursveröffentlichungsverbots erst im November 1918 wirksam*[351]*. Gegenüber dem Stand bei Einstellung der Kursnotiz wird demzufolge erst bei Wiedereröffnung der Börsen ab November 1918 das Gewicht der Rh.-Westf.-Disconto der Dresdner Bank hinzugerechnet. Ab diesem Zeitpunkt werden auch die vor der Übernahme - aber während des Kursveröffentlichungsverbots - ausgezahlten Dividenden der Rhein.-Westfälischen in Summe und unter Berücksichtigung des Umtauschverhältnisses in Aktien der Dresdner Bank reinvestiert.*

Disconto-Gesellschaft: *Am 28.10.1929 fusionierten die Deutsche Bank und die Disconto-Gesellschaft auf den Mantel der Deutschen Bank. Die Aktien der Disconto-Gesellschaft wurden im Verhältnis 9:10 gegen neue Aktien der Deutschen Bank getauscht. Auch hier wurde das gemeinsame Gewicht und die kumulierte Rendite bis zur nächsten Indexrevision in der übernehmenden Gesellschaft gemäß obigen Formeln fortgeführt.*

Darmstädter und Nationalbank KG a.A.: *Streng genommen handelt es sich beim Umtausch der Aktien der „Danatbank" am 6.8.1932 zwar nicht um eine normale Fusion, technisch kann sie im Index jedoch genau so behandelt werden: Die Kommanditaktionäre erhielten als Folge der Bankenkrise im Umtauschverhältnis 10:3 Aktien der Dresdner Bank aus den Beständen des Reichs. Die Bereinigung kann aus Sicht eines Privatanlegers in gleicher Weise erfolgen wie bei den anderen hier aufgeführten Übernahmen.*

Gesellschaft für elektrische Unternehmungen Loewe & Co AG: *Am 17.1.1942 fusionierten die Allgemeine Elektricitätsgesellschaft (AEG) und die Gesellschaft für elektri-*

---

351 Vgl. Abschnitt 5.5.4.1.

sche Unternehmungen Loewe & Co AG (Gesfürel). Die Aktien der Gesfürel wurden im Verhältnis 4:5 in Aktien der AEG umgetauscht.

Phoenix-Rheinrohr AG: *Die Gesellschaft entstand am 1.7.1955 aus der Hütte Phoenix AG und der Rheinische Röhrenwerke AG. Die alten Aktien wurden im Verhältnis 1:1 in einer Gesellschaft zusammengefaßt.*

Deutsche Bank AG: *Die Spaltung der Deutschen Bank und Disconto Bank AG von 1954 wurde zum 7.6.1957 wieder rückgängig gemacht. Die Deutsche Bank West AG und die Süddeutsche Bank zuzüglich der zu diesem Zeitpunkt nicht im Index vertretenen Norddeutschen Bank vereinigten sich wieder zu einem Institut.*

Im Falle einer Übernahme durch Kauf, bei der die Altaktionäre der übernommenen Gesellschaft in bar abgefunden werden, könnte auch unterstellt werden, daß diese den Verkaufserlös zum Kauf weiterer Aktien der Übernehmerin verwenden. Durch die Reinvestition würde der gestiegenen Bedeutung der übernehmenden Gesellschaft entsprochen und die freien Mittel verblieben im Indexportfolio. Eine solche Vorgehensweise war jedoch in keinem Fall nötig.

Oft führten geplante Übernahmen und Fusionen, selbst wenn sie letztendlich durchgeführt wurden, nicht unmittelbar zur Einstellung der Notiz der übernommenen bzw. aufgenommenen Gesellschaft. In solchen Fällen konnte auch unterstellt werden, daß ein passiver Anleger über ein bestehendes Tauschangebot zunächst nicht entschieden, es also vorläufig auch nicht angenommen hätte, so daß die alte Indexstruktur bis zum nächsten ordentlichen Verkettungstermin beibehalten werden konnte. Mit der nächsten planmäßigen Indexrevision wurde die Zielgesellschaft dann wegen zu hohem Festbesitz aus dem Index genommen. Entsprechend der im Rahmen des Umtauschangebots neu ausgegebenen Aktien der Übernehmerin steigt dann bei der Verkettung deren Gewicht. Im Folgenden sind nun die Fälle aufgeführt, bei denen zur Vereinfachung so vorgegangen wurde.

Ultimo 1891

Internationale Bank: *Am 6.11.1891 erging der Auflösungsbeschluß der Generalversammlung, wonach die Gesellschaft gegen Aktien der Berliner Handelsgesellschaft und eine bare Zuzahlung liquidiert werden sollte. Die Annahme des Umtauschangebots mußte noch bis Anfang Dezember 1891 erklärt werden, die Durchführung erfolgte frühestens ab dem 5.1.1892. Da die Gesellschaft noch bis zum Jahresultimo notiert war, wurde sie zum regulären Verkettungstermin an der Börse verkauft.*

Ultimo 1897

Bergisch-Märkische Bank: *Laut Beschluß der Generalversammlung vom 20.8.1897 begab die Deutsche Bank neue Aktien, um sie den Aktionären der Bergisch-Märkischen Bank und des Schlesischen Bankvereins (der nicht im Index vertreten war) zum Umtausch anzubieten. Nach den Angaben in den Aktienführern ging ein Großteil der Aktien in den Besitz der Deutschen Bank über. Da jedoch die Notierung der Zielgesellschaften noch aufrecht erhalten werden konnte, wurde die Bergisch-Märkische Bank erst ab Ultimo 1897 wegen zu großem Festbesitz aus dem Index genommen. Ab 1898 wurde das durch die Übernahmen gestiegene Grundkapital der Deutschen Bank bei der Gewichtung berücksichtigt. Dadurch wurde diese erstmalig zum schwersten Indexwert.*

Ultimo 1925

I.G. Farben AG: *Anfang Dezember 1925 schlossen sich die Badische Anilin- und Soda-Fabrik (BASF), die Farbenfabriken Bayer, die Farbwerke Höchst, die AG für Anilin-Fabrikation (AGFA) die Chemische Fabrik Griesheim Elektron und die Chemische Fabrik Weiler-ter Meer zu dem legendären Chemieriesen zusammen. Aufnehmende Gesellschaft war die BASF. Alle beteiligten Gesellschaften wurden während des laufenden Umtauschs noch bis 1926 notiert, so daß die untergehenden Gesellschaften bis zur planmäßigen Verkettung Ultimo 1925 im Index verbleiben konnten. Ab diesem Datum war die I.G. Farben bis zum Handelsverbot (vgl. Abschnitt 5.5.9) stets eine der größten Indexgesellschaften.*

Ultimo 1926

Vereinigte Stahlwerke AG: *Die Gesellschaft wurde am 14.1.1926 neu gegründet, durch Verträge vom 5. Mai gingen Mitte 1926 verschiedene Teilbetriebe der Gründungsgesellschaften gegen neu ausgegebene Aktien auf sie über. Ultimo 1926 und 1927 erreichten die Vereinigten Stahlwerke von der Börsenkapitalisierung den zweiten, 1928 den dritten Rang. Es findet sich in den zeitgenössischen Aktienführern (wie damals üblich) keine Aktionärsstruktur der Gesellschaft, einige größere Pakete sind allerdings auch Jahre später bei den Gründergesellschaften als Beteiligungen ausgewiesen. Die Aktien des „Stahlvereins" stießen aber auch bei privaten Anlegern auf reges Interesse. Es stellt sich die Frage, ob die Vereinigten Stahlwerke aufgrund des mit Sicherheit hohen Festbesitzes aus dem Index ausgeschlossen werden sollten. Diese Frage wird hier verneint, da der Wert bis zu seiner Zerschlagung im Rahmen der alliierten Entflechtungsmaßnahmen nach dem II. Weltkrieg durchgehend einen liquiden Publikumswert darstellte. Auch die in diesem Zusammenhang aufkommende Frage, ob man die durch Überkreuzbeteiligungen entstehende „Doppelzählung" im Index bereinigen sollte, wird hier verneint. Zum einen waren die am Stahlverein beteiligten Aktiengesellschaften teilweise selbst nicht im Index vertreten, so daß daraus gar keine Doppelzählung resultiert; zum anderen liegen schlichtweg zu wenig exakte Daten vor,* *die für eine konsequente Bereinigung benötigt würden. Aus diesen Gründen wurde die Gesellschaft ab Ultimo 1926 entsprechend ihrer gesamten Börsenkapitalisierung in den Index aufgenommen.*

Gelsenkirchener Bergwerks-AG: *Am 9.12.1926 beschloß die Generalversammlung, das Vermögen der Deutsch-Luxemburgischen Bergwerks- u. Hütten-AG und das des Bochumer Vereins für Bergbau und Gußstahlfabrikation (letzterer war zu diesem Zeitpunkt nicht im Index vertreten) als Ganzes auf die Gelsenkirchener Bergwerks-AG als aufnehmende Gesellschaft zu übertragen. Für je 100 RM Nennwert der aufgenommenen Gesellschaften wurden neue Aktien im Nennwert von ebenfalls 100 RM der Gelsenkirchener Bergwerks-AG ausgegeben. Da der Bochumer Verein vorher nicht im Index vertreten war, könnte das aus dem Umtausch seiner Anteile neu entstehende Kapital bei der Gelsenberg ohnehin erst ab Ultimo 1926 berücksichtigt werden. Nachdem der Umtausch jedoch zum Jahresultimo noch lief und die Aktien der Gelsenberg und der Deutsch-Luxemburgischen beide noch notiert wurden, konnte von einer unterjährigen Fusion auch abgesehen werden. Ab Ultimo 1926 wurde die Obergesellschaft im Rahmen der regulären Verkettung auf Basis des fusionierten Kapitals gewichtet und die Deutsch-Luxemburgische aus dem Index genommen. Siehe auch Ultimo 1933.*

Ultimo 1933

Zur Vorbereitung der 1933 beschlossenen Fusion der Vereinigten Stahlwerke AG, zweier nicht im Index vertretener Stahlgesellschaften[352] *sowie der Gelsenkirchener Bergwerks-AG war die Gelsenberg bereits in „Vereinigte Stahlwerke AG" umbenannt worden, während das operative Geschäft der Gelsenberg und des „alten" Stahlvereins in mehrere neue, nicht notierte Tochtergesellschaften ausgegliedert wurde. Im Ergebnis wechselte der Stahlverein bei gleichbleibendem Namen seinen Mantel. Ultimo 1933 wurden noch beide Indexgesellschaften notiert, so daß die neue Struktur im Rahmen der ordentlichen Verkettung umgesetzt werden kann. Nach der Verkettung verbleibt dann wegen der bereits beschlossenen Fusion nur noch der Stahlverein im Index. Der ebenfalls bereits 1933 beschlossene Umtausch von 3.000 RM „alten" in 2.000 RM „neue" Stahlverein-Aktien erfolgte erst im Februar 1935, als außer dem Stahlverein keine der beteiligten Gesellschaften mehr im Index vertreten war. Von der notwendigen Bereinigung dieses Umtauschs abgesehen wird im Index nicht zwischen „alten" und „neuen" Stahlverein-Aktien unterschieden.*

[352] Es handelte sich hierbei um die Phoenix AG für Bergbau und die Stahlwerke van der Zypen AG.

5.5.6.3 Anlässe für außerplanmäßige Verkettungen

Bei einigen - nicht indexinternen - Strukturveränderungen wäre es unrealistisch, diese bereits zum Termin der vorhergehenden Indexrevision vorwegzunehmen. In manchen Fällen befand sich zum letzten Jahresultimo eine Gesellschaft im Indexportfolio, deren Verkauf „aus dem Index" im Jahresverlauf sich (anders als im vorigen Abschnitt) eben nicht bereits im voraus abgezeichnet hatte. Würde man schon vor Bekanntwerden dieser Veränderungen die entsprechende Gesellschaft zum Vorjahresultimo aus dem Index nehmen, so würde dies zu einem *ex post selection bias*[353] führen. Auch kann in den hier angeführten Fällen nicht wie in Abschnitt 5.5.6.2 auf Basis eines Umtauschverhältnisses im Rahmen einer möglichst passiven Anlagestrategie die Strukturveränderung abgebildet werden. Es muß ein Verfahren gewählt werden, welches aus historischer Sicht plausibel und zugleich praktikabel erscheint, um derartig kurzfristige Veränderungen dennoch korrekt im Index abzubilden.

Wird eine Indexgesellschaft für den Anleger überraschend und unumgänglich aus dem Indexportfolio „herausgekauft", so kann sie auch bei passiver Anlagestrategie nicht bis zur nächsten Indexrevision im Portfolio verbleiben. Ihr Anteil am hypothetischen Portfolio muß entweder durch eine neue 30. Gesellschaft ersetzt oder in andere Indexgesellschaften reinvestiert werden[354]. Prinzipiell sind also mehrere Lösungen dieses Problems denkbar.

Ersetzt man eine unterjährig ausscheidende Gesellschaft lediglich durch die bis dahin noch nicht im Index enthaltene 31. Gesellschaft, so wird unter Umständen die neue Gesellschaft bis zur nächsten ordentlichen Verkettung im Verhältnis zu ihrer Börsenkapitalisierung extrem übergewichtet. Da man sich dadurch aktiv von der eigentlich verfolgten Anlagestrategie entfernen würde, ist von einer solchen Vorgehensweise Abstand zu nehmen.

Ein Verteilen des Verkaufserlöses auf die verbleibenden 29 Gesellschaften impliziert bis zum nächsten ordentlichen Verkettungstermin ebenfalls ein Abweichen von der eigentlich angestrebten Anlagestrategie, da grundsätzlich in die 30 größten Gesellschaften investiert werden soll. Eine solche Abweichung könnte unter Umständen eine Zeit lang passiv geduldet, sollte jedoch nicht aktiv angestrebt werden. Weil außerdem durch das Aufteilen auf den gesamten Restindex ohnehin eine Vielzahl relativ geringfügiger Zukäufe durchgeführt werden

---

353 Vgl. Abschnitt 2.4.

354 Die theoretisch ebenfalls mögliche Bargeldhaltung des Verkaufserlöses bis zum nächsten ordentlichen Verkettungstermin wird hier nicht erwähnt, da sie i.d.R. keiner plausiblen Anlagestrategie entspricht.

müßte, kann bei fast identischem Aufwand auch gleich eine komplette Verkettung durchgeführt werden. Der einzige Unterschied zur Verkettung am Jahresultimo besteht darin, daß diese bei solchen Anlässen außerplanmäßig erfolgt.

Außerplanmäßige Verkettungen wurden nur in den Fällen durchgeführt, in denen die Struktur sich unterjährig aufgrund nicht planbarer exogener Einflüsse ändern mußte, die nicht innerhalb des Indexportfolios im Rahmen einer passiven Anlagestrategie nachgebildet werden konnten. Für den Zeitpunkt der außerplanmäßigen Verkettung ist strikt darauf zu achten, daß diese erst **nach** Bekanntwerden des Grundes der Umstrukturierung liegt, damit auch hier keine Verzerrung durch nachträgliche Selektion auftreten kann.

Im Folgenden werden die wenigen Fälle im Untersuchungszeitraum dargestellt, die zu außerplanmäßigen Verkettungen führten.

> ***Bergwerksgesellschaft Hibernia***[355]***:*** *Hierbei handelte es sich um einen Verstaatlichungsversuch, der im Lauf des Jahres 1904 unternommen wurde. Es kam jedoch nicht, wie bei den Eisenbahngesellschaften, zu einem einvernehmlichen Vertrag, sondern der Preußische Staat versuchte im Wege einer „feindlichen Übernahme" mit Hilfe der Dresdner Bank die Aktienmehrheit zu erwerben. Da die Altaktionäre die Verstaatlichung ablehnten*[356]*, entbrannte ein Übernahmekampf, bei dem die „Herne-Vereinigung von Hibernia-Aktionären GmbH" (der sogenannte „Trotz-Trust") ihrerseits Aktien aufkaufte, um den Staat an der Erreichung einer Mehrheit zu hindern. Im Ergebnis war der Streubesitz bis September 1904 praktisch aufgekauft, und die weitere Auseinandersetzung zwischen dem preußischen Staat und den anderen Paketaktionären spielte sich (bis in das Jahr 1916 hinein) vor Gericht ab. Es entspricht einer historisch plausiblen Anlagestrategie, daß die Hibernia wegen des gesunkenen Streubesitzes Anfang September (am 3.9.1904) zum Börsenkurs aus dem Index verkauft und der Erlös im Rahmen einer außerplanmäßigen Verkettung reinvestiert worden wäre.*
>
> ***Große Berliner Strassenbahn AG:*** *Am 28.6.1919 einigten sich der Zweckverband Groß-Berlin und der Vorstand über die Modalitäten des Verkaufs der Gesellschaft an den Verkehrsverband Gross-Berlin. Zuvor hatte der Verband massiv damit gedroht, den Tarif der Gesellschaft von 17,5 Pf auf 12,5 Pf herabzusetzen und die Gesellschaft damit in den Ruin zu treiben, falls keine Einigung zustande käme*[357]*. Den Aktionären*

---

[355] Zum Hibernia-Fall vgl. ausführlich SCHUNDER (1966), S. 241ff.

[356] Unter den Altaktionären befanden sich andere Zechen, die befürchteten, daß die Verstaatlichung der Hibernia den Auftakt zu einer intensiveren staatlichen Einflußnahme auf die Kohleindustrie darstellen sollte. Zu den Hintergründen des Hibernia Übernahmekampfs vgl. HACKMANN (1998), S. 36f mit weiteren Verweisen.

[357] vgl. O.V. (1919B).

wurde der Umtausch in Kommunalobligationen mit 4% Verzinsung und 30 Jahren Laufzeit angeboten[358]*; hinzu kam eine geringfügige bare Zuzahlung. Eine Barabfindung war nicht vorgesehen. Bereits Ende Juni wurde in Presseberichten davon ausgegangen, daß die Aktionäre kaum eine andere Wahl hätten, als dem Verkauf zuzustimmen*[359]*. Der Vorschlag wurde von Kleinaktionären als Erpressung eingestuft, die Werthaltigkeit der gewährten Obligationen angezweifelt. Anleger kritisierten daher vor allem das fehlende Angebot einer Barabfindung*[360]*. Auf der Hauptversammlung am 17.7. wurde der Vorschlag dann jedoch mit der notwendigen ¾ Mehrheit gebilligt. Da seit Ende Juni davon ausgegangen wurde, daß der Umtausch in Kommunalobligationen stattfinden würde und daß man andernfalls die Aktie über die Börse verkaufen mußte, wird die bevorstehende Hauptversammlung zum Anlaß für eine außerordentliche Verkettung genommen. Demzufolge wird zum 12.7.1919 ein Verkauf zum Börsenkurs unterstellt.*

Deutsch-Überseeische Elektricitäts-Gesellschaft: *Am 12.4.1920 billigte der Aufsichtsrat das Übernahmeangebot eines spanisches Syndikats und die Umwandlung in eine spanische Gesellschaft*[361]*. Bereits am 10.4.1920 wurde kaum noch an der Zustimmung zu dem Plan gezweifelt*[362]*, Die Aktionäre sollten bis zum 8.5.1920 ihre Zustimmung durch Hinterlegung der Aktien erklären. Für die Stammaktien wurden als Abfindung spanische Rentenbons über 1.500 Peseten, eine Aktie Lit. A. über 500 Peseten der spanischen Gesellschaft sowie 45 Peseten bare Zuzahlung gewährt*[363]*. Zum Zeitpunkt der Hauptversammlung am 7.6.1920 waren die meisten Aktien bereits hinterlegt*[364]*. Die Alternative war der Verkauf über die Börse, wenn man nicht eine inländische Aktie durch ausländische Wertpapiere ersetzen wollte. Im Index wurde daher eine außerordentliche Verkettung unmittelbar vor der Hauptversammlung vorgenommen. Demzufolge wird zum 5.6.1920 ein Verkauf zum Börsenkurs unterstellt.*

Deutsche Reichsbank: *Als sich Vorfeld der Währungsreform abzeichnete, daß die Reichsbank zukünftig keinen eigenen Geschäftsbetrieb mehr ausüben würde, kamen die Anteilscheine unter Verkaufsdruck. Im Juni 1948 wurde daher eine außerordentliche Verkettung durchgeführt. Demzufolge wurde am 18.6.1948 ein Verkauf zum Börsenkurs unterstellt. Siehe auch Abschnitt 5.5.3.3 .*

---

358 vgl. O.V. (1919A).

359 vgl. O.V. (1919A).

360 vgl. O.V. (1919C).

361 vgl. o.V. (1920B).

362 vgl. o.V. (1920A)

363 vgl. o.V. (1920C).

364 vgl. o.V. (1920D).

5.5.7 Eingriffe in die Dividendenpolitik

Während der Nationalsozialistischen Diktatur wurden mehrere Maßnahmen erlassen, um Einfluß auf die Dividendenzahlungen der Aktiengesellschaften zu nehmen. Zusammengefaßt kann vorausgeschickt werden, daß mit den meisten Gesetzen und Verordnungen hierzu versucht wurde, eine geringere Gewinnausschüttung an die Aktionäre zu bewirken oder Kurssteigerungen an der Börse zu verhindern. Die Beweggründe dafür waren unterschiedlicher Natur und der „Erfolg" der Maßnahmen im Ganzen begrenzt, so daß zur Beendigung des anhaltenden Kursanstiegs später Kursstopps angeordnet werden mußten.

Die gesetzlichen Einflußnahmen auf Dividendenzahlungen haben durchweg keinen Einfluß auf das Indexkonzept, da sie lediglich zu tatsächlichen Veränderungen der Höhe und der zeitlichen Struktur der Dividendenzahlungen führten. Solche Veränderungen der Zahlungsströme werden jedoch auch mit dem Grundkonzept des hier erstellten Index voll erfaßt. Sofern durch die Gesellschaften Kapitalmaßnahmen eingeleitet wurden, um die Bestimmungen der Gesetze ganz oder teilweise umgehen zu können, werden diese ebenfalls automatisch im Index abgebildet.

Auch wenn diese staatlichen Eingriffe also zu keiner Abweichung vom Indexkonzept führen, sollen die einzelnen Maßnahmen im Zeitablauf hier doch kurz wiedergegeben werden.

5.5.7.1 Kapitalanlagegesetz vom 29.3.1934

Das Kapitalanlagegesetz[365] betraf nur Dividendenzahlungen für zwischen dem 1.10.1933 und dem 31.12.1934 endende Geschäftsjahre. Bei Auszahlung einer Dividende über 6% bzw. über einem darüber liegenden Dividendensatz des Vorjahres mußte in Höhe der Differenz zwischen diesem Betrag und der Höhe der beschlossenen Dividende durch die Gesellschaft zusätzlich ein sogenannter „Anleihestock" gebildet werden, der in Anleihen des Reichs und seiner Länder

[365] Gesetz über die Bildung eines Anleihestocks bei Kapitalgesellschaften, RGBl. I 1934, S. 295. Nach Inkrafttreten des Anleihestockgesetzes vom 4.12.1934 (siehe Abschnitt 5.5.7.2) wurde das Kapitalanlagegesetz in der Presse später oft als „Märzgesetz" bezeichnet.

anzulegen war. Der Anleihestock war in der Bilanz gesondert auszuweisen[366]. Demnach konnte also eine Gesellschaft, die 10% Reingewinn auswies und im Vorjahr 6% ausgeschüttet hatte, eine maximal 8%ige Dividende ausschütten, und hatte dann die verbleibenden 2% dem Anleihestock zuzuführen. Hätte sie bereits im Vorjahr 8% verteilt, so hätte sie nun 9% verteilen können und nur 1% dem Anleihestock zuführen müssen[367].

Damit sollte die Nachfrage nach öffentlichen Anleihen erhöht werden, die mit dem Aktienmarkt zu konkurrieren hatten. Vor allem die durch staatlich finanzierte Arbeitsbeschaffungsprogramme hervorgerufene Sonderkonjunktur am privaten Aktienmarkt war den Nationalsozialisten ein Dorn im Auge. Es sollte bewirkt werden, daß der Staat sich über die *„von den Unternehmungen selbst nicht benötigten Gewinne ein vorübergehendes Verfügungsrecht“*[368] vorbehalten könne. Wegen seiner nur kurzen Geltungsdauer entfaltete dieses „Märzgesetz“ in der Praxis kaum Wirkung[369].

5.5.7.2 Anleihestockgesetz vom 4.12.1934

Mit dem Anleihestockgesetz[370] wurde nun die Auszahlung von Dividenden auf 6% oder, wenn im Vorjahr bereits eine höhere Dividende gezahlt wurde, auf maximal 8% beschränkt[371]. Auch hier konnte der Beschluß über die gesamte Dividende noch darüber hinaus gehen. Nunmehr mußte jedoch die volle Differenz zwischen der beschlossenen Dividende und der zulässigen Grenze von 6%

---

366 Über diesen Anleihestock durfte bis 1.4.1936 nicht rechtsgeschäftlich verfügt werden, außer der Gesellschaft drohte die Insolvenz. Die angelegten Mittel lagen somit bis zu diesem Zeitpunkt auf Eis.

367 Vgl. v. FALKENHAUSEN (1935), S. 284.

368 v. FALKENHAUSEN (1935), S. 283.

369 Nach einiger Verwirrung in der zeitgenössischen Presse stellte sich heraus, daß das Kapitalanlagegesetz mit Inkrafttreten des Anleihestockgesetzes vom 4.12.1934 faktisch aufgehoben war. Aufgrund des Kapitalanlagegesetzes wurden dem Rentenmarkt in dieser kurzen Zeitspanne nach zeitgenössischer Schätzung lediglich 1 Mio. Reichsmark zugeführt. Vgl. v. FALKENHAUSEN (1935), S. 284.

370 Gesetz über die Gewinnverteilung bei Kapitalgesellschaften, RGBl. I 1934, S. 1222.

371 Die Bestimmungen wurden in späteren Jahren allerdings so ausgelegt, daß dann als vorjährige Gesamtdividende die Barausschüttung plus die Zuführung zum Anleihestock zugrunde gelegt werden konnte. Somit konnten auch die Gesellschaften, die für 1934 nur 6% bar ausgeschüttet und 2% an den Anleihestock abgeführt hatten, für 1935 8% bar ausschütten.

bzw. 8% an einen neu zu bildenden Anleihestock ausgeschüttet werden. Anders als der Anleihestock des „Märzgesetzes" wurde dieser nun jedoch nicht von der jeweiligen Gesellschaft als Eigentümerin geführt. Vielmehr waren die entsprechenden Beträge an die Deutsche Golddiskontbank abzuführen, die als Treuhänderin den gemeinsamen Anleihestock verwaltete, der sich im Eigentum der Gemeinschaft der Anleger befand. Mit jeder Dividende über 6% bzw. 8% erwarb also ein Aktionär neben dem Anspruch auf Barausschüttung des zulässigen Höchstsatzes ein Anteilsrecht am Anleihestock.

Um keinen selbständigen Handel mit den Rechten am Anleihestock (und damit indirekt den Verkauf der enthaltenen Reichsanleihen) zu ermöglichen, wurden keine Anteilscheine an die Aktionäre ausgegeben. Die Anleger konnten die ihnen zustehenden Werte aus den Angaben im Geschäftsbericht der betroffenen Gesellschaften ermitteln. Der anteilige Anleihestock hing somit am Besitz der jeweiligen Aktie und war demzufolge in deren Kurs verarbeitet.

Auch der Erfolg des Anleihestockgesetzes blieb hinter den Erwartungen zurück. Insbesondere für Aktionäre mit Schachtelprivileg und Organgesellschaften galten Ausnahmen[372]. Da diese von der Zuführung zum Anleihestock freigestellt waren, belief sich der erste Anleihestock Ende 1937 auf lediglich rund 102,5 Mio. Reichsmark[373].

Mit der Dritten Durchführungsverordnung vom 9.12.1937 wurde die Auflösung des Anleihestocks geregelt[374]. Um die verhältnismäßig kleinen Beteiligungen an die einzelnen Gesellschafter zu leiten, mußte ein geeignetes Verfahren gefunden werden, ohne die Kurse der im Anleihestock enthaltenen Rentenpapiere durch Verkäufe unter Druck zu bringen. Das Reich übernahm auf Antrag der Gesellschaft den jeweiligen Anleihestock zum Kurswert und gab im Gegenzug eigens dafür geschaffene Steuergutscheine aus, die mit ihrem Nennbetrag angerechnet wurden.

Diese Steuergutscheine, die in größeren Blöcken zum Börsenhandel zugelassen waren, wurden von allen Finanzämtern akzeptiert und waren bis zum Zeitpunkt der Einlösung unverzinslich. Da die Gutscheine eines Blockes erst ab 1941 und dann auch nur verteilt auf fünf Jahre eingelöst werden konnten, lag der diskontierte Börsenwert bei Ausgabe etwa ein Viertel unter dem Nennbetrag, zu dem

---

372 Das Schachtelprivileg erstreckte sich auf Beteiligungen über 25%, sofern diese gemeldet und gesperrt gehalten wurden, vgl. o.V. (1935). Zu weiteren Details vgl. v. FALKENHAUSEN (1935), S. 287f.

373 Vgl. o.V. (1943a), S. 1073.

374 RGBl. I 1937, S. 1341. Vgl. auch KOHLER (1937), S. 113.

sie mit den Ansprüchen auf den Anleihestock verrechnet wurden[375]. Die bei Bildung des Anleihestocks auf Eis gelegten Mittel wurden also in entwerteter Form zurückgezahlt.

Die Steuergutscheine wurden nicht direkt den Aktionären selbst, sondern auf Antrag ab 1938 den jeweiligen Gesellschaften übertragen. Diese konnten die Steuergutscheine dann grundsätzlich an die Gesellschafter weitergeben, für Rechnung der Gesellschaft erwerben oder über die Börse veräußern und den Erlös ausschütten[376]. Für börsennotierte Aktiengesellschaften waren nur die letzten beiden Alternativen praktikabel. Auf der Ebene der Anleger machte sich die Auflösung des Anleihestocks in Form einer höheren Ausschüttung (teilweise wurden auch gesondert ausgewiesene Sonderausschüttungen vorgenommen) und in Form einer entsprechenden Kursveränderung bemerkbar.

Zeitgleich mit der oben beschriebenen Dritten Durchführungsverordnung wurde am 9.12.1937 auch eine Neufassung des Anleihestockgesetzes selbst verabschiedet, mit der die Bildung eines weiteren Anleihestocks von 1938 bis 1940 geregelt wurde. Dieser erreichte eine Gesamtsumme von 107,7 Mio. RM. Im Juni 1941 verfügte der Reichswirtschaftsminister, daß *„eine Ausschüttung des Anleihestocks während der Dauer des Krieges nicht in Frage kommt“*[377]. Inwiefern die aus dem zweiten Anleihestock gegen das Deutsche Reich entstandenen Ansprüche aufgrund der Regelungen des Umstellungsgesetzes von 1948 später ihren Wert ganz oder teilweise verloren haben, wurde im Rahmen dieser Arbeit nicht im einzelnen geprüft. Sofern nach 1945 Verteilungen aus dem zweiten Anleihestock vorgenommen wurden, sind diese wie bei der Verteilung des ersten Anleihestocks über die Gesellschaften geflossen und somit als Sonderdividende berücksichtigt.

5.5.7.3 Dividendenabgabeverordnung vom 12.6.1941

Die Dividendenabgabeverordnung[378] (DAV) ging über die bisherigen Maßnahmen weit hinaus, die noch nicht in die Höhe der den Aktionären insgesamt zustehenden Dividende eingriffen, sondern „nur“ in die Höhe der Auszahlung. Mit

[375] Vgl. KOHLER (1937), S. 114.

[376] Vgl. KOHLER (1937), S. 114.

[377] Vgl. o.V. (1941a), S. 258.

[378] Verordnung zur Begrenzung von Gewinnausschüttungen vom 12.6.1941, in: RGBl. I, 1941, S. 323.

der DAV trat nun neben einen „Dividendenstopp“ und einen „Auszahlungsstopp“ auch eine stark progressiv gestaffelte „Dividendenabgabe“, die bei Überschreitung von Dividendensätzen über 6% hinaus auf Gesellschaftsebene erhoben wurde.

Aufgrund des **Dividendenstopps**[379] sollte die beschlossene Dividende nur noch in Ausnahmefällen 6% übersteigen. Bereits im Vorjahr darüber hinausgehende Dividenden durften zwar beibehalten, aber definitiv und unter Strafandrohung nicht weiter erhöht werden. Sätze über 6% führten außerdem unter Umständen zum Auszahlungsstopp und zur Dividendenabgabe.

Durch den **Auszahlungsstopp**[380] durfte die Dividende nur noch zu 6% oder, falls im Vorjahr bereits höher ausgeschüttet wurde, zum letzten Satz bis maximal 8% bar ausgezahlt werden. Über diese Grenzen hinaus gehende Beträge[381] mußten in einen neuen Anleihestock eingestellt werden. Dieser wurde nun allerdings nicht mehr durch die Golddiskontbank, sondern durch die betroffenen Gesellschaften selbst treuhänderisch verwaltet.

Die Sätze für die **Dividendenabgabe**[382] schließlich waren geradezu pathologisch. Die vorgesehenen Belastungen der über 6% hinausgehenden Dividenden in Staffelsätzen von 50% bis 400% auf die Mehrausschüttung[383] hätten dazu geführt, daß bei weiteren Steigerungen über 7% Nominaldividende hinaus die Abgabe auf Gesellschaftsebene bereits höher gewesen wäre als die Mehrausschüttung, bei Dividenden über 9% die Abgabenbelastung sogar höher als die gesamte Dividende[384]!

Allerdings galt für Gesellschaften, die in den letzten drei Geschäftsjahren vor der Inkrafttreten der DAV eine durchschnittliche Dividende von über 7% be-

---

379 § 1 DAV. Zu Einzelheiten vgl. STAIGER (1996), S. 12ff sowie SIMON (1941), S. 381f.

380 § 2 DAV. Zu Einzelheiten vgl. STAIGER (1996), S. 15ff sowie SIMON (1941), S. 382f.

381 Aufgrund des Dividendenstopps war der Auszahlungsstopp nur für die Gesellschaften relevant, die im letzten DAV-Vorjahr bereits über 8% ausgeschüttet hatten.

382 § 4 DAV. Zu Einzelheiten vgl. STAIGER (1996), S. 17ff sowie SIMON (1941), S. 383f.

383 Unter der Mehrausschüttung war in diesem Zusammenhang die Differenz zwischen der beschlossenen Nominaldividende und 6% zu verstehen.

384 Gemäß § 4 Abs. 2 DAV führte die Ausschüttung von Dividenden über 6% hinaus bis 7% zu einem Staffelsatz von 50%, bis 8% zu 100%, bis 9% zu 250%, bis 10% zu 300%, bis 11% zu 350% und bei Dividendensätzen über 11% hinaus zu 400% Dividendenabgabe, bezogen auf die Mehrausschüttung. Die Abgabe wurde erstmals erhoben für das Geschäftsjahr, das am 31.12.1940 endete, für gebrochene Geschäftsjahre entsprechend später. Vgl. SIMON (1941), S. 384.

schlossen hatten, für Dividenden bis 8% ein ermäßigter Satz von 50% auf die Mehrausschüttung[385]. Über 8% hinaus galten auch in diesen Fällen die normalen Sätze[386]. Somit waren Dividendenbeschlüsse über 8% in jedem Fall völlig unsinnig. Sämtliche Indexgesellschaften reduzierten ihre Dividendensätze nach Inkrafttreten der DAV auf maximal 7%[387], die meisten auf maximal 6%.

Für Obergesellschaften, die aus Organverträgen Garantiedividenden zu zahlen hatten, konnte der Reichswirtschaftsminister auf Antrag eine Befreiung von der Dividendenabgabe erteilen. Der Auszahlungsstopp konnte jedoch nicht verhindert werden[388]. Umgekehrt wurde das Schachtelprivileg des Anleihestockgesetzes von 1934 auch auf den Auszahlungsstopp der DAV angewandt[389], während es in Bezug auf die Dividendenabgabe nicht in Anspruch genommen werden konnte[390].

Wenn es auch ohnehin weniger fiskalisches Interesse war, welches den Grund für die Höhe der Dividendenabgabe bildete[391], so ist gleichwohl unverständlich, weshalb über ein völliges Abschöpfen der Mehrdividende hinaus sogar noch Abgabesätze von mehr als 100% vorgesehen waren. Keine der untersuchten Gesellschaften machte dem Reichsfiskus dieses Geschenk. Vielmehr wurden von einer Vielzahl von Gesellschaften Maßnahmen eingeleitet, um die Belastung aus

---

385 Eine solche Gesellschaft konnte also 8% Dividende beschließen und mußte dann eine Abgabe von 50% auf 2% Mehrausschüttung über 6% entrichten, im Ganzen also 1%. Für diese 8% Dividende mußten also von der Gesellschaft insgesamt 9% aufgebracht werden. Vgl. SIMON (1941), S. 384.

386 Vgl. hierzu auch o.V. (1941b), S. 536. Zur Höhe der Sätze siehe FN 384.

387 Die Rheimetall-Borsig AG war mit 7% Dividende die einzige Indexgesellschaft, die auch nach Inkrafttreten der DAV bei einem Satz über 6% blieb. Die I.G. Farben zahlte im August 1941 noch ein letztes Mal 8% Dividende (wie in den Vorjahren – es galt also zumindest die in FN 385 geschilderte Erleichterung) und ging ab 1942 ebenfalls zu 6% über. Ob die I.G. Farben 1941 per Ausnahmegenehmigung von der Dividendenabgabe befreit wurde, konnte nicht festgestellt werden.

388 Vgl. SIMON (1941), S. 384.

389 Vgl. SIMON (1941), S. 383.

390 Dies erklärt sich allerdings schon allein aus der Tatsache, daß die Dividendenabgabe nicht vom Aktionär, sondern von der Gesellschaft geschuldet wurde, während der Anleihestock treuhänderisch für die Gemeinschaft der Aktionäre verwaltet wurde.

391 Eine Auszahlung als überhöht betrachteter Dividenden sollte schlichtweg verhindert werden, damit *„niemand mehr am Krieg verdienen"* konnte, vgl. O.V (1941b), S. 535 und SIMON (1941), S. 381. Demzufolge war die Dividendenabgabe gemäß § 3 Abs. 1 DAV auch auf die Dauer des Krieges beschränkt.

dieser Verordnung möglichst zu umgehen und dennoch die absolute Dividendensumme der Vergangenheit zu erhalten.

So konnte beispielsweise durch „Kapitalberichtigungen“ (heutige Kapitalerhöhungen aus Gesellschaftsmitteln) der prozentuale Dividendensatz bei gleichbleibender Ausschüttungssumme unter 6% gedrückt werden, um die Dividendenabgabe zu umgehen, ohne neues Kapital von den Aktionären einfordern zu müssen. Dementsprechend führten in den Jahren von 1941 bis 1943 auch 17 Indexgesellschaften Kapitalerhöhungen durch, die offensichtlich diesem Zweck dienten. Dabei fiel zwar eine Pauschalsteuer von mindestens 10% auf den Nennbetrag der neu geschaffenen Anteile an[392], die jedoch im Interesse auch künftiger Ausschüttungsfähigkeit von diesen Gesellschaften in Kauf genommen wurde.

Eine Erhöhung der absoluten Dividendensumme war allerdings dennoch nicht ohne Schaden für die Aktionäre möglich, da sich Dividendenstopp und Auszahlungsstopp immer noch auf das alte, unberichtigte Kapital bezogen. Eine Gesellschaft mit 8% Vorjahresdividende, die ihr Kapital aus Gesellschaftsmitteln verdoppelte, hätte danach also maximal 4% des neuen Kapitals ausschütten dürfen[393]. Es konnte also mit solchen Kapitalmaßnahmen nur die Dividendenabgabe umgangen werden.

Die DAV blieb auch nach 1945 in Kraft und wurde erst Ende 1952 aufgehoben[394]. Soweit nach Aufhebung der Sperre aus dem im Rahmen des Auszahlungsstopps zu bildenden Anleihestock Mittel frei wurden, sind diese in den Kursen verarbeitet bzw. wurden mit den Dividenden ausgeschüttet.

5.5.8 Aktienanmeldung und Stoppkurse

Da die bis dahin ergriffenen Maßnahmen zur Eindämmung der Aktienspekulation nicht den gewünschten Erfolg zeigten und im Laufe des Jahres 1941 trotz

---

392 Neu ausgegebene Anteile aus umgewandelten Rücklagen waren nach der Rechtsprechung des Reichsfinanzhofs als Einkommen zu versteuern. Nach § 13 DAV waren hierauf jedoch nach dem Verhältnis der Kapitalberichtigung bemessene, pauschale Sätze anzuwenden, die auf Gesellschaftsebene entrichtet wurden. Vgl. o.V. (1941b), S. 538.

393 Mit der Ersten Durchführungsverordnung zur DAV wurde der Dividendenstopp für solche Fälle etwas gelockert. Danach waren zur Rundung auf halbe Prozentsätze geringfügige Steigerungen der Dividendensumme um bis zu 10% zulässig. Vgl. SIMON (1941), S. 382.

394 Vgl. BGBl. I 1952, S. 804.

der verkündeten Sperrung des Anleihestocks das Publikum die Anlage in Aktienwerten gegenüber Reichsanleihen bevorzugte, griff der NS-Staat ab Ende 1941 mit schärferen Maßnahmen in den freien Aktienbesitz und Börsenhandel ein. Am 25.9.1941 wurde amtlich mitgeteilt:

> *„Die zuständigen Stellen haben wiederholt gegen übermäßige Kurssteigerungen an den Aktienmärkten Stellung genommen und vor weiteren Aktienkäufen zu überhöhten Kursen gewarnt. Da trotz dieser Warnungen die Aktienkurse weiter gestiegen sind, werden jetzt einschneidende Maßnahmen ergriffen. Der Reichswirtschaftsminister hat nunmehr der Reichswirtschaftskammer mitgeteilt, daß eine Erhebung für die seit Kriegsbeginn erworbenen Aktien eingeleitet wird.* [...] *Bestimmungen über den Einsatz der gemeldeten Wertpapiere bleiben vorbehalten.“*

Damit war der Startschuß für tiefe Eingriffe in die Freiheit des Marktes gefallen. Der angeschlagene Tonfall verfehlte seine Wirkung nicht. Die eingeschüchterten Aktionäre hielten sich mit Kauforders zurück und die Kurse gaben spürbar nach. Der Index fiel bis Oktober gegenüber dem Stand Anfang September um mehr als 9%. Der Wert unmittelbar vor dieser Meldung wurde erst wieder im April 1942 erreicht.

5.5.8.1 Aktienanmeldung

Die Mitteilung vom 25.9.1941 sollte keine leere Drohung bleiben. Am 4.12.1941 wurde die Verordnung zur Aktienanmeldung[395] erlassen, mit der der Reichswirtschaftsminister zum Erlaß von Bestimmungen über die Meldung, Verwertung und Anlage des Verwertungserlöses von Aktien ermächtigt wurde, die seit 1.9.1939 gekauft worden waren. Damit hatte der Staat sich grundsätzlich die Möglichkeit geschaffen, in die Anonymität und Freizügigkeit des Aktienbesitzes einzugreifen. Durchaus erwünscht war die zunächst bestehende Unsicherheit über die spätere Konkretisierung dieser Möglichkeiten, da man immer noch versuchte, die Anleger durch Drohungen vom Aktienkauf abzuhalten, ohne direkt in die Eigentumsrechte einzugreifen[396].

---

[395] Verordnung über den Aktienbesitz vom 4.12.1941, RGBl. I 1941, S. 744.

[396] Vgl. HAMPEL (1952), S. 98.

Mit der ersten Durchführungsverordnung[397] vom 2.1.1942 und der Anordnung zum Aktienbesitz[398] vom 26.2.1942 wurde von dieser Ermächtigung dann allerdings wirklich Gebrauch gemacht. Alle Aktien[399], Kuxe und Kolonialscheine, die nach dem 1.9.1939 gekauft worden waren, wurden meldepflichtig, sobald ihr Kurswert die Freigrenze von 100.000 RM überstieg. Nach einer Ausführungsanweisung vom 3.3.1942 zur Ersten Durchführungsverordnung fiel jedoch die Ausübung von Bezugsrechten nur dann unter die Meldepflicht, wenn der zugrunde liegende Aktienbestand ebenfalls im Krieg zugekauft worden war[400].

Da bereits wieder verkaufte Aktien in Abzug gebracht werden konnten und als Stichtag der 15.3.1942 bestimmt wurde, hatten die betroffenen Anleger gut zwei Wochen Zeit, um den Bestand an seit Kriegsbeginn erworbenen Aktien durch Verkäufe unter die Meldegrenze zu bringen und somit die Meldepflicht zu umgehen[401]. Faktisch lief die Maßnahme für betroffene Anleger also auf einen Zwangsverkauf hinaus, wenn man der Meldepflicht – und damit der möglicherweise drohenden Verwertung der Bestände - entgehen wollte. Aufgrund dieser Umgehungsmöglichkeit mußte ein vergleichsweise unbedeutendes Gesamtvolumen gemeldet werden[402]. Von der Meldepflicht aus der ersten Durchführungsverordnung waren Privatpersonen, Unternehmen, Körperschaften und sonstige juristische Personen gleichermaßen betroffen.

---

397 Erste Verordnung zur Durchführung der Verordnung über den Aktienbesitz, RGBl. I 1942, Nr. 4 vom 15.1.1942.

398 *„Anordnung auf Grund der Verordnung zur Durchführung der Verordnung zum Aktienbesitz vom 26.2.1942"*, abgedruckt in der Frankfurter Zeitung vom 1.3.1942, S. 7.

399 Eine Ausnahme bildeten verschiedene Privatisierungen des Reichs, die nicht nachträglich sanktioniert werden sollten. Auch die Aktien der Reichsbank waren nicht meldepflichtig. Vgl. O.V. (1942a), S. 5 sowie STAIGER (1996), S. 45.

400 Vgl. STAIGER (1996), S. 45 sowie O.V. (1942a).

401 Da der Verkauf an nahe Verwandte bzw. an Konzernunternehmen den Bestand im Sinne der Vorschrift nicht veränderte, mußte der Verkauf über die Börse stattfinden. Da der erstellte Index in dieser Zeit allerdings sogar noch leicht stieg, dürften die meisten Anleger gar nicht betroffen gewesen sein. Vielmehr gibt es Hinweise darauf, daß viele Anleger, die von der Meldegrenze noch weit entfernt waren, sich sogar zu weiteren Zukäufen ermuntert fühlten. Vgl. HAMPEL (1952), S. 101.

402 Nach Mitteilung des Reichswirtschaftsministers wurden Aktien im Nominalwert von etwa 900 Mio. RM angemeldet, vgl. Die Bank 1942, S. 454, zitiert nach HAMPEL (1952), S. 99. Angesichts des gesamten Marktvolumens in einer Größenordnung von 11.500 Mio. RM Nominalkapital kann also davon ausgegangen werden, daß die meisten Privatanleger unbehelligt blieben.

Mit der zweiten Durchführungsverordnung[403] wurde die Ablieferung der gemeldeten Papiere geregelt. Auf Verlangen des Reichswirtschaftsministeriums mußten die gemeldeten Wertpapiere ganz oder teilweise zum Einheitskurs vom 31.12.1941 an die Reichsbank verkauft werden, die zur Entschädigung gesperrte, verzinsliche Reichsschatzanweisungen gutschrieb. Der Abruf erfolgte nach freiem Ermessen des Reichswirtschaftsministers und bezog sich weniger auf die Aktien einzelner Unternehmen als auf die Bestände bestimmter Aktionäre[404]. Es liegt also nahe, daß die Bestände systemtreuer Funktionäre nicht angetastet wurden.

Die ersten Ablieferungen erfolgten dann im Juni 1942, wobei in erster Linie der Aktienbestand aus den Liquiditätsanlagen größerer Unternehmen betroffen gewesen sein soll[405]. Im August wurde das Volumen der angemeldeten Aktien auf rund 1 Mrd. RM und das der abgelieferten auf etwa 100 Mio. RM geschätzt[406]. Später war auch vereinzelt größerer Privatbesitz betroffen[407]. Aus den abgelieferten Aktien wurde ein Manipulationsfonds gebildet, der zur Kursregulierung eingesetzt werden sollte.

Die Meldegrenze wurde später auf 50.000 RM gesenkt, wobei allerdings auch dann nur für denjenigen eine Meldepflicht bestand, der die neue Freigrenze nach dem 25.2.1943 überschritten hatte **und** weiter Aktien zukaufte[408]. Die von der Verschärfung betroffenen Anleger mußten also am 25.2.1943 lediglich ihre Zukäufe einstellen, um auch von der neuen Meldegrenze unbehelligt zu bleiben.

---

403 Zweite Durchführungsverordnung zur Verordnung über den Aktienbesitz vom 9.6.1942, RGBl. I 1942, S. 383.

404 Vgl. o.V. (1942b), S. 5.

405 In der zeitgenössischen Presse finden sich nur vage Hinweise. Die Darstellung bei HAMPEL (1952), S. 100 entspricht jedoch der bereits mit den Dividendenbegrenzungen (vgl. Abschnitt 5.5.7) verfolgten Absicht, *„nicht benötigte Gewinne"* aus den Unternehmen abzuziehen und in Form von Reichsanleihen wieder der staatlichen Kriegsfinanzierung zuzuführen.

406 Vgl. o.V. (1942d).

407 Vgl. o.V. (1942c), S. 5.

408 Vgl. HAMPEL (1952), S. 101.

5.5.8.2 Stoppkurse

Anfang April 1942 wurden erstmalig Höchstkurse für Aktien der I.G. Farben und Siemens-Halske angeordnet, da bei diesen Gesellschaften besonders energischer Kaufdruck vermutet wurde[409]. Die Folge dieses Eingriffs in die freie Preisbildung war erwartungsgemäß zunächst ein Überhang der Nachfrage über das verfügbare Angebot, so daß der Handel in diesen Werten überhaupt nur noch durch scharfe Repartierungen aufrecht erhalten werden konnte. Die Zuteilungen schwankten zunächst zwischen 10% und 4%[410]. Bereits im Mai entspannte sich die Situation im Hinblick auf I.G. Farben allerdings derart, daß wieder Vollzuteilungen möglich wurden[411]. Bei Siemens kamen teilweise sogar Notierungen unter dem Höchstkurs zustande, später wurde der Kurs jedoch bis zur allgemeinen Stoppkursphase auf dem Höchstkurs konstant gehalten.

Trotz dieses Warnsignals stiegen die Kurse der anderen Aktien weiter, so daß aufgrund des zunehmenden Nachfragedrucks Ende Januar 1943 für alle Aktien ein weiteres Steigen der Kurse schlichtweg untersagt wurde. In der später erlassenen Stoppkursverordnung[412] wurden die Einheitskurse vom 25.1.1943 als Stoppkurse festgeschrieben. Damit war die freie Preisbildung bei Aktien beseitigt. Ab April waren von der Stoppkursverordnung auch nicht amtlich notierte Aktien (Freiverkehr und Telefonverkehr) erfaßt. Rechtsgeschäfte in Wertpapieren zu einem höheren Kurs waren nichtig und strafbar. HAMPEL geht davon aus, daß sich wegen der *„nationalen Disziplin"* und der Androhung empfindlicher Strafen bis zum Kriegsende kein nennenswerter Schwarzmarkt für Stoppkurswerte gebildet haben dürfte[413]. Im April 1943 wurde das Verfahren dahingehend gelockert, daß ein *„natürlicher Kurszuwachs"* zum Aufholen des Dividendenabschlags zulässig war. Ab Mai wurde monatlich $^1/_{12}$ der Vorjahresdividende zugeschlagen.

---

409 Zuvor hatten die Aufsichtsbehörden in der für die damalige Zeit üblichen, drohenden Subtilität angekündigt, man beobachte die weitere Entwicklung bestimmter Werte sehr aufmerksam und *„werde sich in absehbarer Zeit darüber klar werden, welche Schritte im einzelnen Fall zu unternehmen"* seien, um eine *„vernünftige Kursgestaltung auf die Dauer zu sichern"*. Vgl. die Berichterstattung im Handelsteil der Frankfurter Zeitung über *„Die Kurse beaufsichtigter Aktien"* vom 13.2.1942, Seite 3.

410 Vgl. HAMPEL (1952), S. 102.

411 Vgl. Frankfurter Zeitung vom 2./3.5.1942, Seite 5.

412 RGBl. I 1943, S. 176.

413 Vgl. HAMPEL (1952), S. 106.

Bis auf einzelne Werte, die unter ihrem Stoppkurs gehandelt wurden, gab es danach nur noch wenig Angebot am Markt, so daß die Zuteilung der Käufe repartiert werden mußte. Angesichts des allgemeinen Geldüberhangs war schließlich kaum jemand genötigt, aus finanziellen Gründen seine Aktien zum Stoppkurs zu verkaufen[414]. Die meisten Zuteilungen dürften daher von dem aus abgerufenen Aktien gebildeten Kursmanipulationsfonds[415] gespeist worden sein.

Umgekehrt war es ein gutes Geschäft, zu Stoppkursen zu kaufen, die ja bald deutlich unter den „wahren Werten" lagen. Entsprechend hohe Kauforders lagen an der Börse vor. Da die Repartierung zunächst im Verhältnis zur Ordergröße vorgenommen wurde, gingen die Marktteilnehmer dazu über, größere Stückzahlen zu ordern, um zu einer höheren Zuteilung zu kommen. Das Ordervolumen wurde durch diese sogenannten „Konzertorders" derart in die Höhe getrieben, daß schließlich zu einer willkürlichen Zuteilung übergegangen wurde. Nachdem im Juni 1944 die Erteilung der „Konzertorders" durch Erhebung von Effektenprovision und Maklergebühr bereits bei Auftragserteilung[416] stark verteuert wurde, schrumpfte das Ordervolumen in die Größenordnung der tatsächlichen Nachfrage zurück und die Zuteilungsquoten stiegen auf immerhin 6% bis zu 50%[417]. Ab 1944 belebten sich die Umsätze auch auf der Angebotsseite wieder, wohl auch aufgrund der Tatsache, daß die „wahren Kurse" durch die sich abzeichnenden Niederlage des Deutschen Reichs wieder in den Bereich der Stoppkurse zurückgegangen sein dürften.

Für die Zeit ab 1945 bis zur Währungsreform 1948, als die Stoppkurse von den Alliierten weiter aufrechterhalten wurden, gibt es Hinweise für *„lebhaften Handel"* außerhalb der Börsen[418], über den leider keine vergleichbare Datensammlung existiert, wie sie KRONENBERGER (1920) für die Zeit des I. Weltkriegs zusammengestellt hat. Allerdings konnte sich dieser Schwarzmarkt ohnehin nur auf effektive Stücke beschränken, so daß den erzielbaren Umsätzen schon deswegen enge Grenzen gesetzt waren.

---

414 Vgl. HAMPEL (1952), S. 103.

415 Vgl. Abschnitt 5.5.8.1.

416 Vgl. HAMPEL (1952), FN 2 auf S. 104.

417 Vgl. HAMPEL (1952), S. 104f. Gemäß der dort angegebenen Quelle von HOG (1947) lagen die Quoten zuvor zwischen 0,6% und 11%.

418 Vgl. HAMPEL (1952), S. 107.

5.5.8.3 Folgen für die Indexerstellung

Es ist zu prüfen, inwiefern ein hypothetischer Anleger von der Aktienanmeldung betroffen gewesen sein könnte, so daß er später unter Umständen zu Ablieferungen aufgefordert worden wäre. Dies entspricht der Fragestellung, wie groß die Anlagesumme maximal gewesen sein durfte, damit bei Nachbildung des Indexportfolios während des Krieges weniger als 100.000 bzw. 50.000 RM zugekauft werden mußten. Die Umschichtungen bei den Indexrevisionen sind in diesem Zusammenhang irrelevant, da sich hier Käufe und Verkäufe stets die Waage halten und somit voll verrechnet werden konnten. Die Reinvestition von Dividendenzahlungen jedoch führte zu wirklichen Zukäufen und muß quantifiziert werden.

Auf Basis des Indexstandes Ultimo 1938 fielen zwischen 1.9.1939 und 24.4.1945 ca. 21% an Reinvestitionskäufen aus Dividenden[419] an, so daß die maximale Anlagesumme per Ultimo 1938 demnach 238.000 RM (bei 50.000 RM Meldegrenze) betragen hätte. Da die niedrigere Freigrenze von 50.000 RM ab dem 25.2.1943 jedoch nur dann zum Greifen kam, wenn danach noch Zukäufe stattfanden, konnte die maximale Anlagesumme Ultimo 1938 sogar 740.000 RM betragen, wenn auf dieser Basis die ca. 13,5% Dividenden bis zum 25.2.1943 voll reinvestiert wurden und danach keine weiteren Aktienkäufe mehr erfolgten.

In dieser Quantifizierung ist noch nicht berücksichtigt, daß bestimmte Aktien wie z.B. die Anteile an der Deutschen Reichsbank nicht unter die Meldepflicht fielen. Aufgrund der Größenordnungen, die über den durchschnittlichen Aktienbesitz der breiten Anlegerschaft weit hinausgehen dürften, ist jedoch bereits erkennbar, daß Abweichungen vom normalen Indexkonzept nicht erforderlich erscheinen. Zudem konnten diejenigen Anleger, die bei Nachbildung des Indexkonzepts geringfügig über die Meldegrenzen gerieten, durch die oben geschilderte Vermeidungsstrategie und durch Übergewichtung nicht meldepflichtiger Papiere ebenfalls die Aktienanmeldung umgehen.

In Bezug auf die Stoppkursphase stellt sich außerdem die Frage, ob die im Index unterstellte Reinvestition von Dividenden und Bezugsrechten sowie die bei den jährlichen Umstrukturierungen notwendigen Zukäufe in dieser Zeit des Nach-

---

[419] Die nachfolgende Quantifizierung basiert auf Berechnungen von NACHTIGALL (1996), S. 67. NACHTIGALL hatte jedoch noch sämtliche Bezugsrechte in die meldepflichtigen Reinvestitionen einbezogen, obwohl tatsächlich nur die Ausübung der auf reinvestierte Aktien entfallenden Bezugsrechte (siehe Abschnitt 5.5.8.1) und somit lediglich ein verschwindender Bruchteil unter die Meldepflicht fiel.

frageüberhangs überhaupt möglich gewesen wären. Nach Ansicht des Verfassers ist diese Frage zu bejahen. Denn wie geschildert wurde, gab es zwar zeitweise scharfe Repartierungen, die Zuteilungsquoten ermöglichten jedoch in jedem Indexjahr auch erfolgreiche Käufe. Wenn das Volumen der Zukäufe also auch begrenzt war, so wäre es doch falsch anzunehmen, daß eine Wiederanlage der abfließenden Rechte in jener Zeit nicht möglich gewesen wäre. Bezugsrechte konnten sogar voll ausgeübt und die Neueinzahlung durch Verkauf eines Teils der Aktien wieder kompensiert werden.

Möglicherweise konnte also die Reinvestition nicht unmittelbar nach dem Zeitpunkt des Mittelzuflusses erfolgen, wie dies im Index unterstellt wird. Aufgrund der gestoppten Kurse hätte eine geringfügig verspätete Reinvestition jedoch kaum meßbare Auswirkungen auf die Performance dieser Jahre. Ein historischer Anleger wird entgegen den Annahmen des Index abfließende Rechte auch nicht notwendigerweise direkt in die ausschüttende Gesellschaft investiert haben. Vielmehr dürfte man damals einfach alles gekauft haben, was zum Stoppkurs zugeteilt wurde. Da jedoch über die tatsächlichen Zuteilungsquoten keine zuverlässigen Angaben vorliegen, wäre jede von den getroffenen Reinvestitionsprämissen abweichende Annahme zum einen nicht richtiger und zum anderen völlig willkürlich - zumal sich die Gesamtperformance dadurch ebenfalls kaum ändern würde.

Gleichermaßen ist in Bezug auf die jährlichen Indexrevisionen festzustellen, daß die planmäßigen Verkettungen wegen der gestoppten Kurse kaum zu Verschiebungen der Indexgewichte führten, so daß die wenigen zur Aktualisierung der Indexstruktur notwendigen Käufe ebenfalls aus den Umverteilungen durch den Manipulationsfonds gespeist werden konnten. Jedenfalls ist diese Annahme angesichts der genannten Zuteilungsquoten realistischer als die alternative Annahme völliger Passivität.

Eine Kontrollrechnung von NACHTIGALL, bei der ab Januar 1942 (also den ersten Höchstkursen für I.G. Farben und Siemens-Halske) bis Ende 1948 im Index **keinerlei** Zukäufe über die Börse stattfanden, ergab eine annualisierte Performance von 2,66% für die sieben Jahre 1942-1948 gegenüber dem Vergleichswert von 3,51% p.a. in seinem „normalen“ Index[420]. Durch den unterstellten Handel während der Stoppkursphase in dem hier erstellten Index würde die annualisierte Performance am Aktienmarkt, bezogen auf den Anlageerfolg des Untersuchungszeitraums von Ende 1870 bis 1959 somit um maximal 0,065 %-Punkte p.a. höher ausfallen. Das heißt jedoch noch nicht, daß die getroffenen Reinvestitionsannahmen während der Stoppkursphase tatsächlich falsch wären.

---

[420] Vgl. NACHTIGALL (1996), S. 71.

In der genannten Kontrollrechnung NACHTIGALLS wurden ausgezahlte Dividenden zunächst nur in Kapitalerhöhungen reinvestiert - also lediglich in dem Umfang, wie an anderer Stelle Bezugsrechte ausgeübt werden konnten. Darüber hinausgehende Dividenden wurden bis zur Aufhebung der Stoppkurse bar, also unverzinslich gehalten. Außerdem wurden keinerlei Umstrukturierungen vorgenommen. Diese restriktiven Annahmen erscheinen dem Verfasser angesichts der nach den historischen Schilderungen doch tatsächlich möglichen Umsätze stark übertrieben. Selbst wenn der Kursstopp bei einem historischen Anleger in gewissem Umfang ein Nachbilden des Index erschwert hätte, dürften die Auswirkungen auf die Performance bis 1959 doch deutlich unter dem genannten Unterschied von 0,065 %-Punkten p.a. liegen.

Als völlig ausgeschlossen ist jedoch für Zeitpunkte ab 1943 bis zur Währungsreform 1948 eine Neuinvestition in den **gesamten** Index anzusehen. Diese wäre wohl, jedenfalls bei jedem nennenswertem Gesamtumfang des Indexdepots, tatsächlich unmöglich gewesen. Annahmegemäß ist daher in dieser Phase keine Erstanlage möglich, so daß sich Performancevergleiche für alle Teilperioden verbieten, die zwischen 1943 und 1948 beginnen.

5.5.9 Handelsverbot für Aktien der I.G. Farben

5.5.9.1 Der Sachverhalt

Aufgrund der kriegswirtschaftlichen Bedeutung der I.G. Farbenindustrie AG wurde am 5.7.1945 ihr gesamtes Vermögen beschlagnahmt[421] und ab 28.1.1946 ein Verbot jeglicher Rechtsgeschäfte mit I.G. Farben-Aktien in der amerikanischen Zone[422] erlassen. In Düsseldorf und Freiburg wurden die Aktien noch bis Ende August 1946 gehandelt.[423] Anfänglich war noch angedacht, die I.G. Farben völlig zu zerschlagen. Am 29.6.1950 unterbreitete das *I.G. Farben Dispersal Panel* jedoch seine *„Grundlinien eines Gesamtplanes zur Entflechtung der I.G. Farben AG i.A.“*, in denen die Bildung von drei Kerngesellschaften vorgesehen war[424].

---

[421] Allgemeine Anordnung Nr. 2 zum Gesetz Nr. 52 der US-Militärregierung.

[422] Gesetz Nr. 55 der US-Militärregierung.

[423] Am 23.8.1946 konnte als letzter Wochenschlußkurs 83% festgestellt werden.

[424] Vgl. o.V. (1978), S.17.

Im Juni 1952 wurde die DM-Eröffnungsbilanz veröffentlicht. Danach belief sich das Reinvermögen der I.G. Farben auf 1.479 Mio. DM, was einem Buchwert pro Aktie von ca. 108,75% entsprach[425]. Das Handelsverbot wurde am 20.6.1952 aufgehoben, ab 3.7.1952 wurden I.G. Farben-Aktien wieder an der Börse gehandelt. Der erste Kurs stellte sich auf 122%[426], also nahe dem Buchwert ein.

5.5.9.2 Auswirkungen auf die Indexstruktur

Für die Berechnung des Index stellt sich zunächst[427] das Problem, wie die I.G. Farben-Aktien während des Handelsverbots behandelt werden sollen. Auf den ersten Blick bietet sich an, die Aktie für die Zeit des Handelsverbots aus dem Index herauszunehmen, da ansonsten ein hypothetischer (Neu-)Anleger das Indexportfolio in dieser Phase nicht hätte kaufen können. Dem ist jedoch entgegen zu halten, daß wegen der gerade erst beginnenden Wertpapierbereinigung[428] nach dem Ende des II. Weltkriegs sowie der immer noch vorherrschenden Stoppkurse[429] und der damit verbundenen Rationierungen eine Neuanlage in das gesamte Indexportfolio zu jener Zeit ohnehin nicht praktikabel gewesen wäre. Außerdem würde damit unterstellt, daß der Anleger, der das Portfolio bereits gehalten hätte, den vom Börsenwert her stärksten Titel (und damit immerhin gut 20% seines Depotwerts) aufgrund der Ankündigung des Handelsverbots verkauft und ihn dann nach dessen Aufhebung 1952 wieder eingekauft hätte.

Da beim vorgelegten Index jedoch eine langfristige *buy-and-hold*-Strategie unterstellt wird, muß eine solche Annahme schon aus konzeptionellen Gründen ausscheiden. Ein Herausnehmen der I.G. Farben-Aktie käme demnach allenfalls dann in Betracht, wenn trotz der genannten Rationierungen ein Zeitpunkt zwischen 1945 und 1952 für die Neuinvestition in den Gesamtindex unterstellt würde.

---

[425] Zum Grundkapital zählten zwar neben 1.360 Mio. RM Stammaktien ursprünglich auch 40 Mio. RM Vorzugsaktien mit Mehrfachstimmrecht, die jedoch auf Anordnung des *TRIFCOG (Tripartite I.G. Farben Control Group)* vom 2.10.1951 rückwirkend zum 20.6.1948 auf die Gesellschaft übertragen und eingezogen wurden, vgl. I.G. FARBENINDUSTRIE I.L. (1955), S. 36.

[426] Der erste wieder im Index verarbeitete Wochenschlußkurs am 4.7.1952 betrug 116,5%.

[427] Auf die Berücksichtigung der späteren Aufteilung in die Nachfolgergesellschaften wird in Abschnitt 5.5.10 eingegangen.

[428] Vgl. Abschnitt 5.5.9.

[429] Vgl. Abschnitt 5.5.8.3.

Es ist auch durchaus realistisch, anzunehmen, daß die breite Masse der damaligen I.G. Farben-Aktionäre angesichts des bei den meisten Aktien bestehenden Nachfrageüberhangs ihre Anteile mangels Anlagealternative trotz des drohenden Handelsverbots behalten haben dürfte. Bestätigt wird diese Annahme durch den zur Hauptversammlung 27.5.1955 vorgelegten Liquidationsbericht: Demnach hatte die I.G. Farben auch während des Handelsverbots bei einer 1951 durchgeführten Registrierung immer noch eine sehr breit gestreute Aktionärsstruktur[430].

Auf Basis dieser Überlegungen wird bei der Bildung des Aktienindex unterstellt, daß die I.G. Farben-Aktie ab Beginn des Handelsverbots Ende August 1946 bis zur Wiederaufnahme der Notiz am 3.7.1952 „liegen geblieben" ist. Ein hypothetischer Anleger hätte also auch in den dazwischen liegenden Jahren den beim Verkettungstermin Ultimo 1945 letztmals veränderten Bestand an I.G. Farben-Aktien mit konstanter Stückzahl in seinem Portfolio belassen.

Die Renditen der anderen Indexgesellschaften machen also gegenüber einer Vorgehensweise, bei der die I.G. Farben aus dem Index herausgenommen würde, einen entsprechend geringeren Anteil des Gesamtindex aus.[431] Bei den Verkettungsterminen zum Jahresultimo wurden daher in der Zwischenzeit die Gewichte der 29 übrigen Gesellschaften gemäß deren aktueller Marktentwicklung angepaßt, während das Gewicht der I.G. Farben durch die hypothetisch konstante Stückzahl und den unterstellten Kurs vorab bestimmt war: Es ergibt sich aus deren %-Anteil am Vorjahres-Schlußstand des Index und steht somit fest, bevor die Börsenkapitalisierung der neuen Indexzusammensetzung für das Folgejahr ermittelt wird.

Trotz fixierter Stückzahl verändert sich natürlich das Gewicht der I.G. Farben von 1946 bis 1952, weil die Veränderung der Börsenkapitalisierung des „Restindex", die aus der Rendite der übrigen 29 Gesellschaften resultiert, in den Verkettungsterminen nur durch Umschichtungen zwischen den übrigen Gesellschaften umverteilt wird[432].

---

430 Vgl. I.G. FARBENINDUSTRIE AG I.L (1955), S. 33. Dies war auch ein gewichtiges Argument dafür, daß die Alliierten von der ursprünglich geplanten völligen Zerschlagung schließlich doch absahen.

431 Es würde ansonsten die bis dahin 31. Gesellschaft in den Index aufrücken. Nachdem dann die größte Gesellschaft (die I.G. Farben) durch eine neue kleinste Gesellschaft ersetzt würde, wäre das Gewicht der übrigen 29 Gesellschaften im Fall einer Herausnahme der I.G. Farben also insgesamt höher.

432 Das Gewicht der I.G. Farben würde nur dann gerade konstant bleiben, wenn man für diese Aktie während des Handelsverbots fiktive Kurssteigerungen unterstellt, die exakt der Rendite des Restindex entsprechen. Zum unterstellten Kurs vgl. Abschnitt 5.5.9.3.

Somit ist auch sichergestellt, daß die übrigen 29 Indexgesellschaften zum Indexstand bei jedem unterstellten I.G. Farben-Kurs einen gleich hohen absoluten Betrag an Indexpunkten beitragen. Anders ausgedrückt: Jegliche Annahmen zur Werthaltigkeit der I.G. Farben verändern nicht den Wert und die Portfoliostruktur der restlichen Indexgesellschaften sondern nur deren Gesamtgewicht relativ zum Gesamtindex. In jedem Fall bleibt der Indexstand nach Ende des Handelsverbots identisch. Es ist für die Gesamtentwicklung von 1946 bis 1952 demnach irrelevant, ob der Kurs der I.G. Farben während des Handelsverbots auf dem letzten gehandelten Kurs von 83% fixiert bleibt, linear oder geometrisch auf 116,5% steigt oder sogar auf 0% gesetzt würde.

5.5.9.3 Der unterstellte Kurs

Es stellt sich die bisher bewußt offen gelassene Frage, wie die I.G. Farben-Aktie während des Handelsverbots zu bewerten ist. Wie bereits geschildert, ist es für die Gesamtentwicklung bei der gewählten Vorgehensweise irrelevant, ob man – um den Sprung bei Wiederaufnahme der Notiz zu vermeiden - einen linearen oder geometrischen Kursanstieg bis zum 3.7.1952 unterstellt oder den Kurs auf dem Niveau unmittelbar vor dem Handelsverbot fixiert hält.

Die letzte Alternative, das Festhalten des Kurses auf dem Niveau vor dem Handelsverbot, führt zu einer besonders einfachen Interpretierbarkeit des Indexergebnisses: Der I.G. Farben kann dann in der Zeit der Kursaussetzung konstant 17,21% des Indexstands vom 23.8.1946, also dem Zeitpunkt der letzten verwendeten Kursnotiz, in Form von absoluten Indexpunkten zugeordnet werden. Am 31.12.1946 entspricht dies (wegen des Anstiegs der übrigen Werte) noch 15,64% des Indexgewichts (gegenüber 19,6% am 31.12.1945). Bis zum letzten Verkettungstermin vor der Aufhebung des Verbots (Ultimo 1951) sinkt das Gewicht aufgrund der positiven Entwicklung des Restindex auf knapp unter 2,63%.

Die Aktie trägt somit im Verlauf des Handelsverbots nicht zur Performance des Gesamtindex bei, ihr letzter bekannter Wert wird lediglich bis zur Wiederaufnahme der Notiz „gespeichert". Im Zuge der Währungsreform wird der historische Kurs der I.G. Farben allerdings entsprechend dem Umstellungsverhältnis von 1:10 von 83% auf 8,3% gesetzt[433]. Mit dem ersten gehandelten Kurs am

[433] Dies entspricht auch der durchschnittlichen Kursreaktion der übrigen Indexgesellschaften auf die Währungsreform. Andernfalls würde der Gesamtindex den irreführenden Eindruck erwecken, das Umstellungsverhältnis habe bei Aktien zu einer unterproportionalen Kursreaktion geführt. Infolgedessen springt der Kurs der I.G. Farben

3.7.1952 wird das Ergebnis der bis dahin unbekannten Wertentwicklung automatisch im Index verarbeitet. Im Verkettungstermin am Jahresende 1952 wird der wiedergewonnenen Bedeutung der Gesellschaft durch ein der aktuellen Börsenkapitalisierung entsprechendes Gewicht für den Index 1953 Rechnung getragen.

Man könnte sich nun auf den Standpunkt stellen, daß ein derart historisch fixierter Kurs nur eine Fiktion des Indexkonstrukteurs ist und daß der Index somit in der betreffenden Phase keine realistische Wertentwicklung mehr widerspiegele. Dem ist entgegen zu halten, daß der Index in dieser Zeit aufgrund der Stoppkurse von einem damaligen Neuanleger ohnehin nicht hätte gekauft werden können und daß I.G. Farben wegen des Handelsverbots sogar weder genoch verkauft werden konnten. Vor diesem Hintergrund wird vom Verfasser die Meinung vertreten, daß man in die Bewertung des „liegenden Bestands" der I.G. Farben ebenfalls keine ex post gerechtfertigten Annahmen über den Kursverlauf dieser Aktie einfließen lassen sollte.

Genau das müßte man aber tun, wenn man den Kurs linear oder geometrisch steigen ließe. Die hypothetische Kursrendite der I.G. Farben-Aktie müßte dann schon ab 1946 auf den Wert des ersten später wieder gehandelten Kurses in 1952 hin „getrimmt" werden. Allerdings hat ein historischer Anleger zwar den letzten Kurs vor der Aussetzung gekannt - der Kurs, der nach Abschaffung des Handelsverbots realisiert werden würde, ist ihm jedoch völlig unbekannt gewesen. Auch zeichnete sich die tatsächliche Werthaltigkeit der I.G. Farben für den Markt frühestens im Juni 1952 mit Veröffentlichung der DM-Eröffnungsbilanz ab.

Jede Annahme, der fiktive Kurs sei „realistischerweise" zwischenzeitlich zumindest linear oder geometrisch gewachsen, müßte daher dem Gegenargument standhalten, daß eine solche Wachstumsfiktion sich aus heutiger Sicht vielleicht anbieten mag, angesichts der damaligen Unsicherheit über die Zukunft der I.G. Farben in den Nachkriegsjahren jedoch weit hergeholt erscheinen muß.

Ein Index, bei dem die I.G. Farben aus diesen Gründen mit einem historisch konstanten Kurs liegen bleibt, hat den zuletzt notierten Wert dieser Aktie gespeichert[434] und spiegelt ab dann die am Markt realisierte Entwicklung der übri-

---

bei Aufhebung des Handelsverbots nicht um 40% (von 83% auf 116,5%) sondern um 1304% (von 8,3% auf 116,5%).

434 Es wäre auch aus damaliger Sicht mit Sicherheit als übertriebener Pessimismus zu werten, den I.G. Farben-Kurs zwischenzeitlich auf Null zu setzen. Schließlich kamen die letzten notierten Kurse schon angesichts einer drohenden Beschlagnahme und Zerschlagung zustande.

gen Gesellschaften wieder. Der Indexsprung in Höhe von 36,44%, der zwischen dem 27.6. und 4.7.1952 durch das plötzliche Aufholen der bis dahin unbekannten Kursentwicklung der Aktie entsteht, darf natürlich nicht kurzfristig betrachtet werden, sondern ist immer nur bezogen auf den gesamten Zeitraum ab August 1946 zu sehen. Wenn man den Kurssprung unbedingt vermeiden will, kann man zur Glättung des Verlaufs auch annehmen, daß die Bewegung der I.G. Farben-Aktie grundsätzlich der Entwicklung des „Restindex" (also der übrigen 29 Gesellschaften) entsprochen habe und die dann verbleibende Überrendite geometrisch auf die Zeit der Börsenschließung verteilen[435].

Nachdem, wie oben erläutert, der Indexstand sich ab dem 3.7.1952 aufgrund der fixen Stückzahl an I.G. Farben-Aktien bei jedem denkbaren Kursverlauf wieder auf dem gleich hohen, richtigen Niveau einfindet, kann die Diskussion über die Frage, welche Kursentwicklung realistischer sei, im Grunde auch beigelegt werden.

In der ex-post-Betrachtung zeigt sich, daß das „Durchhalten" der I.G. Farben gegenüber einem zwischenzeitlichen Ausstieg während des Handelsverbots sogar die lohnendere Strategie war. Eine Kontrollrechnung von NACHTIGALL[436] ergab, daß die annualisierte Performance über den Zeitraum 1946-1952 bei der realistischen Strategie des „Durchhaltens" um 1,804 %-Punkte höher war, als wenn die I.G. Farben unmittelbar vor dem Handelsverbot hypothetisch aus dem Portfolio verkauft worden wäre. Für den Zeitraum 1871-1959 sind diesem Effekt also rund 0,1407 %-Punkte p.a. zuzurechnen. Dieses Ergebnis war jedoch für die Entscheidung darüber, ob die I.G. Farben im fraglichen Zeitraum im Index zu belassen ist, unerheblich.

5.5.10 *Alliierte Entflechtungsmaßnahmen*

Um in Deutschland *„die übermäßige Konzentration von Wirtschaftskraft zu beseitigen und das Entstehen der Fähigkeit zur Kriegsführung zu behindern"*[437], wurden neben der I.G. Farben auch die Großbanken sowie große Unternehmen des Kohlebergbaus bzw. der Eisen- und Stahlindustrie nach der Kapitulation zu-

---

435 Vgl. die in Abschnitt 6.1.2 abgedruckten Jahresrenditen einer solchen Vorgehensweise.

436 NACHTIGALL errechnete in einem Nachtrag zu seiner Diplomarbeit die alternative Entwicklung seines Index, wenn die I.G. Farben mit Beginn des Handelsverbots verkauft oder „durchgehalten" wurde. Die zugrunde liegenden Daten standen dem Verfasser zur Verfügung.

437 MRG Nr. 75, WiGBl. 1949, Beilage 1, S.1.

nächst beschlagnahmt und alliierter Kontrolle unterstellt. Im Zuge der Umgestaltung und Entflechtung wurden die Großindustrien durch AHK-Gesetz Nr. 27[438] bzw. AHK-Gesetz Nr. 35[439] in Liquidation versetzt. Für die Großbanken wurde die Dezentralisierung 1952 im sogenannten „Großbankengesetz"[440] beschlossen. Die Aufteilung der Altgesellschaften in die ausgegründeten Nachfolgergesellschaften fand zum größten Teil in den Jahren 1953 und 1954 statt.

5.5.10.1 Implikationen für ein ruhendes Portfolio

Diese Ausgliederungen führten auch zu Veränderungen der Indexstruktur[441]. Denn nachdem bei Zerschlagungen die Altgesellschaften oft vollständig untergegangen sind, wäre es schon aus diesem Grund nur in Einzelfällen möglich, die aus der Zerschlagung hervorgehenden Gesellschaften wie eine „Ausschüttung" zu behandeln, d.h. die neu ausgegebenen Aktien zu ihrem ersten Kurs zu verwerten und den Erlös in die „ausschüttende" Aktie zu reinvestieren. Dies würde aber ohnehin dem Grundgedanken widersprechen, wonach „Ausschüttungen" deswegen in die betreffende Gesellschaft reinvestiert werden, weil dort auch künftig hohe Erträge vermutet werden. Schließlich bedeuteten die Zerschlagungsmaßnahmen häufig das rechtliche Ende der ursprünglichen Gesellschaft, deren wirtschaftlicher Erfolg oder Mißerfolg sich zukünftig in den neu entstandenen Nachfolgergesellschaften abspielte.

Da trotzdem auch im Zusammenhang mit den Zerschlagungen das Prinzip eines an sich ruhenden Depots gewahrt bleiben soll[442], ist indextechnisch das Gewicht der Altgesellschaft durch Verteilung auf die Gewichte der Neugesellschaften zu ersetzen. Da die neu ausgegebenen Anteile erst ab der Zerschlagung zur Index-

---

[438] ABL. AHK 1950, S. 299-316.

[439] ABL. AHK 1950, S. 536-554.

[440] Vgl. LENGA (1979), S. 217.

[441] So kam es im Laufe des Jahres 1953 vier mal, 1954 neunzehn mal durch Entflechtungsmaßnahmen zu einer Änderung der Indexzusammensetzung.

[442] Alternativ könnte man auch jede einzelne Zerschlagung zum Anlaß für eine außerplanmäßige Verkettung nehmen, bei der die Gewichte aller Gesellschaften neu angepaßt würden. Da diese Annahme jedoch einerseits für einen hypothetischen Anleger die denkbar unrealistischste ist und andererseits die korrekte Erfassung der eigentlichen „Zerschlagungsrendite" dadurch auch nicht erleichtert wird, sollen nur die Gewichte der an den Zerschlagungen beteiligten Gesellschaften bis zum nächsten ordentlichen Verkettungstermin angepaßt werden.

entwicklung beitragen, werden diese auf ihren jeweiligen Kurs am ersten Tag nach der Zerschlagung basiert. Daher ist die bis zur Zerschlagung kumulierte Rendite der Altgesellschaft durch einen geeigneten Korrekturfaktor auf die Nachfolgergesellschaften zu übertragen. Auch die Rendite der Zerschlagung selbst muß durch einen Korrekturfaktor berücksichtigt werden, um die Entwicklung der untergegangenen Altgesellschaft bis zum nächsten Verkettungstermin korrekt abzubilden. Die rechnerische Handhabung soll zum besseren Verständnis im Folgenden kurz dargestellt werden.

Grundsätzlich ist vorauszuschicken, daß durch die im nächsten Abschnitt beschriebene Abbildung im Index das Verhalten eines möglichst passiven Anlegers nachgebildet werden soll, der die Zerschlagung „über sich ergehen läßt" und erst beim nächsten planmäßigen Verkettungstermin das gesamte Portfolio umstrukturiert.

5.5.10.2 Numerische Handhabung

Zunächst wird das ursprüngliche Gewicht[443] $g_{A(cum)}$ der mit der Zerschlagung untergehenden Gesellschaft A bis zum nächsten ordentlichen Verkettungstermin nach Maßgabe der Börsenkapitalisierungen[444] vollständig auf die Nachfolgergesellschaften n verteilt[445]:

$$\sum_n g_{n(ex)} = g_{A(cum)}$$

[443] Entsprechend der Diktion im Zusammenhang mit Dividendenzahlungen wird der letzte Börsentag vor Wirksamkeit der Zerschlagung in den folgenden Formeln mit „*cum*", der erste Börsentag danach mit „*ex*" indiziert.

[444] Vgl. Abschnitt 4.3 bzw. 5.3. Auch hier gilt, daß eine Börsenkapital-Gewichtung der Kursrenditen zu identischen Ergebnissen führt wie eine Grundkapital-Gewichtung der absoluten Kurse. Da in (Formel 11) die Kursrendite einging, beziehen sich auch die Formeln in diesem Abschnitt auf die Renditeschreibweise. Für den isolierten Umtauschvorgang z.B. im Rahmen einer Spaltung mag die Grundkapital-Gewichtung der nicht bewerteten Aktien jedoch als anschaulicher empfunden werden: Den Verhältnissen der Nennwerte entsprechen dann Tauschverhältnisse.

[445] Demzufolge kommt es aufgrund der Zerschlagungen auch zu einer Veränderung der Anzahl der im Index bis zum nächsten Verkettungstermin enthaltenen Gesellschaften: So gingen am Ende des Jahres 1953 statt der ursprünglichen 30 Gesellschaften 35 in das Indexportfolio ein. Im Jahre 1954 erhöhte sich die Zahl der Indexgesellschaften sogar von anfangs 30 auf 65 am Jahresultimo.

$$\text{mit } \frac{g_{n(ex)}}{\sum_n g_{n(ex)}} = \frac{BK_{n(ex)}}{\sum_n BK_{n(ex)}}$$

(Formel 22)

Die bis zur Zerschlagung bei der Altgesellschaft A angelaufene Rendite seit der letzten Verkettung inklusive etwaiger Reinvestitionen muß auf die Nachfolgergesellschaften übertragen werden. Dieser für alle Nachfolgergesellschaften identische Korrekturfaktor c_{Z1} ergibt sich daher als Produkt aus altem Renditefaktor und altem Korrekturfaktor:

$$c_{Z1} = \left(\frac{K_{A(cum)}}{K_{A(Basis)}} \right) * c_{A(cum)}$$

(Formel 23)

Die Rendite zwischen dem letzten Indextag der Altgesellschaft und dem ersten Indextag der Neugesellschaften wird hier als Zerschlagungsrendite r_Z bezeichnet und errechnet sich aus dem Quotienten zwischen der Summe der Börsenkapitalien der aus der Zerschlagung hervorgegangenen Nachfolgergesellschaften und dem Börsenkapital der Altgesellschaft vor der Zerschlagung. Diese Zerschlagungsrendite muß ebenfalls über einen weiteren Korrekturfaktor c_{Z2} auf sämtliche Nachfolgergesellschaften n übertragen werden:

$$c_{Z2} = (r_Z + 1) = \frac{\sum_z BK_{z(ex)}}{BK_{A(cum)}}$$

(Formel 24)

Da mehrere Bereinigungsereignisse im Zeitablauf zu einer multiplikativen Verknüpfung der Korrekturfaktoren führen, gilt als gemeinsamer Bereinigungsfaktor c_Z aus der Zerschlagung für die Nachfolgergesellschaften ab dem ex-Tag:

$$c_Z = c_{Z1} * c_{Z2}$$

(Formel 25)

Werden die Nachfolgergesellschaften nun auf den ex-Tag nach der Maßnahme basiert, so wird die Renditeentwicklung der ursprünglichen Investition in die

Altgesellschaft über die Zerschlagung hinaus korrekt fortgeschrieben. Die Summe der Indexbeiträge der Nachfolgergesellschaften am ex-Tag ist (falls an diesem Tag nicht bereits Dividenden gezahlt werden[446]) folglich gleich dem letzten Indexbeitrag der Altgesellschaft A multipliziert mit der Zerschlagungsrendite:

$$\sum_n I_{n(ex)} = \sum_n \left(g_{n(ex)} * c_Z\right) = g_{A(cum)} * \left(\frac{K_{A(cum)}}{K_{A(Basis)}}\right) * c_{A(cum)} * c_{Z2}$$

(Formel 26)

Der Indexbeitrag $I_{n(t)}$ einer beliebigen Nachfolgergesellschaft n zu einem Zeitpunkt t nach der Zerschlagung ergibt sich damit zu:

$$I_{n(t)} = g_{n(ex)} * \left(\frac{K_{n(t)}}{K_{n(ex)}}\right) * c_n * c_Z$$

(Formel 27)

Der Zerschlagungsfaktor c_Z bleibt für alle Nachfolgergesellschaften konstant, bis er beim nächsten Verkettungstermin entfällt. Bis zum nächsten (für jedes n spezifischen) Bereinigungsereignis sind die „normalen" Korrekturfaktoren c_n der aus der Zerschlagung hervorgegangenen Gesellschaften gleich eins. Sofern dieses erste individuelle Bereinigungsereignis ausnahmsweise gerade auf den ex-Tag der Zerschlagung fällt[447], bietet sich an, den individuellen Bereinigungsfaktor aus dem ex-Kurs zu berechnen[448].

Der Vollständigkeit halber ist anzumerken, daß die Altgesellschaft selbstverständlich nicht immer untergeht. Interpretiert man obige Formeln jedoch so, daß

---

[446] Vgl. weiter unten.

[447] Eine Dividendenzahlung unmittelbar nach dem Zerschlagungsereignis kam z.B. bei der Ruhrstahl AG und der Rheinische Röhrenwerke AG am 18.6.1954 vor, ebenso bei der Gelsenkirchener Bergwerks AG am 15.10.1954. Beide Vorgänge sind Teilzerschlagungen der Vereinigte Stahlwerke AG.

[448] Dieser Faktor entspricht dann der realistischen Reinvestitionsprämisse, vgl. hierzu Abschnitt 4.6 und dort (Formel 8). Ab dem 2. Tag nach der Zerschlagung können Dividenden nach der gängigen Konvention dann wieder unter Verwendung der cum-Kurse bereinigt werden, also um den theoretisch ex ante zu erwartenden Kursabschlag.

die Altgesellschaft *A* zugleich eine der Nachfolgergesellschaften *n* sein kann[449], so ist damit auch dieser Fall korrekt abgebildet.

Eine erweiterte Formel ergibt sich im umgekehrten Fall, wenn eine andere Nachfolgergesellschaft (also nicht die Altgesellschaft selber) bereits vor der Zerschlagung im Index enthalten ist[450]. Das durch die Zerschlagung zusätzlich entstehende Neugewicht dieser Gesellschaft ist dann zu deren vorigem Gewicht zu addieren. Bis zur nächsten ordentlichen Verkettung existieren jedoch für diese Gesellschaft nebeneinander gültige, unterschiedliche Korrekturfaktoren, und zwar einmal bezogen auf deren vorheriges Indexgewicht und einmal bezogen auf das aus der Zerschlagung neu entstandene „Zusatzgewicht". Weil diese unterschiedlichen Korrekturfaktoren sich gegenseitig ausschließen, können sie nicht multiplikativ verknüpft werden. Es muß also auf andere Weise ein ab dem ex-Tag für die gesamte Gesellschaft *n* gültiger Korrekturfaktor $c_{n(ex)}$ neu berechnet werden:

Da bezogen auf die neu hinzugekommenen Anteile die Kursrendite auf den ex-Tag der Zerschlagung basiert werden muß, während bezogen auf das „Altgewicht" dieser Gesellschaft nach wie vor auf den letzten Verkettungstermin *(Basis)* basiert wird, bietet sich eine Vorgehensweise an, bei der gedanklich zunächst zwei voneinander getrennte Indexbeiträge dieser Gesellschaft nebeneinander fortgeschrieben werden.

Auf das durch die Zerschlagungsmaßnahme neu hinzugekommene Gewicht $g_{n(neu)}$ ist gemäß den oben dargestellten Formeln die kumulierte Rendite der Altgesellschaft und die Zerschlagungsrendite zu übertragen. Außerdem muß die weitere Rendite der neuen Anteile an *n* auf den ex-Tag basiert werden. Der isolierte Indexbeitrag ab dem ex-Tag ist analog zu (Formel 27) für die neuen Anteile

---

449 Beispielsweise war die Vereinigte Stahlwerke AG bei sämtlichen in den Index eingegangenen Zerschlagungsterminen sowohl Alt- als auch Nachfolgergesellschaft.

450 So wurden z.B. am 12.3.1954 aus einer Teilzerschlagung der Vereinigten Stahlwerke AG Aktien der Stahlwerke Südwestfalen AG zugeteilt. Am 29.10.1954 wurden aus der I.G. Farben i.L. deren Anteile an der Rheinstahl AG ausgeschüttet. Am 10.6.1955 werden an die Aktionäre der Rheinstahl AG Aktien der Gelsenkirchener Bergwerke AG ausgegeben. In allen drei Fällen war die Gesellschaft, deren Aktien den Anlegern neu ausgereicht wurden, bereits zuvor im Indexportfolio vertreten.

$$I_{n\_neu(ex)} = g_{n(neu)} * \left(\frac{K_{n(t)}}{K_{n(ex)}} \right) * c_{n(neu)} * c_Z$$

(Formel 28)

Da Korrekturfaktoren aus Bereinigungsereignissen, die erst nach dem ex-Tag auftreten, für alte und neu hinzugekommene Anteile der gleichen Gesellschaft identisch sein müssen, kann $c_{n(neu)}$ aus allen Formeln in diesem Zusammenhang zur Vereinfachung ausgeblendet werden. Für das bereits vor der Zerschlagungsmaßnahme im Index enthaltene Gewicht $g_{n(cum)}$ gilt jedoch weiter der alte Korrekturfaktor $c_{n(cum)}$. Der isolierte Indexbeitrag am ex-Tag der Zerschlagung berechnet sich für diesen Teil wie folgt:

$$I_{n\_cum(ex)} = g_{n(cum)} * \left(\frac{K_{n(t)}}{K_{n(Basis)}} \right) * c_{n(cum)}$$

(Formel 29)

Da die Summe der Indexbeiträge aus dem neu hinzugekommenen und dem vorigen Gewicht gleich dem Indexbeitrag des gemeinsamen Gewichts $g_{n(ex)}=g_{n(cum)}+g_{n(neu)}$ am ex-Tag sein muß, gilt für den neu zu ermittelnden gemeinsamen Korrekturfaktor $c_{n(ex)}$ der folgende Zusammenhang:

$$g_{n(ex)} * \frac{K_{n(t)}}{K_{n(Basis)}} * c_{n(ex)} = g_{n(neu)} * \frac{K_{n(t)}}{K_{n(ex)}} * c_Z + g_{n(cum)} * \frac{K_{n(t)}}{K_{n(Basis)}} * c_{n(cum)}$$

$$\Rightarrow c_{n(ex)} = \frac{g_{n(neu)}}{g_{n(ex)}} * \frac{K_{n(Basis)}}{K_{n(ex)}} * c_Z + \frac{g_{n(cum)}}{g_{n(ex)}} * c_{n(cum)}$$

(Formel 30)

Letztlich werden die unterschiedlichen kumulierten Renditen der getrennt zu beurteilenden Indexbeiträge zum ex-Tag mit dem jeweiligen Anteil am gesamten Gewicht der Gesellschaft zum Zerschlagungstag bewertet und anschließend addiert. Mit diesem Korrekturfaktor ist der gesamte Indexbeitrag aus den unterschiedlich zu behandelnden Teilgewichten der Gesellschaft *n* zum ex-Tag vollständig und korrekt verarbeitet, so daß die weitere Entwicklung der Kursrendite wie zuvor einheitlich auf den letzten Verkettungstermin basiert werden kann.

Gleichzeitig ist diese Formel die allgemeinere Form der Berechnung des Korrekturfaktors für eine beliebige Nachfolgergesellschaft, unabhängig davon, ob diese bereits im Index enthalten war oder nicht. Denn im bereits beschriebenen „Normalfall", wenn die Nachfolgergesellschaft mit der Zerschlagung erst neu in den Index kommt, ist in obiger Formel $K_{n(Basis)}=K_{n(ex)}$, $g_{n(cum)}=0$ und $g_{n(neu)}=g_{n(ex)}$, so daß genau $c_{n(ex)}=c_Z$ bleibt.

In jedem Fall ist der Indexbeitrag $I_{n(t)}$ einer beliebigen Nachfolgergesellschaft n zu einem Zeitpunkt t nach der Zerschlagung mit

$$I_{n(t)} = g_{n(ex)} * \left(\frac{K_{n(t)}}{K_{n(ex)}} \right) * c_{n(ex)}$$

(Formel 31)

durch Einsetzen der entsprechenden Parameter vollständig beschrieben. Für neue Bereinigungsereignisse ab dem ex-Tag kommen die oben zur Vereinfachung ausgeblendeten $c_{n(neu)}$ durch multiplikative Verknüpfung hinzu.

5.5.11 Der Handel von effektiven Stücken und die Wertpapierbereinigung

Bei Kriegsende lagerten die meisten Wertpapiere in Girosammeldepots bei der Reichsbank bzw. den drei Berliner Großbanken, die alle ihre Zentralen im Ostteil Berlins hatten[451]. Damit waren ca. 80% der Aktien von Emittenten aus Westdeutschland auf sowjetisch kontrolliertem Gebiet dem Zugriff ihrer Eigentümer und somit *„der Disposition durch ihre rechtmäßigen Besitzer vollständig entzogen"*[452]. Kurz vor Kriegsende waren noch größere Mengen an Wertpapieren nach Bayern ausgelagert worden, so daß es in München genügend lieferbares Material zur Aufrechterhaltung eines Handels in effektiven Stücken gab. In Frankfurt wurde beim Handel mit Girosammelstücken unterschieden, ob sie von der Wertpapiersammelbank Frankfurt/Main geliefert werden konnten oder nicht[453].

---

451 Vgl. Börsen- und Wirtschaftskalender der Frankfurter Zeitung 1951, S. 114.

452 Vgl. RUDOLPH (1992), S. 296.

453 Vgl. o.V. (1945), S. 7.

Bis Februar 1946 wurden effektive Stücke und (vereinzelt) Girostücke nebeneinander gehandelt. Die Girostücke wiesen dabei einen Abschlag von 20% bis 30% auf. Ab März 1946 wurde der Handel mit alten Girosammelstücken ganz eingestellt. Ab Oktober 1947 war nur noch der Handel von Aktien mit Lieferbarkeitsbescheinigung (sogenannten Affidavits) möglich, die von den Banken ausgestellt wurden. Dazu war der Nachweis des rechtmäßigen Erwerbs der Wertpapiere notwendig[454]. Im Zuge des am 1.10.1949 in Kraft getretenen Wertpapierbereinigungsgesetzes[455] wurden dann alle Wertpapiere ohne Lieferbarkeitsbescheinigung für kraftlos erklärt und in einer Sammelurkunde zusammengefaßt. Ansprüche auf für kraftlos erklärte Wertpapiere mußten an eine Prüfstelle gerichtet werden. Ab Anfang 1950 wurden dafür gegen geeigneten Nachweis der Aktionärseigenschaft Zuteilungsansprüche ausgegeben, die mit einem Abschlag an der Börse gehandelt wurden. Ende 1952 schließlich war die Wertpapierbereinigung bis auf einige Sonderfälle abgeschlossen. Es wurden Neugirosammelanteile gutgeschrieben, so daß wieder ein weitestgehend normaler Börsenhandel möglich wurde[456].

Eine Fortführung des Indexkonzepts während der Zeit der Wertpapierbereinigung impliziert in erster Linie, daß der hypothetische Anleger zumindest im Rahmen der zur Verfolgung des Indexkonzepts notwendigen Verkäufe für hinreichend viele Aktien eine Lieferbarkeitsbescheinigung (Affidavit) beschaffen, d.h. den rechtmäßigen Erwerb beweisen konnte. Vor Oktober 1947 muß unterstellt werden, daß die verkauften Papiere als effektive Stücke vorlagen. Danach mußte auch für effektive Stücke die Rechtmäßigkeit des Erwerbs bewiesen werden. Relativ problemlos wurden Affidavits ausgestellt für die Bestände, die vor dem 1.1.1945 erworben worden waren, sofern das Eigentum an den Wertpapieren aus Bankbelegen, Depotauszügen oder sonstigen Unterlagen bewiesen werden konnte.

Da ab 1945 der Handel in Aktien der I.G. Farben verboten war[457], bezogen sich Strukturveränderungen in den ersten Jahren der Wertpapierbereinigung ohnehin nur noch auf rund 80% des Indexportfolios von Ultimo 1944. Wegen der Unsicherheit über die Beweislage bei den vorherrschenden Girosammelstücken wurden von den Indexgesellschaften 1946 und 1947 auch überhaupt keine Dividenden ausgezahlt, im Jahr 1948 lediglich von der Hamburger Hochbahn AG. Ein Bundesgesetz regelte 1950 zwar die Ausübung von Mitgliedschaftsrechten

---

454 Vgl. STAIGER (1996), S. 49ff, mit weiteren Verweisen.

455 Gesetz zur Bereinigung des Wertpapierwesens vom 19.8.1949, WiGBl. 1949, S. 295.

456 Vgl. Börsen- und Wirtschaftskalender der Frankfurter Zeitung 1953, S.133.

457 Vgl. Abschnitt 5.5.9.

aus Aktien während der Wertpapierbereinigung, davon war jedoch die Geltendmachung von Gewinnanteilen und Abwicklungserlösen ausdrücklich ausgenommen[458].

Es ist für die Gesamtheit der damaligen Anleger davon auszugehen, daß der rechtmäßige Erwerb zumindest für den geringen Anteil des Depots bewiesen werden konnte, der im Rahmen des unterstellten Indexkonzepts bei den Umstrukturierungen an den Jahresultimos verkauft wurde. Dies betraf zu keinem Termin einen größeren Anteil als 1/8 des Indexportfolios. Der Handel von effektiven Stücken im Rahmen der Wertpapierbereinigung führte daher zu keiner Alternativberechnung.

458 BGBl. I 1950, S. 690.

6 Ergebnisse der empirischen Auswertung

Auf Basis der in den vorangegangenen Kapiteln angestellten Überlegungen wurde ein nominaler wöchentlicher Aktienindex bis einschließlich 1959 berechnet. Zunächst wird hier der unbereinigte Gesamtverlauf wiedergegeben und die Verknüpfung mit den Daten STEHLEs bis 1999 vollzogen. An die Ergebnisse der späteren Preisbereinigung schließt sich eine Beurteilung der Repräsentativität der ermittelten Renditen an.

6.1 Langfristige Nominalrendite deutscher Standardaktien

6.1.1 Ergebnisse des Untersuchungszeitraums bis 1959

Über den gesamten hier erfaßten Untersuchungszeitraum von Ultimo 1870 bis Ultimo 1959 hinweg ergibt sich aus der verfolgten Anlagestrategie und unter Berücksichtigung der historischen Rahmenbedingungen der in Abbildung 5 abgedruckte nominale Verlauf.

Trotz der logarithmischen Darstellung der wöchentlich ermittelten Indexstände wurde die Größenachse bei 1 Mio. beschnitten, da die Maximalwerte während der Hyperinflation über 5.700 Billionen Mark die graphische Darstellung sonst zu sehr verzerren würden. Die Nominalentwicklung des Portfolios hat schon angesichts der zweimaligen Währungsumstellung nur eingeschränkte Aussagekraft. Außerdem beinhalten die unbereinigten Renditen noch die gesamte „normale" Inflation. Da die durchgehende Messung dieser Inflation wegen des sehr langen Untersuchungszeitraums weitere Probleme nach sich zieht, wird die gesamte Preisbereinigung erst später[459] durchgeführt.

Geht man jedoch vorläufig davon aus, daß durch die Umstellung auf Goldmark ab 1924 die Hyperinflation nach dem I. Weltkrieg kompensiert wurde und daß das Umstellungsverhältnis von 10:1 im Juni 1948 die schleichende Inflation der nationalsozialistischen Diktatur ausgeglichen hat, so bleibt eine Gesamtrendite, die per Saldo nur noch eine „normale" Preissteigerung beinhalten dürfte.

---

459 Vgl. Abschnitt 6.2.

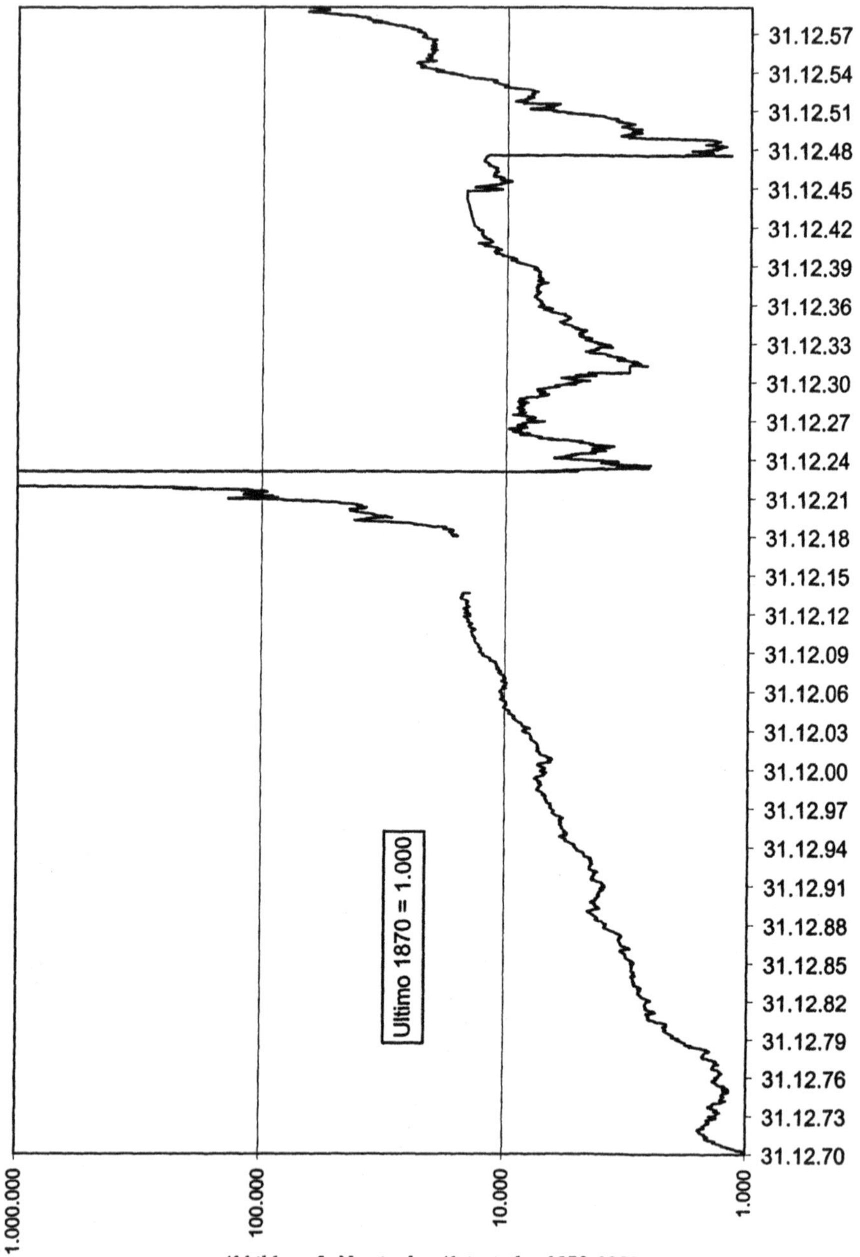

Abbildung 5: Nominaler Aktienindex 1870-1959

Diese Annahme deckt sich mit der bereits im Abschnitt 5.5.5.2.2 angesprochenen Beobachtung, wonach die Parität der jeweils deutschen Währung gegenüber dem US-Dollar am Anfang und am Ende des Untersuchungszeitraums praktisch deckungsgleich war. Vor diesem Hintergrund ist das im Untersuchungszeitraum über 89 Jahre beobachtbare, **nominale** Ergebnis von 4,81% p.a. bereits ausgesprochen ernüchternd. Da in dieser Arbeit im Zusammenhang mit der Preisbereinigung auch auf den Wechselkurs des Schweizer Franken zurückgegriffen wird, empfiehlt sich auch die Angabe der nominalen Rendite in dieser Währungseinheit: Über den gleichen Zeitraum (Ultimo 1870 bis Ultimo 1959) ergibt sich in Schweizer Franken eine nominale Gesamtrendite in Höhe von 4,60% p.a..

Unbereinigte Performancevergleiche in deutscher Währung für kürzere Anlagehorizonte innerhalb des Untersuchungszeitraums würden aufgrund der beiden Währungswechsel teilweise völlig irreführende p.a.-Renditen ergeben. Sinnvolle Ergebnisse z.B. 30jähriger Halteperioden, die vom Privatanleger oft als typisch empfunden werden, wären nur zwischen 1900 und dem I. Weltkrieg meßbar, da zu allen weiteren Endpunkten jeweils eine andere Währung als bei der Erstinvestition vorliegen würde. Die annualisierten Renditen dieses Zeithorizonts werden daher erst später aus den preisbereinigten Indizes berechnet.

6.1.2 Verknüpfung mit den Ergebnissen von Stehle bis 1999

Ein Vorteil der Beschränkung des hier erstellten Index auf 30 nach dem Kriterium der Börsenkapitalisierung ausgewählte Gesellschaften besteht darin, daß diese bis Ende 1959 berechnete historische Indexziffer ab 1960 mit dem von Stehle zurückgerechneten DAX verknüpft werden kann, ohne die Konsistenz der gesamten Zeitreihe zu zerstören.

Die Daten von Stehle liegen nach mehreren Erweiterungen[460] mittlerweile unter Annahme eines individuellen Steuersatzes von 0% vor. Bis auf Unterschiede im Detail beruht sein inzwischen ab 1948 bis 1988 berechneter Index, der durch Ergänzung des DAX um die fehlende Körperschaftsteuergutschrift bis einschließlich 1999 fortgeführt wurde, auf einer weitgehend deckungsgleichen Konstruktion wie der hier vorgelegten. Beide Reihen folgen methodisch dem Prinzip eines nach dem Börsenkapital ausgewählten und gewichteten Portfolios der 30 größten Standardwerte.

---

460 Vgl. Abschnitt 2.3.3.

Unterschiede zwischen RONGE und STEHLE sind hauptsächlich auf die abweichende Behandlung bei historischen Besonderheiten zurückzuführen. Im Jahr 1949 belastet noch der mit seinem historischen Kurs bewertete und seit 1945 „liegende" Bestand an I.G. Farben den hier erstellten Index[461], während diese Gesellschaft im STEHLE-Index zunächst nicht enthalten ist. 1952 tritt wegen der gleichen Aktie der Gegeneffekt ein, da sich deren Wert bei Wiederaufnahme der Notiz um den Faktor 13 vervielfacht[462], während die übrigen Gesellschaften in diesem Jahr fallen. Bei STEHLE sind die I.G. Farben erst ab 1953 erfaßt. Der hier berechnete Index wurde für einen Überlappungszeitraum von elf Jahren[463] von 1946 bis 1959 parallel zu der verwendeten Version von STEHLEs DAX-Replikation erstellt.

Die Gesamtabweichung um ca. 2,96 %-Punkte p.a. gegenüber den Ergebnissen STEHLEs verteilt sich gemäß nachfolgender Tabelle auf die Jahresrenditen. Zur Veranschaulichung der Auswirkung des I.G. Farben-Handelsverbots sind in der fünften Spalte ab 1946 bis 1952 die Jahresrenditen der übrigen 29 Gesellschaften des hier erstellten Index dem ab 1953 normal weiter laufenden Hauptindex vorangestellt. Die siebte Spalte zeigt die Entwicklung, die der hier erstellte Index bei einer Glättung des Kursverlaufs der I.G. Farben über das Handelsverbot hinweg nehmen würde. Wie in Abschnitt 5.5.9.3 vorgeschlagen, wurde dazu die Rendite des Restindex um die geometrisch verteilte Überrendite der I.G. Farben ergänzt. Daneben ist jeweils die Differenz zu STEHLE angegeben. Naturgemäß weist die in der fünften Spalte verzeichnete Kombination aus dem „Restindex" bis 1952 und dem RONGE-Index ab 1953 die geringsten Differenzen zu STEHLE auf, weil sie diesem in der Behandlung der I.G. Farben am nächsten steht. Insoweit ist im Vergleich zu STEHLE für den Zeitraum 1949-1959 eine annualisierte Mehr-Performance von 1,05% zu verzeichnen, die sich nicht auf Unterschiede in der Behandlung des I.G. Farben-Handelsverbots zurückführen läßt[464].

---

461 Die Aktie hat Anfang 1949 noch einen Anteil von 12,4% am Indexportfolio und verliert im Jahresverlauf wegen des immensen Kursanstiegs der übrigen Gesellschaften rapide an Gewicht (zum Jahresende noch 5,24%). Vgl. ausführlich Abschnitt 5.5.9.

462 Der historische %-Kurs auf RM-Basis wurde bei der Währungsreform durch 10 dividiert. Siehe auch FN 433.

463 Das Jahr 1948 bleibt in diesem Vergleich außer Acht, da eine Erstinvestition Anfang 1948 nicht möglich gewesen wäre, vgl. Abschnitt 5.5.8.3.

464 Versucht man, den Effekt des I.G. Farben-Handelsverbots anhand eines Vergleichs zwischen „RONGE" und dem „Restindex 29" zu quantifizieren, so kommt man für die Jahre 1946-1952 auf einen Unterschied in Höhe von 0,98% p.a. und für 1949-1952 auf 3,80% p.a. Dabei ist zu bedenken, daß der „Restindex" nur aus 29 Gesellschaften besteht. Daneben liegt die Kontrollrechnung von NACHTIGALL vor (vgl. FN 436), wonach durch

Jahr	**Stehle**	**Ronge**	Differenz Ronge gg. Stehle (%-Punkte)	*Restindex 29 bis 1952;* Ronge ab 1953	Differenz *Restindex* gg. Stehle (%-Punkte)	Ronge mit IG geglättet bis 1952	Differenz IG geglättet gg. Stehle (%-Punkte)
1946		-9,70%		-5,69%		-7,38%	
1947		8,69%		10,30%		12,67%	
1948		-88,41%		-88,14%		-87,86%	
1949	152,13%	136,11%	-16,02%	155,45%	3,32%	162,05%	9,92%
1950	-7,41%	-8,31%	-0,90%	-8,77%	-1,36%	-6,19%	1,22%
1951	116,06%	117,75%	1,69%	124,89%	8,83%	131,82%	15,76%
1952	-7,46%	21,79%	29,25%	-5,63%	1,83%	-9,52%	-2,06%
1953	25,04%	25,19%	0,15%	25,19%	0,15%	25,19%	0,15%
1954	85,02%	89,26%	4,24%	89,26%	4,24%	89,26%	4,24%
1955	11,05%	11,04%	-0,01%	11,04%	-0,01%	11,04%	-0,01%
1956	-6,02%	-4,89%	1,13%	-4,89%	1,13%	-4,89%	1,13%
1957	7,11%	7,80%	0,69%	7,80%	0,69%	7,80%	0,69%
1958	63,83%	61,11%	-2,72%	61,11%	-2,72%	61,11%	-2,72%
1959	81,87%	81,89%	0,02%	81,89%	0,02%	81,89%	0,02%
GESAMT ab 1949	**38,50%p.a.**	**41,46%p.a.**	**2,96% p.a.**	**39,55% p.a.**	**1,05% p.a.**	**40,08%p.a**	**1,58% p.a.**

Die Abweichung im Jahr 1954 dürfte auf die in diesem Jahr besonders zahlreichen alliierten Zerschlagungsmaßnahmen zurückzuführen sein, die bei Stehle unter der Annahme der sofortigen Verwertung der meisten Nachfolgergesellschaften verarbeitet wurden. Diese Gesellschaften hatten bis zum Jahresultimo

Beibehalten der I.G. Farben während des Handelsverbots die Performance der Jahre 1946-1952 um 1,804% p.a. höher ausfällt.

überwiegend eine sehr positive Kursentwicklung, was sich zugunsten des hier erstellten Index niederschlägt[465]. Im Jahr 1958 dürfte das umgekehrte Renditebild ebenfalls auf eine unterschiedlich verarbeitete Zerschlagung zurückzuführen sein[466].

Von diesen Besonderheiten abgesehen, weisen beide Indizes zum Zeitpunkt der Verknüpfung eine fast identische Zusammensetzung auf. Abweichungen ergeben sich erst auf den hinteren Rangziffern, z.B. aufgrund leicht verschiedener Auswahlkriterien[467]. Da am Jahresultimo aber ohnehin fast immer kleinere Gesellschaften ausgetauscht werden, spricht dies nach Ansicht des Verfassers nicht gegen die Verknüpfung der beiden in sich konsistent angelegten Indexreihen. Für das letzte parallel berechnete Indexjahr 1959, das frei von „Sonderfällen" der Nachkriegszeit ist, weisen beide Indizes eine nahezu identische Jahresperformance aus.

Trotz der Unterschiede während der 50er Jahre können also die beiden Datenreihen miteinander verbunden werden, um die Entwicklung der langfristigen Aktienrenditen in einer durchgehenden Grundkonzeption bis heute fortzuschreiben.

Verknüpft man den Ultimo 1959 erreichten nominellen Indexstand von 65.219,41 ab diesem Zeitpunkt mit dem Index von STEHLE[468], so kommt man für den Zeitraum von Ultimo 1870 bis Ultimo 1999 zu einer **Gesamtrendite von 6,44% p.a.** als geometrisches Mittel der Nominalrenditen für die insgesamt erfaßten 129 Jahre. In Schweizer Franken ergibt sich hier eine nominale Gesamtrendite von 6,10% p.a.. Die Ergebnisse BIMBERGS[469] für den von „Sonderfaktoren" weitgehend freien Zeitraum von 1961 bis 1988 (bei BIMBERG 6,67% p.a.) würden damit langfristig bestätigt.

---

465 Zur rechnerischen Handhabung vgl. ausführlich Abschnitt 5.5.10.

466 In der vorgelegten Arbeit ist die Teilliquidation der I.G. Farben im Juli 1958 ebenfalls unter der Annahme des „ruhenden Depots" verarbeitet, so daß beide Nachfolgergesellschaften bis Jahresultimo durchgehalten werden. Bei STEHLE bleibt generell nur die Hauptgesellschaft im Index, in diesem Fall also die Chemische Verwaltungs-AG, die ab dem Zeitpunkt der Zerschlagung bis zum Jahresende mit +32,74% eine wesentlich bessere Kursrendite aufweist als die I.G. Farben mit -17,4%.

467 Im hier vorgelegten Index wurden kleinere Gesellschaften dann nicht aufgenommen, wenn Festbesitzaktionäre mit über 75% des Grundkapitals bekannt waren. Dies betrifft 1958 z.B. die Vereinigten Glanzstoffe sowie die Berliner Kraft und Licht.

468 Das geometrische Mittel der jährlichen Renditen 1960-1999 bei der hier verwendeten Aktualisierung durch STEHLE ET AL. letzter aktualisierter Fassung ergibt 10,16% p.a.

469 Vgl. Abschnitt 2.2.2.

Die Überschätzung der langfristigen Rendite von Aktienanlagen, die nach Ansicht des Verfassers aus der isolierten Betrachtung der Ergebnisse STEHLEs ab Ende 1948 entsteht[470], resultiert allein aus der Wahl des Untersuchungszeitraumes. Der Zeitpunkt der Anfangsanlage liegt bei STEHLE nach dem Ende eines verlorenen Krieges, der verheerende Zerstörungen hinterließ. Die darauf folgenden Jahre großer Unsicherheit über die künftige Wirtschaftsordnung[471] in Deutschland sorgen für eine besonders niedrige Ausgangsbasis seiner Untersuchung. Nach der Währungsreform lagen mit der neu geschaffenen Deutschen Mark, begleitet von der alliierten Anschubfinanzierung des Marshall-Plans und einem schier unermeßlichem Wiederaufbaupotential, die denkbar besten Voraussetzungen vor, um den in den 50er Jahren eintretenden Boom zu tragen, dessen Überrenditen sich im Ergebnis der gesamten Reihe niederschlagen. Bezieht man jedoch die Zeit davor in die Betrachtung ein, so normalisieren sich die geometrischen Mittelwerte deutlich.

So kommt der hier berechnete und ab Ultimo 1959 mit den Ergebnissen STEHLES verknüpfte, langfristige Aktienindex bei einer Investition Ultimo 1930 (also deutlich vor den nationalsozialistischen Eingriffen in das Marktgeschehen) bis Ende 1999 zu einer annualisierten Performance von **9,79% p.a.**, wobei das Jahr 1930 wiederum einen historisch besonders günstigen Startpunkt kennzeichnet, da wegen der Weltwirtschaftskrise hier die Basis ebenfalls besonders niedrig ist. Beendet man die langfristige Betrachtung 1998 (unmittelbar vor Einführung des Euro) so entsprechen die dann insgesamt (Ultimo 1870 bis 1998) im geometrischen Mittel nominal erzielbaren **6,21% p.a.** etwa dem Ergebnis der Zeitspanne von 1964 bis 1983 bei HAUSER/ROSENSTOCK/VORWERK/SEUM[472] (dort: 6,18% p.a.). In Schweizer Franken wurden bis Ende 1998 nominal sogar nur **5,88% p.a.** erzielt.

---

470 Vgl. Abschnitt 2.3.3. Im genannten Zeitraum kommt STEHLE auf langfristige Durchschnittsrenditen von nominal 15,74% p.a. und real 12,72% p.a.

471 Die vom US-amerikanischen Finanzminister Henry Morgenthau Jr. im September 1944 vorgelegte Denkschrift, der sogenannte „Morgenthau-Plan“, stand auch nach Morgenthaus Rücktritt im Sommer 1945 für eine in Teilen der US-Regierung noch vertretene Ansicht, wonach nur durch die dauerhafte „wirtschaftliche Entwaffnung“ Deutschlands sicherzustellen sei, daß von diesem Staat kein neuer Angriffskrieg ausgehen könne. Um den Widerstandswillen der Deutschen zu mobilisieren wurde zwar durch die nationalsozialistische Propaganda mit der Behauptung übertrieben, Morgenthau strebe die Umwandlung Deutschlands in einen „Kartoffelacker“ an. Dennoch führte das Morgenthau-Memorandum noch mehrere Jahre nach Kriegsende zu erheblicher Unsicherheit über die wirtschaftspolitische Zukunft im besiegten Deutschland.

472 Vgl. Abschnitt 2.2.1.

6.1.3 Vergleich mit den Ergebnissen anderer Autoren

Allein die Untersuchung von GIELEN[473] deckt bislang nach Kenntnis des Verfassers einen vergleichbar langfristigen, durchgehenden Zeitraum ab. Von einer Erstinvestition Ende 1869 wurde im Rahmen dieser Arbeit abgesehen, da nach Ansicht des Verfassers zu diesem Zeitpunkt die Voraussetzungen für einen breiten Aktienhandel noch nicht geschaffen waren[474]. In der nachfolgenden Abbildung werden daher die Jahresendwerte des hier erstellten nominalen Index dem Performanceindex GIELENs auf gemeinsamer Basis per Ultimo 1870 bis Ende 1992 gegenübergestellt.

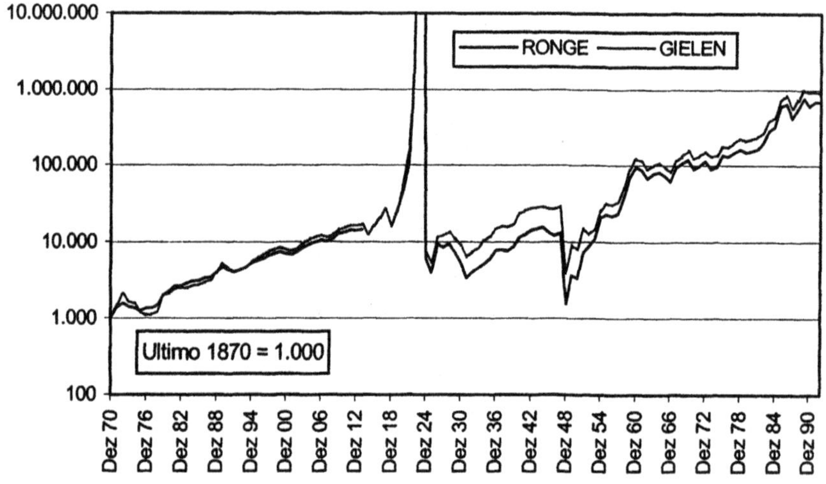

Abbildung 6: Vergleich mit dem Nominalverlauf bei GIELEN

Zwischenzeitlich war die gemessene Nominalentwicklung im hier vorgelegten Index also deutlich schlechter, was nur zum Teil auf die von GIELEN selbst bemängelte nachträgliche Auswahl der überlebenden Gesellschaften in dem bei ihm zwischen 1943 und 1950 zugrunde gelegten Kursdurchschnitt zurück zu führen ist. Eine größere Rolle spielt wohl die Zusammensetzung und Berech-

---

473 Vgl. Abschnitt 2.2.3.

474 Vgl. Abschnitt 5.1.

nungsmethode des von GIELEN verwendeten Index des Statistischen Reichsamts[475], denn bereits nach der Hyperinflation besteht ein relativ deutlicher Abstand, der erst während der 50er Jahre durch die positiven Auswirkungen der hier berücksichtigten Zerschlagungsmaßnahmen teilweise wieder aufgeholt wird.

Für den gesamten verglichenen Zeitraum von Ende 1870 bis 1992[476] kommen beide Zeitreihen trotz der bei GIELEN mehrmals wechselnden Indexzusammensetzung und Gewichtungsmethode mit bei GIELEN ca. 5,74% p.a. gegenüber hier gemessenen 5,46% p.a. überraschend zu einem fast identischen Ergebnis. Auch die bei Gielen über diesen Zeitraum erzielte Realperformance von 3,7% p.a. liegt im Bereich der hier ermittelten 3,35% p.a.

Für den Zeitraum von 1876-1914 bietet sich der Vergleich mit der 1998 veröffentlichten Arbeit von EUBE[477] an. Bereits in den ersten Jahren fällt auf, daß EUBEs Performanceindex eine zunächst deutlich schlechtere Gesamtperformance aufweist. Dies dürfte im Wesentlichen darauf zurückzuführen sein, daß sein Index trotz Anwendung der *cut-off*-Methode und bei einer angestrebten Repräsentationsquote von 65% (sowohl des Gesamtmarktes als auch der einzelnen Branchen) zehn der größten Eisenbahngesellschaften nicht enthält, die 1876 im hier erstellten Index der 30 größten Gesellschaften vertreten waren[478]. Gerade die Eisenbahngesellschaften schnitten aufgrund der Abfindungspraxis bei den Verstaatlichungen jedoch bis in die 80er Jahre des 19. Jahrhunderts besonders gut ab. Es ist auch nicht ganz nachvollziehbar, wie EUBE nach Weglassen von 10 der größten Eisenbahngesellschaften noch die von ihm angestrebte Repräsentationsquote von 65% erreicht hat.

---

475 Vgl. GIELEN (1994), S. 27f.

476 Da GIELENs Index bis September 1993 läuft, wurde zur besseren Vergleichbarkeit der letzte Jahresultimo herangezogen.

477 Siehe auch Abschnitt 5.5.2.2.

478 Es handelte sich dabei um folgende Eisenbahngesellschaften: Berlin-Anhaltische E., Berlin-Hamburger E., Berlin-Potsdam-Magdeburger E., Breslau-Schweidnitz-Freiburger E., Berlin-Stettiner E., Magdeburg-Halberstädter E., Magdeburg-Leipziger E., Oberhessische E., Rechte Oderufer E. und Thüringische Eisenbahn.

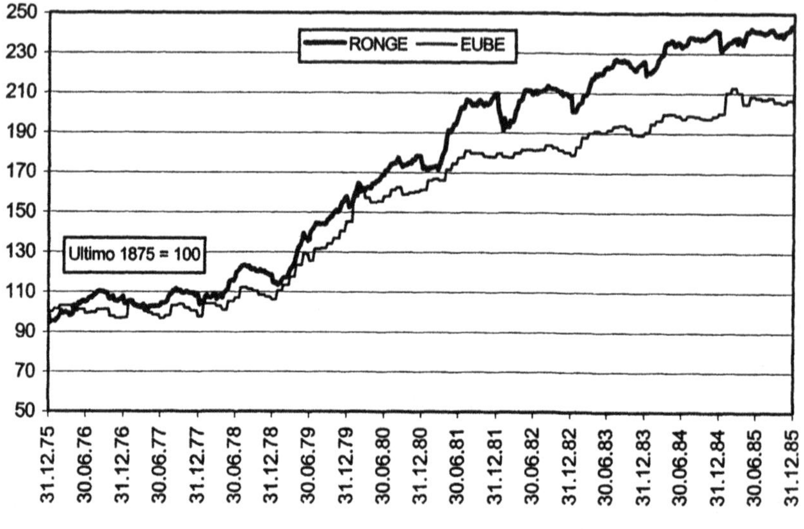

Abbildung 7: Vergleich mit EUBEs Performanceindex von 1876 bis 1885

Die Leipziger Bank[479], deren Zahlungseinstellung am 25.6.1901 die Jahresperformance des hier vorgelegten Index deutlich belastet, wird bei EUBE ebenfalls nicht berücksichtigt. Da EUBE zufolge *„bei allen in der Praxis gebräuchlichen Indizes"* die *„Konkursproblematik"*[480] ausgeblendet wird, könnte er in diesem Punkt tatsächlich ex post die (Nicht-)Auswahl vom (Nicht-)Überleben der Gesellschaft abhängig gemacht haben. Bei einem aktuell berechneten Index wäre es aber in der Praxis gar nicht möglich, eine demnächst in Konkurs gehende Gesellschaft aus dem Index zu nehmen, bevor deren Kurs fällt. In diesem Punkt ist EUBE daher entschieden zu widersprechen.

Die Bergwerksgesellschaft Hibernia verbleibt bei EUBE bis 1914 im Index, obwohl die Aktie nach der vorläufigen Abwehr des staatlichen Übernahmeversuchs[481] von 1904 kaum noch gehandelt wurde, bis der preußische Staat im Jahr

---

479 Diese nimmt per Ultimo 1900, dem letzten Verkettungszeitpunkt vor der Zahlungseinstellung, rund 2,4% des Gewichts und somit den 20. Rang im hier vorgelegten Index ein.

480 Vgl. EUBE (1998), S. 103.

481 Vgl. Abschnitt 5.5.6.3.

1916 schließlich eine gerichtliche Entscheidung über den jahrelang schwelenden Streit mit den übrigen Paketaktionären erreichte. Nachdem bereits im Zuge der Übernahmeschlacht praktisch der gesamte Streubesitz aufgekauft worden war, ist die Gesellschaft danach im hier vorgelegten Index nicht mehr vertreten.

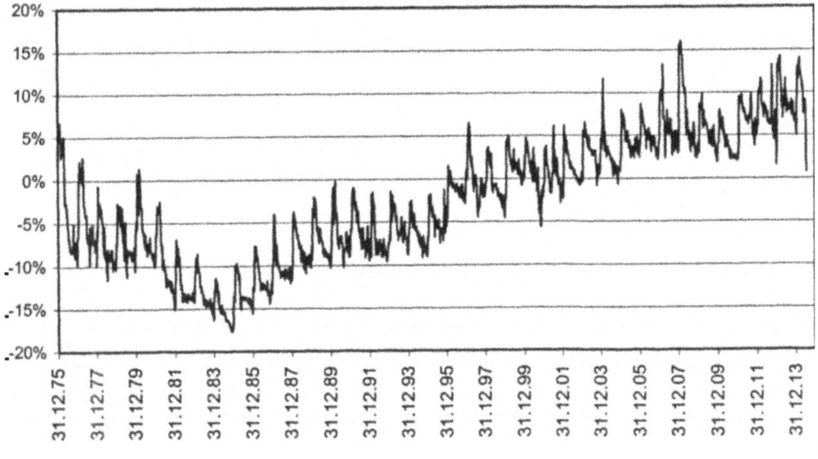

Abbildung 8: Gesamtabweichung EUBEs 1876-1914

Die in weiteren Punkten abweichende Konzeption von EUBEs Wertindex, bei dem die Stückzinsusance ignoriert und Dividenden durchgehend zum Jahreswechsel reinvestiert[482] wurden, trägt dazu bei, daß seine zunächst deutlich schlechtere Performance ab etwa 1883 (nach Abebben der meisten Eisenbahnverstaatlichungen) nicht nur aufgeholt, sondern insgesamt sogar überkompensiert wird. Die Gesamtabweichung Ultimo[483] 1912 in Höhe von 5,88% wäre bei sonst identischen Indizes etwa zu zwei Dritteln durch die langfristige Überperformance zu erklären, die in Abschnitt 5.5.2.7 als Meßfehler aufgrund der Ignorierung von Stückzinsen ermittelt wurde. Ultimo 1913 beträgt die Abweichung dann 6,74%, steigt im Jahresverlauf 1914 bis Ende Februar auf 12,31% bevor sie kurz vor Kriegsausbruch auf 0,2% zurückfällt. Die deutlichen Abweichungen ergeben sich schon allein durch die unterschiedliche Konzeption und Gewichtung. Der bei EUBE besonders starke Rückgang unmittelbar vor Ausbruch

482 Dies führt (anders als die ignorierten Stückzinsen, vgl. Abschnitt 5.5.2.2) wirklich nur zu unterjährigen Abweichungen, sofern identische Korrekturfaktoren zugrunde gelegt werden.

483 Wegen der bei EUBE nicht berücksichtigten Stückzinsen sind nur Jahresultimos vergleichbar.

des I. Weltkrieges könnte darauf zurück zu führen sein, daß die Anleger sich in Krisenzeiten mehr auf größere Gesellschaften konzentrierten, die im hier erstellten Index wesentlich stärker gewichtet sind.

6.2 Reale Performance deutscher Aktien

Wie bereits mehrfach ausgeführt wurde, hat der nominale Indexverlauf wegen der zweimaligen Geldentwertung mit anschließender Währungsreform nur sehr beschränkte Aussagekraft. Daher ist für den nachhaltigen Anlageerfolg vor allem die preisbereinigte Indexreihe von Bedeutung.

Das Hauptproblem bei der Inflationsbereinigung besteht darin, daß kein durchgehender Referenzindex für den Untersuchungszeitraum existiert, mit dem die langfristige Entwicklung der Lebenshaltungskosten in Deutschland nachvollzogen werden könnte[484]. Da die Verknüpfung verschiedener, unabhängig voneinander erstellter Preisindizes irreführende Ergebnisse zur Folge haben kann und darüber hinaus grundlegende Probleme bei der Verwendung offizieller deutscher Lebenshaltungskosten bestehen, wird die Inflationsbereinigung nicht nur aus rein deutscher Sicht sondern auch aus Sicht eines Schweizer Anlegers durchgeführt.

Vor der Bereinigung wurden aus den wöchentlichen Werten des nominalen Index Monatsdurchschnitte gebildet, da Inflationsdaten ebenfalls nur auf Durchschnittsbasis vorliegen.

6.2.1 Alternative Möglichkeiten der Inflationsbereinigung

Erste Vorläufer des Preisindex der deutschen Lebenshaltungskosten existieren auf Jahresbasis für die Zeit von 1800-1880[485] bzw. 1881-1913[486]. Die in der

---

[484] Vgl. GIELEN (1994), S. 113. Nähere Beschreibungen der im Folgenden verwendeten deutschen Preisindizes mit weiteren Verweisen finden sich ausführlich bei MORAWIETZ (1994), S. 213ff und 344ff.

[485] Es handelt sich um eine von KUCZYNSKI erstellte Indexziffer für Nahrungsmittelpreise, vgl. MORAWIETZ (1994), S. 219 und S. 344ff. Für die Zeit von 1870 bis 1880 liefert diese Ziffer die Datengrundlage der deutschen Verbraucherpreise.

[486] Durch das Statistische Bundesamt veröffentlichter Durchschnitt aus 10 privaten Indexziffern für Ernährung, vgl. MORAWIETZ (1994), S. 219.

amtlichen deutschen Statistik zunächst fehlende Zeit von 1914 bis 1919 wurde unter Verwendung eines deutschen Lohnindex ergänzt[487]. Von Februar 1920 an wurde ein auf 1913/1914 basierter monatlicher Reichsindex der Lebenshaltungskosten veröffentlicht. Für die Zeit ab 1924 wurde dieser durch das Statistische Reichsamt auch nach der 1934 geänderten Methode neu (zurück-)berechnet und bis März 1945 weitergeführt. Von März 1945 bis Juni 1948 kann auf einen durch das Statistische Landesamt Bayern veröffentlichten Index der Gesamtlebenshaltung[488] zurückgegriffen werden. Ab der Währungsreform 1948 stehen zur Inflationsbereinigung die durch das Statistische Bundesamt auf Monatsbasis ermittelten Preisindizes der Lebenshaltungskosten in der Bundesrepublik Deutschland zur Verfügung.

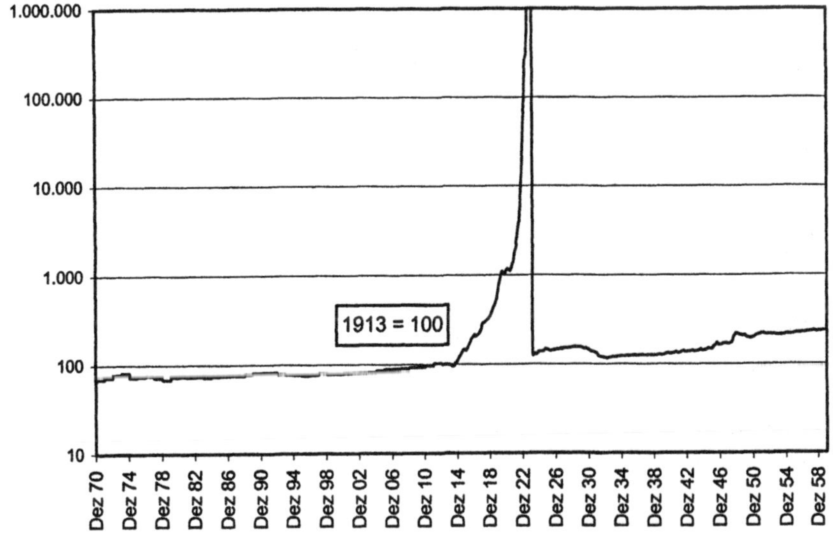

Abbildung 9: Verlauf der Deutschen Konsumentenpreise Ende 1870 bis 1959

Über die logarithmische Darstellung hinaus wurde die Wertachse in obiger Darstellung bei 1 Mio. gekappt, da die Maximalwerte des deutschen Preisindex in der Hyperinflation im Bereich von 100 Billionen lagen.

---

487 Vgl. MORAWIETZ (1994), S. 344.

488 Vgl. NACHTIGALL (1996), S. 28.

Die genannten Indexziffern wurden jedoch nicht nur nach unterschiedlichen Methoden berechnet, was ihre Verknüpfung wegen der konzeptionellen Brüche problematisch erscheinen läßt[489]. Teilweise war auch der grundsätzliche Aussagegehalt der offiziellen Preisentwicklung durch staatliche Eingriffe erheblich eingeschränkt, insbesondere während der Zeit der nationalsozialistischen Planwirtschaft bis zur Währungsreform 1948. Vor allem aus diesem Grund ist die Bereinigung mit den offiziellen deutschen Lebenshaltungskosten nur unter Vorbehalt angezeigt und soll daher einer Gegenprobe unterzogen werden.

Bereits für die Zeit vor Beginn des Untersuchungszeitraums liegen auch (Jahres-) Durchschnittspreise des Großhandels vor, aus denen SCHMITZ eine Indexziffer[490] errechnete. Ab 1879 veröffentlichte das Statistische Reichsamt monatliche Durchschnittspreise für 29 Großhandelswaren, auf Basis derer vom gleichen Autor ein monatlicher Index[491] bis 1902 erstellt wurde. Da von den Großhandelspreisen im Rahmen dieser Arbeit jedoch keine wesentlichen Erkenntnisgewinne für das „wahre" Verbraucherpreisniveau zu erwarten sind, weil sie später ebenfalls dem Preisdiktat unterlagen, wird von der Verwendung dieser Indizes hier Abstand genommen.

Folgt man den Annahmen der Kaufkraftparitätentheorie in ihrer dynamischen Version[492], so resultieren die langfristigen Veränderungen der Wechselkurse aus einer entsprechenden Veränderung der Preisverhältnisse zwischen den betreffenden Ländern. Durch die Bereinigung des nominalen deutschen Aktienindex mit dem Wechselkurs einer fremden Währung würde demzufolge der Inflationsunterschied zwischen Deutschland und dem betreffenden Fremdwährungsland aus dem Index herausgerechnet. Es bliebe ein Index, der in der (unter Umständen ebenfalls inflationären) Währung des anderen Landes normiert ist. Mehrere Gründe sprechen für die Nutzung dieses theoretischen Zusammenhangs.

So weisen Wechselkurse als unmittelbar verfügbare Marktdaten eine größere Zeitnähe auf als ein aus Durchschnittspreisen gebildeter Index der Lebenshaltungskosten. Vor allem in Phasen „galoppierender" Inflation kann die Durchschnittsbildung zu einer Fehleinschätzung des erreichten Preisniveaus führen. Da außerdem während des nationalsozialistischen Preisdiktats die tatsächliche Inflation (also der Verlust von Kaufkraft) mit einem rein deutschen Preisindex überhaupt nicht mehr zu messen ist, bietet die Zuziehung von notierten Wech-

---

489 Vgl. MORAWIETZ (1994), S. 219, FN 76.

490 Vgl. SCHMITZ (1903), S.49.

491 Vgl. SCHMITZ (1903), S. 344ff.

492 Vgl. KONRAD (1998), S. 494.

selkursen und dem ausländischen Preisniveau zumindest phasenweise Vorteile gegenüber einem rein deutschen Preisindex. Durch die Wahl eines „stabileren“ Landes mit langsamerer Preisentwicklung bei freien Preisen können die bei der Bereinigung mit deutschen Preisindizes auftretenden Probleme teilweise[493] umgangen werden.

Durch eine Bereinigung des nominalen deutschen Aktienindex mit dem Wechselkurs des Schweizer Franken wird die deutsche Inflation aus dem Index herausgerechnet. Um zu einer realen, im theoretischen Idealfall also inflationsfreien Bewertung des Index zu kommen, muß man noch den in Schweizer Franken umgerechneten Index um die Schweizer Lebenshaltungskosten bereinigen. Zur Veranschaulichung kann man sich einen Schweizer Anleger vorstellen, der im Basiszeitpunkt einen Betrag Schweizer Franken umtauscht und am deutschen Aktienmarkt investiert. Um die reale Performance aus Sicht dieses Investors angeben zu können, muß der Index in Schweizer Franken bewertet und um Schweizer Preise bereinigt werden. Die Schweiz bietet sich nicht nur wegen ihrer räumlichen und kulturellen Nähe zum deutschen Markt an, sondern vor allem auch deshalb, weil auch während des deutschen Preisdiktats frei am Markt zustande gekommene Wechselkurse zwischen dem Schweizer Franken und der Reichsmark vorliegen. Außerdem war in der Schweiz eine weniger erratische Preisentwicklung zu beobachten:

Für den Zeitraum von 1870 bis 1914 liegt Abbildung 10 der jährliche historische Konsumentenpreisindex für die Schweiz[494] zugrunde, der vom Eidgenössischen Statistischen Bundesamt zur Verfügung gestellt wird. Ab Januar 1921 bis zum Ende des Untersuchungszeitraums ist der monatliche Landesindex der Konsumentenpreise für die Schweiz verfügbar[495], der (auf Jahresbasis zurückberechnet) auch für die Zeit von 1914 bis 1920 vorliegt. Zusätzlich ist in nochmals der Verlauf des deutschen Preisindex ohne Logarithmierung abgedruckt.

---

493 Das Problem der langfristig notwendigen Verknüpfung unterschiedlicher Indexkonzepte wegen der im Zeitablauf veränderten repräsentativen Warenkörbe der Preisindizes bleibt erhalten. Hinzu kommt, daß die in den Statistiken beider Länder verwendeten Warenkörbe nicht übereinstimmen werden.

494 Ausführliche Beschreibung und Interpretation bei GROSS (1990), dort mit weiteren Quellenangaben.

495 Ebd.

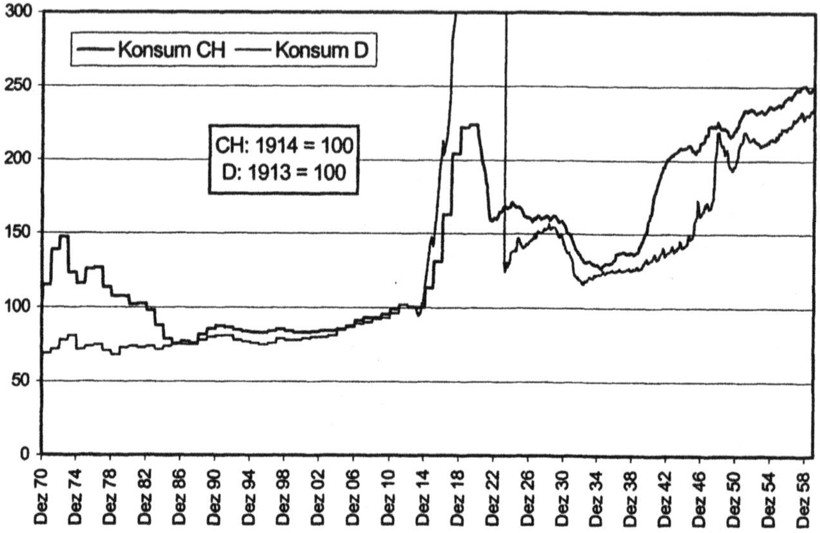

Abbildung 10: Preisentwicklung in der Schweiz Ende 1870 bis 1959

Das beschriebene Problem des „Preisdiktats" in der deutschen Statistik kann also unter Zuhilfenahme der Schweizer Preise und des Wechselkurses für den Schweizer Franken umgangen werden. Dies trifft jedoch nur unter der einschränkenden Bedingung zu, daß dieser Wechselkurs frei am Markt zustande kam.

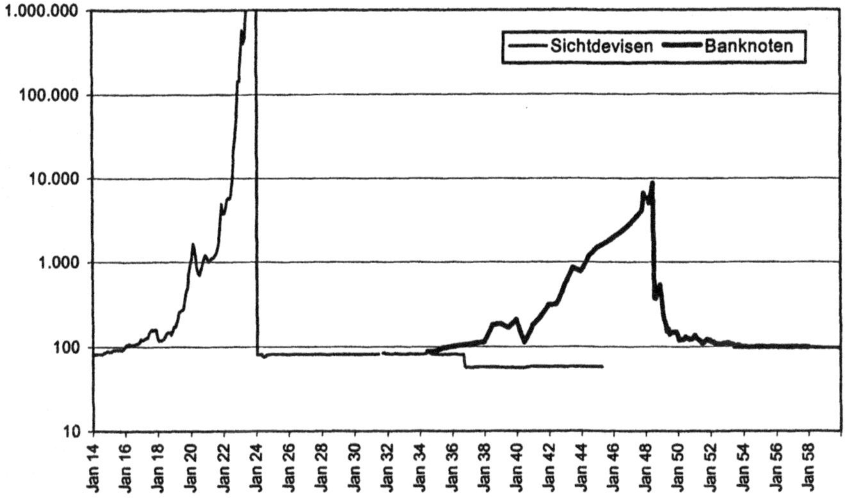

Abbildung 11 a: 100 SFr in deutscher Währung 1914 bis 1959

Für die Zeit von 1870 bis 1914 wurden im Rahmen dieser Arbeit wöchentliche Wechselkurse des Schweizer Franken in der deutschen Presse erhoben, aus denen monatliche Durchschnitte berechnet wurden. Wegen des stabilen Verlaufs[496] um 81 M für 100 SFr wurde diese Zeit für die obige Abbildung ausgeblendet. Für die Zeit von 1914 bis 1943 liegen monatliche Durchschnitte für in der Schweiz erfaßte Devisenkurse vor[497]. Während der Hyperinflation Anfang der 20er Jahre schlägt sich der Verfall der deutschen Währung im Wechselkurs für Schweizer Sichtdevisen nieder, da der Staat zu dieser Zeit nicht in das Marktgeschehen eingriff. Nachdem der Maximalwert (Dezember 1923) ca. 88,5 Billionen Mark betrug, mußte die Größenachse trotz der logarithmischen Darstellung bei 1 Mio. gekappt werden, um die „normalen" Werte nicht völlig unkenntlich zu machen. Ab Mitte 1934 entwickelte sich ein erkennbarer Unterschied zwischen dem Kurs für Sichtdevisen, der sich weiter nahe der offiziellen Parität (81 RM für 100 SFr) bewegte, und dem frei gehandelten Kurs für Banknoten in Zürich (dicke Linie), wo im Juni 1934 bereits ca. 88 RM zu zahlen waren. Ab dem 27.9.1936 lag die neue Parität offiziell bei 56,7 RM/100 SFr, wäh-

[496] In der Zeit bis 1875 bewegte sich der Kurs für 100 SFr etwa im Bereich zwischen 81,25 M und 77 M.

[497] Vgl. SCHWEIZERISCHE NATIONALBANK (1944), S. 59.

rend der Kurs im Freiverkehr von Mitte 1935 bis Ende 1937 auf 113,64 RM kletterte. Unmittelbar vor der Währungsreform wurde mit knapp 8.700 RM für 100 SRF der Höhepunkt erreicht. Während der 50er Jahre glichen sich die Notizen für Sichtdevisen und Banknoten wieder aneinander an und lagen 1957 bei 99 DM, zuletzt bei 96,47 DM (Sichtdevisen). In Abbildung 11 b sind die Verläufe nochmals ohne Logarithmierung dargestellt, die Größenachse ist hier bei 210 Einheiten der deutschen Währung gekappt:

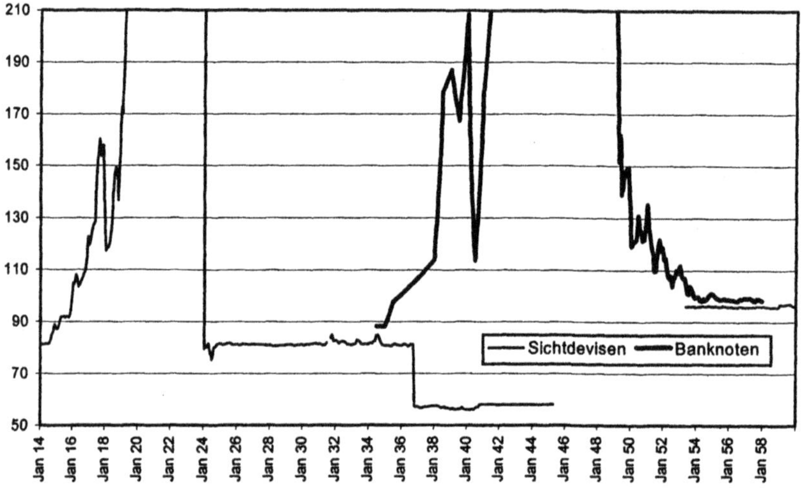

Abbildung 11 b: (nicht logarithmierte Darstellung)

Für die Alternativbereinigung des Index in Schweizer Preisen wurde wegen seiner größeren Marktnähe (soweit verfügbar)[498] bis einschließlich 1957 der Freiverkehrskurs für Banknoten zugrunde gelegt.

---

498 Ab Juni 1934 bis Dezember 1955 liegen aus den Statistischen Jahrbüchern der Schweiz halbjährliche Notenkurse vor, die zunächst linear interpoliert wurden. Von 1945 bis 1947 besteht wegen eines Handelsverbots für Banknoten eine längere Lücke, die ebenfalls durch Interpolation überbrückt werden kann (bzw. ansonsten ausgeblendet werden müßte). Ab November 1947 sind monatliche Werte verfügbar. Ab Januar 1958 wurden wieder die Kurse für Sichtdevisen zugrunde gelegt.

6.2.2 Ergebnisse unterschiedlicher Phasen

Die oben beschriebene Alternativbereinigung in Schweizer Preisen macht selbstverständlich nur dann Sinn, wenn davon auszugehen ist, daß der Index der Lebenshaltungskosten in der Schweiz „genauer" erstellt wurde, die tatsächliche Inflation also besser widerspiegelt, als dies zur gleichen Zeit in Deutschland der Fall war.[499] Damit erscheint die Alternativbereinigung zumindest in den Zeitabschnitten geboten, während derer in Deutschland eine freie Preisbildung nicht möglich war und sich demzufolge keine offene Inflation in den Indizes der Lebenshaltungskosten niederschlagen konnte. Die gleichwohl um sich greifende, verdeckte Inflation äußerte sich dann nicht mehr in einem offenen Anstieg der amtlich verzeichneten Preise, sondern darin, daß manche Güter entweder gar nicht mehr gehandelt oder über den Schwarzmarkt getauscht bzw. deutlich teurer als erlaubt angeboten wurden.

Die Frage, ob der deutsche Index der Lebenshaltungskosten zur Bereinigung des nominalen Index wirklich geeignet erscheint, stellt sich daher vor allem in der Zeit ab der nationalsozialistischen Machtergreifung bis zur Normalisierung nach der Währungsreform von 1948. Hier ist der Verdacht auf einen „Meßfehler" der amtlichen Statistik am größten, da staatlich diktierte Preise mehr und mehr die freie Preisfindung am Markt ablösten, bis schließlich das ausgegebene Geld seine Funktion völlig eingebüßt hatte und durch Tauschgüter auf dem Schwarzmarkt („Zigarettenwährung") ersetzt wurde.

Angesichts der deutlich abweichenden Verläufe, die sich bei den alternativen Methoden in dieser Phase ergeben, scheint die Bereinigung aus Sicht eines Schweizer Anlegers die reale Entwicklung tatsächlich besser wiederzugeben.

---

[499] Auf diese Frage wird im folgenden Abschnitt anhand der empirischen Befunde näher eingegangen.

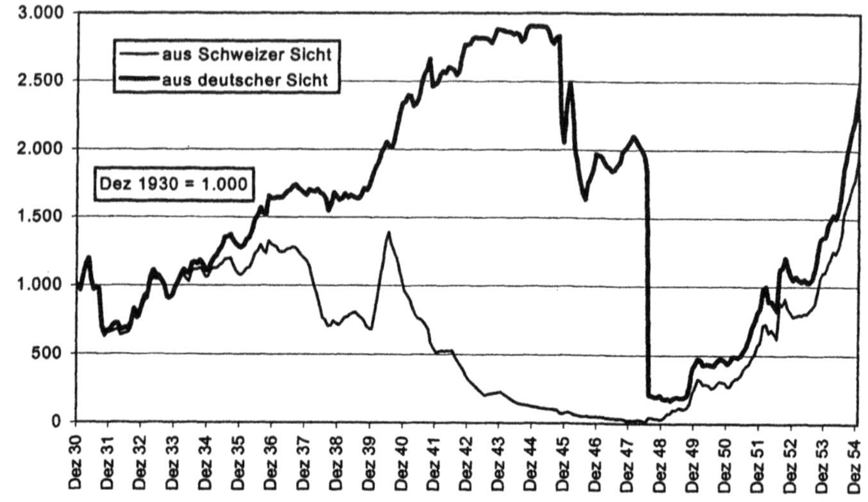

Abbildung 12: Bereinigter Aktienindex während des Preisdiktats

Bis 1934 verläuft der Index nach beiden Methoden fast deckungsgleich, ab 1950 hält sich ein in etwa konstanter Abstand. Insgesamt verbleibt über die Teilperiode von Beginn der 30er Jahre bis Mitte der 50er Jahre ein Unterschied, der vor allem auf der langfristigen Verschiebung der Währungsparitäten in gleicher Größenordnung beruht. Zwischenzeitlich täuscht der mit deutschen Lebenshaltungskosten bereinigte Index jedoch einen stark überhöhten Wert vor. Die in Reichsmark offiziell suggerierte Kaufkraft stellte nur eine Illusion dar, da man zu den amtlichen Preisen nur in rationiertem Umfang konsumieren konnte.

Mit der Kurskorrektur bei Einführung der Deutschen Mark im Juni 1948 wurde die durch das Preisdiktat verschleierte hohe Inflation offenkundig, die seit der nationalsozialistischen Machtübernahme nur in frei gehandelten Banknotenkursen offenbar werden konnte. Am Vergleich der beiden bereinigten Indizes ist deutlich zu erkennen, wie sich bereits seit Mitte der 30er Jahre eine immense Entwertung der Reichsmark vollzog, die aufgrund staatlich diktierter Preise keinen Niederschlag in der amtlichen Statistik fand. Die Entwertung der Währung wegen übermäßiger Geldschöpfung ließ sich auch im totalitären Staat nur verbergen, nicht verbieten.

Auch während der Inflation der frühen 20er Jahre liegt die Vermutung nahe, daß die deutsche Währung ihre Funktion als nominaler Wertmaßstab bis zu einem gewissen Grad verloren hatte. Obwohl hier kein staatliches Preisdiktat die offizielle Preissteigerung verfälschte, ist es durch die Eigendynamik der Hyperinflation möglich, daß die für Deutschland offiziell berechneten Lebenshaltungskosten das rasante Wachstum der Preise nicht korrekt abbilden.

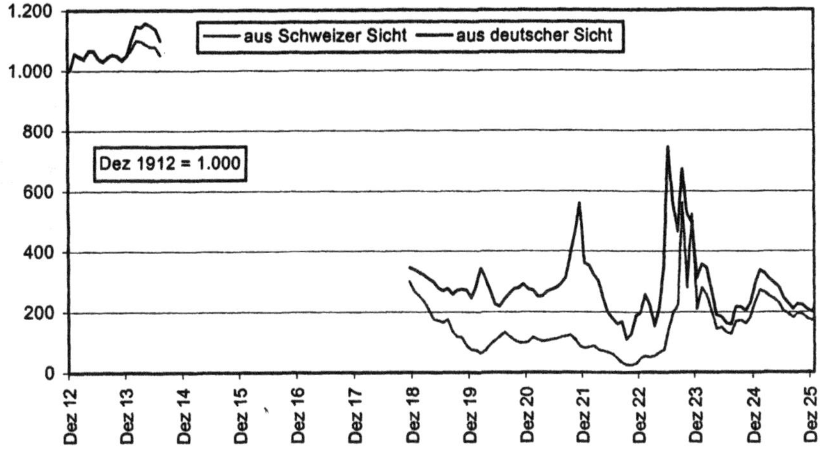

Abbildung 13: Bereinigter Aktienindex während der Hyperinflation

Hier sind die Unterschiede beider Methoden aufgrund der freien Preisbildung weniger ausgeprägt als während des 3. Reichs. Wegen des zeitlichen Vorsprungs des Verfalls der deutschen Währung vor dem Anstieg des deutschen Preisindex weist die Bereinigung aus Sicht eines Schweizer Anlegers einen vorübergehend deutlich niedrigeren Realwert aus als bei rein deutscher Preisbereinigung. Bei Stabilisierung der Währung liegen die Kurven wieder recht nahe beieinander.

Erstaunlich ist allerdings der in beiden Fällen drastische reale Verfall des historischen Aktienindex um ca. 80%, der sich insgesamt während der Nachkriegsinflation ergibt, denn die Beteiligung an Unternehmen (und mithin an Sachwerten) müßte eigentlich einen guten Schutz gegen Inflation bieten. Ein möglicher Grund könnten realwirtschaftliche Probleme der Unternehmen sein, da z.B. die auf Mark lautenden Forderungen ihren Wert verloren. Gleichzeitig dürfte die Refinanzierung mit Fremdkapital schwieriger geworden sein.

Einen weiteren Erklärungsansatz für den drastischen realen Wertverlust der Anleger bieten die bei GIELEN beschriebenen Umverteilungen zu Lasten des Streubesitzes in dieser Zeit:

„Neben ‚Vorzugsemissionen' für Großaktionäre unter Ausschluß des Bezugsrechtes fand auch eine besondere Nutzung des Effektenkredits Verbreitung. Dabei verzichteten Unternehmen teilweise auf die sofortige Bezahlung der neu begebenen Aktien, so daß die begünstigten Aktionäre später nach Kurssteigerungen aus dem Teilverkauf von Positionen die Aktienübernahme in entwerteten Mark zu Lasten des Unternehmens und damit der anderen Aktionäre bezahlen konnten. Zum anderen gewährten Banken noch lange Zeit normale Effektenkredite – aber nur an Großaktionäre (und auch für eigene Rechnung).“[500]

Der Zeitzeuge ARON quantifiziert diese Vorgänge während der Nachkriegsinflation wie folgt:

„Die Kapitalveränderungen der Aktiengesellschaften nach dem Kriege haben [...] 53 Prozent des Gesamtkapitals der Aktiengesellschaften für 21 Prozent der Ultimokurse 1924 in neue Hände gebracht.“[501]

Mit dieser Größenordnung liegt ein gewaltiges Potential für Umverteilungen zu Lasten der privaten Aktionäre vor, welche die beobachtbaren Vermögensverluste ebenfalls erklären könnten. Da der hypothetische Indexanleger (ebenso wie reale Kleinaktionäre) nur an Kapitalerhöhungen **mit** Bezugsrecht teilnehmen konnte, führten die angesprochenen „exklusiven“ Kapitalerhöhungen für ihn zu einem Verwässerungseffekt, der sich aufgrund der Hyperinflation zwar nicht in absolut fallenden, aber insgesamt deutlich langsamer als die Inflationsrate steigenden Kursen niederschlug. Die Schilderungen bei ARON zeichnen ein Bild geradezu räuberischer Mehrheiten, die sich zu Lasten des Streubesitzes schadlos hielten:

„Den Hauptzuwachs erfuhren die Majoritätsaktionäre; sie erlangten mit der Uebernahme von Aktienpaketen Vermögenszuwachs und gleichzeitig damit immer mehr die ausschließliche Verfügungsgewalt über die Unternehmungen ohne Rücksicht auf etwaige starke Minderheitsgruppen. Hierdurch waren sie in der Lage, [...] sämtliche Handlungen der Aktiengesellschaft zu entscheiden. Bei Nichtübernahme der Aktienemission hatten es die Großaktionäre durch die Mehrheit der Stimmen [...] in der Hand, sich durch Bildung eines vermittelnden Uebernahmekonsortiums schadlos zu halten; es fiel ihnen dann die Differenz zwischen Uebernahme- und Ausgabepreis an allen Aktien zu neben einem etwaigen Gewinn aus dem Handel mit Bezugsrechten oder mit den aus Kapitalmangel von den

---

[500] Vgl. GIELEN (1994), S. 29. Siehe auch ARON (1927), S. 26.

[501] ARON (1927), S. 89.

Kleinaktionären bei Einräumung eines Bezugsrechtes nicht bezogenen Stücken."[502]

Da bei den Datenerhebungen im Rahmen dieser Arbeit keine „exklusiven" Bezugskurse sondern nur die Konditionen der Kapitalerhöhungen mit Bezugsrecht für den Streubesitz[503] erfaßt werden konnten, ist eine genaue Überprüfung der Angaben ARONs mit dem vorliegenden Material leider nicht möglich.

Die Folgen der Realverluste aus der Hyperinflation belasten das erzielbare Anlageergebnis für Privatanleger noch bis in die 50er Jahre hinein. Der letzte Wert des (mit deutschen Preisen) bereinigten Index vor dem I. Weltkrieg wird erst im Verlauf des Jahres 1958 wieder erreicht.

Die logarithmische Darstellung der preisbereinigten Indizes bis 1959 zeigt in Abbildung 14 auch, daß sich etwa von 1880 bis 1885 eine langfristige Abweichung der beiden Realindizes aufbaut, welche bis zum I. Weltkrieg ungefähr konstant bleibt. Diese findet ihre Begründung in einer Phase der Deflation in der Schweiz, während bei konstantem Wechselkurs gleichzeitig in Deutschland das Preisniveau stabil blieb.

---

502 ARON (1927), S. 101.

503 Oft wurden diese, wie beschrieben, über ein Konsortium geleitet, wie z.B. anhand von Saling's Börsen-Jahrbuch (1921/22) nachvollzogen werden kann. Dort ist jedoch nur der Bezugspreis für das Publikum verzeichnet, nicht aber die Gewinnspanne des Konsortiums.

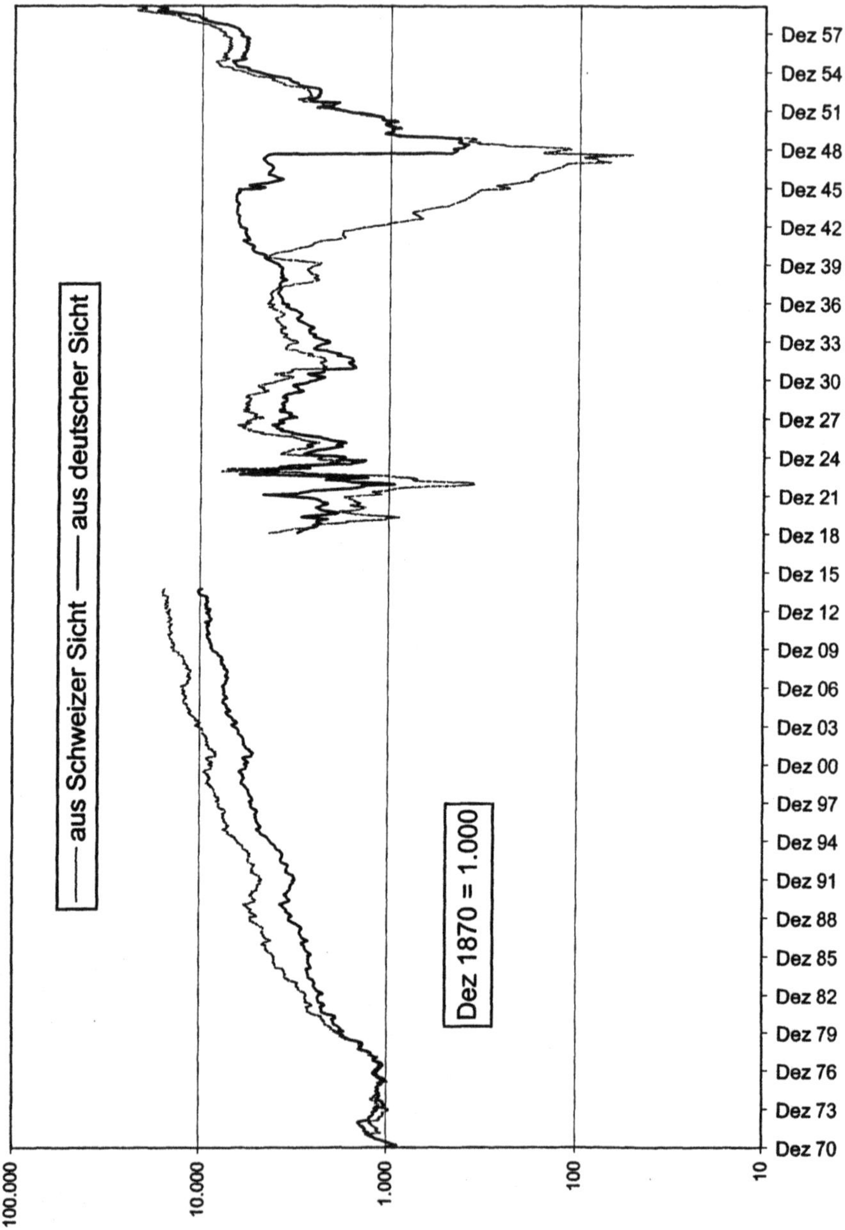

Abbildung 14: Bereinigter Aktienindex Ende 1870 bis 1959

Auch über mittelfristige Anlagehorizonte hinweg waren erst dann wieder positive Realrenditen erzielbar, wenn die Anfangsinvestition auf dem niedrigen Niveau nach dem Ende des I. Weltkriegs erfolgte. Denkbare 30jährige Anlagehorizonte werden durch die in Abschnitt 5.5 beschriebenen historischen Besonderheiten eingeschränkt, da z.B. während des Kurslistenverbots im I. Weltkrieg überhaupt kein Handel mit dem Indexportfolio anzunehmen ist, also zwischen Juli 1914 und November 1918 weder ein Start- noch ein Endpunkt für einen solchen Anlagezeitraum liegen kann. Während der Stoppkursphase ab Januar 1943 bis zur Währungsreform 1948 kann wegen des vorherrschenden Nachfrageüberhangs zwar ein Zeitpunkt für die Auflösung des Portfolios, nicht aber für eine Erstinvestition angenommen werden. Daraus ergeben sich die in Abbildung 15 verzeichneten p.a.-Realrenditen als mögliche Ergebnisse abgeschlossener 30jähriger Anlagehorizonte während des Untersuchungszeitraums:

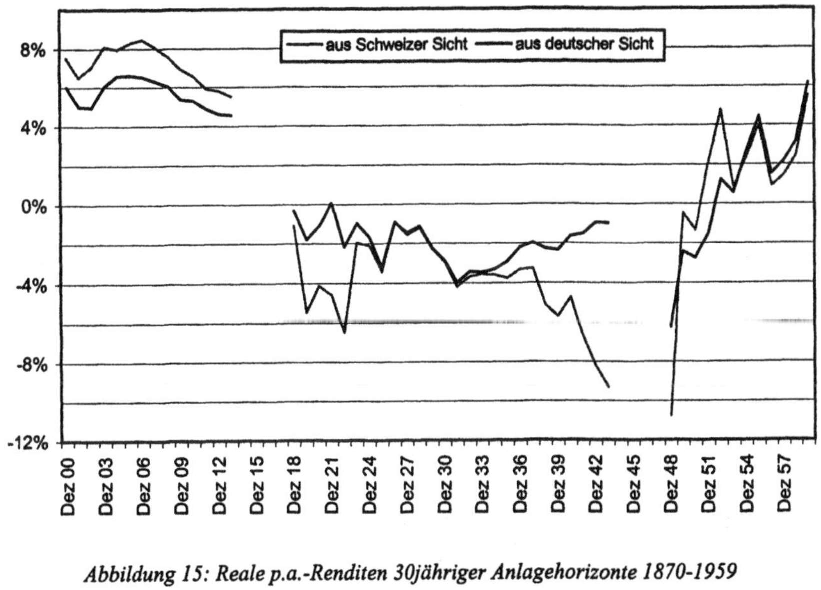

Abbildung 15: Reale p.a.-Renditen 30jähriger Anlagehorizonte 1870-1959

Auf die Angabe eines (arithmetischen) Durchschnitts dieser 30jährigen Renditen wird hier verzichtet[504]. Der günstigste 30jährige Anlagezeitraum im Untersuchungszeitraum (von Ende 1875 bis 1905) erbrachte in deutschen Preisen eine Realrendite von 6,6% p.a. Aus Sicht eines Schweizer Anlegers brachte der glei-

504 Zur Begründung siehe Abschnitt 2.5.

che Zeitraum zwar real 8,28% p.a., dafür schlossen für ihn alle zwischen 1918 und 1950 aufgelösten 30jährigen Indexdepots mit einem realen Verlust. Aus rein deutscher Sicht gilt dieses Urteil für alle zwischen 1918 und 1951 aufgelösten 30jährigen Indexanlagen.

6.2.3 Zusammenfassung und Verknüpfung mit STEHLE

Im vorigen Abschnitt wurde erläutert, weshalb in der Hyperinflation Anfang der 20er Jahre und während der durch das Preisdiktat verschleierten Inflation ab Mitte der 30er Jahre bis zur Währungsreform die Bereinigung aus Sicht eines Schweizer Anlegers zu verläßlicheren Ergebnissen führt als die Verwendung amtlicher deutscher Durchschnittspreise.

Für den realen Anlageerfolg des erfaßten Zeitraums von Ende **1870 bis 1959** ist dennoch davon auszugehen, daß die Bereinigung mit den deutschen historischen Preisindizes insgesamt zu einem korrekten Ergebnis in Höhe von **3,25% p.a.** führt. Die für den gleichen Zeitraum durchgeführte Vergleichsrechnung in Schweizer Franken mit dem historischen Preisindex des Eidgenössischen Statistischen Bundesamtes kommt mit **3,55% p.a.** zu einem etwas höheren Wert, was vor allem auf die in den ersten 20 Jahren zu beobachtende Deflation im schweizerischen, nicht aber im deutschen Konsumentenpreisindex zurück zu führen ist. Die relative Preisentwicklung zwischen der Schweiz und Deutschland kehrt sich ab dem I. Weltkrieg wieder um, ohne jedoch zu einem vollständigen Ausgleich zu führen.

Die realen p.a.-Renditen des Gesamtzeitraums liegen aber am Ende nahe beieinander. Die in Teilperioden recht unterschiedlichen Ergebnisse alternativer Inflationsmessung nivellieren sich also auf lange Sicht. Deutliche Abweichungen während der beiden (offenen und verdeckten) Inflationen wurden durch die anschließenden Währungsreformen wieder weitgehend ausgeglichen.

Über den Gesamtzeitraum von Ende **1870 bis 1999** ergibt sich für deutsche Standardaktien eine Realrendite von **4,32% p.a.**, die aus der Verknüpfung mit den Realrenditen der aktualisierten Replikation des DAX von STEHLE resultiert. Da STEHLE mit deutschen Preisen bereinigt, wird für diese Verknüpfung auch bis 1959 auf die deutsche Preisbereinigung zurückgegriffen, um keinen Bruch im Bereinigungskonzept zu verursachen.

Bereinigt man die Gesamtrendite des nominalen STEHLE-Index von Ende 1959 bis 1999 um die Veränderung des Schweizer Konsumentenpreisindex und des Schweizer Franken im gleichen Zeitraum, so kann daraus durch Verknüpfung auch die Realrendite aus Sicht eines Schweizer Anlegers für den Zeitraum von Ende 1870 bis 1999 rekonstruiert werden. Der sich ergebende Wert in Höhe von **4,28% p.a.** bestätigt die obige Vermutung, daß die unterschiedlichen Bereinigungsmethoden auf lange Sicht zum gleichen Ergebnis führen.

Aus der Berücksichtigung der mit deutschen Preisen bereinigten Jahresrenditen bei STEHLE ergibt sich für die 87 möglichen[505] Realisierungen abgeschlossener 30jähriger Halteperioden im Gesamtzeitraum von Ende 1870 bis 1999 das folgende Bild der erzielten Durchschnittsrenditen:

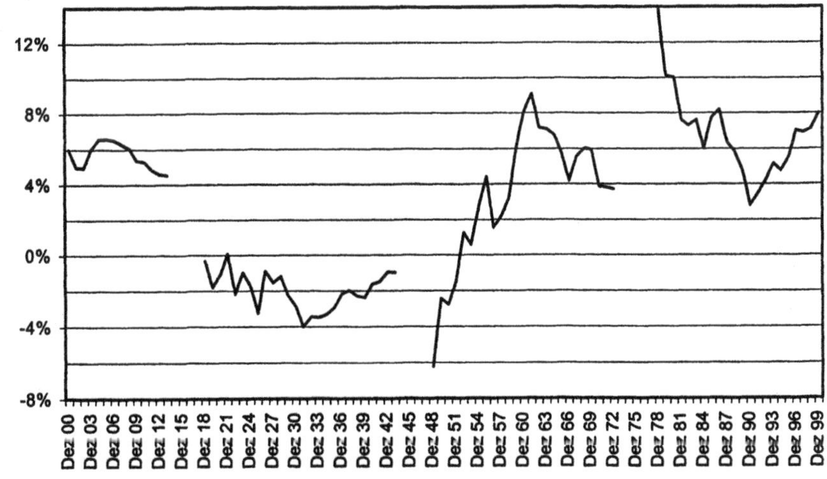

Abbildung 16: Reale p.a.-Renditen 30jähriger Anlagehorizonte 1870 bis 1999

Das Maximum mit 13,86% p.a. liegt 1978 am Ende eines Anlagehorizonts, der unmittelbar nach der Währungsreform 1948 begonnen hatte. Hier aber verwundert die besonders gute Rendite nicht[506]. Insgesamt ergibt sich jedoch ein wesentlich nüchterneres Bild: Der (arithmetische) Mittelwert aller preisbereinigter

---

[505] Die möglichen Realisationen ergeben sich hier wie folgt: Während des I. Weltkriegs konnte Ende 1914 bis 1917 das Portfolio weder ge- noch verkauft werden. Damit kann auch 1944 bis 1947 kein Endpunkt für einen 30jährigen Zeitraum liegen. Vgl. Abschnitt 6.2.2. Wegen der Stoppkursphase konnte Ende 1943 bis 1947 zwar unter Wert ver-, jedoch nicht gekauft werden. Damit scheidet auch 1973 bis 1977 als Endpunkt eines 30jährigen Zeitraums aus.

[506] Vgl. Abschnitt 6.1.2.

Realisationen 30jähriger Indexanlagen (bei Desinvestition zum Jahresende) beträgt lediglich 2,99% p.a.

6.3 Repräsentativität des erstellten Index

Da in den Index unabhängig von der Zahl aller Aktiengesellschaften jeweils nur die 30 größten Werte eingehen, stellt sich die Frage, inwieweit auch die Entwicklung des Gesamtmarkts repräsentiert wird. Auch die zeitweise Dominanz einzelner Branchen im Zeitablauf (in den ersten Jahren vor allem die Eisenbahnen, anschließend bis zur Hyperinflation die Banken) legt Zweifel nahe, ob die am Index gemessenen Ergebnisse auch für den übrigen Aktienmarkt gelten. Ansatzpunkte für die Überprüfung dieser Fragestellungen liefert der Anteil des Indexkapitals am Gesamtmarkt, die Gegenüberstellung der Wachstumsraten sowie ein Vergleich der Branchenstrukturen.

Zur Quantifizierung des mit dem Index repräsentierten Anteils vom Gesamtmarkt wurden möglichst vollständig in über den Untersuchungszeitraum verteilten[507] Stichproben die Kurse und Grundkapitalien aller in Aktienführern erfaßten, börsennotierten Gesellschaften erhoben und dem Börsenkapital der Indexgesellschaften gegenüber gestellt. Diese Gesamterhebungen konnten wegen des damit verbundenen Arbeitsaufwands nur in größeren Abständen durchgeführt werden. Auch wurden hier grundsätzlich alle Stückzinsen vernachlässigt und keine Überprüfungen auf zu hohen Festbesitz durchgeführt. I.d.R. wurde für alle Aktiengattungen einer Gesellschaft der Kurs der Hauptgattung herangezogen. Bei der ersten Stichprobe Ultimo 1869 wurde dem noch kleinen Gesamtmarkt ein hypothetischer Index gegenüber gestellt, für den die ab Ultimo 1870 tatsächlich geltenden Auswahlkriterien zugrunde gelegt wurden[508].

[507] Die teilweise „krummen" Abstände zwischen den Erhebungen ergeben sich aus der Datenverfügbarkeit. Alle Erhebungen wurden ursprünglich im Rahmen von Diplomarbeiten am Lehrstuhl für Betriebswirtschaftslehre, Bank- und Kreditwirtschaft der Universität Würzburg durchgeführt. Vor der Auswertung für diese Arbeit wurden diese Stichproben auf Abweichungen in der Vorgehensweise überprüft und um die in einigen Jahren fehlenden Versicherungsgesellschaften ergänzt.

[508] Grund für die „zu frühe" erste Totalerhebung ist die bereits Ultimo 1869 einsetzende Diplomarbeit von SCHWANHOLD (1999).

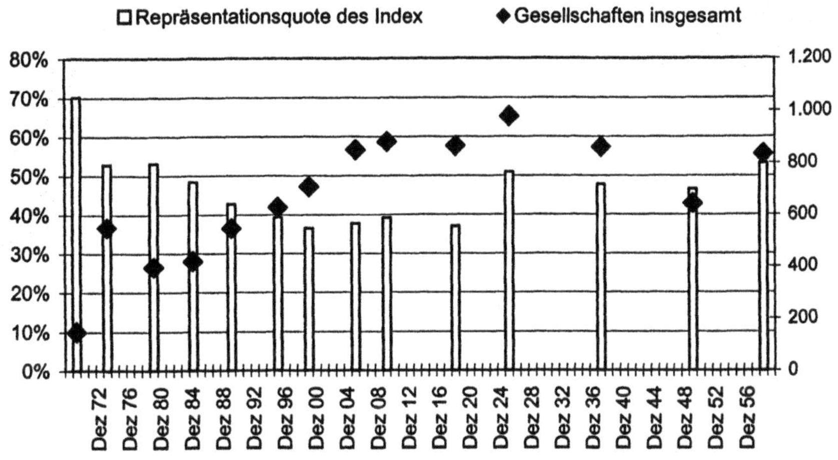

Abbildung 17: Anteil des Index am Gesamtmarkt

Trotz der Einbeziehung von „nur" 30 Gesellschaften und trotz der stark schwankenden Gesamtzahl der Gesellschaften repräsentiert das Index-Portfolio durchweg über ein Drittel, bei vielen Erhebungen sogar rund die Hälfte des deutschen Börsenkapitals. Dennoch ist der Anteil des Index am gesamten Börsenkapital für sich genommen nur ein recht oberflächlicher Gradmesser für die tatsächliche Repräsentativität der Performance des erstellten Index.

Weitere Anhaltspunkte liefern die Wachstumsraten des gesamten Börsenkapitals[509], die sich zwischen den Stichprobenzeitpunkten beim Gesamtmarkt und den Indexgesellschaften ergeben.

[509] Wegen der Vernachlässigung von Stückzinsen in den Totalerhebungen wurde das Wachstum des Gesamtmarkts von 1909-1918 um 4% nach unten korrigiert, da zwischen den beiden Erhebungen die Stückzinsusance abgeschafft wurde.

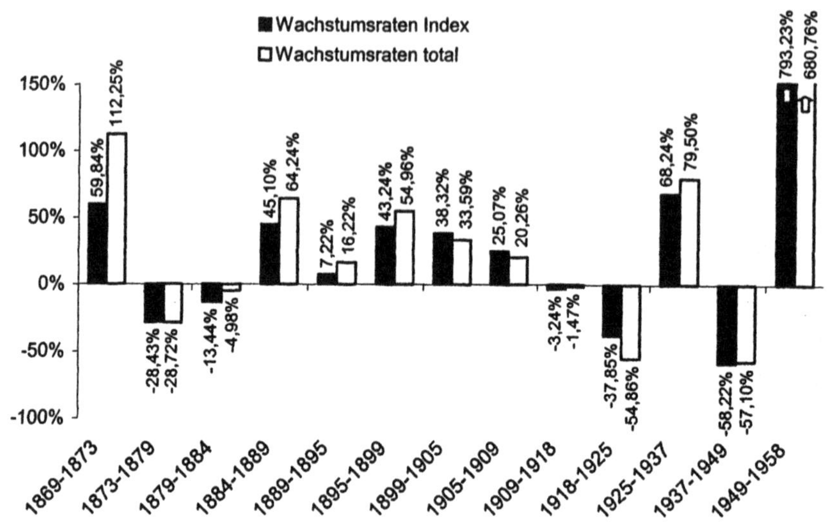

Abbildung 18: Wachstum des Gesamtmarkts und des Index

Hierdurch ist jedoch ebenfalls nur grob abzuschätzen, in welchem Maße der Index auch die Performance der nicht im Index vertretenen Gesellschaften repräsentiert, da die absolute Veränderung der Gesamtkapitalisierung durch Kapitalveränderungen und die Fluktuation von Gesellschaften stark beeinflußt ist. Verläßliche Rückschlüsse auf die Vergleichbarkeit der tatsächlich erzielbaren Anlageerfolge sind daher nicht möglich. Gerade bei jungen Wachstumsbranchen steigt die Marktkapitalisierung hauptsächlich durch Neuemissionen. Zumindest das unterschiedliche Wachstum von Markt- und Indexkapitalisierung zwischen den beiden ersten Stichproben ist eindeutig auf die hohe Zahl von Börsengängen in dieser Phase zurück zu führen. Davon abgesehen legt der Wachstumsvergleich aber eine gute Repräsentation des Gesamtmarkts nahe.

Ein aus den Stichproben ebenfalls durchgeführter Vergleich der Branchenstrukturen des Index mit der des Gesamtmarktes wurde graphisch aufbereitet und ist im Anhang dieser Arbeit abgedruckt. Als Ergebnis kann zwar festgehalten werden, daß auch hinsichtlich der Branchenverteilung mit dem Indexkonzept eine befriedigende Repräsentation erreicht wird, tendenziell sind jedoch die „großen" Branchen übergewichtet und die „kleinen" Branchen untergewichtet. Darüber hinaus läßt auch diese Auswertung grundsätzlich nur begrenzte Schlüsse auf die Performance der nicht im Index enthaltenen Wirtschaftszweige zu. Deren Entwicklung könnte also nur in eigens dafür erstellten „Outsider"-Indizes verläßlich abgeschätzt werden. Dadurch würde der Rahmen dieser Arbeit jedoch gesprengt.

Die Auswertungsergebnisse der Stichproben legen nach Ansicht des Verfassers den Schluß nahe, daß mit dem gewählten Indexkonzept ein guter Kompromiß im Streben nach Realitätsnähe und Repräsentativität erreicht wird. Auch stellt sich die Frage, ob die durch einen wesentlich „breiteren" Index erzielbaren Erkenntnisgewinne den damit verbundenen Datenaufwand wirklich rechtfertigen würden. Wenn dadurch auch mehr Vollständigkeit erreicht würde, so ginge dies doch zu Lasten der ebenfalls angestrebten Nachbildung realistischen Verhaltens. Es ist eher fraglich, ob z.B. mit einem aus 100 Einzelwerten zusammengesetzten Portfolio bei regelmäßiger Aktualisierung und zeitnaher Reinvestition noch die Anlagestrategie eines Durchschnittsanlegers simuliert werden kann.

7 Zur Risikoprämie am deutschen Kapitalmarkt

Die Ergebnisse dieser Arbeit sollen einen Beitrag dazu liefern, daß die weitere Diskussion über den langfristig erreichbaren Anlageerfolg deutscher Aktien auf historisch fundierter Grundlage geführt werden kann. Die hier errechneten Gesamtrenditen sind aufgrund des besonders langen Untersuchungszeitraums sehr robust gegen zu günstige oder zu ungünstige Anfangs- und Endpunkte der Datenreihe. Obwohl also Ultimo 1870 wegen der erst einsetzenden Gründerwelle ein eher zu niedriger Ausgangswert und Ultimo 1999 wegen der besonders hohen Renditen der Neunziger Jahre ein relativ hoher Endstand vorlag, kann die daraus resultierende Überschätzung der Gesamtrendite wegen der geometrischen Verteilung auf 129 Jahre in Kauf genommen werden. Dennoch sollte man sich bei der Beurteilung der Ergebnisse vor Augen halten, daß die gemessene Gesamtrendite wegen des gewählten Start- und Endpunktes eher noch zu hoch ist.

Es ist in diesem Zusammenhang wichtig zu betonen, daß das ermittelte Gesamtergebnis von nominal **6,44% p.a.** (in SFr nominal 6,10% p.a.) die üblichen Risiken einer Aktienanlage in deutschen Standardwerten in „normalen" Zeiten, dafür aber auch das Risiko verlorener Kriege bereits ebenso beinhaltet wie die Geldentwertung. Insbesondere ist darauf hinzuweisen, daß die Risikoprämie, wie hoch sie auch immer sein mag, in dieser nominalen Rendite ebenfalls bereits enthalten ist. Und selbst die um die Preissteigerung bereinigte Gesamtrendite von **real 4,32% p.a.** (aus Schweizer Sicht: 4,28% p.a.) beinhaltet bereits die gesamte Risikoprämie.

Darüber hinaus wäre es wünschenswert, die aus theoretischer Sicht entscheidende Frage nach der Höhe dieser Risikoprämie zu beantworten, also nach der Differenz zwischen der riskanten und einer vergleichbar ermittelten sicheren Rendite. Dafür müßten jedoch weitere Ergebnisse zur Verfügung stehen: Es müßte eine Untersuchung über einen ebenso langfristigen Zeitraum vorliegen, in der unter ähnlichen Annahmen der tatsächliche Gesamterfolg eines Portfolios aus „sicheren" Anlagen gemessen wird. In einer solchen Arbeit wären dann die für Anleihen relevanten Besonderheiten des Untersuchungszeitraums ebenfalls unter plausiblen Annahmen zu berücksichtigen. Von zentraler Bedeutung sind dabei die Folgen der Hyperinflation der 20er Jahre und der Währungsreform von 1948 für die Werthaltigkeit von Schuldtiteln gegen das Reich. Eine solche Arbeit wird derzeit noch im Rahmen einer anderen Dissertation am Lehrstuhl für Betriebswirtschaftslehre, Bank- und Kreditwirtschaft der Universität Würzburg erstellt.

Jedoch kann jetzt schon mit Sicherheit festgestellt werden, daß die bisweilen in den Raum geworfenen realen Risikoprämien in der Größenordnung von 5 bis 6

%-Punkten p.a. nur dann für den deutschen Kapitalmarkt zutreffen können, wenn mit „sicheren" Anlagen insgesamt eine deutlich **negative reale Gesamtrendite** zu erzielen war. In diesem Fall schließt sich allerdings unmittelbar die Frage an, ob und inwiefern Anlagen mit im langfristigen Durchschnitt deutlich negativen Gesamtrenditen überhaupt als „sicher" zu bezeichnen sind.

Es ist abschließend nochmals darauf hinzuweisen, daß die ex ante zu erwartenden Risikoprämien nicht mit den ex post realisierten gleichzusetzen sind. Tatsächlich besteht sogar insofern eine gegenläufige Beziehung, als ein Absinken der ex-ante-Prämien zu einem nicht antizipierten Anstieg der Aktienkurse und damit auch der ex post realisierten Risikoprämien führt. Das ex ante Risiko von Kriegen mit einer damit möglicherweise einher gehenden Geldentwertung und der Notwendigkeit der Bereinigung durch drastische Währungsreformen dürfte aus heutiger Sicht geringer sein, als es Anfang der 50er Jahre aufgrund der damals frischen Erfahrungen noch im Bewertungskalkül des Marktes verankert war.

Vor diesem Hintergrund ist verständlich, daß die in den letzten Jahrzehnten ex post realisierten Risikoprämien wesentlich höher liegen als das, was aus heutiger Sicht vernünftigerweise zu erwarten ist[510].

---

[510] Vgl. WENGER (2002).

8 Schlußbemerkung

In der vorgelegten Arbeit wurde unter der Annahme eines hypothetischen Portfolios aus 30 deutschen Standardwerten ein langfristiger Index für den deutschen Aktienmarkt der Jahre 1871 bis einschließlich 1959 berechnet. Dabei wurde von einer möglichst passiven Anlagestrategie ausgegangen, so daß lediglich laufende Reinvestitionen sowie die normalerweise jährliche Aktualisierung der Indexstruktur zu Käufen und Verkäufen führen. Die Zusammensetzung erfolgte nach dem Kriterium der Börsenkapitalisierung. Historische Besonderheiten des deutschen Aktienmarktes wurden durchweg in einer Weise berücksichtigt, daß die Nachbildung des Index für einen hypothetischen Privatanleger plausibel bleibt.

Auf Basis dieser Annahmen konnte eine annualisierte Nominalrendite von 4,81% p.a. im genannten Zeitraum erzielt werden. Inflationsbereinigt ergibt sich für diesen Zeitraum eine Rendite von 3,25% p.a. Die alternativ durchgeführte Preisbereinigung aus Sicht eines Schweizer Anlegers führte für den gleichen Zeitraum zu einem Ergebnis von 3,55% p.a., wobei die Abweichung vor allem durch die deflationäre Entwicklung in der Schweiz bis Ende 1889 zu erklären ist. Im Verlauf der beiden großen – offenen und verdeckten – Inflationen des Untersuchungszeitraums führt die Schweizer Bereinigung jedoch zu realistischeren Ergebnissen als die Zugrundelegung des offiziellen deutschen Preisniveaus.

Die Verknüpfung des hier erstellten Index mit der weitgehend gleichartig konzipierten Replikation des DAX von STEHLE ab Ultimo 1959 ergibt für den gesamten Zeitraum der Jahre 1871 bis 1999 eine annualisierten Nominalrendite von 6,44% p.a. (in SFr: 6,10% p.a.), bis Ende 1998 kurz vor Einführung des Euro von 6,21% p.a. (in SFr: 5,88% p.a.). Bei Bereinigung mit den deutschen Lebenshaltungskosten ergibt sich bis Ende 1999 im geometrischen Mittel eine Realrendite von 4,32% p.a. (bis Ende 1998: 4,09% p.a.), die mit der Anlage in deutsche Standardaktien langfristig zu erzielen gewesen wäre. Die alternative Preisbereinigung aus Sicht eines Schweizer Anlegers erbrachte 4,28% p.a. (bis 1998: 4,06% p.a.).

Zum Zeitpunkt der Drucklegung stellt STEHLE auch die Renditen der Jahre 2000 und 2001 zur Verfügung. Das durch Verknüpfung mit diesen Renditen nominal erzielte Ergebnis des Zeitraums 1871 bis 2001 in Höhe von 6,11% p.a. (in Schweizer Franken: 5,71% p.a.) liegt noch unter der langfristigen Durchschnittsrendite per Ende 1998. Preisbereinigt um die deutschen Lebenshaltungskosten ergibt sich für die 131 Jahre eine Rendite in Höhe von 3,99% p.a. Aus Sicht eines Schweizer Anlegers verbleibt Ende 2001 eine preisbereinigte Rendite in Höhe von 3,90% p.a.

Der bisweilen beim Vertrieb von Kapitalanlagen erweckte Eindruck, die langfristige Aktienanlage biete bei hinreichend langen Halteperioden mehr oder weniger „sicher“ zweistellige Renditen, ist mit diesen langfristigen Ergebnissen nicht nur real, sondern sogar nominal für Deutschland historisch widerlegt, wenn man die Effekte der beiden Währungsumstellungen durch eine Rechnung in Dollar oder Schweizer Franken eliminiert.

LITERATURVERZEICHNIS

ARON, A. (1927):
Die Kapitalveränderungen deutscher Aktiengesellschaften nach dem Kriege, Berlin 1927.

BALLWIESER, W. (1995):
Aktuelle Aspekte der Unternehmensbewertung, in: Die Wirtschaftsprüfung, Heft 4-5/1995, S. 119-129.

BAMBERG, G. (1993):
Statistik, 8. Auflage, München 1993.

BEN-DAVID, D./PAPELL, D.H. (1995):
The great wars, the great crash, and steady state growth: Some new evidence about an old stylized fact, in: Journal of Monetary Economics 36 (1995), S. 453-475.

BERGMANN, H. (1962):
Der Wunschtraum vom idealen Aktienindex. Was Indices aussagen und was sie nicht aussagen können; in: Der Volkswirt, Nr. 8, 1962, S. 323-324.

BIMBERG, L.H. (1993):
Langfristige Renditenberechnung zur Ermittlung von Risikoprämien: Empirische Untersuchung der Renditen von Aktien, festverzinslichen Wertpapieren und Tagesgeld in der Bundesrepublik Deutschland für den Zeitraum von 1954 bis 1988, Frankfurt 1993.

BITTER, A. (1941):
Die Rechtsstellung der Anteilseigner der Deutschen Reichsbank, Nürnberg 1941.

BLEYMÜLLER, J. (1966):
Theorie und Technik der Aktienkursindizes, Wiesbaden 1966.

BORKIN, J. (1990):
Die unheilige Allianz der I.G. Farben - Eine Interessengemeinschaft im Dritten Reich, Frankfurt/Main; New York 1990.

BÖSSELMANN, K. (1939):
Die Entwicklung des deutschen Aktienwesens im neunzehnten Jahrhundert, Berlin 1939.

BRAEMS, N./ HAFFNER, M. (1996):
Investment in German capital markets: Long-term performance analysis and outlook, German Equity - Bond Study 1996, Barclays de Zoete Wedd BZW Deutschland (Hrsg.).

BROWN, S.J./GOETZMANN, W.N./ROSS, S.A. (1995):
Survival, in: The Journal of Finance, Vol L, No. 3, July 1995, S. 853-873.

BÜSCHGEN, H.E. (1966):
Wertpapieranalyse - Die Beurteilung von Kapitalanlagen in Wertpapieren. Stuttgart 1966.

CLAUS, J./THOMAS, J. (2001):
Equity Premia as Low as Three Percent? - Evidence from Analysts' Earnings Forecasts for Domestic and International Stock Markets, in: The Journal of Finance, Vol LVI, No. 5, Oktober 2001, S. 1629-1666.

CLAUSSEN, C.P. (1984):
Der Genußschein und seine Einsatzmöglichkeiten, in: Hadding, W. et. al., Festschrift für Winfried Werner, 1984.

CONEN, R./VÄTH, H. (1993):
Risikoprämien am deutschen Kapitalmarkt, in: Die Bank 11/93, S. 642-647.

CRONER, J. (1923):
Die Entwicklung der deutschen Börsen von 1870 - 1914, in: Preußische Jahrbücher Bd.192, Berlin 1923.

DÄBRITZ, W. (1929):
Die typischen Bewegungen im Konjunkturverlauf, Leipzig 1929.

DEUTSCHE BUNDESBANK (1989):
Die Deutsche Bundesbank - Geldpolitische Aufgaben und Instrumente, in: Sonderdrucke der Deutschen Bundesbank Nr. 7.

DONNER, O. (1934):
Die Kursbildung am Aktienmarkt. Grundlagen zur Konjunkturbeobachtung an den Effektenmärkten, in: Vierteljahreshefte zur Konjunkturforschung, Sonderheft 36, Berlin 1934.

EBEL, F.-J. (1989):
Der Dauerstreit um den "richtigen" Aktienindex, Terminbörse; in: Handelsblatt vom 8.7.1989, Nr. 151, S. 28.

EICHHOLTZ, D. (1996):
Geschichte der deutschen Kriegswirtschaft 1939-1945, Berlin 1996.

ELTON, E.J./GRUBER, M.J./BLAKE, C.R. (1995):
Survivorship bias and mutual fund performance, New York University Salomon Center, Working Paper Series S-95-14.

ERLENBACH, E. (1985):
Das Maß für alle Aktien: Der F.A.Z.-Aktienindex, in: Frankfurter Allgemeine Zeitung vom 20.8.1985, S. B 27.

EUBE, S. (1998):
Der Aktienmarkt in Deutschland vor dem ersten Weltkrieg - eine Indexanalyse, Frankfurt 1998.

FAMA, E.F. /FRENCH, K.R. (2001):
The Equity Premium. University of Chicago, The Center for Research in Security Prices, Working Paper No. 522, April 2001.

FISHER, I. (1922):
The Making of Index Numbers, New York 1967 (Reprint).

GERBER, K. (1939):
Die deutsche Kapitalmarktpolitik seit 1933, Leipzig 1939.

GIELEN, G. (1994):
Können Aktienkurse noch steigen? Wiesbaden 1994.

GIEßELBACH, A. (1989):
Strategien mit Aktienkursindex-Instrumenten, Berlin 1989.

GOETZMANN, W.N./IBBOTSON, R.G./PENG, L. (2000):
A New Historical Database for the NYSE 1815 to 1925: Performance and Predictability. Yale School of Management, July 14, 2000, Working Paper.

GROSS, TH. (1998):
Preisbewegungen in der Schweiz des 19. und 20. Jahrhunderts: Hinweise zur Datenlage, zur Methode und zu den Ergebnissen, in: Geschichte und Informatik, Vol. 9, Bern 1998, S. 85-102.

HACKMANN, B. (1998):
Konstruktion und Analyse eines deutschen Aktienindex für die Zeit von 1900 bis 1910, Würzburg 1998, Diplomarbeit.

HÄFFNER, A. (1997):
Rechtliche und steuerliche Einflußfaktoren auf den Deutschen Aktienmarkt - Eine Analyse für den Zeitraum von 1870 bis 1900, Würzburg 1997, Diplomarbeit.

HAMPEL, A. (1952):
Der deutsche Aktienmarkt seit der Weltkrise, Erlangen 1952, Dissertation.

HARTMOND, A. (1993):
Bewertung junger Aktien, Wiesbaden, 1993.

HÄUSER, K./ROSENSTOCK, A./VORWERK, TH./SEUM, A. (1985):
Aktienrendite und Renditenparadoxie 1964 bis 1983 in der Bundesrepublik Deutschland, Frankfurt 1985.

HECKER, R./WENGER, E. (1995):
Der Schutz von Minderheiten im Vertragskonzern – Ein Betriebsunfall des Aktienrechts, in: Zeitschrift für Bankrecht und Bankwirtschaft, 7. Jg., Heft 4, S. 321-341.

HEDRICH, C.-CH. (1990):
Die Geschichte der Reichsbank: ein Beitrag zu der Diskussion über die Unabhängigkeit der Notenbank und über gemischtwirtschaftliche Unternehmen, Diskussionsbeiträge aus dem Institut für Volkswirtschaftslehre, Universität Hohenheim, Nr. 52/1990.

HÖFER, M. (1999):
Konstruktion und Analyse eines deutschen Aktienindex für die Jahre 1890 bis 1899, Würzburg 1999, Diplomarbeit.

HOG, E. (1947):
Die Wertpapierbörsen im Kriege 1939/45, Frankfurt, 1947, Diss.

HOPFENGÄRTNER, H. (1997):
Institutionelle, rechtliche und steuerliche Einflußfaktoren auf den deutschen Aktienmarkt - Eine Analyse für den Zeitraum von 1900-1929, Würzburg 1997, Diplomarbeit.

HORWITZ, E. (1929):
Die Kursbildung am Aktienmarkt seit der Stabilisierung, Berlin 1929.

HUNSCHA, K. (1943):
Sechs Monate Kursstop, in: Bankwirtschaft 1943, S. 185-188.

I.G. FARBENINDUSTRIE AG I.L. (1955):
Bericht über die Entflechtung und Liquidation - vorgelegt aus Anlaß der ordentlichen Hauptversammlung am 27.5.1955.

JANßEN, B./RUDOLPH, B. (1991):
Der Deutsche Aktienindex DAX - Konstruktion und Anwendungsmöglichkeiten, Frankfurt 1991.

JORION, P./GOETZMANN, W.N. (1999):
Global Stock Markets in the Twentieth Century, in: The Journal of Finance, Vol LIV, No. 3, June 1999, S. 953-980.

KOHLER, A. (1937):
Die neuen Vorschriften des Anleihestockrechts, in: Bank-Archiv - Zeitschrift für Bank- und Börsenwesen, 37. Jg, Nr. 6, 15.12.1937.

KONRAD, A. (1998):
Monetäre Theoreme der Wechselkursbestimmung, in: WISU 4/98, S.494-504.

KRONENBERGER, F. (1920):
Die Preisbewegung der Effekten in Deutschland, in: Betriebs- und finanzwirtschaftliche Forschungen, Heft 2, Berlin 1920.

LABAND, P. (1872):
Die Handels-Usancen, in: Zeitschrift für das gesamte Handelsrecht, Bd. 17, S. 466-511.

LANG, A.-J. (1993):
Indizes für den Deutschen Aktienmarkt, in: Die Bank 11/93, S. 648-650.

LENGA, U. (1979):
Die gesetzlichen Besonderheiten der drei ruhenden Altbanken - Commerzbank Aktiengesellschaft von 1870, Deutsche Bank und Dresdner Bank, in: Die AG, Heft 8, S. 216-224.

LERCH, H. (1971):
Aktienkursindizes und Konjunkturverlauf, Bern 1971, Dissertation.

LÜTZEL, H./JUNG, W. (1984):
Neuberechnung des Index der Aktienkurse, in: Wirschaft und Statistik, Nr. 1/1984, S. 43-56.

MCINTYRE, F. (1938):
The Problem of the Stock Price Index Number, in: Journal of the American Statistical Association, Bd. 33, 1938, S. 557-563.

MEHRA, F./PRESCOTT, E.C. (1985):
The Equity Premium - A Puzzle, in: Journal of Monetary Economics 15, S. 145-161.

MICHAELSEN, H.O. (1935):
Die Kursbildung am Aktienmarkt im neuen Staat, Heidelberg 1935.

MORAWIETZ, M. (1994):
Rentabilität und Risiko Deutscher Aktien- und Rentenanlagen seit 1870, Wiesbaden 1994.

NACHTIGALL, W. (1996):
Konstruktion und Analyse eines Aktienindex für den Zeitraum 1931 bis 1959 unter Berücksichtigung von Geldentwertung und Handelsbeschränkungen - und eine Fortschreibung bis 1996 durch Verknüpfung mit anderen Indizes, Würzburg 1996, Diplomarbeit.

O.V. (1919A):
Zum Verkauf der Großen Berliner Strassenbahn, in: Frankfurter Zeitung, Abendblatt vom 30.6.1919, S. 2.

O.V. (1919B):
Große Berliner Straßenbahn, in: Frankfurter Zeitung, Zweites Morgenblatt vom 18.7.1919, S. 3.

O.V. (1919C):
Große Berliner Straßenbahn, in: Frankfurter Zeitung, Zweites Morgenblatt vom 19.7.1919, S.3.

O.V. (1920A):
Von den deutschen Börsen, in: Frankfurter Zeitung, Erstes Morgenblatt vom 10.4.1920, S.3.

O.V. (1920B):
Drahtmeldungen, in: Frankfurter Zeitung, Erstes Morgenblatt vom 14.4.1920, S.3.

O.V. (1920C):
Deutsch-Ueberseeische Elektrizitäts-Gesellschaft, in: Frankfurter Zeitung, Erstes Morgenblatt vom 20.4.1920, S.2.

O.V. (1920D):
D.U.E.G., in: Frankfurter Zeitung, Erstes Morgenblatt vom 8.6.1920, S. 2f.

o.V. (1931a): Die vorübergehende Schließung der Wertpapierbörsen, in: Frankfurter Zeitung, Nr. 514 vom 13.7.1931, S. 2.

o.V. (1931b): Der Wertpapierhandel während der Börsenschließung, in: Frankfurter Zeitung Nr. 569 vom 2.8.1931, S. 3.

o.V. (1931c): Die Börseneröffnung, in: Frankfurter Zeitung Nr. 656/657 vom 4.9.1931, S. 6.

o.V. (1931d): Kursverbreitung verboten, in: Frankfurter Zeitung Nr. 738/739 vom 4.10.1931, S. 5.

o.V. (1932a): Die erste Börsenwoche, in: Frankfurter Zeitung Nr. 170/171 vom 4.3.1932, S. 4.

o.V. (1932b): Zum Wiederbeginn der Börsennotierungen, in: Frankfurter Zeitung Nr. 272 vom 12.4.1932, S. 3.

o.V. (1934): Das neue Anleihestockgesetz, in: Frankfurter Zeitung vom 11.12.1934.

o.V. (1934): Die Dividendenbegrenzung, in: Frankfurter Zeitung Nr. 652 vom 23.12.1934, S. 5.

o.V. (1935): Schachtelprivileg und Anleihestock, in: Frankfurter Zeitung vom 23.4.1935

o.V. (1936): Die Höhe des Anleihestockes - Unter den Anfangserwartungen. - Das Schachtelprivileg, in: Frankfurter Zeitung vom 17.5.1937.

o.V. (1937): Die Begründung zur Anleihestock-Novelle: Dividendenpolitik unter Kontrolle, in: Frankfurter Zeitung Nr. 641/2 vom 17.12.1937, S. 5.

o.V. (1941a): Der gesperrte Anleihestock, in: Bank-Archiv 1941, S. 258.

O.V. (1941B): Dividendenstop und Bilanzwahrheit, in: Die Bank 1941, S. 535-539.

O.V. (1942A): Die Aktienanmeldung und ihre Ausnahmen, in: Frankfurter Zeitung vom 7.3.1942, S. 5.

O.V. (1942B): Abrufen, Sperren, Meldepflicht, in: Frankfurter Zeitung vom 14.6.1942, S. 5.

O.V. (1942C): Der Manövrierfonds, in: Berliner Börsenzeitung vom 26.8.1942.

O.V. (1942D): Kurspolitik auf alten und neuen Wegen, in: Frankfurter Zeitung vom 30.8.1942, S.5.

O.V. (1943A): Der Anleihestock wird ausgeschüttet, in: Die deutsche Volkswirtschaft, Nr. 34/35, 1943, S. 1073-1074.

O.V. (1943B): Die halbierte Aktienfreigrenze, in: Berliner Börsenzeitung vom 27.2.1943, S. 4.

O.V. (1945): Der Börsenhandel, in: Frankfurter Rundschau vom 29.9.1945, S. 7.

O.V. (1948A): Wertpapierbörsen, in: Zeitschrift für das gesamte Kreditwesen, 1/1948, S. 20-22.

O.V. (1948B): Die deutsche Notenbank im Entstehen, in: Handelsblatt vom 19.2.1948.

O.V. (1948C): In Erwartung der Währungsreform, in: Handelsblatt vom 3.6.1948.

O.V. (1978): Der Hoechstkonzern entsteht - Dokumente aus den Hoechst Archiven, Frankfurt/Main, 1978.

O.V. (1995): Taking stock of history, The Economist, 23.9.1995, S. 85.

O.V. (1997):
Deutsche Aktien sind langfristig vorteilhafter, in: Börsen-Zeitung vom 16.7.1997.

PLOCH, H.-U. (1971):
Konstruktion und Anwendung von Aktienkursindizes, Wien 1971, Dissertation.

POHL, H. (HRSG.) (1992):
Deutsche Börsengeschichte, Frankfurt 1992.

RADL, A. (1999):
Konstruktion und Analyse eines deutschen Aktienindex für die Jahre 1911 - 1920. Diplomarbeit.

REICHELT, W.O. (1956):
Das Erbe der IG Farben, Düsseldorf 1956.

REICHSBANK (HRSG.) (O.J.):
Die Reichsbank 1876-1900, Berlin.

RICHARD, H.-J. (1992):
Aktienindizes - Grundlagen ihrer Konstruktion und Verwendungsmöglichkeiten unter besonderer Berücksichtigung des Deutschen Aktienindex - DAX, Köln 1992.

RUDOLPH, B. (1992):
Effekten- und Wertpapierbörsen, Finanztermin- und Devisenbörsen seit 1945, in: Pohl, H. (Hrsg.): Deutsche Börsengeschichte, Frankfurt/M. 1992, S. 291-376.

RÜHLE, A.-S. (1991):
Aktienindizes in Deutschland, Wiesbaden 1991.

SCHMITZ, O. (1903):
Die Bewegung der Warenpreise in Deutschland von 1851 bis 1902. Nebst zwei Ergänzungen: Bankdiskont, Goldproduktion und Warenpreisstand, der Weizenpreis von 400 v.Chr. Bis 1900, Berlin 1903.

SCHNEIDER, H.-J. (1929):
Die Voraussage der Effektenkurse in der Vor- und Nachkriegszeit, Bankwissenschaft, Heft 6, 1929.

SCHUNDER, F. (1966):
Die wirtschaftliche Entwicklung des Ruhrbergbaus siet der Mitte des 19. Jahrhunderts, in: Born, K.E. (Hrsg.): Moderne deutsche Wirtschaftsgeschichte, S. 226-247, Köln/Berlin.

SCHULZE, P.M./SPIEKER, U. (1994):
Deutsche Aktienindizes - statistische Konzepte und Beispiele, Universität Mainz, Arbeitspapier Nr. 7, Dezember 1994.

SCHWANHOLD, J. (1999):
Konstruktion und Analyse eines deutschen Aktienindex für die Jahre 1870 bis 1889, Würzburg 1999, Diplomarbeit.

SIMON, H.A. (1941):
Betrachtungen zur Dividendenabgabeverordnung, in: Bank-Archiv 1941, S. 381-385.

SIEGEL, J.J. (1999):
The Shrinking Equity Premium, in: The Journal of Portfolio Management, Vol. 26, No. 1, Fall 1999, S. 10-17.

SPELLENBERG, B./SCHNEIDER, R. (1967):
Neuberechnung des Index der Aktienkurse, Index des börsennotierten Aktenkapitals, in: Wirschaft und Statistik, Nr. 19/1967, S. 341-346.

SPREE, R. (1977):
Die Wachstumszyklen der deutschen Wirtschaft von 1840 bis 1880, Schriften zur Wirtschafts- und Sozialgeschichte, Band 29, Berlin 1977.

STAIGER, M. (1996):
Rechtliche und steuerliche Einflußfaktoren auf den Deutschen Aktienmarkt - Eine Analyse für den Zeitraum von 1929 bis 1958, Würzburg 1996, Diplomarbeit.

STEHLE, R./HARTMOND, A. (1991):
Durchschnittsrenditen deutscher Aktien 1954-1988, in: Kredit und Kapital, 24. Jg, Heft 3, S.371-411.

STEHLE, R./HUBER, R./MAIER, J. (1996):
Rückberechnung des DAX für die Jahre 1955 bis 1987, in: Kredit und Kapital, 29. Jg, Heft 2, S. 277-304.

STEHLE, R./WULFF, CH./RICHTER, Y. (1999):
Die Rendite deutscher Blue-chip-Aktien in der Nachkriegszeit – Rückberechnung des DAX für die Jahre 1948 bis 1954. Unveröffentlichtes Manuskript, Berlin 1999. Download unter http://www.wiwi.hu-berlin.de/finance/.

TEMPS, CH. (1998):
Konstruktion und Analyse eines deutschen Aktienindex von 1921 bis 1930, Würzburg, 1998, Diplomarbeit.

ULIHR, H./STEINER, P. (1991):
Wertpapieranalyse, Heidelberg 1991.

V. FALKENHAUSEN, G. (1935):
Das Anleihestockgesetz und seine Durchführung, in: Bank-Archiv 1934/35, S. 365-367.

V. ROSEN, R. (HRSG.) (1999):
Aktie versus Rente - Langfristige Renditevergleiche von Aktien und festverzinslichen Wertpapieren, Studien des Deutschen Aktieninstituts, Heft 6, August 1999.

VOGEL, M.E. (1985):
Technische Aktienanalyse - die relative Stärke als Anlagestrategie, in: Bühler, W. (Hrsg.): Schriftenreihe des Instituts für Kredit- und Versicherungswirtschaft, Band 9, Wien, 1985.

VOß, R. (1995):
Steuern im Dritten Reich: vom Recht zum Unrecht unter der Herrschaft des Nationalsozialismus, München 1995.

WEHLER, H.-U. (1995):
Deutsche Gesellschaftsgeschichte - Bd.3 - Von der „Deutschen Doppelrevolution" bis zum Beginn des Ersten Weltkrieges: 1849-1914. München, 1995.

WENGER, E. (2002):
Der Kapitalisierungszinsfuß in der Unternehmensbewertung, Würzburg 2002, Manuskript.

WOLF, H. (1992):
Als der Kapitalmarkt wieder laufen lernte, in: Die Bank, Heft 5, S. 291-297.

YULE, G.U. (1923):
The Making of Index-Numbers - by Irving Fisher, Review, in: Journal of the Royal Statistical Society, Bd. 86, 1923, S. 424ff.

ZIGANKE, H. (1953A):
Zum Umtausch der Großbank-Aktien, in: Wertpapiermitteilungen 1953, S. 849-851.

ZIGANKE, H. (1953B):
Zum Umtausch der R-Markaktien der Stammgesellschaften und zur Verkehrsfähigkeit der D-Markaktien der Nachfolgegesellschaften bei den entflochtenen Unternehmen, in: Wertpapiermitteilungen 1953, Teil IV B, Sonderbeilage, S. 9-14.

ZINGG, W. (1976): Indices, Kenn- und Messziffern für kotierte Schweizeraktien, Bern, 1976.

DATENQUELLENVERZEICHNIS

Zeitungen:

Allgemeine Zeitung, München, Jahrgänge 1890-1899.

Berliner Börsencourier, Jahrgänge 1921-1930.

Berliner Börsenzeitung, Jahrgänge 1869-1899.

Berliner Tageblatt, Jahrgänge 1921-1930.

Deutsche Allgemeine Zeitung, Jahrgänge 1921-1930.

Frankfurter Zeitung und Handelsblatt, Frankfurt/Main, Jahrgänge 1869-1943 mit Jahresbeilage: Deutscher Börsen-Kalender und Effekten-Handbuch, später: Börsen- und Wirtschaftskalender.

Hamburgische Börsen-Halle, Zeitung, Jahrgänge 1869-1899.

Handelsblatt, Düsseldorf, 1946-1959.

Neue Preußische Zeitung, Berlin, Jahrgänge 1869-1899.

Süddeutsche Zeitung (sowie deren Vorgänger: Münchner (Neueste) Nachrichten), Jahrgänge 1869-1890.

Vossische Zeitung, Jahrgänge 1921-1930.

Handbücher:

Handbuch der Deutschen Aktiengesellschaft(en), Jahrgänge 1899/1900, 1920-1934, 1930-1960.

Jahrbuch der Berliner Börse, Ein Nachschlagebuch für Bankiers und Kapitalisten, Berlin, Jahrgänge 1881-1914/15.

Jahrbuch der Frankfurter Börse (vormals: Handbuch des Finanzherolds), Jahrgänge 1890/91-1900/01.

Saling Aktienführer, Berlin – Jahrgänge 1950-1960.

[Kleines] Saling's Börsen-Jahrbuch, Berlin, Jahrgänge 1880/81-1890/91, 1910/11-1929/30.

Saling's Börsen-Papiere, Jahrgänge 1870-1910/11.

Schneider, A./Dahlheim, L: Usancen der Berliner Fonds-Börse, Ein Handbuch zum praktischen Gebrauch für Börsen-Interessenten, Jg. 1880-1890, 1890-1926.

Verzeichnis des Anhangs

A 1 Indexstände Ende 1870 bis 1959

Wochenwerte des nominalen Index

(Zu Börsenschließungen siehe Hauptteil der Arbeit, „Kriegsindex“ siehe A 10)

Datum	Nominal
31.12.70	1.000,00
07.01.71	958,69
14.01.71	960,62
21.01.71	964,97
28.01.71	968,16
04.02.71	973,90
11.02.71	972,63
18.02.71	978,85
25.02.71	983,35
04.03.71	1.005,03
11.03.71	1.007,26
18.03.71	1.013,09
25.03.71	1.012,47
01.04.71	1.025,61
08.04.71	1.039,15
15.04.71	1.044,80
22.04.71	1.059,00
29.04.71	1.063,72
06.05.71	1.084,94
13.05.71	1.098,19
20.05.71	1.100,77
27.05.71	1.106,03
03.06.71	1.125,56
10.06.71	1.145,92
17.06.71	1.144,79
24.06.71	1.146,56
01.07.71	1.177,44
08.07.71	1.177,29
15.07.71	1.185,75
22.07.71	1.199,69
29.07.71	1.203,39
05.08.71	1.218,53
12.08.71	1.235,35
19.08.71	1.236,95
26.08.71	1.240,24
02.09.71	1.252,42
09.09.71	1.254,57
16.09.71	1.258,55
23.09.71	1.253,62

Datum	Nominal
30.09.71	1.263,76
07.10.71	1.277,20
14.10.71	1.276,68
21.10.71	1.282,48
28.10.71	1.308,05
04.11.71	1.328,45
11.11.71	1.327,62
18.11.71	1.333,49
25.11.71	1.342,96
02.12.71	1.364,28
09.12.71	1.347,48
16.12.71	1.350,86
23.12.71	1.369,10
30.12.71	1.373,25
06.01.72	1.334,34
13.01.72	1.358,57
20.01.72	1.390,69
27.01.72	1.433,18
03.02.72	1.438,65
10.02.72	1.410,63
17.02.72	1.424,83
24.02.72	1.432,85
02.03.72	1.471,28
09.03.72	1.470,96
16.03.72	1.475,31
23.03.72	1.468,83
30.03.72	1.470,81
06.04.72	1.475,35
13.04.72	1.449,52
20.04.72	1.440,84
27.04.72	1.435,19
04.05.72	1.442,09
11.05.72	1.434,99
18.05.72	1.446,61
25.05.72	1.460,35
01.06.72	1.480,60
08.06.72	1.480,08
15.06.72	1.483,42
22.06.72	1.476,53

Datum	Nominal
29.06.72	1.480,05
06.07.72	1.490,07
13.07.72	1.482,76
20.07.72	1.476,06
27.07.72	1.485,46
03.08.72	1.507,86
10.08.72	1.521,49
17.08.72	1.542,31
24.08.72	1.537,27
31.08.72	1.558,74
07.09.72	1.549,71
14.09.72	1.550,11
21.09.72	1.534,51
28.09.72	1.535,67
05.10.72	1.541,32
12.10.72	1.542,91
19.10.72	1.574,35
26.10.72	1.561,57
02.11.72	1.585,73
09.11.72	1.593,47
16.11.72	1.588,06
23.11.72	1.586,10
30.11.72	1.584,24
07.12.72	1.567,84
14.12.72	1.544,19
21.12.72	1.545,35
28.12.72	1.556,54
04.01.73	1.512,64
11.01.73	1.476,64
18.01.73	1.503,50
25.01.73	1.482,03
01.02.73	1.491,08
08.02.73	1.489,66
15.02.73	1.497,26
22.02.73	1.499,98
01.03.73	1.511,73
08.03.73	1.514,83
15.03.73	1.499,06
22.03.73	1.494,38

Datum	Nominal
29.03.73	1.495,60
05.04.73	1.483,59
12.04.73	1.481,96
19.04.73	1.477,74
26.04.73	1.461,40
03.05.73	1.454,22
10.05.73	1.434,40
17.05.73	1.435,90
24.05.73	1.408,29
31.05.73	1.435,48
07.06.73	1.444,65
14.06.73	1.408,72
21.06.73	1.422,94
28.06.73	1.407,07
05.07.73	1.425,47
12.07.73	1.422,18
19.07.73	1.421,93
26.07.73	1.409,48
02.08.73	1.415,13
09.08.73	1.439,30
16.08.73	1.446,95
23.08.73	1.452,91
30.08.73	1.452,32
06.09.73	1.445,58
13.09.73	1.415,04
20.09.73	1.397,01
27.09.73	1.351,19
04.10.73	1.378,03
11.10.73	1.362,83
18.10.73	1.360,74
25.10.73	1.316,13
01.11.73	1.344,39
08.11.73	1.314,84
15.11.73	1.336,68
22.11.73	1.367,01
29.11.73	1.388,75
06.12.73	1.406,56
13.12.73	1.420,48
20.12.73	1.413,70

Datum	Nominal
27.12.73	1.404,98
03.01.74	1.341,45
10.01.74	1.341,86
17.01.74	1.318,37
24.01.74	1.328,54
31.01.74	1.324,79
07.02.74	1.320,93
14.02.74	1.310,37
21.02.74	1.316,67
28.02.74	1.305,04
07.03.74	1.295,20
14.03.74	1.291,27
21.03.74	1.288,81
28.03.74	1.272,22
04.04.74	1.270,96
11.04.74	1.283,77
18.04.74	1.311,73
25.04.74	1.338,55
02.05.74	1.353,84
09.05.74	1.347,79
16.05.74	1.343,72
23.05.74	1.321,98
30.05.74	1.301,24
06.06.74	1.309,42
13.06.74	1.306,12
20.06.74	1.325,12
27.06.74	1.322,40
04.07.74	1.340,12
11.07.74	1.348,23
18.07.74	1.361,11
25.07.74	1.367,45
01.08.74	1.389,36
08.08.74	1.396,36
15.08.74	1.409,63
22.08.74	1.405,36
29.08.74	1.415,07
05.09.74	1.427,35
12.09.74	1.436,03
19.09.74	1.437,24
26.09.74	1.420,66
03.10.74	1.420,23
10.10.74	1.397,33
17.10.74	1.385,18
24.10.74	1.370,80
31.10.74	1.380,12
07.11.74	1.375,18

Datum	Nominal
14.11.74	1.382,38
21.11.74	1.374,25
28.11.74	1.367,37
05.12.74	1.365,06
12.12.74	1.369,78
19.12.74	1.362,23
24.12.74	1.354,70
02.01.75	1.287,70
09.01.75	1.275,43
16.01.75	1.253,63
23.01.75	1.250,72
30.01.75	1.230,21
06.02.75	1.229,87
13.02.75	1.222,15
20.02.75	1.222,16
27.02.75	1.205,49
06.03.75	1.224,00
13.03.75	1.248,82
20.03.75	1.244,30
27.03.75	1.255,93
03.04.75	1.280,41
10.04.75	1.268,79
17.04.75	1.263,50
24.04.75	1.259,45
01.05.75	1.269,63
08.05.75	1.248,08
15.05.75	1.252,64
22.05.75	1.255,85
29.05.75	1.243,08
05.06.75	1.238,96
12.06.75	1.239,13
19.06.75	1.228,96
26.06.75	1.223,58
03.07.75	1.246,74
10.07.75	1.249,33
17.07.75	1.245,21
24.07.75	1.244,44
31.07.75	1.250,91
07.08.75	1.252,43
14.08.75	1.265,11
21.08.75	1.250,87
28.08.75	1.243,25
04.09.75	1.246,64
11.09.75	1.252,44
18.09.75	1.248,99
25.09.75	1.239,14

Datum	Nominal
02.10.75	1.225,36
09.10.75	1.219,44
16.10.75	1.196,74
23.10.75	1.185,62
30.10.75	1.174,67
06.11.75	1.173,01
13.11.75	1.177,29
20.11.75	1.172,80
27.11.75	1.191,18
04.12.75	1.218,72
11.12.75	1.220,27
18.12.75	1.228,60
24.12.75	1.233,34
31.12.75	1.244,22
08.01.76	1.174,84
15.01.76	1.184,05
22.01.76	1.183,80
29.01.76	1.184,83
05.02.76	1.183,14
12.02.76	1.200,94
19.02.76	1.207,05
26.02.76	1.225,87
04.03.76	1.249,64
11.03.76	1.234,95
18.03.76	1.236,97
25.03.76	1.244,29
01.04.76	1.236,71
08.04.76	1.235,63
15.04.76	1.220,41
22.04.76	1.221,13
29.04.76	1.228,52
06.05.76	1.283,44
13.05.76	1.274,27
20.05.76	1.280,97
27.05.76	1.298,60
03.06.76	1.292,39
10.06.76	1.306,51
17.06.76	1.314,32
24.06.76	1.306,64
27.06.76	1.305,53
08.07.76	1.310,13
15.07.76	1.326,19
22.07.76	1.330,88
29.07.76	1.328,30
05.08.76	1.339,44
12.08.76	1.350,48

Datum	Nominal
19.08.76	1.353,35
26.08.76	1.366,10
01.09.76	1.369,57
09.09.76	1.372,74
16.09.76	1.369,08
23.09.76	1.372,17
30.09.76	1.363,03
07.10.76	1.364,62
14.10.76	1.359,19
21.10.76	1.327,15
27.10.76	1.321,46
04.11.76	1.334,70
11.11.76	1.340,32
18.11.76	1.313,30
25.11.76	1.313,88
02.12.76	1.307,01
09.12.76	1.317,14
16.12.76	1.319,93
23.12.76	1.328,68
30.12.76	1.338,39
06.01.77	1.294,67
13.01.77	1.291,77
20.01.77	1.295,28
27.01.77	1.307,36
03.02.77	1.311,12
10.02.77	1.303,05
17.02.77	1.289,96
24.02.77	1.282,12
03.03.77	1.286,46
10.03.77	1.276,26
17.03.77	1.275,33
24.03.77	1.268,86
31.03.77	1.273,76
07.04.77	1.288,68
14.04.77	1.251,05
21.04.77	1.257,02
28.04.77	1.251,97
05.05.77	1.274,26
12.05.77	1.275,37
19.05.77	1.281,39
26.05.77	1.278,06
02.06.77	1.276,06
09.06.77	1.281,74
16.06.77	1.276,82
23.06.77	1.277,19
30.06.77	1.283,32

Datum	Nominal
07.07.77	1.297,26
14.07.77	1.296,92
21.07.77	1.297,53
28.07.77	1.302,42
04.08.77	1.310,53
11.08.77	1.339,11
18.08.77	1.353,22
25.08.77	1.355,06
01.09.77	1.374,63
08.09.77	1.373,01
15.09.77	1.386,34
22.09.77	1.373,31
29.09.77	1.376,37
06.10.77	1.377,20
13.10.77	1.361,00
20.10.77	1.363,33
27.10.77	1.361,15
03.11.77	1.370,93
10.11.77	1.365,98
17.11.77	1.359,67
24.11.77	1.361,07
01.12.77	1.358,82
08.12.77	1.360,26
15.12.77	1.344,07
22.12.77	1.343,13
29.12.77	1.348,23
05.01.78	1.289,71
12.01.78	1.308,09
19.01.78	1.295,09
26.01.78	1.305,55
02.02.78	1.334,96
09.02.78	1.347,31
16.02.78	1.334,89
23.02.78	1.333,54
02.03.78	1.331,76
09.03.78	1.339,78
16.03.78	1.354,41
23.03.78	1.354,44
30.03.78	1.322,35
06.04.78	1.332,05
13.04.78	1.343,57
20.04.78	1.346,40
27.04.78	1.330,94
04.05.78	1.354,80
11.05.78	1.368,96
18.05.78	1.377,49

Datum	Nominal
25.05.78	1.382,63
01.06.78	1.431,88
08.06.78	1.433,21
15.06.78	1.440,34
22.06.78	1.433,68
29.06.78	1.451,69
06.07.78	1.490,27
13.07.78	1.494,51
20.07.78	1.505,29
27.07.78	1.517,74
03.08.78	1.529,58
10.08.78	1.531,46
17.08.78	1.532,35
24.08.78	1.527,33
31.08.78	1.522,59
07.09.78	1.527,26
14.09.78	1.508,37
21.09.78	1.506,74
28.09.78	1.512,17
05.10.78	1.508,48
12.10.78	1.498,67
19.10.78	1.493,94
26.10.78	1.495,17
02.11.78	1.506,85
09.11.78	1.495,64
16.11.78	1.494,17
23.11.78	1.496,64
30.11.78	1.483,79
07.12.78	1.482,64
14.12.78	1.475,85
21.12.78	1.469,90
28.12.78	1.474,50
04.01.79	1.429,00
11.01.79	1.422,99
18.01.79	1.427,18
25.01.79	1.413,23
01.02.79	1.416,08
08.02.79	1.421,19
15.02.79	1.440,21
22.02.79	1.452,67
01.03.79	1.456,68
08.03.79	1.455,37
15.03.79	1.460,97
22.03.79	1.487,08
29.03.79	1.506,24
05.04.79	1.519,00

Datum	Nominal
12.04.79	1.534,42
19.04.79	1.551,26
26.04.79	1.586,78
03.05.79	1.626,52
10.05.79	1.649,81
17.05.79	1.657,65
24.05.79	1.690,50
31.05.79	1.732,66
07.06.79	1.711,61
14.06.79	1.701,54
21.06.79	1.685,29
28.06.79	1.694,55
05.07.79	1.736,29
12.07.79	1.755,28
19.07.79	1.760,84
26.07.79	1.778,75
02.08.79	1.795,86
09.08.79	1.789,94
16.08.79	1.794,56
23.08.79	1.786,88
30.08.79	1.792,46
06.09.79	1.792,48
13.09.79	1.785,74
20.09.79	1.792,29
27.09.79	1.817,31
04.10.79	1.818,44
11.10.79	1.835,92
18.10.79	1.834,31
25.10.79	1.855,83
01.11.79	1.870,48
08.11.79	1.877,03
15.11.79	1.863,82
22.11.79	1.872,29
29.11.79	1.894,53
06.12.79	1.926,70
13.12.79	1.930,17
20.12.79	1.953,35
27.12.79	1.965,58
03.01.80	1.928,40
10.01.80	1.895,51
17.01.80	1.911,12
24.01.80	1.915,07
31.01.80	1.951,25
07.02.80	1.986,14
14.02.80	2.008,12
21.02.80	2.046,91

Datum	Nominal
28.02.80	2.040,28
06.03.80	1.995,10
13.03.80	2.011,04
20.03.80	2.008,89
27.03.80	2.002,36
03.04.80	2.019,45
10.04.80	2.024,02
17.04.80	2.019,40
24.04.80	2.015,03
01.05.80	2.043,91
08.05.80	2.046,93
15.05.80	2.048,31
22.05.80	2.059,17
29.05.80	2.060,85
05.06.80	2.073,42
12.06.80	2.088,54
19.06.80	2.103,13
26.06.80	2.099,75
03.07.80	2.126,93
10.07.80	2.120,10
17.07.80	2.138,78
24.07.80	2.156,70
31.07.80	2.167,48
07.08.80	2.170,57
14.08.80	2.174,15
21.08.80	2.174,18
28.08.80	2.186,60
04.09.80	2.206,07
11.09.80	2.181,92
18.09.80	2.165,07
25.09.80	2.150,52
02.10.80	2.162,30
09.10.80	2.161,19
16.10.80	2.164,27
23.10.80	2.174,09
30.10.80	2.176,30
06.11.80	2.171,94
13.11.80	2.192,54
20.11.80	2.189,69
27.11.80	2.199,96
04.12.80	2.220,14
11.12.80	2.216,68
18.12.80	2.219,22
24.12.80	2.217,46
01.01.81	2.147,72
08.01.81	2.139,34

Datum	Nominal
15.01.81	2.146,88
22.01.81	2.132,90
29.01.81	2.132,51
05.02.81	2.147,10
12.02.81	2.140,70
19.02.81	2.149,48
26.02.81	2.146,84
05.03.81	2.155,78
12.03.81	2.153,02
19.03.81	2.130,32
26.03.81	2.161,69
02.04.81	2.182,37
09.04.81	2.219,26
16.04.81	2.235,99
23.04.81	2.254,43
30.04.81	2.311,84
07.05.81	2.379,24
14.05.81	2.367,86
21.05.81	2.369,03
28.05.81	2.395,64
04.06.81	2.419,38
11.06.81	2.417,23
18.06.81	2.429,77
25.06.81	2.463,10
02.07.81	2.488,71
09.07.81	2.519,14
16.07.81	2.517,45
23.07.81	2.516,22
30.07.81	2.542,66
06.08.81	2.569,00
13.08.81	2.558,96
20.08.81	2.562,61
27.08.81	2.545,39
03.09.81	2.533,21
10.09.81	2.545,52
17.09.81	2.534,48
24.09.81	2.533,14
01.10.81	2.557,55
08.10.81	2.566,57
15.10.81	2.555,51
22.10.81	2.537,33
29.10.81	2.529,00
05.11.81	2.549,26
12.11.81	2.537,07
19.11.81	2.541,55
26.11.81	2.547,59

Datum	Nominal
03.12.81	2.570,83
10.12.81	2.580,58
17.12.81	2.605,44
24.12.81	2.606,17
31.12.81	2.605,82
07.01.82	2.512,56
14.01.82	2.471,06
21.01.82	2.423,27
28.01.82	2.378,98
04.02.82	2.454,80
11.02.82	2.401,19
18.02.82	2.416,17
25.02.82	2.401,18
04.03.82	2.440,67
11.03.82	2.433,99
18.03.82	2.431,27
25.03.82	2.457,71
01.04.82	2.500,64
08.04.82	2.520,97
15.04.82	2.560,79
22.04.82	2.560,01
29.04.82	2.569,74
06.05.82	2.602,24
13.05.82	2.628,47
20.05.82	2.630,98
27.05.82	2.628,50
03.06.82	2.629,66
10.06.82	2.626,38
17.06.82	2.606,55
24.06.82	2.603,42
01.07.82	2.621,11
08.07.82	2.625,07
15.07.82	2.604,54
22.07.82	2.622,20
29.07.82	2.620,57
05.08.82	2.619,65
12.08.82	2.627,73
19.08.82	2.633,70
26.08.82	2.635,22
02.09.82	2.653,89
09.09.82	2.643,62
16.09.82	2.640,11
23.09.82	2.639,05
30.09.82	2.638,40
07.10.82	2.638,09
14.10.82	2.632,24

Datum	Nominal
21.10.82	2.630,24
28.10.82	2.623,01
04.11.82	2.612,26
11.11.82	2.622,61
18.11.82	2.597,70
25.11.82	2.606,59
02.12.82	2.610,70
09.12.82	2.606,02
16.12.82	2.594,96
23.12.82	2.587,96
30.12.82	2.596,09
06.01.83	2.499,34
13.01.83	2.500,40
20.01.83	2.497,50
27.01.83	2.503,75
03.02.83	2.533,16
10.02.83	2.544,90
17.02.83	2.549,55
24.02.83	2.557,72
03.03.83	2.600,55
10.03.83	2.598,15
17.03.83	2.601,08
24.03.83	2.619,00
31.03.83	2.650,88
07.04.83	2.679,25
14.04.83	2.701,68
21.04.83	2.699,35
28.04.83	2.715,91
05.05.83	2.733,07
12.05.83	2.720,64
19.05.83	2.737,40
26.05.83	2.730,97
02.06.83	2.729,34
09.06.83	2.733,73
16.06.83	2.761,11
23.06.83	2.770,12
30.06.83	2.777,57
07.07.83	2.769,68
14.07.83	2.775,97
21.07.83	2.775,92
28.07.83	2.794,13
04.08.83	2.815,91
11.08.83	2.824,03
18.08.83	2.816,08
25.08.83	2.810,24
01.09.83	2.813,74

Datum	Nominal
08.09.83	2.807,73
15.09.83	2.818,76
22.09.83	2.816,82
29.09.83	2.804,52
06.10.83	2.810,54
13.10.83	2.801,74
20.10.83	2.780,15
27.10.83	2.776,61
03.11.83	2.764,54
10.11.83	2.755,62
17.11.83	2.753,12
24.11.83	2.778,21
01.12.83	2.781,62
08.12.83	2.791,14
15.12.83	2.799,32
22.12.83	2.808,81
29.12.83	2.813,28
05.01.84	2.725,81
12.01.84	2.739,19
19.01.84	2.741,09
26.01.84	2.734,42
02.02.84	2.744,69
09.02.84	2.756,98
16.02.84	2.764,62
23.02.84	2.774,31
01.03.84	2.795,43
08.03.84	2.821,77
15.03.84	2.834,69
22.03.84	2.848,01
29.03.84	2.849,89
05.04.84	2.907,31
12.04.84	2.920,55
19.04.84	2.926,97
26.04.84	2.925,04
03.05.84	2.933,24
10.05.84	2.942,89
17.05.84	2.935,67
24.05.84	2.909,88
31.05.84	2.911,44
07.06.84	2.926,11
14.06.84	2.928,94
21.06.84	2.918,71
28.06.84	2.900,55
05.07.84	2.915,05
12.07.84	2.913,34
19.07.84	2.914,90

Datum	Nominal
26.07.84	2.924,02
02.08.84	2.951,08
09.08.84	2.960,52
16.08.84	2.957,75
23.08.84	2.958,45
30.08.84	2.948,58
06.09.84	2.949,25
13.09.84	2.955,48
20.09.84	2.951,02
27.09.84	2.941,86
04.10.84	2.953,61
11.10.84	2.949,75
18.10.84	2.951,55
25.10.84	2.957,97
01.11.84	2.967,85
08.11.84	2.970,37
15.11.84	2.977,75
22.11.84	2.984,97
29.11.84	2.991,81
06.12.84	3.004,86
13.12.84	3.002,87
20.12.84	2.990,21
27.12.84	2.997,62
03.01.85	2.890,75
10.01.85	2.876,83
17.01.85	2.895,15
24.01.85	2.897,99
31.01.85	2.908,05
07.02.85	2.921,10
14.02.85	2.927,29
21.02.85	2.928,95
28.02.85	2.932,73
07.03.85	2.947,22
14.03.85	2.950,02
21.03.85	2.954,10
28.03.85	2.923,38
04.04.85	2.958,66
11.04.85	2.934,10
18.04.85	2.945,51
25.04.85	2.918,09
02.05.85	2.943,91
09.05.85	2.983,40
16.05.85	2.998,68
23.05.85	2.992,32
30.05.85	3.004,52
06.06.85	3.015,25

Datum	Nominal
13.06.85	3.004,20
20.06.85	3.001,43
27.06.85	2.999,02
04.07.85	2.997,36
11.07.85	2.999,57
18.07.85	2.993,59
25.07.85	2.992,35
01.08.85	2.988,95
08.08.85	2.981,82
15.08.85	2.988,81
22.08.85	2.987,20
29.08.85	2.997,39
05.09.85	3.005,23
12.09.85	3.008,15
19.09.85	3.006,65
26.09.85	2.988,90
03.10.85	2.973,71
10.10.85	2.978,21
17.10.85	2.968,48
24.10.85	2.983,45
31.10.85	2.984,77
07.11.85	2.963,25
14.11.85	2.980,45
21.11.85	2.995,28
28.11.85	2.998,01
05.12.85	3.001,68
12.12.85	3.007,03
19.12.85	3.031,22
24.12.85	3.030,89
30.12.85	3.027,83
02.01.86	2.923,09
09.01.86	2.933,49
16.01.86	2.933,07
23.01.86	2.937,42
30.01.86	2.935,38
06.02.86	2.948,35
13.02.86	2.966,22
20.02.86	2.967,81
27.02.86	2.993,10
06.03.86	3.020,71
13.03.86	3.046,82
20.03.86	3.043,44
27.03.86	3.040,59
03.04.86	3.062,97
10.04.86	3.085,07
17.04.86	3.091,32

Datum	Nominal
24.04.86	3.090,73
01.05.86	3.113,67
08.05.86	3.123,31
15.05.86	3.133,97
22.05.86	3.163,45
29.05.86	3.163,07
05.06.86	3.177,77
12.06.86	3.183,95
19.06.86	3.175,43
26.06.86	3.170,51
03.07.86	3.160,54
10.07.86	3.174,17
17.07.86	3.174,82
24.07.86	3.185,98
31.07.86	3.184,10
07.08.86	3.197,81
14.08.86	3.198,29
21.08.86	3.203,66
28.08.86	3.179,10
04.09.86	3.176,75
11.09.86	3.191,86
18.09.86	3.189,18
25.09.86	3.192,99
02.10.86	3.222,98
09.10.86	3.253,66
16.10.86	3.232,97
23.10.86	3.250,32
30.10.86	3.269,87
06.11.86	3.283,89
13.11.86	3.298,12
20.11.86	3.326,40
27.11.86	3.340,47
04.12.86	3.339,29
11.12.86	3.332,73
18.12.86	3.288,56
24.12.86	3.298,02
31.12.86	3.318,89
08.01.87	3.202,14
15.01.87	3.208,74
22.01.87	3.152,48
29.01.87	3.118,40
05.02.87	3.036,69
12.02.87	3.039,66
19.02.87	3.067,40
26.02.87	3.067,01
05.03.87	3.067,19

Datum	Nominal
12.03.87	3.135,28
19.03.87	3.163,42
26.03.87	3.162,24
02.04.87	3.183,25
09.04.87	3.210,61
16.04.87	3.246,04
23.04.87	3.253,51
30.04.87	3.277,03
07.05.87	3.282,92
14.05.87	3.295,92
21.05.87	3.313,53
28.05.87	3.309,82
04.06.87	3.336,20
11.06.87	3.327,54
18.06.87	3.331,28
25.06.87	3.327,70
02.07.87	3.327,89
09.07.87	3.316,11
16.07.87	3.324,87
23.07.87	3.336,33
30.07.87	3.342,70
06.08.87	3.355,55
13.08.87	3.367,21
20.08.87	3.371,26
27.08.87	3.374,40
03.09.87	3.378,31
10.09.87	3.380,96
17.09.87	3.373,98
24.09.87	3.379,76
01.10.87	3.375,84
08.10.87	3.402,17
15.10.87	3.402,25
22.10.87	3.399,90
29.10.87	3.395,73
05.11.87	3.399,59
12.11.87	3.354,20
19.11.87	3.347,56
26.11.87	3.358,08
03.12.87	3.375,01
10.12.87	3.377,32
17.12.87	3.352,75
24.12.87	3.356,81
31.12.87	3.339,62
07.01.88	3.295,24
14.01.88	3.281,44
21.01.88	3.288,91

Datum	Nominal
28.01.88	3.301,13
04.02.88	3.282,37
11.02.88	3.297,81
18.02.88	3.306,00
25.02.88	3.312,61
03.03.88	3.316,40
08.03.88	3.318,23
17.03.88	3.349,56
24.03.88	3.361,32
31.03.88	3.397,53
07.04.88	3.425,76
14.04.88	3.437,35
21.04.88	3.426,55
28.04.88	3.459,26
05.05.88	3.489,49
12.05.88	3.502,96
19.05.88	3.514,96
26.05.88	3.514,70
02.06.88	3.529,79
09.06.88	3.544,50
14.06.88	3.535,23
23.06.88	3.601,87
30.06.88	3.631,62
07.07.88	3.671,00
14.07.88	3.679,20
21.07.88	3.687,29
28.07.88	3.695,72
04.08.88	3.721,40
11.08.88	3.765,81
18.08.88	3.781,24
25.08.88	3.786,39
01.09.88	3.824,13
08.09.88	3.878,72
15.09.88	3.880,54
21.09.88	3.888,36
28.09.88	3.917,69
06.10.88	3.876,67
13.10.88	3.896,47
20.10.88	3.882,59
27.10.88	3.878,46
03.11.88	3.872,70
10.11.88	3.862,03
17.11.88	3.829,08
24.11.88	3.850,43
01.12.88	3.844,72
08.12.88	3.847,13

Datum	Nominal
15.12.88	3.848,44
22.12.88	3.859,23
29.12.88	3.893,44
05.01.89	3.813,04
12.01.89	3.859,72
19.01.89	3.882,07
26.01.89	3.906,89
02.02.89	3.910,38
09.02.89	3.934,06
16.02.89	3.948,69
23.02.89	3.941,60
02.03.89	3.952,80
09.03.89	3.946,31
16.03.89	3.951,25
23.03.89	3.966,58
30.03.89	4.001,81
06.04.89	4.077,29
13.04.89	4.113,63
20.04.89	4.127,26
27.04.89	4.170,51
04.05.89	4.207,95
11.05.89	4.184,39
18.05.89	4.235,69
25.05.89	4.201,28
01.06.89	4.185,42
08.06.89	4.167,30
15.06.89	4.124,80
22.06.89	4.153,01
29.06.89	4.151,34
06.07.89	4.138,23
13.07.89	4.150,07
20.07.89	4.162,04
27.07.89	4.182,43
03.08.89	4.239,32
10.08.89	4.218,97
17.08.89	4.235,08
24.08.89	4.255,08
31.08.89	4.288,62
07.09.89	4.311,47
14.09.89	4.301,04
21.09.89	4.295,91
28.09.89	4.354,07
05.10.89	4.354,37
12.10.89	4.384,61
19.10.89	4.378,09
26.10.89	4.399,13

Datum	Nominal
02.11.89	4.419,71
09.11.89	4.422,81
16.11.89	4.405,03
23.11.89	4.435,66
30.11.89	4.533,43
07.12.89	4.513,87
14.12.89	4.539,43
21.12.89	4.562,42
31.12.89	4.566,16
04.01.90	4.526,19
11.01.90	4.458,29
18.01.90	4.431,91
25.01.90	4.393,87
01.02.90	4.376,14
08.02.90	4.307,60
15.02.90	4.297,74
22.02.90	4.305,33
01.03.90	4.173,22
08.03.90	4.172,92
15.03.90	4.169,96
22.03.90	4.094,88
29.03.90	4.050,41
05.04.90	4.114,98
12.04.90	4.120,36
19.04.90	4.090,80
26.04.90	4.096,66
03.05.90	4.184,95
10.05.90	4.164,66
17.05.90	4.169,93
24.05.90	4.207,38
31.05.90	4.264,39
07.06.90	4.254,05
14.06.90	4.240,90
21.06.90	4.238,93
28.06.90	4.265,67
05.07.90	4.254,74
12.07.90	4.227,95
19.07.90	4.232,43
26.07.90	4.248,70
02.08.90	4.245,74
09.08.90	4.297,84
16.08.90	4.354,15
23.08.90	4.377,96
30.08.90	4.405,03
06.09.90	4.425,87
13.09.90	4.406,00

Datum	Nominal
20.09.90	4.399,75
27.09.90	4.396,92
04.10.90	4.373,77
11.10.90	4.306,04
18.10.90	4.302,64
25.10.90	4.230,70
01.11.90	4.266,35
08.11.90	4.222,63
15.11.90	4.222,78
22.11.90	4.179,78
29.11.90	4.187,61
06.12.90	4.212,45
13.12.90	4.202,86
20.12.90	4.215,69
27.12.90	4.234,72
03.01.91	4.148,82
10.01.91	4.131,80
17.01.91	4.138,63
24.01.91	4.136,03
31.01.91	4.136,76
07.02.91	4.141,01
14.02.91	4.139,75
21.02.91	4.113,82
28.02.91	4.066,71
07.03.91	4.085,37
14.03.91	4.070,99
21.03.91	4.129,25
28.03.91	4.166,52
04.04.91	4.155,74
11.04.91	4.154,66
18.04.91	4.129,57
25.04.91	4.121,14
02.05.91	4.136,32
09.05.91	4.117,52
16.05.91	4.077,27
23.05.91	4.084,48
30.05.91	4.077,79
06.06.91	4.101,13
13.06.91	4.103,72
20.06.91	4.105,90
27.06.91	4.089,61
04.07.91	4.041,69
11.07.91	4.076,68
18.07.91	4.065,08
25.07.91	4.034,24
01.08.91	3.978,64

Datum	Nominal
08.08.91	3.988,47
15.08.91	3.957,52
22.08.91	3.927,27
29.08.91	3.920,54
05.09.91	3.972,43
12.09.91	3.993,96
19.09.91	3.967,51
26.09.91	3.982,51
03.10.91	4.062,77
10.10.91	4.032,73
17.10.91	4.022,58
24.10.91	4.020,82
31.10.91	3.981,03
07.11.91	3.905,12
14.11.91	3.867,60
21.11.91	3.866,58
28.11.91	3.906,28
05.12.91	3.922,88
12.12.91	3.941,45
19.12.91	3.949,51
24.12.91	3.968,61
02.01.92	3.875,86
09.01.92	3.932,82
16.01.92	3.941,44
23.01.92	3.966,81
30.01.92	3.969,96
06.02.92	3.974,95
13.02.92	3.971,24
20.02.92	3.962,93
27.02.92	3.949,68
05.03.92	3.973,56
12.03.92	3.983,09
19.03.92	3.983,30
26.03.92	4.032,21
02.04.92	4.084,63
09.04.92	4.161,26
16.04.92	4.201,33
23.04.92	4.174,84
30.04.92	4.219,44
07.05.92	4.218,42
14.05.92	4.241,60
21.05.92	4.262,88
28.05.92	4.352,27
04.06.92	4.405,04
11.06.92	4.407,06
18.06.92	4.367,17

Datum	Nominal
25.06.92	4.320,54
02.07.92	4.300,89
09.07.92	4.300,80
16.07.92	4.328,74
23.07.92	4.320,43
30.07.92	4.329,16
06.08.92	4.374,52
13.08.92	4.377,62
20.08.92	4.379,10
27.08.92	4.353,61
03.09.92	4.356,76
10.09.92	4.340,19
17.09.92	4.317,86
24.09.92	4.311,36
01.10.92	4.281,43
08.10.92	4.271,30
15.10.92	4.308,40
22.10.92	4.291,43
29.10.92	4.263,00
05.11.92	4.301,50
12.11.92	4.310,97
19.11.92	4.305,25
26.11.92	4.292,03
03.12.92	4.261,34
10.12.92	4.233,03
17.12.92	4.232,09
24.12.92	4.239,24
31.12.92	4.194,20
07.01.93	4.143,13
14.01.93	4.170,22
21.01.93	4.173,92
28.01.93	4.183,82
04.02.93	4.237,01
11.02.93	4.301,15
18.02.93	4.338,81
25.02.93	4.389,44
04.03.93	4.414,89
11.03.93	4.423,93
18.03.93	4.467,26
25.03.93	4.500,69
01.04.93	4.465,71
08.04.93	4.479,14
15.04.93	4.468,59
22.04.93	4.495,36
29.04.93	4.496,48
06.05.93	4.470,94

Datum	Nominal
13.05.93	4.464,37
20.05.93	4.476,23
27.05.93	4.489,07
03.06.93	4.501,96
10.06.93	4.487,71
17.06.93	4.481,42
24.06.93	4.473,09
01.07.93	4.426,12
08.07.93	4.447,63
15.07.93	4.447,23
22.07.93	4.438,51
29.07.93	4.438,15
05.08.93	4.427,69
12.08.93	4.401,25
19.08.93	4.362,07
26.08.93	4.359,73
02.09.93	4.376,80
09.09.93	4.418,66
16.09.93	4.429,74
23.09.93	4.431,44
30.09.93	4.442,63
07.10.93	4.454,44
14.10.93	4.435,16
21.10.93	4.410,83
28.10.93	4.399,08
04.11.93	4.373,85
11.11.93	4.384,74
18.11.93	4.393,08
25.11.93	4.392,20
02.12.93	4.435,20
09.12.93	4.473,03
16.12.93	4.465,58
23.12.93	4.478,76
30.12.93	4.507,17
06.01.94	4.463,38
13.01.94	4.432,03
20.01.94	4.413,33
27.01.94	4.440,38
03.02.94	4.428,17
10.02.94	4.509,47
17.02.94	4.523,68
24.02.94	4.535,81
03.03.94	4.585,63
10.03.94	4.610,63
17.03.94	4.652,10
24.03.94	4.689,06

Datum	Nominal
31.03.94	4.731,48
07.04.94	4.723,78
14.04.94	4.713,37
21.04.94	4.723,74
28.04.94	4.727,92
05.05.94	4.741,77
12.05.94	4.730,59
19.05.94	4.739,19
26.05.94	4.730,36
02.06.94	4.717,73
09.06.94	4.757,59
16.06.94	4.770,35
23.06.94	4.754,62
30.06.94	4.741,87
07.07.94	4.762,11
14.07.94	4.791,33
21.07.94	4.817,22
28.07.94	4.847,51
04.08.94	4.881,16
11.08.94	4.904,05
18.08.94	4.931,92
25.08.94	4.950,64
01.09.94	4.979,61
08.09.94	4.968,56
15.09.94	5.021,92
22.09.94	5.074,02
29.09.94	5.089,96
06.10.94	5.035,00
13.10.94	5.058,73
20.10.94	5.063,52
27.10.94	5.040,77
03.11.94	5.102,01
10.11.94	5.082,99
17.11.94	5.099,48
24.11.94	5.121,70
01.12.94	5.147,83
08.12.94	5.180,94
15.12.94	5.176,41
22.12.94	5.189,20
29.12.94	5.199,69
05.01.95	5.144,50
12.01.95	5.171,23
19.01.95	5.133,44
26.01.95	5.141,74
02.02.95	5.155,30
09.02.95	5.167,48

Datum	Nominal
16.02.95	5.191,28
23.02.95	5.179,13
02.03.95	5.186,58
09.03.95	5.242,75
16.03.95	5.289,27
23.03.95	5.321,88
30.03.95	5.347,38
06.04.95	5.361,94
13.04.95	5.385,11
20.04.95	5.407,29
27.04.95	5.433,10
04.05.95	5.461,37
11.05.95	5.527,22
18.05.95	5.571,67
25.05.95	5.607,20
01.06.95	5.687,57
08.06.95	5.642,17
15.06.95	5.659,27
22.06.95	5.657,99
29.06.95	5.649,27
06.07.95	5.681,73
13.07.95	5.674,45
20.07.95	5.640,12
27.07.95	5.618,67
03.08.95	5.653,11
10.08.95	5.665,21
17.08.95	5.722,89
24.08.95	5.779,77
31.08.95	5.833,66
07.09.95	5.866,39
14.09.95	5.865,86
21.09.95	5.877,43
28.09.95	5.962,53
05.10.95	5.981,64
12.10.95	5.955,60
19.10.95	5.955,34
26.10.95	5.920,08
02.11.95	5.877,81
09.11.95	5.564,59
16.11.95	5.702,89
23.11.95	5.669,22
30.11.95	5.678,24
07.12.95	5.715,01
14.12.95	5.682,89
21.12.95	5.535,06
28.12.95	5.621,77

Datum	Nominal
04.01.96	5.598,25
11.01.96	5.536,46
18.01.96	5.566,60
25.01.96	5.620,87
01.02.96	5.698,07
08.02.96	5.753,74
15.02.96	5.708,51
22.02.96	5.709,49
29.02.96	5.675,23
07.03.96	5.669,49
14.03.96	5.698,84
21.03.96	5.705,92
28.03.96	5.720,83
04.04.96	5.757,70
11.04.96	5.769,98
18.04.96	5.777,65
25.04.96	5.786,87
02.05.96	5.804,80
09.05.96	5.816,33
16.05.96	5.803,22
23.05.96	5.821,47
30.05.96	5.846,22
06.06.96	5.876,60
13.06.96	5.855,92
20.06.96	5.857,32
27.06.96	5.850,16
04.07.96	5.824,24
11.07.96	5.839,94
18.07.96	5.873,40
25.07.96	5.867,39
01.08.96	5.863,95
08.08.96	5.860,55
15.08.96	5.891,64
22.08.96	5.900,34
29.08.96	5.919,25
05.09.96	5.976,26
12.09.96	5.953,53
19.09.96	5.941,86
26.09.96	5.931,56
03.10.96	5.955,61
10.10.96	5.863,14
17.10.96	5.868,47
24.10.96	5.864,87
31.10.96	5.896,09
07.11.96	5.930,34
14.11.96	5.893,81

Datum	Nominal
21.11.96	5.910,62
28.11.96	5.921,26
05.12.96	5.945,84
12.12.96	5.976,50
19.12.96	5.985,55
24.12.96	5.991,45
02.01.97	5.868,62
09.01.97	5.901,80
16.01.97	5.924,15
23.01.97	5.928,71
30.01.97	5.992,87
06.02.97	5.946,58
13.02.97	5.882,20
20.02.97	5.834,78
27.02.97	5.900,41
06.03.97	5.770,42
13.03.97	5.872,22
20.03.97	5.904,56
27.03.97	5.903,64
03.04.97	5.875,41
10.04.97	5.941,35
17.04.97	5.946,63
24.04.97	5.940,04
01.05.97	6.019,51
08.05.97	6.057,87
15.05.97	6.133,35
22.05.97	6.180,93
29.05.97	6.212,40
05.06.97	6.250,47
12.06.97	6.259,60
19.06.97	6.267,94
26.06.97	6.278,56
03.07.97	6.286,44
10.07.97	6.312,02
17.07.97	6.355,13
24.07.97	6.375,39
31.07.97	6.379,00
07.08.97	6.427,20
14.08.97	6.381,41
21.08.97	6.379,77
28.08.97	6.398,55
04.09.97	6.365,20
11.09.97	6.397,04
18.09.97	6.354,97
25.09.97	6.353,66
02.10.97	6.344,91

Datum	Nominal
09.10.97	6.292,77
16.10.97	6.310,62
23.10.97	6.324,74
30.10.97	6.383,10
06.11.97	6.395,62
13.11.97	6.424,24
20.11.97	6.433,15
27.11.97	6.430,26
04.12.97	6.470,24
11.12.97	6.487,33
18.12.97	6.497,53
24.12.97	6.521,30
31.12.97	6.578,80
08.01.98	6.490,06
15.01.98	6.481,35
22.01.98	6.472,76
29.01.98	6.490,81
05.02.98	6.482,09
12.02.98	6.490,86
19.02.98	6.463,08
26.02.98	6.497,15
05.03.98	6.506,26
12.03.98	6.500,33
19.03.98	6.555,10
26.03.98	6.571,85
02.04.98	6.585,21
09.04.98	6.562,08
16.04.98	6.523,25
23.04.98	6.483,44
30.04.98	6.610,87
07.05.98	6.684,09
14.05.98	6.680,83
21.05.98	6.704,73
28.05.98	6.755,28
04.06.98	6.771,42
11.06.98	6.770,41
18.06.98	6.754,44
25.06.98	6.746,80
02.07.98	6.747,70
09.07.98	6.738,92
16.07.98	6.731,63
23.07.98	6.728,33
30.07.98	6.759,86
06.08.98	6.781,76
13.08.98	6.796,57
20.08.98	6.818,45

Datum	Nominal
27.08.98	6.816,07
03.09.98	6.851,74
10.09.98	6.847,76
17.09.98	6.849,28
24.09.98	6.834,17
01.10.98	6.862,94
08.10.98	6.852,96
15.10.98	6.817,56
22.10.98	6.827,75
29.10.98	6.840,86
05.11.98	6.876,20
12.11.98	6.823,49
19.11.98	6.778,66
26.11.98	6.823,81
03.12.98	6.900,85
10.12.98	6.915,65
17.12.98	6.926,71
24.12.98	6.973,79
31.12.98	7.046,42
07.01.99	6.863,46
14.01.99	6.895,49
21.01.99	6.899,21
28.01.99	6.990,27
04.02.99	7.017,94
11.02.99	7.026,05
18.02.99	7.018,73
25.02.99	7.042,59
04.03.99	7.017,76
11.03.99	7.051,98
18.03.99	7.029,10
25.03.99	7.083,98
01.04.99	7.138,32
08.04.99	7.118,74
15.04.99	7.154,08
22.04.99	7.200,94
29.04.99	7.279,34
06.05.99	7.357,95
13.05.99	7.346,97
20.05.99	7.380,70
27.05.99	7.355,55
03.06.99	7.407,03
10.06.99	7.353,31
17.06.99	7.248,81
24.06.99	7.320,60
01.07.99	7.279,67
08.07.99	7.280,00

Datum	Nominal
15.07.99	7.257,03
22.07.99	7.285,90
29.07.99	7.289,51
05.08.99	7.294,46
12.08.99	7.280,16
19.08.99	7.241,08
26.08.99	7.236,73
02.09.99	7.222,66
09.09.99	7.160,78
16.09.99	7.114,42
23.09.99	7.162,20
30.09.99	7.104,60
07.10.99	7.089,83
14.10.99	7.070,96
21.10.99	7.104,69
28.10.99	7.121,79
04.11.99	7.192,18
11.11.99	7.180,14
18.11.99	7.197,37
25.11.99	7.241,06
02.12.99	7.304,99
09.12.99	7.280,94
16.12.99	7.240,22
23.12.99	7.208,40
30.12.99	7.317,48
06.01.00	7.124,00
13.01.00	7.185,56
20.01.00	7.197,53
27.01.00	7.230,09
03.02.00	7.229,74
10.02.00	7.345,17
17.02.00	7.320,33
24.02.00	7.344,19
03.03.00	7.367,12
10.03.00	7.379,15
17.03.00	7.416,74
24.03.00	7.441,73
31.03.00	7.498,62
07.04.00	7.529,14
14.04.00	7.576,99
21.04.00	7.585,62
28.04.00	7.546,98
05.05.00	7.495,22
12.05.00	7.434,04
19.05.00	7.440,94
26.05.00	7.384,31

Datum	Nominal
02.06.00	7.417,34
09.06.00	7.238,06
16.06.00	7.249,32
23.06.00	7.137,52
30.06.00	7.155,95
07.07.00	6.939,82
14.07.00	7.013,62
21.07.00	7.025,41
28.07.00	6.859,42
04.08.00	7.011,29
11.08.00	6.952,83
18.08.00	6.985,17
25.08.00	6.935,72
01.09.00	6.984,44
08.09.00	6.960,35
15.09.00	6.902,18
22.09.00	6.795,55
29.09.00	6.734,37
06.10.00	6.887,85
13.10.00	6.817,88
20.10.00	6.845,32
27.10.00	6.908,92
03.11.00	7.059,14
10.11.00	7.143,10
17.11.00	7.151,10
24.11.00	7.020,37
01.12.00	7.124,55
08.12.00	7.083,77
15.12.00	7.034,06
22.12.00	6.975,72
29.12.00	6.928,88
05.01.01	6.831,60
12.01.01	6.833,37
19.01.01	6.808,87
26.01.01	6.849,35
02.02.01	6.819,00
09.02.01	6.920,20
16.02.01	6.948,17
23.02.01	6.918,22
02.03.01	6.992,57
09.03.01	7.033,26
16.03.01	7.075,13
23.03.01	7.100,89
30.03.01	7.179,71
06.04.01	7.234,04
13.04.01	7.200,04

Datum	Nominal
20.04.01	7.241,85
27.04.01	7.280,86
04.05.01	7.349,14
11.05.01	7.327,76
18.05.01	7.322,58
25.05.01	7.269,93
01.06.01	7.279,03
08.06.01	7.207,61
15.06.01	7.110,68
22.06.01	7.144,13
29.06.01	6.818,27
06.07.01	6.630,80
13.07.01	6.492,14
20.07.01	6.641,04
27.07.01	6.557,71
03.08.01	6.480,92
10.08.01	6.576,31
17.08.01	6.652,86
24.08.01	6.634,12
31.08.01	6.653,22
07.09.01	6.640,51
14.09.01	6.582,73
21.09.01	6.515,57
28.09.01	6.405,62
05.10.01	6.451,11
12.10.01	6.427,32
19.10.01	6.437,29
26.10.01	6.448,29
02.11.01	6.464,15
09.11.01	6.467,29
16.11.01	6.566,16
23.11.01	6.625,28
30.11.01	6.744,99
07.12.01	6.722,35
14.12.01	6.743,45
21.12.01	6.761,26
28.12.01	6.784,58
04.01.02	6.728,23
11.01.02	6.769,68
18.01.02	6.864,22
25.01.02	6.906,86
01.02.02	6.989,83
08.02.02	7.067,98
15.02.02	7.115,44
22.02.02	7.102,66
01.03.02	7.124,97

Datum	Nominal
08.03.02	7.159,78
15.03.02	7.194,77
22.03.02	7.147,40
29.03.02	7.208,25
05.04.02	7.177,71
12.04.02	7.181,71
19.04.02	7.200,66
26.04.02	7.163,74
03.05.02	7.190,93
10.05.02	7.237,09
17.05.02	7.237,38
24.05.02	7.281,58
31.05.02	7.402,08
07.06.02	7.352,09
14.06.02	7.393,43
21.06.02	7.386,01
28.06.02	7.326,21
05.07.02	7.336,57
12.07.02	7.318,32
19.07.02	7.327,77
26.07.02	7.276,85
02.08.02	7.290,22
09.08.02	7.253,93
16.08.02	7.271,77
23.08.02	7.303,84
30.08.02	7.380,47
06.09.02	7.387,87
13.09.02	7.394,99
20.09.02	7.394,00
27.09.02	7.370,25
04.10.02	7.360,13
11.10.02	7.375,55
18.10.02	7.350,99
25.10.02	7.318,76
01.11.02	7.344,79
08.11.02	7.349,27
15.11.02	7.338,41
22.11.02	7.363,95
29.11.02	7.367,67
06.12.02	7.383,51
13.12.02	7.393,35
20.12.02	7.390,13
27.12.02	7.430,76
03.01.03	7.394,13
10.01.03	7.402,04
17.01.03	7.454,74

Datum	Nominal
24.01.03	7.469,82
31.01.03	7.552,80
07.02.03	7.568,40
14.02.03	7.584,54
21.02.03	7.581,27
28.02.03	7.575,52
07.03.03	7.616,35
14.03.03	7.664,23
21.03.03	7.694,72
28.03.03	7.727,81
04.04.03	7.773,38
11.04.03	7.817,08
18.04.03	7.833,16
25.04.03	7.817,97
02.05.03	7.863,37
09.05.03	7.836,09
16.05.03	7.844,70
23.05.03	7.782,40
30.05.03	7.760,58
06.06.03	7.750,46
13.06.03	7.764,98
20.06.03	7.750,02
27.06.03	7.774,69
04.07.03	7.790,53
11.07.03	7.780,16
18.07.03	7.821,00
25.07.03	7.814,87
01.08.03	7.819,84
08.08.03	7.851,12
15.08.03	7.862,99
22.08.03	7.848,98
29.08.03	7.887,73
05.09.03	7.879,04
12.09.03	7.897,05
19.09.03	7.878,19
26.09.03	7.920,83
03.10.03	8.006,08
10.10.03	8.045,28
17.10.03	8.113,75
24.10.03	8.216,66
31.10.03	8.263,38
07.11.03	8.279,98
14.11.03	8.313,30
21.11.03	8.368,29
28.11.03	8.400,13
05.12.03	8.440,41

Datum	Nominal
12.12.03	8.476,75
19.12.03	8.455,84
24.12.03	8.465,29
02.01.04	8.288,54
09.01.04	8.200,44
16.01.04	8.266,58
23.01.04	8.296,79
30.01.04	8.256,93
06.02.04	8.254,59
13.02.04	8.075,30
20.02.04	7.860,57
27.02.04	7.906,80
05.03.04	7.945,05
12.03.04	8.039,78
19.03.04	8.156,52
26.03.04	8.160,12
02.04.04	8.318,37
09.04.04	8.337,59
16.04.04	8.321,04
23.04.04	8.393,49
30.04.04	8.436,86
07.05.04	8.512,16
14.05.04	8.444,44
21.05.04	8.485,33
28.05.04	8.479,99
04.06.04	8.498,12
11.06.04	8.478,92
18.06.04	8.482,95
25.06.04	8.502,22
02.07.04	8.510,88
09.07.04	8.534,86
16.07.04	8.551,22
23.07.04	8.549,41
30.07.04	8.640,58
06.08.04	8.730,75
13.08.04	8.773,24
20.08.04	8.817,73
27.08.04	8.833,97
03.09.04	8.883,74
10.09.04	8.897,96
17.09.04	8.922,98
24.09.04	8.929,48
01.10.04	9.003,08
08.10.04	9.045,87
15.10.04	9.017,51
22.10.04	9.037,97

Datum	Nominal
29.10.04	9.064,82
05.11.04	9.035,45
12.11.04	9.135,02
19.11.04	9.218,48
26.11.04	9.221,58
03.12.04	9.252,63
10.12.04	9.204,12
17.12.04	9.209,48
24.12.04	9.214,05
31.12.04	9.235,60
07.01.05	9.118,62
14.01.05	9.099,15
21.01.05	9.082,36
28.01.05	9.138,66
04.02.05	9.243,65
11.02.05	9.265,97
18.02.05	9.311,89
25.02.05	9.303,73
04.03.05	9.313,58
11.03.05	9.349,76
18.03.05	9.345,04
25.03.05	9.434,17
01.04.05	9.549,81
08.04.05	9.615,52
15.04.05	9.637,46
20.04.05	9.641,31
29.04.05	9.553,46
06.05.05	9.579,76
13.05.05	9.561,85
20.05.05	9.526,67
27.05.05	9.553,32
03.06.05	9.590,37
10.06.05	9.649,89
17.06.05	9.650,80
24.06.05	9.547,21
01.07.05	9.580,80
08.07.05	9.658,41
15.07.05	9.679,76
22.07.05	9.737,61
29.07.05	9.839,55
05.08.05	9.826,16
12.08.05	9.921,26
19.08.05	9.922,81
26.08.05	9.972,28
02.09.05	10.015,04
09.09.05	10.030,04

Datum	Nominal
16.09.05	10.078,93
23.09.05	10.098,40
30.09.05	10.166,11
07.10.05	10.023,95
14.10.05	10.083,50
21.10.05	10.111,97
28.10.05	10.017,54
04.11.05	10.059,37
11.11.05	9.967,33
18.11.05	9.915,91
25.11.05	9.967,39
02.12.05	9.923,70
09.12.05	9.834,99
16.12.05	9.821,18
23.12.05	9.840,23
30.12.05	9.993,49
06.01.06	9.866,92
13.01.06	9.842,30
20.01.06	9.862,12
27.01.06	9.889,83
03.02.06	9.980,01
10.02.06	9.940,87
17.02.06	9.958,58
24.02.06	9.932,20
03.03.06	9.878,81
10.03.06	9.958,58
17.03.06	9.990,79
24.03.06	10.038,15
31.03.06	10.177,58
07.04.06	10.187,23
12.04.06	10.273,44
21.04.06	10.256,33
28.04.06	10.249,97
05.05.06	10.313,48
12.05.06	10.457,71
19.05.06	10.295,62
26.05.06	10.297,51
02.06.06	10.312,15
09.06.06	10.300,00
16.06.06	10.209,51
23.06.06	10.186,31
30.06.06	10.152,35
07.07.06	10.180,96
14.07.06	10.154,18
21.07.06	10.090,11
28.07.06	10.173,22

Datum	Nominal
04.08.06	10.196,57
11.08.06	10.252,61
18.08.06	10.262,27
25.08.06	10.252,10
01.09.06	10.337,33
08.09.06	10.309,80
15.09.06	10.257,44
22.09.06	10.285,70
29.09.06	10.314,39
06.10.06	10.315,38
13.10.06	10.289,69
20.10.06	10.227,13
27.10.06	10.232,67
03.11.06	10.247,82
10.11.06	10.268,47
17.11.06	10.336,62
24.11.06	10.373,15
01.12.06	10.452,75
08.12.06	10.467,82
15.12.06	10.449,05
22.12.06	10.508,38
29.12.06	10.515,02
05.01.07	10.386,48
12.01.07	10.380,12
19.01.07	10.334,17
26.01.07	10.356,72
02.02.07	10.341,58
09.02.07	10.306,77
16.02.07	10.324,31
23.02.07	10.243,81
02.03.07	10.241,31
09.03.07	10.231,63
16.03.07	10.017,64
23.03.07	9.863,36
30.03.07	10.177,57
06.04.07	10.149,49
13.04.07	10.170,35
20.04.07	10.150,74
27.04.07	10.100,56
04.05.07	10.203,77
11.05.07	10.208,12
18.05.07	10.127,30
25.05.07	10.078,15
01.06.07	10.086,05
08.06.07	9.978,56
15.06.07	9.863,12

Datum	Nominal
22.06.07	9.913,96
29.06.07	9.987,21
06.07.07	10.044,70
13.07.07	10.012,59
20.07.07	9.961,21
27.07.07	9.970,97
03.08.07	9.902,63
10.08.07	9.869,85
17.08.07	9.794,77
24.08.07	9.809,26
31.08.07	9.928,68
07.09.07	9.968,90
14.09.07	10.106,67
21.09.07	10.122,91
28.09.07	10.337,36
05.10.07	10.299,55
12.10.07	10.329,49
19.10.07	10.193,35
26.10.07	10.171,24
02.11.07	10.096,30
09.11.07	9.968,88
16.11.07	9.956,07
23.11.07	9.943,36
30.11.07	10.039,58
07.12.07	10.025,43
14.12.07	9.998,43
21.12.07	10.070,10
28.12.07	10.102,30
04.01.08	9.891,77
11.01.08	10.095,49
18.01.08	10.021,07
25.01.08	10.093,98
01.02.08	10.133,38
08.02.08	10.079,82
15.02.08	10.051,11
22.02.08	10.052,08
29.02.08	9.993,80
07.03.08	10.036,03
14.03.08	10.048,71
21.03.08	10.067,62
28.03.08	10.192,16
04.04.08	10.363,47
11.04.08	10.427,62
16.04.08	10.436,20
25.04.08	10.448,35
02.05.08	10.523,07

Datum	Nominal
09.05.08	10.449,09
16.05.08	10.539,56
23.05.08	10.528,44
30.05.08	10.667,75
06.06.08	10.430,98
13.06.08	10.417,94
20.06.08	10.388,59
27.06.08	10.368,55
04.07.08	10.375,71
11.07.08	10.425,74
18.07.08	10.449,31
25.07.08	10.437,45
01.08.08	10.500,34
08.08.08	10.596,00
15.08.08	10.665,12
22.08.08	10.681,35
29.08.08	10.735,11
05.09.08	10.813,09
12.09.08	10.883,49
19.09.08	10.872,93
26.09.08	10.881,37
03.10.08	10.854,91
10.10.08	10.623,98
17.10.08	10.686,71
24.10.08	10.699,43
31.10.08	10.756,32
07.11.08	10.733,73
14.11.08	10.867,18
21.11.08	10.872,83
28.11.08	10.818,62
05.12.08	10.881,10
12.12.08	10.904,66
19.12.08	10.898,03
24.12.08	10.919,74
02.01.09	10.825,45
09.01.09	10.814,39
16.01.09	10.843,83
23.01.09	10.938,78
30.01.09	10.949,91
06.02.09	11.014,58
13.02.09	11.006,86
20.02.09	10.987,36
27.02.09	10.980,87
06.03.09	11.005,99
13.03.09	10.946,23
20.03.09	10.864,12

Datum	Nominal
27.03.09	10.990,22
03.04.09	11.248,44
08.04.09	11.285,41
17.04.09	11.215,47
24.04.09	11.378,55
01.05.09	11.545,46
08.05.09	11.483,49
15.05.09	11.520,16
22.05.09	11.531,99
29.05.09	11.543,13
05.06.09	11.511,71
12.06.09	11.543,27
19.06.09	11.551,94
26.06.09	11.510,17
03.07.09	11.520,27
10.07.09	11.574,00
17.07.09	11.595,26
24.07.09	11.678,45
31.07.09	11.792,28
07.08.09	11.827,13
14.08.09	11.874,90
21.08.09	11.956,47
28.08.09	12.059,01
04.09.09	12.123,43
11.09.09	12.223,33
18.09.09	12.276,72
25.09.09	12.397,74
02.10.09	12.422,53
09.10.09	12.294,19
16.10.09	12.397,58
23.10.09	12.253,34
30.10.09	12.326,02
06.11.09	12.270,81
13.11.09	12.343,01
20.11.09	12.443,29
27.11.09	12.548,26
04.12.09	12.615,64
11.12.09	12.614,85
18.12.09	12.638,19
24.12.09	12.676,63
31.12.09	12.818,00
08.01.10	12.630,36
15.01.10	12.603,28
22.01.10	12.608,13
29.01.10	12.613,38
05.02.10	12.567,65

Datum	Nominal
12.02.10	12.626,84
19.02.10	12.606,00
26.02.10	12.569,07
05.03.10	12.593,97
12.03.10	12.640,04
19.03.10	12.634,06
26.03.10	12.710,82
02.04.10	12.535,95
09.04.10	12.718,36
16.04.10	12.758,60
23.04.10	12.708,32
30.04.10	12.759,40
07.05.10	12.815,83
13.05.10	12.907,97
21.05.10	12.940,51
28.05.10	12.954,36
04.06.10	12.983,11
11.06.10	12.926,24
18.06.10	12.940,12
25.06.10	12.895,66
02.07.10	12.883,58
09.07.10	12.825,07
16.07.10	12.904,16
23.07.10	12.880,77
30.07.10	12.919,90
06.08.10	13.006,54
13.08.10	13.064,29
20.08.10	13.081,59
27.08.10	13.130,20
03.09.10	13.218,17
10.09.10	13.239,74
17.09.10	13.231,94
24.09.10	13.254,25
01.10.10	13.266,13
08.10.10	13.284,66
15.10.10	13.320,01
22.10.10	13.303,52
29.10.10	13.313,73
05.11.10	13.297,74
12.11.10	13.259,16
19.11.10	13.288,29
26.11.10	13.330,13
03.12.10	13.344,78
10.12.10	13.344,51
17.12.10	13.366,17
24.12.10	13.366,84

Datum	Nominal
31.12.10	13.331,69
07.01.11	13.263,12
14.01.11	13.337,31
21.01.11	13.340,91
28.01.11	13.353,55
04.02.11	13.400,29
11.02.11	13.433,52
18.02.11	13.460,69
25.02.11	13.483,49
04.03.11	13.513,53
11.03.11	13.532,44
18.03.11	13.458,95
25.03.11	13.493,34
01.04.11	13.625,53
08.04.11	13.664,53
13.04.11	13.703,02
22.04.11	13.647,58
29.04.11	13.691,90
06.05.11	13.644,03
13.05.11	13.657,57
20.05.11	13.689,52
27.05.11	13.686,09
02.06.11	13.718,18
10.06.11	13.738,53
17.06.11	13.734,16
24.06.11	13.726,97
01.07.11	13.780,26
08.07.11	13.740,42
15.07.11	13.827,87
22.07.11	13.847,70
29.07.11	13.846,85
05.08.11	13.869,95
12.08.11	13.851,28
19.08.11	13.789,81
26.08.11	13.650,79
02.09.11	13.578,07
09.09.11	13.324,10
16.09.11	13.454,29
23.09.11	13.468,47
30.09.11	13.246,21
07.10.11	13.449,02
14.10.11	13.498,10
21.10.11	13.430,15
28.10.11	13.502,35
04.11.11	13.638,31
11.11.11	13.798,83

Datum	Nominal
18.11.11	13.843,08
25.11.11	13.819,73
02.12.11	14.035,89
09.12.11	13.988,24
16.12.11	14.025,80
23.12.11	14.082,00
31.12.11	14.183,09
06.01.12	14.075,17
13.01.12	13.994,55
20.01.12	14.035,59
27.01.12	13.992,65
03.02.12	14.027,11
10.02.12	13.941,80
17.02.12	13.938,71
24.02.12	13.855,56
02.03.12	13.748,76
09.03.12	13.647,72
16.03.12	13.694,72
23.03.12	13.706,47
30.03.12	14.011,31
04.04.12	14.078,13
13.04.12	14.087,22
20.04.12	14.105,06
27.04.12	14.163,32
04.05.12	14.341,90
11.05.12	14.267,52
18.05.12	14.134,30
24.05.12	14.208,78
01.06.12	14.179,42
08.06.12	14.106,90
15.06.12	14.129,15
22.06.12	14.124,28
29.06.12	14.118,70
06.07.12	14.215,52
13.07.12	14.258,44
20.07.12	14.301,19
27.07.12	14.314,10
03.08.12	14.434,47
10.08.12	14.471,82
17.08.12	14.458,88
24.08.12	14.511,37
31.08.12	14.641,40
07.09.12	14.661,83
14.09.12	14.682,74
21.09.12	14.709,37
28.09.12	14.795,49

Datum	Nominal
05.10.12	14.500,72
12.10.12	13.899,66
19.10.12	14.173,13
26.10.12	14.090,23
02.11.12	14.160,66
09.11.12	14.046,65
16.11.12	14.269,09
23.11.12	14.173,47
30.11.12	14.128,44
07.12.12	14.051,18
14.12.12	13.888,24
21.12.12	14.035,62
31.12.12	14.090,41
04.01.13	14.715,08
11.01.13	14.542,60
18.01.13	14.475,94
25.01.13	14.421,52
01.02.13	14.525,80
08.02.13	14.485,16
15.02.13	14.375,94
22.02.13	14.258,99
01.03.13	14.439,95
08.03.13	14.264,66
15.03.13	14.229,37
20.03.13	14.213,90
29.03.13	14.395,71
05.04.13	14.496,09
12.04.13	14.662,21
19.04.13	14.813,95
26.04.13	14.756,64
03.05.13	14.561,56
09.05.13	14.891,53
17.05.13	14.792,54
24.05.13	14.649,66
31.05.13	14.546,80
07.06.13	14.342,26
14.06.13	14.563,92
21.06.13	14.167,15
28.06.13	14.220,71
05.07.13	13.986,77
12.07.13	14.153,77
19.07.13	14.320,94
26.07.13	14.240,57
02.08.13	14.360,65
09.08.13	14.428,32
16.08.13	14.308,20

Datum	Nominal
23.08.13	14.355,42
30.08.13	14.445,67
06.09.13	14.489,17
13.09.13	14.506,57
20.09.13	14.532,07
27.09.13	14.493,28
04.10.13	14.515,73
11.10.13	14.468,30
18.10.13	14.417,43
25.10.13	14.375,43
01.11.13	14.250,67
08.11.13	14.219,27
15.11.13	14.191,62
22.11.13	14.183,38
29.11.13	14.368,51
06.12.13	14.438,11
13.12.13	14.428,04
20.12.13	14.421,38
31.12.13	14.491,86
03.01.14	14.658,02
10.01.14	14.726,02
17.01.14	14.782,90
24.01.14	14.822,36
31.01.14	15.094,62
07.02.14	15.276,39
14.02.14	15.295,40
21.02.14	15.189,40
28.02.14	15.347,04
07.03.14	15.283,15
14.03.14	15.222,51
21.03.14	15.208,30
28.03.14	15.187,08
04.04.14	15.201,08
09.04.14	15.178,84
18.04.14	15.156,71
25.04.14	14.975,63
02.05.14	15.038,55
09.05.14	14.913,94
16.05.14	15.001,26
23.05.14	15.002,30
30.05.14	15.095,07
06.06.14	15.154,14
13.06.14	15.114,67
20.06.14	14.922,46
27.06.14	14.871,16
04.07.14	14.841,25

Datum	Nominal
11.07.14	14.724,77
18.07.14	14.991,80
25.07.14	14.001,82
01.08.14	
08.08.14	
15.08.14	
22.08.14	
29.08.14	
05.09.14	
12.09.14	
19.09.14	
26.09.14	
03.10.14	
10.10.14	
17.10.14	
24.10.14	
31.10.14	
07.11.14	
14.11.14	
21.11.14	
28.11.14	
05.12.14	
12.12.14	
19.12.14	
26.12.14	
02.01.15	
09.01.15	
16.01.15	
23.01.15	
30.01.15	
06.02.15	
13.02.15	
20.02.15	
27.02.15	
06.03.15	
13.03.15	
20.03.15	
27.03.15	
03.04.15	
10.04.15	
17.04.15	
24.04.15	
01.05.15	
08.05.15	
15.05.15	
22.05.15	

Datum	Nominal
29.05.15	
05.06.15	
12.06.15	
19.06.15	
26.06.15	
03.07.15	
10.07.15	
17.07.15	
24.07.15	
31.07.15	
07.08.15	
14.08.15	
21.08.15	
28.08.15	
04.09.15	
11.09.15	
18.09.15	
25.09.15	
02.10.15	
09.10.15	
16.10.15	
23.10.15	
30.10.15	
06.11.15	
13.11.15	
20.11.15	
27.11.15	
04.12.15	
11.12.15	
18.12.15	
25.12.15	
01.01.16	
08.01.16	
15.01.16	
22.01.16	
29.01.16	
05.02.16	
12.02.16	
19.02.16	
26.02.16	
04.03.16	
10.03.16	
17.03.16	
25.03.16	
01.04.16	
08.04.16	

Datum	Nominal
15.04.16	
22.04.16	
29.04.16	
06.05.16	
13.05.16	
20.05.16	
27.05.16	
03.06.16	
10.06.16	
17.06.16	
24.06.16	
01.07.16	
08.07.16	
15.07.16	
22.07.16	
29.07.16	
05.08.16	
12.08.16	
19.08.16	
26.08.16	
02.09.16	
09.09.16	
16.09.16	
23.09.16	
30.09.16	
07.10.16	
14.10.16	
21.10.16	
28.10.16	
04.11.16	
11.11.16	
18.11.16	
25.11.16	
02.12.16	
09.12.16	
16.12.16	
23.12.16	
30.12.16	
06.01.17	
13.01.17	
20.01.17	
27.01.17	
03.02.17	
10.02.17	
17.02.17	
24.02.17	

Datum	Nominal
03.03.17	
10.03.17	
17.03.17	
24.03.17	
31.03.17	
07.04.17	
14.04.17	
21.04.17	
28.04.17	
05.05.17	
12.05.17	
19.05.17	
26.05.17	
02.06.17	
09.06.17	
16.06.17	
23.06.17	
30.06.17	
07.07.17	
14.07.17	
21.07.17	
28.07.17	
04.08.17	
11.08.17	
18.08.17	
25.08.17	
01.09.17	
08.09.17	
15.09.17	
22.09.17	
29.09.17	
06.10.17	
13.10.17	
20.10.17	
27.10.17	
03.11.17	
10.11.17	
17.11.17	
24.11.17	
01.12.17	
08.12.17	
15.12.17	
22.12.17	
29.12.17	
05.01.18	
12.01.18	

Datum	Nominal
19.01.18	
26.01.18	
02.02.18	
09.02.18	
16.02.18	
23.02.18	
02.03.18	
09.03.18	
16.03.18	
23.03.18	
30.03.18	
06.04.18	
13.04.18	
20.04.18	
27.04.18	
04.05.18	
11.05.18	
18.05.18	
25.05.18	
01.06.18	
08.06.18	
15.06.18	
22.06.18	
29.06.18	
06.07.18	
13.07.18	
20.07.18	
27.07.18	
03.08.18	
10.08.18	
17.08.18	
24.08.18	
31.08.18	
07.09.18	
14.09.18	
21.09.18	
28.09.18	
05.10.18	
12.10.18	
19.10.18	
26.10.18	
02.11.18	
09.11.18	
16.11.18	
23.11.18	
30.11.18	15.918,74

Datum	Nominal
07.12.18	15.676,18
14.12.18	16.511,84
21.12.18	16.323,88
31.12.18	15.914,44
04.01.19	15.951,94
11.01.19	15.951,60
18.01.19	16.468,15
25.01.19	16.585,51
01.02.19	16.746,64
08.02.19	16.691,71
15.02.19	16.690,68
22.02.19	16.448,62
01.03.19	16.647,22
08.03.19	16.500,15
15.03.19	16.743,55
22.03.19	16.941,47
29.03.19	16.770,47
05.04.19	16.907,55
12.04.19	16.956,09
17.04.19	17.087,89
26.04.19	17.055,40
03.05.19	17.019,26
07.05.19	16.893,83
17.05.19	16.292,33
24.05.19	16.311,95
31.05.19	16.398,93
06.06.19	16.438,47
14.06.19	16.535,54
21.06.19	16.754,80
28.06.19	17.217,62
05.07.19	18.000,07
12.07.19	17.940,88
19.07.19	17.929,82
26.07.19	17.823,15
02.08.19	17.548,66
09.08.19	17.471,32
16.08.19	17.473,94
23.08.19	17.489,68
30.08.19	17.608,45
06.09.19	18.115,15
13.09.19	19.611,59
20.09.19	20.164,14
27.09.19	20.325,65
04.10.19	20.819,31
11.10.19	20.904,65
18.10.19	21.933,22

Datum	Nominal
25.10.19	22.076,70
01.11.19	22.322,32
08.11.19	23.043,11
15.11.19	23.728,01
22.11.19	23.308,72
29.11.19	23.855,04
06.12.19	24.100,18
13.12.19	24.564,19
20.12.19	24.437,55
31.12.19	25.305,49
03.01.20	26.651,86
10.01.20	27.403,64
17.01.20	29.536,26
22.01.20	31.154,10
31.01.20	34.759,06
06.02.20	36.670,07
13.02.20	38.369,14
20.02.20	38.796,11
27.02.20	39.619,61
05.03.20	41.671,38
12.03.20	38.018,02
20.03.20	38.018,02
27.03.20	39.912,04
31.03.20	39.079,46
10.04.20	37.595,68
17.04.20	37.795,66
24.04.20	36.613,34
01.05.20	35.658,20
08.05.20	33.646,96
15.05.20	33.616,33
21.05.20	31.935,12
29.05.20	29.280,08
05.06.20	30.309,15
12.06.20	31.586,53
19.06.20	31.763,92
26.06.20	30.785,20
03.07.20	32.114,47
10.07.20	32.926,69
17.07.20	34.036,23
24.07.20	34.273,58
31.07.20	34.764,78
07.08.20	34.285,68
14.08.20	34.820,56
21.08.20	34.367,63
28.08.20	35.262,75
04.09.20	35.550,88

Datum	Nominal
11.09.20	35.674,69
18.09.20	36.957,93
25.09.20	38.101,10
02.10.20	37.776,72
09.10.20	38.032,77
16.10.20	38.859,47
23.10.20	40.314,10
30.10.20	40.976,49
06.11.20	40.789,30
13.11.20	43.065,62
20.11.20	43.355,35
27.11.20	42.756,64
04.12.20	41.670,64
11.12.20	40.744,17
18.12.20	40.754,36
23.12.20	42.315,28
31.12.20	42.640,46
04.01.21	43.569,93
08.01.21	43.112,12
14.01.21	41.759,15
22.01.21	40.777,83
29.01.21	39.649,87
07.02.21	37.695,83
12.02.21	37.842,22
19.02.21	37.667,94
26.02.21	37.460,38
05.03.21	36.993,45
12.03.21	37.655,22
19.03.21	37.832,13
24.03.21	38.101,72
02.04.21	39.573,69
09.04.21	40.656,12
16.04.21	39.692,03
23.04.21	39.208,41
30.04.21	38.626,43
07.05.21	38.669,37
13.05.21	40.287,05
21.05.21	40.455,59
28.05.21	40.936,45
03.06.21	40.433,93
10.06.21	42.423,70
17.06.21	43.831,13
24.06.21	44.719,97
01.07.21	46.621,97
08.07.21	47.888,62
15.07.21	47.429,86

Datum	Nominal
22.07.21	47.709,05
29.07.21	49.020,70
05.08.21	49.190,51
12.08.21	53.195,34
19.08.21	56.011,82
26.08.21	59.063,72
02.09.21	61.437,74
07.09.21	68.407,74
15.09.21	67.746,46
23.09.21	71.235,55
29.09.21	79.014,83
05.10.21	83.652,57
13.10.21	81.224,38
20.10.21	94.262,44
24.10.21	107.988,49
03.11.21	132.018,69
10.11.21	137.733,16
17.11.21	119.901,77
24.11.21	128.838,88
01.12.21	91.482,85
09.12.21	91.828,44
16.12.21	91.121,03
22.12.21	85.727,04
30.12.21	95.437,57
06.01.22	96.240,22
13.01.22	92.489,58
20.01.22	95.884,32
27.01.22	91.033,33
03.02.22	89.926,37
10.02.22	97.596,88
17.02.22	112.018,59
24.02.22	114.841,77
03.03.22	119.260,64
10.03.22	112.321,58
17.03.22	112.051,43
24.03.22	114.033,55
31.03.22	117.978,76
07.04.22	108.574,63
13.04.22	114.209,80
21.04.22	106.233,00
28.04.22	106.612,21
05.05.22	99.811,87
12.05.22	99.424,50
19.05.22	101.197,80
26.05.22	96.429,24
02.06.22	94.789,53

Datum	Nominal
09.06.22	95.778,42
16.06.22	99.330,84
23.06.22	97.029,60
30.06.22	97.596,11
07.07.22	121.916,65
14.07.22	108.980,08
21.07.22	111.059,29
28.07.22	113.497,31
04.08.22	123.492,22
11.08.22	149.224,50
18.08.22	176.818,34
25.08.22	229.303,34
01.09.22	192.629,92
08.09.22	184.379,71
15.09.22	183.567,72
22.09.22	193.722,34
29.09.22	218.632,89
06.10.22	235.568,24
13.10.22	306.503,35
20.10.22	411.427,90
27.10.22	511.690,22
03.11.22	1,12E+06
10.11.22	1,01E+06
17.11.22	1,06E+06
23.11.22	1,18E+06
01.12.22	1,44E+06
08.12.22	1,74E+06
15.12.22	1,75E+06
22.12.22	1,80E+06
29.12.22	2,07E+06
05.01.23	2,14E+06
12.01.23	2,50E+06
19.01.23	4,04E+06
26.01.23	6,39E+06
02.02.23	8,55E+06
09.02.23	1,02E+07
16.02.23	6,36E+06
23.02.23	5,44E+06
02.03.23	6,70E+06
09.03.23	4,74E+06
16.03.23	5,00E+06
23.03.23	5,43E+06
28.03.23	6,89E+06
06.04.23	6,87E+06
13.04.23	7,77E+06
20.04.23	8,32E+06

Datum	Nominal
27.04.23	9,52E+06
04.05.23	1,20E+07
11.05.23	1,57E+07
18.05.23	1,86E+07
25.05.23	2,31E+07
01.06.23	3,48E+07
08.06.23	3,89E+07
15.06.23	6,20E+07
22.06.23	7,96E+07
29.06.23	1,58E+08
06.07.23	1,89E+08
13.07.23	2,14E+08
20.07.23	2,64E+08
27.07.23	4,42E+08
03.08.23	7,64E+08
10.08.23	2,11E+09
17.08.23	2,33E+09
24.08.23	3,94E+09
31.08.23	8,70E+09
07.09.23	5,02E+10
14.09.23	1,39E+11
21.09.23	1,44E+11
28.09.23	1,94E+11
05.10.23	5,89E+11
12.10.23	3,26E+12
19.10.23	1,14E+13
26.10.23	8,49E+13
02.11.23	1,28E+15
09.11.23	2,97E+15
16.11.23	4,44E+15
23.11.23	6,39E+15
30.11.23	6,14E+15
07.12.23	4,46E+15
14.12.23	4,97E+15
21.12.23	5,46E+15
28.12.23	5,41E+15
04.01.24	6.188,30
11.01.24	5.515,90
18.01.24	5.121,28
25.01.24	7.488,27
01.02.24	5.737,05
08.02.24	5.982,22
15.02.24	5.676,91
22.02.24	5.503,35
29.02.24	5.188,55
07.03.24	4.810,68

Datum	Nominal
14.03.24	4.713,67
21.03.24	3.850,99
28.03.24	4.360,42
04.04.24	3.851,68
11.04.24	3.194,50
17.04.24	3.196,50
25.04.24	2.605,45
02.05.24	3.098,36
09.05.24	2.589,87
16.05.24	3.552,40
23.05.24	3.150,77
30.05.24	3.268,75
06.06.24	2.613,89
13.06.24	2.620,91
20.06.24	2.745,49
27.06.24	2.860,17
04.07.24	2.720,07
11.07.24	2.555,78
18.07.24	2.547,50
25.07.24	2.904,02
01.08.24	3.327,23
08.08.24	3.745,26
15.08.24	3.697,75
22.08.24	3.802,04
29.08.24	3.823,67
05.09.24	4.117,44
12.09.24	3.573,92
19.09.24	3.730,94
26.09.24	3.589,27
03.10.24	3.840,37
10.10.24	3.651,62
17.10.24	3.684,50
24.10.24	3.471,97
31.10.24	3.597,71
07.11.24	3.636,05
14.11.24	4.068,78
21.11.24	4.258,74
28.11.24	4.698,55
05.12.24	4.852,66
12.12.24	4.915,92
19.12.24	5.386,88
24.12.24	5.652,25
31.12.24	5.639,16
03.01.25	5.979,00
10.01.25	5.738,71
17.01.25	6.005,67

Datum	Nominal
24.01.25	6.409,77
31.01.25	6.385,94
07.02.25	5.932,71
14.02.25	6.094,07
21.02.25	5.831,73
27.02.25	5.773,84
07.03.25	5.429,56
14.03.25	5.759,59
21.03.25	5.663,55
28.03.25	5.612,56
04.04.25	5.472,73
09.04.25	5.430,22
18.04.25	5.203,96
25.04.25	5.473,01
02.05.25	5.314,24
09.05.25	5.138,55
16.05.25	5.275,01
23.05.25	5.031,30
29.05.25	4.784,78
05.06.25	4.625,07
12.06.25	4.314,63
19.06.25	4.583,80
26.06.25	4.544,19
03.07.25	4.529,82
10.07.25	4.400,89
17.07.25	4.295,28
24.07.25	4.216,71
31.07.25	4.182,30
07.08.25	4.022,27
14.08.25	3.921,41
21.08.25	3.969,94
28.08.25	4.283,84
05.09.25	4.490,37
12.09.25	4.325,92
19.09.25	4.348,67
26.09.25	4.246,57
03.10.25	4.059,16
10.10.25	4.239,39
17.10.25	4.481,22
24.10.25	4.235,00
31.10.25	4.120,07
07.11.25	3.963,22
14.11.25	3.989,03
21.11.25	3.779,44
28.11.25	3.925,67
05.12.25	3.825,84

Datum	Nominal
12.12.25	3.867,76
19.12.25	3.735,10
24.12.25	3.724,98
31.12.25	3.677,76
02.01.26	3.625,68
09.01.26	3.952,44
16.01.26	4.240,13
23.01.26	4.419,28
30.01.26	4.501,59
06.02.26	4.595,41
13.02.26	4.577,18
20.02.26	4.421,73
27.02.26	4.498,68
06.03.26	4.553,88
13.03.26	4.561,03
20.03.26	4.642,12
27.03.26	4.783,81
01.04.26	5.043,38
10.04.26	4.910,41
17.04.26	4.924,51
24.04.26	4.874,80
01.05.26	4.963,81
08.05.26	4.941,68
15.05.26	4.912,06
21.05.26	5.176,62
29.05.26	5.421,73
05.06.26	5.535,59
12.06.26	5.643,64
19.06.26	5.917,50
26.06.26	6.547,40
03.07.26	6.774,90
10.07.26	6.530,94
17.07.26	6.467,47
23.07.26	6.513,46
30.07.26	6.799,56
07.08.26	7.338,91
14.08.26	7.334,05
21.08.26	7.423,42
28.08.26	7.263,54
04.09.26	7.318,16
11.09.26	7.175,33
18.09.26	7.232,88
25.09.26	7.266,59
02.10.26	7.566,20
09.10.26	7.630,06
16.10.26	7.904,55

Datum	Nominal
23.10.26	7.985,31
30.10.26	8.379,16
06.11.26	8.790,54
13.11.26	8.733,93
20.11.26	8.589,90
27.11.26	8.368,70
04.12.26	8.405,24
11.12.26	8.021,53
18.12.26	8.267,11
27.12.26	8.507,66
31.12.26	8.744,25
08.01.27	8.659,01
15.01.27	8.885,94
22.01.27	9.241,46
29.01.27	9.252,14
05.02.27	9.425,59
12.02.27	9.076,12
19.02.27	9.185,71
26.02.27	8.866,22
05.03.27	8.885,30
12.03.27	8.746,05
19.03.27	8.703,17
26.03.27	9.086,53
02.04.27	9.478,85
09.04.27	9.418,64
14.04.27	9.752,46
23.04.27	9.624,13
30.04.27	9.793,09
07.05.27	9.709,31
14.05.27	8.749,67
21.05.27	8.550,84
27.05.27	8.196,70
03.06.27	8.207,54
11.06.27	8.272,73
18.06.27	8.495,62
25.06.27	8.525,60
01.07.27	8.737,79
08.07.27	8.601,33
15.07.27	9.008,71
22.07.27	8.865,03
29.07.27	8.892,23
05.08.27	8.833,15
12.08.27	9.010,76
19.08.27	8.809,99
26.08.27	8.609,34
03.09.27	8.301,01

Datum	Nominal
10.09.27	8.359,74
17.09.27	8.597,83
24.09.27	8.409,24
01.10.27	8.615,95
08.10.27	8.439,27
15.10.27	8.339,32
22.10.27	7.915,85
29.10.27	7.715,28
05.11.27	7.436,22
12.11.27	7.247,22
19.11.27	7.250,17
26.11.27	6.976,00
03.12.27	7.242,27
10.12.27	7.643,67
17.12.27	7.853,37
23.12.27	7.912,54
31.12.27	8.097,98
07.01.28	8.256,12
14.01.28	8.109,36
21.01.28	7.996,05
28.01.28	7.716,24
04.02.28	7.768,84
11.02.28	7.755,49
18.02.28	7.841,95
25.02.28	7.683,03
03.03.28	7.759,37
10.03.28	7.595,19
17.03.28	7.808,57
24.03.28	7.667,51
31.03.28	7.920,66
05.04.28	8.112,93
14.04.28	8.365,77
21.04.28	8.196,85
28.04.28	8.498,55
05.05.28	8.637,90
12.05.28	8.994,38
19.05.28	9.063,98
25.05.28	9.204,96
02.06.28	9.403,50
09.06.28	8.941,44
16.06.28	8.886,43
23.06.28	8.870,44
30.06.28	8.932,90
06.07.28	8.762,58
13.07.28	8.458,71
20.07.28	8.516,86

Datum	Nominal
27.07.28	8.346,97
03.08.28	8.742,75
10.08.28	8.767,85
17.08.28	8.725,04
24.08.28	8.720,59
01.09.28	8.865,65
08.09.28	8.742,16
15.09.28	8.764,33
22.09.28	8.793,41
29.09.28	8.889,69
06.10.28	8.831,26
13.10.28	8.619,93
20.10.28	8.607,13
27.10.28	8.466,97
03.11.28	8.511,67
10.11.28	8.582,29
17.11.28	8.771,58
24.11.28	8.881,80
01.12.28	9.082,91
08.12.28	9.040,81
15.12.28	8.845,70
22.12.28	8.922,96
29.12.28	9.041,49
31.12.28	9.001,95
05.01.29	8.898,05
12.01.29	8.804,59
19.01.29	8.744,96
26.01.29	8.753,01
02.02.29	8.527,36
09.02.29	8.497,93
16.02.29	8.591,02
23.02.29	8.446,40
02.03.29	8.523,54
09.03.29	8.425,43
16.03.29	8.375,35
23.03.29	8.676,57
28.03.29	8.817,58
06.04.29	8.862,02
13.04.29	8.651,42
20.04.29	8.350,55
27.04.29	8.119,94
04.05.29	8.331,92
11.05.29	8.439,42
17.05.29	8.360,38
25.05.29	8.295,55
01.06.29	8.764,63

Datum	Nominal
08.06.29	8.986,49
15.06.29	8.859,24
22.06.29	8.880,15
29.06.29	8.807,84
05.07.29	8.875,61
12.07.29	8.855,84
19.07.29	8.759,77
26.07.29	8.744,15
02.08.29	8.673,92
09.08.29	8.506,30
16.08.29	8.698,05
23.08.29	8.505,37
30.08.29	8.876,26
07.09.29	8.515,30
14.09.29	8.351,40
21.09.29	8.199,28
28.09.29	8.371,71
05.10.29	7.927,14
12.10.29	8.035,65
19.10.29	7.490,12
26.10.29	7.553,40
02.11.29	7.499,85
09.11.29	7.266,94
16.11.29	7.136,79
23.11.29	6.925,56
30.11.29	6.830,04
07.12.29	6.987,96
14.12.29	6.986,41
21.12.29	6.735,40
28.12.29	6.742,40
31.12.29	6.829,29
04.01.30	6.863,51
11.01.30	7.277,47
18.01.30	7.362,75
25.01.30	7.220,64
01.02.30	7.310,26
08.02.30	7.291,14
15.02.30	7.189,59
22.02.30	7.092,10
01.03.30	7.097,71
08.03.30	7.003,68
15.03.30	7.008,67
22.03.30	7.159,96
29.03.30	7.281,24
05.04.30	7.499,18
12.04.30	7.457,92

Datum	Nominal
17.04.30	7.411,21
26.04.30	7.318,55
03.05.30	7.467,93
10.05.30	7.442,63
17.05.30	7.491,34
24.05.30	7.522,69
31.05.30	7.501,56
06.06.30	7.383,13
14.06.30	7.134,67
21.06.30	6.875,00
28.06.30	6.833,98
04.07.30	6.681,62
11.07.30	6.772,53
18.07.30	6.782,50
25.07.30	6.308,75
01.08.30	6.326,08
08.08.30	6.091,83
15.08.30	6.174,25
22.08.30	6.340,30
29.08.30	6.308,89
06.09.30	6.355,86
13.09.30	6.369,02
20.09.30	5.917,40
27.09.30	5.656,38
04.10.30	5.725,89
11.10.30	5.217,02
18.10.30	5.690,79
25.10.30	5.750,73
01.11.30	5.604,58
08.11.30	5.524,16
15.11.30	5.479,43
22.11.30	5.177,63
29.11.30	5.272,21
06.12.30	5.340,81
13.12.30	5.121,64
20.12.30	4.950,87
27.12.30	4.939,36
31.12.30	4.972,05
03.01.31	5.035,70
10.01.31	4.907,91
17.01.31	4.576,11
24.01.31	4.818,58
31.01.31	4.855,78
07.02.31	5.307,28
14.02.31	5.161,19
21.02.31	5.254,99

Datum	Nominal
28.02.31	5.358,61
07.03.31	5.529,29
14.03.31	5.785,28
21.03.31	5.548,52
28.03.31	5.775,94
04.04.31	5.948,10
11.04.31	6.019,74
18.04.31	5.614,23
25.04.31	5.682,77
02.05.31	5.435,93
09.05.31	5.290,31
16.05.31	5.020,45
26.05.31	4.742,42
30.05.31	4.774,73
06.06.31	4.660,71
13.06.31	4.314,69
20.06.31	4.625,30
27.06.31	5.237,34
04.07.31	5.128,22
11.07.31	4.672,21
18.07.31	4.672,21
25.07.31	4.672,21
01.08.31	4.672,21
08.08.31	4.672,21
15.08.31	4.672,21
22.08.31	4.672,21
29.08.31	4.672,21
04.09.31	3.379,72
11.09.31	3.629,80
18.09.31	3.135,27
26.09.31	3.135,27
03.10.31	3.135,27
10.10.31	3.135,27
17.10.31	3.135,27
24.10.31	3.135,27
31.10.31	3.135,27
07.11.31	3.135,27
14.11.31	3.135,27
21.11.31	3.135,27
28.11.31	3.135,27
05.12.31	3.135,27
12.12.31	3.135,27
19.12.31	3.135,27
24.12.31	3.135,27
31.12.31	3.135,27
02.01.32	3.135,27

Datum	Nominal
09.01.32	3.135,27
16.01.32	3.135,27
23.01.32	3.135,27
30.01.32	3.135,27
06.02.32	3.135,27
13.02.32	3.135,27
20.02.32	3.135,27
27.02.32	3.135,27
05.03.32	3.135,27
12.03.32	3.135,27
19.03.32	3.135,27
26.03.32	3.135,27
02.04.32	3.135,27
09.04.32	3.135,27
12.04.32	2.637,31
16.04.32	2.832,83
23.04.32	2.795,85
30.04.32	2.923,48
07.05.32	2.977,83
14.05.32	3.055,14
21.05.32	2.899,61
28.05.32	2.801,96
04.06.32	3.016,13
11.06.32	2.978,25
18.06.32	2.957,92
25.06.32	2.867,99
02.07.32	2.933,61
09.07.32	3.065,31
16.07.32	2.915,69
23.07.32	2.909,59
30.07.32	2.989,37
06.08.32	2.988,22
13.08.32	3.042,04
20.08.32	3.160,37
27.08.32	3.181,41
03.09.32	3.479,06
10.09.32	3.516,34
17.09.32	3.549,47
24.09.32	3.473,03
01.10.32	3.383,18
08.10.32	3.263,87
15.10.32	3.365,94
22.10.32	3.276,54
29.10.32	3.366,77
05.11.32	3.312,43
12.11.32	3.362,99

Datum	Nominal
19.11.32	3.387,01
26.11.32	3.398,40
03.12.32	3.569,40
10.12.32	3.544,64
17.12.32	3.642,60
24.12.32	3.696,28
31.12.32	3.721,19
07.01.33	3.806,34
14.01.33	3.907,31
21.01.33	3.879,87
28.01.33	3.823,05
04.02.33	3.777,13
11.02.33	3.909,86
18.02.33	3.949,20
25.02.33	3.945,81
04.03.33	4.120,59
11.03.33	4.264,33
18.03.33	4.482,98
25.03.33	4.641,77
01.04.33	4.384,19
08.04.33	4.413,66
15.04.33	4.526,16
22.04.33	4.636,41
29.04.33	4.810,94
06.05.33	4.629,51
13.05.33	4.445,44
20.05.33	4.431,89
27.05.33	4.420,73
03.06.33	4.569,30
10.06.33	4.581,22
17.06.33	4.475,11
24.06.33	4.241,61
01.07.33	4.348,14
08.07.33	4.250,69
15.07.33	4.314,75
22.07.33	4.370,88
29.07.33	4.344,79
05.08.33	4.312,62
12.08.33	4.246,97
19.08.33	4.179,24
26.08.33	4.035,46
02.09.33	3.994,52
09.09.33	3.690,44
16.09.33	3.814,04
23.09.33	3.845,52
30.09.33	3.865,92

Datum	Nominal
07.10.33	3.806,41
14.10.33	3.919,11
21.10.33	3.831,03
28.10.33	3.835,14
04.11.33	3.767,68
11.11.33	3.822,68
18.11.33	4.013,95
25.11.33	4.196,99
02.12.33	4.293,38
09.12.33	4.073,95
16.12.33	4.166,85
23.12.33	4.241,03
30.12.33	4.257,74
06.01.34	4.411,60
13.01.34	4.367,09
20.01.34	4.324,72
27.01.34	4.349,44
03.02.34	4.478,90
10.02.34	4.515,75
17.02.34	4.603,96
24.02.34	4.651,35
03.03.34	4.690,99
10.03.34	4.747,18
17.03.34	4.832,87
24.03.34	4.700,54
31.03.34	4.732,22
07.04.34	4.685,08
14.04.34	4.674,31
21.04.34	4.605,64
28.04.34	4.621,58
05.05.34	4.506,29
12.05.34	4.612,87
19.05.34	4.639,86
26.05.34	4.635,67
02.06.34	4.735,73
09.06.34	4.951,14
16.06.34	5.019,43
23.06.34	5.023,01
30.06.34	5.042,37
07.07.34	4.968,79
14.07.34	5.063,62
21.07.34	5.097,44
28.07.34	5.063,60
04.08.34	4.904,88
11.08.34	5.037,71
18.08.34	5.071,07

Datum	Nominal
25.08.34	5.073,93
01.09.34	5.108,31
08.09.34	5.117,36
15.09.34	5.086,38
22.09.34	5.069,50
29.09.34	5.104,52
06.10.34	5.002,70
13.10.34	5.074,04
20.10.34	4.981,23
27.10.34	4.957,46
03.11.34	4.878,67
10.11.34	4.818,23
17.11.34	4.787,45
24.11.34	4.759,63
01.12.34	4.858,52
08.12.34	4.801,17
15.12.34	4.728,85
22.12.34	4.791,07
29.12.34	4.815,18
31.12.34	4.854,18
05.01.35	4.941,32
12.01.35	5.007,66
19.01.35	5.095,37
26.01.35	5.168,80
02.02.35	5.280,66
09.02.35	5.265,30
16.02.35	5.147,37
23.02.35	5.128,89
02.03.35	5.189,08
09.03.35	5.227,95
16.03.35	5.246,70
23.03.35	5.346,89
30.03.35	5.373,27
06.04.35	5.455,25
13.04.35	5.434,64
20.04.35	5.467,75
27.04.35	5.423,90
04.05.35	5.487,43
11.05.35	5.554,95
18.05.35	5.655,01
25.05.35	5.680,78
01.06.35	5.841,78
08.06.35	5.937,71
15.06.35	5.875,28
22.06.35	5.808,07
29.06.35	5.911,33

Datum	Nominal
06.07.35	6.019,01
13.07.35	5.906,87
20.07.35	5.916,02
27.07.35	5.992,77
03.08.35	6.036,67
10.08.35	6.067,44
17.08.35	6.137,96
24.08.35	5.998,08
31.08.35	5.950,87
07.09.35	5.922,27
14.09.35	5.867,33
21.09.35	5.679,79
28.09.35	5.751,17
05.10.35	5.675,95
12.10.35	5.722,34
19.10.35	5.693,25
26.10.35	5.649,47
02.11.35	5.651,61
09.11.35	5.539,93
16.11.35	5.590,37
23.11.35	5.599,38
30.11.35	5.603,12
07.12.35	5.597,32
14.12.35	5.513,82
21.12.35	5.553,79
28.12.35	5.604,96
31.12.35	5.632,18
04.01.36	5.613,40
11.01.36	5.675,85
18.01.36	5.707,26
25.01.36	5.762,31
01.02.36	5.851,52
08.02.36	5.843,34
15.02.36	5.908,60
22.02.36	5.896,15
29.02.36	5.898,45
07.03.36	5.888,58
14.03.36	5.803,97
21.03.36	5.997,63
28.03.36	6.104,77
04.04.36	6.181,61
11.04.36	6.239,76
18.04.36	6.209,33
25.04.36	6.309,41
02.05.36	6.399,78
09.05.36	6.432,48

Datum	Nominal
16.05.36	6.617,16
23.05.36	6.590,53
30.05.36	6.643,68
06.06.36	6.730,99
13.06.36	6.647,78
20.06.36	6.689,89
27.06.36	6.680,82
04.07.36	6.866,81
11.07.36	6.939,52
18.07.36	6.987,15
25.07.36	7.104,82
01.08.36	7.127,99
08.08.36	6.857,36
15.08.36	6.848,52
22.08.36	6.564,85
29.08.36	6.578,79
05.09.36	6.670,07
12.09.36	6.696,68
19.09.36	6.723,08
26.09.36	6.745,15
03.10.36	7.084,33
10.10.36	7.243,60
17.10.36	7.292,16
24.10.36	7.420,50
31.10.36	7.480,08
07.11.36	7.319,23
14.11.36	7.221,04
21.11.36	7.210,68
28.11.36	7.177,12
05.12.36	7.193,95
12.12.36	7.101,68
19.12.36	7.191,87
24.12.36	7.302,05
31.12.36	7.315,65
02.01.37	7.305,77
09.01.37	7.251,91
16.01.37	7.249,54
23.01.37	7.228,87
29.01.37	7.343,24
06.02.37	7.320,95
13.02.37	7.228,86
20.02.37	7.291,90
27.02.37	7.279,70
06.03.37	7.343,05
13.03.37	7.337,00
20.03.37	7.270,15

Datum	Nominal
25.03.37	7.260,49
03.04.37	7.274,69
10.04.37	7.334,55
17.04.37	7.422,47
24.04.37	7.441,51
30.04.37	7.435,11
08.05.37	7.413,54
14.05.37	7.504,04
22.05.37	7.514,08
29.05.37	7.586,56
05.06.37	7.618,66
12.06.37	7.582,45
19.06.37	7.646,22
26.06.37	7.577,50
03.07.37	7.582,40
10.07.37	7.689,57
17.07.37	7.791,42
24.07.37	7.791,63
31.07.37	7.776,30
07.08.37	7.735,74
14.08.37	7.730,27
21.08.37	7.703,84
28.08.37	7.721,45
04.09.37	7.693,24
11.09.37	7.579,49
18.09.37	7.574,27
25.09.37	7.600,43
02.10.37	7.639,63
09.10.37	7.528,54
16.10.37	7.492,40
23.10.37	7.482,90
30.10.37	7.438,06
06.11.37	7.397,01
13.11.37	7.506,16
20.11.37	7.451,36
27.11.37	7.393,80
04.12.37	7.348,89
11.12.37	7.323,65
18.12.37	7.332,58
23.12.37	7.377,03
31.12.37	7.445,58
08.01.38	7.598,81
15.01.38	7.584,14
22.01.38	7.517,18
29.01.38	7.515,05
05.02.38	7.488,60

Datum	Nominal
12.02.38	7.511,97
19.02.38	7.553,31
26.02.38	7.565,39
05.03.38	7.544,48
12.03.38	7.480,51
19.03.38	7.521,11
26.03.38	7.538,21
02.04.38	7.582,79
09.04.38	7.610,11
16.04.38	7.642,89
23.04.38	7.614,42
30.04.38	7.594,66
07.05.38	7.545,72
14.05.38	7.544,26
21.05.38	7.436,68
28.05.38	7.463,67
04.06.38	7.524,69
11.06.38	7.390,30
18.06.38	7.442,92
25.06.38	7.469,57
02.07.38	7.542,00
09.07.38	7.439,44
16.07.38	7.248,20
23.07.38	7.297,42
30.07.38	7.241,88
06.08.38	7.054,94
13.08.38	6.963,08
20.08.38	6.954,72
27.08.38	6.838,27
03.09.38	7.063,86
10.09.38	7.058,63
17.09.38	7.108,20
24.09.38	7.119,16
01.10.38	7.401,35
08.10.38	7.406,24
15.10.38	7.385,47
22.10.38	7.521,52
29.10.38	7.526,52
05.11.38	7.526,20
12.11.38	7.386,31
19.11.38	7.183,77
26.11.38	7.244,46
03.12.38	7.273,42
10.12.38	7.171,45
17.12.38	7.224,06
24.12.38	7.261,52

Datum	Nominal
31.12.38	7.242,49
07.01.39	7.207,28
14.01.39	7.345,88
21.01.39	7.398,39
28.01.39	7.413,33
04.02.39	7.444,55
11.02.39	7.474,46
18.02.39	7.485,16
25.02.39	7.452,53
04.03.39	7.417,03
11.03.39	7.371,07
18.03.39	7.339,52
25.03.39	7.327,60
01.04.39	7.435,84
06.04.39	7.484,09
15.04.39	7.423,98
22.04.39	7.397,83
29.04.39	7.425,84
06.05.39	7.420,10
13.05.39	7.427,90
20.05.39	7.394,99
26.05.39	7.377,36
03.06.39	7.362,03
10.06.39	7.429,48
17.06.39	7.381,18
24.06.39	7.346,59
01.07.39	7.325,53
08.07.39	7.457,13
15.07.39	7.398,86
22.07.39	7.429,44
29.07.39	7.461,67
05.08.39	7.497,69
12.08.39	7.468,81
19.08.39	7.478,61
26.08.39	7.612,83
02.09.39	7.827,02
09.09.39	7.759,39
16.09.39	7.524,77
23.09.39	7.533,75
30.09.39	7.601,48
07.10.39	7.616,39
14.10.39	7.551,12
21.10.39	7.595,63
28.10.39	7.593,37
04.11.39	7.658,11
11.11.39	7.689,75

Datum	Nominal
18.11.39	7.833,97
25.11.39	7.872,41
02.12.39	7.929,03
09.12.39	8.019,78
16.12.39	8.075,34
23.12.39	8.162,90
30.12.39	8.210,59
06.01.40	8.329,59
13.01.40	8.339,90
20.01.40	8.357,70
27.01.40	8.490,64
03.02.40	8.480,14
10.02.40	8.561,48
17.02.40	8.657,62
24.02.40	8.626,55
02.03.40	8.833,07
09.03.40	8.968,45
16.03.40	8.930,22
21.03.40	8.972,06
30.03.40	9.170,93
06.04.40	9.275,64
13.04.40	9.238,98
20.04.40	9.120,65
27.04.40	9.250,78
04.05.40	9.325,07
10.05.40	9.350,81
18.05.40	9.656,08
25.05.40	9.707,17
01.06.40	9.489,54
08.06.40	9.534,43
15.06.40	9.471,79
22.06.40	9.160,78
29.06.40	9.311,43
06.07.40	9.392,36
13.07.40	9.399,40
20.07.40	9.460,41
27.07.40	9.425,77
03.08.40	9.476,95
10.08.40	9.587,11
17.08.40	9.767,59
24.08.40	9.894,88
31.08.40	10.006,15
07.09.40	10.007,62
14.09.40	10.017,64
21.09.40	10.229,16
28.09.40	10.395,94

Datum	Nominal
05.10.40	10.567,98
12.10.40	10.448,94
19.10.40	10.350,00
26.10.40	10.470,23
02.11.40	10.468,39
09.11.40	10.628,23
16.11.40	10.806,60
23.11.40	11.204,68
30.11.40	10.858,18
07.12.40	10.905,61
14.12.40	10.840,63
21.12.40	10.878,43
28.12.40	10.935,71
31.12.40	10.983,26
04.01.41	11.174,95
11.01.41	11.376,99
18.01.41	11.124,85
25.01.41	11.075,07
01.02.41	11.179,75
08.02.41	11.265,44
15.02.41	11.201,52
22.02.41	11.073,64
01.03.41	11.059,30
08.03.41	11.188,88
15.03.41	10.735,98
22.03.41	10.567,43
29.03.41	10.754,72
05.04.41	10.846,33
10.04.41	10.910,94
19.04.41	11.020,59
26.04.41	11.067,79
03.05.41	10.988,30
10.05.41	11.072,25
17.05.41	11.224,32
24.05.41	11.331,16
31.05.41	11.569,07
07.06.41	11.636,34
14.06.41	11.805,07
21.06.41	11.762,60
28.06.41	12.244,03
05.07.41	12.468,30
12.07.41	12.496,86
19.07.41	12.282,59
26.07.41	12.070,58
02.08.41	12.216,88
09.08.41	12.315,87

Datum	Nominal
16.08.41	12.387,09
23.08.41	12.720,95
30.08.41	12.663,09
06.09.41	12.841,74
13.09.41	13.212,13
20.09.41	12.607,71
27.09.41	11.762,81
04.10.41	11.653,38
11.10.41	11.563,26
18.10.41	11.461,24
25.10.41	11.560,93
01.11.41	11.661,28
08.11.41	11.588,26
15.11.41	11.679,97
22.11.41	11.663,73
29.11.41	11.712,09
06.12.41	11.725,40
13.12.41	11.750,89
20.12.41	11.797,53
31.12.41	11.825,49
03.01.42	11.879,31
10.01.42	11.986,55
17.01.42	12.061,57
24.01.42	12.215,47
31.01.42	12.271,13
06.02.42	12.333,61
14.02.42	12.402,39
21.02.42	12.513,84
28.02.42	12.282,21
07.03.42	12.321,97
14.03.42	12.321,19
21.03.42	12.385,99
28.03.42	12.411,56
02.04.42	12.484,90
11.04.42	12.590,97
18.04.42	12.758,91
25.04.42	12.666,48
01.05.42	12.631,53
09.05.42	12.644,09
16.05.42	12.637,98
23.05.42	12.701,15
30.05.42	12.722,90
06.06.42	12.819,21
13.06.42	12.720,23
20.06.42	12.728,07
27.06.42	12.659,84

Datum	Nominal
04.07.42	12.643,57
11.07.42	12.668,82
18.07.42	12.693,98
25.07.42	12.732,13
01.08.42	12.710,83
08.08.42	12.725,34
15.08.42	12.752,39
22.08.42	12.694,82
29.08.42	12.668,04
05.09.42	12.640,58
12.09.42	12.697,66
19.09.42	13.058,69
26.09.42	13.144,52
03.10.42	13.211,90
10.10.42	13.253,41
17.10.42	13.280,17
24.10.42	13.302,36
31.10.42	13.234,64
07.11.42	13.213,83
14.11.42	13.281,37
21.11.42	13.299,20
28.11.42	13.325,30
05.12.42	13.373,04
12.12.42	13.411,30
19.12.42	13.451,98
23.12.42	13.481,21
31.12.42	13.566,01
04.01.43	13.588,32
09.01.43	13.644,78
16.01.43	13.657,00
23.01.43	13.739,32
30.01.43	13.754,76
06.02.43	13.763,16
11.02.43	13.762,77
19.02.43	13.762,77
26.02.43	13.763,40
05.03.43	13.764,18
12.03.43	13.764,51
19.03.43	13.765,64
26.03.43	13.770,13
02.04.43	13.788,03
09.04.43	13.790,14
16.04.43	13.784,22
21.04.43	13.795,84
30.04.43	13.881,67
07.05.43	13.882,20

Datum	Nominal
14.05.43	13.883,33
21.05.43	13.885,41
28.05.43	13.907,73
04.06.43	13.914,75
11.06.43	13.918,49
18.06.43	13.919,04
25.06.43	13.937,99
02.07.43	13.949,28
09.07.43	13.953,60
16.07.43	13.957,60
23.07.43	13.959,76
30.07.43	13.982,54
06.08.43	13.986,98
13.08.43	13.975,31
20.08.43	13.950,51
27.08.43	13.968,56
03.09.43	13.987,49
10.09.43	14.002,62
17.09.43	14.010,45
24.09.43	14.019,41
01.10.43	14.036,11
08.10.43	14.063,05
15.10.43	14.066,38
22.10.43	14.068,27
29.10.43	14.079,66
05.11.43	14.093,16
12.11.43	14.100,48
19.11.43	14.102,18
26.11.43	14.110,55
03.12.43	14.125,34
10.12.43	14.128,41
17.12.43	14.137,49
27.12.43	14.142,56
31.12.43	14.145,42
07.01.44	14.148,13
14.01.44	14.154,22
21.01.44	14.171,51
28.01.44	14.182,62
04.02.44	14.200,24
11.02.44	14.203,80
18.02.44	14.209,62
25.02.44	14.212,03
03.03.44	14.223,92
10.03.44	14.238,21
17.03.44	14.243,97
24.03.44	14.247,00

Datum	Nominal
31.03.44	14.251,80
07.04.44	14.270,50
14.04.44	14.277,05
21.04.44	14.283,33
28.04.44	14.285,92
05.05.44	14.295,34
12.05.44	14.309,36
19.05.44	14.314,80
26.05.44	14.316,18
02.06.44	14.326,14
09.06.44	14.346,79
16.06.44	14.363,98
23.06.44	14.357,22
30.06.44	14.361,84
07.07.44	14.383,17
14.07.44	14.389,37
21.07.44	14.393,69
28.07.44	14.393,24
04.08.44	14.401,63
11.08.44	14.407,50
18.08.44	14.418,27
25.08.44	14.432,88
01.09.44	14.437,24
11.09.44	14.449,14
18.09.44	14.457,61
25.09.44	14.471,93
02.10.44	14.473,29
06.10.44	14.481,00
13.10.44	14.488,84
20.10.44	14.509,64
27.10.44	14.511,66
03.11.44	14.520,52
10.11.44	14.525,24
17.11.44	14.529,11
24.11.44	14.547,47
01.12.44	14.552,28
08.12.44	14.562,37
15.12.44	14.571,16
22.12.44	14.583,78
29.12.44	14.593,87
05.01.45	14.594,11
12.01.45	14.596,26
19.01.45	14.598,60
26.01.45	14.625,56
02.02.45	14.630,48
09.02.45	14.635,32

Datum	Nominal
16.02.45	14.639,66
23.02.45	14.658,61
02.03.45	14.668,34
09.03.45	14.673,46
16.03.45	14.684,30
23.03.45	14.697,12
26.03.45	14.697,12
03.04.45	14.704,38
10.04.45	14.708,67
17.04.45	14.711,03
24.04.45	14.710,44
01.05.45	14.710,44
08.05.45	14.710,44
15.05.45	14.710,44
22.05.45	14.710,44
29.05.45	14.710,44
05.06.45	14.710,44
12.06.45	14.710,44
19.06.45	14.710,44
26.06.45	14.710,44
03.07.45	14.710,44
10.07.45	14.710,44
17.07.45	14.710,44
24.07.45	14.710,44
31.07.45	14.710,44
07.08.45	14.710,44
14.08.45	14.710,44
21.08.45	14.710,44
28.08.45	14.710,44
04.09.45	14.710,44
11.09.45	14.710,44
18.09.45	14.710,44
25.09.45	14.710,44
05.10.45	11.928,99
12.10.45	11.606,44
19.10.45	10.942,28
26.10.45	11.095,65
02.11.45	10.644,37
09.11.45	10.598,37
16.11.45	10.519,53
23.11.45	10.885,16
30.11.45	11.020,99
07.12.45	11.287,15
14.12.45	12.009,10
21.12.45	12.429,60
28.12.45	12.520,53

Datum	Nominal
31.12.45	12.633,20
04.01.46	12.711,92
11.01.46	13.634,00
18.01.46	13.445,27
25.01.46	13.044,77
01.02.46	12.973,01
08.02.46	12.519,34
15.02.46	12.436,97
22.02.46	12.291,77
01.03.46	11.940,31
08.03.46	11.310,91
15.03.46	11.301,79
22.03.46	10.929,51
29.03.46	10.842,33
05.04.46	10.611,03
12.04.46	10.696,35
19.04.46	10.781,68
26.04.46	10.718,47
03.05.46	10.584,61
10.05.46	10.162,47
17.05.46	9.985,40
24.05.46	9.885,39
31.05.46	9.932,19
07.06.46	9.896,11
14.06.46	9.595,01
21.06.46	9.642,27
28.06.46	9.628,69
05.07.46	9.723,22
12.07.46	9.777,63
19.07.46	10.248,62
26.07.46	10.475,50
02.08.46	10.673,46
09.08.46	10.801,80
16.08.46	10.642,82
23.08.46	10.369,64
30.08.46	10.362,92
06.09.46	10.482,41
13.09.46	10.547,86
20.09.46	10.442,08
27.09.46	10.478,34
04.10.46	10.366,55
11.10.46	10.520,01
18.10.46	10.646,23
25.10.46	11.175,82
01.11.46	11.364,23
08.11.46	11.428,77

Datum	Nominal
15.11.46	11.517,00
22.11.46	11.321,03
29.11.46	11.365,04
06.12.46	11.344,64
13.12.46	11.171,05
20.12.46	11.359,27
27.12.46	11.359,27
30.12.46	11.407,26
03.01.47	11.422,59
10.01.47	11.329,71
17.01.47	11.420,11
24.01.47	11.334,28
31.01.47	11.378,71
07.02.47	11.398,80
14.02.47	11.190,35
21.02.47	11.136,10
28.02.47	11.052,24
07.03.47	11.105,04
14.03.47	10.988,71
21.03.47	10.931,65
28.03.47	11.093,41
04.04.47	11.106,75
11.04.47	11.086,51
18.04.47	11.100,66
25.04.47	11.085,49
02.05.47	11.194,40
09.05.47	11.207,66
16.05.47	11.071,06
23.05.47	11.139,49
30.05.47	11.129,27
06.06.47	11.132,69
13.06.47	11.018,64
20.06.47	11.028,73
27.06.47	11.033,26
04.07.47	11.084,64
11.07.47	11.274,09
18.07.47	11.479,31
25.07.47	11.480,92
01.08.47	11.456,90
08.08.47	11.462,90
15.08.47	11.614,58
22.08.47	11.752,35
29.08.47	11.757,52
05.09.47	11.942,22
12.09.47	12.010,67
19.09.47	11.993,81

Datum	Nominal
26.09.47	11.927,07
03.10.47	11.872,00
10.10.47	11.834,93
17.10.47	11.883,56
24.10.47	11.930,57
31.10.47	12.058,40
07.11.47	12.062,47
14.11.47	11.993,42
21.11.47	12.046,18
28.11.47	12.053,99
05.12.47	12.103,88
12.12.47	12.218,79
19.12.47	12.290,66
26.12.47	12.290,66
31.12.47	12.398,67
02.01.48	12.467,77
09.01.48	12.532,51
16.01.48	12.530,27
23.01.48	12.500,04
30.01.48	12.559,48
06.02.48	12.523,72
13.02.48	12.504,22
20.02.48	12.487,96
27.02.48	12.455,43
05.03.48	12.427,43
12.03.48	12.418,43
19.03.48	12.398,95
26.03.48	12.365,33
02.04.48	12.357,03
09.04.48	12.334,02
16.04.48	12.306,33
23.04.48	12.289,75
30.04.48	12.329,35
07.05.48	12.253,14
14.05.48	12.270,00
21.05.48	12.261,55
28.05.48	12.237,72
04.06.48	12.044,11
11.06.48	12.041,06
18.06.48	12.055,08
25.06.48	12.055,08
02.07.48	1.205,51
09.07.48	1.205,51
16.07.48	1.439,14
23.07.48	1.871,81
30.07.48	1.724,58

Datum	Nominal
06.08.48	1.586,92
13.08.48	1.427,39
20.08.48	1.442,88
27.08.48	1.454,80
03.09.48	1.444,60
10.09.48	1.433,58
17.09.48	1.495,02
24.09.48	1.458,41
01.10.48	1.443,04
08.10.48	1.464,12
15.10.48	1.497,71
22.10.48	1.540,48
29.10.48	1.653,92
05.11.48	1.754,42
12.11.48	1.548,10
19.11.48	1.521,69
26.11.48	1.515,83
03.12.48	1.456,61
10.12.48	1.407,46
17.12.48	1.369,21
24.12.48	1.402,42
31.12.48	1.437,02
07.01.49	1.428,61
14.01.49	1.334,43
21.01.49	1.323,44
28.01.49	1.362,67
04.02.49	1.382,80
11.02.49	1.384,24
18.02.49	1.395,72
25.02.49	1.334,31
04.03.49	1.293,97
11.03.49	1.284,89
18.03.49	1.257,27
25.03.49	1.307,23
01.04.49	1.302,93
08.04.49	1.310,72
15.04.49	1.319,28
22.04.49	1.426,85
29.04.49	1.540,42
06.05.49	1.487,40
13.05.49	1.414,11
20.05.49	1.439,30
27.05.49	1.418,67
03.06.49	1.414,07
10.06.49	1.398,30
17.06.49	1.400,81

Datum	Nominal
24.06.49	1.414,39
01.07.49	1.415,59
08.07.49	1.394,43
15.07.49	1.379,31
22.07.49	1.359,41
29.07.49	1.364,00
05.08.49	1.356,07
12.08.49	1.335,04
19.08.49	1.399,75
26.08.49	1.402,48
02.09.49	1.381,96
09.09.49	1.421,84
16.09.49	1.440,78
23.09.49	1.565,44
30.09.49	1.599,44
07.10.49	1.759,52
14.10.49	1.871,03
21.10.49	2.012,26
28.10.49	2.229,60
04.11.49	2.611,05
11.11.49	2.807,91
18.11.49	3.208,18
25.11.49	3.168,91
02.12.49	3.159,21
09.12.49	3.009,50
16.12.49	3.067,37
23.12.49	3.184,44
30.12.49	3.392,94
06.01.50	3.451,87
13.01.50	3.413,72
20.01.50	3.197,70
27.01.50	3.303,70
03.02.50	3.352,75
10.02.50	3.223,73
17.02.50	3.180,55
24.02.50	3.230,70
03.03.50	3.134,00
10.03.50	3.056,37
17.03.50	2.915,22
24.03.50	2.895,51
31.03.50	2.856,00
07.04.50	2.816,75
14.04.50	3.123,47
21.04.50	2.972,24
28.04.50	3.055,57
05.05.50	3.009,96

Datum	Nominal
12.05.50	3.057,63
19.05.50	3.035,38
26.05.50	2.931,16
02.06.50	2.942,34
09.06.50	2.913,65
16.06.50	2.941,19
23.06.50	3.074,86
30.06.50	2.928,07
07.07.50	2.831,46
14.07.50	2.800,85
21.07.50	2.851,39
28.07.50	3.068,16
04.08.50	3.035,19
11.08.50	3.188,21
18.08.50	3.122,50
25.08.50	3.097,72
01.09.50	3.148,53
08.09.50	3.164,05
15.09.50	3.281,90
22.09.50	3.413,42
29.09.50	3.303,33
06.10.50	3.348,10
13.10.50	3.322,98
20.10.50	3.187,75
27.10.50	3.218,84
03.11.50	3.247,16
10.11.50	3.202,70
17.11.50	3.166,67
24.11.50	3.166,62
01.12.50	3.010,20
08.12.50	3.012,46
15.12.50	3.102,98
22.12.50	3.088,40
29.12.50	3.110,97
05.01.51	3.211,09
12.01.51	3.190,30
19.01.51	3.242,23
26.01.51	3.354,01
02.02.51	3.454,93
09.02.51	3.539,02
16.02.51	3.561,11
23.02.51	3.430,88
02.03.51	3.616,82
09.03.51	3.614,77
16.03.51	3.607,44
23.03.51	3.601,59

Datum	Nominal
30.03.51	3.554,60
06.04.51	3.586,61
13.04.51	3.559,00
20.04.51	3.559,55
27.04.51	3.549,14
04.05.51	3.562,20
11.05.51	3.679,90
18.05.51	3.817,82
25.05.51	3.818,54
01.06.51	3.929,75
08.06.51	4.005,42
15.06.51	4.005,30
22.06.51	4.036,99
29.06.51	4.018,41
06.07.51	4.098,76
13.07.51	4.103,26
20.07.51	4.341,63
27.07.51	4.389,52
03.08.51	4.678,22
10.08.51	4.626,31
17.08.51	4.472,34
24.08.51	4.645,47
31.08.51	4.733,18
07.09.51	4.904,64
14.09.51	5.201,97
21.09.51	5.312,03
28.09.51	5.722,46
05.10.51	5.806,26
12.10.51	5.518,23
19.10.51	5.753,34
26.10.51	5.851,34
02.11.51	5.971,49
09.11.51	6.015,63
16.11.51	6.303,37
23.11.51	6.584,00
30.11.51	6.514,72
07.12.51	6.467,96
14.12.51	6.336,66
21.12.51	6.409,48
28.12.51	6.634,91
31.12.51	6.774,06
04.01.52	6.954,48
11.01.52	7.373,19
18.01.52	8.001,89
25.01.52	8.128,07
01.02.52	8.083,21

Datum	Nominal
08.02.52	8.097,29
15.02.52	7.691,94
22.02.52	7.310,83
29.02.52	7.468,20
07.03.52	7.153,76
14.03.52	6.901,66
21.03.52	6.723,18
28.03.52	6.510,16
04.04.52	6.891,18
11.04.52	7.031,30
18.04.52	6.798,21
25.04.52	6.553,65
02.05.52	6.704,82
09.05.52	6.546,54
16.05.52	6.339,34
23.05.52	6.456,46
30.05.52	6.456,41
06.06.52	6.336,80
13.06.52	6.149,29
20.06.52	6.163,91
27.06.52	6.350,81
04.07.52	8.665,21
11.07.52	8.618,59
18.07.52	8.482,95
25.07.52	8.386,08
01.08.52	8.410,31
08.08.52	8.355,56
15.08.52	8.468,29
22.08.52	8.782,40
29.08.52	8.975,09
05.09.52	9.362,96
12.09.52	9.302,15
19.09.52	9.002,29
26.09.52	9.038,13
03.10.52	8.877,57
10.10.52	8.769,01
17.10.52	8.580,11
24.10.52	8.443,91
31.10.52	8.390,91
07.11.52	8.374,64
14.11.52	8.141,25
21.11.52	8.110,77
28.11.52	8.274,95
05.12.52	8.016,01
12.12.52	7.856,96
19.12.52	7.889,13

Datum	Nominal
26.12.52	8.009,51
31.12.52	8.250,24
02.01.53	8.287,81
09.01.53	8.338,65
16.01.53	8.050,39
23.01.53	8.056,21
30.01.53	8.003,45
06.02.53	7.988,00
13.02.53	7.971,58
20.02.53	7.858,34
27.02.53	7.856,60
06.03.53	7.897,86
13.03.53	7.820,88
20.03.53	7.778,68
27.03.53	7.803,44
03.04.53	7.926,34
10.04.53	8.031,34
17.04.53	7.918,32
24.04.53	7.832,23
01.05.53	7.782,19
08.05.53	7.801,77
15.05.53	7.772,21
22.05.53	7.707,33
29.05.53	7.671,28
05.06.53	7.520,41
12.06.53	7.815,93
19.06.53	7.847,20
26.06.53	7.770,02
03.07.53	7.828,14
10.07.53	7.810,23
17.07.53	7.912,06
24.07.53	7.935,82
31.07.53	8.074,72
07.08.53	8.236,16
14.08.53	8.305,48
21.08.53	8.400,48
28.08.53	8.684,57
04.09.53	8.819,03
11.09.53	9.452,22
18.09.53	9.181,36
25.09.53	9.325,14
02.10.53	9.504,89
09.10.53	9.759,39
16.10.53	10.139,00
23.10.53	10.112,05
30.10.53	10.353,64

Datum	Nominal
06.11.53	10.402,50
13.11.53	10.105,45
20.11.53	10.087,33
27.11.53	10.132,63
04.12.53	10.092,63
11.12.53	10.112,99
18.12.53	10.048,50
25.12.53	10.163,99
31.12.53	10.328,77
08.01.54	10.665,29
15.01.54	10.807,92
22.01.54	10.817,70
29.01.54	10.935,77
05.02.54	11.086,62
12.02.54	11.027,07
19.02.54	11.081,61
26.02.54	11.153,92
05.03.54	11.340,07
12.03.54	11.538,33
19.03.54	11.442,02
26.03.54	11.382,41
02.04.54	11.315,81
09.04.54	11.269,72
15.04.54	11.277,52
23.04.54	11.115,20
30.04.54	11.219,24
07.05.54	11.355,19
14.05.54	11.557,60
21.05.54	11.719,41
28.05.54	12.005,68
04.06.54	12.325,47
11.06.54	12.279,02
18.06.54	12.605,54
25.06.54	12.882,38
02.07.54	13.567,27
09.07.54	13.894,28
16.07.54	13.863,49
23.07.54	14.574,84
30.07.54	14.524,01
06.08.54	14.606,52
13.08.54	14.784,64
20.08.54	14.615,93
27.08.54	15.008,92
03.09.54	15.569,94
10.09.54	15.553,97
17.09.54	15.564,13

Datum	Nominal
24.09.54	15.416,51
01.10.54	15.901,64
08.10.54	16.371,98
15.10.54	16.377,25
22.10.54	16.266,63
29.10.54	16.896,86
05.11.54	16.701,08
12.11.54	17.155,14
19.11.54	17.481,61
26.11.54	16.809,74
03.12.54	17.060,04
10.12.54	17.955,23
17.12.54	17.919,78
24.12.54	18.292,95
31.12.54	19.548,47
07.01.55	19.232,27
14.01.55	19.783,80
21.01.55	19.352,24
28.01.55	19.067,24
04.02.55	18.416,72
11.02.55	18.908,56
18.02.55	19.233,88
25.02.55	19.163,24
04.03.55	19.787,82
11.03.55	19.628,15
18.03.55	19.582,25
25.03.55	19.949,90
01.04.55	20.656,62
08.04.55	21.066,04
15.04.55	21.859,46
22.04.55	22.753,81
29.04.55	22.942,50
06.05.55	22.768,97
13.05.55	22.307,20
20.05.55	21.863,85
27.05.55	21.877,17
03.06.55	21.928,85
10.06.55	22.586,18
17.06.55	22.308,20
24.06.55	22.302,91
01.07.55	22.695,19
08.07.55	22.680,74
15.07.55	22.926,14
22.07.55	23.163,16
29.07.55	23.203,51
05.08.55	23.207,60

Datum	Nominal
12.08.55	23.115,21
19.08.55	22.924,68
26.08.55	23.323,59
02.09.55	23.765,66
09.09.55	23.692,86
16.09.55	23.393,51
23.09.55	23.133,38
30.09.55	22.879,75
07.10.55	22.089,91
14.10.55	21.182,70
21.10.55	20.945,33
28.10.55	20.064,30
04.11.55	19.727,44
11.11.55	20.188,13
18.11.55	20.416,01
25.11.55	20.326,81
02.12.55	20.472,70
09.12.55	21.026,02
16.12.55	21.223,21
23.12.55	21.377,73
30.12.55	21.706,83
06.01.56	21.825,56
13.01.56	21.616,72
20.01.56	21.066,51
27.01.56	21.015,64
03.02.56	20.628,27
10.02.56	20.753,92
17.02.56	20.679,89
24.02.56	20.590,15
02.03.56	20.827,47
09.03.56	20.783,76
16.03.56	20.561,06
23.03.56	20.714,95
30.03.56	21.282,19
06.04.56	21.172,65
13.04.56	21.399,07
20.04.56	21.237,86
27.04.56	21.337,81
04.05.56	21.121,36
11.05.56	20.612,74
18.05.56	20.612,05
25.05.56	20.255,70
01.06.56	20.536,51
08.06.56	20.496,65
15.06.56	19.997,42
22.06.56	20.138,59

Datum	Nominal
29.06.56	20.474,54
06.07.56	20.396,33
13.07.56	20.521,74
20.07.56	20.272,26
27.07.56	20.163,51
03.08.56	19.919,87
10.08.56	19.871,99
17.08.56	19.940,28
24.08.56	19.886,38
31.08.56	19.584,13
07.09.56	19.840,24
14.09.56	19.942,89
21.09.56	20.483,87
28.09.56	20.837,45
05.10.56	20.810,31
12.10.56	20.626,89
19.10.56	20.494,46
26.10.56	20.329,60
02.11.56	19.890,27
09.11.56	20.048,91
16.11.56	19.824,87
23.11.56	19.803,61
30.11.56	19.853,74
07.12.56	20.327,09
14.12.56	20.191,01
21.12.56	20.302,68
28.12.56	20.487,36
31.12.56	20.645,73
04.01.57	20.643,18
11.01.57	20.822,91
18.01.57	20.335,02
25.01.57	20.026,03
01.02.57	20.013,54
08.02.57	19.784,93
15.02.57	19.798,64
22.02.57	19.888,66
01.03.57	19.945,85
08.03.57	20.254,01
15.03.57	20.135,53
22.03.57	20.089,96
29.03.57	20.386,16
05.04.57	20.556,55
12.04.57	20.437,32
19.04.57	20.601,73
26.04.57	20.435,51
03.05.57	20.366,86

Datum	Nominal
10.05.57	20.167,42
17.05.57	20.166,34
24.05.57	20.242,18
31.05.57	20.358,83
07.06.57	20.281,37
14.06.57	19.980,04
21.06.57	19.728,85
28.06.57	19.604,71
05.07.57	20.180,29
12.07.57	20.503,07
19.07.57	20.751,84
26.07.57	21.128,04
02.08.57	21.601,93
09.08.57	21.641,59
16.08.57	21.893,81
23.08.57	21.749,19
30.08.57	22.115,67
06.09.57	22.313,34
13.09.57	22.598,38
20.09.57	22.285,97
27.09.57	22.038,92
04.10.57	21.965,49
11.10.57	21.836,70
18.10.57	21.684,64
25.10.57	21.834,11
01.11.57	21.786,58
08.11.57	21.832,50
15.11.57	21.977,14
22.11.57	22.195,07
29.11.57	22.127,20
06.12.57	22.265,68
13.12.57	22.141,98
20.12.57	22.029,52
27.12.57	22.102,30
31.12.57	22.255,89
03.01.58	22.432,44
10.01.58	22.461,71
17.01.58	22.577,35
24.01.58	22.967,08
31.01.58	23.556,03
07.02.58	23.612,86
14.02.58	23.476,77
21.02.58	23.066,09
28.02.58	22.856,31
07.03.58	23.035,13
14.03.58	23.129,12

Datum	Nominal
21.03.58	23.139,68
28.03.58	23.225,18
04.04.58	23.597,32
11.04.58	23.903,53
18.04.58	24.341,09
25.04.58	24.937,03
02.05.58	25.154,51
09.05.58	24.697,68
16.05.58	24.484,45
23.05.58	24.852,32
30.05.58	24.967,37
06.06.58	25.530,43
13.06.58	26.155,85
20.06.58	26.219,65
27.06.58	26.177,64
04.07.58	26.979,63
11.07.58	27.364,36
18.07.58	26.341,85
25.07.58	27.188,46
01.08.58	27.592,57
08.08.58	28.231,02
15.08.58	29.004,07
22.08.58	29.390,45
29.08.58	29.648,67

Datum	Nominal
05.09.58	29.822,74
12.09.58	30.662,00
19.09.58	30.926,09
26.09.58	31.701,06
03.10.58	32.228,58
10.10.58	32.162,17
17.10.58	31.108,36
24.10.58	32.589,81
31.10.58	34.138,87
07.11.58	35.916,79
14.11.58	35.847,00
21.11.58	33.551,79
28.11.58	34.273,99
05.12.58	33.088,84
12.12.58	34.110,64
19.12.58	34.255,18
29.12.58	35.370,43
31.12.58	35.856,43
02.01.59	36.342,06
09.01.59	36.379,65
16.01.59	36.389,26
23.01.59	37.399,42
30.01.59	37.622,34
06.02.59	37.840,32

Datum	Nominal
13.02.59	37.532,71
20.02.59	37.848,67
27.02.59	37.164,44
06.03.59	36.818,05
13.03.59	37.399,46
20.03.59	37.621,23
26.03.59	38.714,30
03.04.59	40.272,12
10.04.59	41.027,74
17.04.59	42.148,17
24.04.59	41.792,50
30.04.59	41.467,03
08.05.59	42.586,51
15.05.59	44.794,75
22.05.59	44.724,54
29.05.59	47.213,41
05.06.59	49.154,32
12.06.59	48.769,72
19.06.59	48.560,17
26.06.59	50.470,28
02.07.59	54.046,11
10.07.59	53.942,56
17.07.59	56.924,12
24.07.59	55.523,18

Datum	Nominal
31.07.59	58.672,04
07.08.59	63.548,96
14.08.59	62.695,35
21.08.59	63.395,16
28.08.59	65.611,16
04.09.59	60.313,26
11.09.59	56.209,49
18.09.59	58.815,16
25.09.59	59.458,22
02.10.59	57.787,69
09.10.59	57.195,78
16.10.59	53.677,18
23.10.59	56.228,68
30.10.59	57.950,08
06.11.59	58.792,42
13.11.59	60.119,99
20.11.59	60.328,22
27.11.59	59.645,07
04.12.59	61.025,36
11.12.59	62.565,02
18.12.59	62.239,87
28.12.59	64.433,17
31.12.59	65.219,41

Monatsdurchschnitte nominal und preisbereinigt

CH-bereinigt: Bereinigung aus Sicht eines Schweizer Anlegers

D-bereinigt: Bereinigung mit deutschen Lebenshaltungskosten

Monat	Nominal	CH-bereinigt	D-bereinigt
Dez 70	1.000,00	1.000,00	1.000,00
Jan 71	963,11	873,26	893,32
Feb 71	977,18	888,30	906,37
Mrz 71	1.009,46	918,11	936,31
Apr 71	1.046,45	956,97	970,62
Mai 71	1.097,48	1.002,55	1.017,95
Jun 71	1.140,71	1.045,54	1.058,05
Jul 71	1.188,71	1.097,74	1.102,57
Aug 71	1.232,77	1.146,56	1.143,44
Sep 71	1.256,59	1.181,38	1.165,53
Okt 71	1.286,10	1.220,55	1.192,91
Nov 71	1.333,13	1.260,11	1.236,53
Dez 71	1.360,99	1.280,63	1.262,37
Jan 72	1.379,19	1.069,29	1.225,95
Feb 72	1.426,74	1.097,46	1.268,21
Mrz 72	1.471,44	1.123,07	1.307,95
Apr 72	1.450,22	1.105,96	1.289,09
Mai 72	1.446,01	1.102,46	1.285,34
Jun 72	1.480,14	1.130,18	1.315,68
Jul 72	1.483,59	1.135,38	1.318,75
Aug 72	1.533,53	1.184,39	1.363,14
Sep 72	1.542,50	1.188,37	1.371,11
Okt 72	1.555,04	1.202,29	1.382,25
Nov 72	1.587,52	1.221,07	1.411,13
Dez 72	1.553,48	1.199,35	1.380,87
Jan 73	1.493,71	1.083,06	1.225,60
Feb 73	1.494,49	1.080,51	1.226,25
Mrz 73	1.503,12	1.087,37	1.233,33
Apr 73	1.476,17	1.069,50	1.211,22
Mai 73	1.433,66	1.043,68	1.176,34
Jun 73	1.420,84	1.032,40	1.165,82
Jul 73	1.419,76	1.029,44	1.164,94
Aug 73	1.441,32	1.042,66	1.182,62
Sep 73	1.402,20	1.012,99	1.150,53
Okt 73	1.354,43	974,14	1.111,33
Nov 73	1.350,33	969,93	1.107,97
Dez 73	1.411,43	1.012,50	1.158,10
Jan 74	1.331,00	1.144,10	1.051,66
Feb 74	1.313,25	1.124,69	1.037,63
Mrz 74	1.286,88	1.099,25	1.016,79
Apr 74	1.301,25	1.110,96	1.028,15

Monat	Nominal	CH-bereinigt	D-bereinigt
Mai 74	1.333,72	1.137,32	1.053,80
Jun 74	1.315,77	1.119,59	1.039,62
Jul 74	1.354,23	1.151,42	1.070,01
Aug 74	1.403,16	1.187,83	1.108,67
Sep 74	1.430,32	1.210,21	1.130,13
Okt 74	1.390,73	1.178,04	1.098,85
Nov 74	1.374,79	1.162,93	1.086,26
Dez 74	1.362,94	1.151,87	1.076,89
Jan 75	1.259,54	1.131,09	1.119,59
Feb 75	1.219,92	1.093,51	1.084,37
Mrz 75	1.243,26	1.113,93	1.105,12
Apr 75	1.268,04	1.134,39	1.127,15
Mai 75	1.253,86	1.122,86	1.114,54
Jun 75	1.232,66	1.105,27	1.095,70
Jul 75	1.247,32	1.126,95	1.108,73
Aug 75	1.252,91	1.128,83	1.113,70
Sep 75	1.246,80	1.113,52	1.108,27
Okt 75	1.200,37	1.076,68	1.066,99
Nov 75	1.178,57	1.055,47	1.047,62
Dez 75	1.229,03	1.110,01	1.092,47
Jan 76	1.181,88	986,04	1.022,17
Feb 76	1.204,25	1.000,99	1.041,52
Mrz 76	1.241,46	1.030,97	1.073,70
Apr 76	1.228,48	1.022,27	1.062,47
Mai 76	1.284,32	1.066,89	1.110,76
Jun 76	1.305,08	1.086,41	1.128,72
Jul 76	1.323,88	1.101,78	1.144,97
Aug 76	1.352,34	1.124,61	1.169,59
Sep 76	1.369,32	1.139,46	1.184,27
Okt 76	1.343,11	1.115,90	1.161,61
Nov 76	1.325,55	1.101,31	1.146,42
Dez 76	1.322,23	1.098,79	1.143,55
Jan 77	1.297,27	1.067,88	1.107,01
Feb 77	1.296,56	1.065,33	1.106,40
Mrz 77	1.276,13	1.047,19	1.088,97
Apr 77	1.262,18	1.037,56	1.077,06
Mai 77	1.277,27	1.050,12	1.089,94
Jun 77	1.279,03	1.053,31	1.091,44
Jul 77	1.298,53	1.069,41	1.108,08
Aug 77	1.339,48	1.100,43	1.143,02
Sep 77	1.376,73	1.131,69	1.174,81

Monat	Nominal	CH-bereinigt	D-bereinigt
Okt 77	1.365,67	1.124,53	1.165,37
Nov 77	1.364,41	1.122,29	1.164,30
Dez 77	1.350,90	1.112,09	1.152,77
Jan 78	1.299,61	1.198,77	1.171,48
Feb 78	1.337,67	1.233,31	1.205,79
Mrz 78	1.340,55	1.234,90	1.208,38
Apr 78	1.338,24	1.231,37	1.206,30
Mai 78	1.370,97	1.264,01	1.235,80
Jun 78	1.438,16	1.326,94	1.296,37
Jul 78	1.501,95	1.385,63	1.353,87
Aug 78	1.528,66	1.407,49	1.377,95
Sep 78	1.513,63	1.396,19	1.364,40
Okt 78	1.499,06	1.383,18	1.351,27
Nov 78	1.495,42	1.381,13	1.347,98
Dez 78	1.475,72	1.363,53	1.330,23
Jan 79	1.423,10	1.385,29	1.339,39
Feb 79	1.432,54	1.393,40	1.348,27
Mrz 79	1.473,27	1.432,22	1.386,60
Apr 79	1.547,86	1.504,65	1.456,81
Mai 79	1.671,43	1.623,26	1.573,11
Jun 79	1.698,25	1.652,62	1.598,35
Jul 79	1.757,79	1.712,67	1.654,39
Aug 79	1.791,94	1.743,31	1.686,53
Sep 79	1.796,96	1.754,08	1.691,25
Okt 79	1.836,12	1.796,21	1.728,12
Nov 79	1.875,63	1.835,59	1.765,30
Dez 79	1.943,95	1.897,28	1.829,60
Jan 80	1.920,27	1.872,45	1.683,52
Feb 80	2.020,36	1.964,21	1.771,28
Mrz 80	2.004,35	1.945,34	1.757,24
Apr 80	2.019,48	1.963,95	1.770,50
Mai 80	2.051,83	1.998,51	1.798,87
Jun 80	2.091,21	2.034,34	1.833,39
Jul 80	2.142,00	2.078,62	1.877,92
Aug 80	2.176,38	2.113,93	1.908,05
Sep 80	2.175,90	2.119,67	1.907,63
Okt 80	2.167,63	2.115,61	1.900,39
Nov 80	2.188,53	2.135,78	1.918,71
Dez 80	2.218,38	2.163,53	1.944,88
Jan 81	2.139,87	2.198,14	1.850,70
Feb 81	2.146,03	2.200,89	1.856,03
Mrz 81	2.150,20	2.205,17	1.859,63
Apr 81	2.240,78	2.294,45	1.937,97
Mai 81	2.377,94	2.438,36	2.056,60
Jun 81	2.432,37	2.489,94	2.103,67
Jul 81	2.516,84	2.565,42	2.176,72

Monat	Nominal	CH-bereinigt	D-bereinigt
Aug 81	2.558,99	2.611,11	2.213,18
Sep 81	2.536,59	2.598,63	2.193,81
Okt 81	2.549,19	2.616,70	2.204,71
Nov 81	2.543,87	2.610,91	2.200,10
Dez 81	2.593,77	2.661,80	2.243,26
Jan 82	2.446,46	2.501,95	2.144,84
Feb 82	2.418,34	2.472,04	2.120,19
Mrz 82	2.440,91	2.496,08	2.139,98
Apr 82	2.542,43	2.597,45	2.228,98
Mai 82	2.622,55	2.677,89	2.299,22
Jun 82	2.616,50	2.667,41	2.293,92
Jul 82	2.618,70	2.664,53	2.295,85
Aug 82	2.629,07	2.675,08	2.304,94
Sep 82	2.643,01	2.699,21	2.317,16
Okt 82	2.630,90	2.689,32	2.306,54
Nov 82	2.609,79	2.673,10	2.288,03
Dez 82	2.599,15	2.662,12	2.278,70
Jan 83	2.500,24	2.676,89	2.162,37
Feb 83	2.546,33	2.718,89	2.202,23
Mrz 83	2.613,93	2.791,33	2.260,70
Apr 83	2.699,05	2.881,06	2.334,31
Mai 83	2.730,52	2.913,54	2.361,53
Jun 83	2.754,37	2.936,59	2.382,16
Jul 83	2.778,92	2.961,31	2.403,39
Aug 83	2.816,57	3.004,19	2.435,95
Sep 83	2.812,31	3.003,54	2.432,27
Okt 83	2.792,26	2.988,62	2.414,93
Nov 83	2.762,87	2.958,99	2.389,51
Dez 83	2.798,83	2.998,20	2.420,61
Jan 84	2.735,13	3.260,44	2.431,23
Feb 84	2.760,15	3.281,14	2.453,47
Mrz 84	2.829,96	3.360,91	2.515,52
Apr 84	2.919,97	3.467,91	2.595,53
Mai 84	2.926,62	3.478,92	2.601,44
Jun 84	2.918,58	3.465,19	2.594,29
Jul 84	2.916,83	3.457,79	2.592,73
Aug 84	2.955,28	3.511,68	2.626,91
Sep 84	2.949,40	3.511,52	2.621,69
Okt 84	2.953,22	3.520,96	2.625,08
Nov 84	2.978,55	3.550,72	2.647,60
Dez 84	2.998,89	3.571,54	2.665,68
Jan 85	2.893,75	3.845,73	2.502,71
Feb 85	2.927,52	3.891,32	2.531,91
Mrz 85	2.943,68	3.914,63	2.545,89
Apr 85	2.939,09	3.911,24	2.541,92
Mai 85	2.984,57	3.944,49	2.581,25

Monat	Nominal	CH-bereinigt	D-bereinigt
Jun 85	3.004,98	3.994,90	2.598,90
Jul 85	2.995,72	3.978,30	2.590,89
Aug 85	2.988,84	3.971,11	2.584,94
Sep 85	3.002,23	3.993,72	2.596,53
Okt 85	2.977,72	3.967,13	2.575,33
Nov 85	2.984,25	3.973,48	2.580,97
Dez 85	3.019,73	4.021,60	2.611,66
Jan 86	2.932,49	4.073,86	2.502,39
Feb 86	2.968,87	4.110,02	2.533,43
Mrz 86	3.037,89	4.206,22	2.592,33
Apr 86	3.082,52	4.264,07	2.630,42
Mai 86	3.139,49	4.347,71	2.679,03
Jun 86	3.176,92	4.413,01	2.710,97
Jul 86	3.175,92	4.400,33	2.710,12
Aug 86	3.194,71	4.430,54	2.726,16
Sep 86	3.187,69	4.421,14	2.720,17
Okt 86	3.245,96	4.510,46	2.769,89
Nov 86	3.312,22	4.605,95	2.826,43
Dez 86	3.315,50	4.613,66	2.829,22
Jan 87	3.170,44	4.318,14	2.705,44
Feb 87	3.052,69	4.160,34	2.604,96
Mrz 87	3.132,03	4.268,47	2.672,67
Apr 87	3.234,09	4.403,05	2.759,75
Mai 87	3.300,55	4.487,70	2.816,47
Jun 87	3.330,68	4.528,66	2.842,18
Jul 87	3.329,58	4.522,41	2.841,24
Aug 87	3.367,10	4.574,65	2.873,26
Sep 87	3.378,25	4.591,92	2.882,77
Okt 87	3.395,18	4.622,37	2.897,22
Nov 87	3.364,86	4.584,35	2.871,34
Dez 87	3.360,30	4.579,43	2.867,46
Jan 88	3.291,68	4.558,21	2.808,90
Feb 88	3.299,70	4.563,65	2.815,74
Mrz 88	3.348,61	4.635,89	2.857,48
Apr 88	3.437,23	4.757,55	2.933,10
Mai 88	3.505,53	4.854,34	2.991,38
Jun 88	3.568,60	4.939,84	3.045,21
Jul 88	3.683,30	5.069,87	3.143,09
Aug 88	3.763,71	5.187,74	3.211,70
Sep 88	3.877,89	5.350,73	3.309,13
Okt 88	3.883,55	5.359,53	3.313,96
Nov 88	3.853,56	5.329,67	3.288,37
Dez 88	3.858,59	5.340,60	3.292,66
Jan 89	3.866,43	4.958,73	3.171,64
Feb 89	3.933,68	5.029,56	3.227,64
Mrz 89	3.963,75	5.068,39	3.252,31

Monat	Nominal	CH-bereinigt	D-bereinigt
Apr 89	4.122,17	5.266,09	3.382,29
Mai 89	4.207,33	5.375,29	3.452,16
Jun 89	4.156,38	5.307,82	3.410,36
Jul 89	4.158,19	5.294,57	3.411,85
Aug 89	4.247,41	5.405,77	3.485,06
Sep 89	4.315,62	5.499,67	3.541,02
Okt 89	4.379,05	5.583,50	3.593,07
Nov 89	4.443,33	5.685,13	3.645,81
Dez 89	4.545,47	5.820,76	3.729,62
Jan 90	4.452,56	5.454,31	3.562,05
Feb 90	4.321,70	5.291,56	3.457,36
Mrz 90	4.132,28	5.061,65	3.305,82
Apr 90	4.105,70	5.031,35	3.284,56
Mai 90	4.198,26	5.151,06	3.358,61
Jun 90	4.249,89	5.206,84	3.399,91
Jul 90	4.240,95	5.190,69	3.392,76
Aug 90	4.336,15	5.308,42	3.468,92
Sep 90	4.407,13	5.402,82	3.525,71
Okt 90	4.303,29	5.291,03	3.442,63
Nov 90	4.215,83	5.191,53	3.372,66
Dez 90	4.216,43	5.193,08	3.373,14
Jan 91	4.138,41	4.957,30	3.269,85
Feb 91	4.115,32	4.925,37	3.251,61
Mrz 91	4.113,03	4.922,63	3.249,80
Apr 91	4.140,28	4.946,44	3.271,33
Mai 91	4.098,67	4.892,12	3.238,46
Jun 91	4.100,09	4.896,53	3.239,58
Jul 91	4.054,42	4.837,51	3.203,49
Aug 91	3.954,49	4.727,32	3.124,53
Sep 91	3.979,10	4.768,98	3.143,98
Okt 91	4.023,99	4.822,62	3.179,45
Nov 91	3.886,40	4.653,54	3.070,73
Dez 91	3.945,61	4.726,64	3.117,52
Jan 92	3.937,38	4.776,64	3.111,02
Feb 92	3.964,70	4.801,02	3.132,60
Mrz 92	3.993,04	4.832,36	3.155,00
Apr 92	4.168,30	5.039,32	3.293,47
Mai 92	4.268,79	5.157,31	3.372,87
Jun 92	4.374,95	5.289,64	3.456,75
Jul 92	4.316,00	5.217,89	3.410,17
Aug 92	4.371,22	5.282,27	3.453,80
Sep 92	4.331,54	5.248,49	3.422,45
Okt 92	4.283,11	5.188,68	3.384,19
Nov 92	4.302,44	5.207,59	3.399,46
Dez 92	4.231,98	5.123,89	3.343,79
Jan 93	4.167,77	5.136,26	3.419,71

Monat	Nominal	CH-bereinigt	D-bereinigt
Feb 93	4.316,60	5.304,54	3.541,83
Mrz 93	4.451,69	5.469,29	3.652,67
Apr 93	4.481,06	5.506,72	3.676,77
Mai 93	4.475,15	5.500,65	3.671,92
Jun 93	4.486,05	5.518,28	3.680,86
Jul 93	4.439,53	5.458,04	3.642,69
Aug 93	4.387,68	5.416,05	3.600,15
Sep 93	4.419,86	5.465,47	3.626,55
Okt 93	4.424,88	5.473,79	3.630,67
Nov 93	4.385,97	5.415,60	3.598,74
Dez 93	4.471,95	5.521,34	3.669,29
Jan 94	4.437,28	5.541,20	3.688,13
Feb 94	4.499,28	5.606,08	3.739,66
Mrz 94	4.653,78	5.803,50	3.868,08
Apr 94	4.722,20	5.890,19	3.924,95
Mai 94	4.735,48	5.906,29	3.935,98
Jun 94	4.748,43	5.915,70	3.946,75
Jul 94	4.804,54	5.966,21	3.993,39
Aug 94	4.916,94	6.126,01	4.086,81
Sep 94	5.026,81	6.277,21	4.178,13
Okt 94	5.049,51	6.309,64	4.196,99
Nov 94	5.101,54	6.367,77	4.240,24
Dez 94	5.178,81	6.465,82	4.304,47
Jan 95	5.147,73	6.472,21	4.334,93
Feb 95	5.173,30	6.498,34	4.356,46
Mrz 95	5.277,57	6.621,16	4.444,27
Apr 95	5.396,86	6.766,66	4.544,72
Mai 95	5.541,87	6.958,10	4.666,84
Jun 95	5.659,25	7.113,59	4.765,69
Jul 95	5.653,74	7.083,29	4.761,05
Aug 95	5.730,93	7.198,80	4.826,05
Sep 95	5.893,05	7.419,59	4.962,57
Okt 95	5.953,17	7.486,61	5.013,19
Nov 95	5.698,55	7.171,38	4.798,78
Dez 95	5.638,68	7.105,36	4.748,37
Jan 96	5.580,55	7.034,81	4.762,07
Feb 96	5.709,01	7.188,55	4.871,69
Mrz 96	5.698,77	7.162,87	4.862,95
Apr 96	5.773,05	7.257,34	4.926,33
Mai 96	5.818,41	7.329,91	4.965,04
Jun 96	5.860,00	7.392,21	5.000,53
Jul 96	5.851,24	7.369,23	4.993,06
Aug 96	5.887,15	7.423,37	5.023,70
Sep 96	5.950,80	7.506,18	5.078,02
Okt 96	5.889,64	7.435,22	5.025,82
Nov 96	5.914,01	7.463,22	5.046,62

Monat	Nominal	CH-bereinigt	D-bereinigt
Dez 96	5.974,84	7.552,80	5.098,53
Jan 97	5.923,23	7.374,99	4.987,98
Feb 97	5.890,99	7.309,34	4.960,83
Mrz 97	5.862,71	7.265,86	4.937,02
Apr 97	5.925,86	7.347,51	4.990,19
Mai 97	6.120,81	7.600,34	5.154,37
Jun 97	6.264,14	7.781,91	5.275,07
Jul 97	6.341,60	7.862,39	5.340,29
Aug 97	6.396,73	7.949,08	5.386,72
Sep 97	6.367,72	7.930,13	5.362,29
Okt 97	6.331,23	7.888,34	5.331,56
Nov 97	6.420,82	7.998,11	5.407,00
Dez 97	6.511,04	8.116,89	5.482,98
Jan 98	6.483,75	7.945,56	5.252,65
Feb 98	6.483,30	7.919,33	5.252,29
Mrz 98	6.533,39	7.978,05	5.292,87
Apr 98	6.552,97	8.005,42	5.308,73
Mai 98	6.706,23	8.205,54	5.432,90
Jun 98	6.760,77	8.274,18	5.477,08
Jul 98	6.741,29	8.237,51	5.461,30
Aug 98	6.803,21	8.335,12	5.511,46
Sep 98	6.845,74	8.395,65	5.545,91
Okt 98	6.840,41	8.372,04	5.541,60
Nov 98	6.825,54	8.367,00	5.529,55
Dez 98	6.952,69	8.516,81	5.632,56
Jan 99	6.912,11	8.584,68	5.671,47
Feb 99	7.026,33	8.707,73	5.765,19
Mrz 99	7.045,70	8.741,84	5.781,09
Apr 99	7.178,28	8.899,75	5.889,87
Mai 99	7.360,29	9.127,23	6.039,21
Jun 99	7.332,44	9.085,69	6.016,36
Jul 99	7.278,42	9.005,03	5.972,04
Aug 99	7.263,10	8.994,24	5.959,47
Sep 99	7.152,93	8.888,59	5.869,07
Okt 99	7.096,82	8.809,33	5.823,03
Nov 99	7.202,69	8.953,18	5.909,90
Dez 99	7.270,41	9.023,42	5.965,46
Jan 00	7.184,29	9.008,71	5.894,81
Feb 00	7.309,86	9.161,94	5.997,83
Mrz 00	7.420,67	9.312,56	6.088,76
Apr 00	7.559,68	9.467,80	6.202,82
Mai 00	7.438,63	9.310,47	6.103,49
Jun 00	7.239,64	9.048,65	5.940,22
Jul 00	6.959,57	8.711,53	5.710,41
Aug 00	6.971,25	8.725,49	5.720,00
Sep 00	6.875,38	8.611,30	5.641,34

Monat	Nominal	CH-bereinigt	D-bereinigt
Okt 00	6.864,99	8.601,72	5.632,82
Nov 00	7.093,43	8.898,87	5.820,25
Dez 00	7.029,40	8.825,87	5.767,71
Jan 01	6.830,80	8.575,99	5.533,81
Feb 01	6.901,40	8.656,64	5.591,01
Mrz 01	7.076,31	8.884,78	5.732,71
Apr 01	7.239,20	9.085,93	5.864,67
Mai 01	7.317,35	9.193,92	5.927,98
Jun 01	7.111,94	8.943,27	5.761,57
Jul 01	6.580,42	8.264,19	5.330,98
Aug 01	6.599,49	8.296,30	5.346,42
Sep 01	6.536,11	8.238,95	5.295,07
Okt 01	6.441,00	8.120,32	5.218,03
Nov 01	6.573,57	8.263,72	5.325,43
Dez 01	6.752,91	8.501,74	5.470,71
Jan 02	6.817,25	8.517,49	5.453,80
Feb 02	7.068,98	8.814,34	5.655,18
Mrz 02	7.167,03	8.921,23	5.733,63
Apr 02	7.180,96	8.933,35	5.744,77
Mai 02	7.269,81	9.068,11	5.815,85
Jun 02	7.364,44	9.183,45	5.891,55
Jul 02	7.314,88	9.101,35	5.851,90
Aug 02	7.300,05	9.080,11	5.840,04
Sep 02	7.386,77	9.214,85	5.909,42
Okt 02	7.351,36	9.172,08	5.881,09
Nov 02	7.352,82	9.154,74	5.882,25
Dez 02	7.399,44	9.226,39	5.919,55
Jan 03	7.454,71	9.210,72	5.963,77
Feb 03	7.577,43	9.319,34	6.061,95
Mrz 03	7.675,78	9.430,18	6.140,62
Apr 03	7.810,40	9.608,80	6.248,32
Mai 03	7.817,43	9.648,79	6.253,94
Jun 03	7.760,04	9.599,79	6.208,03
Jul 03	7.801,64	9.626,78	6.241,31
Aug 03	7.854,13	9.712,60	6.283,31
Sep 03	7.893,78	9.786,34	6.315,02
Okt 03	8.129,03	10.068,67	6.503,22
Nov 03	8.340,43	10.308,25	6.672,34
Dez 03	8.459,57	10.459,37	6.767,66
Jan 04	8.261,86	10.204,86	6.527,89
Feb 04	8.024,32	9.893,20	6.340,20
Mrz 04	8.075,37	9.951,55	6.380,54
Apr 04	8.361,47	10.291,81	6.606,59
Mai 04	8.480,48	10.468,45	6.700,63
Jun 04	8.490,55	10.497,03	6.708,59
Jul 04	8.557,39	10.586,18	6.761,39

Monat	Nominal	CH-bereinigt	D-bereinigt
Aug 04	8.788,93	10.861,73	6.944,34
Sep 04	8.908,54	11.036,73	7.038,85
Okt 04	9.033,85	11.203,20	7.137,86
Nov 04	9.152,64	11.345,26	7.231,71
Dez 04	9.223,18	11.442,24	7.287,45
Jan 05	9.109,70	11.140,31	6.859,07
Feb 05	9.281,31	11.318,81	6.988,28
Mrz 05	9.360,64	11.377,12	7.048,01
Apr 05	9.599,51	11.667,10	7.227,87
Mai 05	9.555,40	11.663,82	7.194,65
Jun 05	9.609,57	11.735,34	7.235,44
Jul 05	9.699,23	11.802,74	7.302,95
Aug 05	9.910,63	12.052,05	7.462,12
Sep 05	10.077,70	12.326,75	7.587,92
Okt 05	10.059,24	12.299,62	7.574,02
Nov 05	9.977,50	12.198,74	7.512,47
Dez 05	9.882,72	12.083,78	7.441,11
Jan 06	9.865,29	11.777,01	7.174,76
Feb 06	9.952,91	11.868,87	7.238,48
Mrz 06	10.008,78	11.924,54	7.279,11
Apr 06	10.241,74	12.202,09	7.448,54
Mai 06	10.341,08	12.382,96	7.520,78
Jun 06	10.232,06	12.229,47	7.441,50
Jul 06	10.151,62	12.074,39	7.383,00
Aug 06	10.240,89	12.212,28	7.447,92
Sep 06	10.300,93	12.355,79	7.491,59
Okt 06	10.266,22	12.312,25	7.466,34
Nov 06	10.306,51	12.352,96	7.495,64
Dez 06	10.478,61	12.568,90	7.620,81
Jan 07	10.364,37	11.851,09	7.453,03
Feb 07	10.304,12	11.767,70	7.409,70
Mrz 07	10.106,30	11.533,99	7.267,45
Apr 07	10.142,79	11.601,28	7.293,69
Mai 07	10.154,34	11.610,92	7.301,99
Jun 07	9.965,78	11.380,60	7.166,40
Jul 07	9.997,37	11.361,50	7.189,12
Aug 07	9.861,04	11.243,02	7.091,08
Sep 07	10.133,96	11.571,59	7.287,34
Okt 07	10.248,41	11.684,32	7.369,64
Nov 07	10.000,84	11.396,82	7.191,62
Dez 07	10.049,06	11.464,08	7.226,29
Jan 08	10.025,58	11.229,01	7.129,30
Feb 08	10.062,04	11.247,02	7.155,23
Mrz 08	10.086,13	11.258,76	7.172,36
Apr 08	10.418,91	11.637,36	7.409,00
Mai 08	10.541,58	11.820,76	7.496,23

Monat	Nominal	CH-bereinigt	D-bereinigt
Jun 08	10.401,51	11.647,38	7.396,63
Jul 08	10.422,05	11.658,74	7.411,24
Aug 08	10.635,58	11.921,76	7.563,08
Sep 08	10.862,72	12.192,88	7.724,60
Okt 08	10.724,27	12.027,84	7.626,15
Nov 08	10.823,09	12.116,66	7.696,42
Dez 08	10.900,88	12.203,75	7.751,74
Jan 09	10.874,47	12.158,92	7.564,85
Feb 09	10.997,42	12.272,26	7.650,38
Mrz 09	10.951,64	12.228,68	7.618,53
Apr 09	11.281,97	12.582,08	7.848,33
Mai 09	11.524,85	12.900,38	8.017,28
Jun 09	11.529,27	12.923,21	8.020,36
Jul 09	11.632,05	13.004,38	8.091,86
Aug 09	11.929,38	13.373,75	8.298,70
Sep 09	12.255,31	13.763,52	8.525,43
Okt 09	12.338,73	13.840,34	8.583,46
Nov 09	12.401,34	13.922,15	8.627,02
Dez 09	12.672,66	14.230,70	8.815,76
Jan 10	12.613,79	13.786,78	8.680,46
Feb 10	12.592,39	13.742,25	8.665,73
Mrz 10	12.644,72	13.782,43	8.701,74
Apr 10	12.696,12	13.875,07	8.737,12
Mai 10	12.904,67	14.113,39	8.880,63
Jun 10	12.936,28	14.139,26	8.902,39
Jul 10	12.882,70	14.070,31	8.865,51
Aug 10	13.070,66	14.316,97	8.994,86
Sep 10	13.236,03	14.518,26	9.108,66
Okt 10	13.297,61	14.588,06	9.151,04
Nov 10	13.293,83	14.583,91	9.148,44
Dez 10	13.350,80	14.675,41	9.187,65
Jan 11	13.323,72	14.104,90	8.882,48
Feb 11	13.444,50	14.223,96	8.963,00
Mrz 11	13.499,56	14.291,05	8.999,71
Apr 11	13.666,51	14.471,37	9.111,01
Mai 11	13.669,30	14.468,51	9.112,87
Jun 11	13.729,46	14.545,67	9.152,97
Jul 11	13.808,62	14.598,37	9.205,75
Aug 11	13.790,46	14.569,72	9.193,64
Sep 11	13.414,23	14.171,62	8.942,82
Okt 11	13.469,90	14.224,47	8.979,93
Nov 11	13.774,99	14.600,69	9.183,33
Dez 11	14.063,00	14.893,06	9.375,34
Jan 12	14.024,49	14.399,50	8.799,68
Feb 12	13.940,79	14.322,41	8.747,17
Mrz 12	13.761,80	14.167,83	8.634,85

Monat	Nominal	CH-bereinigt	D-bereinigt
Apr 12	14.108,43	14.492,40	8.852,35
Mai 12	14.238,12	14.627,87	8.933,72
Jun 12	14.131,69	14.552,24	8.866,94
Jul 12	14.272,31	14.656,21	8.955,18
Aug 12	14.503,59	14.903,83	9.100,29
Sep 12	14.712,36	15.154,88	9.231,28
Okt 12	14.165,94	14.558,21	8.888,43
Nov 12	14.155,66	14.548,10	8.881,99
Dez 12	14.016,36	14.444,66	8.794,58
Jan 13	14.538,78	15.227,69	9.304,82
Feb 13	14.411,47	15.110,71	9.223,34
Mrz 13	14.308,72	14.970,51	9.157,58
Apr 13	14.682,22	15.373,17	9.396,62
Mai 13	14.688,42	15.373,48	9.400,59
Jun 13	14.323,51	15.018,48	9.167,05
Jul 13	14.175,51	14.838,03	9.072,33
Aug 13	14.379,65	15.052,17	9.202,98
Sep 13	14.505,27	15.213,77	9.283,37
Okt 13	14.444,22	15.135,67	9.244,30
Nov 13	14.242,69	14.912,49	9.115,32
Dez 13	14.444,85	15.133,99	9.244,70
Jan 14	14.816,79	15.507,47	9.735,88
Feb 14	15.277,06	15.974,94	10.142,45
Mrz 14	15.225,26	15.937,57	10.108,06
Apr 14	15.128,06	15.801,16	10.245,46
Mai 14	15.010,22	15.662,79	10.165,65
Jun 14	15.015,61	15.668,41	10.062,81
Jul 14	14.639,91	15.258,98	9.719,44
Aug 14			
Sep 14			
Okt 14			
Nov 14			
Dez 14			
Jan 15			
Feb 15			
Mrz 15			
Apr 15			
Mai 15			
Jun 15			
Jul 15			
Aug 15			
Sep 15			
Okt 15			
Nov 15			
Dez 15			
Jan 16			

Monat	Nominal	CH-bereinigt	D-bereinigt
Feb 16			
Mrz 16			
Apr 16			
Mai 16			
Jun 16			
Jul 16			
Aug 16			
Sep 16			
Okt 16			
Nov 16			
Dez 16			
Jan 17			
Feb 17			
Mrz 17			
Apr 17			
Mai 17			
Jun 17			
Jul 17			
Aug 17			
Sep 17			
Okt 17			
Nov 17			
Dez 17			
Jan 18			
Feb 18			
Mrz 18			
Apr 18			
Mai 18			
Jun 18			
Jul 18			
Aug 18			
Sep 18			
Okt 18			
Nov 18	15.918,74	4.354,09	3.050,30
Dez 18	16.106,58	3.880,75	2.997,45
Jan 19	16.239,30	3.647,63	2.887,79
Feb 19	16.644,41	3.375,90	2.822,58
Mrz 19	16.720,57	3.001,39	2.707,10
Apr 19	17.001,73	2.521,44	2.624,48
Mai 19	16.583,26	2.458,74	2.439,84
Jun 19	16.736,61	2.381,66	2.365,08
Jul 19	17.923,48	2.514,23	2.425,16
Aug 19	17.518,41	1.951,73	2.263,63
Sep 19	19.554,13	1.691,09	2.378,76
Okt 19	21.433,47	1.679,89	2.413,34
Nov 19	23.251,44	1.246,33	2.360,55

Monat	Nominal	CH-bereinigt	D-bereinigt
Dez 19	24.601,85	1.040,30	2.091,83
Jan 20	29.900,98	1.031,02	2.425,43
Feb 20	38.363,74	882,37	2.898,79
Mrz 20	39.339,79	1.034,50	2.633,63
Apr 20	37.334,89	1.287,35	2.293,12
Mai 20	32.827,34	1.478,97	1.906,49
Jun 20	31.111,20	1.632,70	1.838,52
Jul 20	33.623,15	1.820,59	2.020,55
Aug 20	34.684,15	1.645,42	2.169,88
Sep 20	36.571,15	1.478,58	2.305,96
Okt 20	39.191,91	1.369,20	2.342,00
Nov 20	42.491,73	1.333,14	2.432,44
Dez 20	41.624,98	1.384,81	2.300,52
Jan 21	41.773,78	1.597,75	2.267,62
Feb 21	37.666,59	1.489,04	2.101,71
Mrz 21	37.645,63	1.417,57	2.117,15
Apr 21	39.551,34	1.454,37	2.246,04
Mai 21	40.087,11	1.501,23	2.290,69
Jun 21	42.852,18	1.546,02	2.350,08
Jul 21	47.734,04	1.602,14	2.443,98
Aug 21	54.365,35	1.640,61	2.610,19
Sep 21	69.568,46	1.698,79	3.240,45
Okt 21	91.781,97	1.507,77	3.905,62
Nov 21	129.623,12	1.179,62	4.676,37
Dez 21	91.119,39	1.098,23	3.024,71
Jan 22	93.911,86	1.153,00	2.944,81
Feb 22	103.595,90	1.215,40	2.707,28
Mrz 22	115.129,19	1.042,63	2.543,41
Apr 22	108.907,41	971,83	2.028,54
Mai 22	99.215,85	923,95	1.669,69
Jun 22	96.904,90	847,30	1.495,52
Jul 22	113.863,33	641,87	1.351,49
Aug 22	169.709,60	454,97	1.398,77
Sep 22	194.586,52	354,51	935,02
Okt 22	366.297,43	350,64	1.062,41
Nov 22	1,09E+06	403,63	1.566,26
Dez 22	1,76E+06	652,23	1.647,05
Jan 23	3,77E+06	745,51	2.153,53
Feb 23	7,64E+06	711,47	1.851,18
Mrz 23	5,75E+06	760,95	1.289,90
Apr 23	8,12E+06	924,64	1.758,75
Mai 23	1,74E+07	1.039,51	2.914,98
Jun 23	7,46E+07	1.961,27	6.242,95
Jul 23	2,77E+08	2.714,09	4.711,71
Aug 23	3,57E+09	3.051,62	3.895,61
Sep 23	1,32E+11	7.711,01	5.628,24

Monat	Nominal	CH-bereinigt	D-bereinigt
Okt 23	2,51E+13	3.859,64	4.384,95
Nov 23	4,24E+15	7.188,13	4.133,52
Dez 23	5,08E+15	2.892,69	2.605,14
Jan 24	6.078,44	3.846,49	2.983,28
Feb 24	5.617,62	3.515,09	2.897,08
Mrz 24	4.433,94	2.796,81	2.255,74
Apr 24	3.212,03	2.003,17	1.594,80
Mai 24	3.132,03	2.052,24	1.536,01
Jun 24	2.710,12	1.825,38	1.365,73
Jul 24	2.681,84	1.760,34	1.329,50
Aug 24	3.679,19	2.323,49	1.821,10
Sep 24	3.752,89	2.367,22	1.820,96
Okt 24	3.649,23	2.235,24	1.701,03
Nov 24	4.165,53	2.536,33	1.934,65
Dez 24	5.289,37	3.221,07	2.454,82
Jan 25	6.103,82	3.751,06	2.832,81
Feb 25	5.908,09	3.650,95	2.739,98
Mrz 25	5.616,32	3.477,08	2.595,27
Apr 25	5.394,98	3.347,93	2.485,81
Mai 25	5.108,77	3.172,88	2.374,45
Jun 25	4.516,92	2.795,88	2.059,00
Jul 25	4.325,00	2.678,31	1.905,02
Aug 25	4.049,36	2.507,96	1.764,19
Sep 25	4.352,88	2.702,71	1.897,71
Okt 25	4.226,97	2.646,93	1.861,84
Nov 25	3.914,34	2.454,22	1.748,21
Dez 25	3.766,29	2.363,41	1.684,43
Jan 26	4.147,82	2.617,05	1.876,05
Feb 26	4.523,25	2.888,15	2.060,41
Mrz 26	4.635,21	2.977,15	2.121,98
Apr 26	4.938,28	3.189,90	2.244,67
Mai 26	5.083,18	3.279,29	2.307,26
Jun 26	5.911,04	3.814,17	2.673,54
Jul 26	6.617,26	4.272,86	2.959,50
Aug 26	7.339,98	4.772,02	3.282,73
Sep 26	7.248,24	4.705,13	3.253,07
Okt 26	7.893,06	5.115,01	3.537,50
Nov 26	8.620,77	5.596,39	3.826,14
Dez 26	8.389,16	5.448,98	3.705,36
Jan 27	9.009,64	5.874,70	3.971,19
Feb 27	9.138,41	5.983,64	4.008,62
Mrz 27	8.855,26	5.834,41	3.897,78
Apr 27	9.613,43	6.363,43	4.196,86
Mai 27	8.801,63	5.764,86	3.839,84
Jun 27	8.375,37	5.458,31	3.624,23
Jul 27	8.821,02	5.769,66	3.761,13

Monat	Nominal	CH-bereinigt	D-bereinigt
Aug 27	8.815,81	5.776,75	3.843,41
Sep 27	8.416,95	5.469,71	3.654,58
Okt 27	8.205,13	5.334,66	3.496,19
Nov 27	7.227,40	4.676,95	3.069,37
Dez 27	7.749,97	5.022,36	3.276,08
Jan 28	8.019,44	5.217,86	3.396,72
Feb 28	7.762,33	5.086,53	3.296,54
Mrz 28	7.750,26	5.109,81	3.300,18
Apr 28	8.293,52	5.455,55	3.536,21
Mai 28	8.975,30	5.896,31	3.826,91
Jun 28	9.006,94	5.894,77	3.817,51
Jul 28	8.521,28	5.561,59	3.583,19
Aug 28	8.739,06	5.717,33	3.648,40
Sep 28	8.811,05	5.750,11	3.695,33
Okt 28	8.631,32	5.595,79	3.617,58
Nov 28	8.686,84	5.621,82	3.636,09
Dez 28	8.989,30	5.816,92	3.750,43
Jan 29	8.800,15	5.720,74	3.669,12
Feb 29	8.515,68	5.529,09	3.525,25
Mrz 29	8.563,69	5.582,24	3.506,57
Apr 29	8.495,98	5.575,15	3.546,92
Mai 29	8.359,07	5.471,06	3.494,32
Jun 29	8.859,67	5.786,51	3.706,01
Jul 29	8.808,84	5.759,07	3.656,07
Aug 29	8.651,98	5.624,43	3.590,97
Sep 29	8.359,42	5.395,41	3.474,04
Okt 29	7.751,58	4.997,02	3.217,26
Nov 29	7.131,83	4.608,71	2.961,96
Dez 29	6.856,29	4.437,52	2.856,79
Jan 30	7.181,09	4.683,65	3.015,68
Feb 30	7.220,77	4.744,61	3.056,41
Mrz 30	7.110,25	4.668,57	3.043,85
Apr 30	7.421,71	4.912,98	3.205,06
Mai 30	7.485,23	4.963,40	3.245,63
Jun 30	7.056,69	4.658,41	3.047,43
Jul 30	6.636,35	4.362,69	2.835,29
Aug 30	6.248,27	4.102,40	2.676,64
Sep 30	6.074,66	3.988,00	2.632,22
Okt 30	5.596,11	3.691,41	2.449,73
Nov 30	5.411,60	3.588,70	2.395,18
Dez 30	5.064,95	3.382,75	2.273,19
Jan 31	4.838,82	3.241,28	2.190,13
Feb 31	5.270,52	3.562,27	2.419,75
Mrz 31	5.659,75	3.881,65	2.622,91
Apr 31	5.816,21	4.052,54	2.709,15
Mai 31	5.052,77	3.521,35	2.360,42

Monat	Nominal	CH-bereinigt	D-bereinigt
Jun 31	4.709,51	3.256,11	2.200,06
Jul 31	4.786,22	3.309,39	2.232,64
Aug 31	4.672,21	3.239,40	2.214,98
Sep 31	3.320,02	2.257,93	1.580,96
Okt 31	3.135,27	2.126,37	1.503,05
Nov 31	3.135,27	2.204,72	1.515,54
Dez 31	3.135,27	2.222,81	1.534,08
Jan 32	3.135,27	2.242,04	1.603,98
Feb 32	3.135,27	2.275,51	1.636,68
Mrz 32	3.135,27	2.307,30	1.642,04
Apr 32	2.910,00	2.157,51	1.536,63
Mai 32	2.933,63	2.183,17	1.556,82
Jun 32	2.955,07	2.200,41	1.569,50
Jul 32	2.962,71	2.224,99	1.570,95
Aug 32	3.093,01	2.341,64	1.656,51
Sep 32	3.504,47	2.685,54	1.884,76
Okt 32	3.331,26	2.554,48	1.796,13
Nov 32	3.365,21	2.600,37	1.817,50
Dez 32	3.634,82	2.838,13	1.968,09
Jan 33	3.854,14	3.022,12	2.104,65
Feb 33	3.895,50	3.061,14	2.140,02
Mrz 33	4.377,42	3.450,75	2.413,05
Apr 33	4.554,27	3.558,81	2.514,87
Mai 33	4.481,89	3.521,91	2.439,12
Jun 33	4.466,81	3.526,65	2.422,68
Jul 33	4.325,85	3.458,98	2.346,22
Aug 33	4.193,57	3.355,39	2.278,34
Sep 33	3.842,09	3.062,44	2.075,05
Okt 33	3.847,92	3.059,13	2.062,54
Nov 33	3.950,32	3.141,12	2.103,33
Dez 33	4.206,59	3.351,51	2.232,35
Jan 34	4.363,21	3.432,19	2.319,32
Feb 34	4.562,49	3.546,83	2.429,28
Mrz 34	4.740,76	3.654,11	2.530,51
Apr 34	4.646,65	3.538,25	2.482,35
Mai 34	4.598,67	3.473,40	2.460,83
Jun 34	4.954,34	3.683,90	2.631,35
Jul 34	5.048,36	3.768,37	2.652,67
Aug 34	5.021,90	3.757,35	2.627,98
Sep 34	5.097,22	3.810,74	2.682,75
Okt 34	5.003,86	3.740,95	2.624,97
Nov 34	4.810,99	3.591,18	2.517,61
Dez 34	4.808,16	3.594,64	2.518,19
Jan 35	5.033,29	3.740,11	2.642,24
Feb 35	5.205,56	3.804,41	2.719,64
Mrz 35	5.276,78	3.801,04	2.763,62

Monat	Nominal	CH-bereinigt	D-bereinigt
Apr 35	5.445,38	3.874,18	2.849,59
Mai 35	5.594,54	3.920,85	2.915,72
Jun 35	5.874,83	4.013,17	3.056,82
Jul 35	5.958,67	4.022,80	3.068,02
Aug 35	6.038,20	4.041,42	3.103,98
Sep 35	5.805,14	3.863,93	3.010,77
Okt 35	5.685,25	3.751,47	2.963,00
Nov 35	5.596,88	3.658,43	2.914,57
Dez 35	5.580,41	3.627,26	2.894,22
Jan 36	5.689,70	3.688,87	2.929,53
Feb 36	5.879,61	3.799,26	3.027,32
Mrz 36	5.948,74	3.819,19	3.065,37
Apr 36	6.235,03	3.977,15	3.210,31
Mai 36	6.536,72	4.161,78	3.365,65
Jun 36	6.687,37	4.216,98	3.437,68
Jul 36	6.974,58	4.372,74	3.562,43
Aug 36	6.795,50	4.239,07	3.468,20
Sep 36	6.708,75	4.154,25	3.451,45
Okt 36	7.304,14	4.462,37	3.757,76
Nov 36	7.232,02	4.382,45	3.723,65
Dez 36	7.221,04	4.353,37	3.717,99
Jan 37	7.275,87	4.314,79	3.740,20
Feb 37	7.280,35	4.203,77	3.733,51
Mrz 37	7.302,67	4.197,78	3.738,97
Apr 37	7.381,67	4.208,63	3.776,39
Mai 37	7.504,56	4.268,67	3.839,26
Jun 37	7.606,21	4.275,38	3.857,35
Jul 37	7.726,26	4.322,92	3.924,45
Aug 37	7.722,82	4.301,03	3.950,92
Sep 37	7.611,86	4.216,45	3.894,15
Okt 37	7.516,31	4.122,97	3.854,52
Nov 37	7.437,08	4.051,46	3.810,83
Dez 37	7.365,54	3.990,57	3.777,20
Jan 38	7.553,80	3.844,53	3.870,64
Feb 38	7.529,82	3.595,51	3.849,11
Mrz 38	7.521,08	3.353,42	3.835,45
Apr 38	7.608,97	3.152,82	3.877,18
Mai 38	7.497,58	2.862,32	3.811,32
Jun 38	7.456,87	2.587,84	3.787,62
Jul 38	7.353,79	2.534,93	3.711,69
Aug 38	6.952,75	2.385,70	3.517,60
Sep 38	7.087,46	2.397,73	3.622,98
Okt 38	7.448,22	2.504,25	3.816,54
Nov 38	7.335,18	2.447,33	3.755,61
Dez 38	7.234,59	2.398,62	3.695,24
Jan 39	7.341,22	2.486,81	3.725,92

Monat	Nominal	CH-bereinigt	D-bereinigt
Feb 39	7.464,18	2.588,12	3.800,38
Mrz 39	7.363,81	2.603,08	3.740,35
Apr 39	7.433,52	2.666,25	3.778,75
Mai 39	7.405,09	2.698,10	3.755,35
Jun 39	7.379,82	2.722,66	3.730,71
Jul 39	7.414,53	2.643,88	3.724,72
Aug 39	7.514,49	2.594,39	3.771,98
Sep 39	7.649,28	2.529,86	3.891,53
Okt 39	7.589,13	2.379,13	3.860,92
Nov 39	7.763,56	2.322,18	3.937,15
Dez 39	8.079,53	2.317,05	4.090,90
Jan 40	8.379,46	2.695,07	4.222,72
Feb 40	8.581,45	3.088,06	4.317,71
Mrz 40	8.974,95	3.575,76	4.466,54
Apr 40	9.221,51	3.965,73	4.560,87
Mai 40	9.509,78	4.427,80	4.667,38
Jun 40	9.393,59	4.687,91	4.596,25
Jul 40	9.419,48	4.386,61	4.577,43
Aug 40	9.746,54	4.234,84	4.686,54
Sep 40	10.162,59	4.052,05	4.942,29
Okt 40	10.459,29	3.775,19	5.141,28
Nov 40	10.793,22	3.527,77	5.305,42
Dez 40	10.908,73	3.241,23	5.337,60
Jan 41	11.187,96	3.151,30	5.445,09
Feb 41	11.180,09	3.037,48	5.424,76
Mrz 41	10.861,26	2.828,55	5.262,08
Apr 41	10.961,41	2.664,37	5.298,57
Mai 41	11.237,02	2.584,75	5.391,07
Jun 41	11.862,01	2.561,97	5.661,21
Jul 41	12.329,58	2.505,32	5.797,89
Aug 41	12.460,78	2.399,49	5.876,86
Sep 41	12.606,10	2.295,62	6.052,44
Okt 41	11.559,70	1.952,08	5.591,99
Nov 41	11.661,07	1.834,56	5.619,79
Dez 41	11.774,83	1.734,51	5.666,08
Jan 42	12.082,81	1.758,47	5.792,51
Feb 42	12.383,06	1.784,49	5.848,83
Mrz 42	12.360,18	1.771,33	5.816,55
Apr 42	12.625,31	1.784,27	5.915,23
Mai 42	12.667,53	1.776,73	5.896,16
Jun 42	12.731,84	1.779,71	5.866,36
Jul 42	12.684,63	1.625,33	5.782,17
Aug 42	12.710,29	1.509,96	5.843,81
Sep 42	12.885,36	1.405,64	6.099,58
Okt 42	13.256,50	1.305,66	6.293,89
Nov 42	13.279,92	1.174,78	6.286,35

Monat	Nominal	CH-bereinigt	D-bereinigt
Dez 42	13.456,71	1.058,15	6.304,75
Jan 43	13.676,84	1.004,02	6.391,51
Feb 43	13.763,03	943,05	6.415,40
Mrz 43	13.766,12	877,09	6.400,52
Apr 43	13.807,98	809,50	6.403,70
Mai 43	13.889,67	748,48	6.409,08
Jun 43	13.922,57	682,68	6.392,00
Jul 43	13.960,56	694,63	6.363,79
Aug 43	13.970,34	708,62	6.323,21
Sep 43	14.004,99	720,06	6.427,53
Okt 43	14.062,69	732,69	6.545,54
Nov 43	14.101,59	746,15	6.539,87
Dez 43	14.135,84	759,40	6.532,09
Jan 44	14.164,12	715,98	6.507,57
Feb 44	14.206,42	673,17	6.512,97
Mrz 44	14.240,98	629,27	6.505,52
Apr 44	14.279,20	584,95	6.467,58
Mai 44	14.308,92	541,16	6.490,23
Jun 44	14.351,20	497,08	6.468,14
Jul 44	14.389,87	479,93	6.351,39
Aug 44	14.415,07	465,47	6.388,95
Sep 44	14.453,98	449,53	6.551,38
Okt 44	14.492,89	433,08	6.606,44
Nov 44	14.530,59	416,94	6.609,51
Dez 44	14.572,69	400,83	6.595,84
Jan 45	14.603,63	393,50	6.600,51
Feb 45	14.641,02	386,51	6.603,42
Mrz 45	14.684,07	379,83	6.599,58
Apr 45	14.708,63	371,93	6.592,10
Mai 45	14.710,44	363,83	6.519,86
Jun 45	14.710,44	355,02	6.361,27
Jul 45	14.710,44	347,10	6.310,11
Aug 45	14.710,44	340,32	6.417,64
Sep 45	14.710,44	333,19	6.435,19
Okt 45	11.393,34	253,86	4.967,12
Nov 45	10.733,68	235,38	4.666,82
Dez 45	12.175,91	260,61	5.275,96
Jan 46	13.208,99	275,65	5.662,26
Feb 46	12.555,27	256,53	5.328,50
Mrz 46	11.264,97	225,33	4.563,03
Apr 46	10.701,88	208,19	4.291,48
Mai 46	10.110,01	190,12	4.033,92
Jun 46	9.690,52	176,37	3.821,28
Jul 46	10.056,24	177,93	3.720,23
Aug 46	10.570,13	181,39	3.991,08
Sep 46	10.487,67	174,40	4.080,31

Monat	Nominal	CH-bereinigt	D-bereinigt
Okt 46	10.677,15	168,55	4.218,13
Nov 46	11.399,21	173,85	4.473,02
Dez 46	11.328,30	166,80	4.450,65
Jan 47	11.377,08	161,47	4.434,43
Feb 47	11.194,37	153,22	4.336,80
Mrz 47	11.029,70	145,26	4.273,01
Apr 47	11.094,85	139,85	4.246,83
Mai 47	11.148,38	132,98	4.189,64
Jun 47	11.053,33	125,60	4.208,29
Jul 47	11.329,74	123,08	4.280,42
Aug 47	11.608,85	120,26	4.337,22
Sep 47	11.968,44	117,85	4.513,73
Okt 47	11.915,89	108,95	4.555,66
Nov 47	12.039,02	68,70	4.613,75
Dez 47	12.260,53	79,19	4.687,42
Jan 48	12.518,01	80,74	4.777,30
Feb 48	12.492,83	80,62	4.714,28
Mrz 48	12.402,54	94,41	4.625,65
Apr 48	12.323,29	84,43	4.556,27
Mai 48	12.255,60	65,25	4.469,28
Jun 48	12.048,83	52,55	4.206,90
Jul 48	1.489,31	152,98	476,34
Aug 48	1.478,00	154,84	462,78
Sep 48	1.457,90	133,06	447,30
Okt 48	1.519,85	124,21	444,36
Nov 48	1.585,01	111,42	467,68
Dez 48	1.414,54	121,56	413,00
Jan 49	1.362,29	170,42	404,58
Feb 49	1.374,27	245,73	411,96
Mrz 49	1.285,84	253,07	388,91
Apr 49	1.380,04	349,34	421,59
Mai 49	1.439,87	340,55	439,65
Jun 49	1.406,89	387,11	427,95
Jul 49	1.382,55	373,67	424,99
Aug 49	1.373,34	355,75	430,64
Sep 49	1.481,89	387,93	462,64
Okt 49	1.968,10	505,52	611,75
Nov 49	2.949,01	758,84	910,89
Dez 49	3.162,69	892,17	984,50
Jan 50	3.341,75	1.092,43	1.070,97
Feb 50	3.246,93	1.059,00	1.052,70
Mrz 50	2.971,42	962,21	969,76
Apr 50	2.992,01	972,91	981,49
Mai 50	3.008,53	965,40	988,94
Jun 50	2.960,02	885,31	977,01
Jul 50	2.887,96	891,98	957,67

Monat	Nominal	CH-bereinigt	D-bereinigt
Aug 50	3.110,90	967,21	1.028,93
Sep 50	3.262,25	1.041,66	1.069,04
Okt 50	3.269,42	1.026,15	1.071,39
Nov 50	3.195,79	1.011,35	1.039,81
Dez 50	3.065,00	920,68	992,21
Jan 51	3.249,41	917,68	1.038,77
Feb 51	3.496,49	1.050,87	1.108,90
Mrz 51	3.599,04	1.110,08	1.114,36
Apr 51	3.563,57	1.123,84	1.092,81
Mai 51	3.719,61	1.192,40	1.134,14
Jun 51	3.999,17	1.357,30	1.207,30
Jul 51	4.233,29	1.429,86	1.280,39
Aug 51	4.631,10	1.486,58	1.398,07
Sep 51	5.285,28	1.623,58	1.587,32
Okt 51	5.732,29	1.717,48	1.684,42
Nov 51	6.277,84	1.939,55	1.834,62
Dez 51	6.524,61	1.990,44	1.906,74
Jan 52	7.614,41	2.426,65	2.221,16
Feb 52	7.730,29	2.447,81	2.269,44
Mrz 52	6.822,19	2.231,34	2.012,07
Apr 52	6.818,59	2.306,99	2.021,26
Mai 52	6.500,71	2.208,65	1.941,42
Jun 52	6.250,21	2.094,63	1.872,72
Jul 52	8.538,20	2.975,72	2.561,86
Aug 52	8.598,33	2.904,85	2.571,46
Sep 52	9.176,38	3.077,01	2.743,06
Okt 52	8.612,30	2.834,19	2.574,44
Nov 52	8.225,40	2.730,57	2.446,22
Dez 52	8.004,37	2.630,51	2.378,27
Jan 53	8.147,30	2.652,80	2.428,63
Feb 53	7.918,63	2.679,16	2.378,19
Mrz 53	7.825,21	2.669,82	2.347,93
Apr 53	7.927,06	2.712,73	2.388,57
Mai 53	7.746,96	2.702,42	2.337,60
Jun 53	7.738,39	2.787,88	2.342,75
Jul 53	7.912,19	2.858,71	2.390,84
Aug 53	8.406,68	2.947,49	2.549,89
Sep 53	9.194,44	3.243,25	2.812,83
Okt 53	9.973,79	3.575,77	3.046,89
Nov 53	10.181,98	3.713,22	3.097,18
Dez 53	10.149,37	3.716,64	3.093,14
Jan 54	10.806,67	3.950,08	3.293,46
Feb 54	11.087,31	4.065,44	3.369,36
Mrz 54	11.425,71	4.247,42	3.465,62
Apr 54	11.239,50	4.182,81	3.404,30
Mai 54	11.659,47	4.326,07	3.538,20

Monat	Nominal	CH-bereinigt	D-bereinigt
Jun 54	12.523,10	4.593,33	3.796,68
Jul 54	14.084,78	5.176,21	4.246,00
Aug 54	14.754,00	5.382,76	4.458,24
Sep 54	15.526,14	5.602,12	4.684,93
Okt 54	16.362,87	5.848,35	4.907,33
Nov 54	17.036,89	6.031,63	5.083,27
Dez 54	18.155,29	6.446,02	5.419,49
Jan 55	19.358,89	6.904,17	5.765,33
Feb 55	18.930,60	6.822,67	5.666,78
Mrz 55	19.737,03	7.141,77	5.913,72
Apr 55	21.855,69	7.937,10	6.536,28
Mai 55	22.204,30	8.056,33	6.659,21
Jun 55	22.281,53	8.096,35	6.666,75
Jul 55	22.933,74	8.321,59	6.779,49
Aug 55	23.142,77	8.378,25	6.895,42
Sep 55	23.373,03	8.424,40	6.964,03
Okt 55	21.070,56	7.609,93	6.202,93
Nov 55	20.164,60	7.260,98	5.900,93
Dez 55	21.161,30	7.631,19	6.175,66
Jan 56	21.381,11	7.767,53	6.262,66
Feb 56	20.663,06	7.493,24	6.038,52
Mrz 56	20.833,89	7.539,85	6.014,29
Apr 56	21.286,85	7.726,25	6.156,16
Mai 56	20.650,46	7.424,52	5.977,52
Jun 56	20.328,74	7.297,25	5.884,39
Jul 56	20.338,46	7.280,90	5.873,92
Aug 56	19.840,53	7.033,87	5.763,93
Sep 56	20.276,11	7.180,56	5.877,13
Okt 56	20.565,32	7.276,97	5.944,81
Nov 56	19.884,28	6.991,44	5.722,09
Dez 56	20.390,77	7.155,36	5.849,44
Jan 57	20.456,78	7.209,98	5.863,12
Feb 57	19.871,44	7.011,75	5.697,90
Mrz 57	20.162,30	7.124,36	5.802,10

Monat	Nominal	CH-bereinigt	D-bereinigt
Apr 57	20.507,78	7.231,51	5.883,00
Mai 57	20.260,33	7.139,08	5.768,06
Jun 57	19.898,74	7.035,29	5.642,53
Jul 57	20.640,81	7.280,96	5.804,09
Aug 57	21.800,44	7.584,36	6.146,38
Sep 57	22.309,15	7.764,79	6.303,69
Okt 57	21.830,24	7.569,81	6.152,07
Nov 57	21.983,70	7.629,70	6.176,28
Dez 57	22.159,07	7.703,81	6.231,02
Jan 58	22.798,92	7.967,33	6.346,81
Feb 58	23.253,01	8.124,93	6.470,40
Mrz 58	23.132,28	8.083,41	6.436,81
Apr 58	24.194,74	8.451,00	6.703,30
Mai 58	24.831,27	8.618,24	6.835,27
Jun 58	26.020,89	9.018,27	7.144,30
Jul 58	26.968,58	9.348,44	7.449,24
Aug 58	28.773,36	9.967,52	8.034,45
Sep 58	30.777,97	10.646,69	8.635,64
Okt 58	32.445,56	11.255,88	9.079,65
Nov 58	34.897,39	12.104,49	9.710,58
Dez 58	34.536,31	11.995,30	9.580,94
Jan 59	36.826,55	12.950,55	10.203,03
Feb 59	37.596,53	13.262,84	10.429,90
Mrz 59	37.638,26	13.320,86	10.427,92
Apr 59	41.341,51	14.689,42	11.498,73
Mai 59	44.829,80	15.908,22	12.420,38
Jun 59	49.238,62	17.464,00	13.577,22
Jul 59	55.821,60	19.778,05	15.300,14
Aug 59	63.812,66	22.546,29	17.460,50
Sep 59	58.699,03	20.714,84	16.116,42
Okt 59	56.567,88	20.019,66	15.478,17
Nov 59	59.721,42	21.153,09	16.236,92
Dez 59	63.096,57	22.286,51	17.176,44

Jahresrenditen nominal und preisbereinigt

CH-bereinigt: Bereinigung aus Sicht eines Schweizer Anlegers

D-bereinigt: Bereinigung mit deutschen Lebenshaltungskosten

Jahr	Nominal	CH-bereinigt	D-bereinigt
1871	36,10%	28,06%	26,24%
1872	14,14%	-6,35%	9,39%
1873	-9,14%	-15,58%	-16,13%
1874	-3,44%	13,77%	-7,01%
1875	-9,83%	-3,63%	1,45%
1876	7,58%	-1,01%	4,68%
1877	2,17%	1,21%	0,81%
1878	9,24%	22,61%	15,39%
1879	31,73%	39,14%	37,54%
1880	14,12%	14,03%	6,30%
1881	16,92%	23,03%	15,34%
1882	0,21%	0,01%	1,58%
1883	7,68%	12,62%	6,23%
1884	7,15%	19,12%	10,12%
1885	0,69%	12,60%	-2,03%
1886	9,79%	14,72%	8,33%
1887	1,35%	-0,74%	1,35%
1888	14,83%	16,62%	14,83%
1889	17,80%	8,99%	13,27%
1890	-7,24%	-10,78%	-9,56%
1891	-6,42%	-8,98%	-7,58%
1892	7,26%	8,40%	7,26%
1893	5,67%	7,76%	9,73%
1894	15,81%	17,11%	17,31%
1895	8,88%	9,89%	10,31%
1896	5,96%	6,30%	7,37%
1897	8,97%	7,47%	7,54%
1898	6,78%	4,93%	2,73%
1899	4,57%	5,95%	5,91%
1900	-3,31%	-2,19%	-3,31%
1901	-3,93%	-3,67%	-5,15%
1902	9,57%	8,52%	8,20%
1903	14,33%	13,36%	14,33%
1904	9,03%	9,40%	7,68%
1905	7,15%	5,61%	2,11%
1906	6,03%	4,01%	2,41%
1907	-4,10%	-8,79%	-5,18%
1908	8,48%	6,45%	7,27%
1909	16,25%	16,61%	13,73%
1910	5,35%	3,13%	4,22%
1911	5,33%	1,48%	2,04%

Jahr	Nominal	CH-bereinigt	D-bereinigt
1912	-0,33%	-3,01%	-6,19%
1913	3,06%	4,77%	5,12%
1914			
1915			
1916			
1917			
1918			
1919	52,74%	-73,19%	-30,21%
1920	69,19%	33,12%	9,98%
1921	118,91%	-20,69%	31,48%
1922	1834,84%	-40,61%	-45,55%
1923	2,88E+11%	343,51%	58,17%
1924	-100,00%	11,35%	-5,77%
1925	-28,80%	-26,63%	-31,38%
1926	122,74%	130,56%	119,98%
1927	-7,62%	-7,83%	-11,59%
1928	15,99%	15,82%	14,48%
1929	-23,73%	-23,71%	-23,83%
1930	-26,13%	-23,77%	-20,43%
1931	-38,10%	-34,29%	-32,51%
1932	15,93%	27,68%	28,29%
1933	15,73%	18,09%	13,43%
1934	14,30%	7,25%	12,80%
1935	16,06%	0,91%	14,93%
1936	29,40%	20,02%	28,46%
1937	2,00%	-8,33%	1,59%
1938	-1,78%	-39,89%	-2,17%
1939	11,68%	-3,40%	10,71%
1940	35,02%	39,89%	30,48%
1941	7,94%	-46,49%	6,15%
1942	14,28%	-38,99%	11,27%
1943	5,05%	-28,23%	3,61%
1944	3,09%	-47,22%	0,98%
1945	-16,45%	-34,98%	-20,01%
1946	-6,96%	-35,99%	-15,64%
1947	8,23%	-52,53%	5,32%
1948	-88,46%	53,50%	-91,19%
1949	123,58%	633,94%	138,37%
1950	-3,09%	3,20%	0,78%
1951	112,87%	116,19%	92,17%
1952	22,68%	32,16%	24,73%

Jahr	Nominal	CH-bereinigt	D-bereinigt
1953	26,80%	41,29%	30,06%
1954	78,88%	73,44%	75,21%
1955	16,56%	18,39%	13,95%
1956	-3,64%	-6,24%	-5,28%

Jahr	Nominal	CH-bereinigt	D-bereinigt
1957	8,67%	7,66%	6,52%
1958	55,86%	55,71%	53,76%
1959	82,70%	85,79%	79,28%

A 2 Indexgesellschaften

Verzeichnis sämtlicher Indexgesellschaften im Untersuchungszeitraum mit den Jahren der Indexzugehörigkeit. Aktien, die aus Zerschlagungen hervorgingen, sind nur dann aufgeführt, wenn sie auch zum folgenden Jahresultimo das Aufnahmekriterium erfüllten.

Gesellschaft	**Im Index vertreten**
Aachener & Münchener Feuer	1886-1889, 1892-1894
Accumulatoren	1946, 1951-1954
AEG (Allgemeine Elektrizitäts-Gesellschaft)	1890, 1895-1936, 1938-1959
AGFA (AG für Anilinfabrikation)	1920-1921, 1923, 1925
Altona-Kieler Eisenbahn	1877-1883
Anhalter Kohlen	1942
Augsb.-Nbg. Eisenbahn	1921-1922
Barmer Bank-Verein	1905-1906, 1908, 1913-1920
BASF (Badische Anilin und Soda Fabrik)	1885-1925, 1954-1959
Bayer (auch: "*Elberfelder Farben*" oder "*Farben Bayer*")	1903-1925, 1954-1959
Bayerische Handelsbank	1896
Bayerische Hypo(theken und Wechselbank)	1871-1910, 1932
Bayerische Ostbahn	1871-1875
Bayerische Vereinsbank	1891-1899, 1932
Bekula (Berliner Kraft und Licht)	1934-1945
Bergbau Neue Hoffnung	1955
Bergisch Märkische Bank	1897, 1900-1914
Bergisch Märkische Eisenbahn	1871-1881
Berlin-Anhaltische Eisenbahn	1871-1882
Berliner Elektrizitätswerke	1909, 1911-1918
Berliner Handelsges.	1871-1882, 1884-1920, 1924
Berlin-Görlitzer Eisenbahn	1871-1872, 1874
Berlin-Hamburger Eisenbahn	1871, 1876-1884
Berlin-Potsdam-Magdeb. Eisenbahn	1871-1879
Berlin-Stettiner Eisenbahn	1871-1879
BMW (Bayerische Motoren-Werke)	1943-1950
Bochumer Gußstahl	1889-1890, 1919-1921
Roddergrube	1920/2, 1926, 1928-1930
Breslauer Disconto-Bank	1900
Breslau-Schweidn.-Freib. Eisenbahn	1871-1883
Charlottenburger Wasser- und Industriewerke	1933-1940
Charlottenhütte	1931
Cöln-Mindener Eisenbahn	1871-1879
Commerz- und Disconto-Bank (später: Commerzbank)	1881-1890, 1892-1893, 1896, 1899-1911, 1919, 1921-1922, 1926, 1930-1933, 1935-1948, 1952-1954, 1959

Gesellschaft	Im Index vertreten
Concordia-Leben	1888
Consolidation, Bergwerks AG	1889, 1900-1902, 1904-1905
Conti Gummi	1933-1959
Continental-Gas	1877-1878, 1880-1888, 1927-1945
Daimler	1922, 1941, 1943-1959
Danatbank (Darmstädter und Nationalbank, 1922 entstanden aus Fusion von Darmstädter Bank und Nationalbank für Deutschland)	1926-1932
Darmstädter Bank (später: Danatbank)	1871-1921
DEA (Deutsche Erdöl AG)	1920-1929, 1931, 1933-1959
Degussa (Deutsche Gold- und Silberscheideanstalt)	1921-1923, 1932-1959
Demag AG	1950-1951, 1953, 1956, 1959
Deutsche Bank (bzw. Dt. Bank West)	1872-1948, 1950-1954, 1957-1959
Deutsche Effekten- und Wechsel-Bank	1880-1881, 1890-1895
Deutsche Vereinsbank	1874-1876, 1880-1882, 1887
Deutsche-Überseeische Elektricitäts-Gesellschaft	1907-1920/1
Disconto-Gesellschaft	1871-1929
Dortmund Hörder (Hüttenverein)	1955-1958
Dortmunder Union (f. Bergbau, Eisen- und Stahlind.)	1873, 1886-1890
Dortmund-Gronau-Enschede-Eisenbahn	1895, 1898
Dresdner Bank	1882-1922, 1924-1948, 1950-1954, 1958-1959
Dt. Centralboden	1931-1932
Dt.-Luxemb.-Bergw. AG	1910-1926
Eintracht Braunkohle	1934
Elektr. Hochb. (Gesellschaft für elektrische Hoch- und Untergrundbahnen)	1925-1928
Eschweiler Bergw.-Verein	1919
Essener Credit Anstalt	1903-1920
Essener Steinkohle	1921, 1927, 1953-1954
Felten	1907-1909, 1919/2-1923, 1926, 1935-1954, 1956-1957
Ford	1949
Frankfurter Bank	1871, 1876-1880, 1885
Gelsenkirchener Bergwerks AG	1883-1933, 1954-1959
Gesfürel (Gesellschaft für elektrische Unternehmungen)	1897-1899, 1928-1942
GHH (Gutehoffnungshütte)	1947-1959
Große Berliner Pferdebahn (später: Gr. B. Straßenbahn)	1882-1919/1
Halle-Guben-Sorauer Eisenbahn	1871-1872, 1884
Hamburger Vereinsbank	1890-1899
Hapag (Hamburg-Amerikanische Packetfahrt AG)	1871-1873, 1881-1882, 1889-1892, 1894, 1897-1924, 1926-1932

Gesellschaft	**Im Index vertreten**
Harpener Bergbau	1890-1956
Heidelberger Zement	1949
Hessische Ludwigsbahn	1871-1896
HEW	1926, 1929-1959
HH Hochbahn (Hamburger Hochbahn)	1925-1926, 1931-1945, 1947-1952
Hibernia Bergwerksgesellschaft	1890-1891, 1896, 1898-1904/1
Hoechst	1890-1897, 1899-1925, 1954-1959
Hoerder Bergwerks-Verein	1900
Hoesch	1921, 1923-1925, 1931, 1933-1959
Hohenlohe-Werke AG	1907, 1910-1918, 1919/2
Hüttenwerke Oberhausen	1954-1959
Hüttenwerke Phoenix	1954-1955
I.G. Farbenindustrie AG (später: IG Farben i.L., auch: IG Liquis)	1926-1958
Ilse Bergbau	1922-1925, 1927-1928, 1930-1937
Ilseder Hütte	1936, 1938, 1942, 1947-1948, 1950-1958
Internationale Bank	1891
Kali-Chemie	1949
Karstadt	1929-1930, 1946, 1949-1954, 1957-1959
Kaufhof	1957-1959
Klöckner	1923-1928, 1930-1931, 1933-1959
Kölnische Feuerversicherung	1887-1888
Köln-Neuessener Bergwerksverein	1921-1925, 1927-1928
Köln-Rottweil AG	1923
Lech (Elektrizitätswerke, Augsburg)	1949-1951
Leipziger Bank	1893-1895, 1897-1901
Leipziger Kreditanstalt	1871-1920
Linke (Linke-Hofmann-Lauchhammer)	1922-1925
Lübeck-Büchener Eisenbahn	1885-1889, 1926
Magdeburg-Halberstädter Eisenbahn	1871-1879
Magdeburg-Leipziger Eisenbahn	1871-1876
MAN (Maschinenfabriken Augsburg-Nürnberg AG)	1959
Mannesmann	1913-1959
Mansfeld AG f. Bergbau u. Hüttenbetrieb	1923-1924
Marienburg-Mlawker Eisenbahn	1883-1885
Märkisch-Posener Eisenbahn	1872, 1879-1881
M'burgische-Friedr.-Franz-Bahn	1883-1887
Mechernicher Bergw.	1888
Meininger Creditbank (auch: Mitteldeutsche Creditanst.)	1871-1889, 1901-1903
Metallgesellschaft	1946-1959
Nationalbank für Deutschland (später: Danatbank, s.o.)	1890-1919
Norddeutsche Bank	1871-1895
Norddeutsche Wollkämmerei	1929
Norddeutscher Lloyd	1871, 1881-1897, 1899-1920, 1922-1932

Gesellschaft	Im Index vertreten
Nordstern Steinkohlenbergwerk	1904
Oberhessische Eisenbahn	1871-1876
Oberkoks	1921-1927
Oberschlesische Eisenbahn	1871-1882
Oberschlesische Eisenbahn-Bedarfs-AG	1906
Orenstein & Koppel	1921-1923
Ostpr. Südbahn	1883-1886, 1889
Ostwerke	1929-1930
Pfälzische Bank	1899-1903
Pfälzische Ludwigsbahn	1871-1898, 1902
Phoenix-Rheinrohr (aus Fusion der Hüttenwerke Phoenix und der Reinischen Röhrenwerke)	1956-1959
Phönix AG für Bergbau- und Hüttenbetrieb	1899, 1906-1930
Phrix-Werke	1947-1948
Preußische Bodenkredit	1873, 1875-1889, 1891-1897
Preußische Central-Boden	1877-1878, 1884-1899, 1902-1906
Preußische Hypotheken-Actien-Bank	1904/2
Rechte Oderufer Eisenbahn	1871-1883
Reichsbank (bis 1875: Preußische Bank)	1871-1920, 1925-1948/1
Rhein. Braunkohle	1919-1956
Rheinische Creditbank	1901-1919
Rhein.-Westf. Disc.-Ges.	1906-1917
Rheinische Eisenbahn	1871-1879
Rheinische Stahlwerke	1920/2-1959
Rheinisch-Westfälische Creditbank	1905
Rheinmetall	1937-1939, 1941, 1943-1946
RheinPreußen (Rheinpreußen AG für Bergbau und Chemie)	1953-1956
RheinRöhren (Rheinische Röhrenwerke AG)	1954-1955
Rheinstahl-Union	1953-1954
Riebeck Montan	1924
Rütgerswerke	1924-1925, 1927
RWE	1924-1959
Sächsische Bank	1874-1889, 1892-1896
Salamander	1949
Salzdetfurth	1932-1934, 1940-1948, 1950-1953, 1958-1959
Schaaffhausen'scher Bankverein	1873-1877, 1879-1914
Schantung	1921
Schering	1939-1945, 1948/2
Schles. Bankverein	1872
Schlesische Zink (Schl. AG f. Bergbau u. Zinkhüttenb.)	1878, 1880, 1883-1912, 1920
Schuckert (Elektrizitäts AG Schuckert & Co)	1897-1901, 1912, 1919/1, 1925, 1928-40
Schultheiß (Schutheiß & Patzenhofer Brauerei AG)	1927-1935, 1937, 1941

Gesellschaft	**Im Index vertreten**
Siemens	1900-1959
Stahlverein (Vereinigte Stahlwerke AG)	1927-1954
Süddeutsche Bank	1957
Süddeutsche Boden	1879-1889, 1891-1897
Südzucker	1933-1940, 1942-1954
Thüringische Eisenbahn	1871-1880
Thyssen	1955-1959
Ver. Glanzstoff	1920, 1922-1930
Ver. Stahl. Zypen	1922
Köln-Rottweiler Pulver	1897, 1920
Vereinigte Königs- und Laurahütte	1873-1875, 1880-1886, 1889-1891, 1896, 1898-1905
Wintershall (vormals: Kali-Industrie)	1926-1959
Württemb. Vereinsbank	1882-1884
Zellstoff Waldhof	1946, 1949, 1952

A 3 Indexzusammensetzung 1871-1959 und Dividenden

Erläuterungen:

- Als Ultimokurs ist durchgehend der letzte erfaßte Kurs ohne Stückzinsen angegeben. Bei teileingezahlten Gesellschaften (grau unterlegt) ergibt sich der tatsächlich zu zahlende Kurs durch Abzug des nicht eingezahlten Teils (mit Ausnahme der Versicherungen).

- Bei allen Gesellschaften ist der volle Dividendensatz angegeben; bei teileingezahlten Aktien ist daher zu beachten, daß nur entsprechend der Einzahlungsquote ausgezahlt wurde. Auch Stückzinsen beziehen sich bei diesen Gesellschaften nur auf den eingezahlten Teil.

- Versicherungsgesellschaften wurden einheitlich von der tatsächlichen Stücknotiz auf einen rechnerischen Prozentkurs umgerechnet, in dem die fehlende Einzahlung automatisch berücksichtigt ist. Hier ist nur der Kurs grau unterlegt.

- Der Stückzinssatz für die Anteilscheine der Reichsbank wurde von vorher 4,5% ab dem 1.1.1891 auf 3,5% gesenkt.

- Ab dem 1.1.1899 betrugen die Stückzinsen bis auf wenige Ausnahmen (z.B. Reichsbank, s.o.) einheitlich 4%.

- Während des I. Weltkriegs ruht der Hauptindex aufgrund des Kursveröffentlichungsverbots. Daher gilt die für 1914 festgelegte Gewichtung auch noch Ende 1918 (abgesehen von den Fusionen, vgl. A 7).

- Die während der Börsenschließung ausgezahlten Dividenden werden am 30.11.1918 reinvestiert, vgl. die gesonderte Aufstellung hierzu im Anschluß an die Indexzusammensetzung 1914 sowie die Anmerkungen im Textteil wegen der abweichenden Berechnung der Korrekturfaktoren.

- Die Markierung einer Dividende mit „AS" bedeutet, daß hier eine Ausschüttung aus dem Anleihestock vorgenommen wurde (1938 und 1939).

- Das Gewicht der I.G. Farben während des Handelsverbots ergibt sich aus deren Anteil am Gesamtindex zum jeweils letzten Jahresultimo. Vergleiche ausführlich Abschnitt 5.5.9.2 im Hauptteil der Arbeit.

- Bei Zerschlagungen sind die Nachfolgergesellschaften kursiv abgedruckt. Die Daten der Zerschlagungen und die resultierenden Korrekturfaktoren folgen in einer späteren Aufstellung (siehe A 6).

- Durch Fusion „untergehende" Gesellschaften sind ebenfalls kursiv gedruckt. Auch hier folgen die genauen Daten in einer späteren Aufstellung (siehe A 7).

		Indexgesellschaft	SZ Satz	SZ Termin	Einzahlung	Grundkapital	Ultimokurs	Ultimo SZ	Börsenkapital	Gewicht	Dividende	Datum Div.
1871	1	Bergisch Märkische Eisenbahn	4,00	1.1.	100%	120.000.000 30.000.000	118 113,5	4	181.650.000	10,335%	8	06.05.
	2	Bayerische Ostbahn	4,50	1.1. & 1.7.	100%	102.857.143 34.285.714	122 107,25	2,25	165.342.857	9,407%	2,25 5,25	07.01. 01.07.
	3	Rheinische Eisenbahn	4,00	1.1.	100%	105.000.000 37.500.000	116,75 79	4	157.912.500	8,984%	7,8	01.07.
	4	Cöln-Mindener Eisenbahn	4,00	1.1.	100%	78.000.000 39.000.000	134 97	4	147.030.000	8,365%	2,5 8	07.01. 01.07.
	5	Preußische Bank	4,50	1.1. & 1.7.	100%	60.000.000	150,25	2,25	91.500.000	5,206%	7,55 2,25 2,25	01.04. 10.06. 16.06.
	6	Thüringische Eisenbahn	4,00	1.1.	100% 100% 100% 100%	27.000.000 6.750.000 15.483.000 18.000.000	132 125,75 77,5 84,25	4	73.981.770	4,209%	9	06.05.
	7	Magdeburg-Leipziger	4,00	1.1.	100%	15.750.000 45.000.000	188,5 87,5	4	71.493.750	4,068%	12	29.04.
	8	Magdeburg-Halberstädter	4,00	1.1.	100%	30.600.000 43.800.000	112 67,25	4	66.703.500	3,795%	8 2/3	06.05.
	9	Oberschlesische Eisenbahn	3,50	1.1. & 1.7.	100% 100%	30.618.600 7.200.000	174,38 158	1,75 1,75	65.429.009	3,723%	1,75 9,16667 1,75	07.01. 15.04. 01.07.
	10	Bayerische Hypo	3,00	1.1. & 1.7.	100%	34.285.714	171	1,5	59.142.857	3,365%	1,5 7,1	07.01. 01.07.
	11	Hessische Ludwigsbahn	4,00	1.1. & 1.7.	100%	42.000.000	135,13	2	57.592.500	3,277%	7,5 2	06.05. 07.10.
	12	Disconto-Gesellschaft	4,00	1.1.	100%	30.000.000 6.000.000	143,25 132	4	52.335.000	2,978%	9 4	01.07. 16.12.
	13	Berlin-Anhaltische Eisenbahn	4,00	1.1. & 1.7.	100%	25.500.000	197	2	50.745.000	2,887%	14 2	25.03. 01.07.
	14	Norddeutsche Bank	4,00	1.1.	100%	30.000.000	144,5	4	44.550.000	2,535%	11,5	18.02.
	15	Berlin-Stettiner Eisenbahn	4,00	1.1. & 1.7.	100%	30.900.000	132,25	2	41.483.250	2,360%	2 7,16666	07.01. 01.07.
	16	Rechte Oderufer Eisenbahn	5,00	1.1.	100%	22.500.000 22.500.000	78,25 94	5	41.006.250	2,333%	5	07.01.
	17	Leipziger Kreditanstalt	4,00	1.1.	100%	30.000.000	117,5	4	36.450.000	2,074%	8,5	01.04.
	18	Darmstädter Bank	4,00	1.1. & 1.7.	100%	26.571.429	130	2	35.074.286	1,996%	2 8	07.01. 06.05.

Nr.	Indexgesellschaft	SZ Satz	SZ Termin	Einzahlung	Grundkapital	Ultimokurs	Ultimo SZ	Börsenkapital	Gewicht	Dividende	Datum Div.
19	Berlin-Potsdam-Magdeb.	4,00	1.1.	100%	15.000.000	224	4	34.200.000	1,946%	20	01.04.
20	Oberhessische Eisenbahn			100%	48.685.800	66	3,5	33.836.631	1,925%	3,5	20.05.
21	Pfälzische Ludwigsbahn	4,00	1.1. & 1.7.	100%	19.986.857	163,5	2	33.078.249	1,882%	2 5,7 2	07.01. 06.05. 01.07.
22	Breslau-Schweidn.-Freib.	4,00	1.1.	100%	15.300.000 10.200.000	108,5 97,875	4	27.603.750	1,571%	7,5	01.04.
23	Hapag	4,00	1.1.	100%	22.500.000	117,5	4	27.337.500	1,555%	10	01.04.
24	Berlin-Görlitzer Eisenbahn	4,00	1.1.	100%	16.500.000 16.500.000	57 87,875	4	25.224.375	1,435%	1	06.05.
25	Halle-Guben-Sorauer	4,00	1.1. & 1.7.	100%	20.250.000 20.250.000	43 71	2	23.895.000	1,360%	2 2	07.01. 01.07.
26	Berlin-Hamburger Eisenbahn	4,00	1.1.	100%	15.000.000	151,88	4	23.381.250	1,330%	10	01.04.
27	Frankfurter Bank	3,00	1.1.	100%	17.142.857	132,25	3	23.185.714	1,319%	7	01.04.
28	Berliner Handelsges.	4,00	1.1.	100%	16.875.000	131,25	4	22.823.438	1,299%	7 2	01.07. 07.10.
29	Meininger Creditbank	4,00	1.1. & 1.7.	100%	18.000.000	122,88	2	22.477.500	1,279%	8 2	01.04. 01.07.
30	Norddeutscher Lloyd	4,00	1.1.	100%	4.000.000 14.000.000	148,5 103,5	4	21.150.000	1,203%	5	06.05.
								1.757.615.936	100%		

		Indexgesellschaft	SZ Satz	SZ Termin	Ein-zahlung	Grund-kapital	Ultimo-kurs	Ultimo SZ	Börsen-kapital	Gewicht	Divi-dende	Datum Div.
1872	1	Rheinische Eisenbahn	4,00	1.1.	100%	108.900.000	166	4	222.630.000	9,416%	8,4	06.07.
						37.500.000	96					
	2	Bergisch Märkische Eisenbahn	4,00	1.1.	100%	150.000.000	141,88	4	218.812.500	9,255%	7,5	04.05.
	3	Bayerische Ostbahn	4,50	1.1. & 1.7.	100%	137.142.857	145	2,25	201.942.857	8,541%	2,25	06.01.
											5,25	06.07.
	4	Cöln-Mindener Eisenbahn	4,00	1.1.	100%	78.000.000	178,25	4	188.370.000	7,967%	2,5	06.01.
						39.000.000	114,5				9	29.06.
	5	Preußische Bank	4,50	1.1. & 1.7.	100%	60.000.000	200	2,25	121.350.000	5,132%	7,8	30.03.
											2,25	15.06.
											2,25	14.12.
	6	Disconto-Gesellschaft	4,00	1.1.	100%	48.000.000	225	4	109.920.000	4,649%	20	06.07.
											4	14.12.
	7	Magdeburg-Halberstädter	4,00	1.1.	100%	30.600.000	156	4	92.322.000	3,905%	8,5	04.05.
						43.800.000	95					
	8	Thüringische Eisenbahn	4,00	1.1.	100%	33.750.000	165,25	4	90.750.079	3,838%	10,5	04.05.
						15.483.000	91,125					
						18.000.000	101					
	9	Hessische Ludwigsbahn	4,00	1.1. & 1.7.	100%	45.000.000	187,25	2	85.162.500	3,602%	9	11.05.
											2	05.10.
	10	Magdeburg-Leipziger	4,00	1.1.	100%	15.750.000	210	4	82.305.000	3,481%	16	27.04.
						45.000.000	104					
	11	Oberschlesische Eisenbahn	3,50	1.1. & 1.7.	100%	30.618.600	214,88	1,75	79.773.542	3,374%	1,75	06.01.
											10,1667	20.04.
						7.200.000	185	1,75			1,75	06.07.
	12	Darmstädter Bank	4,00	1.1. & 1.7.	100%	42.857.143	183,5	2	79.500.000	3,362%	2	06.01.
											13	04.05.
	13	Berlin-Anhaltische Eisenbahn	4,00	1.1. & 1.7.	100%	25.500.000	265	2	68.085.000	2,880%	16,5	06.04.
											2	06.07.
	14	Bayerische Hypo	3,00	1.1. & 1.7.	100%	34.285.714	187,6	1,5	64.834.286	2,742%	1,5	06.01.
											7,9	06.07.
	15	Berlin-Potsdam-Magdeb.	4,00	1.1.	100%	30.000.000	210	4	64.200.000	2,715%	14	06.04.
	16	Norddeutsche Bank	4,00	1.1.	100%	30.000.000	188	4	57.600.000	2,436%	12,6	17.02.
	17	Rechte Oderufer Eisenbahn	4,00	1.1.	100%	22.500.000	107	4	51.750.000	2,189%	5	06.01.
						22.500.000	115	4				
	18	Berlin-Stettiner Eisenbahn	4,00	1.1. & 1.7.	100%	30.900.000	157,5	2	49.285.500	2,084%	2	06.01.
											9,41667	06.07.
	19	Leipziger Kreditanstalt	4,00	1.1.	100%	30.000.000	152,5	4	46.950.000	1,986%	11	06.04.
	20	Oberhessische Eisenbahn	3,50	1.1.	100%	48.685.800	79,5	3,5	40.409.214	1,709%	3,5	18.05.

	Indexgesellschaft	SZ Satz	SZ Termin	Einzahlung	Grundkapital	Ultimokurs	Ultimo SZ	Börsenkapital	Gewicht	Dividende	Datum Div.
21	Pfälzische Ludwigsbahn	4,00	1.1. & 1.7.	100%	19.986.857	199,75	2	40.323.484	1,705%	2	06.01.
										7,75	04.05.
										2	06.07.
22	Meininger Creditbank	4,00	1.1. & 1.7.	100%	24.000.000	163	2	39.600.000	1,675%	10	06.04.
										2	06.07.
23	Hapag	4,00	1.1.	100%	22.500.000	168,5	4	38.812.500	1,642%	8	06.04.
24	Deutsche Bank	4,00	1.1.	100%	30.000.000	118	4	36.600.000	1,548%	8	20.04.
25	Berliner Handelsges.	4,00	1.1.	100%	22.500.000	153,5	4	35.437.500	1,499%	10,5	29.06.
										2	07.09.
26	Breslau-Schweidn.-Freib.	4,00	1.1.	100%	25.500.000	133,5	4	35.062.500	1,483%	9,5	06.04.
27	Märkisch-Posener	4,00	1.1.	100%	21.750.000	57,875	4	32.271.563	1,365%	0	-
					21.750.000	82,5					
28	Berlin-Görlitzer Eisenbahn	4,00	1.1.	100%	16.500.000	104,38	4	32.051.250	1,356%	0	-
					16.500.000	81,875					
29	Halle-Guben-Sorauer	4,00	1.1. & 1.7.	100%	20.250.000	57,875	2	29.387.813	1,243%	2	06.01.
					20.250.000	83,25				2	06.07.
30	Schles. Bankverein	4,00	1.1.	100%	18.000.000	156,5	4	28.890.000	1,222%	4	20.01.
										8	20.07.
								2.364.389.087	**100%**		

		Indexgesellschaft	SZ Satz	SZ Termin	Einzahlung	Grundkapital	Ultimokurs	Ultimo SZ	Börsenkapital	Gewicht	Dividende	Datum Div.
1873	1	Rheinische Eisenbahn	4,00	1.1.	100%	108.900.000 37.500.000	168 92	4	223.308.000	8,294%	9,4	05.07.
	2	Bergisch Märkische Eisenbahn	4,00	1.1.	100%	150.000.000	131,5	4	203.250.000	7,549%	6	03.05.
	3	Cöln-Mindener Eisenbahn	4,00	1.1.	100%	78.000.000 39.000.000	171,25 114,5	4	182.910.000	6,794%	2,5 6,85	04.01. 05.07.
	4	Bayerische Ostbahn	4,50	1.1. & 1.7.	100%	137.142.857	129,75	2,25	181.028.571	6,724%	2,25 5,25	04.01. 05.07.
	5	Disconto-Gesellschaft	4,00	1.1.	100%	48.000.000	334,38	4	162.420.000	6,033%	23 4	05.07. 13.12.
	6	Preußische Bank	4,50	1.1. & 1.7.	100%	60.000.000	226,88	2,25	137.475.000	5,106%	8,7 2,25 2,25	29.03. 14.06. 13.12.
	7	Darmstädter Bank	4,00	1.1. & 1.7.	100%	60.000.000	216	2	130.800.000	4,858%	2 13	04.01. 03.05.
	8	Hessische Ludwigsbahn	4,00	1.1. & 1.7.	100%	51.000.000	181,25	2	93.457.500	3,471%	9,6 2	17.05. 04.10.
	9	Magdeburg-Leipziger	4,00	1.1.	100%	15.750.000 45.000.000	276,13 104	4	92.719.688	3,444%	14	26.04.
	10	Schaaffhausen'scher Bankverein	4,00	1.1.	100%	48.000.000	185,75	4	91.080.000	3,383%	14	31.05.
	11	Thüringische Eisenbahn	4,00	1.1.	100%	33.750.000 15.483.000 18.000.000	154 91,125 101	4	86.953.204	3,230%	9	03.05.
	12	Oberschlesische Eisenbahn	3,50	1.1. & 1.7.	100%	30.618.600 7.200.000	227,5 185	1,75	83.639.141	3,107%	10,1667 1,75	19.04. 05.07.
	13	Magdeburg-Halberstädter	4,00	1.1.	100%	30.600.000 43.800.000	133 82,5	4	79.809.000	2,964%	8,5	03.05.
	14	Meininger Creditbank	4,00	1.1. & 1.7.	100%	48.900.000	159	2	78.729.000	2,924%	10 2	26.04. 05.07.
	15	Berlin-Potsdam-Magdeb.	4,00	1.1.	100%	48.000.000	160	4	78.720.000	2,924%	8	09.08.
	16	Berlin-Anhaltische Eisenbahn	4,00	1.1. & 1.7.	100%	25.500.000 9.000.000	224,75 189,25	2	75.033.750	2,787%	15 2	05.04. 05.07.
	17	Bayerische Hypo	3,00	1.1. & 1.7.	100%	34.285.714	199	1,5	68.742.857	2,553%	1,5 8,3	04.01. 05.07.
	18	Dortmunder Union	4,00	1.7.	100%	39.600.000	171	2	68.508.000	2,545%	0	-
	19	Berlin-Stettiner Eisenbahn	4,00	1.1. & 1.7.	100%	30.900.000	184,5	2	57.628.500	2,140%	2 10,75	04.01. 05.07.
	20	Leipziger Kreditanstalt	4,00	1.1.	100%	30.000.000	188	4	57.600.000	2,139%	15	05.04.
	21	Norddeutsche Bank	4,00	1.1.	100%	30.000.000	184	4	56.400.000	2,095%	13,625	15.02.

Nr.	Indexgesellschaft	SZ Satz	SZ Termin	Ein-zahlung	Grund-kapital	Ultimo-kurs	Ultimo SZ	Börsen-kapital	Gewicht	Divi-dende	Datum Div.
22	Rechte Oderufer Eisenbahn	4,00	1.1.	100%	22.500.000	110,75	4	55.575.000	2,064%	6,06667	03.05.
					22.500.000	128,25					
23	Berliner Handelsges.	4,00	1.1.	100%	22.500.000	161	4	53.685.000	1,994%	10,6	14.06.
				40%	22.500.000	132	1,6			2	04.10.
24	Breslau-Schweidn.-Freib.	4,00	1.1.	100%	38.250.000	128	4	50.490.000	1,875%	7,5	19.04.
25	Preußische Bodenkredit	4,00	1.1.	100%	15.000.000	202	4	47.220.000	1,754%	15	03.05.
				20%	15.000.000	188	0,8				
26	Vereinigte Königs- und Laurahüt	4,00	1.7.	100%	18.000.000	231	2	41.940.000	1,558%	20	01.11.
27	Pfälzische Ludwigsbahn	4,00	1.1. & 1.7.	100%	19.986.857	199,25	2	40.223.550	1,494%	2	04.01.
										7	03.05.
										2	05.07.
28	Hapag	4,00	1.1.	100%	22.500.000	174,5	4	40.162.500	1,492%	16	05.04.
29	Oberhessische Eisenbahn	3,50	1.1.	100%	48.685.500	75	3,5	38.218.118	1,419%	3,5	17.05.
30	Deutsche Bank	4,00	1.1.	100%	30.000.000	111,5	4	34.650.000	1,287%	8	03.05.
								2.692.376.377	**100%**		

		Indexgesellschaft	SZ Satz	SZ Termin	Einzahlung	Grundkapital	Ultimokurs	Ultimo SZ	Börsenkapital	Gewicht	Dividende	Datum Div.
1874	1	Rheinische Eisenbahn	4,00	1.1.	100%	145.140.000 37.500.000	145,5 90,125	4	252.281.175	9,902%	9,4	04.07.
	2	Bergisch Märkische Eisenbahn	4,00	1.1.	100%	150.000.000 60.000.000	105,88 103,88	4	229.537.500	9,010%	3	30.05.
	3	Cöln-Mindener Eisenbahn	4,00	1.1.	100%	78.000.000 39.000.000	147,88 110,5	4	163.117.500	6,403%	2,5 5,6	03.01. 04.07.
	4	Bayerische Ostbahn	4,50	1.1. & 1.7.	100%	102.857.143 34.285.714	115 106,75	2,25	157.971.429	6,201%	2,25 5,25	03.01. 04.07.
	5	Reichsbank / Preuß. Bank	4,50	1.1. & 1.7.	100%	60.000.000	201,25	2,25	122.100.000	4,793%	15,5 2,5 2,5	04.04. 13.06. 12.12.
	6	Hessische Ludwigsbahn	4,00	1.1. & 1.7.	100%	51.000.000 21.000.000	155,5 148	2	111.825.000	4,389%	7 2	02.05. 03.10.
	7	Disconto-Gesellschaft	4,00	1.1.	100%	60.000.000	178,25	4	109.350.000	4,292%	10 4	04.07. 19.12.
	8	Magdeburg-Halberstädter	4,00	1.1.	100%	30.600.000 43.800.000 30.000.000	128,5 79,25 102,75	4	109.033.500	4,280%	6	02.05.
	9	Darmstädter Bank	4,00	1.1. & 1.7.	100%	60.000.000	162	2	98.400.000	3,862%	2 8	03.01. 02.05.
	10	Oberschlesische Eisenbahn	3,50	1.1. & 1.7.	100%	30.618.600 7.200.000 12.606.100	187,5 168,38 174,5	1,75	92.412.952	3,627%	1,75 10,1667 1,75	03.01. 18.04. 04.07.
	11	Magdeburg-Leipziger	4,00	1.1.	100%	15.750.000 45.000.000	266 95,25	4	87.187.500	3,422%	14	25.04.
	12	Berlin-Anhaltische Eisenbahn	4,00	1.1. & 1.7.	100%	34.500.000 17.250.000	160,25 137,5	2 2	80.040.000	3,142%	14 2	04.04. 04.07.
	13	Thüringische Eisenbahn	4,00	1.1.	100%	33.750.000 15.483.000 18.000.000	134 87,75 97,75	4	79.095.653	3,105%	7,25	02.05.
	14	Bayerische Hypo	3,00	1.1. & 1.7.	100%	34.285.714	207,2	1,5	71.554.286	2,809%	1,5 8,7	03.01. 04.07.
	15	Berlin-Potsdam-Magdeb.	4,00	1.1.	100%	48.000.000 12.000.000	113,5 112,25	4	70.350.000	2,761%	4	04.04.
	16	Berlin-Stettiner Eisenbahn	4,00	1.1. & 1.7.	100%	42.900.000	161	2	69.927.000	2,745%	2 8,75	03.01. 04.07.
	17	Schaaffhausen'scher Bankverein	4,00	1.1.	100%	48.000.000	137,5	4	67.920.000	2,666%	8	06.06.
	18	Norddeutsche Bank	4,00	1.1.	100%	45.000.000	140,25	4	64.912.500	2,548%	10,8	07.03.

	Indexgesellschaft	SZ Satz	SZ Termin	Ein-zahlung	Grund-kapital	Ultimo-kurs	Ultimo SZ	Börsen-kapital	Gewicht	Divi-dende	Datum Div.
19	Rechte Oderufer Eisenbahn	4,00	1.1.	100%	45.000.000	120,75	4	56.137.500	2,203%	6,33333	02.05.
20	Meininger Creditbank	4,00	1.1. & 1.7.	100%	48.900.000	112,5	2	55.990.500	2,198%	3	11.04.
										2	04.07.
21	Leipziger Kreditanstalt	4,00	1.1.	100%	30.000.000	147	4	45.300.000	1,778%	9,25	04.04.
22	Sächsische Bank	4,00	1.1.	100%	15.000.000	145,25	4	44.212.500	1,735%	12	25.04.
					15.000.000	141,5					
23	Breslau-Schweidn.-Freib.	4,00	1.1.	100%	25.500.000	106,25	4	41.118.750	1,614%	8	11.04.
					12.750.000	98					
24	Deutsche Bank	4,00	1.1.	100%	45.000.000	84	4	39.600.000	1,554%	4	25.04.
25	Berliner Handelsges.	4,00	1.1.	100%	22.500.000	120,25	4	39.453.750	1,549%	4,5	20.06.
				40%	22.500.000	109,5	1,6			2	03.10.
26	Vereinigte Königs- und Laurahüt	4,00	1.7.	100%	18.000.000	166,25	2	39.060.000	1,533%	20	07.11.
				50%	9.000.000	146,5	1				
27	Oberhessische Eisenbahn	3,50	1.1.	100%	48.685.800	76,375	3,5	38.887.783	1,526%	3,5	06.05.
28	Pfälzische Ludwigsbahn	4,00	1.1. & 1.7.	100%	19.986.857	192,5	2	38.874.437	1,526%	2	03.01.
										5	02.05.
										2	04.07.
29	Deutsche Vereinsbank	5,00	1.1.	100%	36.000.000	99	5	37.440.000	1,470%	3,83333	02.05.
30	Berlin-Görlitzer Eisenbahn	4,00	1.1.	100%	16.500.000	98,5	4	34.567.500	1,357%	3	02.05.
					16.500.000	103					
								2.547.658.713	**100%**		

		Indexgesellschaft	SZ Satz	SZ Termin	Einzahlung	Grundkapital	Ultimokurs	Ultimo SZ	Börsenkapital	Gewicht	Dividende	Datum Div.
1875	1	Rheinische Eisenbahn	4,00	1.1.	100%	155.140.000 37.500.000	135,25 92,25	4	252.126.200	10,499%	8	03.07.
	2	Bergisch Märkische Eisenbahn	4,00	1.1.	100%	210.000.000	84,875	4	186.637.500	7,772%	3	01.05.
	3	Bayerische Ostbahn	4,50	1.1. & 1.7.	100%	102.857.143 34.285.714	110,38 107,38	2,25	153.428.571	6,389%	2,25 6,75	02.01. 03.07.
	4	Cöln-Mindener Eisenbahn	4,00	1.1.	100%	78.000.000 39.000.000	127,5 107	4	145.860.000	6,074%	2,5 3,95	02.01. 03.07.
	5	Oberschlesische Eisenbahn	3,50	1.1. & 1.7.	100%	30.618.600 7.200.000 37.818.300	164 151 154	1,75	120.650.332	5,024%	1,75 8,5 1,75	02.01. 17.04. 03.07.
	6	Disconto-Gesellschaft	4,00	1.1.	100%	60.000.000	179,25	4	109.950.000	4,578%	8 4	03.07. 18.12.
	7	Hessische Ludwigsbahn	4,00	1.1.	100%	72.000.000	131,38	4	97.470.000	4,059%	4 2	15.05. 02.10.
	8	Magdeburg-Halberstädter	4,00	1.1.	100%	30.600.000 43.800.000 30.000.000	96,375 72,25 100,75	4	95.537.250	3,978%	3	01.05.
	9	Reichsbank / Preuß. Bank	4,50	1.1. & 1.7.	100%	60.000.000	155,5	2,25	94.650.000	3,941%	8,25 2,25 2,25	03.04. 12.06. 11.12.
	10	Darmstädter Bank	4,00	1.1. & 1.7.	100%	60.000.000	154,5	2	93.900.000	3,910%	2 8	02.01. 01.05.
	11	Thüringische Eisenbahn	4,00	1.1.	100%	44.362.200 16.470.300 17.982.000	118 90 99,5	4	88.215.336	3,673%	7,5	01.05.
	12	Magdeburg-Leipziger	4,00	1.1.	100%	15.750.000 45.000.000	250,25 92,625	4	83.525.625	3,478%	14	05.06.
	13	Bayerische Hypo	3,00	1.1. & 1.7.	100%	34.285.714	213,2	1,5	73.611.429	3,065%	1,5 8,9	02.01. 03.07.
	14	Berlin-Anhaltische Eisenbahn	4,00	1.1. & 1.7.	100%	51.750.000	136	2	71.415.000	2,974%	6,5 2	03.04. 03.07.
	15	Norddeutsche Bank	4,00	1.1.	100%	45.000.000	148	4	68.400.000	2,848%	10	27.02.
	16	Berlin-Stettiner Eisenbahn	4,00	1.1. & 1.7.	100%	42.900.000	145	2	63.063.000	2,626%	2 7,91667	02.01. 03.07.
	17	Schaaffhausen'scher Bankverein	4,00	1.1.	100%	48.000.000	126,13	4	62.460.000	2,601%	5,5	19.06.
	18	Berlin-Potsdam-Magdeb.	4,00	1.1.	100%	60.000.000	90	4	56.400.000	2,349%	1,66667	03.04.
	19	Rechte Oderufer Eisenbahn	4,00	1.1.	100%	45.000.000	117,25	4	54.562.500	2,272%	6,33333	24.04.
	20	Leipziger Kreditanstalt	4,00	1.1.	100%	30.000.000	157,5	4	48.450.000	2,017%	9,16667	03.04.

	Indexgesellschaft	SZ Satz	SZ Termin	Einzahlung	Grundkapital	Ultimokurs	Ultimo SZ	Börsenkapital	Gewicht	Dividende	Datum Div.
21	Meininger Creditbank	4,00	1.1. & 1.7.	100%	48.900.000	94,75	2	47.310.750	1,970%	2	24.04.
										2	03.07.
22	Deutsche Bank	4,00	1.1.	100%	45.000.000	89,25	4	41.962.500	1,747%	5	17.04.
23	Sächsische Bank	4,00	1.1.	100%	30.000.000	125,75	4	38.925.000	1,621%	10,5	10.04.
24	Berliner Handelsges.	4,00	1.1.	100%	22.500.000	117,5	4	38.835.000	1,617%	5	26.06.
				40%	22.500.000	109,5	1,6			2	04.09.
25	Breslau-Schweidn.-Freib.	4,00	1.1.	100%	22.500.000	103	4	37.016.250	1,541%	7,5	03.04.
					12.750.000	97,5					
26	Pfälzische Ludwigsbahn	4,00	1.1. & 1.7.	100%	19.986.857	183	2	36.975.685	1,540%	2	02.01.
										5	01.05.
										2	03.07.
27	Vereinigte Königs- und Laurahüt	4,00	1.7.	100%	27.000.000	134	2	36.720.000	1,529%	10	06.11.
28	Oberhessische Eisenbahn	3,50	1.1.	100%	48.685.800	70,625	3,5	36.088.349	1,503%	3,5	10.04.
29	Preußische Bodenkredit	4,00	1.1.	100%	30.000.000	109,5	4	34.050.000	1,418%	8	01.05.
30	Deutsche Vereinsbank	5,00	1.1.	100%	36.000.000	87,5	5	33.300.000	1,387%	4,16667	01.05.
								2.401.496.277	**100%**		

		Indexgesellschaft	SZ Satz	SZ Termin	Einzahlung	Grundkapital	Ultimokurs	Ultimo SZ	Börsenkapital	Gewicht	Dividende	Datum Div.
1876	1	Rheinische Eisenbahn	4,00	1.1.	100%	181.500.000	117,4	4	255.816.000	12,205%	8	08.07.
						37.500.000	90,6	4				
	2	Reichsbank	4,50	1.1. & 1.7.	100%	120.000.000	170	2,25	206.700.000	9,862%	12,75	08.04.
											2,25	24.06.
											2,25	23.12.
	3	Bergisch Märkische Eisenbahn	4,00	1.1.	100%	210.000.000	78,9	4	174.090.000	8,306%	4	06.05.
	4	Cöln-Mindener Eisenbahn	4,00	1.1.	100%	117.000.000	96,25	4	117.292.500	5,596%	2,5	08.01.
											2,1	08.07.
	5	Oberschlesische Eisenbahn	3,50	1.1. & 1.7.	100%	30.618.600	150	1,75	110.966.555	5,294%	1,75	08.01.
						7.200.000	137,5				7	22.04.
						37.818.000	142,3				1,75	08.07.
	6	Thüringische Eisenbahn	4,00	1.1.	100%	44.362.200	115,6	4	86.780.738	4,140%	8,5	06.05.
						16.470.300	88,3					
						17.982.000	99					
	7	Disconto-Gesellschaft	4,00	1.1.	100%	60.000.000	135,5	4	83.700.000	3,993%	3	08.07.
											7	16.12.
	8	Magdeburg-Leipziger	4,00	1.1.	100%	15.750.000	210,5	4	76.646.250	3,657%	14	10.06.
						45.000.000	91,25					
	9	Hessische Ludwigsbahn	4,00	1.1.	100%	72.000.000	98,25	4	73.620.000	3,512%	4	06.05.
											2	07.10.
	10	Darmstädter Bank	4,00	1.1. & 1.7.	100%	60.000.000	119,75	2	73.050.000	3,485%	2	08.01.
											4	06.05.
	11	Bayerische Hypo	3,00	1.1. & 1.7.	100%	34.285.714	207,6	1,5	71.691.429	3,420%	1,5	08.01.
											9,23333	08.07.
	12	Magdeburg-Halberstädter	4,00	1.1.	100%	30.600.000	40,75	4	64.575.000	3,081%	6	06.05.
						43.800.000	52,75					
						30.000.000	82,75					
	13	Norddeutsche Bank	4,00	1.1.	100%	45.000.000	126,5	4	58.725.000	2,802%	6,25	04.03.
	14	Berlin-Anhaltische Eisenbahn	4,00	1.1. & 1.7.	100%	51.750.000	111	2	58.477.500	2,790%	8	01.04.
	15	Berlin-Stettiner Eisenbahn	4,00	1.1. & 1.7.	100%	45.150.000	126	2	57.792.000	2,757%	2	08.01.
											4,8	08.07.
	16	Rechte Oderufer Eisenbahn	4,00	1.1.	100%	45.000.000	105,25	4	49.162.500	2,346%	6,5	13.05.
	17	Berlin-Potsdam-Magdeb.	4,00	1.1.	100%	60.000.000	69,4	4	44.040.000	2,101%	3	15.04.
	18	Leipziger Kreditanstalt	4,00	1.1.	100%	30.000.000	123,5	4	38.250.000	1,825%	7	08.04.
	19	Sächsische Bank	4,00	1.1.	100%	30.000.000	123	4	38.100.000	1,818%	10	15.04.
	20	Meininger Creditbank	4,00	1.1. & 1.7.	100%	45.000.000	81,75	2	37.687.500	1,798%	3	08.04.

	Indexgesellschaft	SZ Satz	SZ Termin	Ein-zahlung	Grund-kapital	Ultimo-kurs	Ultimo SZ	Börsen-kapital	Gewicht	Divi-dende	Datum Div.
21	Schaaffhausen'scher Bankverein	4,00	1.1.	100%	48.000.000	74	4	37.440.000	1,786%	0	-
22	Oberhessische Eisenbahn	3,50	1.1.	100%	48.685.800	73	3,5	37.244.637	1,777%	3,5	13.05.
23	Deutsche Bank	4,00	1.1.	100%	45.000.000	77,5	4	36.675.000	1,750%	3	13.05.
24	Pfälzische Ludwigsbahn	4,00	1.1. & 1.7.	100%	19.986.857	180	2	36.376.080	1,735%	2	08.01.
										4	06.05.
										2	08.07.
25	Breslau-Schweidn.-Freib.	4,00	1.1.	100%	38.250.000	83,5	4	33.468.750	1,597%	5 2/3	22.04.
26	Preußische Bodenkredit	4,00	1.1.	100%	30.000.000	96,5	4	30.150.000	1,438%	8	06.05.
27	Berliner Handelsges.	4,00	1.1.	100%	22.500.000	93,75	4	29.778.750	1,421%	3	08.07.
				40%	22.500.000	93	1,6			2	01.09.
28	Berlin-Hamburger Eisenbahn	4,00	1.1.	100%	15.000.000	176,5	4	27.075.000	1,292%	10	03.06.
29	Deutsche Vereinsbank	5,00	1.1.	100%	36.000.000	70	5	27.000.000	1,288%	2	06.05.
30	Frankfurter Bank	3,00	1.1.	100%	17.142.857	134,88	3	23.635.714	1,128%	9 1/3	15.04.
								2.096.006.902	**100%**		

		Indexgesellschaft	SZ Satz	SZ Termin	Einzahlung	Grundkapital	Ultimokurs	Ultimo SZ	Börsenkapital	Gewicht	Dividende	Datum Div.
1877	1	Rheinische Eisenbahn	4,00	1.1.	100%	181.500.000	112	4	245.977.500	12,466%	7,5	07.07.
					100%	37.500.000	90,5					
	2	Reichsbank	4,50	1.1. & 1.7.	100%	120.000.000	152,5	2,25	185.700.000	9,412%	1,625	24.03.
											2,25	16.06.
	3	Bergisch Märkische Eisenbahn	4,00	1.1.	100%	210.000.000	78,25	4	172.725.000	8,754%	3,75	05.05.
	4	Cöln-Mindener Eisenbahn	4,00	1.1.	100%	117.000.000	100	4	121.680.000	6,167%	2,5	06.01.
											2,75	07.07.
	5	Oberschlesische Eisenbahn	3,50	1.1. & 1.7.	100%	81.042.900	133,6	1,75	118.817.565	6,022%	1,75	06.01.
											6,1	14.04.
						7.200.000	125	1,75			1,76	30.06.
	6	Thüringische Eisenbahn	4,00	1.1.	100%	44.362.200	134,4	4	95.305.108	4,830%	9,25	05.05.
					100%	16.470.300	88,6	4				
					100%	17.982.000	99,75	4				
	7	Magdeburg-Halberstädter	4,00	1.1.	100%	30.600.000	105,75	4	93.268.500	4,727%	8	05.05.
					100%	43.800.000	66	4				
					100%	30.000.000	92,75	4				
	8	Hessische Ludwigsbahn	4,00	1.1.	100%	72.000.000	95,5	4	71.640.000	3,631%	3	19.05.
											2	06.10.
	9	Disconto-Gesellschaft	4,00	1.1.	100%	60.000.000	107,75	4	67.050.000	3,398%	4	22.12.
	10	Bayerische Hypo	3,00	1.1. & 1.7.	100%	34.285.714	190	1,5	65.657.143	3,328%	1,5	06.01.
											8,88333	07.07.
	11	Darmstädter Bank	4,00	1.1. & 1.7.	100%	60.000.000	100,1	2	61.260.000	3,105%	2	06.01.
											4	07.04.
	12	Norddeutsche Bank	4,00	1.1.	100%	45.000.000	123,25	4	57.262.500	2,902%	8	03.03.
	13	Berlin-Anhaltische Eisenbahn	4,00	1.1. & 1.7.	100%	51.750.000	107,25	2	56.536.875	2,865%	6	16.06.
	14	Berlin-Stettiner Eisenbahn	4,00	1.1. & 1.7.	100%	45.150.000	118,25	2	54.292.875	2,752%	2	06.01.
											6,9	07.07.
	15	Rechte Oderufer Eisenbahn	4,00	1.1.	100%	45.000.000	108	4	50.400.000	2,554%	6,4	12.05.
	16	Berlin-Potsdam-Magdeb.	4,00	1.1.	100%	60.000.000	77,75	4	49.050.000	2,486%	3,5	07.04.
	17	Sächsische Bank	4,00	1.1.	100%	30.000.000	123	4	38.100.000	1,931%	8	31.03.
	18	Deutsche Bank	4,00	1.1.	100%	45.000.000	80	4	37.800.000	1,916%	6	28.04.
	19	Pfälzische Ludwigsbahn	4,00	1.1.	100%	19.986.857	181	4	36.975.685	1,874%	2	06.01.
											5	12.05.
											2	07.07.
	20	Leipziger Kreditanstalt	4,00	1.1.	100%	30.000.000	109,5	4	34.050.000	1,726%	6	14.04.

Indexgesellschaft	SZ Satz	SZ Termin	Einzahlung	Grundkapital	Ultimokurs	Ultimo SZ	Börsenkapital	Gewicht	Dividende	Datum Div.
21 Preußische Bodenkredit	4,00	1.1.	100%	30.000.000	98,9	4	30.870.000	1,565%	8	05.05.
22 Meininger Creditbank	4,00	1.1. & 1.7.	100%	42.000.000	67,5	2	29.190.000	1,479%	2	07.04.
23 Breslau-Schweidn.-Freib.	4,00	1.1.	100%	38.250.000	69,9	4	28.266.750	1,433%	5	14.04.
24 Schaaffhausen'scher Bankverein	4,00	1.1.	100%	48.000.000	52,75	4	27.240.000	1,381%	0	-
25 Berlin-Hamburger Eisenbahn	4,00	1.1.	100%	15.000.000	175	4	26.850.000	1,361%	9	02.06.
26 Berliner Handelsges.	4,00	1.1.	100%	22.500.000	69	4	25.998.750	1,318%	0	-
			70%	22.500.000	69,75	2,8				
27 Altona-Kieler	4,00	1.1.	100%	18.450.000	123	4	23.431.500	1,188%	3	05.05.
28 Continental-Gas	4,00	1.1.	100%	13.500.000	169,25	4	23.388.750	1,185%	13,5	17.04.
29 Frankfurter Bank	3,00	1.1.	100%	17.142.857	131,25	3	23.014.286	1,166%	6,071	21.04.
30 Preußische Central-Boden	4,00	1.1.	40%	36.000.000	117,6	1,6	21.312.000	1,080%	9,5	09.06.
							1.973.110.787	100%		

		Indexgesellschaft	SZ Satz	SZ Termin	Einzahlung	Grundkapital	Ultimokurs	Ultimo SZ	Börsenkapital	Gewicht	Dividende	Datum Div.
1878	1	Rheinische Eisenbahn	4,00	01.01.	100%	181.500.000	108,9	4	238.476.000	12,589%	7	06.07.
						37.500.000	85,5	4				
	2	Reichsbank	4,50	1.1. & 1.7.	100%	120.000.000	156,4	2,25	190.380.000	10,050%	2,25	05.01.
											1,79	27.04.
											2,25	06.07.
	3	Bergisch Märkische Eisenbahn	4,00	01.01.	100%	210.000.000	70	4	155.400.000	8,204%	3,5	04.05.
	4	Oberschlesische Eisenbahn	3,50	1.1. & 1.7.	100%	81.042.900	125,5	1,75	111.792.290	5,902%	1,75	05.01.
											5	20.04.
						7.200.000	118,6	1,75			1,75	06.07.
	5	Cöln-Mindener Eisenbahn	4,00	01.01.	100%	117.000.000	85,6	4	104.832.000	5,534%	2,5	05.01.
											2,55	06.07.
	6	Magdeburg-Halberstädter	4,00	01.01.	100%	30.600.000	105,5	4	93.192.000	4,920%	8	04.05.
						43.800.000	66	4				
						30.000.000	92,75	4				
	7	Thüringische Eisenbahn	4,00	01.01.	100%	44.362.200	120	4	89.032.243	4,700%	7,5	04.05.
						16.470.300	89,3	4				
						17.982.000	99,75	4				
	8	Bayerische Hypo	5,00	1.1. & 1.7.	100%	34.285.714	203	2,5	70.457.143	3,720%	4,08333	05.01.
											6,65	06.07.
	9	Berlin-Stettiner Eisenbahn	4,00	1.1. & 1.7.	100%	62.145.000	110,9	2	70.161.705	3,704%	2	05.01.
											5,1	06.07.
	10	Disconto-Gesellschaft	4,00	1.1.	100%	60.000.000	103,75	4	64.650.000	3,413%	4	05.01.
											1	06.07.
	11	Norddeutsche Bank	4,00	1.1.	100%	45.000.000	138	4	63.900.000	3,373%	8,5	16.03.
	12	Darmstädter Bank	4,00	1.1. & 1.7.	100%	60.000.000	101	2	61.800.000	3,262%	2	05.01.
											4,75	06.04.
	13	Hessische Ludwigsbahn	4,00	1.1. & 1.7.	100%	72.000.000	79,125	2	58.410.000	3,084%	3	18.05.
											2	05.10.
	14	Berlin-Potsdam-Magdeb.	4,00	1.1.	100%	60.000.000	74,75	4	47.250.000	2,494%	3,5	06.04.
	15	Berlin-Anhaltische Eisenbahn	4,00	1.1. & 1.7.	100%	51.750.000	82,75	2	43.858.125	2,315%	3,75	06.04.
											2	06.07.
	16	Rechte Oderufer Eisenbahn	4,00	1.1.	100%	45.000.000	92,25	4	43.312.500	2,287%	6 1/3	04.05.
	17	Deutsche Bank	4,00	1.1.	100%	45.000.000	88	4	41.400.000	2,186%	5	20.04.
	18	Pfälzische Ludwigsbahn	4,00	1.1.	100%	19.986.857	182,25	4	37.225.521	1,965%	2	05.01.
											5	04.05.
											2	06.07.
	19	Sächsische Bank	4,00	1.1.	100%	30.000.000	102,5	4	31.950.000	1,687%	5,75	23.03.
	20	Leipziger Kreditanstalt	4,00	1.1.	100%	30.000.000	101	4	31.500.000	1,663%	5 2/3	09.03.

	Indexgesellschaft	SZ Satz	SZ Termin	Einzahlung	Grundkapital	Ultimokurs	Ultimo SZ	Börsenkapital	Gewicht	Dividende	Datum Div.
21	Preußische Bodenkredit	4,00	1.1.	100%	30.000.000	99,6	4	31.080.000	1,641%	8	27.04.
22	Berlin-Hamburger Eisenbahn	4,00	1.1.	100%	15.000.000	172,25	4	26.437.500	1,396%	11,5	01.06.
23	Meininger Creditbank	4,00	1.1. & 1.7.	100%	37.500.000	67,1	2	25.912.500	1,368%	2	06.04.
24	Altona-Kieler	4,00	1.1.	100%	18.450.000	128,75	4	24.492.375	1,293%	8	04.05.
25	Berliner Handelsges.	4,00	1.1.	100%	22.500.000	65,9	4	24.435.000	1,290%	0	-
				70%	22.500.000	65,9	2,8				
26	Breslau-Schweidn.-Freib.	4,00	1.1.	100%	38.250.000	58,2	4	23.791.500	1,256%	2,5	11.05.
27	Continental-Gas	4,00	1.1.	100%	13.500.000	168	4	23.220.000	1,226%	13	13.04.
28	Frankfurter Bank	3,00	1.1.	100%	17.142.857	126	3	22.114.286	1,167%	6,06667	16.03.
29	Preußische Central-Boden	4,00	1.1.	40%	36.000.000	119,75	1,6	22.086.000	1,166%	9,5	06.04.
30	Schlesische Zink	4,00	1.1.	100%	10.658.700	83,5	4	21.714.026	1,146%	6,5	25.05.
					12.870.300	92,25	4				
								1.894.262.714	**100%**		

		Indexgesellschaft	SZ Satz	SZ Termin	Ein-zahlung	Grund-kapital	Ultimo-kurs	Ultimo SZ	Börsen-kapital	Gewicht	Divi-dende	Datum Div.
1879	1	Rheinische Eisenbahn	4,00	1.1.	100%	181.500.000	107,75	4	239.163.750	12,124%	7	05.07.
					100%	37.500.000	92,9	4				
	2	Reichsbank	4,50	1.1. & 1.7.	100%	120.000.000	154,25	2,25	187.800.000	9,520%	2,25	04.01.
											1,8	22.03.
											2,25	21.06.
	3	Bergisch Märkische Eisenbahn	4,00	1.1.	100%	210.000.000	75,75	4	167.475.000	8,490%	4	03.05.
	4	Cöln-Mindener Eisenbahn	4,00	1.1.	100%	117.000.000	102,6	4	124.722.000	6,322%	2,5	04.01.
											3,8	05.07.
	5	Oberschlesische Eisenbahn	3,50	1.1. & 1.7.	100%	81.042.900	125	1,75	111.387.076	5,647%	1,75	04.01.
											5	19.04.
						7.200.000	118,6	1,75			1,75	05.07.
	6	Magdeburg-Halberstädter	4,00	1.1.	100%	30.000.000	105	4	107.346.000	5,442%	9,5	03.05.
					100%	43.800.000	77	4				
					100%	30.600.000	124	4				
	7	Thüringische Eisenbahn	4,00	1.1.	100%	44.362.200	113	4	86.313.344	4,375%	8	03.05.
					100%	16.470.300	90,5	4				
					100%	17.982.000	100,8	4				
	8	Disconto-Gesellschaft	4,00	1.1.	100%	60.000.000	130,25	4	80.550.000	4,083%	7	05.07.
	9	Bayerische Hypo	5,00	1.1.	100%	34.285.714	217,5	5	76.285.714	3,867%	4,08333	04.01.
											6,76667	21.06.
	10	Darmstädter Bank	4,00	1.1. & 1.7.	100%	60.000.000	115	2	70.200.000	3,559%	2	04.01.
											4,75	24.05.
	11	Norddeutsche Bank	4,00	1.1.	100%	45.000.000	141	4	65.250.000	3,308%	8,8	22.03.
	12	Berlin-Stettiner Eisenbahn	4,00	1.1. & 1.7.	100%	62.145.000	94,25	2	59.814.563	3,032%	1,825	04.01.
											1,825	05.07.
	13	Rechte Oderufer Eisenbahn	4,00	1.1.	100%	45.000.000	107,3	4	50.085.000	2,539%	7	03.05.
	15	Berlin-Potsdam-Magdeb.	4,00	1.1.	100%	60.000.000	78,75	4	49.650.000	2,517%	3,2	05.04.
	14	Hessische Ludwigsbahn	4,00	1.1. & 1.7.	100%	72.000.000	66,75	2	49.500.000	2,509%	2	17.05.
											2	04.10.
	17	Deutsche Bank	4,00	1.1.	100%	45.000.000	99,6	4	46.620.000	2,363%	6,5	26.04.
	16	Berlin-Anhaltische Eisenbahn	4,00	1.1. & 1.7.	100%	51.750.000	87,25	2	46.186.875	2,341%	3	29.03.
											2	12.07.
	18	Pfälzische Ludwigsbahn	4,00	1.1. & 1.7.	100%	19.986.857	182,75	2	36.925.718	1,872%	2	04.01.
											5	02.05.
											2	05.07.
	19	Leipziger Kreditanstalt	4,00	1.1.	100%	30.000.000	113,5	4	35.250.000	1,787%	6 2/3	05.04.
	20	Sächsische Bank	4,00	1.1.	100%	30.000.000	103,5	4	32.250.000	1,635%	5,75	22.03.

Indexgesellschaft		SZ Satz	SZ Termin	Einzahlung	Grundkapital	Ultimokurs	Ultimo SZ	Börsenkapital	Gewicht	Dividende	Datum Div.
21	Berlin-Hamburger Eisenbahn	4,00	1.1.	100%	15.000.000	189,75	4	29.062.500	1,473%	10,5	07.06.
22	Berliner Handelsges.	4,00	1.1.	100%	45.000.000	55,75	4	26.887.500	1,363%	0	-
23	Meininger Creditbank	4,00	1.1.	100%	33.000.000	72,5	4	25.245.000	1,280%	2,5	05.04.
23	Breslau-Schweidn.-Freib.	4,00	1.1.	100%	38.250.000	62	4	25.245.000	1,280%	3,25	19.04.
25	Schaaffhausen'scher Bankverein	4,00	1.1.	100%	36.000.000	65,5	4	25.020.000	1,268%	3	10.05.
26	Preußische Bodenkredit	4,00	1.1.	100%	30.000.000	78,9	4	24.870.000	1,261%	5	03.05.
27	Märkisch-Posener	4,00	1.1.	100%	21.750.000	86,9	4	24.338.250	1,234%	5	03.05.
				100%	21.750.000	17	4				
28	Altona-Kieler	4,00	1.1.	100%	18.450.000	126	4	23.985.000	1,216%	6,4	03.05.
29	Süddeutsche Boden	4,00	1.1.	80%	24.000.000	113,4	3,2	23.088.000	1,170%	6,4	05.04.
30	Frankfurter Bank	3,00	1.1.	100%	17.142.857	126,25	3	22.157.143	1,123%	4 2/3	29.03.
								1.972.673.432	**100%**		

		Indexgesellschaft	SZ Satz	SZ Termin	Einzahlung	Grundkapital	Ultimokurs	Ultimo SZ	Börsenkapital	Gewicht	Dividende	Datum Div.
1880	1	Bergisch Märkische Eisenbahn	4,00	1.1.	100%	210.000.000	93,5	4,00	204.750.000	11,228%	4,25	01.05.
	2	Reichsbank	4,50	1.1.& 1.7.	100%	120.000.000	154	2,25	187.500.000	10,282%	2,25	03.01.
											2,25	03.07.
	3	Oberschlesische Eisenbahn	3,50	1.1.& 1.7.	100%	81.042.900	179	1,75	157.627.042	8,644%	1,75	03.01.
											6,1	24.05.
						7.200.000	153				1,75	03.07.
	4	Disconto-Gesellschaft	4,00	1.1.	100%	60.000.000	193	4,00	118.200.000	6,482%	10	03.07.
	5	Thüringische Eisenbahn	4,00	1.1.	100%	44.362.200	157,25	4,00	107.242.223	5,881%	8,5	01.05.
					100%	16.470.300	95	4,00				
					100%	17.982.000	103,9	4,00				
	6	Darmstädter Bank	4,00	1.1.& 1.7.	100%	60.000.000	149,4	2,00	90.840.000	4,982%	2 2/3	03.01.
											6,83333	01.05.
	7	Bayerische Hypo	5,00	1.1.& 1.7.	100%	34.285.714	258	2,50	89.314.286	4,898%	4,08333	03.01.
											4,76667	03.07.
	8	Norddeutsche Bank	4,00	1.1.	100%	45.000.000	156,6	4,00	72.270.000	3,963%	10	28.02.
	9	Deutsche Bank	4,00	1.1.	100%	45.000.000	145,1	4,00	67.095.000	3,679%	9	24.02.
	10	Hessische Ludwigsbahn	4,00	1.1.& 1.7.	100%	72.000.000	90,9	2,00	66.888.000	3,668%	2	15.05.
											2	02.10.
	11	Rechte Oderufer Eisenbahn	4,00	1.1.	100%	22.500.000	144,1	4,00	66.060.000	3,623%	7,3	24.04.
					100%	22.500.000	141,5	4,00				
	12	Berlin-Anhaltische Eisenbahn	4,00	1.1.& 1.7.	100%	51.750.000	102,75	2,00	54.208.125	2,973%	4,3	03.04.
											2	03.07.
	13	Leipziger Kreditanstalt	4,00	1.1.	100%	30.000.000	147,6	4,00	45.480.000	2,494%	10	03.04.
	14	Pfälzische Ludwigsbahn	4,00	1.1.& 1.7.	100%	19.986.857	194,75	2,00	39.324.141	2,156%	5	01.05.
											2	03.07.
	15	Breslau-Schweidn.-Freib.	4,00	1.1.	100%	38.250.000	92,75	4,00	37.006.875	2,029%	4,75	17.04.
	16	Schaaffhausen'scher Bankverein	4,00	1.1.	100%	36.000.000	98,5	4,00	36.900.000	2,024%	3	08.05.
	17	Sächsische Bank	4,00	1.1.	100%	30.000.000	114,5	4,00	35.550.000	1,950%	6	27.03.
	18	Vereinigte Königs- und Laurahüt	4,00	1.7.	100%	27.000.000	126	2,00	34.560.000	1,895%	6,5	06.11.
	19	Meininger Creditbank	4,00	1.1.	100%	33.000.000	85,5	4,00	29.535.000	1,620%	0	-
	20	Berlin-Hamburger Eisenbahn	4,00	1.1.	100%	15.000.000	188,9	4,00	28.935.000	1,587%	12,5	05.06.
	21	Märkisch-Posener	4,00	1.1.	100%	21.750.000	97,5	4,00	28.275.000	1,551%	5	17.04.
					100%	21.750.000	24,5	4,00				
	22	Süddeutsche Boden[illegible]	4,00	1.1.	80%	24.000.000	129,9	3,20	27.144.000	1,489%	8	01.0[illegible]
	23	Berliner Handelsges.	4,00	1.1.	100%	30.000.000	83,6	4,00	26.280.000	1,441%	5	17.04.
	24	Altona-Kieler	4,00	1.1.	100%	18.450.000	138	4,00	26.199.000	1,437%	8	08.05.
	25	Schlesische Zink	4,00	1.1.	100%	10.658.700	103	4,00	25.690.842	1,409%	5,5	05.06.
					100%	12.870.300	107	4,00				

	Indexgesellschaft	SZ Satz	SZ Termin	Ein-zahlung	Grund-kapital	Ultimo-kurs	Ultimo SZ	Börsen-kapital	Gewicht	Divi-dende	Datum Div.
26	Continental-Gas	4,00	1.1.	100%	15.000.000	165	4,00	25.350.000	1,390%	13	03.04.
27	Deutsche Vereinsbank	5,00	1.1.	100%	24.000.000	100,5	5,00	25.320.000	1,389%	6	17.04.
28	Deutsche Effekten- und Wechse	5,00	1.10.	40%	30.000.000	138	2,00	24.000.000	1,316%	14,5	17.04.
29	Preußische Bodenkredit	4,00	1.1.	100%	30.000.000	74,25	4,00	23.475.000	1,287%	6,16667	01.05.
30	Frankfurter Bank	3,00	1.1.	100%	17.142.857	127,25	4,00	22.500.000	1,234%	5,25	13.03.
								1.823.519.533	**100%**		

		Indexgesellschaft	SZ Satz	SZ Termin	Einzahlung	Grundkapital	Ultimokurs	Ultimo SZ	Börsenkapital	Gewicht	Dividende	Datum Div.
1881	1	Bergisch Märkische Eisenbahn	4,00	1.1.	100%	210.000.000	116,2	4	252.420.000	13,442%	5,13	07.05.
	2	Oberschlesische Eisenbahn	3,50	1.1. & 1.7.	100%	81.042.900	205,1	1,75	179.967.239	9,583%	1,75	01.01.
											7,3	30.04.
					100%	7.200.000	169,5	1,75			1,75	02.07.
	3	Reichsbank	4,50	1.1. & 1.7.	100%	120.000.000	147,7	2,25	179.940.000	9,582%	2,25	01.01.
											1,5	26.03.
											2,25	02.07.
	4	Disconto-Gesellschaft	4,00	1.1.	100%	60.000.000	180,1	4	110.460.000	5,882%	10	09.04.
	5	Darmstädter Bank	4,00	1.1. & 1.7.	100%	60.000.000	154,2	2	93.720.000	4,991%	2 2/3	01.01.
											6 1/3	07.05.
	6	Bayerische Hypo	5,00	1.1. & 1.7.	100%	34.285.714	258	2,5	89.314.286	4,756%	4,08333	01.01.
											6,88333	02.07.
	7	Hessische Ludwigsbahn	4,00	1.1. & 1.7.	100%	80.000.000	95,1	2	77.680.000	4,137%	2	30.04.
											2	01.10.
	8	Norddeutsche Bank	4,00	1.1.	100%	45.000.000	168,5	4	77.625.000	4,134%	10	05.03.
	9	Rechte Oderufer Eisenbahn	4,00	1.1.	100%	22.500.000	153,5	4	70.492.500	3,754%	7,5	30.04.
						22.500.000	151,8					
	10	Deutsche Bank	4,00	1.1.	100%	45.000.000	151,4	4	69.930.000	3,724%	10	09.04.
	11	Berlin-Anhaltische Eisenbahn	4,00	1.1. & 1.7.	100%	51.750.000	120	2	63.135.000	3,362%	6,1	02.04.
	12	Leipziger Kreditanstalt	4,00	1.1.	100%	30.000.000	152,75	4	47.025.000	2,504%	9	02.04.
	13	Breslau-Schweidn.-Freib.	4,00	1.1.	100%	38.250.000	111,1	4	44.025.750	2,344%	4,25	09.04.
	14	Pfälzische Ludwigsbahn	4,00	1.1. & 1.7.	100%	19.986.857	204,6	2	41.292.847	2,199%	5	07.05.
											2	02.07.
	15	Sächsische Bank	4,00	1.1.	100%	30.000.000	120,5	4	37.350.000	1,989%	6,16667	26.03.
	16	Berlin-Hamburger Eisenbahn	4,00	1.1.	100%	15.000.000	234	4	35.700.000	1,901%	14,125	02.04.
	17	Schaaffhausen'scher Bankverein	4,00	1.1.	100%	36.000.000	89,9	4	33.804.000	1,800%	3,33333	21.05.
	18	Meininger Creditbank	4,00	1.1.	100%	33.000.000	97	4	33.330.000	1,775%	5	26.03.
	19	Vereinigte Königs- und Laurahüt	4,00	1.7.	100%	27.000.000	119	2	32.670.000	1,740%	4	05.11.
	20	Berliner Handelsges.	4,00	1.1.	100%	30.000.000	102,5	4	31.950.000	1,701%	5,5	09.04.
	21	Altona-Kieler	4,00	1.1.	100%	18.450.000	159,5	4	30.165.750	1,606%	5	07.05.
	22	Märkisch-Posener	4,00	1.1.	100%	21.750.000	101,75	4	29.764.875	1,585%	5	16.04.
					100%	21.750.000	27,1					
	23	Preußische Bodenkredit	4,00	1.1.	100%	30.000.000	94,3	4	29.490.000	1,570%	9,5	26.03.
	24	Süddeutsche Boden	4,00	1.1.	80%	24.000.000	136,1	3,2	28.632.000	1,525%	8	02.04.
	25	Norddeutscher Lloyd	4,00	1.1.	100%	19.928.571	138	4	28.298.571	1,507%	5	07.05.
	26	Commerz- und Diskonto-Bank	4,00	1.1.	100%	21.900.000	123	4	27.813.000	1,481%	7	05.03.
	27	Continental-Gas	4,00	1.1.	100%	15.000.000	174,25	4	26.737.500	1,424%	13	02.04.

Indexgesellschaft		SZ Satz	SZ Termin	Ein-zahlung	Grund-kapital	Ultimo-kurs	Ultimo SZ	Börsen-kapital	Gewicht	Divi-dende	Datum Div.
28	Deutsche Vereinsbank	5,00	1.1.	100%	24.000.000	106	5	26.640.000	1,419%	6	30.04.
29	Hapag	4,00	1.1.	100%	15.000.000	160,5	4	24.675.000	1,314%	10	09.04.
30	Deutsche Effekten- und Wechse	4,00	1.1.	40%	30.000.000	137,9	1,6	23.850.000	1,270%	12	16.04.
								1.877.898.317	**100%**		

		Indexgesellschaft	SZ Satz	SZ Termin	Einzahlung	Grundkapital	Ultimokurs	Ultimo SZ	Börsenkapital	Gewicht	Dividende	Datum Div.
1882	1	Oberschlesische Eisenbahn	3,5	1.1. & 1.7.	100%	7.200.000	209,25	1,75	230.358.510	12,152%	1,75	07.01.
											7,8	15.04.
						81.042.000	263,75				1,75	01.01.
	2	Reichsbank	4,5	1.1. & 1.7.	100%	120.000.000	149,75	2,25	182.400.000	9,622%	2,25	07.01.
											2,17	25.03.
											2,25	01.07.
	3	Disconto-Gesellschaft	4,00	1.1.	100%	60.000.000	222,00	4,00	135.600.000	7,153%	11,5	15.04.
	4	Darmstädter Bank	4,00	1.1. & 1.7.	100%	60.000.000	171,20	2,00	103.920.000	5,482%	2,67	07.01.
											7,33	20.05.
	5	Deutsche Bank	4,00	1.1.	100%	60.000.000	163,40	4,00	100.440.000	5,298%	10,5	08.04.
	6	Bayerische Hypo	5,00	1.1. & 1.7.	100%	34.285.714	266,00	5,00	92.914.286	4,901%	4,08	07.01.
											7	01.07.
	7	Norddeutsche Bank	4,00	1.1.	100%	45.000.000	189,00	4,00	86.850.000	4,581%	10,5	04.03.
	8	Hessische Ludwigsbahn	4,00	1.1. & 1.7.	100%	80.000.000	99,60	2,00	81.280.000	4,288%	1,6	13.05.
											2	07.10.
	9	Rechte Oderufer Eisenbahn	4,00	1.1.	100%	22.500.000	173,50	4,00	80.606.250	4,252%	9	29.04.
						22.500.000	176,75					
	10	Berlin-Anhaltische Eisenbahn	4,00	1.1. & 1.7.	100%	51.750.000	148,90	2,00	78.090.750	4,119%	4,1	01.04.
											2	01.07.
	11	Leipziger Kreditanstalt	4,00	1.1.	100%	30.000.000	162,60	4,00	49.980.000	2,637%	9	01.04.
	12	Berlin-Hamburger Eisenbahn	4,00	1.1.	100%	15.000.000	318,00	4,00	48.300.000	2,548%	17,4	01.04.
	13	Commerz- und Diskonto-Bank	4,00	1.1.	100%	30.000.000	142,30	4,00	43.890.000	2,315%	9	18.03.
	14	Pfälzische Ludwigsbahn	4,00	1.1. & 1.7.	100%	19.986.857	208,75	2,00	42.122.301	2,222%	2	07.01.
											5	06.05.
											2	01.07.
	15	Sächsische Bank	4,00	1.1.	100%	30.000.000	127,00	4,00	39.300.000	2,073%	5,83	25.03.
	16	Altona-Kieler	4,00	1.1.	100%	18.450.000	203,25	4,00	38.237.625	2,017%	10	06.05.
	17	Berliner Handelsges.	4,00	1.1.	100%	30.000.000	123,00	4,00	38.100.000	2,010%	6	18.03.
	18	Breslau-Schweidn.-Freib.	4,00	1.1.	100%	38.250.000	95,10	4,00	37.905.750	2,000%	4	29.04.
	19	Norddeutscher Lloyd	4,00	1.1.	100%	19.928.571	174,00	4,00	35.472.856	1,871%	12	06.05.
	20	Preußische Bodenkredit	4,00	1.1.	100%	30.000.000	113,00	4,00	35.100.000	1,852%	6,67	29.04.
	21	Dresdner Bank	4,00	1.1.	100%	24.000.000	142,20	4,00	35.088.000	1,851%	9	01.04.
	22	Süddeutsche Boden	4,00	1.1.	100%	24.000.000	140,00	4,00	34.560.000	1,823%	7	01.04.
	23	Vereinigte Königs- und Laurahüt	4,00	1.7.	100%	27.000.000	125,00	2,00	34.290.000	1,809%	6	04.11.
	24	Schaaffhausen'scher Bankverein	4,00	1.1.	100%	36.000.000	91,00	4,00	34.200.000	1,804%	3,5	06.05.
	25	Meininger Creditbank	4,00	1.1.	100%	30.000.000	103,00	4,00	32.100.000	1,693%	2	08.04.
	26	Große Berliner Pferdebahn	4,00	1.1.	100%	17.100.000	181,25	4,00	31.677.750	1,671%	9,5	15.04.
	27	Continental-Gas	4,00	1.1.	100%	15.000.000	187,00	4,00	28.650.000	1,511%	13	01.04.

		Indexgesellschaft	SZ Satz	SZ Termin	Einzahlung	Grundkapital	Ultimokurs	Ultimo SZ	Börsenkapital	Gewicht	Dividende	Datum Div.
	28	Deutsche Vereinsbank	5,00	1.1.	100%	24.000.000	113,31	5,00	28.395.000	1,498%	6,5	29.04.
	29	Württemb. Vereinsbank	4,00	1.1.	100%	18.000.000	151,25	4,00	27.945.000	1,474%	9	06.05.
	30	Hapag	4,00	1.1.	100%	15.000.000	182,00	4,00	27.900.000	1,472%	12	15.04.
									1.895.674.078	**100%**		

Jahr	Nr.	Indexgesellschaft	SZ Satz	SZ Termin	Einzahlung	Grundkapital	Ultimokurs	Ultimo SZ	Börsenkapital	Gewicht	Dividende	Datum Div.
1883	1	Reichsbank	4,50	1.1. & 1.7.	100%	120.000.000	148,88	2,25	181.350.000	11,557%	2,25	06.01.
											2,55	24.03.
											2,25	07.07.
	2	Disconto-Gesellschaft	4,00	1.1.	100%	60.000.000	191,81	4,00	117.487.500	7,487%	10,5	14.04.
	3	Darmstädter Bank	4,00	1.1.	100%	60.000.000	152,75	4,00	94.050.000	5,994%	2 2/3	06.01.
											5 7/12	05.05.
	4	Deutsche Bank	4,00	1.1.	100%	60.000.000	147,50	4,00	90.900.000	5,793%	10	07.04.
	5	Bayerische Hypo	5,00	1.1. & 1.7.	100%	34.285.714	258,50	2,50	89.485.714	5,703%	4,08333	06.01.
											6,65	07.07.
	6	Hessische Ludwigsbahn	4,00	1.1. & 1.7.	100%	90.000.000	95,63	2,00	87.862.500	5,599%	1,8	19.05.
											2	06.10.
	7	Rechte Oderufer Eisenbahn	4,00	1.1.	100%	22.500.000	177,75	4,00	80.898.750	5,156%	8,75	28.04.
					100%	22.500.000	173,80					
	8	Norddeutsche Bank	4,00	1.1.	100%	45.000.000	160,00	4,00	73.800.000	4,703%	8,5	03.03.
	9	Berlin-Hamburger Eisenbahn	4,00	1.1.	100%	15.000.000	376,50	4,00	57.075.000	3,637%	19,5	07.04.
	10	Leipziger Kreditanstalt	4,00	1.1.	100%	30.000.000	157,75	4,00	48.525.000	3,092%	9,875	07.04.
	11	Altona-Kieler	4,00	1.1.	100%	18.450.000	234,00	4,00	43.911.000	2,798%	9,5	05.05.
	12	Pfälzische Ludwigsbahn	4,00	1.1. & 1.7.	100%	19.986.857	207,25	2,00	41.822.498	2,665%	2	06.01.
											5	05.05.
											2	07.07.
	13	Breslau-Schweidn.-Freib.	4,00	1.1.	100%	38.250.000	103,88	4,00	41.262.188	2,630%	4,63	21.04.
	14	Commerz- und Diskonto-Bank	4,00	1.1.	100%	30.000.000	132,10	4,00	40.830.000	2,602%	7,5	24.03.
	15	Sächsische Bank	4,00	1.1.	100%	30.000.000	122,50	4,00	37.950.000	2,419%	5,83333	28.04.
	16	Preußische Bodenkredit	4,00	1.1.	100%	30.000.000	109,88	4,00	34.162.500	2,177%	6 2/3	28.04.
	17	Vereinigte Königs- und Laurahüt	4,00	1.7.	100%	27.000.000	123,20	2,00	33.804.000	2,154%	8	03.11.
	18	Süddeutsche Boden	4,00	1.1.	100%	24.000.000	132,50	4,00	32.760.000	2,088%	6,5	07.04.
	19	Schaaffhausen'scher Bankverein	4,00	1.1.	100%	36.000.000	86,50	4,00	32.580.000	2,076%	4	07.04.
	20	Dresdner Bank	4,00	1.1.	100%	24.000.000	130,88	4,00	32.370.000	2,063%	8	24.03.
	21	Große Berliner Pferdebahn	4,00	1.1.	100%	17.100.000	181,50	4,00	31.720.500	2,022%	8,5	14.04.
	22	Marienburg-Mlawker	5,00	1.1.	100%	12.840.000	118,30	5,00	30.726.120	1,958%	5	02.06.
					100%	12.840.000	111,00	5,00				
	23	Norddeutscher Lloyd	4,00	1.1.	100%	19.928.571	146,50	4,00	29.992.499	1,911%	5	05.05.
	24	Meininger Creditbank	4,00	1.1.	100%	30.000.000	95,00	4,00	29.700.000	1,893%	5,5	14.04.
	25	Schlesische Zink	4,00	1.1.	100%	10.658.700	104,00	4,00	26.280.065	1,675%	6	19.05.
					100%	12.870.300	110,75	4,00				
	26	Continental-Gas	4,00	1.1.	100%	15.000.000	170,00	4,00	26.100.000	1,663%	13	07.04.
	27	Ostpr. Südbahn	4,00	1.1.	100%	13.500.000	104,30	4,00	25.920.000	1,652%	4	30.06.
					100%	13.500.000	79,70	4,00				

		Indexgesellschaft	SZ Satz	SZ Termin	Ein-zahlung	Grund-kapital	Ultimo-kurs	Ultimo SZ	Börsen-kapital	Gewicht	Divi-dende	Datum Div.
	28	Gelsenkirchener Bergwerks AG	4,00	1.1.	100%	20.250.000	123,40	4,00	25.798.500	1,644%	7	31.03.
	29	M'burgische-Friedr.-Franz-Bahn	4,00	1.1.	100%	13.500.000	181,50	4,00	25.042.500	1,596%	8,5	02.06.
	30	Württemb. Vereinsbank	4,00	1.1.	100%	18.000.000	134,75	4,00	24.975.000	1,592%	7,5	28.04.
									1.569.141.835	**100%**		

		Indexgesellschaft	SZ Satz	SZ Termin	Ein-zahlung	Grund-kapital	Ultimo-kurs	Ultimo SZ	Börsen-kapital	Gewicht	Divi-dende	Datum Div.
1884											2,25	05.01.
	1	Reichsbank	4,50	1.1. & 1.7.	100%	120.000.000	149,81	2,25	182.475.000	11,860%	1,75	22.03.
											2,25	05.07.
	2	Disconto-Gesellschaft	4,00	1.1.	100%	60.000.000	192,25	4,00	117.750.000	7,653%	10,5	05.04.
	3	Hessische Ludwigsbahn	4,00	1.1. & 1.7.	100%	106.200.000	108,25	2,00	117.085.500	7,610%	2,2	17.05.
											2	04.10.
	4	Darmstädter Bank	4,00	1.1.	100%	60.000.000	154,50	4,00	95.100.000	6,181%	2 2/3	05.01.
											5 7/12	12.04.
	5	Deutsche Bank	4,00	1.1.	100%	60.000.000	148,40	4,00	91.440.000	5,943%	9	05.04.
	6	Bayerische Hypo	5,00	1.1. & 1.7.	100%	34.285.714	256,00	2,50	88.628.571	5,760%	4,0833	05.01.
											6,5409	28.06.
	7	Norddeutsche Bank	4,00	1.1.	100%	45.000.000	152,10	4,00	70.245.000	4,565%	8 1/3	08.03.
	8	Berlin-Hamburger Eisenbahn	4,00	1.1.	100%	15.000.000	413,00	4,00	62.550.000	4,065%	24,6	05.04.
	9	Leipziger Kreditanstalt	4,00	1.1.	100%	30.000.000	168,25	4,00	51.675.000	3,358%	10	05.04.
	10	Dresdner Bank	4,00	1.1.	100%	36.000.000	124,60	4,00	46.296.000	3,009%	8	22.03.
											2	05.01.
	11	Pfälzische Ludwigsbahn	4,00	1.1. & 1.7.	100%	19.986.857	211,00	2,00	42.572.005	2,767%	5	03.05.
											2	05.07.
	12	Commerz- und Diskonto-Bank	4,00	1.1.	100%	30.000.000	126,50	4,00	39.150.000	2,544%	6,5	15.03.
	13	Sächsische Bank	4,00	1.1.	100%	30.000.000	123,90	4,00	38.370.000	2,494%	5,5	22.03.
	14	Ostpr. Südbahn	4,00	1.1.	100%	13.500.000	119,80	4,00	33.993.000	2,209%	5,83333	05.07.
						13.500.000	124,00					
	15	Schaaffhausen'scher Bankverein	4,00	1.1.	100%	36.000.000	90,25	4,00	33.930.000	2,205%	4	19.04.
	16	Große Berliner Pferdebahn	4,00	1.1.	100%	17.100.000	193,75	4,00	33.815.250	2,198%	9,75	12.04.
	17	Süddeutsche Boden	4,00	1.1.	100%	24.000.000	132,70	4,00	32.808.000	2,132%	6	05.04.
	18	Halle-Guben-Sorauer	4,00	1.1.	100%	20.250.000	114,25	4,00	31.944.375	2,076%	5	03.05.
			4,00	1.1.	100%	20.250.000	35,50	4,00				
	19	Preußische Bodenkredit	4,00	1.1.	100%	30.000.000	101,50	4,00	31.650.000	2,057%	5,5	26.04.
	20	Vereinigte Königs- und Laurahüt	4,00	1.7.	100%	27.000.000	113,00	2,00	31.050.000	2,018%	4,5	01.11.
	21	Meininger Creditbank	4,00	1.1.	100%	30.000.000	93,75	4,00	29.325.000	1,906%	5,25	12.04.
	22	M'burgische-Friedr.-Franz-Bahn	4,00	1.1.	100%	13.500.000	208,90	4,00	28.741.500	1,868%	9,2	07.06.
	23	Continental-Gas	4,00	1.1.	100%	15.000.000	187,00	4,00	28.650.000	1,862%	13	05.04.
	24	Marienburg-Mlawker	4,00	1.1.	100%	12.840.000	90,90	5,00	27.528.960	1,789%	5	07.06.
						12.840.000	115,50	5,00				
	25	Norddeutscher Lloyd	4,00	1.1.	100%	19.928.571	133,50	4,00	27.401.785	1,781%	10	03.05.
	26	Schlesische Zink	4,00	1.1.	100%	10.658.700	103,90	4,00	26.301.582	1,709%	6	10.05.
						12.870.300	111,00	4,00				
	27	Gelsenkirchener Bergwerks AG	4,00	1.1.	100%	20.250.000	120,00	4,00	25.110.000	1,632%	7	05.04.

	Indexgesellschaft	SZ Satz	SZ Termin	Einzahlung	Grundkapital	Ultimokurs	Ultimo SZ	Börsenkapital	Gewicht	Dividende	Datum Div.
28	Preußische Central-Boden	4,00	1.1.	40%	36.000.000	127,25	1,60	24.786.000	1,611%	8,75	26.07.
29	Berliner Handelsges.	4,00	1.1.	100%	20.000.000	118,25	4,00	24.450.000	1,589%	9,75	05.04.
30	Württemb. Vereinsbank	4,00	1.1.	100%	18.000.000	128,30	4,00	23.814.000	1,548%	7	19.04.
								1.538.636.529	**100%**		

		Indexgesellschaft	SZ Satz	SZ Termin	Einzahlung	Grundkapital	Ultimokurs	Ultimo SZ	Börsenkapital	Gewicht	Dividende	Datum Div.
1885	1	Reichsbank	4,50	1.1. & 1.7.	100%	120.000.000	143,80	2,25	175.260.000	11,449%	2,25	03.01.
											1,75	21.03.
											2,25	04.07.
	2	Disconto-Gesellschaft	4,00	1.1.	100%	60.000.000	209,40	4,00	128.040.000	8,364%	11	11.04.
	3	Hessische Ludwigsbahn	4,00	1.1.	100%	111.900.000	109,10	4,00	126.558.900	8,267%	4,4	18.04.
	4	Deutsche Bank	4,00	1.1.	100%	60.000.000	155,50	4,00	95.700.000	6,252%	9	07.03.
	5	Darmstädter Bank	4,00	1.1.	100%	60.000.000	152,90	4,00	94.140.000	6,150%	2 1/3	03.01.
											4 2/3	02.05.
	6	Bayerische Hypo	5,00	1.1. & 1.7.	100%	34.285.714	250,00	2,50	86.571.429	5,655%	4 1/12	03.01.
											6,65	04.07.
	7	Norddeutsche Bank	4,00	1.1.	100%	45.000.000	159,50	4,00	73.575.000	4,806%	8	14.03.
	8	Leipziger Kreditanstalt	4,00	1.1.	100%	30.000.000	180,10	4,00	55.230.000	3,608%	9,5	04.04.
	9	Dresdner Bank	4,00	1.1.	100%	36.000.000	127,00	4,00	47.160.000	3,081%	7,5	07.03.
	10	Pfälzische Ludwigsbahn	4,00	1.1.	100%	19.986.857	216,60	4,00	44.091.007	2,880%	2	03.01.
											5	09.05.
											2	04.07.
	11	Commerz- und Diskonto-Bank	4,00	1.1. & 1.7.	100%	30.000.000	125,60	2,00	38.280.000	2,501%	6,5	14.03.
	12	Sächsische Bank	4,00	1.1.	100%	30.000.000	121,25	4,00	37.575.000	2,455%	5 1/6	28.03.
	13	Große Berliner Pferdebahn	4,00	1.1.	100%	17.100.000	215,10	4,00	37.466.100	2,447%	10,5	11.04.
	14	Süddeutsche Boden	4,00	1.1.	100%	24.000.000	135,80	4,00	33.552.000	2,192%	6,5	04.04.
	15	Schaaffhausen'scher Bankverein	4,00	1.1.	100%	36.000.000	86,75	4,00	32.670.000	2,134%	4	18.04.
	16	Lübeck-Büchener	4,00	1.1.	100%	18.474.000	170,75	4,00	32.283.315	2,109%	7,5	30.05.
	17	Preußische Bodenkredit	4,00	1.1.	100%	30.000.000	102,80	4,00	32.040.000	2,093%	6	25.04.
	19	BASF	5,00	1.1.	100%	16.500.000	188,50	5,00	31.927.500	2,086%	12	16.05.
	19	Berliner Handelsges.	4,00	1.1.	100%	20.000.000	154,50	4,00	31.700.000	2,071%	9	11.04.
	20	Continental-Gas	4,00	1.1.	100%	15.000.000	200,00	4,00	30.600.000	1,999%	13	04.04.
	21	M'burgische-Friedr.-Franz-Bahn	4,00	1.1.	100%	13.500.000	220,70	4,00	30.334.500	1,982%	9,4	06.06.
	22	Ostpr. Südbahn	4,00	1.1.	100%	13.500.000	96,75	4,00	29.936.250	1,956%	2,75	27.06.
						13.500.000	117,00					
	23	Meininger Creditbank	4,00	1.1.	100%	30.000.000	91,90	4,00	28.770.000	1,879%	5,25	02.05.
	24	Vereinigte Königs- und Laurahütte	4,00	1.7.	100%	27.000.000	104,10	2,00	28.647.000	1,871%	4	07.11.
	25	Marienburg-Mlawker	5,00	1.1.	100%	12.840.000	77,90	5,00	25.763.460	1,683%	5	06.01.
					100%	12.840.000	112,75	5,00				
	26	Norddeutscher Lloyd	4,00	1.1.	100%	19.928.571	122,13	4,00	25.134.910	1,642%	6,5	02.01.
	27	Schlesische Zink	4,00	1.1.	100%	10.658.700	98,00	4,00	25.093.556	1,639%	6	16.05.
					100%	12.870.300	106,50	4,00				
	28	Preußische Central-Boden	4,00	1.1.	40%	36.000.000	127,75	1,60	24.966.000	1,631%	8,75	25.04.
	29	Gelsenkirchener Bergwerks AG	4,00	01.01.	100%	20.250.000	117,25	4,00	24.553.125	1,604%	6	04.04.
	30	Frankfurter Bank	4,00	1.1.	100%	17.142.857	132,38	3,00	23.207.143	1,516%	5,425	21.03.
									1.530.826.193	100%		

	Nr.	Indexgesellschaft	SZ Satz	SZ Termin	Einzahlung	Grundkapital	Ultimokurs	Ultimo SZ	Börsenkapital	Gewicht	Dividende	Datum Div.
1886	1	Reichsbank	4,50	1.1.& 1.7.	100%	120.000.000	132,90	2,25	162.180.000	10,890%	2,25	02.01.
											1,74	20.03.
											2,25	03.07.
	2	Disconto-Gesellschaft	4,00	1.1.	100%	60.000.000	206,20	4,00	126.120.000	8,469%	11	10.04.
	3	Hessische Ludwigsbahn	4,00	1.1.	100%	111.900.000	98,70	4,00	114.921.300	7,717%	3,25	15.05.
	4	Deutsche Bank	4,00	1.1.	100%	60.000.000	155,90	4,00	95.940.000	6,442%	9	03.04.
	5	Bayerische Hypo	5,00	1.1.	100%	34.285.714	254,00	5,00	88.799.999	5,963%	10 11/15	13.03.
	6	Darmstädter Bank	4,00	1.1.	100%	60.000.000	135,00	4,00	83.400.000	5,600%	6,5	01.05.
	7	Norddeutsche Bank	4,00	1.1.	100%	45.000.000	137,00	4,00	63.450.000	4,260%	6,1	06.03.
	8	Leipziger Kreditanstalt	4,00	1.1.	100%	30.000.000	172,75	4,00	53.025.000	3,560%	9	03.04.
	9	Dresdner Bank	4,00	1.1.	100%	36.000.000	126,10	4,00	46.836.000	3,145%	7,5	03.04.
	10	Pfälzische Ludwigsbahn	4,00	1.1.& 1.7.	100%	19.986.857	217,00	2,00	43.771.217	2,939%	2	02.01.
											5	01.05.
											2	03.07.
	11	Große Berliner Pferdebahn	4,00	1.1.	100%	17.100.000	230,00	4,00	40.014.000	2,687%	11	10.04.
	12	Commerz- und Diskonto-Bank	4,00	1.1.	100%	30.000.000	118,38	4,00	36.712.500	2,465%	6 1/6	13.03.
	13	Sächsische Bank	4,00	1.1.	100%	30.000.000	116,90	4,00	36.270.000	2,435%	5,125	03.04.
	14	Süddeutsche Boden	4,00	1.1.	100%	24.000.000	139,00	4,00	34.320.000	2,304%	6,5	03.04.
	15	Norddeutscher Lloyd	4,00	1.1.	100%	30.000.000	109,90	4,00	34.170.000	2,294%	5	01.05.
	16	Schaaffhausen'scher Bankverein	4,00	1.1.	100%	36.000.000	87,00	4,00	32.760.000	2,200%	4	17.04.
	17	Preußische Bodenkredit	4,00	1.1.	100%	30.000.000	103,75	4,00	32.325.000	2,171%	5,5	17.04.
	18	M'burgische-Friedr.-Franz-Bahn	4,00	1.1.	100%	16.200.000	194,00	4,00	32.076.000	2,154%	5	05.06.
	19	Continental-Gas	4,00	1.1.	100%	15.000.000	207,00	4,00	31.650.000	2,125%	12	03.04.
	20	BASF	5,00	1.1.	100%	16.500.000	184,50	5,00	31.267.500	2,100%	15	08.05.
	21	Lübeck-Büchener	4,00	1.1.	100%	18.474.000	165,00	4,00	31.221.060	2,096%	7	22.05.
	22	Ostpr. Südbahn	4,00	1.1.	100%	13.500.000	98,40	4,00	30.685.500	2,060%	5	03.07.
				1.1.	100%	13.500.000	120,90					
	23	Meininger Creditbank	4,00	1.1.	100%	30.000.000	91,70	4,00	28.710.000	1,928%	5	17.04.
	24	Berliner Handelsges.	4,00	1.1.	100%	20.000.000	138,25	4,00	28.450.000	1,910%	11	10.04.
	25	Preußische Central-Boden	4,00	1.1.	40%	36.000.000	132,90	1,60	26.820.000	1,801%	8,75	24.04.
	26	Schlesische Zink	4,00	1.1.	100%	10.658.700	111,50	4,00	26.468.129	1,777%	6	22.05.
				1.1.	100%	12.870.300	106,00					
	27	Aachener & Münchener Feuer	-	-	20%	9.000.000	280,83	0,00	25.230.000	1,694%	14	10.04.
	28	Vereinigte Königs- und Laurahüt	4,00	1.7.	100%	27.000.000	87,30	2,00	24.111.000	1,619%	1/3	06.11.
	29	Dortmunder Union	4,00	1.7.	100%	39.765.600	58,50	2,00	24.058.188	1,615%	1,25	02.01.
	30	Gelsenkirchener Bergwerks AG	4,00	1.1.	100%	20.250.000	112,10	4,00	23.510.250	1,579%	6	03.04.
									1.489.272.643	100%		

		Indexgesellschaft	SZ Satz	SZ Termin	Ein-zahlung	Grund-kapital	Ultimo-kurs	Ultimo SZ	Börsen-kapital	Gewicht	Divi-dende	Datum Div.
1887	1	Reichsbank	4,50	1.1.& 1.7.	100%	120.000.000	140,90	2,25	171.780.000	10,881%	2,25	08.01.
											0,79	19.03.
											2,2	02.07.
	2	Disconto-Gesellschaft	4,00	1.1.	100%	60.000.000	213,75	4,00	130.650.000	8,276%	10	16.04.
	3	Hessische Ludwigsbahn	4,00	1.1.	100%	111.900.000	93,75	4,00	109.382.250	6,929%	3,5	21.05.
	4	Deutsche Bank	4,00	1.1.	100%	60.000.000	171,50	4,00	105.300.000	6,670%	9	30.04.
	5	Bayerische Hypo	5,00	1.1.	100%	34.285.714	282,00	5,00	98.399.999	6,233%	10,73	12.03.
	6	Darmstädter Bank	4,00	1.1.	100%	60.000.000	143,40	4,00	88.440.000	5,602%	7	07.05.
	7	Norddeutsche Bank	4,00	1.1.	100%	45.000.000	145,00	4,00	67.050.000	4,247%	7	12.03.
	8	Leipziger Kreditanstalt	4,00	1.1.	100%	30.000.000	174,00	4,00	53.400.000	3,382%	8,5	26.02.
	9	Große Berliner Pferdebahn	4,00	1.1.	100%	17.100.000	293,00	4,00	50.787.000	3,217%	11,25	09.04.
	10	Dresdner Bank	4,00	1.1.	100%	36.000.000	135,10	4,00	50.076.000	3,172%	7	05.03.
	11	Berliner Handelsges.	4,00	1.1.	100%	30.000.000	162,50	4,00	49.950.000	3,164%	9	30.04.
	12	Pfälzische Ludwigsbahn	4,00	1.1.& 1.7.	100%	19.986.857	223,50	2,00	45.070.363	2,855%	2	08.01.
											5	14.05.
											2	02.07.
	13	BASF	5,00	1.1.	100%	16.500.000	232,00	5,00	39.105.000	2,477%	15	14.05.
	14	Commerz- und Diskonto-Bank	4,00	1.1.	100%	30.000.000	126,00	4,00	39.000.000	2,470%	6,5	26.03.
	15	Norddeutscher Lloyd	4,00	1.1.	100%	30.000.000	122,00	4,00	37.800.000	2,394%	7	07.05.
	16	Sächsische Bank	4,00	1.1.	100%	30.000.000	119,00	4,00	36.900.000	2,337%	4,45	26.03.
	17	Süddeutsche Boden	4,00	1.1.	100%	24.000.000	143,00	4,00	35.280.000	2,235%	6,5	05.03.
	18	Schaaffhausen'scher Bankverein	4,00	1.1.	100%	36.000.000	89,00	4,00	33.480.000	2,121%	4	14.05.
	19	Preußische Bodenkredit	4,00	1.1.	100%	30.000.000	105,50	4,00	32.850.000	2,081%	5,5	16.04.
	20	Lübeck-Büchener	4,00	1.1.	100%	18.474.000	161,75	4,00	30.620.655	1,940%	7	11.06.
	21	Meininger Creditbank	4,00	1.1.	100%	30.000.000	98,00	4,00	30.600.000	1,938%	5	23.04.
	22	Continental-Gas	4,00	1.1.	100%	15.000.000	193,50	4,00	29.625.000	1,877%	10	09.04.
	23	Schlesische Zink	4,00	1.1.	100%	10.658.700	111,50	4,00	29.299.595	1,856%	6,5	21.05.
					100%	12.870.300	128,00	4,00				
	24	[illegible]	4,00	1.1.	40%	36.000.000	135,75	1,60	27.846.000	1,764%	8,75	23.04.
	25	Dortmunder Union...	4,00	01.07.	100%	39.765.600	68,00	2,00	27.835.920	1,763%	0	
	26	M'burgische-Friedr.-Franz-Bahn	4,00	1.1.	100%	16.200.000	159,30	4,00	26.454.600	1,676%	6	04.06.
	27	Aachener & Münchener Feuer	-	-	20%	9.000.000	293,33	0,00	26.400.000	1,672%	14	09.04.
	28	Gelsenkirchener Bergwerks AG	4,00	1.1.	100%	22.500.000	111,75	4,00	26.043.750	1,650%	5,5	02.04.
	29	Deutsche Vereinsbank	4,00	1.1.	100%	24.000.000	99,80	4,00	24.912.000	1,578%	5	30.04.
	30	Kölnische Feuer	-	-	20%	9.000.000	271,00	0,00	24.390.000	1,545%	12	02.07.
									1.578.728.131	**100%**		

		Indexgesellschaft	SZ Satz	SZ Termin	Ein-zahlung	Grund-kapital	Ultimo-kurs	Ultimo SZ	Börsen-kapital	Gewicht	Divi-dende	Datum Div.
1888	1	Reichsbank	4,50	1.1 & 1.7.	100%	120.000.000	134,00	2,25	163.500.000	10,526%	2,25	07.01.
											1,7	17.03.
											2,25	07.07.
	2	Disconto-Gesellschaft	4,00	1.1.	100%	60.000.000	186,30	4,00	114.180.000	7,351%	10	10.04.
	3	Hessische Ludwigsbahn	4,00	1.1.	100%	111.900.000	95,80	4,00	111.676.200	7,190%	4,167	19.05.
	4	Deutsche Bank	4,00	1.1.	100%	60.000.000	157,80	4,00	97.080.000	6,250%	9	14.04.
	5	Bayerische Hypo	5,00	1.1.	100%	34.285.714	272,20	5,00	95.039.999	6,119%	10,6	08.03.
	6	Darmstädter Bank	4,00	1.1.	100%	60.000.000	133,70	4,00	82.620.000	5,319%	7	05.05.
	7	Norddeutsche Bank	4,00	1.1.	100%	45.000.000	148,40	4,00	68.580.000	4,415%	8,5	08.03.
	8	Dresdner Bank	4,00	1.1.	100%	48.000.000	123,50	4,00	61.200.000	3,940%	7	07.04.
	9	Berliner Handelsges.	4,00	1.1.	100%	40.000.000	146,70	4,00	60.280.000	3,881%	9	14.04.
	10	Leipziger Kreditanstalt	4,00	1.1.	100%	30.000.000	172,80	4,00	53.040.000	3,415%	9	03.03.
	11	Große Berliner Pferdebahn	4,00	1.1.	100%	17.100.000	259,75	4,00	45.101.250	2,904%	12	14.04.
	12	Pfälzische Ludwigsbahn	4,00	1.1. & 1.7.	100%	19.986.857	220,50	2,00	44.470.757	2,863%	2	07.01.
											5	19.05.
											2	07.07.
	13	BASF	5,00	1.1.	100%	16.500.000	257,50	5,00	43.312.500	2,789%	16	12.05.
	14	Norddeutscher Lloyd	4,00	1.1.	100%	30.000.000	128,50	4,00	39.750.000	2,559%	5	05.05.
	15	Commerz- und Diskonto-Bank	4,00	1.1.	100%	30.000.000	122,50	4,00	37.950.000	2,443%	6	17.03.
	16	Süddeutsche Boden	4,00	1.1.	100%	24.000.000	142,00	4,00	35.040.000	2,256%	6,5	07.04.
	17	Schaaffhausen'scher Bankverein	4,00	1.1.	100%	36.000.000	91,00	4,00	34.200.000	2,202%	4	12.05.
	18	Preußische Bodenkredit	4,00	1.1.	100%	30.000.000	109,30	4,00	33.990.000	2,188%	6	28.04.
	19	Schlesische Zink	4,00	1.1.	100%	10.658.700	138,00	4,00	33.604.235	2,163%	6,5	19.05.
						12.870.300	139,50					
	20	Sächsische Bank	4,00	1.1.	100%	30.000.000	108,00	4,00	33.600.000	2,163%	2	31.03.
	21	Meininger Creditbank	4,00	1.1.	100%	30.000.000	94,00	4,00	29.400.000	1,893%	4,5	28.04.
	22	Lübeck-Büchener	4,00	1.1.	100%	18.474.000	151,60	4,00	28.745.544	1,851%	7,25	09.06.
	23	Preußische Central-Boden	4,00	1.1.	40%	36.000.000	135,50	1,60	27.756.000	1,787%	8,75	14.04.
	24	Aachener & Münchener Feuer	-	-	20%	9.000.000	303,93	0,00	27.354.000	1,761%	14	14.04.
	25	Dortmunder Union...	4,00	1.7.	100%	39.765.600	65,75	2,00	26.941.194	1,735%	2	07.01.
	26	Gelsenkirchener Bergwerks AG	4,00	1.1.	100%	22.500.000	111,00	4,00	25.875.000	1,666%	5,5	07.04.
	27	Mechernicher Bergw.	4,00	1.1.	100%	9.600.000	260,00	4,00	25.344.000	1,632%	16	07.07.
	28	Continental-Gas	4,00	1.1.	100%	15.000.000	162,10	4,00	24.915.000	1,604%	9,5	07.04.
	29	Kölnische Feuer	-	-	20%	9.000.000	273,33	0,00	24.600.000	1,584%	12	07.07.
	30	Concordia-Leben	-	-	20%	30.000.000	80,30	0,00	24.090.000	1,551%	3,23333	19.05.
									1.553.235.679	**100%**		

		Indexgesellschaft	SZ Satz	SZ Termin	Einzahlung	Grundkapital	Ultimokurs	Ultimo SZ	Börsenkapital	Gewicht	Dividende	Datum Div.
1889	1	Reichsbank	4,50	1.1 & 1.7.	100%	120.000.000	135,00	2,25	164.700.000	9,288%	2,25	05.01.
											0,9	23.03.
											2,25	06.07.
	2	Disconto-Gesellschaft	4,00	01.01.	100%	60.000.000	225,25	4,00	137.550.000	7,757%	12	06.04.
	3	Hessische Ludwigsbahn	4,00	01.01.	100%	111.900.000	107,70	4,00	124.992.300	7,049%	4,5	18.05.
	4	Deutsche Bank	4,00	01.01.	100%	60.000.000	172,00	4,00	124.500.000	7,021%	9,00	20.04.
					50%	15.000.000						
	5	Bayerische Hypo	5,00	01.01.	100%	34.285.714	284,20	5,00	99.154.285	5,592%	11,32	16.03.
	6	Darmstädter Bank	4,00	01.01.	100%	60.000.000	160,50	4,00	98.700.000	5,566%	9	04.05.
	7	Norddeutsche Bank	4,00	01.01.	100%	45.000.000	175,80	4,00	80.910.000	4,563%	10	09.03.
	8	Berliner Handelsges.	4,00	01.01.	100%	40.000.000	174,25	4,00	71.300.000	4,021%	10	13.04.
	9	Dresdner Bank	4,00	01.01.	100%	48.000.000	143,40	4,00	70.752.000	3,990%	9	06.04.
	10	Leipziger Kreditanstalt	4,00	01.01.	100%	30.000.000	194,25	4,00	59.475.000	3,354%	10	23.03.
	11	BASF	5,00	01.01.	100%	16.500.000	286,90	5,00	48.163.500	2,716%	16 2/3	11.05.
	12	Pfälzische Ludwigsbahn	4,00	1.1 & 1.7.	100%	19.986.857	235,25	2,00	47.418.818	2,674%	5,875	18.05.
											2	06.07.
	13	Große Berliner Pferdebahn	4,00	01.01.	100%	17.100.000	267,50	4,00	46.426.500	2,618%	12,25	13.04.
	14	Norddeutscher Lloyd	4,00	01.01.	100%	30.000.000	148,90	4,00	45.870.000	2,587%	12	04.05.
	15	Commerz- und Diskonto-Bank	4,00	01.01.	100%	30.000.000	132,75	4,00	41.025.000	2,314%	7,5	30.03.
	16	Dortmunder Union...	4,00	01.01.	100%	39.630.600	95,60	4,00	39.472.078	2,226%	2	05.01.
	17	Schaaffhausen'scher Bankverein	4,00	01.01.	100%	36.000.000	101,75	4,00	38.070.000	2,147%	4	27.04.
	18	Preußische Bodenkredit	4,00	01.01.	100%	30.000.000	122,60	4,00	37.980.000	2,142%	6 1/3	27.04.
	19	Vereinigte Königs- und Laurahütt	4,00	01.07.	100%	27.000.000	133,40	2,00	36.558.000	2,062%	6,5	09.11.
	20	Hapag	4,00	01.01.	100%	20.000.000	141,00	4,00	36.000.000	2,030%	8,5	30.03.
					25%	10.000.000	141,00	4,00				
	21	Süddeutsche Boden	4,00	01.01.	100%	24.000.000	145,80	4,00	35.952.000	2,028%	6,5	06.04.
	22	Schlesische Zink	4,00	01.01.	100%	10.658.700	148,90	4,00	35.860.008	2,022%	9,0	25.05.
						12.870.300	148,00	4,00				
	23	Sächsische Bank	4,00	01.01.	100%	30.000.000	108,75	4,00	33.825.000	1,908%	4,16667	30.03.
	24	Meininger Creditbank	4,00	01.01.	·00%	30.000.000	106,75	4,00	33.225.000	1,874%	6	04.05.
	25	Ostpr. Südbahn	4,00	01.01.	100%	13.500.000	116,00	4,00	32.838.750	1,852%	5,5	13.04.
						13.500.000	119,25	4,00				
	26	Lübeck-Büchener	4,00	01.01.	100%	18.474.000	171,00	4,00	32.329.500	1,823%	7,5	08.06.
	27	Gelsenkirchener Bergwerks AG	4,00	01.01.	100%	22.500.000	135,80	4,00	31.455.000	1,774%	6	06.04.
	28	Preußische Central-Boden	4,00	01.01.	40%	36.000.000	143,25	1,00	30.546.000	1,723%	13,8	27.04.
	29	Bochumer Gußstahl	4,00	01.07.	100%	15.000.000	197,00	2,00	29.850.000	1,683%	12,5	05.01.
	30	Aachener & Münchener Feuer	-	-	20%	9.000.000	314,17	0,00	28.275.000	1,595%	14	13.04.
									1.773.173.739	**100%**		

	Indexgesellschaft		SZ Satz	SZ Termin	Einzahlung	Grundkapital	Ultimokurs	Ultimo SZ	Börsenkapital	Gewicht	Dividende	Datum Div.
1890	1	Disconto-Gesellschaft	4,00	01.01.	100%	75.000.000	248,70	4,00	189.525.000	8,510%	7	05.04.
	2	Reichsbank	4,50	1.1 & 1.7	100%	120.000.000	136,50	2,25	166.500.000	7,476%	2,25	04.01.
											2,5	22.03.
											2,25	05.07.
	3	Darmstädter Bank	4,00	01.01.	100%	80.000.000	182,50	4,00	149.200.000	6,700%	10,5	26.04.
	4	Hessische Ludwigsbahn	4,00	01.01.	100%	111.900.000	118,60	4,00	137.189.400	6,160%	4 2/3	17.05.
	5	Deutsche Bank	4,00	01.01.	100%	75.000.000	174,20	4,00	133.650.000	6,001%	10	19.04.
	6	Dresdner Bank	4,00	01.01.	100%	60.000.000	192,70	4,00	118.020.000	5,300%	11	01.03.
	7	Berliner Handelsges.	4,00	01.01.	100%	50.000.000	204,50	4,00	104.250.000	4,681%	12	19.04.
	8	Bayerische Hypo	5,00	01.01.	100%	34.285.714	297,00	5,00	103.542.856	4,649%	11 2/3	15.03.
	9	Harpener Bergbau AG	4,00	01.07.	100%	26.400.000	326,90	2,00	86.829.600	3,899%	15	06.12.
	10	Norddeutsche Bank	4,00	01.01.	100%	45.000.000	176,40	4,00	81.180.000	3,645%	12	08.03.
	11	Gelsenkirchener Bergwerks AG	4,00	01.01.	100%	36.000.000	220,60	4,00	80.856.000	3,631%	7	19.04.
	12	Norddeutscher Lloyd	4,00	01.01.	100%	40.000.000	186,50	4,00	76.200.000	3,422%	11 1/4	10.05.
	13	Leipziger Kreditanstalt	4,00	01.01.	100%	30.000.000	212,50	4,00	64.950.000	2,916%	12	22.03.
	14	Dortmunder Union	4,00	01.07.	100%	39.549.600	137,90	3,00	55.725.386	2,502%	4	06.12.
	15	Schlesische Zink	4,00	01.01.	100%	23.529.000	208,50	4,00	49.999.125	2,245%	13	24.05.
	16	Bochumer Gußstahl	4,00	01.07.	100%	16.999.950	287,90	2,00	49.282.855	2,213%	12,5	04.01.
	17	BASF	5,00	01.01.	100%	16.500.000	289,00	5,00	48.510.000	2,178%	20	31.05.
	18	Pfälzische Ludwigsbahn	4,00	1.1 & 1.7	100%	19.986.857	240,00	2,00	48.368.194	2,172%	2	04.01.
											5,8	24.05.
											2	05.07.
	19	Vereinigte Königs- und Laurahüt	4,00	01.07.	100%	27.000.000	173,60	2,00	47.412.000	2,129%	11	08.11.
	20	Große Berliner Pferdebahn	4,00	01.01.	100%	17.100.000	273,00	4,00	47.367.000	2,127%	12,5	05.04.
	21	Hapag	4,00	01.01.	100%	30.000.000	152,00	4,00	46.800.000	2,101%	11	12.04.
	22	Schaaffhausen'scher Bankverein	4,00	01.01.	100%	36.000.000	115,40	4,00	42.984.000	1,930%	5	19.04.
	23	Nationalbank für Deutschland	4,00	01.01.	100%	27.000.000	154,10	4,00	42.687.000	1,917%	10	15.03.
	24	Hoechst	4,00	01.01.	100%	15.000.000	280,00	4,00	42.600.000	1,913%	22	19.04.
	25	Commerz- und Diskonto-Bank	4,00	01.01.	100%	30.000.000	135,75	4,00	41.925.000	1,883%	7,5	29.03.
	26	Hibernia Bergwerksgesellschaft	4,00	01.01.	100%	16.800.000	244,50	4,00	41.748.000	1,875%	8,5	22.03.
	27	AEG	4,00	01.07.	100%	16.000.000	236,70	2,00	38.192.000	1,715%	10	13.12.
	28	Preußische Central-Boden	4,00	01.01.	50%	36.000.000	153,00	2,00	37.800.000	1,697%	10	26.04.
	29	Hamburger Vereinsbank	4,00	01.01.	50%	30.000.000	138,50	2,00	27.150.000	1,219%	11,25	08.03.
	30	Deutsche Effekten- und Wechse	4,00	01.01.	50%	30.000.000	136,50	2,00	26.550.000	1,192%	11	19.04.
									2.226.993.417	100%		

Indexgesellschaft			SZ Satz	SZ Termin	Einzahlung	Grundkapital	Ultimokurs	Ultimo SZ	Börsenkapital	Gewicht	Dividende	Datum Div.
1891	1	Reichsbank	3,5 ab 1.1.	1.1 & 1.7	100%	120.000.000	144,50	2,25	176.100.000	8,561%	2,25 4,31 1,75	03.01. 21.03. 04.07.
	2	Disconto-Gesellschaft	4,00	01.01.	100%	75.000.000	213,70	4,00	163.275.000	7,937%	11	18.04.
	3	Hessische Ludwigsbahn	4,00	01.01.	100%	111.900.000	115,00	4,00	133.161.000	6,473%	4 2/3	16.05.
	4	Darmstädter Bank	4,00	01.01.	100%	80.000.000	155,50	4,00	127.600.000	6,203%	9	18.04.
	5	Deutsche Bank	4,00	01.01.	100%	75.000.000	159,50	4,00	122.625.000	5,961%	10	11.04.
	6	Bayerische Hypo	5,00	01.01.	100%	34.285.714	295,50	5,00	103.028.571	5,009%	12,017	14.03.
	7	Norddeutsche Bank	4,00	01.01.	100%	60.000.000	163,75	4,00	100.650.000	4,893%	8,5	21.03.
	8	Dresdner Bank	4,00	01.01.	100%	60.000.000	155,40	4,00	95.640.000	4,649%	10	11.04.
	9	Berliner Handelsges.	4,00	01.01.	100%	50.000.000	158,90	4,00	81.450.000	3,960%	9,5	11.04.
	10	Gelsenkirchener Bergwerks AG	4,00	01.01.	100%	36.000.000	177,50	4,00	65.340.000	3,176%	12	04.04.
	11	Leipziger Kreditanstalt	4,00	01.01.	100%	30.000.000	209,50	4,00	64.050.000	3,114%	12	21.03.
	12	Norddeutscher Lloyd	4,00	01.01.	100%	40.000.000	139,00	4,00	57.200.000	2,781%	7	28.02.
	13	Harpener Bergbau AG	4,00	01.07.	100%	26.400.000	202,10	2,00	53.882.400	2,619%	20	07.11.
	14	Schlesische Zink	4,00	01.01.	100%	23.529.000	207,90	4,00	49.857.951	2,424%	18	16.05.
	15	Bayerische Vereinsbank	4,00	01.01.	100%	27.000.000	177,40	4,00	48.978.000	2,381%	8	28.03.
	16	Nationalbank für Deutschland	4,00	01.01.	100%	36.000.000	132,00	4,00	48.960.000	2,380%	9	14.03.
	17	BASF	5,00	01.01.	100%	16.500.000	286,60	5,00	48.114.000	2,339%	22	30.05.
	18	Pfälzische Ludwigsbahn	4,00	1.1 & 1.7	100%	19.986.857	229,50	2,00	46.269.574	2,249%	2 6 2	03.01. 23.05. 04.07.
	19	Große Berliner Pferdebahn	4,00	01.01.	100%	17.100.000	258,00	4,00	44.802.000	2,178%	12,5	11.04.
	20	Hibernia Bergwerksgesellschaft	4,00	01.01.	100%	22.400.400	195,80	4,00	44.755.999	2,176%	19	28.03.
	21	Internationale Bank	4,00	01.01.	100%	40.000.000	106,90	4,00	44.360.000	2,157%	6	14.03.
	22	Hoechst	4,00	01.01.	100%	15.000.000	290,50	4,00	44.175.000	2,148%	25	02.05.
	23	Schaaffhausen'scher Bankverein	4,00	01.01.	100%	36.000.000	115,00	4,00	42.840.000	2,083%	5	19.04.
	24	Hapag	4,00	01.01.	100%	30.000.000	138,00	4,00	42.600.000	2,071%	8	04.04.
	25	Preußische Central-Boden	4,00	01.01.	50%	36.000.000	158,00	2,00	39.600.000	1,925%	10	25.04.
	26	Süddeutsche Boden	4,00	01.01.	100%	24.000.000	157,90	4,00	38.856.000	1,889%	6,5	04.04.
	27	Preußische Bodenkredit	4,00	01.01.	100%	30.000.000	125,00	4,00	38.700.000	1,881%	6,5	25.04.
	28	Vereinigte Königs- und Laurahüt	4,00	01.07.	100%	27.000.000	139,70	2,00	38.259.000	1,860%	8	04.11.
	29	Hamburger Vereinsbank	4,00	01.01.	50%	30.000.000	142,00	2,00	28.200.000	[illegible]	11	07.03.
	30	Deutsche Effekten und Wechsel	4,00	01.01.	50%	30.000.000	122,00	2,00	23.700.000	1,152%	8	[illegible]
									2.057.029.495	100%		

		Indexgesellschaft	SZ Satz	SZ Termin	Einzahlung	Grundkapital	Ultimokurs	Ultimo SZ	Börsenkapital	Gewicht	Dividende	Datum Div.
1892	1	Reichsbank	3,50	1.1 & 1.7	100%	120.000.000	144,80	1,75	175.860.000	9,450%	1,75	02.01.
											4,05	26.03.
											1,75	02.07.
	2	Disconto-Gesellschaft	4,00	01.01.	100%	75.000.000	171,00	4,00	131.250.000	7,053%	8	12.03.
	3	Hessische Ludwigsbahn	4,00	01.01.	100%	111.900.000	111,60	4,00	129.356.400	6,951%	4 2/3	21.05.
	4	Deutsche Bank	4,00	01.01.	100%	75.000.000	146,90	4,00	113.175.000	6,082%	9	05.03.
	5	Bayerische Hypo	4,00	01.01.	100%	34.285.714	294,00	4,00	102.171.428	5,490%	12,367	19.03.
	6	Darmstädter Bank	4,00	01.01.	100%	80.000.000	121,20	4,00	100.160.000	5,382%	5,25	19.03.
	7	Berliner Handelsges.	4,00	01.01.	100%	65.000.000	126,60	4,00	84.890.000	4,562%	7,5	19.03.
	8	Norddeutsche Bank	4,00	01.01.	100%	60.000.000	136,80	4,00	84.480.000	4,540%	4,5	19.03.
	9	Dresdner Bank	4,00	01.01.	100%	60.000.000	132,20	4,00	81.720.000	4,391%	7	19.03.
	10	Leipziger Kreditanstalt	4,00	01.01.	100%	39.950.040	166,00	4,00	67.915.068	3,650%	9	26.03.
	11	Schaaffhausen'scher Bankverein	4,00	01.01.	100%	48.000.000	105,75	4,00	52.680.000	2,831%	6	09.04.
	12	Schlesische Zink	4,00	01.01.	100%	23.529.000	211,00	4,00	50.587.350	2,718%	18	28.05.
	13	Gelsenkirchener Bergwerks AG	4,00	01.01.	100%	36.000.000	133,60	4,00	49.536.000	2,662%	12	26.03.
	14	BASF	5,00	01.01.	100%	16.500.000	277,40	5,00	46.596.000	2,504%	22	28.05.
	15	Pfälzische Ludwigsbahn	4,00	1.1 & 1.7	100%	19.986.857	227,20	2,00	45.809.876	2,462%	2	02.01.
											5,8	21.05.
											2	02.07.
	16	Bayerische Vereinsbank	4,00	01.01.	100%	27.000.000	165,50	4,00	45.765.000	2,459%	8,5	02.04.
	17	Harpener Bergbau AG	4,00	01.07.	100%	30.000.000	143,40	2,00	43.620.000	2,344%	10	19.11.
	18	Hoechst	4,00	01.01.	100%	15.000.000	283,50	4,00	43.125.000	2,317%	26	30.04.
	19	Nationalbank für Deutschland	4,00	01.01.	100%	36.000.000	111,10	4,00	41.436.000	2,227%	6,5	27.02.
	20	Norddeutscher Lloyd	4,00	01.01.	100%	40.000.000	94,90	4,00	39.560.000	2,126%	0	-
	21	Große Berliner Pferdebahn	4,00	01.01.	100%	17.100.000	227,00	4,00	39.501.000	2,123%	12,5	16.04.
	22	Süddeutsche Boden	4,00	01.01.	100%	24.000.000	159,50	4,00	39.240.000	2,109%	7	02.04.
	23	Preußische Bodenkredit	4,00	01.01.	100%	30.000.000	120,00	4,00	37.200.000	1,999%	7	30.04.
	24	Preußische Central-Boden	4,00	01.01.	50%	36.000.000	151,00	2,00	37.080.000	1,993%	9,5	30.04.
	25	Sächsische Bank	4,00	01.01.	100%	30.000.000	114,80	4,00	35.640.000	1,915%	6	26.03.
	26	Commerz- und Diskonto-Bank	5,00	01.01.	100%	30.000.000	108,50	5,00	34.050.000	1,830%	4	26.03.
	27	Aachener & Münchener Feuer	-	-	100%	9.000.000	360,33	0,00	32.429.700	1,743%	15	09.04.
	28	Hapag	4,00	01.01.	100%	30.000.000	100,25	4,00	31.275.000	1,681%	5	23.04.
	29	Hamburger Vereinsbank	4,00	01.01.	50%	30.000.000	138,25	2,00	27.075.000	1,455%	19,5	05.03.
	30	Deutsche Effekten- und Wechse	4,00	01.01.	50%	30.000.000	107,10	2,00	17.730.000	0,953%	4	23.04.
									1.860.913.822	100%		

	Nr.	Indexgesellschaft	SZ Satz	SZ Termin	Ein-zahlung	Grund-kapital	Ultimo-kurs	Ultimo SZ	Börsen-kapital	Gewicht	Divi-dende	Datum Div.
1893	1	Reichsbank	3,50	1.1 & 1.7	100%	120.000.000	149,90	1,75	181.980.000	9,615%	1,75	07.01.
											2,88	25.03.
											1,75	01.07.
	2	Disconto-Gesellschaft	4,00	01.01.	100%	75.000.000	174,90	4,00	134.175.000	7,089%	6	11.03.
	3	Hessische Ludwigsbahn	4,00	01.01.	100%	111.900.000	109,10	4,00	126.558.900	6,687%	4,25	20.05.
	4	Deutsche Bank	4,00	01.01.	100%	75.000.000	152,00	4,00	117.000.000	6,182%	8	01.04.
	5	Darmstädter Bank	4,00	01.01.	100%	80.000.000	128,70	4,00	106.160.000	5,609%	5,25	25.01.
	6	Bayerische Hypo	5,00	01.01.	100%	34.285.714	303,00	5,00	105.599.999	5,579%	12,367	18.03.
	7	Dresdner Bank	4,00	01.01	100%	70.000.000	134,60	4,00	97.020.000	5,126%	7	25.03.
	8	Berliner Handelsges.	4,00	01.01	100%	65.000.000	132,30	4,00	88.595.000	4,681%	6	15.04.
	9	Norddeutsche Bank	4,00	01.01	100%	60.000.000	129,50	4,00	80.100.000	4,232%	4,5	11.03.
	10	Leipziger Kreditanstalt	4,00	01.01	100%	39.950.040	163,00	4,00	66.716.567	3,525%	8,5	18.03.
	11	Schaaffhausen'scher Bankvereir	4,00	01.01.	100%	48.000.000	105,50	4,00	52.560.000	2,777%	6	15.04.
	12	BASF	5,00	01.01.	100%	16.500.000	297,00	5,00	49.830.000	2,633%	27	13.05.
	13	Bayerische Vereinsbank	4,00	01.01.	100%	27.000.000	170,50	4,00	47.115.000	2,489%	8,5	01.04.
	14	Gelsenkirchener Bergwerks AG	4,00	01.01.	100%	36.000.000	126,00	4,00	46.800.000	2,473%	9	01.04.
	15	Hoechst	4,00	01.01.	100%	15.000.000	303,00	4,00	46.050.000	2,433%	4,25	20.01.
	16	Pfälzische Ludwigsbahn	4,00	1.1 & 1.7	100%	19.986.857	227,50	2,00	45.869.837	2,424%	2	07.01.
											5,25	27.05.
											2	01.07.
	17	Schlesische Zink	4,00	01.01.	100%	23.529.000	185,80	4,00	44.658.042	2,359%	15	27.05.
	18	Preußische Central-Boden	4,00	01.01.	60%	36.000.000	159,30	2,40	43.812.000	2,315%	9,5	29.01.
	19	Nationalbank für Deutschland	4,00	01.01.	100%	36.000.000	110,50	4,00	41.220.000	2,178%	5	04.03.
	20	Preußische Bodenkredit	4,00	01.01.	100%	30.000.000	128,75	4,00	39.825.000	2,104%	7	29.04.
	21	Süddeutsche Boden	4,00	01.01.	100%	24.000.000	161,00	4,00	39.600.000	2,092%	7	01.04.
	22	Große Berliner Pferdebahn	4,00	01.01.	100%	17.100.000	221,00	4,00	38.475.000	2,033%	12,5	15.04.
	23	Norddeutscher Lloyd	4,00	01.01.	100%	40.000.000	89,10	4,00	37.240.000	1,968%	1,5	06.05.
	24	Harpener Bergbau AG	4,00	01.07.	100%	30.000.000	119,00	2,00	36.300.000	1,918%	5	04.11.
	25	Sächsische Bank	4,00	01.01.	100%	30.000.000	116,40	4,00	36.120.000	1,908%	4,5	18.03.
	26	Aachener & Münchener Feuer	-	-	100%	9.000.000	368,67	0,00	33.180.300	1,753%	15 1/3	08.04.
	27	Leipziger Bank	4,00	01.01.	100%	24.000.000	128,10	4,00	31.704.000	1,675%	6	29.04.
	28	Commerz- und Diskonto-Bank	5,00	01.01.	100%	30.000.000	100,00	5,00	31.500.000	1,664%	4	25.03.
	29	Hamburger Vereinsbank	4,00	01.01.	60%	30.000.000	135,25	2,40	28.695.000	1,516%	7,75	04.03.
	30	Deutsche Effekten- und Wechse	4,00	01.01.	50%	30.000.000	108,80	2,00	18.240.000	0,964%	5	22.04.
									1.892.699.645	100%		

		Indexgesellschaft	SZ Satz	SZ Termin	Ein-zahlung	Grund-kapital	Ultimo-kurs	Ultimo SZ	Börsen-kapital	Gewicht	Divi-dende	Datum Div.
1894												
	1	Reichsbank	3,50	1.1 & 1.7	100%	120.000.000	154,90	1,75	187.980.000	9,592%	1,75	06.01.
											4,03	17.03.
											1,75	07.07.
	2	Disconto-Gesellschaft	4,00	01.01.	100%	75.000.000	173,70	4,00	133.275.000	6,801%	6	10.03.
	3	Hessische Ludwigsbahn	4,00	01.01.	100%	111.900.000	108,00	4,00	125.328.000	6,395%	4,75	19.05.
	4	Bayerische Hypo	5,00	01.01.	100%	39.285.714	297,00	5,00	118.642.856	6,054%	12,367	17.03.
	5	Deutsche Bank	4,00	01.01.	100%	75.000.000	153,20	4,00	117.900.000	6,016%	8	24.03.
	6	Darmstädter Bank	4,00	01.01.	100%	80.000.000	128,20	4,00	105.760.000	5,397%	5,25	24.03.
	7	Dresdner Bank	4,00	01.01.	100%	70.000.000	130,00	4,00	93.800.000	4,786%	5,5	28.04.
	8	Berliner Handelsges.	4,00	01.01.	100%	65.000.000	127,70	4,00	85.605.000	4,368%	5	14.04.
	9	Norddeutsche Bank	4,00	01.01.	100%	60.000.000	125,50	4,00	77.700.000	3,965%	4	10.03.
	10	Leipziger Kreditanstalt	4,00	01.01.	100%	42.000.000	176,50	4,00	75.810.000	3,868%	8	24.03.
	11	BASF	5,00	01.01.	100%	16.500.000	355,50	5,00	59.482.500	3,035%	27	12.05.
	12	Schaaffhausen'scher Bankverein	4,00	01.01.	100%	48.000.000	116,50	4,00	57.840.000	2,951%	6	14.04.
	13	Hoechst	4,00	01.01.	100%	15.000.000	360,50	4,00	54.675.000	2,790%	28	28.04.
	14	Gelsenkirchener Bergwerks AG	4,00	01.01.	100%	36.000.000	146,00	4,00	54.000.000	2,755%	6	24.03.
	15	Bayerische Vereinsbank	4,00	01.01.	100%	27.000.000	177,25	4,00	48.937.500	2,497%	8,5	31.03.
	16	Norddeutscher Lloyd	4,00	01.01.	100%	40.000.000	113,20	4,00	46.880.000	2,392%	3	05.05.
	17	Pfälzische Ludwigsbahn	4,00	01.01.	100%	19.986.857	226,00	2,00	45.570.034	2,325%	2	06.01.
											5,66667	12.05.
											2	07.07.
	18	Schlesische Zink	4,00	01.01.	100%	23.529.000	185,90	4,00	44.681.571	2,280%	14	19.05.
	19	Preußische Central-Boden	4,00	01.01.	60%	36.000.000	160,90	2,40	44.388.000	2,265%	9,5	28.04.
	20	Große Berliner Pferdebahn	4,00	01.01.	100%	17.100.000	240,30	4,00	41.775.300	2,132%	12,5	14.04.
	21	Harpener Bergbau AG	4,00	01.07.	100%	30.000.000	136,90	2,00	41.670.000	2,126%	3	03.11.
	22	Preußische Bodenkredit	4,00	01.01.	100%	30.000.000	129,50	4,00	40.050.000	2,044%	7	28.04.
	23	Süddeutsche Boden	4,00	01.01.	100%	24.000.000	162,80	4,00	40.032.000	2,043%	7	31.03.
	24	Nationalbank für Deutschland	4,00	01.01.	100%	36.000.000	104,50	4,00	39.060.000	1,993%	4,5	03.03.
	25	Sächsische Bank	4,00	01.01.	100%	30.000.000	116,80	4,00	36.240.000	1,849%	6	24.03.
	26	Leipziger Bank	4,00	01.01.	100%	24.000.000	128,75	4,00	31.860.000	1,626%	6	24.03.
	27	Hapag	4,00	01.01.	100%	30.000.000	101,30	4,00	31.590.000	1,612%	0	-
	28	Aachener & Münchener Feuer	-	-	100%	9.000.000	343,50	0,00	30.915.000	1,577%	15 1/6	21.04.
	29	Hamburger Vereinsbank	4,00	01.01.	80%	30.000.000	139,00	2,40	30.420.000	1,552%	8	03.03.
	30	Deutsche Effekten- und Wechse	4,00	01.01.	60%	30.000.000	107,70	2,00	17.910.000	0,914%	5	21.04.
									1.959.777.761	100%		

Jahr	Nr.	Indexgesellschaft	SZ Satz	SZ Termin	Einzahlung	Grundkapital	Ultimokurs	Ultimo SZ	Börsenkapital	Gewicht	Dividende	Datum Div.
1895											1,75	05.01.
	1	Reichsbank	3,50	1.1 & 1.7	100%	120.000.000	159,60	1,75	193.620.000	8,818%	2,76	23.03.
											1,75	06.07.
	2	Disconto-Gesellschaft	4,00	01.01.	100%	75.000.000	207,50	4,00	158.625.000	7,224%	8	23.03.
	3	Hessische Ludwigsbahn	4,00	01.01.	100%	111.900.000	120,00	4,00	138.756.000	6,319%	5	18.05.
	4	Deutsche Bank	4,00	01.01.	100%	75.000.000	171,90	4,00	131.925.000	6,008%	9	20.04.
	5	Bayerische Hypo	5,00	01.01.	100%	39.285.714	314,50	5,00	125.517.856	5,716%	12,367	16.03.
	6	Darmstädter Bank	4,00	01.01.	100%	80.000.000	151,50	4,00	124.400.000	5,665%	7	23.03.
	7	Dresdner Bank	4,00	01.01.	100%	70.000.000	156,40	4,00	112.280.000	5,113%	8	20.04.
	8	Berliner Handelsges.	4,00	01.01.	100%	65.000.000	153,90	4,00	102.635.000	4,674%	7	30.03.
	9	Leipziger Kreditanstalt	4,00	01.01.	100%	42.000.000	193,90	4,00	83.118.000	3,785%	10	23.03.
	10	Norddeutsche Bank	4,00	01.01.	100%	60.000.000	131,75	4,00	81.450.000	3,709%	4,5	23.03.
	11	BASF	5,00	01.01.	100%	16.500.000	413,00	5,00	68.970.000	3,141%	25	25.05.
	12	Schaaffhausen'scher Bankverein	4,00	01.01.	100%	48.000.000	136,00	4,00	67.200.000	3,060%	6,5	06.04.
	13	Hoechst	4,00	01.01.	100%	15.000.000	443,00	4,00	67.050.000	3,054%	28	27.04.
	14	Gelsenkirchener Bergwerks AG	4,00	01.01.	100%	36.000.000	166,70	4,00	61.452.000	2,799%	6	13.04.
	15	Große Berliner Pferdebahn	4,00	01.01.	100%	21.375.000	279,80	4,00	60.662.250	2,763%	12,5	06.04.
	16	Bayerische Vereinsbank	4,00	01.01.	100%	27.000.000	197,75	4,00	54.472.500	2,481%	8,5	06.04.
	17	Harpener Bergbau AG	4,00	01.07.	100%	33.000.000	146,50	2,00	49.005.000	2,232%	5	09.11.
											2	05.01.
	18	Pfälzische Ludwigsbahn	4,00	1.1 & 1.7	100%	19.986.857	242,00	2,00	48.767.931	2,221%	10	18.05.
											2	06.07.
	19	Nationalbank für Deutschland	4,00	01.01.	100%	36.000.000	129,80	4,00	48.168.000	2,194%	6,5	02.03.
	20	Preußische Central-Boden	4,00	01.01.	60%	36.000.000	170,25	2,40	47.754.000	2,175%	9,5	27.04.
	21	Schlesische Zink	4,00	01.01.	100%	23.529.000	193,50	4,00	46.469.775	2,116%	12	18.05.
	22	Preußische Bodenkredit	4,00	01.01.	100%	30.000.000	142,25	4,00	43.875.000	1,998%	7	27.04.
	23	Süddeutsche Boden	4,00	01.01.	100%	24.000.000	178,00	4,00	43.680.000	1,989%	7	30.03.
	24	AEG	4,00	01.07.	100%	20.000.000	205,20	2,00	41.440.000	1,887%	11	14.12.
	25	Sächsische Bank	4,00	01.01.	100%	30.000.000	119,00	4,00	36.900.000	1,681%	4,75	23.03.
	26	Norddeutscher Lloyd	4,00	01.01.	100%	40.000.000	87,50	4,00	36.600.000	1,667%	0	-
	27	Dortmund-Gronau-Enschede-Eis	4,00	01.01.	100%	24.000.000	139,00	4,00	34.320.000	1,563%	5	08.06.
	28	Leipziger Bank	4,00	01.01.	100%	24.000.000	138,25	4,00	34.140.000	1,555%	6	23.03.
	29	Hamburger Vereinsbank	4,00	01.01.	60%	30.000.000	143,25	2,40	31.695.000	1,443%	[illegible]	09.03.
	30	Deutsche Effekten- und Wechse	4,00	01.01.	50%	30.000.000	117,40	2,00	20.820.000	0,948%	5	20.04.
									2.195.768.312	100%		

	Indexgesellschaft	SZ Satz	SZ Termin	Ein-zahlung	Grund-kapital	Ultimo-kurs	Ultimo SZ	Börsen-kapital	Gewicht	Divi-dende	Datum Div.
1896	1 Disconto-Gesellschaft	4,00	01.01.	100%	115.000.000	202,00	4,00	236.900.000	9,700%	10	28.03.
	2 Reichsbank	3,50	1.1 & 1.7	100%	120.000.000	162,80	1,75	197.460.000	8,085%	1,75 2,38 1,75	04.01. 21.03. 04.07.
	3 Deutsche Bank	4,00	01.01.	100%	100.000.000	185,20	4,00	189.200.000	7,747%	10	04.04.
	4 Hessische Ludwigsbahn	4,00	01.01.	100%	111.900.000	120,20	4,00	138.979.800	5,691%	5,45	16.05.
	5 Dresdner Bank	4,00	01.01.	100%	85.000.000	156,20	4,00	136.170.000	5,576%	5	21.03.
	6 Bayerische Hypo	5,00	01.01.	100%	39.285.714	326,50	5,00	130.232.142	5,333%	12,367	14.03.
	7 Darmstädter Bank	4,00	01.01.	100%	80.000.000	154,10	4,00	126.480.000	5,179%	8,25	28.03.
	8 Berliner Handelsges.	4,00	01.01.	100%	65.000.000	145,70	4,00	97.305.000	3,984%	8	28.03.
	9 Leipziger Kreditanstalt	4,00	01.01.	100%	42.000.000	216,00	4,00	92.400.000	3,783%	11	28.03.
	10 Schaaffhausen'scher Bankverein	4,00	01.01.	100%	60.000.000	139,25	4,00	85.950.000	3,519%	7	18.04.
	11 Große Berliner Pferdebahn	4,00	01.01.	100%	21.375.000	325,00	4,00	70.323.750	2,880%	12,5	11.04.
	12 BASF	5,00	01.01.	100%	16.500.000	420,00	5,00	70.125.000	2,871%	26	30.05.
	13 Hoechst	4,00	01.01.	100%	15.000.000	443,00	4,00	67.050.000	2,745%	28	02.05.
	14 Nationalbank für Deutschland	4,00	01.01.	100%	45.000.000	137,50	4,00	63.675.000	2,607%	8,5	14.03.
	15 Gelsenkirchener Bergwerks AG	4,00	01.01.	100%	36.000.000	171,20	4,00	63.072.000	2,583%	7	28.03.
	16 Harpener Bergbau AG	4,00	01.07.	100%	36.000.000	167,80	2,00	61.128.000	2,503%	6	14.11.
	17 Bayerische Vereinsbank	4,00	01.01.	100%	27.000.000	201,00	4,00	55.350.000	2,266%	8,5	28.03.
	18 Preußische Central-Boden	4,00	01.01.	70%	36.000.000	178,00	2,80	54.288.000	2,223%	9	18.04.
	19 AEG	4,00	01.07.	100%	22.000.000	226,70	2,00	50.314.000	2,060%	13	15.12.
	20 Pfälzische Ludwigsbahn	4,00	1.1 & 1.7	100%	19.986.857	247,00	2,00	49.767.274	2,038%	2 5,66667 2	04.01. 23.05. 04.07.
	21 Schlesische Zink	4,00	01.01.	100%	23.529.000	197,50	4,00	47.410.935	1,941%	9	23.05.
	22 Preußische Bodenkredit	4,00	01.01.	100%	30.000.000	146,00	4,00	45.000.000	1,843%	7	25.04.
	23 Süddeutsche Boden	4,00	01.01.	100%	24.000.000	174,20	4,00	42.768.000	1,751%	7	28.03.
	24 Norddeutscher Lloyd	4,00	01.01.	100%	40.000.000	99,40	4,00	41.360.000	1,694%	0	02.05.
	25 Commerz- und Diskonto-Bank	4,00	01.01.	100%	30.000.000	130,60	4,00	40.380.000	1,653%	7 1/3	28.03.
	26 Bayerische Handelsbank	4,00	01.01.	100%	20.285.714	190,50	4,00	39.455.714	1,616%	8,05	04.04.
	27 Vereinigte Königs- und Laurahüt	4,00	01.01.	100%	27.000.000	141,50	4,00	39.285.000	1,609%	9	23.05.
	28 Hibernia Bergwerksgesellschaft	4,00	01.01.	100%	22.400.000	169,80	4,00	38.931.200	1,594%	7,5	29.02.
	29 Sächsische Bank	4,00	01.01.	100%	30.000.000	122,00	4,00	37.800.000	1,548%	4,75	21.03.
	30 Hamburger Vereinsbank	4,00	01.01.	60%	30.000.000	149,70	2,40	33.630.000	1,377%	8,75	14.03.
								2.442.190.815	100%		

		Indexgesellschaft	SZ Satz	SZ Termin	Ein-zahlung	Grund-kapital	Ultimo-kurs	Ultimo SZ	Börsen-kapital	Gewicht	Divi-dende	Datum Div.
1897	1	Disconto-Gesellschaft	4,00	01.01.	100%	115.000.000	211,60	4,00	247.940.000	9,869%	10	03.04.
	2	Deutsche Bank	4,00	01.01.	100%	100.000.000	196,90	4,00	200.900.000	7,997%	10	03.04.
											1,75	02.01.
	3	Reichsbank	3,50	1.1 & 1.7	100%	120.000.000	159,10	1,75	193.020.000	7,683%	4	20.03.
											1,75	03.07.
	4	Dresdner Bank	4,00	01.01.	100%	85.000.000	161,60	4,00	140.760.000	5,603%	8	20.03.
	5	Berliner Handelsges.	4,00	01.01.	100%	80.000.000	161,10	4,00	132.080.000	5,258%	9	03.04.
	6	Darmstädter Bank	4,00	01.01.	100%	80.000.000	159,00	4,00	130.400.000	5,191%	8	27.03.
	7	Bayerische Hypo	5,00	01.01.	100%	39.285.714	317,00	5,00	126.499.999	5,035%	12,367	13.03.
	8	Leipziger Kreditanstalt	4,00	01.01.	100%	42.000.000	216,50	4,00	92.610.000	3,686%	11	27.03.
	9	Schaaffhausen'scher Bankverein	4,00	01.01.	100%	60.000.000	146,00	4,00	90.000.000	3,583%	7,5	10.04.
	10	Große Berliner Pferdebahn	4,00	01.01.	100%	21.375.000	352,50	4,00	76.201.875	3,033%	15	03.04.
	11	BASF	5,00	01.01.	100%	16.500.000	445,00	5,00	74.250.000	2,956%	26	29.05.
	12	Harpener Bergbau AG	4,00	01.07.	100%	40.800.000	176,20	2,00	72.705.600	2,894%	8	13.11.
	13	Gelsenkirchener Bergwerks AG	4,00	01.01.	100%	40.000.000	170,70	4,00	69.880.000	2,782%	7,5	27.03.
	14	Hoechst	4,00	01.01.	100%	15.000.000	450,00	4,00	68.100.000	2,711%	28	15.05.
	15	Nationalbank für Deutschland	4,00	01.01.	100%	45.000.000	146,00	4,00	67.500.000	2,687%	8,5	06.03.
	16	AEG	4,00	01.07.	100%	25.000.000	253,00	2,00	63.750.000	2,538%	15	11.12.
	17	Leipziger Bank	4,00	01.01.	100%	32.000.000	180,70	4,00	59.104.000	2,353%	9	20.03.
	18	Bayerische Vereinsbank	4,00	01.01.	100%	27.000.000	201,00	4,00	55.350.000	2,203%	8,5	27.03.
	19	Preußische Central-Boden	4,00	01.01.	70%	38.000.000	174,75	2,80	53.118.000	2,114%	9	24.04.
	20	Gesfürel	4,00	01.01.	100%	30.000.000	167,75	4,00	51.525.000	2,051%	7,5	20.03.
	21	Schlesische Zink	4,00	01.01.	100%	23.529.000	210,00	4,00	50.352.060	2,004%	11	22.05.
											2	02.01.
	22	Pfälzische Ludwigsbahn	4,00	1.1 & 1.7	100%	19.986.857	248,00	2,00	49.967.143	1,989%	7	22.05.
											2	03.07.
	23	Schuckert	4,00	01.04.	100%	18.000.000	259,00	3,00	47.160.000	1,877%	14	18.09.
	24	Norddeutscher Lloyd	4,00	01.01.	100%	40.000.000	112,10	4,00	46.440.000	1,849%	4	01.05.
	25	Bergisch Märkische Bank	4,00	01.01.	100%	30.000.000	150,50	4,00	46.350.000	1,845%	7,5	17.04.
	26	Köln-Rottweiler Pulver	4,00	01.01.	100%	16.500.000	266,25	4,00	44.591.250	1,775%	16	24.04.
	27	Preußische Bodenkredit	4,00	01.01.	100%	30.000.000	142,75	4,00	44.025.000	1,752%	7	27.04.
	28	Hapag	4,00	01.01.	100%	30.000.000	135,00	4,00	41.700.000	1,660%	5,5	03.04.
	29	Süddeutsche Boden	4,00	01.01.	100%	24.000.000	169,00	4,00	41.520.000	1,653%	7	03.04.
	30	Hamburger Vereinsbank	4,00	01.01.	60%	30.000.000	152,25	2,40	34.395.000	1,369%	9	13.03.
									2.512.194.927	**100%**		

		Indexgesellschaft	SZ Satz	SZ Termin	Einzahlung	Grundkapital	Ultimokurs	Ultimo SZ	Börsenkapital	Gewicht	Dividende	Datum Div.
1898	1	Deutsche Bank	4,00	01.01.	100%	150.000.000	209,80	4,00	320.700.000	11,070%	10	23.04.
	2	Disconto-Gesellschaft	4,00	01.01.	100%	115.000.000	201,20	4,00	235.980.000	8,146%	10	26.03.
	3	Reichsbank	3,50	1.1 & 1.7	100%	120.000.000	163,00	1,75	197.700.000	6,824%	1,75	08.01.
											4,42	19.03.
											1,75	02.07.
	4	Dresdner Bank	4,00	01.01.	100%	110.000.000	163,50	4,00	184.250.000	6,360%	9	02.04.
	5	Berliner Handelsges.	4,00	01.01.	100%	80.000.000	176,10	4,00	144.080.000	4,973%	9	26.03.
	6	Darmstädter Bank	4,00	01.01.	100%	80.000.000	158,10	4,00	129.680.000	4,476%	8	02.04.
	7	Bayerische Hypo	5,00	01.01.	100%	39.285.714	314,00	5,00	125.321.428	4,326%	12,95	19.03.
	8	Schaaffhausen'scher Bankverein	4,00	01.01.	100%	75.000.000	151,00	4,00	116.250.000	4,013%	8	16.04.
	9	Leipziger Kreditanstalt	4,00	01.01.	100%	50.400.000	218,00	4,00	111.888.000	3,862%	11	19.03.
	10	Große Berliner Pferdebahn	4,00	01.01.	100%	21.375.000	475,00	4,00	102.386.250	3,534%	16	09.04.
	11	AEG	4,00	01.07.	100%	35.000.000	278,20	2,00	98.070.000	3,385%	15	10.12.
	12	BASF	5,00	01.01.	100%	18.000.000	488,00	5,00	88.740.000	3,063%	24	14.05.
	13	Gelsenkirchener Bergwerks AG	4,00	01.01.	100%	44.000.000	192,10	4,00	86.284.000	2,978%	9	26.03.
	14	Harpener Bergbau AG	4,00	01.07.	100%	40.800.000	194,30	2,00	80.090.400	2,765%	9	19.11.
	15	Nationalbank für Deutschland	4,00	01.01.	100%	45.000.000	152,50	4,00	70.425.000	2,431%	8,5	05.03.
	16	Höchster Farbwerke	4,00	01.01.	100%	15.000.000	465,00	4,00	70.350.000	2,428%	26	07.05.
	17	Bayerische Vereinsbank	4,00	01.01.	100%	33.000.000	202,00	4,00	67.980.000	2,347%	8,5	26.03.
	18	Leipziger Bank	4,00	01.01.	100%	32.000.000	193,25	4,00	63.120.000	2,179%	10	26.03.
	19	Schuckert	4,00	01.04.	100%	22.500.000	259,90	3,00	59.152.500	2,042%	14	10.09.
	20	Preußische Central Boden	4,00	01.01.	80%	36.000.000	173,50	3,20	56.412.000	1,947%	9	23.04.
	21	Hapag	4,00	01.01.	100%	45.000.000	113,40	4,00	52.830.000	1,824%	8	02.04.
	22	Gesfürel	4,00	01.01.	100%	30.000.000	172,00	4,00	52.800.000	1,823%	8,5	19.03.
	23	Schlesische Zink	4,00	01.01.	100%	23.529.000	219,00	4,00	52.469.670	1,811%	15	21.05.
	24	Pfälzische Ludwigsbahn	4,00	1.1 & 1.7	100%	19.986.857	251,50	2,00	50.666.682	1,749%	2	08.01.
											7	14.05.
											2	02.07.
	25	Vereinigte Königs- und Laurahüt	4,00	01.07.	100%	27.000.000	184,00	2,00	50.220.000	1,733%	13,5	19.11.
	26	Hibernia Bergwerksgesellschaft	4,00	01.01.	100%	22.400.000	209,60	4,00	47.846.400	1,652%	12	12.03.
	27	Dortmund-Gronau-Enschede-Eis	4,00	01.01.	100%	24.000.000	195,00	4,00	47.760.000	1,649%	7	28.05.
	28	Consolidation, Bergwerks AG zu	4,00	01.01.	100%	16.000.000	290,00	4,00	47.040.000	1,624%	18	02.04.
	29	Continentale Ges. f. elektr. Unt.	4,00	01.04.	100%	32.000.000	143,00	3,00	46.720.000	1,613%	10	01.10.
	30	Hamburger Vereinsbank	4,00	01.01.	70%	30.000.000	160,00	2,80	39.840.000	1,375%	9	12.03.
									2.897.052.330	**100%**		

		Indexgesellschaft	SZ Satz	SZ Termin	Ein-zahlung	Grund-kapital	Ultimo-kurs	Ultimo SZ	Börsen-kapital	Gewicht	Divi-dende	Datum Div.
1899	1	Deutsche Bank	4,00	01.01.	100%	150.000.000	208,30	4,00	318.450.000	9,952%	10,5	01.04.
	2	Disconto-Gesellschaft	4,00	01.01.	100%	130.000.000	200,10	4,00	265.330.000	8,292%	10	01.04.
											1,75	07.01.
	3	Reichsbank	3,50	1.1 & 1.7	100%	120.000.000	167,70	1,75	203.340.000	6,355%	5,01	18.03.
											1,75	01.07.
	4	Dresdner Bank	4,00	01.01.	100%	110.000.000	164,40	4,00	185.240.000	5,789%	9	18.03.
	5	Darmstädter Bank	4,00	01.01.	100%	105.000.000	155,30	4,00	167.265.000	5,227%	8	01.04.
	6	Große Berliner Straßenbahn	4,00	01.01.	100%	44.250.000	344,00	4,00	153.990.000	4,812%	18	08.04.
	7	Bayerische Hypo	4,00	01.01.	100%	44.285.714	312,00	4,00	139.942.856	4,373%	12,95	11.03.
	8	Berliner Handelsges.	4,00	01.01.	100%	80.000.000	169,00	4,00	138.400.000	4,325%	9	25.03.
	9	Schaaffhausen'scher Bankverein	4,00	01.01.	100%	75.000.000	151,00	4,00	116.250.000	3,633%	8	15.04.
	10	Leipziger Kreditanstalt	4,00	01.01.	100%	50.400.000	215,90	4,00	110.829.600	3,464%	10	11.03.
	11	AEG	4,00	01.07.	100%	35.000.000	284,20	2,00	100.170.000	3,130%	15	19.12.
	12	Nationalbank für Deutschland	4,00	01.01.	100%	60.000.000	149,00	4,00	91.800.000	2,869%	8,5	25.03.
	13	Leipziger Bank	4,00	01.01.	100%	48.000.000	186,50	4,00	91.440.000	2,858%	10	25.03.
	14	Gelsenkirchener Bergwerks AG	4,00	01.01.	100%	44.000.000	191,40	4,00	85.976.000	2,687%	10	25.03.
	15	BASF	4,00	01.01.	100%	18.000.000	459,00	4,00	83.340.000	2,604%	24	20.05.
	16	Schlesische Zink	4,00	01.01.	100%	23.529.000	345,00	4,00	82.116.210	2,566%	18	20.05.
	17	Bayerische Vereinsbank	4,00	01.01.	100%	37.500.000	197,90	4,00	75.712.500	2,366%	8,5	25.03.
	18	Harpener Bergbau AG	4,00	01.07.	100%	40.800.000	178,90	2,00	73.807.200	2,307%	10	11.11.
	19	Norddeutscher Lloyd	4,00	01.01.	100%	60.000.000	115,40	4,00	71.640.000	2,239%	7	06.05.
	20	Schuckert	4,00	01.04.	100%	28.000.000	240,00	3,00	68.040.000	2,126%	15	09.09.
	21	Hibernia Bergwerksgesellschaft	4,00	01.01.	100%	32.400.000	198,00	4,00	65.448.000	2,045%	12	11.03.
	22	Hoechst	4,00	01.01.	100%	15.000.000	431,50	4,00	65.325.000	2,041%	26	13.05.
	23	Hapag	4,00	01.01.	100%	50.000.000	124,70	4,00	64.350.000	2,011%	8	04.03.
	24	Commerz- und Diskonto-Bank	4,00	01.01.	100%	50.000.000	124,50	4,00	64.250.000	2,008%	3	18.03.
	25	Vereinigte Königs- und Laurahüt	4,00	01.07.	100%	27.000.000	217,20	2,00	59.184.000	1,850%	15	11.11.
	26	Preußische Central-Boden	4,00	01.01.	80%	36.000.000	172,00	3,20	55.872.000	1,746%	9	29.04.
	27	Gesfürel	4,00	01.01.	100%	30.000.000	178,00	4,00	54.600.000	1,706%	10	18.03.
	28	Phönix AG für Bergbau- und Hüt	4,00	01.07.	100%	30.000.000	176,00	2,00	53.400.000	1,669%	11	11.11.
	29	Pfälzische Bank	4,00	01.01.	100%	35.000.000	144,75	4,00	52.062.500	1,627%	8	22.04.
	30	Hamburger Vereinsbank	4,00	01.01.	70%	30.000.000	168,50	2,80	42.330.000	1,323%	19	11.03.
									3.199.900.866	**100%**		
	Ab 1.1.1899 Stückzinsen einheitlich 4% (bis auf Reichsbank)											

		Indexgesellschaft	SZ Satz	SZ Termin	Ein-zahlung	Grund-kapital	Ultimo-kurs	Ultimo SZ	Börsen-kapital	Gewicht	Divi-dende	Datum Div.
1900	1	Deutsche Bank	4,00	01.01.	100%	150.000.000	207,30	4,00	316.950.000	9,064%	10,5	30.03.
	2	Disconto-Gesellschaft	4,00	01.01.	100%	130.000.000	192,75	4,00	255.775.000	7,315%	10	02.04.
	3	Dresdner Bank	4,00	01.01.	100%	130.000.000	163,40	4,00	217.620.000	6,224%	9	19.03.
	4	Reichsbank	3,50	01.01.	100%	120.000.000	160,00	3,50	196.200.000	5,611%	10,48	02.01.
	5	Darmstädter Bank	4,00	01.01.	100%	105.000.000	144,75	4,00	156.187.500	4,467%	7	02.04.
	6	Berliner Handelsges.	4,00	01.01.	100%	90.000.000	169,00	4,00	155.700.000	4,453%	9,5	02.04.
	7	AEG	4,00	01.07.	100%	60.000.000	255,90	2,00	154.740.000	4,425%	15	03.12.
	8	Schaaffhausen'scher Bankverein	4,00	01.01.	100%	100.000.000	144,00	4,00	148.000.000	4,233%	8	02.01.
	9	Bayerische Hypo	4,00	01.01.	100%	44.285.714	304,00	4,00	136.400.000	3,901%	12,95	02.01.
	10	Leipziger Kreditanstalt	4,00	01.01.	100%	60.000.000	197,40	4,00	120.840.000	3,456%	10	02.01.
	11	Große Berliner Straßenbahn	4,00	01.01.	100%	51.468.750	229,00	4,00	119.922.188	3,430%	10,5	12.03.
	12	Gelsenkirchener Bergwerks AG	4,00	01.01.	100%	54.000.000	198,25	4,00	109.215.000	3,123%	10	02.01.
	13	Norddeutscher Lloyd	4,00	01.01.	100%	80.000.000	123,60	4,00	102.080.000	2,919%	7,5	01.05.
	14	Harpener Bergbau AG	4,00	01.07.	100%	48.100.000	202,30	2,00	98.268.300	2,810%	10	10.10.
	15	Schuckert	4,00	01.04.	100%	40.410.000	227,60	3,00	93.185.460	2,665%	15	07.05.
	16	Nationalbank für Deutschland	4,00	01.01.	100%	60.000.000	146,50	4,00	90.300.000	2,582%	8,5	30.03.
	17	BASF	4,00	01.01.	100%	21.000.000	420,00	4,00	89.040.000	2,546%	24	02.01.
	18	Hapag	4,00	01.01.	100%	65.000.000	129,00	4,00	86.450.000	2,472%	8	19.03.
	19	Leipziger Bank	4,00	01.01.	100%	48.000.000	175,75	4,00	86.280.000	2,467%	10	02.01.
	20	Schlesische Zink	4,00	01.01.	100%	23.529.000	354,75	4,00	84.410.288	2,414%	27	07.05.
	21	Siemens	4,00	01.08.	100%	45.000.000	178,00	1,62	80.826.930	2,312%	10	28.12.
	22	Hibernia Bergwerksgesellschaft	4,00	01.01.	100%	33.750.900	221,60	4,00	76.142.030	2,178%	12	02.01.
	23	Bergisch Märkische Bank	4,00	01.01.	100%	46.000.000	154,80	4,00	73.048.000	2,089%	8,5	02.01.
	24	Hoechst	4,00	01.01.	100%	17.000.000	406,00	4,00	69.700.000	1,993%	26	02.01.
	25	Vereinigte Königs- und Laurahüt	4,00	01.07.	100%	27.000.000	253,50	2,00	68.985.000	1,973%	15	12.11.
	26	Consolidation, Bergwerks AG zu	4,00	01.01.	100%	16.000.000	402,90	4,00	65.104.000	1,862%	25	02.01.
	27	Breslauer Disconto-Bank	4,00	01.01.	100%	50.000.000	120,00	4,00	62.000.000	1,773%	7,5	02.01.
	28	Hoerder Bergwerks-Verein	4,00	01.07.	100%	27.028.000	225,00	2,00	61.353.560	1,755%	14	08.10.
	29	Commerz- und Disconto-Bank	4,00	01.01.	100%	50.000.000	118,25	4,00	61.125.000	1,748%	5,5	02.01.
	30	Pfälzische Bank	4,00	01.01.	100%	42.200.000	140,25	4,00	60.873.500	1,741%	8	02.01.
									3.496.721.755	**100%**		

Jahr	Nr.	Indexgesellschaft	SZ Satz	SZ Termin	Einzahlung	Grundkapital	Ultimokurs	Ultimo SZ	Börsenkapital	Gewicht	Dividende	Datum Div.
1901	1	Deutsche Bank	4,00	01.01.	100%	150.000.000	196,90	4,00	301.350.000	9,146%	11	30.03.
	2	Disconto-Gesellschaft	4,00	01.01.	100%	130.000.000	175,80	4,00	233.740.000	7,094%	9	06.04.
	3	Reichsbank	3,50	01.01.	100%	150.000.000	148,00	3,50	227.250.000	6,897%	10,96	06.03.
	4	Dresdner Bank	4,00	01.01.	100%	130.000.000	144,50	4,00	193.050.000	5,859%	8	30.03.
	5	Große Berliner Straßenbahn	4,00	01.01.	100%	68.625.000	215,80	4,00	150.837.750	4,578%	11	16.03.
	6	Darmstädter Bank	4,00	01.01.	100%	105.000.000	130,90	4,00	141.645.000	4,299%	6	06.04.
	7	Berliner Handelsges.	4,00	01.01.	100%	90.000.000	147,00	4,00	135.900.000	4,124%	8	30.03.
	8	Schaaffhausen'scher Bankverei	4,00	01.01.	100%	100.000.000	125,50	4,00	129.500.000	3,930%	7,5	04.04.
	9	Bayerische Hypo	4,00	01.01.	100%	44.285.714	279,00	4,00	125.328.571	3,804%	12,95	02.03.
	10	AEG	4,00	01.07.	100%	60.000.000	192,30	2,00	116.580.000	3,538%	12	14.12.
	11	Leipziger Kreditanstalt	4,00	01.01.	100%	60.000.000	186,50	4,00	114.300.000	3,469%	9	02.04.
	12	Hapag	4,00	01.01.	100%	80.000.000	131,50	4,00	108.400.000	3,290%	10	06.04.
	13	Norddeutscher Lloyd	4,00	01.01.	100%	80.000.000	119,40	4,00	98.720.000	2,996%	8,5	04.05.
	14	Gelsenkirchener Bergwerks AG	4,00	01.01.	100%	54.000.000	177,20	4,00	97.848.000	2,970%	13	26.02.
	15	Harpener Bergbau AG	4,00	01.07.	100%	52.000.000	166,80	2,00	87.776.000	2,664%	11	02.11.
	16	Siemens	4,00	01.08.	100%	54.500.000	155,00	1,62	85.355.393	2,590%	8	14.12.
	17	Schlesische Zink	4,00	01.01.	100%	23.529.000	353,75	4,00	84.174.998	2,555%	22	30.03.
	18	BASF	4,00	01.01.	100%	21.000.000	389,80	4,00	82.698.000	2,510%	24	01.05.
	19	Nationalbank für Deutschland	4,00	01.01.	100%	60.000.000	131,50	4,00	81.300.000	2,467%	6,5	30.03.
	20	Leipziger Bank	4,00	01.01.	100%	48.000.000	162,75	4,00	80.040.000	2,429%	9	12.03.
	21	Bergisch Märkische Bank	4,00	01.01.	100%	50.000.000	149,50	4,00	76.750.000	2,329%	8,5	01.05.
	22	Hibernia Bergwerksgesellschaft	4,00	01.01.	100%	39.400.000	189,70	4,00	76.317.800	2,316%	15	25.03.
	23	Schuckert	4,00	01.04.	100%	42.000.000	160,30	3,00	68.586.000	2,082%	0	06.04.
	24	Hoechst	4,00	01.01.	100%	17.000.000	354,00	4,00	60.860.000	1,847%	20	06.05.
	25	Commerz- und Disconto-Bank	4,00	01.01.	100%	50.000.000	117,00	4,00	60.500.000	1,836%	6,5	01.03.
	26	Pfälzische Bank	4,00	01.01.	100%	42.200.000	135,00	4,00	58.658.000	1,780%	8	18.04.
	27	Rhein. Creditbank	4,00	01.01.	100%	40.000.800	142,20	4,00	58.481.170	1,775%	7,5	12.03.
	28	Consolidation, Bergwerks AG zu	4,00	01.01.	100%	16.000.000	335,40	4,00	54.304.000	1,648%	30	25.03.
	29	Vereinigte Königs- und Laurahüt	4,00	01.07.	100%	27.000.000	192,80	2,00	52.596.000	1,596%	16	02.11.
	30	Meininger Creditbank	4,00	01.01.	100%	45.000.000	111,80	4,00	52.110.000	1,582%	6	06.04.
									3.294.956.682	100%		

		Indexgesellschaft	SZ Satz	SZ Termin	Ein-zahlung	Grund-kapital	Ultimo-kurs	Ultimo SZ	Börsen-kapital	Gewicht	Divi-dende	Datum Div.
1902	1	Deutsche Bank	4,00	01.01.	100%	150.000.000	202,90	4,00	310.350.000	9,862%	11	29.03.
	2	Disconto-Gesellschaft	4,00	01.01.	100%	130.000.000	180,60	4,00	239.980.000	7,626%	8	12.04.
	3	Reichsbank	3,50	01.01.	100%	150.000.000	151,70	3,50	232.800.000	7,398%	6,25	15.03.
	4	Dresdner Bank	4,00	01.01.	100%	130.000.000	128,20	4,00	171.860.000	5,461%	4	29.03.
	5	Große Berliner Straßenbahn	4,00	01.01.	100%	85.785.000	190,75	4,00	167.066.288	5,309%	7,5	22.03.
	6	Darmstädter Bank	4,00	01.01.	100%	105.000.000	125,60	4,00	136.080.000	4,324%	4	26.04.
	7	Berliner Handelsges.	4,00	01.01.	100%	90.000.000	139,50	4,00	129.150.000	4,104%	7	05.04.
	8	Leipziger Kreditanstalt	4,00	01.01.	100%	75.000.000	167,25	4,00	128.437.500	4,081%	8	05.04.
	9	Bayerische Hypo	4,00	01.01.	100%	44.285.714	276,00	4,00	124.000.000	3,940%	12,95	08.03.
	10	Schaaffhausen'scher Bankverein	4,00	01.01.	100%	100.000.000	111,75	4,00	115.750.000	3,678%	5	05.04.
	11	AEG	4,00	01.07.	100%	60.000.000	179,70	2,00	109.020.000	3,464%	8	06.12.
	12	Gelsenkirchener Bergwerks AG	4,00	01.01.	100%	54.000.000	173,00	4,00	95.580.000	3,037%	12	01.03.
	13	Hapag	4,00	01.01.	100%	80.000.000	108,40	4,00	89.920.000	2,857%	6	15.03.
	14	Norddeutscher Lloyd	4,00	01.01.	100%	80.000.000	104,80	4,00	87.040.000	2,766%	6	03.05.
	15	Harpener Bergbau AG	4,00	01.07.	100%	52.000.000	160,00	2,00	84.240.000	2,677%	12	01.11.
	16	BASF	4,00	01.01.	100%	21.000.000	390,00	4,00	82.740.000	2,629%	24	03.05.
	17	Siemens	4,00	01.08.	100%	54.500.000	141,10	1,62	77.779.893	2,472%	4	28.12.
	18	Bergisch Märkische Bank	4,00	01.01.	100%	50.000.000	147,00	4,00	75.500.000	2,399%	8,5	03.05.
	19	Schlesische Zink	4,00	01.01.	100%	23.529.000	310,00	4,00	73.881.060	2,348%	16	12.04.
	20	Hibernia Bergwerksgesellschaft	4,00	01.01.	100%	39.400.000	166,30	4,00	67.098.200	2,132%	13	29.03.
	21	Rhein. Creditbank	4,00	01.01.	100%	46.000.800	141,00	4,00	66.701.160	2,120%	7	15.03.
	22	Nationalbank für Deutschland	4,00	01.01.	100%	60.000.000	103,00	4,00	64.200.000	2,040%	3	29.03.
	23	Pfälzische Bank	4,00	01.01.	100%	50.000.000	113,40	4,00	58.700.000	1,865%	5,5	19.04.
	24	Hoechst	4,00	01.01.	100%	17.000.000	338,00	4,00	58.140.000	1,848%	20	03.05.
	25	Commerz- und Disconto-Bank	4,00	01.01.	100%	50.000.000	111,20	4,00	57.600.000	1,830%	5,5	01.03.
	26	Vereinigte Königs- und Laurahüt	4,00	01.07.	100%	27.000.000	186,20	2,00	50.814.000	1,615%	14	08.11.
	27	Meininger Creditbank	4,00	01.01.	100%	45.000.000	106,60	4,00	49.770.000	1,582%	5,5	22.03.
	28	Consolidation, Bergwerks AG zu	4,00	01.01.	100%	16.000.000	305,00	4,00	49.440.000	1,571%	27	29.03.
	29	Preußische Central-Boden	4,00	01.01.	100%	28.800.000	160,00	4,00	47.232.000	1,501%	9	19.04.
	30	Pfälzische Ludwigsbahn	4,00	01.01.	100%	19.986.857	226,50	4,00	46.069.706	1,464%	9	22.03.
									3.146.939.806	100%		

Indexgesellschaft			SZ Satz	SZ Termin	Einzahlung	Grundkapital	Ultimokurs	Ultimo SZ	Börsenkapital	Gewicht	Dividende	Datum Div.
1903	1	Deutsche Bank	4,00	01.01.	100%	160.000.000	211,30	4,00	344.480.000	9,921%	11	01.04.
	2	Disconto-Gesellschaft	4,00	01.01.	100%	150.000.000	189,00	4,00	289.500.000	8,337%	8,5	01.04.
	3	Reichsbank	3,50	01.01.	100%	150.000.000	154,70	3,50	237.300.000	6,834%	5,47	03.03.
	4	Dresdner Bank	4,00	01.01.	100%	130.000.000	143,60	4,00	191.880.000	5,526%	6	01.04.
	5	Darmstädter Bank	4,00	01.01.	100%	132.000.000	134,20	4,00	182.424.000	5,254%	6	02.04.
	6	Große Berliner Straßenbahn	4,00	01.01.	100%	85.785.000	200,10	4,00	175.087.185	5,042%	7,5	17.03.
	7	Berliner Handelsges.	4,00	01.01.	100%	90.000.000	157,60	4,00	145.440.000	4,189%	7,5	27.03.
	8	Bayerische Hypo	4,00	01.01.	100%	49.285.714	290,00	4,00	144.900.000	4,173%	12,95	28.02.
	9	Leipziger Kreditanstalt	4,00	01.01.	100%	75.000.000	174,00	4,00	133.500.000	3,845%	8	30.03.
	10	Schaaffhausen'scher Bankverein	4,00	01.01.	100%	100.000.000	114,80	4,00	118.800.000	3,421%	5	30.03.
	11	AEG	4,00	01.07.	100%	60.000.000	179,50	2,00	108.900.000	3,136%	8	06.12.
	12	Gelsenkirchener Bergwerks AG	4,00	01.01.	100%	60.000.000	176,50	4,00	108.300.000	3,119%	10	16.03.
	13	Hapag	4,00	01.01.	100%	100.000.000	98,90	4,00	102.900.000	2,963%	4,5	30.03.
	14	Harpener Bergbau AG	4,00	01.07.	100%	60.000.000	166,90	2,00	101.340.000	2,918%	10	30.10.
	15	Norddeutscher Lloyd	4,00	01.01.	100%	100.000.000	96,10	4,00	100.100.000	2,883%	0	01.05.
	16	BASF	4,00	01.01.	100%	21.000.000	430,00	4,00	91.140.000	2,625%	26	01.05.
	17	Bergisch Märkische Bank	4,00	01.01.	100%	54.250.000	157,50	4,00	87.613.750	2,523%	8	01.05.
	18	Schlesische Zink	4,00	01.01.	100%	23.529.000	360,00	4,00	85.645.560	2,466%	17	27.04.
	19	Nationalbank für Deutschland	4,00	01.01.	100%	60.000.000	117,00	4,00	72.600.000	2,091%	5	26.03.
	20	Hibernia Bergwerksgesellschaft	4,00	01.01.	100%	39.400.000	175,90	4,00	70.880.600	2,041%	10	23.03.
	21	Siemens	4,00	01.08.	100%	54.500.000	120,25	5,62	68.596.643	1,976%	5	07.01.
	22	Rhein. Creditbank	4,00	01.01.	100%	46.000.800	140,00	4,00	66.241.152	1,908%	6,5	03.03.
	23	Preußische Central-Boden	4,00	01.01.	100%	36.000.000	171,50	4,00	63.180.000	1,820%	9	02.04.
	24	Hoechst	4,00	01.01.	100%	17.000.000	357,50	4,00	61.455.000	1,770%	20	01.05.
	25	Commerz- und Disconto-Bank	4,00	01.01.	100%	50.000.000	114,70	4,00	59.350.000	1,709%	6	28.02.
	26	Vereinigte Königs- und Laurahüt	4,00	01.07.	100%	27.000.000	209,00	2,00	56.970.000	1,641%	10	01.11.
	27	Pfälzische Bank	4,00	01.01.	100%	50.000.000	102,30	4,00	53.150.000	1,531%	4	23.04.
	28	Meininger Creditbank	4,00	01.01.	100%	45.000.000	109,20	4,00	50.940.000	1,467%	5,5	19.03.
	29	Essener Credit-Anstalt	4,00	01.01.	100%	33.000.000	150,00	4,00	50.820.000	1,464%	8	16.03.
	30	Elberfelder Farbenfabriken	4,00	01.01.	100%	14.000.000	345,50	4,00	48.930.000	1,409%	22	30.04.
									3.472.363.890	**100%**		

		Indexgesellschaft	SZ Satz	SZ Termin	Ein-zahlung	Grund-kapital	Ultimo-kurs	Ultimo SZ	Börsen-kapital	Gewicht	Divi-dende	Datum Div.
1904	1	Deutsche Bank	4,00	01.01.	100%	160.000.000	224,70	4,00	365.920.000	9,576%	11	23.03.
bis	2	Disconto-Gesellschaft	4,00	01.01.	100%	150.000.000	197,90	4,00	302.850.000	7,926%	8,5	29.03.
03. Sep	3	Reichsbank	3,50	01.01.	100%	150.000.000	153,20	3,50	235.050.000	6,151%	6,18	08.03.
	4	Dresdner Bank	4,00	01.01.	100%	130.000.000	159,00	4,00	211.900.000	5,545%	7	02.04.
	5	Darmstädter Bank	4,00	01.01.	100%	132.000.000	146,90	4,00	199.188.000	5,213%	6	08.04.
	6	Große Berliner Straßenbahn	4,00	01.01.	100%	85.785.000	204,60	4,00	178.947.510	4,683%	8	14.03.
	7	Berliner Handelsges.	4,00	01.01.	100%	92.500.000	164,90	4,00	156.232.500	4,089%	8	28.03.
	8	Schaaffhausen'scher Bankverein	4,00	01.01.	100%	100.000.000	148,90	4,00	152.900.000	4,001%	6	04.04.
	9	Bayerische Hypo	4,00	01.01.	100%	49.285.714	298,00	4,00	148.842.857	3,895%	12,95	02.03.
	10	Leipziger Kreditanstalt	4,00	01.01.	100%	75.000.000	179,00	4,00	137.250.000	3,592%	8,5	05.04.
	11	Gelsenkirchener Bergwerks AG	4,00	01.01.	100%	60.000.000	221,00	4,00	135.000.000	3,533%	11	02.03.
	12	AEG	4,00	01.07.	100%	60.000.000	223,00	2,00	135.000.000	3,533%	9	10.12.
	13	Harpener Bergbau AG	4,00	01.07.	100%	60.000.000	205,80	2,00	124.680.000	3,263%	10	10.10.
	14	Hapag	4,00	01.01.	100%	100.000.000	111,00	4,00	115.000.000	3,010%	6	01.04.
	15	Norddeutscher Lloyd	4,00	01.01.	100%	100.000.000	105,70	4,00	109.700.000	2,871%	6	01.05.
	16	BASF	4,00	01.01.	100%	21.000.000	459,90	4,00	97.419.000	2,549%	26	01.05.
	17	Hibernia Bergwerksgesellschaft	4,00	01.01.	100%	42.300.000	216,20	4,00	93.144.600	2,438%	11	30.03.
	18	Bergisch Märkische Bank	4,00	01.01.	100%	54.250.000	164,40	4,00	91.357.000	2,391%	8	01.05.
	19	Schlesische Zink	4,00	01.01.	100%	23.529.000	368,50	4,00	87.645.525	2,294%	17	05.05.
	20	Siemens	4,00	01.08.	100%	54.500.000	141,00	5,62	79.905.393	2,091%	7	22.12.
	21	Nationalbank für Deutschland	4,00	01.01.	100%	60.000.000	127,10	4,00	78.660.000	2,059%	5	02.04.
	22	Consolidation, Bergwerks AG zu	4,00	01.01.	100%	16.000.000	451,20	4,00	72.832.000	1,906%	28	26.03.
	23	Preußische Central-Boden	4,00	01.01.	100%	36.000.000	191,75	4,00	70.470.000	1,844%	9	15.04.
	24	Hoechst	4,00	01.01.	100%	17.000.000	390,70	4,00	67.099.000	1,756%	20	06.05.
	25	Rhein. Creditbank	4,00	01.01.	100%	46.000.800	140,30	4,00	66.379.154	1,737%	6,5	11.04.
	26	Vereinigte Königs- und Laurahütt	4,00	01.07.	100%	27.000.000	239,70	2,00	65.259.000	1,708%	11	02.11.
	27	Commerz- und Disconto-Bank	4,00	01.01.	100%	50.000.000	123,20	4,00	63.600.000	1,664%	6	01.04.
	28	Nordstern Steinkohlenbergwerk	4,00	01.01.	100%	20.000.000	301,25	4,00	61.050.000	1,598%	16	30.03.
	29	Essener Credit-Anstalt	4,00	01.01.	100%	36.000.000	164,00	4,00	60.480.000	1,583%	8	11.03.
	30	Elberfelder Farbenfabriken	4,00	01.01.	100%	14.000.000	406,00	4,00	57.400.000	1,502%	25	01.05.
									3.821.161.540	**100%**		

Indexgesellschaft			SZ Satz	SZ Termin	Ein-zahlung	Grund-kapital	Ultimo-kurs	Ultimo SZ	Börsen-kapital	Gewicht	Divi-dende	Datum Div.
1904	1	Deutsche Bank	4,00	01.01.	100%	170.000.000	225,20	2,69	387.416.910	9,178%	11	23.03.
ab	2	Disconto-Gesellschaft	4,00	01.01.	100%	170.000.000	191,30	2,69	329.786.910	7,813%	8,5	29.03.
03. Sep	3	Gelsenkirchener Bergwerks AG	4,00	01.01.	100%	119.000.000	222,20	2,69	267.621.837	6,340%	11	02.03.
	4	Dresdner Bank	4,00	01.01.	100%	160.000.000	155,00	2,69	252.307.680	5,977%	7	02.04.
	5	Reichsbank	3,50	01.01.	100%	150.000.000	154,00	2,36	234.540.000	5,556%	6,18	08.03.
	6	Darmstädter Bank	4,00	01.01.	100%	149.500.000	143,50	2,69	218.557.489	5,178%	6	08.04.
	7	AEG	4,00	01.07.	100%	86.000.000	227,00	4,69	199.255.378	4,720%	9	10.12.
	8	Große Berliner Straßenbahn	4,00	01.01.	100%	100.082.400	186,00	2,69	188.847.782	4,474%	8	14.03.
	9	Schaaffhausen'scher Bankverein	4,00	01.01.	100%	125.000.000	145,50	2,69	185.240.375	4,388%	6	04.04.
	10	Berliner Handelsges.	4,00	01.01.	100%	100.000.000	160,90	2,69	163.592.300	3,876%	8	28.03.
	11	Harpener Bergbau AG	4,00	01.07.	100%	70.000.000	217,10	4,69	155.254.610	3,678%	10	10.10.
	12	Bayerische Hypo	4,00	01.01.	100%	49.285.714	295,00	2,69	146.719.776	3,476%	12,95	02.03.
	13	Leipziger Kreditanstalt	4,00	01.01.	100%	75.000.000	174,70	2,69	133.044.225	3,152%	8,5	05.04.
	14	Hapag	4,00	01.01.	100%	100.000.000	109,10	2,69	111.792.300	2,648%	6	01.04.
	15	Norddeutscher Lloyd	4,00	01.01.	100%	100.000.000	102,90	2,69	105.592.300	2,502%	6	01.05.
	16	Hoechst	4,00	01.01.	100%	25.500.000	375,00	2,69	96.311.537	2,282%	9	15.04.
	17	BASF	4,00	01.01.	100%	21.000.000	444,40	2,69	93.889.383	2,224%	26	01.05.
	18	Schlesische Zink	4,00	01.01.	100%	23.529.000	384,60	2,69	91.126.005	2,159%	8	01.05.
	19	Siemens	4,00	01.08.	100%	54.500.000	160,50	4,31	89.820.197	2,128%	17	05.05.
	20	Elberfelder Farbenfabriken	4,00	01.01.	100%	21.000.000	424,50	2,69	89.710.383	2,125%	8	11.03.
	21	Bergisch Märkische Bank	4,00	01.01.	100%	54.250.000	160,90	2,69	88.748.823	2,102%	11	30.03.
	22	Nationalbank für Deutschland	4,00	01.01.	100%	60.000.000	123,70	2,69	75.835.380	1,797%	7	22.12.
	23	Preußische Central-Boden	4,00	01.01.	100%	36.000.000	195,70	2,69	71.421.228	1,692%	28	26.03.
	24	Consolidation, Bergwerks AG zu	4,00	01.01.	100%	16.000.000	441,70	2,69	71.102.768	1,684%	5	02.04.
	25	Vereinigte Königs- und Laurahüt	4,00	01.07.	100%	27.000.000	251,50	4,69	69.171.921	1,639%	6,5	11.04.
	26	Rhein. Creditbank	4,00	01.01.	100%	46.000.800	138,50	2,69	64.949.588	1,539%	20	06.05.
	27	Commerz- und Disconto-Bank	4,00	01.01.	100%	50.000.000	120,70	2,69	61.696.150	1,462%	11	02.11.
	28	Essener Credit-Anstalt	4,00	01.01.	100%	36.000.000	166,00	2,69	60.729.228	1,439%	16	30.03.
	29	Nordstern Steinkohlenbergwerk	4,00	01.01.	100%	20.000.000	291,75	2,69	58.888.460	1,395%	6	01.04.
	30	Preußische Hypotheken-Actien-I	4,00	01.01.	100%	48.300.000	117,70	2,69	58.149.481	1,378%	0	x
									4.221.120.403	**100%**		

		Indexgesellschaft	SZ Satz	SZ Termin	Ein-zahlung	Grund-kapital	Ultimo-kurs	Ultimo SZ	Börsen-kapital	Gewicht	Divi-dende	Datum Div.
1905	1	Deutsche Bank	4,00	01.01.	100%	170.000.000	236,60	4,00	409.020.000	9,213%	12	31.03.
	2	Disconto-Gesellschaft	4,00	01.01.	100%	170.000.000	192,20	4,00	333.540.000	7,513%	8,5	29.03.
	3	Reichsbank	3,50	01.01.	100%	180.000.000	155,00	3,50	285.300.000	6,426%	7,04	06.03.
	4	Gelsenkirchener Bergwerks AG	4,00	01.01.	100%	119.000.000	231,40	4,00	280.126.000	6,310%	10	15.03.
	5	Dresdner Bank	4,00	01.01.	100%	160.000.000	159,00	4,00	260.800.000	5,875%	7,5	01.04.
	6	Darmstädter Bank	4,00	01.01.	100%	149.050.000	142,80	4,00	218.805.400	4,929%	7	30.03.
	7	AEG	4,00	01.07.	100%	86.000.000	226,60	2,00	196.596.000	4,428%	10	13.12.
	8	Große Berliner Straßenbahn	4,00	01.01.	100%	100.082.400	187,50	4,00	191.657.796	4,317%	7,5	13.03.
	9	Schaaffhausen'scher Bankverein	4,00	01.01.	100%	125.000.000	145,20	4,00	186.500.000	4,201%	7,25	31.03.
	10	Berliner Handelsges.	4,00	01.01.	100%	100.000.000	166,30	4,00	170.300.000	3,836%	8	27.03.
	11	Harpener Bergbau AG	4,00	01.07.	100%	70.000.000	213,20	2,00	150.640.000	3,393%	11	29.10.
	12	Bayerische Hypo	4,00	01.01.	100%	49.285.714	297,40	4,00	148.547.143	3,346%	12,95	02.03.
	13	Leipziger Kreditanstalt	4,00	01.01.	100%	75.000.000	181,00	4,00	138.750.000	3,125%	8,5	03.04.
	14	Hapag	4,00	01.01.	100%	100.000.000	129,50	4,00	133.500.000	3,007%	9	01.04.
	15	Elberfelder Farbenfabriken	4,00	01.01.	100%	21.000.000	536,00	4,00	113.400.000	2,554%	30	01.05.
	16	Norddeutscher Lloyd	4,00	01.01.	100%	100.000.000	103,70	4,00	107.700.000	2,426%	2	01.05.
	17	Hoechst	4,00	01.01.	100%	25.500.000	399,50	4,00	102.892.500	2,318%	20	20.05.
	18	Bergisch Märkische Bank	4,00	01.01.	100%	60.000.000	162,90	4,00	100.140.000	2,256%	8	01.05.
	19	BASF	4,00	01.01.	100%	21.000.000	472,00	4,00	99.960.000	2,252%	24	01.05.
	20	Schlesische Zink	4,00	01.01.	100%	23.529.000	392,50	4,00	93.292.485	2,101%	19	24.04.
	21	Siemens	4,00	01.08.	100%	54.500.000	165,00	1,62	90.805.393	2,045%	9	22.12.
	22	Nationalbank für Deutschland	4,00	01.01.	100%	60.000.000	130,40	4,00	80.640.000	1,816%	6	30.03.
	23	Rhein. Creditbank	4,00	01.01.	100%	50.000.800	146,50	4,00	75.251.204	1,695%	6,5	10.04.
	24	Preußische Central-Boden	4,00	01.01.	100%	36.000.000	204,00	4,00	74.880.000	1,687%	9	10.04.
	25	Consolidation, Bergwerks AG zu	4,00	01.01.	100%	16.000.000	435,70	4,00	70.352.000	1,585%	26	30.03.
	26	Vereinigte Königs- und Laurahüt	4,00	01.07.	100%	27.000.000	258,00	2,00	70.200.000	1,581%	11	25.10.
	27	Essener Credit-Anstalt	4,00	01.01.	100%	40.000.800	165,00	4,00	67.601.352	1,523%	8	18.03.
	28	Commerz- und Disconto-Bank	4,00	01.01.	100%	50.000.000	122,10	4,00	63.050.000	1,420%	6,5	12.03.
	29	Barmer Bank-Verein	4,00	01.01.	100%	47.836.200	127,25	4,00	62.785.013	1,414%	6,5	18.03.
	30	Rheinisch-Westfälische Creditba	4,00	01.01.	100%	44.000.000	138,00	4,00	62.480.000	1,407%	7	09.03.
									4.439.512.285	**100%**		

Indexgesellschaft			SZ Satz	SZ Termin	Ein-zahlung	Grund-kapital	Ultimo-kurs	Ultimo SZ	Börsen-kapital	Gewicht	Divi-dende	Datum Div.
1906	1	Deutsche Bank	4,00	01.01.	100%	180.000.000	239,25	4,00	437.850.000	9,052%	12	28.03.
	2	Disconto-Gesellschaft	4,00	01.01.	100%	170.000.000	189,90	4,00	329.630.000	6,815%	9	02.04.
	3	Gelsenkirchener Bergwerks AG	4,00	01.01.	100%	130.000.000	230,25	4,00	304.525.000	6,296%	11	07.04.
	4	Reichsbank	3,50	01.01.	100%	180.000.000	158,10	3,50	290.880.000	6,014%	6,15	06.03.
	5	Dresdner Bank	4,00	01.01.	100%	160.000.000	164,70	4,00	269.920.000	5,580%	8,5	02.04.
	6	Darmstädter Bank	4,00	01.01.	100%	154.000.000	148,50	4,00	234.850.000	4,855%	8	02.04.
	7	AEG	4,00	01.07.	100%	100.000.000	219,75	2,00	221.750.000	4,585%	11	11.12.
	8	Schaaffhausen'scher Bankverein	4,00	01.01.	100%	125.000.000	163,00	4,00	208.750.000	4,316%	8,25	29.03.
	9	Große Berliner Straßenbahn	4,00	01.01.	100%	100.082.400	195,10	4,00	199.264.058	4,120%	7,75	12.03.
	10	Berliner Handelsges.	4,00	01.01.	100%	100.000.000	172,50	4,00	176.500.000	3,649%	9	02.04.
	11	Hapag	4,00	01.01.	100%	100.000.000	163,90	4,00	167.900.000	3,471%	11	02.04.
	12	Harpener Bergbau AG	4,00	01.07.	100%	72.200.000	213,90	2,00	155.879.800	3,223%	9	29.10.
	13	Bayerische Hypo	4,00	01.01	100%	49.285.714	304,10	4,00	151.849.286	3,139%	12,95	02.03.
	14	Leipziger Kreditanstalt	4,00	01.01	100%	80.000.400	178,00	4,00	145.600.728	3,010%	9	28.03.
	15	Norddeutscher Lloyd	4,00	01.01	100%	100.000.000	126,30	4,00	130.300.000	2,694%	7,5	01.05.
	16	Elberfelder Farbenfabriken	4,00	01.01	100%	21.000.000	547,00	4,00	115.710.000	2,392%	33	01.05.
	17	Commerz- und Disconto-Bank	4,00	01.01.	100%	85.000.000	122,70	4,00	107.695.000	2,227%	6,5	22.03.
	18	Nationalbank für Deutschland	4,00	01.01.	100%	80.000.000	130,40	4,00	107.520.000	2,223%	7	26.03.
	19	Hoechst	4,00	01.01.	100%	25.500.000	415,00	4,00	106.845.000	2,209%	24	19.05.
	20	Bergisch Märkische Bank	4,00	01.01.	100%	60.000.000	169,00	4,00	103.800.000	2,146%	8,5	01.05.
	21	Rhein. Creditbank	4,00	01.01.	100%	70.000.800	142,80	4,00	102.761.174	2,125%	7	09.04.
	22	Siemens	4,00	01.08.	100%	54.500.000	184,80	1,62	101.596.393	2,100%	10	02.01.
	23	Schlesische Zink	4,00	01.01.	100%	23.529.000	423,40	4,00	100.562.946	2,079%	21	30.04.
	24	BASF	4,00	01.01.	100%	21.000.000	463,00	4,00	98.070.000	2,028%	27	01.05.
	25	Rhein.-Westf. Disc.-Ges.	4,00	01.01.	100%	60.000.000	143,00	4,00	88.200.000	1,823%	7,5	12.03.
	26	Essener Credit-Anstalt	4,00	01.01.	100%	50.000.400	167,80	4,00	85.900.687	1,776%	8,5	27.03.
	27	Preußische Central-Boden	4,00	01.01.	100%	39.600.000	200,00	4,00	80.784.000	1,670%	9	27.03.
	28	Barmer Bank-Verein	4,00	01.01.	100%	49.336.200	141,50	4,00	71.784.171	1,484%	6,5	25.03.
	29	Oberschlesische Eisenbahn-Bed	4,00	01.01.	100%	45.000.000	152,90	4,00	70.605.000	1,460%	7	12.05.
	30	Phönix, AG für Bergbau und Hüt	4,00	01.07.	100%	35.000.000	197,00	2,00	69.650.000	1,440%	8	15.10.
									4.836.933.244	**100%**		

Indexgesellschaft			SZ Satz	SZ Termin	Ein-zahlung	Grund-kapital	Ultimo-kurs	Ultimo SZ	Börsen-kapital	Gewicht	Divi-dende	Datum Div.
1907	1	Deutsche Bank	4,00	01.01.	100%	180.000.000	242,40	4,00	443.520.000	8,690%	12	27.03.
	2	Disconto-Gesellschaft	4,00	01.01.	100%	170.000.000	186,70	4,00	324.190.000	6,352%	9	25.03.
	3	Gelsenkirchener Bergwerks AG	4,00	01.01.	100%	130.000.000	229,60	4,00	303.680.000	5,950%	11	12.03.
	4	Reichsbank	3,50	01.01.	100%	180.000.000	159,10	3,50	292.680.000	5,734%	8,22	06.03.
	5	Dresdner Bank	4,00	01.01.	100%	165.000.000	158,90	4,00	268.785.000	5,266%	8,5	01.04.
	6	Darmstädter Bank	4,00	01.01.	100%	154.000.000	140,50	4,00	222.530.000	4,360%	8	08.04.
	7	AEG	4,00	01.07.	100%	100.000.000	213,20	2,00	215.200.000	4,216%	12	11.12.
	8	Schaaffhausen'scher Bankverein	4,00	01.01.	100%	130.000.000	157,60	4,00	210.080.000	4,116%	8,5	27.03.
	9	Hapag	4,00	01.01.	100%	120.000.000	156,60	4,00	192.720.000	3,776%	10	01.04.
	10	Große Berliner Straßenbahn	4,00	01.01.	100%	100.082.400	182,50	4,00	186.653.676	3,657%	8	03.03.
	11	Berliner Handelsges.	4,00	01.01.	100%	100.000.000	174,80	4,00	178.800.000	3,503%	9	22.03.
	12	Bayerische Hypo	4,00	01.01.	100%	54.285.714	292,20	4,00	160.794.286	3,150%	12,95	02.03.
	13	Harpener Bergbau AG	4,00	01.07.	100%	72.200.000	213,80	2,00	155.807.600	3,053%	11	28.10.
	14	Phönix, AG für Bergbau und Hüt	4,00	01.07.	100%	72.000.000	210,00	2,00	152.640.000	2,991%	15	07.11.
	15	Leipziger Kreditanstalt	4,00	01.01.	100%	80.000.400	176,00	4,00	144.000.720	2,821%	9	28.03.
	16	Norddeutscher Lloyd	4,00	01.01.	100%	106.250.000	130,10	4,00	142.481.250	2,792%	8,5	20.03.
	17	Bergisch Märkische Bank	4,00	01.01.	100%	75.000.000	162,50	4,00	124.875.000	2,447%	8,5	01.05.
	18	Elberfelder Farbenfabriken	4,00	01.01.	100%	21.000.000	590,00	4,00	124.740.000	2,444%	36	01.05.
	19	Deutsche-Überseeische Elektric	4,00	01.01.	100%	72.000.000	162,10	4,00	119.592.000	2,343%	9,5	23.05.
	20	Hoechst	4,00	01.01.	100%	25.500.000	455,00	4,00	117.045.000	2,293%	30	22.05.
	21	Nationalbank für Deutschland	4,00	01.01.	100%	80.000.000	133,20	4,00	109.760.000	2,150%	7,5	19.03.
	22	Schlesische Zink	4,00	01.01.	100%	23.529.000	462,00	4,00	109.645.140	2,148%	23	03.05.
	23	Commerz- und Disconto-Bank	4,00	01.01.	100%	85.000.000	121,20	4,00	106.420.000	2,085%	6,5	28.03.
	24	BASF	4,00	01.01.	100%	21.000.000	497,70	4,00	105.357.000	2,064%	30	01.05.
	25	Felten	4,00	01.01.	100%	55.000.000	184,60	4,00	103.730.000	2,032%	11	01.05.
	26	Rhein. Creditbank	4,00	01.01.	100%	70.000.800	144,00	4,00	103.601.184	2,030%	7	23.03.
	27	Essener Credit-Anstalt	4,00	01.01.	100%	60.000.000	168,00	4,00	103.200.000	2,022%	8,5	23.03.
	28	Siemens	4,00	01.08.	100%	54.500.000	181,10	5,62	101.759.893	1,994%	11	03.01.
	29	Rhein.-Westf. Disc.-Ges.	4,00	01.01.	100%	65.700.000	142,25	4,00	96.086.250	1,883%	8	07.03.
	30	Hohenlohe-Werke AG	4,00	01.01.	100%	40.000.000	206,00	3,00	83.600.000	1,638%	10	20.05.
									5.103.973.999	100%		

		Indexgesellschaft	SZ Satz	SZ Termin	Ein-zahlung	Grund-kapital	Ultimo-kurs	Ultimo SZ	Börsen-kapital	Gewicht	Divi-dende	Datum Div.
1908	1	Deutsche Bank	4,00	01.01.	100%	200.000.000	228,50	4,00	465.000.000	9,426%	12	27.03.
	2	Disconto-Gesellschaft	4,00	01.01.	100%	170.000.000	171,40	4,00	298.180.000	6,044%	9	01.04.
	3	Reichsbank	3,50	01.01.	100%	180.000.000	154,10	3,50	283.680.000	5,751%	9,89	03.03.
	4	Gelsenkirchener Bergwerks AG	4,00	01.01.	100%	130.000.000	194,10	4,00	257.530.000	5,220%	12	31.03.
	5	Dresdner Bank	4,00	01.01.	100%	180.000.000	138,50	4,00	256.500.000	5,200%	7	01.04.
	6	Schaaffhausen'scher Bankverein	4,00	01.01.	100%	145.000.000	134,30	4,00	200.535.000	4,065%	7	30.03.
	7	Darmstädter Bank	4,00	01.01.	100%	154.000.000	126,00	4,00	200.200.000	4,058%	6	07.04.
	8	AEG	4,00	01.07.	100%	100.000.000	195,40	2,00	197.400.000	4,002%	12	07.12.
	9	BASF	4,00	01.01.	100%	36.000.000	540,50	4,00	196.020.000	3,974%	30	01.05.
	10	Große Berliner Straßenbahn	4,00	01.01.	100%	100.082.400	169,25	4,00	173.392.758	3,515%	8	28.02.
	11	Phönix, AG für Bergbau und Hüt	4,00	01.07.	100%	100.000.000	169,10	2,00	171.100.000	3,468%	17	02.12.
	12	Berliner Handelsges.	4,00	01.01.	100%	100.000.000	154,50	4,00	158.500.000	3,213%	9	06.04.
	13	Bayerische Hypo	4,00	01.01.	100%	54.285.714	274,50	4,00	151.185.714	3,065%	13	05.03.
	14	Leipziger Kreditanstalt	4,00	01.01.	100%	90.000.000	162,25	4,00	149.625.000	3,033%	9	28.03.
	15	Hapag	4,00	01.01.	100%	125.000.000	115,50	4,00	149.375.000	3,028%	6	24.03.
	16	Elberfelder Farbenfabriken	4,00	01.01.	100%	21.000.000	675,00	4,00	142.590.000	2,890%	65	01.05.
	17	Harpener Bergbau AG	4,00	01.07.	100%	72.200.000	195,00	2,00	142.234.000	2,883%	12	29.10.
	18	Norddeutscher Lloyd	4,00	01.01.	100%	125.000.000	103,50	4,00	134.375.000	2,724%	4,5	06.04.
	19	Bergisch Märkische Bank	4,00	01.01.	100%	75.000.000	153,25	4,00	117.937.500	2,391%	8,5	01.05.
	20	Hoechst	4,00	01.01.	100%	25.500.000	450,00	4,00	115.770.000	2,347%	30	09.05.
	21	Rhein.-Westf. Disc.-Ges.	4,00	01.01.	100%	80.000.000	133,25	4,00	109.800.000	2,226%	8	07.03.
	22	Deutsche-Überseeische Elektric	4,00	01.01.	100%	72.000.000	144,10	4,00	106.632.000	2,162%	9,5	24.06.
	23	Schlesische Zink	4,00	01.01.	100%	27.279.000	383,00	4,00	105.569.730	2,140%	21	09.05.
	24	Rhein. Creditbank	4,00	01.01.	100%	75.000.800	136,50	4,00	105.376.124	2,136%	7	04.04.
	25	Nationalbank für Deutschland	4,00	01.01.	100%	80.000.000	115,00	4,00	95.200.000	1,930%	6	01.04.
	26	Siemens	4,00	01.08.	100%	54.500.000	169,00	5,62	95.165.393	1,929%	11	05.01.
	27	Essener Credit-Anstalt	4,00	01.01.	100%	60.000.000	154,25	4,00	94.950.000	1,925%	8,5	21.03.
	28	Commerz- und Disconto-Bank	4,00	01.01.	100%	85.000.000	107,00	4,00	94.350.000	1,913%	5,5	27.03.
	29	Felten	4,00	01.01.	100%	55.000.000	153,90	4,00	86.845.000	1,760%	10	01.05.
	30	Barmer Bank-Verein	4,00	01.01.	100%	59.836.200	126,50	4,00	78.086.241	1,583%	7,5	25.03.
									4.933.104.460	**100%**		

		Indexgesellschaft	SZ Satz	SZ Termin	Ein-zahlung	Grund-kapital	Ultimo-kurs	Ultimo SZ	Börsen-kapital	Gewicht	Divi-dende	Datum Div.
1909	1	Deutsche Bank	4,00	01.01.	100%	200.000.000	240,70	4,00	489.400.000	9,668%	12	26.03.
	2	Disconto-Gesellschaft	4,00	01.01.	100%	170.000.000	179,40	4,00	311.780.000	6,159%	9	29.03.
	3	Dresdner Bank	4,00	01.01.	100%	180.000.000	147,00	4,00	271.800.000	5,369%	7,5	31.03.
	4	Reichsbank	3,50	01.01.	100%	180.000.000	147,00	3,50	270.900.000	5,351%	7,77	05.03.
	5	Gelsenkirchener Bergwerks AG	4,00	01.01.	100%	130.000.000	188,20	4,00	249.860.000	4,936%	9	19.04.
	6	AEG	4,00	01.07.	100%	100.000.000	218,90	2,00	220.900.000	4,364%	13	11.12.
	7	Darmstädter Bank	4,00	01.01.	100%	154.000.000	127,70	4,00	202.818.000	4,006%	6	06.04.
	8	Schaaffhausen'scher Bankverein	4,00	01.01.	100%	145.000.000	132,20	4,00	197.490.000	3,901%	7	29.03.
	9	Große Berliner Straßenbahn	4,00	01.01.	100%	100.082.400	173,60	4,00	177.746.342	3,511%	8,25	08.03.
	10	Phönix, AG für Bergbau und Hüt	4,00	01.07.	100%	100.000.000	174,40	2,00	176.400.000	3,485%	11	06.11.
	11	Berliner Handelsges.	4,00	01.01.	100%	100.000.000	168,20	4,00	172.200.000	3,402%	9	22.03.
	12	Bayerische Hypo	4,00	01.01.	100%	54.285.714	288,50	4,00	158.785.714	3,137%	13	04.03.
	13	Harpener Bergbau AG	4,00	01.07.	100%	80.000.000	192,20	2,00	155.360.000	3,069%	11	28.10.
	14	Leipziger Kreditanstalt	4,00	01.01.	100%	90.000.000	163,50	4,00	150.750.000	2,978%	9	29.03.
	15	Elberfelder Farbenfabriken	4,00	01.01.	100%	36.000.000	412,00	4,00	149.760.000	2,958%	24	01.05.
	16	Hoechst	4,00	01.01.	100%	36.000.000	401,50	4,00	145.980.000	2,884%	27	15.05.
	17	Hapag	4,00	01.01.	100%	125.000.000	110,50	4,00	143.125.000	2,827%	0	01.04.
	18	Siemens	4,00	01.08.	100%	63.000.000	204,70	5,62	132.498.702	2,617%	12	09.01.
	19	BASF	4,00	01.01.	100%	36.000.000	360,00	4,00	131.040.000	2,589%	22	01.05.
	20	Bergisch Märkische Bank	4,00	01.01.	100%	75.000.000	157,50	4,00	121.125.000	2,393%	8,5	01.05.
	21	Norddeutscher Lloyd	4,00	01.01.	100%	125.000.000	89,00	4,00	116.250.000	2,296%	0	26.04.
	22	Schlesische Zink	4,00	01.01.	100%	27.279.000	413,00	4,00	113.753.430	2,247%	14	11.05.
	23	Deutsche-Überseeische Elektric	4,00	01.01.	100%	72.000.000	149,60	4,00	110.592.000	2,185%	9,5	24.06.
	24	Rhein.-Westf. Disc.-Ges.	4,00	01.01.	100%	80.000.000	131,00	4,00	108.000.000	2,133%	7	13.03.
	25	Rhein. Creditbank	4,00	01.01.	100%	75.000.800	133,50	4,00	103.126.100	2,037%	7	03.04.
	26	Berliner Elektrizitätswerke	4,00	01.01.	100%	62.525.000	159,30	2,00	100.852.825	1,992%	11	25.11.
	27	Essener Credit-Anstalt	4,00	01.01.	100%	60.000.000	162,00	4,00	99.600.000	1,967%	8,5	20.03.
	28	Nationalbank für Deutschland	4,00	01.01.	100%	80.000.000	120,10	4,00	99.280.000	1,961%	6	20.03.
	29	Commerz- und Disconto-Bank	4,00	01.01.	100%	85.000.000	107,70	4,00	94.945.000	1,876%	5,5	27.03.
	30	Felten	4,00	01.01.	100%	55.000.000	152,70	4,00	86.185.000	1,702%	8	28.05.
									5.062.303.114	**100%**		

Indexgesellschaft			SZ Satz	SZ Termin	Ein-zahlung	Grund-kapital	Ultimo-kurs	Ultimo SZ	Börsen-kapital	Gewicht	Divi-dende	Datum Div.
1910	1	Deutsche Bank	4,00	01.01.	100%	200.000.000	250,10	4,00	508.200.000	8,804%	12,5	25.03.
	2	Gelsenkirchener Bergwerks AG	4,00	01.01.	100%	156.000.000	224,60	4,00	356.614.752	6,178%	9	06.04.
	3	Disconto-Gesellschaft	4,00	01.01.	100%	170.000.000	197,60	4,00	342.720.000	5,937%	9,5	25.03.
	4	Dresdner Bank	4,00	01.01.	100%	180.000.000	163,70	4,00	301.860.000	5,229%	8,5	01.04.
	5	Reichsbank	3,50	01.01.	100%	180.000.000	155,00	3,50	285.300.000	4,942%	5,83	04.03.
	6	AEG	4,00	01.07.	100%	100.000.000	263,70	2,00	265.700.000	4,603%	14	17.10.
	7	Phönix, AG für Bergbau und Hüt	4,00	01.07.	100%	100.000.000	223,00	2,00	225.000.000	3,898%	9	01.11.
	8	Schaaffhausen'scher Bankverein	4,00	01.01.	100%	145.000.000	148,50	4,00	221.125.000	3,831%	7,5	26.03.
	9	Darmstädter Bank	4,00	01.01.	100%	154.000.000	138,50	4,00	219.450.000	3,802%	6,5	05.04.
	10	Große Berliner Straßenbahn	4,00	01.01.	100%	100.082.400	186,50	4,00	190.656.972	3,303%	8,25	08.03.
	11	Berliner Handelsges.	4,00	01.01.	100%	100.000.000	183,90	4,00	187.900.000	3,255%	9	06.04.
	12	Harpener Bergbau AG	4,00	01.07.	100%	85.000.000	213,70	2,00	183.345.000	3,176%	8	01.11.
	13	Elberfelder Farbenfabriken	4,00	01.01.	100%	36.000.000	483,50	4,00	175.500.000	3,040%	24	01.05.
	14	Hapag	4,00	01.01.	100%	125.000.000	135,60	4,00	174.500.000	3,023%	6	01.04.
	15	Hoechst	4,00	01.01.	100%	36.000.000	474,40	4,00	172.224.000	2,984%	27	07.05.
	16	BASF	4,00	01.01.	100%	36.000.000	454,00	4,00	164.880.000	2,856%	24	30.04.
	17	Siemens	4,00	01.08.	100%	63.000.000	252,90	5,62	162.864.702	2,821%	12	07.01.
	18	Bayerische Hypo	4,00	01.01.	100%	54.285.714	296,00	4,00	162.857.143	2,821%	13	05.03.
	19	Leipziger Kreditanstalt	4,00	01.01.	100%	90.000.000	176,50	4,00	162.450.000	2,814%	9	30.03.
	20	Deutsche-Überseeische Elektric	4,00	01.01.	100%	80.000.000	182,80	4,00	149.440.000	2,589%	10	09.06.
	21	Bergisch Märkische Bank	4,00	01.01.	100%	75.000.000	186,00	4,00	142.500.000	2,469%	8,5	01.04.
	22	Norddeutscher Lloyd	4,00	01.01.	100%	125.000.000	103,50	4,00	134.375.000	2,328%	0	01.05.
	23	Rhein.-Westf. Disc.-Ges.	4,00	01.01.	100%	95.000.000	130,10	4,00	127.395.000	2,207%	7	24.03.
	24	Rhein. Creditbank	4,00	01.01.	100%	85.000.000	139,00	4,00	121.550.000	2,106%	7	22.03.
	25	Schlesische Zink	4,00	01.01.	100%	27.279.000	414,00	4,00	114.026.220	1,975%	16	20.05.
	26	Dt.-Luxemb.-Bergw. AG	4,00	01.07.	100%	50.000.000	220,40	2,00	111.200.000	1,926%	10	10.08.
	27	Nationalbank für Deutschland	4,00	01.01.	100%	80.000.000	131,20	4,00	108.160.000	1,874%	6,5	22.03.
	28	Essener Credit-Anstalt	4,00	01.01.	100%	61.000.000	170,20	4,00	106.262.000	1,841%	8,5	17.03.
	29	Commerz- und Disconto-Bank	4,00	01.01.	100%	85.000.000	116,40	4,00	102.340.000	1,773%	6	26.03.
	30	Hohenlohe-Werke AG	4,00	01.04.	100%	40.000.000	227,20	3,00	92.080.000	1,595%	8	06.06.
									5.772.475.789	**100%**		

		Indexgesellschaft	SZ Satz	SZ Termin	Einzahlung	Grundkapital	Ultimokurs	Ultimo SZ	Börsenkapital	Gewicht	Dividende	Datum Div.
1911	1	Deutsche Bank	4,00	01.01.	100%	200.000.000	263,50	4,00	535.000.000	8,849%	12,50	01.04.
	2	AEG	4,00	01.07.	100%	130.000.000	261,10	2,00	342.030.000	5,658%	14,00	25.11.
	3	Disconto-Gesellschaft	4,00	01.01.	100%	170.000.000	193,50	4,00	335.750.000	5,554%	10,00	01.04.
	4	Dresdner Bank	4,00	01.01.	100%	200.000.000	162,70	4,00	333.400.000	5,515%	8,50	01.04.
	5	Gelsenkirchener Bergwerks AG	4,00	01.01.	100%	156.000.000	208,00	4,00	330.720.000	5,470%	10,00	01.04.
	6	Reichsbank	3,50	01.01.	100%	180.000.000	142,70	3,50	263.160.000	4,353%	6,50	25.03.
	7	Phönix AG für Bergbau- und Hüttenbetrieb	4,00	01.07.	100%	106.000.000	238,70	2,00	255.142.000	4,220%	15,00	04.11.
	8	Darmstädter Bank	4,00	01.01.	100%	160.000.000	130,60	4,00	215.360.000	3,562%	6,50	08.04.
	9	Schaaffhausen'scher Bankverein	4,00	01.01.	100%	145.000.000	142,90	4,00	213.005.000	3,523%	7,50	08.04.
	10	Dt.-Luxemb.-Bergw. AG	4,00	01.07.	100%	100.000.000	199,00	2,00	201.000.000	3,325%	11,00	02.12.
	11	Hoechst	4,00	01.01.	100%	36.000.000	538,00	4,00	195.120.000	3,227%	27,00	13.11.
	12	Große Berliner Straßenbahn	4,00	01.01.	100%	100.082.400	189,50	4,00	193.659.444	3,203%	8,50	25.03.
	13	Berliner Handelsges.	4,00	01.01.	100%	110.000.000	169,60	4,00	190.960.000	3,159%	9,00	08.04.
	14	Elberfelder Farbenfabriken	4,00	01.01.	100%	36.000.000	509,30	4,00	184.788.000	3,057%	25,00	29.04.
	15	BASF	4,00	01.01.	100%	36.000.000	507,40	4,00	184.104.000	3,045%	25,00	29.04.
	16	Hapag	4,00	01.01.	100%	125.000.000	141,50	4,00	181.875.000	3,008%	8,00	01.04.
	17	Hohenlohe-Werke AG	4,00	01.04.	100%	80.000.000	213,50	3,00	173.200.000	2,865%	11,00	24.06.
	18	Dt. Übersee. Elektr. Ges.	4,00	01.01.	100%	90.000.000	183,60	4,00	168.840.000	2,793%	10,00	10.07.
	19	Leipziger Kreditanstalt	4,00	01.01.	100%	90.000.000	176,00	4,00	162.000.000	2,680%	9,00	01.04.
	20	Harpener Bergbau AG	4,00	01.07.	100%	85.000.000	183,00	2,00	157.250.000	2,601%	8,00	04.11.
	21	Siemens	4,00	01.07.	100%	63.000.000	241,90	6,00	156.177.000	2,583%	12,00	14.01.
	22	Norddeutscher Lloyd	4,00	01.01.	100%	125.000.000	104,75	4,00	135.937.500	2,249%	3,00	13.04.
	23	Rhein.-Westf. Disc.-Ges.	4,00	01.01.	100%	95.000.000	130,25	4,00	127.537.500	2,110%	7,00	08.04.
	24	Bergisch Märkische Bank	4,00	01.01.	100%	75.000.000	164,50	4,00	126.375.000	2,090%	8,50	08.04.
	25	Essener Credit-Anstalt	4,00	01.01.	100%	72.000.000	166,50	4,00	122.760.000	2,031%	8,50	01.04.
	26	Rhein. Creditbank	4,00	01.01.	100%	85.000.000	138,75	4,00	121.337.500	2,007%	7,00	13.04.
	27	Berliner Elektrizitätswerke	4,00	01.07.	100%	64.100.000	179,50	2,00	116.341.500	1,924%	12,00	18.11.
	28	Schlesische Zink	4,00	01.01.	100%	27.279.000	414,10	4,00	114.053.499	1,887%	17,00	27.05.
	29	Nationalbank für Deutschland	4,00	01.01.	100%	80.000.000	130,40	4,00	107.520.000	1,778%	7,00	25.03.
	30	Commerz- und Disconto-Bank	4,00	01.01.	100%	85.000.000	115,00	4,00	101.150.000	1,673%	6,00	01.04.
									6.045.552.943	**100%**		

		Indexgesellschaft	SZ Satz	SZ Termin	Einzahlung	Grundkapital	Ultimokurs	Ultimo SZ	Börsenkapital	Gewicht	Dividende	Datum Div.
1912	1	Deutsche Bank	4,00	01.01.	100%	200.000.000	264,90	4,00	537.800.000	8,824%	12,50	30.03.
	2	AEG	4,00	01.07.	100%	130.000.000	267,00	2,00	349.700.000	5,738%	14,00	14.12.
	3	Disconto-Gesellschaft	4,00	01.01.	100%	170.000.000	192,80	4,00	334.560.000	5,490%	10,00	30.03.
	4	Gelsenkirchener Bergwerks AG	4,00	01.01.	100%	156.000.000	207,50	4,00	329.940.000	5,414%	10,00	30.03.
	5	Dresdner Bank	4,00	01.01.	100%	200.000.000	159,25	4,00	326.500.000	5,357%	8,50	04.04.
	6	Phönix AG für Bergbau- und Hüttenbetrieb	4,00	01.07.	100%	106.000.000	261,25	2,00	279.045.000	4,579%	18,00	16.11.
	7	Reichsbank	3,50	01.01.	100%	180.000.000	140,10	3,50	258.480.000	4,241%	6,40	30.03.
	8	Darmstädter Bank	4,00	01.01.	100%	160.000.000	127,00	4,00	209.600.000	3,439%	6,50	13.04.
	9	Hoechst	4,00	01.01.	100%	36.000.000	562,75	4,00	204.030.000	3,348%	30,00	11.05.
	10	Schaaffhausen'scher Bankverein	4,00	01.01.	100%	145.000.000	136,40	4,00	203.580.000	3,340%	7,50	04.04.
	11	Dt.-Luxemb.-Bergw. AG	4,00	01.07.	100%	100.000.000	195,50	2,00	197.500.000	3,241%	11,00	30.11.
	12	Große Berliner Straßenbahn	4,00	01.01.	100%	100.082.400	192,50	4,00	196.661.916	3,227%	8,75	16.03.
	13	Berliner Handelsges.	4,00	01.01.	100%	110.000.000	171,50	4,00	193.050.000	3,168%	9,50	04.04.
	14	Elberfelder Farbenfabriken	4,00	01.01.	100%	36.000.000	531,00	4,00	192.600.000	3,160%	25,00	04.05.
	15	BASF	4,00	01.01.	100%	36.000.000	523,50	4,00	189.900.000	3,116%	25,00	04.05.
	16	Hapag	4,00	01.01.	100%	125.000.000	146,40	4,00	188.000.000	3,085%	9,00	30.03.
	17	Harpener Bergbau AG	4,00	01.07.	100%	85.000.000	198,90	2,00	170.765.000	2,802%	9,00	09.11.
	18	Hohenlohe-Werke AG	4,00	01.03.	100%	80.000.000	208,50	3,00	169.200.000	2,776%	11,00	20.07.
	19	Dt. Übersee. Elektr. Ges.	4,00	01.01.	100%	90.000.000	181,90	4,00	167.310.000	2,745%	10,00	15.06.
	20	Siemens	4,00	01.07.	100%	63.000.000	252,00	2,00	160.020.000	2,626%	12,00	13.01.
	21	Leipziger Kreditanstalt	4,00	01.01.	100%	90.000.000	171,75	4,00	158.175.000	2,595%	9,00	30.03.
	22	Norddeutscher Lloyd	4,00	01.01.	100%	125.000.000	107,50	4,00	139.375.000	2,287%	5,00	04.04.
	23	Rhein.-Westf. Disc.-Ges.	4,00	01.01.	100%	95.000.000	130,25	4,00	127.537.500	2,093%	7,00	30.03.
	24	Berliner Elektrizitätswerke	4,00	01.07.	100%	64.100.000	193,00	2,00	124.995.000	2,051%	12,00	13.11.
	25	Essener Credit-Anstalt	4,00	01.01.	100%	72.000.000	166,75	4,00	122.940.000	2,017%	8,50	30.03.
	26	Rhein. Creditbank	4,00	01.01.	100%	85.000.000	138,50	4,00	121.125.000	1,987%	7,00	30.03.
	27	Bergisch Märkische Bank	4,00	01.01.	100%	75.000.000	154,50	4,00	118.875.000	1,951%	7,00	13.04.
	28	Schlesische Zink	4,00	01.01.	100%	27.279.000	415,25	4,00	114.367.208	1,877%	18,00	13.04.
	29	Nationalbank für Deutschland	4,00	01.01.	100%	80.000.000	129,00	4,00	106.400.000	1,746%	7,00	23.03.
	30	Schuckert	4,00	01.08.	100%	60.000.000	169,00	1,62	102.369.231	1,680%	7,50	13.01.
									6.094.400.854	**100%**		

		Indexgesellschaft	Grund-kapital	Ultimo-kurs	Börsen-kapital	Gewicht	Divi-dende	Datum Div.
1913	1	Deutsche Bank	200.000.000	248,80	497.600.000	8,276%	12,50	05.04.
	2	AEG	155.000.000	236,75	366.962.500	6,103%	14,00	06.12.
	3	Diskonto Gesellschaft	200.000.000	183,10	366.200.000	6,090%	10,00	20.03.
	4	Gelsenkirchner Bergwerks AG	180.000.000	191,00	343.800.000	5,718%	10,00	19.04.
	5	Dresdner Bank	200.000.000	151,00	302.000.000	5,023%	8,50	05.04.
	6	Phönix AG für Bergbau- und Hüttenbetrieb	106.000.000	256,60	271.996.000	4,524%	18,00	15.11.
	7	Reichsbank	180.000.000	131,80	237.240.000	3,946%	6,40	29.03.
	8	Hapag	150.000.000	155,30	232.950.000	3,874%	10,00	05.04.
	9	Hoechster Farbwerke	36.000.000	632,00	227.520.000	3,784%	30,00	09.05.
	10	Dt.-Luxemb.-Bergw. AG	130.000.000	161,50	209.950.000	3,492%	10,00	29.11.
	11	Darmstädter Bank	160.000.000	118,25	189.200.000	3,147%	6,50	12.04.
	12	Dt.-Übersee. Elektr. Ges.	120.000.000	155,50	186.600.000	3,103%	11,00	28.06.
	13	Elberfelder Farbenfabr.	36.000.000	518,00	186.480.000	3,101%	28,00	03.05.
	14	BASF	36.000.000	516,00	185.760.000	3,089%	28,00	09.05.
	15	Berliner Handelsges.	110.000.000	163,60	179.960.000	2,993%	9,50	05.04.
	16	Leipziger Kreditanstalt	110.000.000	162,50	178.750.000	2,973%	8,50	05.04.
	17	Gr. Berliner Straßenbahn	100.082.400	171,25	171.391.110	2,850%	8,50	12.04.
	18	Schaaffhausen. Bankverein	145.000.000	114,25	165.662.500	2,755%	5,00	05.04.
	19	Harpener Bergbau	85.000.000	183,00	155.550.000	2,587%	11,00	01.11.
	20	Norddt. Lloyd	125.000.000	119,50	149.375.000	2,484%	7,00	29.03.
	21	Siemens	63.000.000	221,00	139.230.000	2,316%	12,00	11.01.
	22	Hohenlohe-Werke A.-G.	80.000.000	172,25	137.800.000	2,292%	8,00	04.10.
	23	Mannesmann	61.000.000	209,00	127.490.000	2,120%	13,50	08.11.
	24	Rhein. Creditbank	95.000.000	132,00	125.400.000	2,086%	7,00	12.04.
	25	Bergisch Märkische Bank	80.000.000	145,75	116.600.000	1,939%	7,50	05.04.
	26	Rhein.-Westf. Disc.-Ges.	95.000.000	121,50	115.425.000	1,920%	7,00	12.04.
	27	Barmer Bank-Verein	99.481.800	116,00	115.398.888	1,919%	6,50	12.04.
	28	Essener Credit-Anstalt	72.000.000	157,00	113.040.000	1,880%	8,50	05.04.
	29	Berliner Elektrizitätswerke	64.100.000	172,50	110.572.500	1,839%	12,00	15.11.
	30	Nationalbank f. Deutschl.	90.000.000	118,80	106.920.000	1,778%	7,00	29.03.
					6.012.823.498	**100%**		

		Indexgesellschaft	Grund-kapital	Ultimo-kurs	Börsen-kapital	Gewicht	Divi-dende	Datum Div.
1914	1	Deutsche Bank	200.000.000	248,00	496.000.000	8,395%	12,50	04.04.
bis	2	Disconto-Gesellschaft	200.000.000	186,00	372.000.000	6,297%	10,00	04.04.
1918	3	AEG	155.000.000	234,80	363.940.000	6,160%		-
	4	Gelsenkirchner Bergwerks AG	180.000.000	183,90	331.020.000	5,603%	11,00	09.04.
	5	Dresdner Bank	200.000.000	150,90	301.800.000	5,108%	8,50	04.04.
	6	Phönix AG für Bergbau- und Hüttenbetrieb	106.000.000	234,10	248.146.000	4,200%		-
	7	Reichsbank	180.000.000	136,90	246.420.000	4,171%	8,43	30.05.
	8	Hapag	180.000.000	133,00	239.400.000	4,052%	10,00	04.04.
	9	Hoechster Farbwerke	36.000.000	612,00	220.320.000	3,729%	30,00	16.05.
	10	BASF	36.000.000	558,50	201.060.000	3,403%	28,00	09.05.
	11	Dt.-Übersee. Elektr. Ges.	120.000.000	166,00	199.200.000	3,372%	11,00	09.06.
	12	Elberfelder Farbenfabr.	36.000.000	550,60	198.216.000	3,355%	28,00	09.05.
	13	Darmstädter Bank	160.000.000	116,10	185.760.000	3,144%	6,50	09.05.
	14	Leipziger Kreditanstalt	110.000.000	156,50	172.150.000	2,914%	8,50	04.04.
	15	Berliner Handelsges.	110.000.000	155,50	171.050.000	2,895%	8,50	09.04.
	16	Dt.-Luxemb.-Bergw. AG	130.000.000	130,75	169.975.000	2,877%	0,00	-
	17	Gr. Berliner Straßenbahn	100.082.400	163,25	163.384.518	2,765%	8,00	28.03.
	18	Harpener Bergbau	85.000.000	172,50	146.625.000	2,482%		-
	19	*Schaaffhausen. Bankverein*	*145.000.000*	*101,10*	*146.595.000*	2,481%	*0,00*	-
	20	Norddt. Lloyd	125.000.000	116,90	146.125.000	2,473%	8,00	04.04.
	21	Essener Credit Anstalt	90.000.000	156,50	140.850.000	2,384%	8,50	09.04.
	22	Siemens	63.000.000	218,00	137.340.000	2,325%	12,00	10.01.
	23	Mannesmann	61.000.000	217,75	132.827.500	2,248%	x	-
	24	Rhein. Creditbank	95.000.000	126,00	119.700.000	2,026%	7,00	04.04.
	25	Barmer Bank-Verein	99.481.800	116,00	115.398.888	1,953%	6,50	28.03.
	26	*Bergisch Märkische Bank*	*80.000.000*	*142,75*	*114.200.000*	*1,933%*	*0,00*	-
	27	*Rhein.-Westf. Disc.-Ges.*	*95.000.000*	*118,25*	*112.337.500*	*1,901%*	*6,50*	*21.04.*
	28	Hohenlohe-Werke A.-G.	80.000.000	132,00	105.600.000	1,787%	0,00	-
	29	Berliner Elektrizitätswerke	64.100.000	164,40	105.380.400	1,784%	x	-
	30	Nationalbank f. Deutschl.	90.000.000	116,90	105.210.000	1,781%	6,00	28.03.
					5.908.030.806	**100%**		

Dividenden 25.7.14 bis 30.11.18

Gesellschaften	Kurs am 25.07.1914	Kurs am 30.11.1918	Dividende 1914	Dividende 1915	Dividende 1916	Dividende 1917	Dividende 1918	Summe zum 30.11.18	Faktor auf ex-Basis
Deutsche Bank	220,25	**207,00**		10,00%	12,50%	12,50%	14,00%	**49,00%**	1,23671498
Disconto Gesellsch.	172,13	**163,67**		8,00%	8,50%	10,00%	11,00%	**37,50%**	1,22911957
Allg. Elektr. Gesellsch.	218,25	**185,00**	10,00%	11,00%	12,00%	12,50%		**45,50%**	1,24594595
Gelsenkirch. BW-A.-G.	161,88	**147,50**		6,00%	8,00%	12,00%	12,00%	**38,00%**	1,25762712
Dresdner Bank	139,00	**141,00**		6,00%	6,00%	8,50%	8,50%	***40,25%***	1,28546099
Phoenix, A.-G. f. Bergbau	211,50	**193,75**	10,00%	12,00%	20,00%	20,00%	20,00%	**82,00%**	1,42322581
Reichsbank	138,20	**132,00**		10,24%	8,97%	8,68%	8,72%	**36,61%**	1,27734848
Höchster Farbwerke	415,00	**215,00**		20,00%	20,00%	25,00%	18,00%	**83,00%**	1,38604651
Hamburg-Amerika Linie	108,50	**81,50**		0,00%	0,00%	0,00%	0,00%	**0,00%**	1
Bad. Anilin- & Soda-Fabr.	494,00	**246,00**		20,00%	20,00%	20,00%	20,00%	**80,00%**	1,32520325
Dt.-Übersee. Elektr. Ges.	150,00	**139,50**		10,00%	10,00%	7,00%	0,00%	**27,00%**	1,19354839
Elberfelder Farbenfabr.	500,00	**238,00**		20,00%	20,00%	20,00%	20,00%	**80,00%**	1,33613445
Darmstädter Bank	110,63	**117,00**		4,00%	5,00%	6,00%	7,00%	**22,00%**	1,18803419
Leipziger Credit-Anstalt	145,00	**150,50**		7,00%	7,00%	8,00%	9,00%	**31,00%**	1,20598007
Berliner Handelsgesellsch	142,00	**147,00**		5,00%	6,00%	7,00%	8,00%	**26,00%**	1,17687075
Dt. Luxemburg. BW-A.-G.	106,00	**118,50**		0,00%	7,00%	10,00%	10,00%	**27,00%**	1,2278481
Gr. Berliner Straßenbahn	136,00	**150,50**		6,00%	6,00%	4,00%	4,00%	**20,00%**	1,13289037
Harpener Bergbau-A.-G.	158,00	**171,25**	8,00%	6,0%	12,00%	12,00%	12,00%	**50,00%**	1,2919708
Norddt. Lloyd	92,00	**83,00**		0,00%	0,00%	0,00%	0,00%	**0,00%**	1
Essener Credit Anstalt	147,40	**157,50**		8,00%	8,00%	8,50%	9,00%	**33,50%**	1,21269841
Siemens & Halske	194,20	**179,00**		12,00%	12,00%	12,00%	12,00%	**48,00%**	1,26815642
Mannesmann.-Werke	187,00	**175,00**	7,50%	10,00%	15,00%	18,00%	18,00%	**68,50%**	1,39142857
Rhein. Creditbank	125,00	**111,00**		5,50%	6,00%	6,00%	7,00%	**24,50%**	1,22072072
Rhein.-Westf. Disc.-Ges.	*108,00*			*6,50%*	*4,00%*	*4,50%*		***15,00%***	*3:4 bei DreBa*
Barmer Bank-Verein	107,50	**108,80**		5,50%	5,50%	6,00%	7,00%	**24,00%**	1,22058824
Hohenlohe-Werke A.-G.	95,00	**105,00**		0,00%	6,00%	6,00%	8,00%	**20,00%**	1,19047619
Nationalbank f. Deutschl.	103,00	**104,50**		6,00%	4,00%	4,50%	6,00%	**20,50%**	1,19617225
Berliner Elektr.-Werke	154,00	**169,50**	12,00%	9,00%	7,00%	8,00%	10,00%	**46,00%**	1,27138643

		Indexgesellschaft	Grund-kapital	Ultimo-kurs	Börsen-kapital	Gewicht	Divi-dende	Datum Div.
1919	1	Deutsche Bank	275.000.000	205,00	563.750.000	9,823%	12,00	06.06.
bis	2	Diskonto Gesellschaft	310.000.000	165,00	511.500.000	8,912%	9,00	24.05.
12. Jul	3	Dresdner Bank	260.000.000	140,00	364.000.000	6,342%	7,00	06.06.
	4	AEG	200.000.000	168,00	336.000.000	5,855%	x	-
	5	Gelsenkirchner Bergwerks AG	188.000.000	142,00	266.960.000	4,652%	6,00	06.06.
	6	BASF	90.000.000	273,00	245.700.000	4,281%	20,00	21.06.
	7	Elberfelder Farbenfabr.	90.000.000	271,00	243.900.000	4,250%	12,00	21.06.
	8	Reichsbank	180.000.000	130,00	234.000.000	4,077%	8,79	17.05.
	9	Phönix AG für Bergbau- und Hüttenbetrieb	106.000.000	192,00	203.520.000	3,546%	x	-
	10	Hoechster Farbwerke	90.000.000	218,50	196.650.000	3,426%	12,00	21.06.
	11	Dt.-Übersee. Elektr.-Ges.	150.000.000	128,00	192.000.000	3,345%	0,00	-
	12	Darmstädter Bank	160.000.000	114,00	182.400.000	3,178%	6,00	31.05.
	13	Leipziger Kreditanstalt	125.000.000	145,00	181.250.000	3,158%	8,00	31.05.
	14	Berliner Handelsges.	110.000.000	153,00	168.300.000	2,932%	8,00	17.05.
	15	Mannesmann	86.000.000	175,00	150.500.000	2,622%	x	-
	16	Hapag	180.000.000	83,00	149.400.000	2,603%	0,00	-
	17	Dt.-Luxemb.-Bergw. AG	130.000.000	110,00	143.000.000	2,492%	x	-
	18	Harpener Bergbau	85.000.000	168,00	142.800.000	2,488%	x	-
	19	Essener Credit-Anstalt	92.000.000	147,40	135.608.000	2,363%	9,00	05.04.
	20	Gr. Berliner Straßenbahn	100.082.400	122,00	122.100.528	2,127%	7,50	03.01.
	21	Rhein. Creditbank	95.000.000	114,00	108.300.000	1,887%	5,00	17.04.
	22	Rhein. Braunkohle	47.000.000	230,00	108.100.000	1,884%	12,50	21.06.
	23	Bochumer Gußstahl	57.000.000	189,00	107.730.000	1,877%	x	-
	24	Siemens	63.000.000	171,00	107.730.000	1,877%	12,00	18.01.
	25	Barmer Bank-Verein	99.481.800	107,50	106.942.935	1,863%	7,50	12.04.
	26	Norddt. Lloyd	125.000.000	81,00	101.250.000	1,764%	0,00	-
	27	Commerzbank	85.000.000	117,00	99.450.000	1,733%	4,00	06.06.
	28	Nationalbank f. Deutschl.	90.000.000	101,00	90.900.000	1,584%	5,00	03.05.
	29	Schuckert Elektr.-A.-G.	70.000.000	129,00	90.300.000	1,573%	8,00	25.01.
	30	Eschweiler Bergw.-Verein	38.000.000	224,00	85.120.000	1,483%	x	-
					5.739.161.463	**100%**		

Indexgesellschaft			Grund-kapital	Ultimo-kurs	Börsen-kapital	Gewicht	Divi-dende	Datum Div.
1919	1	Deutsche Bank	275.000.000	195,50	537.625.000	8,654%	x	-
ab	2	Disconto-Gesellschaft	310.000.000	155,50	482.050.000	7,760%	x	-
19. Jul	3	AEG	200.000.000	180,50	361.000.000	5,811%	10	23.12.
	4	Dresdner Bank	260.000.000	136,00	353.600.000	5,692%	x	-
	5	Dt.-Übersee. Elektr.-Ges.	150.000.000	219,00	328.500.000	5,288%	x	-
	6	Gelsenkirchner Bergwerks AG	188.000.000	172,88	325.005.000	5,232%	x	-
	7	BASF	90.000.000	330,00	297.000.000	4,781%	x	-
	8	Hoechster Farbwerke	90.000.000	304,00	273.600.000	4,404%	x	-
	9	Reichsbank	180.000.000	148,00	266.400.000	4,288%	x	-
	10	Elberfelder Farbenfabr.	90.000.000	289,50	260.550.000	4,194%	x	-
	11	Phönix AG für Bergbau- und Hüttenbetr	106.000.000	197,75	209.615.000	3,374%	8	13.12.
	12	Dt.-Luxemb.-Bergw. AG	130.000.000	148,63	193.212.500	3,110%	11	25.10.
	13	Leipziger Kreditanstalt	125.000.000	145,00	181.250.000	2,918%	x	-
	14	Hapag	180.000.000	100,25	180.450.000	2,905%	x	-
	15	Darmstädter Bank	160.000.000	110,00	176.000.000	2,833%	x	-
	16	Berliner Handelsges.	110.000.000	153,75	169.125.000	2,722%	x	-
	17	Mannesmann	86.000.000	179,50	154.370.000	2,485%	6	29.11.
	18	Harpener Bergbau	85.000.000	167,00	141.950.000	2,285%	12,5	01.11.
	19	Essener Credit-Anstalt	92.000.000	147,40	135.608.000	2,183%	x	-
	20	Rhein. Braunkohle	47.000.000	282,00	132.540.000	2,134%	x	-
	21	Norddt. Lloyd	125.000.000	103,38	129.218.750	2,080%	x	-
	22	Bochumer Gußstahl	60.000.000	184,88	110.925.000	1,786%	5	01.11.
	23	Rhein. Creditbank	95.000.000	113,50	107.825.000	1,736%	x	-
	24	Barmer Bank-Verein	99.481.800	107,50	106.942.935	1,721%	x	-
	25	Siemens	63.000.000	168,75	106.312.500	1,711%	x	-
	26	Commerzbank	85.000.000	124,25	105.612.500	1,700%	x	-
	27	Eschweiler Bergw.-Verein	38.000.000	266,75	101.365.000	1,632%	12	25.10.
	28	Felten	60.000.000	161,50	96.900.000	1,560%	x	-
	29	Hohenlohe-Werke A.-G.	80.000.000	120,00	96.000.000	1,545%	x	-
	30	Nationalbank f. Deutschl.	90.000.000	101,88	91.687.500	1,476%	x	-
					6.212.239.685	**100%**		

		Indexgesellschaft	Grund-kapital	Ultimo-kurs	Börsen-kapital	Gewicht	Divi-dende	Datum Div.
1920	1	Dt.-Übersee. Elektr. Ges.	150.000.000	712,50	1.068.750.000	10,535%	0	-
bis	2	BASF	252.000.000	380,00	957.600.000	9,440%	18	05.06.
05. Jun	3	Deutsche Bank	275.000.000	265,00	728.750.000	7,184%	x	-
	4	Elberfelder Farbenfabr.	252.000.000	275,00	693.000.000	6,831%	18	05.06.
	5	Hoechster Farbwerke	252.000.000	243,00	612.360.000	6,036%	14	05.06.
	6	Gelsenkirchner Bergwerks AG	188.000.000	303,25	570.110.000	5,620%	x	-
	7	Disconto-Gesellschaft	310.000.000	179,00	554.900.000	5,470%	x	-
	8	AEG	200.000.000	245,00	490.000.000	4,830%	x	-
	9	Dresdner Bank	260.000.000	149,00	387.400.000	3,819%	9	10.07.
	10	Ver. Glanzstoff-Fabr.	40.000.000	820,00	328.000.000	3,233%	20	31.03.
	11	Phönix AG für Bergbau- und Hüttenbetr	106.000.000	298,00	315.880.000	3,114%	x	-
	12	Dt.-Luxemb.-Bergw. AG	130.000.000	204,50	265.850.000	2,621%	x	-
	13	Reichsbank	180.000.000	132,50	238.500.000	2,351%	8,4	-
	14	Hapag	185.000.000	124,00	229.400.000	2,261%	0	-
	15	AGFA	88.000.000	249,75	219.780.000	2,166%	x	-
	16	Rhein. Braunkohle	47.000.000	441,00	207.270.000	2,043%	x	-
	17	Harpener Bergbau	85.000.000	238,00	202.300.000	1,994%	x	-
	18	Darmstädter Bank	160.000.000	121,00	193.600.000	1,908%	8	24.07.
	19	Mannesmann	86.000.000	208,00	178.880.000	1,763%	x	-
	20	Berliner Handelsges.	110.000.000	160,00	176.000.000	1,735%	10	31.03.
	21	Leipziger Kreditanstalt	125.000.000	138,00	172.500.000	1,700%	x	-
	22	Siemens	63.000.000	271,00	170.730.000	1,683%	12	31.01.
	23	Schlesische Zink	27.279.000	610,00	166.401.900	1,640%	0	-
	24	DEA	30.750.000	515,00	158.362.500	1,561%	x	-
	25	Norddt. Lloyd	125.000.000	125,13	156.406.250	1,542%	0	-
	26	Köln-Rottweiler Pulver	66.000.000	223,50	147.510.000	1,454%	x	-
	27	Felten	60.000.000	245,50	147.300.000	1,452%	x	-
	28	Essener Credit-Anstalt	92.000.000	150,00	138.000.000	1,360%	9	29.05.
	29	Barmer Bank-Verein	99.481.800	136,00	135.295.248	1,334%	8,5	29.05.
	30	Bochumer Gußstahl	57.000.000	234,50	133.665.000	1,318%	x	-
					10.144.500.898	**100%**		

Indexgesellschaft			Grund-kapital	Ultimo-kurs	Börsen-kapital	Gewicht	Divi-dende	Datum Div.
1920	1	BASF	252.000.000	417,00	1.050.840.000	9,241%	x	-
ab	2	Elberfelder Farbenfabr.	252.000.000	352,00	887.040.000	7,801%	x	-
12. Jun	3	Hoechster Farbwerke	252.000.000	335,00	844.200.000	7,424%	x	-
	4	AEG	300.000.000	274,50	823.500.000	7,242%	12,6	18.12.
	5	Deutsche Bank	275.000.000	268,75	739.062.500	6,499%	12	03.07.
	6	Disconto-Gesellschaft	310.000.000	196,00	607.600.000	5,343%	10	10.07.
	7	Gelsenkirchner Bergwerks AG	188.000.000	280,50	527.340.000	4,637%	9,9	21.08.
	8	Dresdner Bank	260.000.000	167,00	434.200.000	3,818%	x	-
	9	Phönix AG für Bergbau- und Hüttenbetr	106.000.000	371,00	393.260.000	3,458%	18	15.11.
	10	Rhein. Braunkohle	79.000.000	495,00	391.050.000	3,439%	20	24.07.
	11	Ver. Glanzstoff-Fabr.	40.000.000	865,00	346.000.000	3,043%	x	-
	12	Dt.-Luxemb.-Bergw. AG	130.000.000	264,75	344.175.000	3,027%	12	13.10.
	13	Hapag	185.000.000	167,50	309.875.000	2,725%	0	-
	14	AGFA	88.000.000	332,00	292.160.000	2,569%	18	12.06.
	15	Mannesmann	86.000.000	325,00	279.500.000	2,458%	18	27.11.
	16	Reichsbank	180.000.000	152,00	273.600.000	2,406%	x	-
	17	Darmstädter Bank	160.000.000	155,00	248.000.000	2,181%	x	-
	18	Felten	60.000.000	399,00	239.400.000	2,105%	20	03.07.
	19	Leipziger Kreditanstalt	125.000.000	189,75	237.187.500	2,086%	9	26.06.
	20	Harpener Bergbau	87.500.000	260,25	227.718.750	2,003%	12	06.11.
	21	DEA	30.750.000	738,00	226.935.000	1,996%	45	03.07.
	22	Norddt. Lloyd	125.000.000	170,00	212.500.000	1,869%	0	-
	23	Berliner Handelsges.	110.000.000	183,50	201.850.000	1,775%	x	-
	24	Rheinische Stahlwerke	65.000.000	303,00	196.950.000	1,732%	20	11.12.
	25	Essener Credit-Anstalt	120.000.000	162,00	194.400.000	1,710%	x	-
	26	Siemens	63.000.000	298,75	188.212.500	1,655%	x	-
	27	Köln-Rottweiler Pulver	66.000.000	274,00	180.840.000	1,590%	16	19.06.
	28	Schlesische Zink	27.279.000	610,00	166.401.900	1,463%	0	-
	29	Barmer Bank-Verein	99.481.800	154,75	153.948.086	1,354%	x	-
	30	Roddergrube	30.000.000	512,00	153.600.000	1,351%	x	-
					11.371.346.236	**100%**		

Indexgesellschaft			Grund-kapital	Ultimo-kurs	Börsen-kapital	Gewicht	Divi-dende	Datum Div.
1921	1	AEG	550.000.000	332	1.826.000.000	9,779%	14	01.12.
	2	BASF	252.000.000	570	1.436.400.000	7,693%	20	21.05.
	3	Bayer	252.000.000	480	1.209.600.000	6,478%	20	21.05.
	4	Hoechst	252.000.000	459	1.156.680.000	6,195%	20	21.05.
	5	Deutsche Bank	275.000.000	327	899.250.000	4,816%	18	08.07.
	6	DEA	30.750.000	2690	827.175.000	4,430%	20	01.07.
	7	Disconto-Gesellschaft	310.000.000	248	768.800.000	4,117%	16	22.07.
	8	Gelsenkirchner Bergwerks AG	188.000.000	393	738.840.000	3,957%	9	07.02.
	9	Phönix AG für Bergbau- und Hüttenbetr	106.000.000	655,25	694.565.000	3,720%	25	17.11.
	10	Harpen	110.000.000	553,5	608.850.000	3,261%	20	16.12.
	11	Felten	120.000.000	505	606.000.000	3,245%	70	01.07.
	12	Mannesmann	101.000.000	595	600.950.000	3,218%	30	01.12.
	13	Dresdner Bank	260.000.000	219,5	570.700.000	3,056%	13	08.07.
	14	Dt.-Luxemb.-Bergw. AG	130.000.000	399,5	519.350.000	2,781%	32	04.01.
	15	Rhein. Braunkohle	79.000.000	633	500.070.000	2,678%	20	23.09.
	16	Augsb.-Nbg.	100.000.000	454,5	454.500.000	2,434%	12	22.12.
	17	Siemens	126.000.000	350	441.000.000	2,362%	14	07.02.
	18	Bochumer Gußstahl	80.000.000	548	438.400.000	2,348%	34	16.04.
	19	Commerzbank	200.000.000	213,5	427.000.000	2,287%	12	01.07.
	20	Darmstädter Bank	220.000.000	180	396.000.000	2,121%	10	01.07.
	21	AGFA	88.000.000	446	392.480.000	2,102%	20	21.05.
	22	Degussa	40.000.000	918	367.200.000	1,967%	25	05.08.
	23	Oberkoks	70.000.000	520	364.000.000	1,949%	30	30.04.
	24	Orenstein	68.000.000	535	363.800.000	1,948%	31	01.07.
	25	Hapag	185.000.000	194,375	359.593.750	1,926%	8	07.05.
	26	Köln-Neuess.	49.000.000	733	359.170.000	1,924%	27	10.11.
	27	Rhein. Stahl	65.000.000	537	349.050.000	1,869%	20	23.09.
	28	Schantung	60.000.000	580	348.000.000	1,864%	0	-
	29	Hoesch	40.000.000	850	340.000.000	1,821%	24	17.11.
	30	Essener Steinkohle	50.000.000	618,25	309.125.000	1,656%	12	30.04.
					18.672.548.750	**100%**		

Indexgesellschaft			Grund-kapital	Ultimo-kurs	Börsen-kapital	Gewicht	Divi-dende	Datum Div.
1922	1	AEG	850.000.000	733,38	6.233.687.500	10,978%	16	17.11.
	2	Phönix AG für Bergbau- und Hüttenbetr	275.000.000	1020,00	2.805.000.000	4,940%	50	10.11.
	3	BASF	430.000.000	649,00	2.790.700.000	4,915%	30	02.06.
	4	Gelsenkirchner Bergwerks AG	318.000.000	850,00	2.703.000.000	4,760%	20	10.03.
	5	Bayer	430.000.000	625,00	2.687.500.000	4,733%	30	26.05.
	6	Hoechst	430.000.000	616,00	2.648.800.000	4,665%	30	26.05.
	7	Ver. Glanzstoff	70.000.000	3550,00	2.485.000.000	4,376%	30	05.05.
	8	Dt.-Luxemb.-Bergw. AG	260.000.000	840,00	2.184.000.000	3,846%	80	22.12.
	9	Siemens	260.000.000	800,00	2.080.000.000	3,663%	20	10.03.
	10	Deutsche Bank	400.000.000	507,00	2.028.000.000	3,572%	24	14.07.
	11	DEA	100.000.000	2001,00	2.001.000.000	3,524%	25	07.07.
	12	Ilse Bergbau	150.000.000	1220,00	1.830.000.000	3,223%	30	05.05.
	13	Rhein. Stahl	160.000.000	1110,00	1.776.000.000	3,128%	50	08.12.
	14	Ver. Stahl. Zypen	43.000.000	4100,00	1.763.000.000	3,105%	100	20.10.
	15	Diskonto Gesellschaft	400.000.000	420,00	1.680.000.000	2,959%	20	07.07.
	16	Degussa	100.000.000	1575,00	1.575.000.000	2,774%	30	04.08.
	17	Felten	150.000.000	994,00	1.491.000.000	2,626%	75	23.06.
	18	Dresdner Bank	350.000.000	398,00	1.393.000.000	2,453%	16	07.07.
	19	Harpener Bergbau	110.000.000	1255,00	1.380.500.000	2,431%	50	01.12.
	20	Augsb.-Nbg.	100.000.000	1340,00	1.340.000.000	2,360%	12	15.12.
	21	Linke	123.300.000	1045,00	1.288.485.000	2,269%	24	16.06.
	22	Mannesmann	101.000.000	1275,00	1.287.750.000	2,268%	50	23.11.
	23	Rhein. Braunkohle	104.000.000	1200,00	1.248.000.000	2,198%	30	06.10.
	24	Hapag	285.000.000	437,50	1.246.875.000	2,196%	10	07.04.
	25	Orenstein	136.000.000	879,00	1.195.440.000	2,105%	40	30.06.
	26	Köln-Neuess.	94.000.000	1252,00	1.176.880.000	2,073%	50	23.11.
	27	Oberkoks	70.000.000	1670,00	1.169.000.000	2,059%	30	28.04.
	28	Norddeutscher Lloyd	250.000.000	455,00	1.137.500.000	2,003%	10	07.04.
	29	Daimler	200.000.000	549,75	1.099.500.000	1,936%	10	23.06.
	30	Commerzbank	350.000.000	302,00	1.057.000.000	1,862%	16	07.07.
					56.781.617.500	**100%**		

Indexgesellschaft			Grund-kapital	Ultimo-kurs	Börsen-kapital	Gewicht	Divi-dende	Datum Div.
1923	1	AEG	1.400.000.000	5.975,00	83.650.000.000	6,547%	25	30.11.
	2	BASF	940.000.000	8.700,00	81.780.000.000	6,401%	300	08.06.
	3	Gelsenkirchner Bergwerks AG	318.000.000	25.000,00	79.500.000.000	6,222%	80	23.02.
	4	Bayer	940.000.000	7.325,00	68.855.000.000	5,389%	300	08.06.
	5	Hoechst	940.000.000	7.200,00	67.680.000.000	5,297%	300	08.06.
	6	Harpener Bergbau	110.000.000	60.500,00	66.550.000.000	5,209%	0	-
	7	Phönix AG für Bergbau- und Hüttenbetr	300.000.000	21.500,00	64.500.000.000	5,048%	0	-
	8	Dt.-Luxemb.-Bergw. AG	260.000.000	24.750,00	64.350.000.000	5,037%	0	-
	9	Deutsche Bank	800.000.000	7.800,00	62.400.000.000	4,884%	300	03.08.
	10	Siemens	260.000.000	22.000,00	57.200.000.000	4,477%	80	28.03.
	11	Rhein. Braunkohle	199.000.000	23.250,00	46.267.500.000	3,621%	500	13.07.
	12	Orenstein	272.000.000	14.500,00	39.440.000.000	3,087%	175	13.07.
	13	DEA	100.000.000	38.000,00	38.000.000.000	2,974%	400	18.05.
	14	Mansfeld	420.000.000	8.990,00	37.758.000.000	2,955%	150	06.07.
	15	Norddeutscher Lloyd	600.000.000	5.800,00	34.800.000.000	2,724%	30	18.05.
	16	Mannesmann	225.000.000	15.000,00	33.750.000.000	2,642%	0	-
	17	Rhein. Stahl	160.000.000	20.900,00	33.440.000.000	2,617%	0	-
	18	Ver. Glanzstoff	110.000.000	30.000,00	33.000.000.000	2,583%	300	27.04.
	19	Ilse Bergbau	190.000.000	16.500,00	31.350.000.000	2,454%	100	20.04.
	20	Oberkoks	175.000.000	15.700,00	27.475.000.000	2,150%	400	18.05.
	21	Hapag	285.000.000	9.125,00	26.006.250.000	2,036%	30	13.04.
	22	Degussa	160.000.000	15.050,00	24.080.000.000	1,885%	0	-
	23	Köln-Neuess.	94.000.000	25.000,00	23.500.000.000	1,839%	0	-
	24	Hoesch	95.000.000	24.500,00	23.275.000.000	1,822%	0	-
	25	Diskonto Gesellschaft	610.000.000	3.800,00	23.180.000.000	1,814%	250	10.08.
	26	AGFA	308.000.000	7.400,00	22.792.000.000	1,784%	300	08.06.
	27	Köln-Rottweiler	200.000.000	11.150,00	22.300.000.000	1,745%	200	06.04.
	28	Linke	300.000.000	7.100,00	21.300.000.000	1,667%	240	08.06.
	29	Klöckner	125.000.000	16.200,00	20.250.000.000	1,585%	0	-
	30	Felten	200.000.000	9.600,00	19.200.000.000	1,503%	0,88	22.06.
					1,2776E+12	100%		

		Indexgesellschaft	Grund-kapital	Ultimo-kurs	Börsen-kapital	Gewicht	Divi-dende	Datum Div.
1924	1	BASF	940.000.000	28,75	270.250.000	5,899%	0	-
	2	RWE	550.000.000	47,00	258.500.000	5,643%	1,6	19.12.
	3	Phönix AG für Bergbau- und Hüttenbetr	600.000.000	43,00	258.000.000	5,632%	0	-
	4	Bayer	940.000.000	26,25	246.750.000	5,386%	0	-
	5	DEA	450.000.000	51,00	229.500.000	5,010%	0	-
	6	Deutsche Bank	1.500.000.000	14,90	223.500.000	4,879%	0	-
	7	Gelsenkirchner Bergwerks AG	318.000.000	67,90	215.922.000	4,713%	0	-
	8	Linke	650.000.000	31,00	201.500.000	4,399%	0	-
	9	AEG	1.700.000.000	11,80	200.600.000	4,379%	0	-
	10	Disconto-Gesellschaft	900.000.000	20,90	188.100.000	4,106%	0	-
	11	Hoechst	940.000.000	19,30	181.420.000	3,960%	0	-
	12	Rhein. Stahl	360.000.000	48,00	172.800.000	3,772%	0	-
	13	Dt.-Luxemb.-Bergw. AG	260.000.000	62,75	163.150.000	3,561%	0	-
	14	Ilse Bergbau	350.000.000	40,75	142.625.000	3,113%	0	-
	15	Siemens	260.000.000	53,00	137.800.000	3,008%	0	-
	16	Oberkoks	275.000.000	48,00	132.000.000	2,881%	2	11.04.
	17	Mansfeld	800.000.000	16,00	128.000.000	2,794%	0	-
	18	Hapag	285.000.000	44,90	127.965.000	2,793%	0	-
	19	Norddeutscher Lloyd	1.000.000.000	11,75	117.500.000	2,565%	0	-
	20	Rhein. Braunkohle	224.000.000	52,00	116.480.000	2,543%	0	-
	21	Mannesmann	225.000.000	47,50	106.875.000	2,333%	0	-
	22	Hoesch	140.000.000	67,00	93.800.000	2,048%	0	-
	23	Harpener Bergbau	110.000.000	84,00	92.400.000	2,017%	0	-
	24	Köln-Neuess.	139.000.000	65,00	90.350.000	1,972%	0	-
	25	Dresdner Bank	1.100.000.000	8,10	89.100.000	1,945%	0	-
	26	Ver. Glanzstoff	110.000.000	79,00	86.900.000	1,897%	1	25.04.
	27	Klöckner	150.000.000	55,00	82.500.000	1,801%	0	-
	28	Riebeck Montan	100.000.000	78,00	78.000.000	1,703%	0	-
	29	Rütgerswerke	400.000.000	19,00	76.000.000	1,659%	0	-
	30	Berliner Handelsges.	110.000.000	66,10	72.710.000	1,587%	0,2	14.03.
					4.580.997.000	**100%**		

Indexgesellschaft			Grund-kapital	Ultimo-kurs	Börsen-kapital	Gewicht	Divi-dende	Datum Div.
1925	1	Phönix AG für Bergbau- und Hüttenbetr	600.000.000	59,13	354.750.000	7,109%	0	-
	2	RWE	550.000.000	59,00	324.500.000	6,503%	8	24.12.
	3	BASF	940.000.000	32,88	309.025.000	6,193%	8	12.06.
	4	Gelsenkirchner Bergwerks AG	318.000.000	92,25	293.355.000	5,879%	0	-
	5	Hoechst	940.000.000	27,90	262.260.000	5,256%	8	12.06.
	6	Bayer	940.000.000	27,80	261.320.000	5,237%	8	12.06.
	7	DEA	450.000.000	54,90	247.050.000	4,951%	0	-
	8	Dt.-Luxemb.-Bergw. AG	260.000.000	88,00	228.800.000	4,585%	0	-
	9	AEG	1.700.000.000	12,00	204.000.000	4,088%	0,5	24.01.
	10	Rhein. Stahl.	360.000.000	55,00	198.000.000	3,968%	0	-
	11	Siemens	260.000.000	74,75	194.350.000	3,895%	0	-
	12	Deutsche Bank	1.500.000.000	12,88	193.125.000	3,870%	10	25.04.
	13	Diskonto Gesellschaft	900.000.000	17,50	157.500.000	3,156%	10	04.04.
	14	Mannesmann	225.000.000	67,00	150.750.000	3,021%	0	-
	15	Harpener Bergbau	110.000.000	127,75	140.525.000	2,816%	0	-
	16	Oberkoks	275.000.000	48,00	132.000.000	2,645%	6	18.04.
	17	Köln-Neuess.	139.000.000	81,90	113.841.000	2,281%	0	-
	18	Reichsbank	180.000.000	62,60	112.680.000	2,258%	10	28.03.
	19	Hoesch	140.000.000	79,50	111.300.000	2,230%	0	-
	20	Elektr. Hochb.	163.244.000	67,75	110.597.810	2,216%	5	02.05.
	21	Rhein. Braunkohle	224.000.000	45,10	101.024.000	2,024%	9	07.08.
	22	Ilse Bergbau	350.000.000	28,75	100.625.000	2,016%	8	25.04.
	23	Dresdner Bank	1.100.000.000	8,75	96.250.000	1,929%	8	04.04.
	24	Klöckner	150.000.000	60,38	90.562.500	1,815%	0	-
	25	Schuckert	140.000.000	62,90	88.060.000	1,765%	0	-
	26	Ver. Glanzstoff	110.000.000	78,00	85.800.000	1,719%	10	09.05.
	27	HH Hochbahn	253.630.000	33,63	85.283.088	1,709%	6	19.06.
	28	Rütgerswerke	400.000.000	20,40	81.600.000	1,635%	0	-
	29	AGFA	308.000.000	26,38	81.235.000	1,628%	8	12.06.
	30	Linke	350.000.000	12,30	79.950.000	1,602%	0	-
					4.990.118.398	**100%**		

Indexgesellschaft			Grund-kapital	Ultimo-kurs	Börsen-kapital	Gewicht	Divi-dende	Datum Div.
1926	1	IG Farben	646.000.000	105,00	678.300.000	19,017%	10	19.06.
	2	Reichsbank	300.000.000	140,25	420.750.000	11,796%	10	01.04.
	3	Kali-Industrie	320.000.000	123,00	393.600.000	11,035%	12	03.07.
	4	Phönix AG für Bergbau- und Hüttenbetr	300.000.000	57,50	172.500.000	4,836%	0	-
	5	Deutsche Bank	150.000.000	105,00	157.500.000	4,416%	10	17.04.
	6	RWE	140.000.000	102,00	142.800.000	4,004%	8	06.11.
	7	AEG	156.250.000	85,00	132.812.500	3,724%	6	27.02.
	8	Diskonto Gesellschaft	100.000.000	103,00	103.000.000	2,888%	10	17.04.
	9	Harpener Bergbau	100.300.000	85,50	85.756.500	2,404%	0	-
	10	Gelsenkirchner Bergwerks AG	138.100.000	61,50	84.931.500	2,381%	0	-
	11	Dresdner Bank	78.000.000	101,50	79.170.000	2,220%	8	17.04.
	12	Rhein. Braunkohle	67.200.000	112,13	75.348.000	2,112%	10	30.07.
	13	Rhein. Stahl.	160.000.000	45,75	73.200.000	2,052%	0	-
	14	Ver. Glanzstoff	30.600.000	230,00	70.380.000	1,973%	15	10.04.
	15	Elektr. Hochb.	113.294.000	61,00	69.109.340	1,938%	7	10.07.
	16	Norddeutscher Lloyd	66.000.000	96,88	63.937.500	1,793%	0	-
	17	Siemens	97.500.000	65,00	63.375.000	1,777%	6	27.03.
	18	Danatbank	60.000.000	104,25	62.550.000	1,754%	10	24.04.
	19	HEW	66.008.536	93,63	61.800.492	1,733%	10	09.10.
	20	DEA	100.400.000	61,50	61.746.000	1,731%	4	05.06.
	21	HH Hochbahn	96.125.000	61,50	59.116.875	1,657%	6	05.06.
	22	Roddergrube	18.000.000	315,00	56.700.000	1,590%	24	01.07.
	23	Mannesmann	115.464.000	48,75	56.288.700	1,578%	5	05.01.
	24	Felten	60.000.000	92,75	55.650.000	1,560%	6	12.06.
	25	Dt.-Luxemb.-Bergw. AG	97.500.000	56,75	55.331.250	1,551%	0	-
	26	Lübeck-Büchener Eisenbahn	45.000.000	120,50	54.225.000	1,520%	6	05.06.
	27	Hapag	55.100.000	94,63	52.138.375	1,462%	0	-
	28	Klöckner	90.000.000	49,00	44.100.000	1,236%	5	27.11.
	29	Commerzbank	42.000.000	96,50	40.530.000	1,136%	8	24.04.
	30	Oberkoks	80.300.000	50,00	40.150.000	1,126%	0	-
					3.566.797.032	**100%**		

		Indexgesellschaft	Grund-kapital	Ultimo-kurs	Börsen-kapital	Gewicht	Divi-dende	Datum Div.
1927	1	IG Farben	1.100.000.000	324	3.564.000.000	34,230%	10	11.06.
	2	Stahlverein	800.000.000	155,75	1.246.000.000	11,967%	3	02.04.
	3	Reichsbank	300.000.000	173,75	521.250.000	5,006%	10	02.04.
	4	Rhein. Stahl.	160.000.000	207,625	332.200.000	3,191%	5	25.06.
	5	Phönix AG für Bergbau- und Hüttenbetr	205.000.000	140,25	287.512.500	2,761%	3	07.05.
	6	Deutsche Bank	150.000.000	191	286.500.000	2,752%	10	30.04.
	7	AEG	156.250.000	170	265.625.000	2,551%	7	05.03.
	8	RWE	140.000.000	184,5	258.300.000	2,481%	9	03.12.
	9	Gelsenkirchner Bergwerks AG	138.100.000	184	254.104.000	2,440%	4	15.07.
	10	Diskonto Gesellschaft	135.000.000	183	247.050.000	2,373%	10	02.04.
	11	Mannesmann	115.464.000	212,5	245.361.000	2,357%	4	26.02.
	12	Hapag	131.370.200	175	229.897.850	2,208%	6	09.04.
	13	Siemens	97.500.000	208	202.800.000	1,948%	10	19.03.
	14	Harpener Bergbau	100.300.000	197,5	198.092.500	1,903%	8	09.04.
	15	DEA	100.400.000	188,5	189.254.000	1,818%	6	21.05.
	16	Kali-Industrie	120.000.000	148,75	178.500.000	1,714%	12	08.07.
	17	Dresdner Bank	100.000.000	175	175.000.000	1,681%	10	14.04.
	18	Rhein. Braunkohle	67.200.000	255	171.360.000	1,646%	10	22.07.
	19	Elektr. Hochb.	175.244.000	95	166.481.800	1,599%	5	14.04.
	20	Danatbank	60.000.000	263,5	158.100.000	1,518%	12	14.04.
	21	Ver. Glanzstoff	42.600.000	357	152.082.000	1,461%	15	09.04.
	22	Klöckner	90.000.000	160,5	144.450.000	1,387%	7	12.11.
	23	Ilse Bergbau	50.000.000	269	134.500.000	1,292%	8	30.04.
	24	Norddeutscher Lloyd	77.343.200	171,875	132.933.625	1,277%	6	09.04.
	25	Oberkoks	80.300.000	149,875	120.349.625	1,156%	0	-
	26	Schulth.-Patz.	39.500.000	300	118.500.000	1,138%	15	05.02.
	27	Rütgerswerke	80.000.000	144	115.200.000	1,106%	0	-
	28	Contiental-Gas	60.000.000	182,625	109.575.000	1,052%	8	01.07.
	29	Köln-Neuess.	55.410.000	188,875	104.655.638	1,005%	9	26.11.
	30	Essener Steinkohle	52.500.000	195	102.375.000	0,983%	8	23.04.
					10.412.009.538	100%		

		Indexgesellschaft	Grund-kapital	Ultimo-kurs	Börsen-kapital	Gewicht	Divi-dende	Datum Div.
1928	1	IG Farben	1.100.000.000	277	3.047.000.000	30,611%	12	25.05.
	2	Stahlverein	800.000.000	106,75	854.000.000	8,579%	6	31.03.
	3	Reichsbank	300.000.000	190	570.000.000	5,726%	12	17.03.
	4	Gelsenkirchner Bergwerks AG	263.000.000	143	376.090.000	3,778%	8	10.08.
	5	Ver. Glanzstoff	60.900.000	594,5	362.050.500	3,637%	18	21.04.
	6	AEG	186.250.000	171,5	319.418.750	3,209%	8	03.03.
	7	Siemens	97.500.000	298,875	291.403.125	2,927%	12	25.02.
	8	RWE	155.000.000	176,5	273.575.000	2,748%	9	10.11.
	9	Rhein. Stahl.	150.000.000	177,5	266.250.000	2,675%	6	13.07.
	10	Mannesmann	160.263.600	158	253.216.488	2,544%	8	09.06.
	11	Deutsche Bank	150.000.000	167,5	251.250.000	2,524%	10	14.04.
	12	Hapag	161.370.200	143	230.759.386	2,318%	8	05.04.
	13	Disconto-Gesellschaft	135.000.000	163,25	220.387.500	2,214%	10	05.04.
	14	Kali-Industrie	120.000.000	180	216.000.000	2,170%	12	06.07.
	15	Phönix AG für Bergbau- und Hüttenbetr	205.000.000	103,25	211.662.500	2,126%	7	05.05.
	16	Norddeutscher Lloyd	128.906.200	154	198.515.548	1,994%	8	31.03.
	17	Harpener Bergbau	100.300.000	196,625	197.214.875	1,981%	6	14.04.
	18	Rhein. Braunkohle	67.200.000	259	174.048.000	1,749%	10	27.07.
	19	Dresdner Bank	100.000.000	163	163.000.000	1,638%	10	01.05.
	20	Schulth.-Patz.	39.500.000	412,5	162.937.500	1,637%	15	14.01.
	21	Elektr. Hochb.	175.244.000	86	150.709.840	1,514%	5	14.04.
	22	Gesfürel.	50.010.000	289	144.528.900	1,452%	10	19.05.
	23	Klöckner	110.000.000	130	143.000.000	1,437%	6	15.12.
	24	Danatbank	60.000.000	238	142.800.000	1,435%	12	05.04.
	25	DEA	100.400.000	138,5	139.054.000	1,397%	7	23.06.
	26	Contiental-Gas	75.000.000	176,5	132.375.000	1,330%	8	06.07.
	27	Ilse Bergbau	50.000.000	245	122.500.000	1,231%	8	09.06.
	28	Schuckert	60.000.000	193	115.800.000	1,163%	8	25.05.
	29	Roddergrube	18.000.000	640	115.200.000	1,157%	27	24.03.
	30	Köln-Neuess.	71.410.000	153	109.257.300	1,098%	7	31.12.
					9.954.004.212	**100%**		

Indexgesellschaft			Grund-kapital	Ultimo-kurs	Börsen-kapital	Gewicht	Divi-dende	Datum Div.
1929	1	IG Farben	1.100.000.000	266,75	2.934.250.000	26,883%	12	29.06.
	2	Reichsbank	300.000.000	337	1.011.000.000	9,263%	12	09.02.
	3	Stahlverein	800.000.000	92,5	740.000.000	6,780%	6	02.03.
	4	Kali-Industrie	200.000.000	239	478.000.000	4,379%	12	05.07.
	5	RWE	181.000.000	254,5	460.645.000	4,220%	10	21.12.
	6	Siemens	97.500.000	425,75	415.106.250	3,803%	14	02.02.
	7	Ver. Glanzstoff	76.500.000	540	413.100.000	3,785%	18	11.05.
	8	AEG	186.250.000	194,75	362.721.875	3,323%	8	02.03.
	9	Gelsenkirchner Bergwerks AG	263.000.000	125	328.750.000	3,012%	8	12.07.
	10	Deutsche Bank	150.000.000	171,75	257.625.000	2,360%	10	28.03.
	11	Mannesmann	185.263.800	131,25	243.158.738	2,228%	7	08.06.
	12	Hapag	161.370.200	140,875	227.330.269	2,083%	7	28.03.
	13	Diskonto Gesellschaft	135.000.000	167	225.450.000	2,066%	10	28.03.
	14	Norddeutscher Lloyd	165.000.000	136	224.400.000	2,056%	8	23.03.
	15	Rhein. Stahl.	150.000.000	139	208.500.000	1,910%	6	12.07.
	16	Rhein. Braunkohle	67.200.000	284,75	191.352.000	1,753%	10	02.08.
	17	Phönix AG für Bergbau- und Hüttenbetr	205.000.000	90,75	186.037.500	1,704%	7	04.05.
	18	Danatbank	60.000.000	293	175.800.000	1,611%	12	13.04.
	19	Dresdner Bank	100.000.000	171,75	171.750.000	1,574%	10	13.04.
	20	Schulth.-Patz.	51.000.000	327	166.770.000	1,528%	15	19.01.
	21	Karstadt	70.000.000	235,75	165.025.000	1,512%	12	08.06.
	22	Contiental-Gas	75.000.000	218,75	164.062.500	1,503%	9	29.06.
	23	Gesfürel.	60.010.000	270	162.027.000	1,484%	10	17.05.
	24	Roddergrube	18.000.000	900	162.000.000	1,484%	27	02.03.
	25	Schuckert	60.000.000	258	154.800.000	1,418%	11	08.06.
	26	Nordd. Woll.	75.000.000	190,125	142.593.750	1,306%	8	15.06.
	27	Harpener Bergbau	100.300.000	138	138.414.000	1,268%	0	-
	28	DEA	100.400.000	137,5	138.050.000	1,265%	6	05.07.
	29	HEW	89.000.000	154,25	137.282.500	1,258%	10	05.10.
	30	Ostwerke	45.500.000	283	128.765.000	1,180%	12	19.01.
					10.914.766.382	100%		

Indexgesellschaft			Grund-kapital	Ultimo-kurs	Börsen-kapital	Gewicht	Divi-dende	Datum Div.
1930	1	IG Farben	1.100.000.000	169,5	1.864.500.000	22,313%	14	06.06.
	2	Stahlverein	800.000.000	103,5	828.000.000	9,909%	6	08.03.
	3	Reichsbank	300.000.000	272	816.000.000	9,765%	12	22.02.
	4	Deutsche Bank	285.000.000	141,5	403.275.000	4,826%	10	03.05.
	5	Kali-Industrie	200.000.000	171	342.000.000	4,093%	12	04.07.
	6	Gelsenkirchner Bergwerks AG	263.000.000	128,5	337.955.000	4,044%	8	25.07.
	7	RWE	181.000.000	177,5	321.275.000	3,845%	10	06.12.
	8	AEG	200.000.000	155,5	311.000.000	3,722%	9	01.03.
	9	Siemens	107.090.000	270,5	289.678.450	3,467%	14	25.01.
	10	Phönix AG für Bergbau- und Hüttenbetr	205.000.000	100,125	205.256.250	2,456%	7	10.05.
	11	Rhein. Braunkohle	81.000.000	234	189.540.000	2,268%	10	08.08.
	12	Mannesmann	185.263.800	92,5	171.369.015	2,051%	7	06.06.
	13	Norddeutscher Lloyd	165.000.000	95,5	157.575.000	1,886%	8	29.03.
	14	Rhein. Stahl.	150.000.000	103	154.500.000	1,849%	8	04.07.
	15	Hapag	161.370.200	95,5	154.108.541	1,844%	7	05.04.
	16	Harpener Bergbau	110.300.000	139	153.317.000	1,835%	6	12.04.
	17	Roddergrube	18.000.000	850	153.000.000	1,831%	30	05.04.
	18	Gesfürel.	100.010.000	141,75	141.764.175	1,696%	10	03.05.
	19	Dresdner Bank	100.000.000	141	141.000.000	1,687%	10	17.04.
	20	Schulth.-Patz.	51.000.000	268,5	136.935.000	1,639%	15	11.01.
	21	Danatbank	60.000.000	224,5	134.700.000	1,612%	12	17.04.
	22	HEW	89.000.000	128,75	114.587.500	1,371%	10	04.10.
	23	Ver. Glanzstoff	76.500.000	147,5	112.837.500	1,350%	0	-
	24	Contiental-Gas	75.000.000	147,25	110.437.500	1,322%	9	28.06.
	25	Commerzbank	75.000.000	145,25	108.937.500	1,304%	11	03.05.
	26	Ilse Bergbau	50.000.000	213,25	106.625.000	1,276%	10	05.04.
	27	Schuckert	60.000.000	171,5	102.900.000	1,231%	12	24.05.
	28	Karstadt	80.000.000	126	100.800.000	1,206%	12	21.06.
	29	Klöckner	110.000.000	89,5	98.450.000	1,178%	6	13.12.
	30	Ostwerke	45.500.000	206,5	93.957.500	1,124%	12	11.01.
					8.356.280.931	**100%**		

Indexgesellschaft			Grund-kapital	Ultimo-kurs	Börsen-kapital	Gewicht	Divi-dende	Datum Div.
1931	1	IG Farben	1.100.000.000	125,00	1.375.000.000	25,182%	12	06.06.
	2	Stahlverein	800.000.000	57,13	457.000.000	8,369%	4	21.03.
	3	Reichsbank	150.000.000	228,50	342.750.000	6,277%	12	02.05.
	4	RWE	243.000.000	129,50	314.685.000	5,763%	5	18.09.
	5	Deutsche Bank	285.000.000	110,00	313.500.000	5,741%	6	25.04.
	6	Wintershall	200.000.000	110,25	220.500.000	4,038%	6	04.07.
	7	Gelsenkirchner Bergwerks AG	263.000.000	81,75	215.002.500	3,938%	6	11.07.
	8	AEG	200.000.000	92,50	185.000.000	3,388%	7	28.05.
	9	Siemens	107.090.000	146,00	156.351.400	2,863%	14	28.02.
	10	Schultheiss	90.000.000	161,00	144.900.000	2,654%	15	10.01.
	11	Rhein. Braunkohle	81.000.000	144,50	117.045.000	2,144%	10	04.09.
	12	Mannesmann	185.000.000	61,50	113.775.000	2,084%	6	27.06.
	13	Dresdner Bank	100.000.000	110,00	110.000.000	2,015%	6	18.04.
	14	Norddt. Lloyd	165.000.000	63,00	103.950.000	1,904%	6	18.04.
	15	Hapag	161.370.200	63,00	101.663.226	1,862%	6	18.04.
	16	RheinStahl	150.000.000	67,50	101.250.000	1,854%	6	11.07.
	17	HEW	89.000.000	103,00	91.670.000	1,679%	10	18.09.
	18	Ilse Bergbau	50.000.000	180,00	90.000.000	1,648%	10	28.03.
	19	Gesfürel	100.010.000	89,00	89.008.900	1,630%	9	09.05.
	20	Hoesch	142.760.000	61,13	87.262.050	1,598%	0	-
	21	Danatbank	60.000.000	144,25	86.550.000	1,585%	8	25.04.
	22	Commerzbank	75.000.000	110,25	82.687.500	1,514%	7	02.05.
	23	Harpener	110.300.000	74,50	82.173.500	1,505%	0	-
	24	Continental-Gas	75.000.000	100,00	75.000.000	1,374%	9	04.07.
	25	Charlottenhütte	20.483.000	365,00	74.762.950	1,369%	7	27.06.
	26	Dt. Centralboden	43.000.000	170,00	73.100.000	1,339%	12	25.04.
	27	HH Hochbahn	105.840.000	66,38	70.251.300	1,287%	6	16.05.
	28	Schuckert	60.000.000	107,88	64.725.000	1,185%	11	26.05.
	29	Klöckner	110.000.000	55,00	60.500.000	1,108%	0	-
	30	DEA	100.400.000	60,00	60.240.000	1,103%	5	13.06.
					5.460.303.326	100%		

Indexgesellschaft			Grund-kapital	Ultimo-kurs	Börsen-kapital	Gewicht	Divi-dende	Datum Div.
1932	1	IG Farben	1.100.000.000	92,50	1.017.500.000	31,466%	7	14.05.
	2	Deutsche Bank	285.000.000	60,75	173.137.500	5,354%	0	-
	3	Dresdner Bank	400.000.000	42,00	168.000.000	5,195%	0	-
	4	RWE	243.750.000	65,75	160.265.625	4,956%	5	24.12.
	5	Reichsbank	150.000.000	104,25	156.375.000	4,836%	12	12.04.
	6	Stahlverein	800.000.000	19,00	152.000.000	4,701%	0	-
	7	Wintershall	185.000.000	62,00	114.700.000	3,547%	6	23.04.
	8	Siemens	107.090.000	101,50	108.696.350	3,361%	9	12.04.
	9	Gelsenkirchner Bergwerks AG	263.000.000	36,00	94.680.000	2,928%	10	20.08.
	10	Rhein. Braunkohle	81.000.000	113,75	92.137.500	2,849%	0	-
	11	AEG	185.000.000	43,00	79.550.000	2,460%	0	-
	12	HEW	89.000.000	89,00	79.210.000	2,450%	8	08.10.
	13	Schultheiss	90.000.000	85,13	76.617.000	2,369%	0	-
	14	Schuckert	60.000.000	113,00	67.800.000	2,097%	0	-
	15	Ilse Bergbau	50.000.000	117,50	58.750.000	1,817%	7	23.04.
	16	Mannesmann	185.000.000	30,63	56.656.250	1,752%	0	-
	17	RheinStahl	150.000.000	34,88	52.312.500	1,618%	0	-
	18	Continental-Gas	75.000.000	69,00	51.750.000	1,600%	7	23.07.
	19	HH Hochbahn	105.840.000	48,50	51.332.400	1,587%	5	11.06.
	20	Commerzbank	75.000.000	62,50	46.875.000	1,450%	0	-
	21	Danatbank	60.000.000	75,50	45.300.000	1,401%	0	-
	22	Norddt. Lloyd	165.000.000	25,88	42.693.750	1,320%	0	-
	23	Hapag	161.370.200	25,75	41.552.827	1,285%	0	-
	24	Gesfürel	80.010.000	49,50	39.604.950	1,225%	0	21.05.
	25	Salzdethfurth	28.180.000	132,00	37.197.600	1,150%	9	11.06.
	26	Dt. Centralboden	43.000.000	80,00	34.400.000	1,064%	7	07.05.
	27	Bayerische Hypo	45.010.000	76,00	34.207.600	1,058%	5	12.04.
	28	Bayerische Vereinsbank	31.050.000	110,00	34.155.000	1,056%	5	16.04.
	29	Degussa	35.600.000	93,00	33.108.000	1,024%	9	12.04.
	30	Harpener	110.300.000	30,00	33.090.000	1,023%	0	-
					3.233.654.852	**100%**		

		Indexgesellschaft	Grund-kapital	Ultimo-kurs	Börsen-kapital	Gewicht	Divi-dende	Datum Div.
1933	1	IG Farben	990.000.000	96,00	950.400.000	25,225%	7	06.05.
	2	Stahlverein	775.000.000	34,63	268.343.750	7,122%	0	-
	3	RWE	243.750.000	92,50	225.468.750	5,984%	0	-
	4	Reichsbank	150.000.000	146,00	219.000.000	5,813%	12	15.04.
	5	Rhein. Braunkohle	72.900.000	197,50	143.977.500	3,821%	10	05.08.
	6	Wintershall	185.000.000	77,00	142.450.000	3,781%	5	01.07.
	7	Dresdner Bank	220.000.000	61,75	135.850.000	3,606%	0	-
	8	Gelsenkirchner Bergwerks AG	263.000.000	50,50	132.815.000	3,525%	0	-
	9	Siemens	107.090.000	120,50	129.043.450	3,425%	7	04.03.
	10	Mannesmann	180.000.000	62,75	112.950.000	2,998%	0	-
	11	RheinStahl	150.000.000	73,00	109.500.000	2,906%	3	08.07.
	12	Deutsche Bank	144.000.000	75,00	108.000.000	2,866%	0	-
	13	HEW	89.000.000	108,00	96.120.000	2,551%	8	07.10.
	14	DEA	100.000.000	87,75	87.750.000	2,329%	4	24.06.
	15	Continental-Gas	75.000.000	109,75	82.312.500	2,185%	7	19.08.
	16	Harpener	90.300.000	86,25	77.883.750	2,067%	0	-
	17	Ilse Bergbau	50.000.000	134,50	67.250.000	1,785%	6	08.04.
	18	HH Hochbahn	105.840.000	59,00	62.445.600	1,657%	5	27.05.
	19	Gesfürel	80.010.000	75,50	60.407.550	1,603%	5	20.05.
	20	Schultheiss	56.400.000	103,25	58.233.000	1,546%	4	21.01.
	21	AEG	185.000.000	30,00	55.500.000	1,473%	0	-
	22	Hoesch	102.760.000	53,38	54.848.150	1,456%	0	-
	23	Degussa	35.600.000	153,00	54.468.000	1,446%	9	14.01.
	24	Charlottenburger Wasser	60.000.000	87,50	52.500.000	1,393%	5	07.10.
	25	Schuckert	60.000.000	85,50	51.300.000	1,362%	5	20.05.
	26	Klöckner	105.000.000	47,75	50.137.500	1,331%	0	-
	27	Salzdethfurth	28.180.000	171,50	48.328.700	1,283%	7,5	10.06.
	28	SüdZucker	30.000.000	147,50	44.250.000	1,174%	8	07.01.
	29	Conti Gummi	37.000.000	117,13	43.336.250	1,150%	8	13.05.
	30	Commerzbank	80.000.000	53,50	42.800.000	1,136%	0	-
					3.767.669.450	**100%**		

		Indexgesellschaft	Grund-kapital	Ultimo-kurs	Börsen-kapital	Gewicht	Divi-dende	Datum Div.
1934	1	IG Farben	990.000.000	123,75	1.225.125.000	29,259%	7	05.05.
	2	Bekula	240.000.000	116,75	280.200.000	6,692%	8	15.12.
	3	Reichsbank	150.000.000	160,00	240.000.000	5,732%	12	17.03.
	4	RWE	246.000.000	96,25	236.775.000	5,655%	5	20.01.
	5	Stahlverein	644.000.000	36,13	232.677.200	5,557%	0	-
	6	Siemens	107.090.000	142,25	152.335.525	3,638%	7	10.03.
	7	Rhein. Braunkohle	72.900.000	196,25	143.066.250	3,417%	12	23.06.
	8	RheinStahl	150.000.000	88,00	132.000.000	3,153%	3,5	07.07.
	9	Wintershall	135.000.000	88,00	118.800.000	2,837%	5	23.06.
	10	Mannesmann	180.263.400	60,25	108.608.699	2,594%	0	-
	11	DEA	100.000.000	104,63	104.625.000	2,499%	4	07.07.
	12	HEW	89.000.000	104,50	93.005.000	2,221%	8	06.10.
	13	Dresdner Bank	150.000.000	57,50	86.250.000	2,060%	0	-
	14	Continental-Gas	75.000.000	111,50	83.625.000	1,997%	7	14.07.
	15	HH Hochbahn	109.113.000	74,00	80.743.620	1,928%	5	30.06.
	16	Harpener	90.300.000	87,50	79.012.500	1,887%	0	-
	17	Deutsche Bank	144.000.000	50,00	72.000.000	1,720%	0	-
	18	Gesfürel	80.010.000	85,38	68.308.538	1,631%	5	14.04.
	19	Degussa	35.600.000	189,00	67.284.000	1,607%	8	13.01.
	20	Hoesch	101.800.000	64,50	65.661.000	1,568%	0	-
	21	Klöckner	105.000.000	58,00	60.900.000	1,454%	2,5	03.11.
	22	Schuckert	60.000.000	100,00	60.000.000	1,433%	4	02.06.
	23	SüdZucker	30.000.000	192,00	57.600.000	1,376%	4,5	28.07.
	24	Conti Gummi	37.000.000	147,75	54.667.500	1,306%	8	09.06.
	25	Ilse Bergbau	38.000.000	141,75	53.865.000	1,286%	6	14.04.
	26	Schultheiss	56.400.000	93,75	52.875.000	1,263%	4	20.01.
	27	Charlottenburger Wasser	60.000.000	83,00	49.800.000	1,189%	5	24.02.
	28	AEG	185.000.000	23,13	42.781.250	1,022%	0	-
	29	Salzdethfurth	28.175.000	151,00	42.544.250	1,016%	7,5	14.07.
	30	Eintracht Braunkohle	24.000.000	175,00	42.000.000	1,003%	10	21.04.
					4.187.135.331	**100%**		

		Indexgesellschaft	Grundkapital	Ultimokurs	Börsenkapital	Gewicht	Dividende	Datum Div.
1935	1	IG Farben	800.000.000	135,75	1.086.000.000	25,082%	7	27.04.
	2	Bekula	240.000.000	134,50	322.800.000	7,455%	6	30.11.
	3	RWE	246.000.000	107,63	264.757.500	6,115%	6	02.03.
	4	Stahlverein	644.000.000	40,50	260.820.000	6,024%	0	-
	5	Reichsbank	150.000.000	146,75	220.125.000	5,084%	8	23.03.
	6	Rhein. Braunkohle	72.900.000	213,25	155.459.250	3,590%	8	29.06.
	7	Siemens	107.090.000	136,25	145.910.125	3,370%	7	02.03.
	8	Mannesmann	180.263.400	75,50	136.098.867	3,143%	0	-
	9	RheinStahl	150.000.000	86,75	130.125.000	3,005%	4	06.07.
	10	Wintershall	125.000.000	94,00	117.500.000	2,714%	4	29.06.
	11	Dresdner Bank	150.000.000	75,50	113.250.000	2,616%	0	-
	12	HEW	89.000.000	120,00	106.800.000	2,467%	8	12.10.
	13	DEA	100.000.000	100,00	100.000.000	2,310%	4	29.06.
	14	Deutsche Bank	130.000.000	74,00	96.200.000	2,222%	0	-
	15	Continental-Gas	75.000.000	120,00	90.000.000	2,079%	7	22.06.
	16	Harpener	90.300.000	98,50	88.945.500	2,054%	0	-
	17	HH Hochbahn	109.113.000	81,38	88.790.704	2,051%	5	29.06.
	18	Gesfürel	80.010.000	108,75	87.010.875	2,010%	6	11.05.
	19	Hoesch	101.800.000	80,00	81.440.000	1,881%	3	09.11.
	20	Klöckner	105.000.000	75,75	79.537.500	1,837%	3	09.11.
	21	Degussa	202.000.000	35,60	71.912.000	1,661%	8	05.01.
	22	Charlottenburger Wasser	60.000.000	97,50	58.500.000	1,351%	5,5	09.03.
	23	Schultheiß	56.400.000	103,00	58.092.000	1,342%	4	19.01.
	24	Commerzbank	80.000.000	72,00	57.600.000	1,330%	0	-
	25	Ilse Bergbau	38.000.000	151,50	57.570.000	1,330%	6	20.04.
	26	Schuckert	56.500.000	94,75	53.533.750	1,236%	4	01.06.
	27	Felten	64.500.000	79,75	51.438.750	1,188%	4	01.06.
	28	Conti Gummi	37.000.000	139,00	51.430.000	1,188%	8	06.04.
	29	AEG	185.000.000	27,25	50.412.500	1,164%		-
	30	SüdZucker	30.000.000	159,00	47.700.000	1,102%	8	10.08.
					4.329.759.321	**100%**		

Indexgesellschaft			Grund-kapital	Ultimo-kurs	Börsen-kapital	Gewicht	Divi-dende	Datum Div.
1936	1	IG Farben	800.000.000	149,25	1.194.000.000	24,097%	7	04.07.
	2	Stahlverein	644.000.000	74,75	481.390.000	9,715%	3,5	28.03.
	3	Bekula	240.000.000	135,25	324.609.600	6,551%	8	19.12.
	4	RWE	246.000.000	130,68	321.460.500	6,488%	6	04.04.
	5	Reichsbank	150.000.000	179,50	269.250.000	5,434%	8	21.03.
	6	Siemens	107.090.000	165,50	177.233.950	3,577%	6	07.03.
	7	RheinStahl	150.000.000	103,13	154.695.000	3,122%	6	22.08.
	8	Rhein. Braunkohle	72.900.000	209,75	152.907.750	3,086%	8	11.07.
	9	Mannesmann	176.260.000	79,50	140.126.700	2,828%	3	23.05.
	10	Dresdner Bank	150.000.000	84,00	126.000.000	2,543%	4	25.04.
	11	HEW	89.000.000	132,00	117.480.000	2,371%	8	17.10.
	12	Deutsche Bank	130.000.000	84,00	109.200.000	2,204%	4	18.04.
	13	DEA	100.000.000	106,25	106.250.000	2,144%	5	27.06.
	14	Wintershall	110.000.000	95,75	105.325.000	2,126%	5	02.05.
	15	Gesfürel	80.010.000	125,50	100.412.550	2,026%	6	13.06.
	16	HH Hochbahn	109.113.000	87,00	94.928.310	1,916%	5	27.06.
	17	Continental-Gas	75.000.000	120,88	90.656.250	1,830%	4	01.08.
	18	Hoesch	101.800.000	85,75	87.293.500	1,762%	3,5	24.10.
	19	Klöckner	105.000.000	81,63	85.706.250	1,730%	4,5	24.10.
	20	Degussa	35.600.000	217,50	77.430.000	1,563%	8	18.01.
	21	Felten	64.500.000	112,88	72.804.375	1,469%	6	13.06.
	22	Schuckert	56.500.000	119,88	67.729.375	1,367%	6	30.05.
	23	Commerzbank	80.000.000	84,00	67.200.000	1,356%	4	02.05.
	24	Harpener	60.000.000	109,00	65.400.000	1,320%	2,5	06.06.
	25	AEG	185.000.000	35,13	64.981.250	1,311%	0	-
	26	Charlottenburger Wasser	60.000.000	108,25	64.950.000	1,311%	5,5	29.02.
	27	Ilse Bergbau	38.000.000	156,00	59.280.000	1,196%	6	25.04.
	28	SüdZucker	30.000.000	197,00	59.100.000	1,193%	8	08.08.
	29	Conti Gummi	37.000.000	158,50	58.645.000	1,184%	8	11.04.
	30	Ilseder Hütte	42.600.000	137,50	58.575.000	1,182%	7	06.06.
					4.955.020.360	**100%**		

Indexgesellschaft			Grund-kapital	Ultimo-kurs	Börsen-kapital	Gewicht	Divi-dende	Datum Div.
1937	1	IG Farben	800.000.000	173,00	1.384.000.000	22,894%	7	14.05.
	2	Stahlverein	544.000.000	121,63	661.640.000	10,945%	4,5	25.03.
	3	Bekula	240.000.000	165,50	397.200.000	6,570%	8	23.12.
	4	RWE	246.000.000	134,50	330.870.000	5,473%	6	09.01.
	5	Reichsbank	150.000.000	186,00	279.000.000	4,615%	8	20.03.
	6	RheinStahl	150.000.000	155,00	232.500.000	3,846%	6	03.07.
	7	Siemens	107.090.000	201,75	216.054.075	3,574%	7	27.02.
	8	Mannesmann	180.000.000	120,00	216.000.000	3,573%	4,5	29.05.
	9	Wintershall	125.000.000	138,13	172.656.250	2,856%	5	25.03.
	10	Rhein. Braunkohle	72.900.000	233,00	169.857.000	2,810%	8	17.07.
	11	Dresdner Bank	150.000.000	107,50	161.250.000	2,667%	4	25.03.
	12	DEA	100.000.000	150,50	150.500.000	2,490%	6	03.07.
	13	Deutsche Bank	130.000.000	111,00	144.300.000	2,387%	5	10.03.
	14	Klöckner	105.000.000	128,25	134.662.500	2,228%	5	06.11.
	15	HEW	89.000.000	151,00	134.390.000	2,223%	8	09.10.
	16	Hoesch	101.800.000	120,75	122.923.500	2,033%	5	20.11.
	17	Gesfürel	80.010.000	145,50	116.414.550	1,926%	6	12.06.
	18	HH Hochbahn	109.100.000	90,00	98.190.000	1,624%	5	26.06.
	19	Degussa	35.600.000	274,00	97.544.000	1,614%	8	16.01.
	20	Harpener	60.000.000	159,00	95.400.000	1,578%	3,5	30.04.
	21	Felten	64.500.000	141,75	91.428.750	1,512%	6	05.06.
	22	Schuckert	56.500.000	159,00	89.835.000	1,486%	6	05.06.
	23	Commerzbank	80.000.000	109,50	87.600.000	1,449%	5	10.04.
	24	Continental-Gas	75.000.000	106,75	80.062.500	1,324%	5	17.07.
	25	Charlottenburger Wasser	60.000.000	119,00	71.400.000	1,181%	5,5	27.02.
	26	Ilse Bergbau	38.000.000	185,00	70.300.000	1,163%	6	17.04.
	27	Conti Gummi	37.000.000	174,00	64.380.000	1,065%	8	24.04.
	28	SüdZucker	30.000.000	206,00	61.800.000	1,022%	8	07.08.
	29	Schultheiß	56.400.000	102,38	57.739.500	0,955%	4	16.01.
	30	Rheinmetall	36.000.000	154,00	55.440.000	0,917%	6	26.06.
					6.045.337.625	**100%**		

Indexgesellschaft			Grundkapital	Ultimokurs	Börsenkapital	Gewicht	Dividende	Datum Div.
1938	1	IG Farben	800.000.000	159,00	1.272.000.000	21,198%	8	25.06.
	2	Stahlverein	544.000.000	112,65	612.816.000	10,213%	5	02.04.
	3	Bekula	240.000.000	164,50	394.800.000	6,579%	8 & AS	24.12.
	4	RWE	246.000.000	130,00	319.800.000	5,329%	6	15.01.
	5	Reichsbank	150.000.000	209,50	314.250.000	5,237%	8	19.03.
	6	Siemens	107.090.000	205,75	220.337.675	3,672%	9,3	26.02.
	7	RheinStahl	150.000.000	144,00	216.000.000	3,600%	5	06.08.
	8	Mannesmann	180.263.400	114,25	205.950.935	3,432%	5	23.04.
	9	Dresdner Bank	150.000.000	113,38	170.062.500	2,834%	5	16.04.
	10	Rhein. Braunkohle	72.900.000	232,50	169.492.500	2,825%	8 & AS	23.07.
	11	Deutsche Bank	130.000.000	124,50	161.850.000	2,697%	6	09.04.
	12	Wintershall	110.000.000	133,38	146.712.500	2,445%	5	04.06.
	13	DEA	100.000.000	143,75	143.750.000	2,396%	6	09.07.
	14	AEG	120.000.000	118,50	142.200.000	2,370%	4	26.02.
	15	HEW	89.000.000	150,00	133.500.000	2,225%	8	29.10.
	16	Klöckner	105.000.000	118,50	124.425.000	2,074%	6	12.11.
	17	Hoesch	101.800.000	115,00	117.070.000	1,951%	6	03.12.
	18	Gesfürel	80.010.000	144,88	115.914.488	1,932%	7& AS 0,755	02.07.
	19	HH Hochbahn	109.113.000	99,00	108.021.870	1,800%	5	26.07.
	20	Harpener	60.000.000	174,00	104.400.000	1,740%	4,5	30.04.
	21	Schuckert	56.500.000	178,50	100.852.500	1,681%	7	04.06.
	22	Commerzbank	80.000.000	118,75	95.000.000	1,583%	6	02.04.
	23	Degussa	35.600.000	252,00	89.712.000	1,495%	8 & AS	15.01.
	24	Continental-Gas	75.000.000	118,63	88.968.750	1,483%	5,5	16.07.
	25	Felten	64.500.000	132,50	85.462.500	1,424%	6	04.06.
	26	Rheinmetall	50.000.000	142,50	71.250.000	1,187%	6	25.06.
	27	Ilseder Hütte	42.600.000	167,13	71.195.250	1,186%	8 & AS	28.05.
	28	Conti Gummi	37.000.000	190,00	70.300.000	1,172%	8 & AS	09.04.
	29	Charlottenburger Wasser	60.000.000	116,75	70.050.000	1,167%	5,5	26.02.
	30	SüdZucker	30.000.000	215,00	64.500.000	1,075%	8 & AS	
					6.000.644.467	**100%**		

Indexgesellschaft			Grund-kapital	Ultimo-kurs	Börsen-kapital	Gewicht	Divi-dende	Datum Div.
1939	1	IG Farben	731.000.000	150,25	1.098.327.500	20,029%	8	01.07.
	2	Stahlverein	460.000.000	104,75	481.850.000	8,787%	6	25.03.
	3	Bekula	240.000.000	157,50	378.000.000	6,893%	8	16.12.
	4	RWE	246.000.000	120,50	296.430.000	5,406%	6	14.01.
	5	Siemens	157.100.000	186,50	292.991.500	5,343%	9,3 & AS 11,44	04.03.
	6	Reichsbank	150.000.000	186,50	279.750.000	5,101%	5 & AS	08.07. 26.08.
	7	RheinStahl	150.000.000	130,63	195.937.500	3,573%	7	05.08.
	8	Mannesmann	180.000.000	107,75	193.950.000	3,537%	6	29.04.
	9	Dresdner Bank	150.000.000	108,00	162.000.000	2,954%	6	06.04.
	10	Rhein. Braunkohle	72.900.000	206,75	150.720.750	2,748%	8	22.07.
	11	Deutsche Bank	130.000.000	115,50	150.150.000	2,738%	6	22.04.
	12	Wintershall	125.000.000	110,13	137.656.250	2,510%	6	01.07.
	13	AEG	120.000.000	112,75	135.300.000	2,467%	6	04.03.
	14	HEW	89.000.000	139,88	124.488.750	2,270%	8	28.10.
	15	DEA	100.000.000	120,25	120.250.000	2,193%	6	01.07.
	16	Klöckner	105.000.000	114,25	119.962.500	2,188%	6	09.12.
	17	Hoesch	101.800.000	108,00	109.944.000	2,005%	6	09.12.
	18	Gesfürel	80.010.000	130,00	104.013.000	1,897%	7	01.07.
	19	HH Hochbahn	107.867.500	95,25	102.743.794	1,874%	5	29.07.
	20	Schuckert	56.500.000	172,38	97.391.875	1,776%	8	17.06.
	21	Commerzbank	80.000.000	111,50	89.200.000	1,627%	6	06.04.
	22	Felten	64.500.000	134,38	86.671.875	1,581%	8	10.06.
	23	Harpener	60.000.000	138,00	82.800.000	1,510%	4,5	22.04.
	24	Continental-Gas	75.000.000	108,13	81.093.750	1,479%	6	22.07.
	25	Conti Gummi	37.000.000	205,00	75.850.000	1,383%	8	01.04.
	26	Degussa	35.600.000	201,00	71.556.000	1,305%	8	14.01.
	27	Charlottenburger Wasser	60.000.000	115,00	69.000.000	1,258%	5,5	04.02.
	28	Schering	48.300.000	140,75	67.982.250	1,240%	8	01.07.
	29	Rheinmetall	50.000.000	129,50	64.750.000	1,181%	7	01.07.
	30	SüdZucker	30.000.000	210,00	63.000.000	1,149%	8	22.07.
					5.483.761.294	**100%**		

		Indexgesellschaft	Grundkapital	Ultimokurs	Börsenkapital	Gewicht	Dividende	Datum Div.
1940	1	IG Farben	731.000.000	166,13	1.214.373.750	21,036%	8	29.06.
	2	Stahlverein	460.000.000	103,75	477.250.000	8,267%	6	30.03.
	3	Bekula	240.000.000	157,00	376.800.000	6,527%	8	07.12.
	4	Siemens	157.100.000	217,50	341.692.500	5,919%	9,3	21.03.
	5	RWE	246.000.000	120,50	296.430.000	5,135%	6	13.01.
	6	RheinStahl	150.000.000	135,88	203.812.500	3,531%	7	03.08.
	7	Mannesmann	180.000.000	108,38	195.075.000	3,379%	6	27.04.
	8	Rhein. Braunkohle	72.900.000	265,50	193.549.500	3,353%	8	29.06.
	9	Wintershall	125.000.000	147,50	184.375.000	3,194%	6	03.08.
	10	Dresdner Bank	150.000.000	106,13	159.187.500	2,758%	6	20.04.
	11	Reichsbank	150.000.000	101,75	152.625.000	2,644%	5	27.04.
	12	AEG	120.000.000	124,25	149.100.000	2,583%	6	09.06.
	13	DEA	100.000.000	145,75	145.750.000	2,525%	6	06.04.
	14	Deutsche Bank	130.000.000	110,50	143.650.000	2,488%	6	04.05.
	15	HEW	89.000.000	149,00	132.610.000	2,297%	8	02.11.
	16	Klöckner	105.000.000	124,88	131.118.750	2,271%	6	07.12.
	17	Gesfürel	80.010.000	145,25	116.214.525	2,013%	7	06.07.
	18	Schuckert	56.500.000	200,50	113.282.500	1,962%	10	30.03.
	19	Hoesch	101.080.000	109,25	110.429.900	1,913%	6	07.12.
	20	HH Hochbahn	107.867.500	99,00	106.788.825	1,850%	5	06.07.
	21	Harpener	60.000.000	158,50	95.100.000	1,647%	4,5	08.06.
	22	Felten	64.500.000	145,75	94.008.750	1,628%	8	08.06.
	23	Continental-Gas	75.000.000	123,75	92.812.500	1,608%	6	03.08.
	24	Commerzbank	80.000.000	107,25	85.800.000	1,486%	6	06.04.
	25	Degussa	230.000.000	35,60	81.880.000	1,418%	9	20.01.
	26	Salzdethfurth	44.175.000	185,00	81.723.750	1,416%	4	22.06.
	27	Schering	166.500.000	48,00	79.920.000	1,384%	8	06.07.
	28	Conti Gummi	37.000.000	207,75	76.867.500	1,332%	8	20.04.
	29	SüdZucker	30.000.000	239,75	71.925.000	1,246%	8	20.07.
	30	Charlottenburger Wasser	60.000.000	114,50	68.700.000	1,190%	5	03.02.
					5.772.852.750	**100%**		

Indexgesellschaft			Grund-kapital	Ultimo-kurs	Börsen-kapital	Gewicht	Divi-dende	Datum Div.
1941	1	IG Farben	773.200.000	200,00	1.546.400.000	20,394%	8	16.08.
	2	Stahlverein	460.000.000	144,38	664.148.000	8,759%	6	29.03.
	3	Bekula	240.000.000	213,50	512.400.000	6,757%	6	29.11.
	4	Siemens	157.100.000	281,00	441.451.000	5,822%	10	22.03.
	5	RWE	246.000.000	154,38	379.774.800	5,008%	6	08.02.
	6	RheinStahl	150.000.000	187,88	281.812.500	3,716%	7	20.09.
	7	Mannesmann	180.000.000	153,50	276.300.000	3,644%	6	10.05.
	8	AEG	160.000.000	170,00	272.000.000	3,587%	6	29.03.
	9	Deutsche Bank	160.000.000	149,00	238.400.000	3,144%	6	26.04.
	10	Wintershall	125.000.000	175,50	219.375.000	2,893%	6	06.09.
	11	Rhein. Braunkohle	72.900.000	296,00	215.784.000	2,846%	8	21.06.
	12	Dresdner Bank	150.000.000	142,00	213.000.000	2,809%	6	10.05.
	13	Reichsbank	150.000.000	123,00	184.500.000	2,433%	5	15.03.
	14	DEA	100.000.000	177,00	177.000.000	2,334%	6	03.05.
	15	HEW	89.000.000	186,00	165.540.000	2,183%	6	15.11.
	16	Klöckner	105.000.000	157,50	165.375.000	2,181%	6	15.11.
	17	Gesfürel	80.010.000	188,75	151.018.875	1,992%	7	12.07.
	18	Hoesch	101.080.000	148,75	150.356.500	1,983%	6	13.12.
	19	Felten	64.500.000	198,50	128.032.500	1,688%	5,33	29.11.
	20	HH Hochbahn	107.867.500	117,00	126.204.975	1,664%	5	28.06.
	21	Rheinmetall	75.000.000	162,50	121.875.000	1,607%	7	11.10.
	22	Continental-Gas	75.000.000	162,00	121.500.000	1,602%	6	27.09.
	23	Conti Gummi	37.000.000	311,50	115.255.000	1,520%	5,25	11.10.
	24	Commerzbank	80.000.000	143,50	114.800.000	1,514%	6	10.04.
	25	Salzdethfurth	50.175.000	222,25	111.513.938	1,471%	5,8	25.10.
	26	Degussa	35.600.000	298,50	106.266.000	1,401%	8	11.01.
	27	Schering	48.000.000	210,00	100.800.000	1,329%	6	20.12.
	28	Harpener	60.000.000	164,00	98.400.000	1,298%	4,5	05.07.
	29	Daimler	50.216.000	187,00	93.903.920	1,238%	7,5	19.07.
	30	Schultheiß	56.400.000	158,88	89.605.500	1,182%	5	08.02.
					7.582.792.508	**100%**		

Indexgesellschaft			Grundkapital	Ultimokurs	Börsenkapital	Gewicht	Dividende	Datum Div.
1942	1	IG Farben	900.000.000	197,75	1.779.750.000	21,848%	6	11.07.
	2	Stahlverein	460.000.000	146,50	673.900.000	8,273%	6	28.03.
	3	Bekula	240.000.000	208,00	499.200.000	6,128%	6	21.12.
	4	Siemens	140.000.000	341,00	477.400.000	5,861%	3,5	25.04.
	5	RWE	246.000.000	159,88	393.292.500	4,828%	4,8	25.07.
	6	RheinStahl	150.000.000	188,75	283.125.000	3,476%	6	31.01.
	7	AEG	160.000.000	171,75	274.800.000	3,373%	5	30.05.
	8	Mannesmann	180.000.000	151,25	272.250.000	3,342%	5	09.05.
	9	Rhein. Braunkohle	72.900.000	329,00	239.841.000	2,944%	6	25.04.
	10	Deutsche Bank	160.000.000	144,25	230.800.000	2,833%	6	25.04.
	11	Wintershall	125.000.000	175,88	219.843.750	2,699%	5	19.09.
	12	Dresdner Bank	150.000.000	142,25	213.375.000	2,619%	6	01.05.
	13	Reichsbank	150.000.000	134,50	201.750.000	2,477%	5	21.03.
	14	HEW	100.000.000	180,75	180.750.000	2,219%	6	31.10.
	15	Klöckner	105.000.000	170,00	178.500.000	2,191%	6	12.12.
	16	*Gesfürel*	*80.010.000*	*212,75*	*170.221.275*	*2,090%*		
	17	DEA	100.000.000	168,00	168.000.000	2,062%	6	01.05.
	18	Hoesch	101.080.000	162,50	164.255.000	2,016%	5	05.12.
	19	Anhalter Kohlen	83.500.000	188,50	157.397.500	1,932%	4	13.06.
	20	Felten	64.500.000	230,50	148.672.500	1,825%	5,4	04.07.
	21	Conti Gummi	88.400.000	165,25	146.081.000	1,793%	5,5	01.05.
	22	Commerzbank	100.000.000	142,00	142.000.000	1,743%	6	18.04.
	23	HH Hochbahn	107.867.500	129,50	139.688.413	1,715%	5	18.07.
	24	Degussa	34.000.000	392,00	133.280.000	1,636%	4,5	01.05.
	25	Salzdethfurth	70.175.000	173,00	121.402.750	1,490%	5,8	20.04.
	26	Continental-Gas	75.000.000	152,75	114.562.500	1,406%	5,2	01.05.
	27	Harpener	60.000.000	187,00	112.200.000	1,377%	3,913	04.07.
	28	Schering	48.000.000	218,50	104.880.000	1,287%	6	29.08.
	29	SüdZucker	60.000.000	171,00	102.600.000	1,260%	3	01.08.
	30	Ilseder Hütte	42.600.000	240,00	102.240.000	1,255%	5	13.06.
					8.146.058.188	**100%**		

Indexgesellschaft			Grund-kapital	Ultimo-kurs	Börsen-kapital	Gewicht	Divi-dende	Datum Div.
1943	1	IG Farben	1.360.000.000	175,25	2.383.400.000	25,609%	6	06.08.
	2	Stahlverein	460.000.000	167,75	771.650.000	8,291%	6	26.03.
	3	Siemens	400.000.000	133,00	532.000.000	5,716%	3,5	26.03.
	4	Bekula	240.000.000	193,50	464.400.000	4,990%	6	03.12.
	5	RWE	246.000.000	187,00	460.020.000	4,943%	6	07.05.
	6	AEG	220.000.000	181,75	399.850.000	4,296%	6	09.04.
	7	Mannesmann	180.000.000	161,50	290.700.000	3,123%	6	04.06.
	8	Rhein. Braunkohle	120.000.000	239,25	287.100.000	3,085%	4,8	06.08.
	9	RheinStahl	180.000.000	158,25	284.850.000	3,061%	5,5	08.10.
	10	Wintershall	150.000.000	166,00	249.000.000	2,675%	5	17.09.
	11	Deutsche Bank	160.000.000	149,00	238.400.000	2,562%	6	30.04.
	12	HEW	150.000.000	155,00	232.500.000	2,498%	6	26.11.
	13	Dresdner Bank	150.000.000	145,50	218.250.000	2,345%	6	14.05.
	14	Reichsbank	150.000.000	144,75	217.125.000	2,333%	5	19.02.
	15	DEA	100.000.000	178,25	178.250.000	1,915%	6	16.04.
	16	Hoesch	101.080.000	174,75	176.637.300	1,898%	5	27.12.
	17	Klöckner	105.000.000	167,00	175.350.000	1,884%	6	19.11.
	18	Conti Gummi	88.400.000	173,25	153.153.000	1,646%	3	01.05.
	19	Felten	96.750.000	158,00	152.865.000	1,642%	5,4	03.09.
	20	Daimler	75.259.200	196,50	147.884.328	1,589%	6	11.06.
	21	Commerzbank	100.000.000	146,00	146.000.000	1,569%	6	07.05.
	22	HH Hochbahn	107.867.500	133,00	143.463.775	1,541%	5	01.11.
	23	Salzdethfurth	70.175.000	194,00	136.139.500	1,463%	5,8	25.06.
	24	Degussa	68.000.000	199,50	135.660.000	1,458%	0	-
	25	Harpener	70.000.000	186,25	130.375.000	1,401%	4	25.06.
	26	Continental-Gas	86.000.000	151,50	130.290.000	1,400%	5,2	01.10.
	27	Rheinmetall	75.000.000	171,00	128.250.000	1,378%	7	22.10.
	28	SüdZucker	60.000.000	211,50	126.900.000	1,364%	3	27.08.
	29	Schering	64.000.000	182,00	116.480.000	1,252%	4	25.06.
	30	BMW	65.000.000	153,75	99.937.500	1,074%	5,5	25.06.
					9.306.880.403	**100%**		

		Indexgesellschaft	Grund-kapital	Ultimo-kurs	Börsen-kapital	Gewicht	Divi-dende	Datum Div.
1944	1	IG Farben	1.360.000.000	176,25	2.397.000.000	25,304%	6	28.07.
	2	Stahlverein	460.000.000	169,00	777.400.000	8,207%	6	10.03.
	3	Siemens	400.000.000	132,50	530.000.000	5,595%	2,5	12.05.
	4	Bekula	300.000.000	159,00	477.000.000	5,035%	0	-
	5	RWE	246.000.000	184,00	452.640.000	4,778%	6	04.02.
	6	AEG	264.000.000	152,50	402.600.000	4,250%	5	28.04.
	7	Mannesmann	180.000.000	164,00	295.200.000	3,116%	3	26.05.
	8	RheinStahl	180.000.000	162,00	291.600.000	3,078%	5,5	01.09.
	9	Rhein. Braunkohle	120.000.000	241,00	289.200.000	3,053%	4,8	25.08.
	10	Wintershall	150.000.000	169,75	254.625.000	2,688%	5	29.12.
	11	Deutsche Bank	160.000.000	152,50	244.000.000	2,576%	6	12.05.
	12	HEW	150.000.000	160,00	240.000.000	2,534%	0	-
	13	Dresdner Bank	150.000.000	149,75	224.625.000	2,371%	6	05.05.
	14	Reichsbank	150.000.000	148,75	223.125.000	2,355%	5	11.02.
	15	Hoesch	135.000.000	147,50	199.125.000	2,102%	5	22.12.
	16	Daimler	120.260.000	157,75	189.710.150	2,003%	6	16.06.
	17	DEA	100.000.000	180,75	180.750.000	1,908%	6	05.05.
	18	Klöckner	105.000.000	169,50	177.975.000	1,879%	6	10.11.
	19	Degussa	76.500.000	200,00	153.000.000	1,615%	3	21.04.
	20	Felten	96.750.000	157,75	152.623.125	1,611%	5,4	04.08.
	21	Conti Gummi	88.400.000	172,25	152.269.000	1,607%	3	02.06.
	22	Commerzbank	100.000.000	149,25	149.250.000	1,576%	5,5	14.07.
	23	HH-Hochbahn	107.870.000	137,75	148.590.925	1,569%	5	27.10.
	24	Salzdetfurth	70.180.000	194,50	136.500.100	1,441%	5,8	21.07.
	25	Continental-Gas	86.250.000	154,50	133.256.250	1,407%	5,2	01.06.
	26	SüdZucker	60.000.000	212,00	127.200.000	1,343%	3	11.09.
	27	Rheinmetall	75.000.000	168,50	126.375.000	1,334%	7	11.09.
	28	Harpener	70.000.000	180,00	126.000.000	1,330%	4	14.07.
	29	Schering	64.000.000	185,00	118.400.000	1,250%	6	29.12.
	30	BMW	65.000.000	158,25	102.862.500	1,086%	5,5	14.07.
					9.472.902.050	**100%**		

Indexgesellschaft			Grund-kapital	Ultimo-kurs	Börsen-kapital	Gewicht	Divi-dende	Datum Div.
1945	1	IG Farben	1.360.000.000	176,25	2.397.000.000	25,130%	0	-
	2	Stahlverein	460.000.000	168,50	775.100.000	8,126%	0	-
	3	Siemens	400.000.000	132,25	529.000.000	5,546%	0	-
	4	Bekula	300.000.000	165,00	495.000.000	5,189%	4,8	05.01.
	5	RWE	246.000.000	183,50	451.410.000	4,732%	0	-
	6	AEG	264.000.000	152,75	403.260.000	4,228%	0	-
	7	Mannesmann	180.000.000	163,50	294.300.000	3,085%	0	-
	8	RheinStahl	180.000.000	161,50	290.700.000	3,048%	0	-
	9	Rhein. Braunkohle	120.000.000	240,75	288.900.000	3,029%	0	-
	10	Wintershall	150.000.000	169,75	254.625.000	2,669%	0	-
	11	HEW	150.000.000	166,00	249.000.000	2,610%	3	16.03.
	12	Deutsche Bank	160.000.000	152,00	243.200.000	2,550%	0	-
	13	Dresdner Bank	150.000.000	149,25	223.875.000	2,347%	0	-
	14	Reichsbank	150.000.000	148,75	223.125.000	2,339%	5	23.02.
	15	Hoesch	135.000.000	147,00	198.450.000	2,081%	0	-
	16	Daimler	120.260.000	157,75	189.710.150	1,989%	0	-
	17	DEA	100.000.000	179,75	179.750.000	1,884%	0	-
	18	Klöckner	105.000.000	169,50	177.975.000	1,866%	0	-
	19	BMW	100.000.000	154,50	154.500.000	1,620%	0	-
	20	Degussa	76.500.000	199,50	152.617.500	1,600%	0	-
	21	Conti Gummi	88.400.000	172,25	152.269.000	1,596%	0	-
	22	Felten	96.750.000	157,25	152.139.375	1,595%	0	-
	23	Commerzbank	100.000.000	149,25	149.250.000	1,565%	0	-
	24	HH-Hochbahn	107.870.000	137,50	148.321.250	1,555%	0	-
	25	Salzdetfurth	70.180.000	194,00	136.149.200	1,427%	0	-
	26	Continental-Gas	86.250.000	154,25	133.040.625	1,395%	0	-
	27	SüdZucker	60.000.000	211,50	126.900.000	1,330%	0	-
	28	Harpener	70.000.000	179,50	125.650.000	1,317%	0	-
	29	Rheinmetall	75.000.000	167,00	125.250.000	1,313%	0	-
	30	Schering	64.000.000	184,50	118.080.000	1,238%	0	-
					9.538.547.100	**100%**		

Indexgesellschaft			Grund-kapital	Ultimo-kurs	Börsen-kapital	Gewicht	Divi-dende	Datum Div.
1946	1	IG Farben	1.360.000.000	113,00	1.536.800.000	19,231%	0	-
	2	Stahlverein	460.000.000	150,00	690.000.000	8,634%	0	-
	3	Siemens	400.000.000	135,00	540.000.000	6,757%	0	-
	4	RWE	246.000.000	206,00	506.760.000	6,341%	0	-
	5	AEG	264.000.000	130,00	343.200.000	4,295%	0	-
	6	RheinStahl	180.000.000	179,00	322.200.000	4,032%	0	-
	7	Mannesmann	176.000.000	182,00	320.320.000	4,008%	0	-
	8	Rhein. Braunkohle	120.000.000	265,00	318.000.000	3,979%	0	-
	9	Wintershall	150.000.000	188,00	282.000.000	3,529%	0	-
	10	HEW	150.000.000	164,00	246.000.000	3,078%	0	-
	11	Reichsbank	150.000.000	150,00	225.000.000	2,816%	0	-
	12	Hoesch	135.000.000	165,00	222.750.000	2,787%	0	-
	13	DEA	100.000.000	202,00	202.000.000	2,528%	0	-
	14	Klöckner	105.000.000	187,00	196.350.000	2,457%	0	-
	15	Daimler	120.259.200	142,00	170.768.064	2,137%	0	-
	16	Degussa	76.500.000	222,00	169.830.000	2,125%	0	-
	17	Conti Gummi	88.400.000	191,00	168.844.000	2,113%	0	-
	18	Felten	96.775.000	160,00	154.840.000	1,938%	0	-
	19	Salzdetfurth	70.175.000	215,00	150.876.250	1,888%	0	-
	20	Dresdner Bank	150.000.000	95,00	142.500.000	1,783%	0	-
	21	Deutsche Bank	160.000.000	88,00	140.800.000	1,762%	0	-
	22	Harpener	70.000.000	200,00	140.000.000	1,752%	0	-
	23	SüdZucker	60.000.000	220,00	132.000.000	1,652%	0	-
	24	Rheinmetall	75.000.000	160,00	120.000.000	1,502%	0	-
	25	Metallgesellschaft	70.000.000	158,00	110.600.000	1,384%	0	-
	26	BMW	100.000.000	100,00	100.000.000	1,251%	0	-
	27	Zellstoff Waldhof	66.500.000	141,00	93.765.000	1,173%	0	-
	28	Commerzbank	100.000.000	85,00	85.000.000	1,064%	0	-
	29	Accumulatoren	46.750.000	175,00	81.812.500	1,024%	0	-
	30	Karstadt	60.000.000	130,50	78.300.000	0,980%	0	-
					7.991.315.814	**100%**		

Indexgesellschaft			Grund-kapital	Ultimo-kurs	Börsen-kapital	Gewicht	Divi-dende	Datum Div.
1947	1	IG Farben	1.360.000.000	83,00	1.128.800.000	15,643%	0	-
	2	Stahlverein	460.000.000	142,50	655.500.000	8,586%	0	-
	3	Siemens	400.000.000	131,00	524.000.000	6,863%	0	-
	4	RWE	246.000.000	185,50	456.330.000	5,977%	0	-
	5	AEG	264.000.000	130,50	344.520.000	4,512%	0	-
	6	GHH	104.000.000	316,00	328.640.000	4,304%	0	-
	7	Mannesmann	176.000.000	165,00	290.400.000	3,804%	0	-
	8	Rhein. Braunkohle	120.000.000	242,00	290.400.000	3,804%	0	-
	9	RheinStahl	180.000.000	158,00	284.400.000	3,725%	0	-
	10	Wintershall	150.000.000	171,00	256.500.000	3,360%	0	-
	11	HEW	150.000.000	164,00	246.000.000	3,222%	0	-
	12	Hoesch	135.000.000	148,00	199.800.000	2,617%	0	-
	13	Daimler	120.259.200	165,00	198.427.680	2,599%	0	-
	14	DEA	100.000.000	181,75	181.750.000	2,381%	0	-
	15	Reichsbank	150.000.000	120,00	180.000.000	2,358%	0	-
	16	Klöckner	105.000.000	171,25	179.812.500	2,355%	0	-
	17	Degussa	76.500.000	201,75	154.338.750	2,021%	0	-
	18	Conti Gummi	88.400.000	174,50	154.258.000	2,020%	0	-
	19	Felten	96.750.000	159,00	153.832.500	2,015%	0	-
	20	Deutsche Bank	160.000.000	96,00	153.600.000	2,012%	0	-
	21	HH Hochbahn	107.867.500	138,25	149.126.819	1,953%	0	-
	22	Dresdner Bank	150.000.000	96,00	144.000.000	1,886%	0	-
	23	Salzdetfurth	70.180.000	195,50	137.201.900	1,797%	0	-
	24	SüdZucker	60.000.000	212,75	127.650.000	1,672%	0	-
	25	Harpener	70.000.000	180,25	126.175.000	1,653%	0	-
	26	Ilseder Hütte	68.160.000	170,00	115.872.000	1,518%	0	-
	27	BMW	100.000.000	112,50	112.500.000	1,473%	0	-
	28	Commerzbank	100.000.000	102,00	102.000.000	1,336%	0	-
	29	Metallgesellschaft	70.000.000	141,50	99.050.000	1,297%	0	-
	30	Phrix-Werke	70.000.000	135,00	94.500.000	1,238%	0	-
					7.569.385.149	**100%**		

Indexgesellschaft			Grund-kapital	Ultimo-kurs	Börsen-kapital	Gewicht	Divi-dende	Datum Div.
1948	1	IG Farben	1.360.000.000	83,00	1.128.800.000	14,393%	0	-
bis	2	Stahlverein	460.000.000	170,75	785.450.000	9,463%	0	-
18. Jun	3	Siemens	400.000.000	133,25	533.000.000	6,421%	0	-
	4	GHH	104.000.000	483,00	502.320.000	6,052%	0	-
	5	RWE	246.000.000	185,50	456.330.000	5,498%	0	-
	6	AEG	264.000.000	154,00	406.560.000	4,898%	0	-
	7	RheinStahl	180.000.000	162,75	292.950.000	3,529%	0	-
	8	Mannesmann	176.000.000	165,00	290.400.000	3,499%	0	-
	9	Rhein. Braunkohle	120.000.000	242,00	290.400.000	3,499%	0	-
	10	Wintershall	150.000.000	171,00	256.500.000	3,090%	0	-
	11	HEW	150.000.000	164,00	246.000.000	2,964%	0	-
	12	Deutsche Bank	160.000.000	130,00	208.000.000	2,506%	0	-
	13	Reichsbank	150.000.000	138,00	207.000.000	2,494%	0	-
	14	Hoesch	135.000.000	148,50	200.475.000	2,415%	0	-
	15	Daimler	120.259.200	165,00	198.427.680	2,391%	0	-
	16	Dresdner Bank	150.000.000	130,00	195.000.000	2,349%	0	-
	17	DEA	100.000.000	181,75	181.750.000	2,190%	0	-
	18	Klöckner	105.000.000	171,25	179.812.500	2,166%	0	-
	19	Felten	97.750.000	159,00	155.422.500	1,872%	0	-
	20	Degussa	76.500.000	201,75	154.338.750	1,859%	0	-
	21	BMW	100.000.000	154,00	154.000.000	1,855%	0	-
	22	Conti Gummi	88.400.000	173,50	153.374.000	1,848%	0	-
	23	Phrix-Werke	70.000.000	216,00	151.200.000	1,822%	0	-
	24	Commerzbank	100.000.000	150,75	150.750.000	1,816%	0	-
	25	HH Hochbahn	107.867.500	138,25	149.126.819	1,797%	5	20.2.
	26	Salzdetfurth	70.175.000	195,50	137.192.125	1,653%	0	-
	27	SüdZucker	60.000.000	213,00	127.800.000	1,540%	0	-
	28	Harpener Bergbau	70.000.000	180,50	126.350.000	1,522%	0	-
	29	Ilseder Hütte	68.160.000	170,25	116.042.400	1,398%	0	-
	30	Metallgesellschaft	70.000.000	142,75	99.925.000	1,204%	0	-
					8.234.696.774	**100%**		

Indexgesellschaft			Grund-kapital	Ultimo-kurs	Börsen-kapital	Gewicht	Divi-dende	Datum Div.
1948	1	IG Farben	1.360.000.000	83,00	1.128.800.000	14,803%	0	-
ab	2	Stahlverein	460.000.000	170,75	785.450.000	9,838%	0	-
25. Jun	3	Siemens	400.000.000	133,25	533.000.000	6,676%	0	-
	4	GHH	104.000.000	510,00	530.400.000	6,643%	0	-
	5	RWE	246.000.000	185,50	456.330.000	5,716%	0	-
	6	RheinStahl	180.000.000	162,75	292.950.000	3,669%	0	-
	7	Mannesmann	176.000.000	165,00	290.400.000	3,637%	0	-
	8	Rhein. Braunkohle	120.000.000	242,00	290.400.000	3,637%	0	-
	9	AEG	264.000.000	107,00	282.480.000	3,538%	0	-
	10	Wintershall	150.000.000	171,00	256.500.000	3,213%	0	-
	11	HEW	150.000.000	164,00	246.000.000	3,081%	0	-
	12	Hoesch	135.000.000	148,50	200.475.000	2,511%	0	-
	13	Daimler	120.259.200	165,00	198.427.680	2,485%	0	-
	14	DEA	100.000.000	181,75	181.750.000	2,276%	0	-
	15	Klöckner	105.000.000	171,25	179.812.500	2,252%	0	-
	16	BMW	100.000.000	156,50	156.500.000	1,960%	0	-
	17	Felten	97.750.000	159,00	155.422.500	1,947%	0	-
	18	Deutsche Bank	160.000.000	97,00	155.200.000	1,944%	0	-
	19	Degussa	76.500.000	201,75	154.338.750	1,933%	0	-
	20	Conti Gummi	88.400.000	173,50	153.374.000	1,921%	0	-
	21	HH Hochbahn	107.867.500	138,25	149.126.819	1,868%		-
	22	Phrix-Werke	70.000.000	212,00	148.400.000	1,859%	0	-
	23	Commerzbank	100.000.000	146,00	146.000.000	1,829%	0	-
	24	Dresdner Bank	150.000.000	96,00	144.000.000	1,804%	0	-
	25	Salzdetfurth	70.175.000	195,50	137.192.125	1,718%	0	-
	26	SüdZucker	60.000.000	213,00	127.800.000	1,601%	0	-
	27	Harpener Bergbau	70.000.000	180,25	126.175.000	1,580%	0	-
	28	Ilseder Hütte	68.160.000	170,25	116.042.400	1,453%	0	-
	29	Schering	64.000.000	169,00	108.160.000	1,355%	0	-
	30	Metallgesellschaft	70.000.000	142,75	99.925.000	1,252%	0	-
					7.930.831.774	**100%**		

Indexgesellschaft			Grund-kapital	Ultimo-kurs	Börsen-kapital	Gewicht	Divi-dende	Datum Div.
1949	1	IG Farben	1.360.000.000	8,30	112.880.000	12,418%	0	-
	2	RWE	246.000.000	36,25	89.175.000	8,681%	0	-
	3	Stahlverein	460.000.000	15,00	69.000.000	6,717%	0	-
	4	Rhein. Braunkohle	120.000.000	45,00	54.000.000	5,257%	0	-
	5	Siemens	400.000.000	13,50	54.000.000	5,257%	0	-
	6	Conti Gummi	88.400.000	52,50	46.410.000	4,518%	0	-
	7	Felten	96.750.000	40,00	38.700.000	3,767%	0	-
	8	SüdZucker	60.000.000	64,50	38.700.000	3,767%	0	-
	9	RheinStahl	180.000.000	19,00	34.200.000	3,329%	0	-
	10	Mannesmann	176.000.000	18,25	32.120.000	3,127%	0	-
	11	Daimler	120.259.200	26,00	31.267.392	3,044%	0	-
	12	HEW	150.000.000	20,00	30.000.000	2,920%	0	-
	13	Degussa	76.500.000	37,50	28.687.500	2,793%	0	-
	14	GHH	104.000.000	26,00	27.040.000	2,632%	0	-
	15	AEG	264.000.000	9,75	25.740.000	2,506%	0	-
	16	Hoesch	135.000.000	18,50	24.975.000	2,431%	0	-
	17	Lech	40.532.400	60,00	24.319.440	2,367%	0	-
	18	Salamander	40.000.000	58,50	23.400.000	2,278%	0	-
	19	BMW	100.000.000	23,00	23.000.000	2,239%	0	-
	20	Wintershall	150.000.000	14,50	21.750.000	2,117%	0	-
	21	Harpener	70.000.000	30,00	21.000.000	2,044%	0	-
	22	Klöckner	105.000.000	19,00	19.950.000	1,942%	0	-
	23	Metallgesellschaft	70.000.000	28,50	19.950.000	1,942%	0	-
	24	Karstadt	60.000.000	31,00	18.600.000	1,811%	0	-
	25	Heidelb. Zement	30.100.000	60,50	18.210.500	1,773%	0	-
	26	Ford	32.000.000	55,50	17.760.000	1,729%	0	-
	27	HH Hochbahn	107.867.500	16,25	17.528.469	1,706%	1	29.04.
							0,5	04.11.
	28	DEA	100.000.000	17,00	17.000.000	1,655%	0	-
	29	Zellstoff Waldhof	66.500.000	25,25	16.791.250	1,635%	0	-
	30	Kali-Chemie	35.000.000	47,00	16.450.000	1,601%	0	-
					1.012.604.551	**100%**		

		Indexgesellschaft	Grund-kapital	Ultimo-kurs	Börsen-kapital	Gewicht	Divi-dende	Datum Div.
1950	1	Stahlverein	460.000.000	60,00	276.000.000	10,923%	0	-
	2	RWE	246.000.000	80,00	196.800.000	7,789%	0	-
	3	Siemens	400.000.000	48,00	192.000.000	7,599%	0,28	07.04.
	4	IG Farben	1.360.000.000	8,30	112.880.000	5,244%	0	-
	5	Rhein. Braunkohle	120.000.000	99,00	118.800.000	4,702%	0	-
	6	RheinStahl	180.000.000	60,00	108.000.000	4,274%	0	-
	7	Mannesmann	176.000.000	60,00	105.600.000	4,179%	0	-
	8	HEW	150.000.000	70,00	105.000.000	4,156%	0	-
	9	Conti Gummi	88.400.000	112,50	99.450.000	3,936%	3	20.01.
							6	18.08.
	10	Wintershall	150.000.000	58,00	87.000.000	3,443%	0	-
	11	AEG	264.000.000	32,50	85.800.000	3,396%	0	-
	12	Hoesch	135.000.000	60,00	81.000.000	3,206%	0	-
	13	GHH	104.000.000	74,50	77.480.000	3,066%	0	-
	14	Felten	96.750.000	77,00	74.497.500	2,948%	0	-
	15	Klöckner	105.000.000	62,50	65.625.000	2,597%	0	-
	16	HH Hochbahn	107.867.500	58,00	62.563.150	2,476%	2,36	26.05.
	17	DEA	100.000.000	60,00	60.000.000	2,375%	0	-
	18	Daimler	120.259.200	49,00	58.927.008	2,332%	0	-
	19	SüdZucker	60.000.000	89,00	53.400.000	2,113%	0	-
	20	Harpener	70.000.000	74,00	51.800.000	2,050%	0	-
	21	Salzdetfurth	70.175.000	71,00	49.824.250	1,972%	0	-
	22	Metallgesellschaft	70.000.000	71,00	49.700.000	1,967%	0	-
	23	Ilseder Hütte	68.160.000	72,00	49.075.200	1,942%	0	-
	24	Deutsche Bank	160.000.000	30,00	48.000.000	1,900%	0	-
	25	Dresdner Bank	150.000.000	30,00	45.000.000	1,781%	0	-
	26	Degussa	76.500.000	58,00	44.370.000	1,756%	0	-
	27	Karstadt	60.000.000	67,00	40.200.000	1,591%	0	-
	28	Demag	42.400.000	88,00	37.312.000	1,477%	0	-
	29	Lech	40.532.400	90,00	36.479.160	1,444%	0	-
	30	BMW	100.000.000	34,50	34.500.000	1,365%	0	-
					2.507.083.268	100%		

		Indexgesellschaft	Grundkapital	Ultimokurs	Börsenkapital	Gewicht	Dividende	Datum Div.
1951	1	Stahlverein	460.000.000	48,00	220.800.000	9,539%	0	-
	2	RWE	246.000.000	71,25	175.275.000	7,572%	2	28.12.
	3	Siemens	400.000.000	43,00	172.000.000	7,431%	0	-
	4	IG Farben	1.360.000.000	8,30	112.880.000	5,719%	0	-
	5	Rhein. Braunkohle	120.000.000	92,50	111.000.000	4,795%	0	-
	6	Mannesmann	176.000.000	56,00	98.560.000	4,258%	0	-
	7	Conti Gummi	88.400.000	110,00	97.240.000	4,201%	6	17.08.
	8	RheinStahl	180.000.000	52,00	93.600.000	4,044%	0	-
	9	HEW	150.000.000	59,00	88.500.000	3,823%	0	-
	10	Hoesch	135.000.000	57,50	77.625.000	3,354%	0	-
	11	Wintershall	150.000.000	47,50	71.250.000	3,078%	0,3	08.06.
	12	Klöckner	105.000.000	66,50	69.825.000	3,017%	0	-
	13	Daimler	120.259.200	55,00	66.142.560	2,857%	0	-
	14	AEG	264.000.000	25,00	66.000.000	2,851%	0	-
	15	SüdZucker	60.000.000	106,00	63.600.000	2,748%	4	01.06.
							4	23.11.
	16	Felten	96.750.000	65,00	62.887.500	2,717%	0	-
	17	GHH i.L.	104.000.000	60,25	62.660.000	2,707%	0	-
	18	DEA	100.000.000	60,00	60.000.000	2,592%	0	-
	19	Degussa	76.500.000	74,25	56.801.250	2,454%	0	-
	20	Ilseder Hütte	68.160.000	73,50	50.097.600	2,164%	0	-
	21	Harpener	70.000.000	70,00	49.000.000	2,117%	0	-
	22	Karstadt	60.000.000	78,00	46.800.000	2,022%	5	15.06.
	23	Metallgesellschaft	70.000.000	65,00	45.500.000	1,966%	2,4	01.06.
							3,2	16.11.
	24	HH Hochbahn	107.867.500	41,00	44.225.675	1,911%	4,89	30.11.
	25	Salzdetfurth	70.175.000	61,50	43.157.625	1,864%	3,5	01.06.
	26	Accumulatoren	46.750.000	89,00	41.607.500	1,798%	9,45	06.07.
	27	Deutsche Bank	160.000.000	25,00	40.000.000	1,728%	0	-
	28	Dresdner Bank	150.000.000	25,75	38.625.000	1,669%	0	-
	29	Lech	40.532.400	88,50	35.871.174	1,550%	4	23.02.
							5	21.12.
	30	Demag	42.400.000	79,50	33.708.000	1,456%	5	20.07.
					2.295.238.884	**100%**		

Indexgesellschaft			Grundkapital	Ultimokurs	Börsenkapital	Gewicht	Dividende	Datum Div.
1952	1	Stahlverein	460.000.000	167,00	768.200.000	15,356%	0	-
	2	RWE	246.000.000	137,50	338.250.000	6,761%	4	09.05.
	3	Siemens	400.000.000	81,50	326.000.000	6,517%	4	16.05.
	4	RheinStahl	180.000.000	160,00	288.000.000	5,757%	0	-
	5	Mannesmann i.L.	176.000.000	140,00	246.400.000	4,925%	0	-
	6	Rhein. Braunkohle	120.000.000	195,00	234.000.000	4,678%	0	-
	7	Hoesch i.L.	135.000.000	166,00	224.100.000	4,480%	0	-
	8	Klöckner i.L.	105.000.000	186,50	195.825.000	3,914%	0	-
	9	GHH i.L.	104.000.000	176,25	183.300.000	3,664%	0	-
	10	HEW	150.000.000	104,00	156.000.000	3,118%	9	02.05.
	11	Wintershall	150.000.000	94,00	141.000.000	2,818%	5	03.10.
	12	Conti Gummi	88.400.000	149,00	131.716.000	2,633%	6	15.08.
	13	IG Farben	1.360.000.000	8,30	112.880.000	2,626%	0	-
	14	DEA	100.000.000	130,00	130.000.000	2,599%	0	-
	15	Harpener	70.000.000	178,00	124.600.000	2,491%	0	-
	16	Ilseder Hütte	68.160.000	179,00	122.006.400	2,439%	8,75	05.12.
	17	AEG	264.000.000	44,75	118.140.000	2,362%	1,67	20.06.
	18	Deutsche Bank	160.000.000	72,00	115.200.000	2,303%	0	-
	19	Degussa	76.500.000	150,00	114.750.000	2,294%	5	07.03.
	20	Dresdner Bank	150.000.000	70,25	105.375.000	2,106%	0	-
	21	Daimler	120.259.200	82,00	98.612.544	1,971%	3	18.01.
							3,6	08.08.
	22	SüdZucker	60.000.000	159,00	95.400.000	1,907%	0	-
	23	Felten	96.750.000	96,00	92.880.000	1,857%	3,2	14.11.
	24	Accumulatoren	46.750.000	197,00	92.097.500	1,841%	6,3	04.01.
							6,3	20.06.
	25	Metallgesellschaft	70.000.000	127,00	88.900.000	1,777%	6,25	16.05.
	26	Salzdetfurth	70.175.000	114,00	79.999.500	1,599%	3,5	03.10.
	27	Karstadt	60.000.000	118,00	70.800.000	1,415%	6	20.06.
	28	Zellstoff Waldhof	66.500.000	101,00	67.165.000	1,343%	3	01.08.
	29	HH Hochbahn	107.867.500	58,00	62.563.150	1,251%	5	11.07.
	30	Commerzbank	100.000.000	60,00	60.000.000	1,199%	0	-
					4.984.160.094	**100%**		

Indexgesellschaft			Grundkapital	Ultimokurs	Börsenkapital	Gewicht	Dividende	Datum Div.
1953	1	IG Farben i.L.	1.360.000.000	94,50	1.285.200.000	21,939%	0	-
	2	Stahlverein i.L	460.000.000	196,50	903.900.000	15,430%	0	-
		Stahlverein					*0*	-
		Rheinstahl Union					*0*	-
	3	RheinStahl	180.000.000	157,00	282.600.000	4,824%	0	-
	4	Mannesmann i.L.	176.000.000	150,00	264.000.000	4,507%	0	-
		Mannesmann					*4*	*10.07.*
		Consolidation					*4*	*10.07.*
		Stamag					*4*	*10.07.*
	5	Siemens	240.000.000	109,00	261.600.000	4,466%	6	15.05.
	6	RWE	246.000.000	104,00	255.840.000	4,367%	5	03.04.
	7	GHH i.L.	104.000.000	212,00	220.480.000	3,764%	1,6	31.07.
	8	Hoesch i.L.	135.000.000	163,00	220.050.000	3,756%	0	-
	9	Rhein. Braunkohle	120.000.000	175,00	210.000.000	3,585%	18,8	13.02.
							14,4	30.10.
	10	Klöckner i.L.	105.000.000	194,50	204.225.000	3,486%	0	-
	11	Harpener	70.000.000	253,00	177.100.000	3,023%	0	-
		Harpener					*0*	-
		Essener Steinkohle					*0*	-
	12	Conti Gummi	88.400.000	129,00	114.036.000	1,947%	7,5	10.07.
	13	HEW	150.000.000	73,00	109.500.000	1,869%	6	07.08.
	14	Wintershall	105.000.000	104,00	109.200.000	1,864%	6	06.11.
	15	Ilseder Hütte	68.160.000	145,00	98.832.000	1,687%	9	18.09.
		Ilseder Hütte					*0*	-
		Ind. u. Handels AG					*5*	*04.12.*
	16	RheinPreußen	100.000.000	98,00	98.000.000	1,673%	5	07.08.
	17	Deutsche Bank i.L.	160.000.000	60,50	96.800.000	1,652%	3,75	05.06.
	18	DEA	100.000.000	92,00	92.000.000	1,570%	4	17.07.
	19	Degussa	76.500.000	120,00	91.800.000	1,567%	5	08.05.
	20	Dresdner Bank i.L.	150.000.000	60,00	90.000.000	1,536%	3,72	19.06.
	21	Daimler	120.259.200	74,25	89.292.456	1,524%	6	31.07.
	22	AEG	264.000.000	31,00	81.840.000	1,397%	5	03.07.
	23	Metallgesellschaft	70.000.000	106,00	74.200.000	1,267%	5	10.07.
	24	Felten	96.750.000	74,00	71.595.000	1,222%	5	17.07.
	25	SüdZucker	60.000.000	116,00	69.600.000	1,188%	4	29.05.
							5	18.12.
	26	Karstadt	60.000.000	108,00	64.800.000	1,106%	7	03.07.
	27	Accumulatoren	46.750.000	133,00	62.177.500	1,061%	0	-

		Indexgesellschaft	Grund-kapital	Ultimo-kurs	Börsen-kapital	Gewicht	Divi-dende	Datum Div.
	28	Salzdetfurth	70.175.000	84,00	58.947.000	1,006%	3,5	03.07.
	29	Demag	42.400.000	121,50	51.516.000	0,879%	7	26.06.
	30	Commerzbank i.L.	100.000.000	49,00	49.000.000	0,836%	3	12.06.
					5.858.130.956	**100%**		

Indexgesellschaft			Grund-kapital	Ultimo-kurs	Börsen-kapital	Gewicht	Divi-dende	Datum Div.
1954	1	IG Farben i.L.	1.360.000.000	128,50	1.747.600.000	25,180%	0	-
		IG Farben i.L.					*0*	-
		Cassella					*7*	*23.07.*
		BASF					*7*	*23.07.*
		Farben Bayer					*7*	*30.07.*
		Hoechster Farbwerke					*6*	*30.05.*
		ReinStahl					*0*	-
	2	Stahlverein i.L.	460.000.000	205,50	945.300.000	13,620%	0	-
		Stahlverein					*0*	-
		Südwestfalen					*0*	-
		Bochumer Verein					*0*	-
		RW Eisen					*5*	*20.08.*
		Gußstahl Witten					*0*	-
		Dt. Edelstahl Witten					*0*	-
		RheinRöhren					*8*	*18.06.*
		Hamborner					*2*	*30.07.*
		Ruhrstahl					*4*	*18.06.*
		Dortm. Hörder					*0*	-
		Hütte Phönix					*0*	-
		Gelsenkirchner Bergwerks AG					*2,5*	*15.10.*
		Handelsunion					*0*	-
		Niederrh. Hütte					*0*	-
		A. Thyssen Hütte					*0*	-
		Siegerland					*0*	-
	3	Siemens	240.000.000	137,50	330.000.000	4,755%	8	02.04.
	4	RWE	246.000.000	132,00	324.720.000	4,679%	6	02.04.
	5	Hoesch i.L.	135.000.000	221,00	298.350.000	4,299%	0	-
		Hoesch-Werke					*0*	-
		Altess. Bergw.					*0*	-
		Industriewerte					*0*	-
	6	Klöckner i.L.	105.000.000	277,00	290.850.000	4,191%	5	29.01.
		Nwdt. Hütten					*5*	*26.11.*
		KHD					*0*	-
		Königsborn					*4,25*	*26.11.*
		Südwestfalen					*4*	*01.10.*
	7	RheinStahl	180.000.000	154,00	277.200.000	3,994%	6	25.06.

	Indexgesellschaft	Grundkapital	Ultimokurs	Börsenkapital	Gewicht	Dividende	Datum Div.
8	GHH i.L.	104.000.000	244,00	253.760.000	3,656%	4,8	29.01.
	GHH					*0*	-
	Bergbau Neue Hoffnung					*0*	-
	Hüttenw. Oberhsn.					*0*	-
	Bet. AG					*0*	-
9	Mannesmann	240.300.000	90,00	216.270.000	3,116%	7,5	23.07.
10	Rhein. Braunkohle	120.000.000	150,50	180.600.000	2,602%	7,2	23.01.
11	Deutsche Bank i.L.	160.000.000	91,50	146.400.000	2,109%	0	-
	Süddt. Bank					*8,5*	*15.04.*
	RW Bank					*8,5*	*15.04.*
	Norddt. Bank					*8,5*	*15.04.*
	Deutsche Bank Reste					*0*	-
12	Conti Gummi	88.400.000	160,00	141.440.000	2,038%	9	16.07.
13	Wintershall	105.000.000	131,00	137.550.000	1,982%	7	13.08.
14	Dresdner Bank i.L.	150.000.000	91,50	137.250.000	1,978%	0	-
	RheinRuhrBank					*8,5*	*07.05.*
	RheinMainBank					*8,5*	*07.05.*
	Hamb. Kreditbank					*8,5*	*07.05.*
	Dresdner Bank Reste					*0*	-
15	Ilseder Hütte	102.240.000	128,00	130.867.200	1,886%	6	06.08.
16	HEW	150.000.000	81,50	122.250.000	1,761%	6	07.05.
17	Harpener Bergbau	127.600.000	93,50	119.306.000	1,719%	0	-
18	DEA	100.000.000	119,00	119.000.000	1,715%	6	25.06.
19	RheinPreußen	100.000.000	104,00	104.000.000	1,498%	6	16.07.
20	AEG	88.000.000	118,13	103.950.000	1,498%	7	07.05.
21	Degussa	76.500.000	134,75	103.083.750	1,485%	7	05.02.
22	Essener Steinkohle	105.000.000	92,00	96.600.000	1,392%	9	30.07.
23	Daimler	72.155.520	129,50	93.441.398	1,346%	8	18.06.
24	Karstadt	60.000.000	145,00	87.000.000	1,254%	8,5	09.07.
25	Accumulatoren	46.750.000	165,00	77.137.500	1,111%	4,5	09.04.
						4,5	26.07.
26	Felten	77.400.000	97,00	75.078.000	1,082%	6	23.07.
27	Metallgesellschaft	56.000.000	134,00	75.040.000	1,081%	8	07.05.
28	Commerzbank i.L.	100.000.000	73,50	73.500.000	1,059%	0	-
	Bankverein Westdtl.					*8,5*	*14.05.*
	Comm. u. Disconto					*8,5*	*21.05.*
	Comm. u. Credit					*8,5*	*21.05.*
	Commerzbank Reste					*0*	-

Indexgesellschaft			Grundkapital	Ultimokurs	Börsenkapital	Gewicht	Dividende	Datum Div.
	29	Rheinstahl-Union	55.200.000	121,00	66.792.000	0,962%	6	06.08.
	30	SüdZucker	60.000.000	110,00	66.000.000	0,951%	7	17.12.
					6.940.335.848	**100%**		

		Indexgesellschaft	Grund-kapital	Ultimo-kurs	Börsen-kapital	Gewicht	Divi-dende	Datum Div.
1955	1	Farben Bayer	387.700.000	257,00	996.389.000	9,441%	8	01.07.
	2	BASF	340.100.000	254,00	863.854.000	8,185%	8	08.07.
	3	Hoechst	285.700.000	266,50	761.390.500	7,214%	8	01.07.
	4	Siemens	240.000.000	251,00	602.400.000	5,708%	8	25.03.
	5	Gelsenkirchner Bergwerks AG	368.000.000	161,00	592.480.000	5,614%	6	18.02.
	6	Mannesmann	320.000.000	181,50	580.800.000	5,503%	7,5	15.07.
	7	IG Liquis	1.360.000.000	42,38	576.300.000	5,460%	0	-
	8	RheinStahl	180.000.000	295,50	531.900.000	5,040%	2,5	10.06.
		Rheinstahl					*0*	-
		Gelsenberg					*0*	-
	9	RWE	246.000.000	215,00	528.900.000	5,011%	8	04.03.
	10	Hoesch	270.000.000	160,00	432.000.000	4,093%	6	25.06.
	11	Klöckner	210.000.000	172,00	361.200.000	3,422%	6	06.05.
							5,5	16.12.
	12	Dortm. Hörder	184.000.000	150,50	276.920.000	2,624%	0	-
	13	Rhein. Braunkohle	120.000.000	212,00	254.400.000	2,410%	7,2	26.08.
	14	Wintershall	105.000.000	217,00	227.850.000	2,159%	8	15.07.
	15	HEW	150.000.000	149,00	223.500.000	2,118%	8	21.01.
	16	Conti Gummi	88.400.000	230,00	203.320.000	1,926%	10	15.07.
	17	AEG	110.000.000	184,00	202.400.000	1,918%	8	01.04.
	18	Thyssen	115.000.000	173,00	198.950.000	1,885%	0	-
	19	*Hüttenw. Phoenix*	*115.000.000*	*172,50*	*198.375.000*	*1,880%*	5	*14.06.*
	20	Harpener	127.600.000	150,00	191.400.000	1,813%	0	-
	21	Ilseder Hütte	102.240.000	179,25	183.265.200	1,736%	7	01.07.
	22	DEA	100.000.000	183,00	183.000.000	1,734%	7	08.07.
	23	Metallgesellschaft	56.000.000	325,00	182.000.000	1,724%	10	27.05.
	24	GHH	83.200.000	213,50	177.632.000	1,683%	8	18.02.
	25	*RheinRöhren*	*92.000.000*	*192,00*	*176.640.000*	*1,674%*	5	*24.06.*
	26	Degussa	76.500.000	230,00	175.950.000	1,667%	8	04.02.
	27	Daimler	72.155.520	239,00	172.451.693	1,634%	9	22.07.
	28	RheinPreußen	100.000.000	170,00	170.000.000	1,611%	6	29.07.
	29	Hüttenw. Oberh.	104.000.000	161,00	167.440.000	1,586%	6	18.02.
	30	Bergbau Neue Hoffnung	104.000.000	155,00	161.200.000	1,527%	4	18.02.
							4	29.07.
					10.554.307.393	**100%**		

		Indexgesellschaft	Grundkapital	Ultimokurs	Börsenkapital	Gewicht	Dividende	Datum Div.
1956	1	BASF	510.000.000	226,50	1.155.150.000	9,105%	9	08.06.
	2	Farben Bayer	387.700.000	265,50	1.029.343.500	8,113%	9	01.06.
	3	RWE	428.000.000	218,00	933.040.000	7,354%	9	10.02.
	4	Hoechst	385.000.000	230,00	885.500.000	6,980%	9	08.06.
	5	Siemens	320.000.000	266,00	851.200.000	6,709%	9	02.03.
	6	Gelsenkirchner Bergwerks AG	388.000.000	159,75	619.830.000	4,886%	6	24.08.
	7	Hoesch	375.000.000	164,50	616.875.000	4,862%	7	25.05.
	8	Mannesmann	320.000.000	187,00	598.400.000	4,717%	9	06.07.
	9	RheinStahl	180.000.000	284,00	511.200.000	4,029%	8,4	27.04.
							13	03.08.
	10	IG Liquis	1.360.000.000	35,13	477.700.000	3,765%	0	-
	11	Klöckner	250.000.000	165,00	412.500.000	3,251%	8	14.12.
	12	Phoenix-Rheinrohr	207.000.000	182,00	376.740.000	2,969%	7	20.07.
	13	AEG	165.000.000	220,00	363.000.000	2,861%	9	30.03.
	14	Rhein. Braunkohle	120.000.000	292,00	350.400.000	2,762%	8,1	20.07.
	15	Wintershall	131.250.000	240,00	315.000.000	2,483%	8	06.07.
	16	Daimler	72.155.520	395,00	285.014.304	2,246%	10	29.06.
	17	Dortm. Hörder	184.000.000	145,00	266.800.000	2,103%	5	27.04.
	18	Conti Gummi	88.400.000	275,00	243.100.000	1,916%	12	29.06.
	19	HEW	150.000.000	160,00	240.000.000	1,892%	8	02.03.
	20	DEA	135.000.000	176,00	237.600.000	1,873%	8	06.07.
	21	Degussa	76.500.000	305,00	233.325.000	1,839%	9	03.02.
	22	Metallgesellschaft	56.000.000	400,00	224.000.000	1,766%	12	30.03.
	23	Thyssen	115.000.000	194,00	223.100.000	1,758%	0	-
	24	Felten	93.000.000	225,50	209.715.000	1,653%	9	06.07.
	25	Ilseder Hütte	102.240.000	184,00	188.121.600	1,483%	9	29.06.
	26	GHH	83.200.000	215,50	179.296.000	1,413%	8	03.02.
	27	Demag	66.000.000	259,00	170.940.000	1,347%	10	15.06.
	28	Harpener	127.600.000	130,00	165.880.000	1,307%	4	29.06.
	29	Hüttenw. Oberh.	104.000.000	158,50	164.840.000	1,299%	6	03.02.
	30	RheinPreußen	100.000.000	159,50	159.500.000	1,257%	7	20.07.
					12.687.110.404	**100%**		

Indexgesellschaft			Grund-kapital	Ultimo-kurs	Börsen-kapital	Gewicht	Divi-dende	Datum Div.
1957	1	Farben Bayer	550.000.000	198,25	1.090.375.000	8,791%	10	24.05.
	2	BASF	510.000.000	188,00	958.800.000	7,730%	10	24.05.
	3	RWE	428.000.000	208,00	890.240.000	7,178%	10	15.02.
	4	Siemens	448.000.000	198,50	889.280.000	7,170%	9	08.03.
	5	Hoechst	462.000.000	189,50	875.490.000	7,059%	10	24.05.
	6	Mannesmann	410.000.000	170,50	699.050.000	5,636%	10	05.07.
	7	Gelsenkirchner Bergwerks AG	485.000.000	137,00	664.450.000	5,357%	8	26.07.
	8	Hoesch	375.000.000	141,50	530.625.000	4,278%	8	07.06.
	9	IG Liquis	1.360.000.000	35,75	486.200.000	3,920%	0	-
	10	AEG	220.000.000	195,00	429.000.000	3,459%	9	22.03.
	11	RheinStahl	240.240.000	166,00	398.798.400	3,215%	9	05.07.
	12	Klöckner	250.000.000	154,50	386.250.000	3,114%	8	13.12.
	13	Thyssen	225.000.000	166,50	374.625.000	3,020%	8	17.05.
	14	Phoenix-Rheinrohr	207.000.000	172,75	357.592.500	2,883%	9	01.03.
	15	Wintershall	131.250.000	223,00	292.687.500	2,360%	10	05.07.
	16	Dortm. Hörder	184.000.000	142,75	262.660.000	2,118%	6	05.04.
	17	Degussa	102.000.000	257,00	262.140.000	2,114%	10	08.02.
	18	DEA	136.840.400	182,00	249.049.528	2,008%	9	05.07.
	19	HEW	150.000.000	158,50	237.750.000	1,917%	8	11.01.
							10	20.12.
	20	Conti Gummi	88.400.000	260,00	229.840.000	1,853%	12	28.06.
	21	Metallgesellschaft	56.000.000	396,00	221.760.000	1,788%	12	15.03.
	22	Daimler	72.155.520	305,00	220.074.336	1,774%	11	12.07.
	23	Ilseder Hütte	112.240.000	190,75	214.097.800	1,726%	9	28.06.
	24	Felten	93.000.000	195,00	181.350.000	1,462%	9	19.07.
	25	Karstadt	72.000.000	242,00	174.240.000	1,405%	12	02.08.
	26	Kaufhof	75.000.000	232,00	174.000.000	1,403%	12	26.07.
	27	GHH	83.200.000	202,50	168.480.000	1,358%	8	01.02.
	28	Hüttenw. Oberh.	104.000.000	157,00	163.280.000	1,316%	8	01.02.
	29	Deutsche Bank West	80.000.000	200,50	160.400.000	1,293%	12	03.05.
	30	SüddtBank	80.000.000	200,50	160.400.000	1,293%	12	03.05.
					12.402.985.064	**100%**		

Indexgesellschaft			Grund-kapital	Ultimo-kurs	Börsen-kapital	Gewicht	Divi-dende	Datum Div.
1958	1	Farben Bayer	550.000.000	206,75	1.137.125.000	8,010%	11	23.05.
	2	BASF	612.000.000	180,50	1.104.660.000	7,781%	11	30.05.
	3	Mannesmann	580.000.000	162,00	939.600.000	6,619%	10	04.07.
	4	Siemens	448.000.000	197,50	884.800.000	6,233%	12	07.03.
	5	Hoechst	462.000.000	187,50	866.250.000	6,102%	11	23.05.
	6	RWE	428.000.000	202,25	865.630.000	6,097%	12,5	14.02.
	7	Gelsenkirchner Bergwerks AG	485.000.000	145,00	703.250.000	4,954%	8	18.07.
	8	RheinStahl	370.000.000	161,00	595.700.000	4,196%	11	04.07.
	9	AEG	275.000.000	188,25	517.687.500	3,647%	10	04.04.
	10	Hoesch	375.000.000	135,50	508.125.000	3,579%	8	02.05.
	11	Thyssen	310.000.000	160,00	496.000.000	3,494%	9	02.05.
	12	IG Liquis	1.360.000.000	34,63	470.900.000	3,317%	0	-
		IG Liquis					*0*	-
		Chem. Verw. AG					*0*	-
	13	Deutsche Bank	200.000.000	220,00	440.000.000	3,099%	12	25.04.
	14	Phoenix-Rheinrohr	207.000.000	168,00	347.760.000	2,450%	9	07.02.
	15	Klöckner	250.000.000	138,50	346.250.000	2,439%	8	12.12.
	16	Wintershall	131.250.000	256,00	336.000.000	2,367%	10	11.07.
	17	HEW	251.000.000	132,50	332.575.000	2,343%	9	05.12.
	18	Hüttenw. Oberh.	208.000.000	158,50	329.680.000	2,322%	9	31.01.
	19	DEA	181.970.800	180,25	328.002.367	2,310%	10	27.06.
	20	Dresdner Bank	150.000.000	215,00	322.500.000	2,272%	12	06.06.
	21	Daimler	72.155.000	409,00	295.113.950	2,079%	12	18.07.
	22	Degussa	102.000.000	263,00	268.260.000	1,890%	11	07.02.
	23	Conti Gummi	88.400.000	280,00	247.520.000	1,744%	12	04.07.
	24	Dortm. Hörder	184.000.000	132,75	244.260.000	1,721%	6	18.04.
	25	Salzdetfurth	100.000.000	241,00	241.000.000	1,698%	10	30.05.
	26	Metallgesellschaft	50.000.000	450,00	225.000.000	1,585%	15	28.03.
	27	Ilseder Hütte	112.320.000	184,00	206.668.800	1,456%	10	04.07.
	28	Kaufhof	75.000.000	275,00	206.250.000	1,453%	12	11.07.
	29	Karstadt	72.000.000	277,00	199.440.000	1,405%	12	06.06.
	30	GHH Aktienv.	83.200.000	229,00	190.528.000	1,342%	10	31.01.
					14.196.535.617	**100%**		

Indexgesellschaft			Grundkapital	Ultimokurs	Börsenkapital	Gewicht	Dividende	Datum Div.
1959	1	Farben Bayer	660.000.000	327,75	2.163.150.000	9,659%	14	15.05.
	2	BASF	612.000.000	323,00	1.976.760.000	8,827%	14	22.05.
	3	Hoechst	468.000.000	354,50	1.659.060.000	7,408%	14	22.05.
	4	RWE	428.000.000	365,00	1.562.200.000	6,976%	12,5	30.01.
	5	Siemens	448.000.000	326,00	1.460.480.000	6,522%	14	06.03.
	6	Mannesmann	580.000.000	188,88	1.095.475.000	4,892%	10	02.07.
	7	AEG	310.000.000	300,25	930.775.000	4,156%	12	26.03.
	8	RheinStahl	370.000.000	249,00	921.300.000	4,114%	11	24.07.
	9	Deutsche Bank	250.000.000	345,00	862.500.000	3,851%	14	24.04.
	10	Daimler	72.155.520	954,00	688.363.661	3,074%	18	10.07.
	11	Gelsenkirchner Bergwerks AG	485.000.000	140,50	681.425.000	3,043%	8	24.07.
	12	Dresdner Bank	180.000.000	340,00	612.000.000	2,733%	14	08.05.
	13	Thyssen	310.000.000	196,50	609.150.000	2,720%	9	30.04.
	14	DEA	199.962.400	281,50	562.894.156	2,514%	10	10.07.
	15	Hoesch	375.000.000	146,50	549.375.000	2,453%	8	08.05.
	16	HEW	250.000.000	207,00	517.500.000	2,311%	7	28.12.
	17	Commerzbank	150.000.000	330,00	495.000.000	2,210%	14	08.05.
	18	Metallgesellschaft	56.000.000	880,00	492.800.000	2,201%	12	24.04.
	19	Wintershall	140.000.000	331,00	463.400.000	2,069%	12	02.07.
	20	Degussa	102.000.000	430,00	438.600.000	1,959%	14	23.01.
	21	Conti Gummi	110.500.000	390,50	431.502.500	1,927%	15	19.06.
	22	Kaufhof	90.000.000	468,00	421.200.000	1,881%	14	10.07.
	23	Karstadt	84.000.000	490,00	411.600.000	1,838%	15	19.06.
	24	Phoenix-Rheinrohr	207.000.000	198,50	410.895.000	1,835%	9	30.04.
	25	Hüttenw. Oberh.	208.000.000	196,00	407.680.000	1,820%	9	30.01.
	26	Klöckner	250.000.000	155,00	387.500.000	1,730%	8	11.12.
	27	GHH	83.200.000	387,00	321.984.000	1,438%	12	30.01.
	28	Salzdetfurth	100.000.000	292,00	292.000.000	1,304%	12	02.07.
	29	Demag	84.000.000	343,50	288.540.000	1,288%	12	10.07.
	30	MAN	75.000.000	372,00	279.000.000	1,246%	14	28.12.
					22.394.109.317	**100%**		

A 4 Kapitalumstellungen

Die nachfolgenden Kapitalumstellungen erfolgten zunächst wegen der Bilanzumstellungen nach Überwindung der Hyperinflation. Später folgen ab 1932 Kapitalberichtigungen infolge der Weltwirtschafts- und Bankenkrise sowie ab 1941 als Gegenreaktion auf die Dividendenabgabeverordnung. Am Ende stehen ab 1952 die Umstellungen auf DM-Nennwerte.

Gesellschaft	Umstellung			Faktor	Termin
Berliner Handelsgesellschaft	5 M	:	1 RM	0,2000	28.11.24
Phönix AG für Bergbau- und Hüttenbetrieb	2 M	:	1 RM	0,5000	25.04.25
RWE	5 M	:	2 RM	0,4000	27.02.25
BASF	5 M	:	1 RM	0,2000	14.03.25
Gelsenkirchner Bergwerks AG	10 M	:	7 RM	0,7000	26.09.25
Hoechst	5 M	:	1 RM	0,2000	28.03.25
Bayer	5 M	:	1 RM	0,2000	04.04.25
DEA	5 M	:	2 RM	0,4000	09.05.25
Dt.-Luxemb.-Bergw. AG	10 M	:	7 RM	0,7000	25.04.25
AEG	10 M	:	1 RM	0,1000	25.04.25
Rhein. Stahl.	2 M	:	1 RM	0,5000	02.05.25
Siemens	10 M	:	7 RM	0,7000	29.05.25
Deutsche Bank	10 M	:	1 RM	0,1000	27.02.25
Disconto Gesellschaft	20 M	:	3 RM	0,1500	27.02.25
Mannesmann	5 M	:	3 RM	0,6000	02.05.25
Oberkoks	5 M	:	2 RM	0,4000	09.04.25
Köln-Neuessener Bergwerksverein	5 M	:	3 RM	0,6000	19.09.25
Reichsbank	2 M	:	1 RM	0,5000	07.03.25
Hösch	5 M	:	3 RM	0,6000	19.06.25
Rhein. Braunkohle	10 M	:	3 RM	0,3000	21.03.25
Ilse Bergbau	5 M	:	1 RM	0,2000	09.04.25
Dresdner Bank	5 M	:	2 RM	0,0800	27.02.25
Klöckner	5 M	:	3 RM	0,6000	16.05.25
Schuckert	10 M	:	7 RM	0,7000	25.04.25
Ver. Glanzstoff	10 M	:	3 RM	0,3000	21.02.25
Hamburger Hochbahn	2 M	:	1 RM	0,5000	25.04.25
Rütgerswerke	25 M	:	4 RM	0,1600	16.05.25
AGFA	5 M	:	1 RM	0,2000	28.03.25
Linke	25 M	:	3 RM	0,1200	03.07.25
Deutsche Bank	Kapitalberichtigung 5:2			0,4000	23.07.32
Dresdner Bank	Kapitalberichtigung 10:3			0,3000	06.08.32
Schultheiß	Kapitalberichtigung 5:3			0,6000	19.11.32
Commerzbank	Kapitalberichtigung 10:3			0,3000	23.07.32

Gesellschaft	Umstellung	Faktor	Termin
Danatbank	Kapitalberichtigung 10:3	0,3000	06.08.32
Dresdner Bank	Kapitalberichtigung 10:3	0,3000	14.10.33
Salzdethfurth	Kapitalberichtigung 561:401 nach DAV	1,3990	29.11.41
Conti Gummi	Einzug von 3 Mio. RM eigener Aktien und Kapitalberichtigung um 54,4 Mio. RM nach DAV	2,6000	29.11.41
IG Farben	Kapitalberichtigung 41:32 (DAV)	1,2513	19.09.42
Siemens	Kapitalberichtigung 20:7 (DAV)	2,8571	13.06.42
Rheinbraun	Einzug von 0,9 Mio. RM eigenen Aktien und Kapitalberichtigung 3:5 (DAV)	1,6667	06.02.42
Rheinstahl	Kapitalberichtigung 6:5 (DAV)	1,2000	05.12.42
Felten	Kapitalberichtigung 3:2 (DAV)	1,5000	07.03.42
Winterschall	Kapitalberichtigung 6:5 (DAV)	1,2000	07.11.42
Anhaltische Kohlen	Kapitalberichtigung 5:4 (DAV)	1,2500	08.08.42
Deutsche ContiGas	Kapitalberichtigung 86:75 (DAV)	1,1467	28.11.42
Harpener Bergbau	Kapitalberichtigung 7:6 (DAV)	1,1667	27.06.42
Degussa	Kapitalberichtigung 2:1 (DAV)	2,0000	06.06.42
Ilseder Hütte	Kapitalberichtigung 68,16 : 42,16 (DAV)	1,6167	31.01.42
Schering	Kapitalberichtigung 4:3 (DAV)	1,3333	10.01.42
Bekula	Kapitalberichtigung 5:4 (DAV)	1,2500	06.02.43
AEG	Kapitalberichtigung 6:5 (DAV)	1,2000	04.06.43
Daimler	Kapitalberichtigung 6:5 (DAV)	1,2000	09.01.43
Hoesch	Kapitalberichtigung 6:5 (DAV)	1,2000	09.04.43
Siemens	5 RM : 3 DM	0,6000	28.03.52
Wintershall	10 RM : 7 DM	0,7000	18.04.52
HH Hochbahn	10 RM : 6 DM	0,6400	25.04.52
Daimler	5 RM : 3 DM	0,6000	17.07.53
AEG	3 RM : 1 DM	0,3333	01.05.53
Metallgesellschaft	5 RM : 4 DM	0,8000	06.02.53
Felten	5 RM : 4 DM	0,8000	12.06.53
Salzdethfurt	10 RM : 7 DM	0,7000	20.11.53
Accumulatoren	2 RM : 3 DM	1,5000	30.07.54
Rheinstahl	10 RM : 14 DM	1,4000	27.04.56

A 5 Branchenstruktur des Index und des Gesamtmarkts bei den Totalerhebungen

Zur Bewertung siehe Abschnitt 6.3 im Hauptteil der Arbeit.

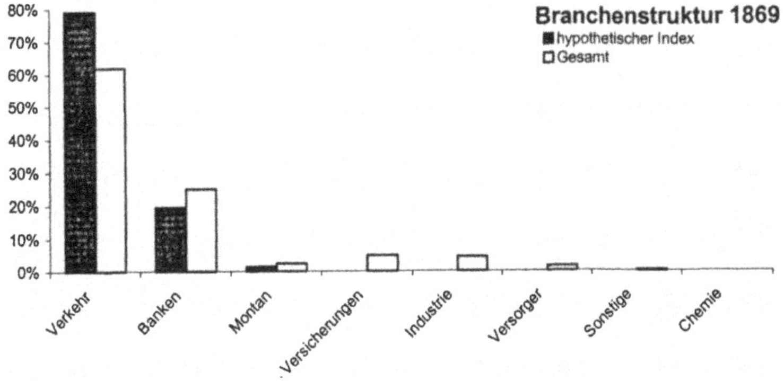

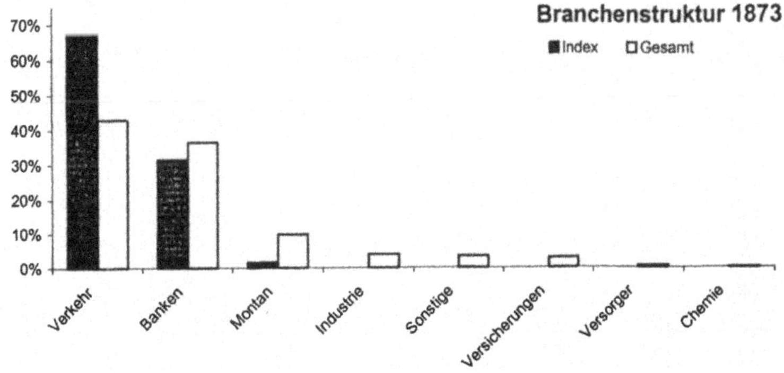

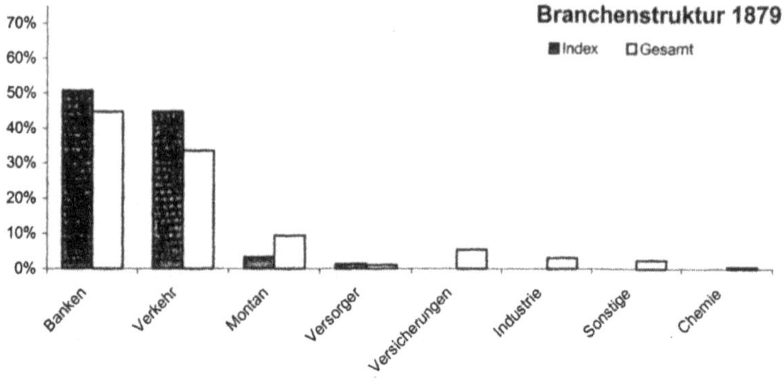
Branchenstruktur 1879
Index
Gesamt
70%
60%
50%
40%
30%
20%
10%
0%
Banken
Verkehr
Montan
Versorger
Versicherungen
Industrie
Sonstige
Chemie

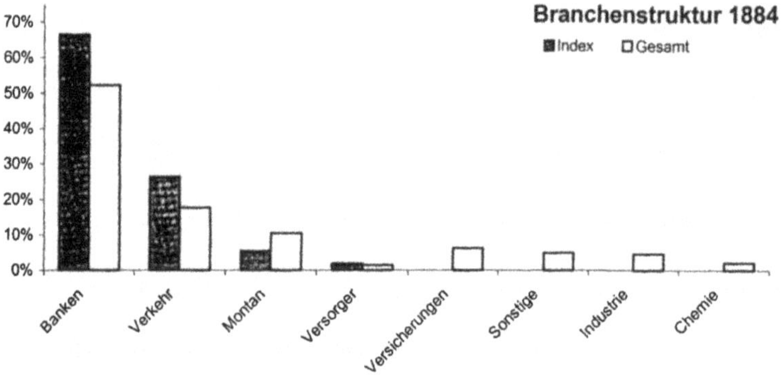
Branchenstruktur 1884
Index
Gesamt
70%
60%
50%
40%
30%
20%
10%
0%
Banken
Verkehr
Montan
Versorger
Versicherungen
Sonstige
Industrie
Chemie

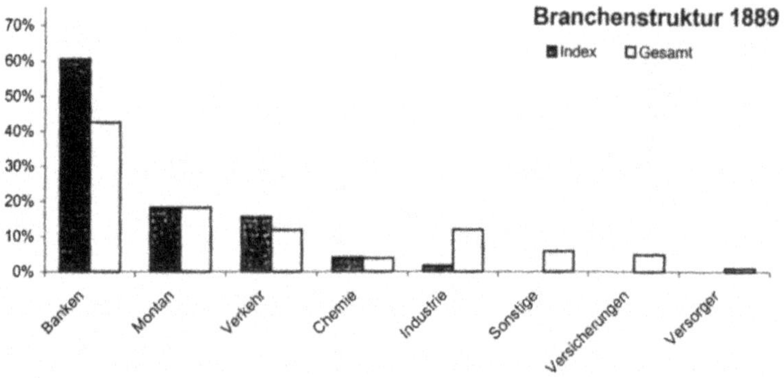
Branchenstruktur 1889
Index
Gesamt
70%
60%
50%
40%
30%
20%
10%
0%
Banken
Montan
Verkehr
Chemie
Industrie
Sonstige
Versicherungen
Versorger

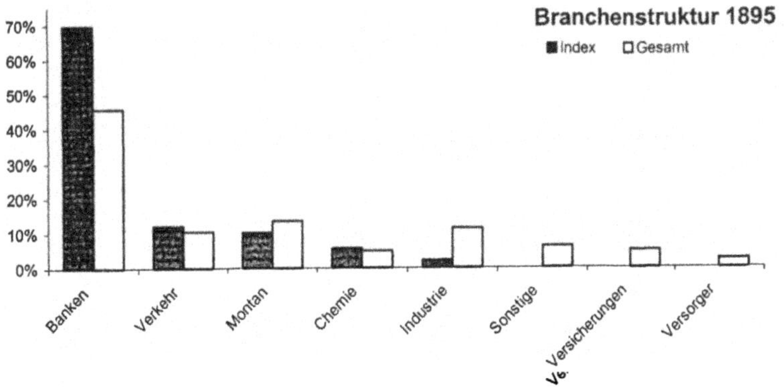
Branchenstruktur 1895
Index
Gesamt
70%
60%
50%
40%
30%
20%
10%
0%
Banken
Verkehr
Montan
Chemie
Industrie
Sonstige
Versicherungen
Versorger

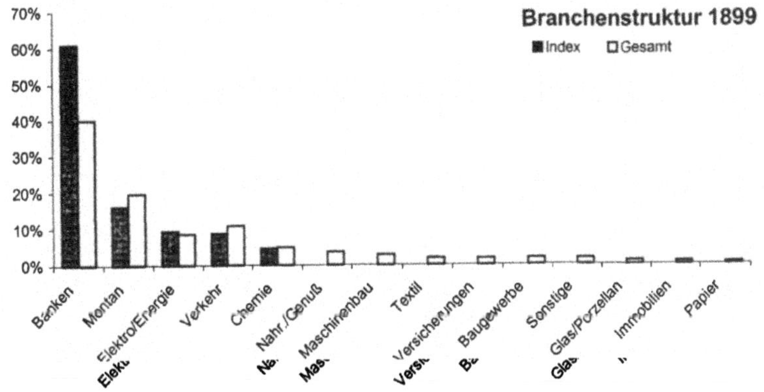
Branchenstruktur 1899
Index
Gesamt
70%
60%
50%
40%
30%
20%
10%
0%
Banken
Montan
Elektro/Energie
Verkehr
Chemie
Nahr./Genuß
Maschinenbau
Textil
Versicherungen
Baugewerbe
Sonstige
Glas/Porzellan
Immobilien
Papier

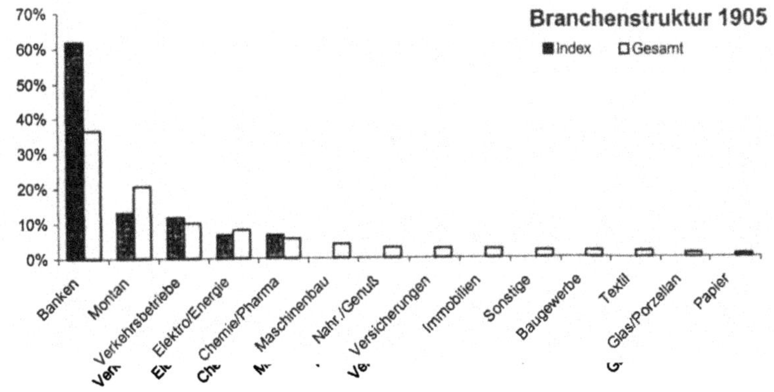
Branchenstruktur 1905
Index
Gesamt
70%
60%
50%
40%
30%
20%
10%
0%
Banken
Montan
Verkehrsbetriebe
Elektro/Energie
Chemie/Pharma
Maschinenbau
Nahr./Genuß
Versicherungen
Immobilien
Sonstige
Baugewerbe
Textil
Glas/Porzellan
Papier

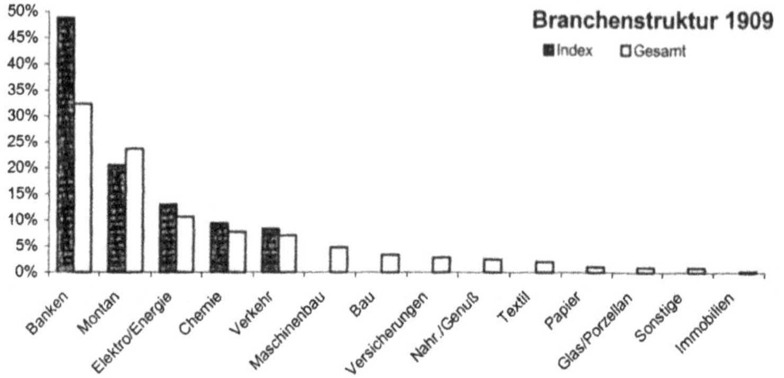
Branchenstruktur 1909
Index
Gesamt
50%
45%
40%
35%
30%
25%
20%
15%
10%
5%
0%
Banken
Montan
Elektro/Energie
Chemie
Verkehr
Maschinenbau
Bau
Versicherungen
Nahr./Genuß
Textil
Papier
Glas/Porzellan
Sonstige
Immobilien

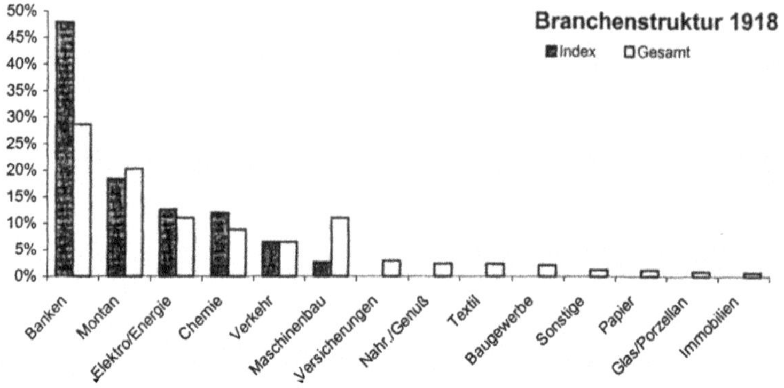
Branchenstruktur 1918
Index
Gesamt
50%
45%
40%
35%
30%
25%
20%
15%
10%
5%
0%
Banken
Montan
Elektro/Energie
Chemie
Verkehr
Maschinenbau
Versicherungen
Nahr./Genuß
Textil
Baugewerbe
Sonstige
Papier
Glas/Porzellan
Immobilien

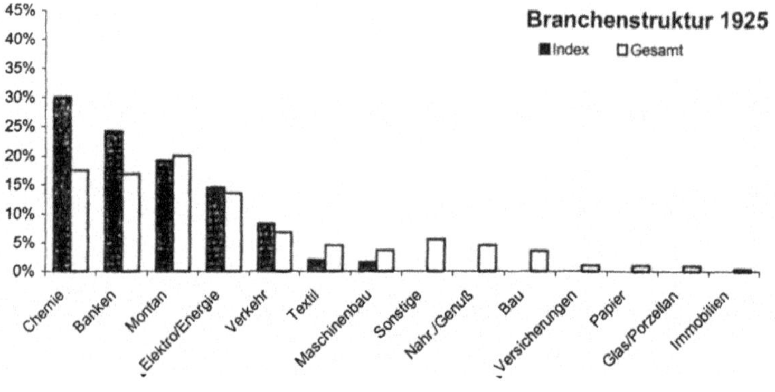
Branchenstruktur 1925
Index
Gesamt
45%
40%
35%
30%
25%
20%
15%
10%
5%
0%
Chemie
Banken
Montan
Elektro/Energie
Verkehr
Textil
Maschinenbau
Sonstige
Nahr./Genuß
Bau
Versicherungen
Papier
Glas/Porzellan
Immobilien

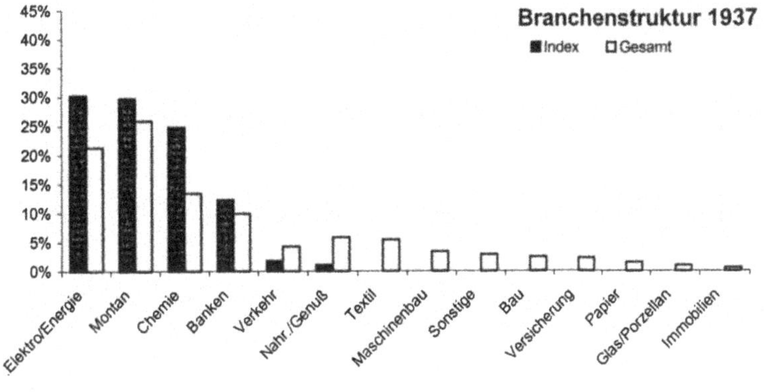
Branchenstruktur 1937
Index
Gesamt
45%
40%
35%
30%
25%
20%
15%
10%
5%
0%
Elektro/Energie
Montan
Chemie
Banken
Verkehr
Nahr./Genuß
Textil
Maschinenbau
Sonstige
Bau
Versicherung
Papier
Glas/Porzellan
Immobilien

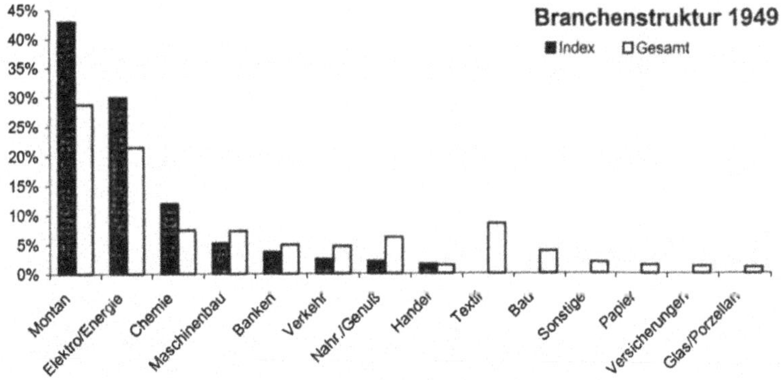
Branchenstruktur 1949
Index
Gesamt
45%
40%
35%
30%
25%
20%
15%
10%
5%
0%
Montan
Elektro/Energie
Chemie
Maschinenbau
Banken
Verkehr
Nahr./Genuß
Papier

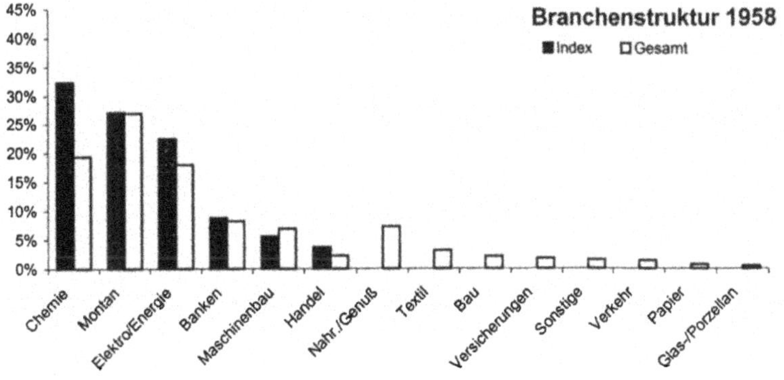
Branchenstruktur 1958
Index
Gesamt
45%
40%
35%
30%
25%
20%
15%
10%
5%
0%
Chemie
Montan
Elektro/Energie
Banken
Maschinenbau
Handel
Nahr./Genuß
Textil
Bau
Versicherungen
Sonstige
Verkehr
Papier
Glas-/Porzellan

A 6 Veränderungen der Indexzusammensetzung aufgrund von Zerschlagungen

Symbole siehe Symbolverzeichnis sowie die Erläuterungen im Zusammenhang mit den Formeln in Abschnitt 5.5.10.

Zur Herleitung und Bedeutung der Bereinigungsfaktoren siehe Hauptteil der Arbeit.

Datum	Altgesellschaft	GK	$BöKap_{(cum)}$	$g_{A(cum)}$	c_{Z1}	Nachfolger	GK	$BöKap_{(ex)}$	$g_{n(ex)}$	c_{Z2}	$c_Z = c_{Z1} \cdot c_{Z2}$
27.03.53	**Mannesmann Röhren i.L.**	176.000.000	259.600.000	0,0450656	0,983	Mannesmann	240.000.000	184.800.000	0,03416897	0,939	0,92323
						Consolidation	53.333.333	38.800.000	0,007174005		
						Stamag	26.666.667	20.133.334	0,003722593		
06.11.53	**Harpener**	70.000.000	245.350.000	0,0302315	1,385	Harpener	127.600.000	126.962.000	0,018779784	0,833	1,15405
						Essener Steinkohle	79.000.000	77.420.000	0,011451701		
04.12.53	**Ver. Stahlwerke i.L.**	460.000.000	1.035.000.000	0,1542984	1,145	Stahlverein	460.000.000	938.400.000	0,143966637	0,972	1,11267
						Rheinstahl-Union	55.200.000	67.344.000	0,010331723		
04.12.53	**Ilseder Hütte**	68.160.000	128.481.600	0,0168709	1,368	Ilseder Hütte	102.240.000	117.064.800	0,015186472	1,012	1,38512
						Ind. u. Handels AG	10.224.000	12.984.480	0,001684438		
05.02.54	**Klöckner**	105.000.000	290.325.000	0,0419072	1,016	Nwdt. Hütten	210.000.000	174.300.000	0,024121658	1,043	1,06004
						KHD	65.000.000	81.250.000	0,011244318		
						Königsborn	45.000.000	36.225.000	0,005013236		
						Südwestfalen	12.200.000	11.041.000	0,001527982		
05.03.54	**IG Farben i.L.**	1.360.000.000	1.856.400.000	0,2518034	1,062	IG Farben i.L.	1.360.000.000	443.700.000	0,058882609	1,022	1,08573
						Cassella	34.100.000	56.435.500	0,007489451		
						BASF	340.100.000	465.086.750	0,061720805		
						Farben Bayer	387.700.000	537.933.750	0,071388196		
						Hoechster Farbw.	285.700.000	394.266.000	0,052322314		
12.03.54	**Stahlverein**	460.000.000	1.124.700.000	0,1362038	1,19	Stahlverein	460.000.000	1.120.100.000	0,133203639	1,018	1,2116
						Südwestfalen	23.800.000	25.228.000	0,003000144		
26.03.54	**Stahlverein**	460.000.000	1.074.100.000	0,1332036	1,136	Stahlverein	460.000.000	1.040.750.000	0,125624524	1,027	1,1674
						Bochumer Verein	69.000.000	62.790.000	0,007579115		
26.03.54	**Deutsche Bank**	160.000.000	164.800.000	0,0210941	1,126	Süddt. Bank	40.000.000	57.000.000	0,007500702	0,973	1,09495
						RW Bank	40.000.000	57.000.000	0,007500702		
						Norddt. Bank	20.000.000	28.300.000	0,003724033		
						DeBank Reste	160.000.000	18.000.000	0,002368643		
26.03.54	**Dresdner Bank**	150.000.000	151.500.000	0,0197757	1,104	RheinRuhrBank	36.000.000	50.400.000	0,006759548	0,973	1,07432
						RheinMainBank	36.000.000	50.400.000	0,006759548		
						Hamb. Kreditbank	21.000.000	29.400.000	0,003943069		
						DreBank Reste	150.000.000	17.250.000	0,002313536		
26.03.54	**Commerzbank**	100.000.000	80.000.000	0,010590	1,088	Bankverein Westdtl.	27.500.000	38.362.500	0,005199412	0,977	1,0631
						Comm. u. Disconto	12.500.000	17.375.000	0,0023549		
						Comm. u. Credit	10.000.000	13.900.000	0,001883919		
						CoBank Reste	100.000.000	8.500.000	0,001152037		

Datum	Altgesellschaft	GK	BöKap(cum)	$g_{A(cum)}$	c_{Z1}	Nachfolger	GK	BöKap(ex)	$g_{n(ex)}$	c_{Z2}	$c_Z=c_{Z1}*c_{Z2}$
07.05.54	Stahlverein	460.000.000	1.039.600.000	0,1256245	1,1	Stahlverein	460.000.000	985.550.000	0,117732208	1,012	1,11247
						RW Eisen	69.000.000	66.067.500	0,007892317		
07.05.54	GHH	104.000.000	271.440.000	0,0365631	1,09	GHH	83.200.000	98.592.000	0,01004544	1,322	1,4416
						Bgb. Neue Hoffnung	104.000.000	78.000.000	0,007947342		
						Hüttenw. Oberhsn.	104.000.000	91.000.000	0,009271899		
						Bet. AG	52.000.000	91.260.000	0,00929839		
28.05.54	Stahlverein	460.000.000	1.055.700.000	0,1177322	1,117	Stahlverein	460.000.000	1.062.600.000	0,100838487	1,175	1,31241
						Gußstahl Witten	138.000.000	178.020.000	0,016893721		
04.06.54	Stahlverein	460.000.000	1.062.600.000	0,1008385	1,124	Stahlverein	460.000.000	1.089.050.000	0,096404102	1,072	1,20506
						Dt. Edelstahl Witten	41.400.000	50.094.000	0,004434385		
18.06.54	Stahlverein	460.000.000	1.078.700.000	0,0964041	1,141	Stahlverein	460.000.000	929.200.000	0,078423876	1,059	1,20833
						RheinRöhren	92.000.000	110.400.000	0,009317688		
						Hamborner	69.000.000	58.650.000	0,004950022		
						Ruhrstahl	34.500.000	43.987.500	0,003712516		
06.08.54	Hoesch	135.000.000	436.050.000	0,0429878	1,462	Hoesch-Werke	270.000.000	316.575.000	0,030811962	1,013	1,48039
						Altess. Bergw.	90.000.000	95.400.000	0,009285197		
						Industriewerte	27.000.000	29.700.000	0,002890674		
20.08.54	Stahlverein	460.000.000	1.108.600.000	0,0784239	1,173	Stahlverein	460.000.000	901.600.000	0,064314141	0,992	1,16302
						Dortm. Hörder	184.000.000	197.800.000	0,014109735		
15.10.54	Stahlverein	460.000.000	1.060.300.000	0,0643141	1,122	Stahlverein	460.000.000	473.800.000	0,027431467	1,048	1,17512
						Hütte Phönix	115.000.000	168.762.500	0,009770796		
						Gelsenberg	368.000.000	468.280.000	0,027111877		
22.10.54	Stahlverein	460.000.000	473.800.000	0,0274315	0,501	Stahlverein	460.000.000	376.050.000	0,022170267	0,982	0,49221
						Handelsunion	46.000.000	89.240.000	0,005261201		
29.10.54	IG Liquis	1.360.000.000	661.300.000	0,0588826	1,491	IG Liquis	1.360.000.000	612.000.000	0,046303493	1,177	1,7542
						RheinStahl	68.000.000	166.260.000	0,012579116		
19.11.54	Stahlverein	460.000.000	379.500.000	0,0221703	0,401	Stahlverein	460.000.000	322.000.000	0,018387662	1,023	0,41071
						Niederrh. Hütte	41.400.000	66.240.000	0,003782605		
03.12.54	Stahlverein	460.000.000	299.000.000	0,0183877	0,316	Stahlverein	460.000.000	110.400.000	0,005828679	1,165	0,36843
						A. Thyssen Hütte	115.000.000	167.037.500	0,008818913		
						Siegerland	46.000.000	70.840.000	0,003740069		
10.06.55	RheinStahl	180.000.000	604.800.000	0,0503965	1,137	RheinStahl	180.000.000	534.600.000	0,041450446	1,075	1,222
						Gelsenberg	72.000.000	115.380.000	0,008946039		
18.07.58	IG Liquis	1.360.000.000	578.000.000	0,0331701	1,227	IG Liquis	1.360.000.000	176.800.000	0,010345749	0,981	1,20375
						Chem. Verw. AG	81.600.000	390.048.000	0,022824315		

A 7 Veränderungen der Indexzusammensetzung aufgrund von Fusionen

Symbole siehe Symbolverzeichnis sowie die Erläuterungen im Zusammenhang mit den Formeln in Abschnitt 5.5.6.2.

Zur Herleitung und Bedeutung der Bereinigungsfaktoren siehe Hauptteil der Arbeit.

Zu den Fallschilderungen siehe Hauptteil der Arbeit.

Datum	Altgesellschaften	g_a	g_b	UV	$c_{f(1)}$	$K_{a(ex)}$	$K_{a(Basis)}$	$c_{a(cum)}$	$c_{f(2)}$	$K_{b(Basis)}$	$c_{b(cum)}$	g_{fa}	c_{fa}
20.4.1895	Norddeutsche Bank		0,0370941	6					1,100799	135,75	1,031893531	**0,109**	**1,049**
	Disconto-Gesellschaft	0,072		4	1,0646173	217,2	211,5	1,036572357					
30.3.1914	Bergisch Märkische Bnk.		0,0193296	8					0,9063047	142,75	1	**0,103**	**1,016**
	Deutsche Bank AG	0,084		5	0,8346774	207	248	1					
28.5.1914	Schaaffhsn. Bankverein		0,0248128	5					0,9713353	101,1	1	**0,088**	**1,077**
	Disconto-Gesellschaft	0,063		3	0,9378381	163,7	186	1,065790261					
30.10.1917 (30.11.1918)	Rh.-Westf.-Disconto		0,0190144	4					0,9442921	118,25	1,055910543	**0,07**	**1,044**
	Dresdner Bank AG	0,051		3	0,9872088	141	150,9	1,056523474					
28.10.1929	Disconto-Gesellschaft		0,0206555	9					1,1167936	167	1,064051241	**0,044**	**1,133**
	Deutsche Bank AG	0,024		10	0,9738167	157,8	171,75	1,060240964					
6.8.1932	Danatbank		0,0140089	10					0,2453642	75,5	1	**0,066**	**0,272**
	Dresdner Bank AG	0,052		3	0,4410714	61,75	42	0,3					
17.1.1942	Gesfürel		0,021416	4					1,060517	212,75	1	**0,056**	**1,003**
	AEG	0,035		5	1,0509461	180,5	171,75	1					
1.7.1955	Rh. Röhrenwerke AG		0,0167363	1					1,0414023	192	1,025380711	**0,036**	**0,977**
	Hütte Phoenix AG	0,019		1	1,1598732	195	172,5	1,026041667					
7.6.1957	Süddt. Bank AG		0,0129324	1					1,0441397	200,5	1,06	**0,026**	**1,06**
	Deutsche Bank AG West	0,013		1	1,0441397	197,5	200,5	1,06					

A 8 Kapitalerhöhungen mit Bezugsrecht 1871-1959

Erläuterungen:

- Normalerweise ist der rechnerische Wert des Bezugsrechts angegeben. Sofern ausnahmsweise der tatsächliche Wert verwendet wurde, ist dieser *kursiv* gedruckt.
- Das Bezugsrecht bei der Reichsbank auf Aktien der Golddiskontbank 1931 wurde bar ausgeglichen und reinvestiert. Die 1939 ausgeschütteten Reichsschatzanweisungen wurden ebenfalls verwertet.
- Bezugsrechte während des I. Weltkriegs (nur bei Chemiewerten) wurden voll ausgeübt. Der Kapitalbedarf wurde erst nachträglich durch teilweisen Verkauf wieder ausgeglichen.
- Der Umtausch der Aktien des „Stahlvereins" 1935 (alt gegen neu) beruht auf der Neugründung der Firma bei gleichzeitigem Wechsel des Firmenmantels. Vergleiche hierzu ausführlich Abschnitt 5.5.6.2 im Hauptteil dieser Arbeit.

Gesellschaft	Verhältnis alt : jung	Anmerkung	Bezugs-preis	Kurs	rechn. BezW	Faktor	Bereinigungs-Termin
Hessische Ludwigsbahn	5 : 1		110,00%	145,00%	5,8333	1,04191617	08.01.70
Magdeburg-Halberstädter	6,29 : 1		100,00%	118,00%	2,4677	1,02135982	05.02.70
Bayrische Ostbahn	3 : 1		100,00%	120,50%	5,1250	1,04442037	05.02.70
Bergisch-Märkische Eisenbahn	5 : 3		100,00%	122,75%	8,5313	1,07469220	21.05.70
Berlin-Stettiner Eisenbahn	8 : 1		100,00%	136,50%	4,0556	1,03062081	02.07.70
Disconto-Gesellschaft	5 : 1		110,00%	138,00%	4,6667	1,03500000	21.01.71
Bergische-Märkische Eisenbahn	4 : 1		100,00%	113,00%	2,6000	1,02355072	18.02.71
Meiniger Creditbank	3 : 1		110,00%	124,63%	3,6563	1,03022475	18.03.71
Berlin-Potsdam-Magdeb. Eisenbahn	5 : 2		100,00%	257,75%	45,0714	1,21192275	29.04.71
Berliner Handelsges.	3 : 1		100,00%	139,00%	9,7500	1,07543520	03.06.71
Darmstädter Bank	6 : 1		120,00%	145,00%	3,5714	1,02525253	08.07.71
Berlin-Potsdam-Magdeb. Eisenbahn	7 : 3		100,00%	239,25%	41,7750	1,21154577	02.12.71
Disconto-Gesellschaft	4 : 1		120,00%	230,00%	22,0000	1,10576923	20.01.72
Berlin-Anhaltische Eisenbahn	1 : 3		100,00%	251,00%	113,2500	1,82214156	02.03.72
Meiniger Creditbank	1 : 1		130,00%	163,25%	16,6250	1,11338448	18.05.72
Berlin-Potsdam-Magdeb. Eisenbahn	5 : 3		100,00%	210,00%	41,2500	1,24444444	18.05.72
Breslau-Schweidnitz-Freib. Eisenbahn	4 : 1		105,00%	146,50%	8,3000	1,06005789	15.06.72
Berliner Handelsges.	1 : 1		100,00%	195,00%	47,5000	1,32203390	07.12.72
Darmstädter Bank	5 : 2		150,00%	216,00%	18,8571	1,09565217	04.01.73
Magdeburg-Halberstädter Eisenbahn	2,48 : 1		100,00%	136,00%	10,3448	1,08232711	04.01.73
Disconto-Gesellschaft	4 : 1		150,00%	334,38%	36,8750	1,12394958	04.01.73
Rheinische Eisenbahn	4 : 1		120,00%	168,00%	9,6000	1,06060606	04.01.73
Bergisch-Märkische Eisenbahn	5 : 2		100,00%	131,88%	9,1071	1,07418182	25.01.73
Deutsche Bank	4 : 1		104,00%	109,13%	1,0250	1,00948196	01.02.73
Oberschlesische Eisenbahn	3 : 1		100,00%	211,25%	27,8125	1,15161840	03.05.73
Norddeutsche Bank	2 : 1		120,00%	172,00%	17,3333	1,11206897	10.05.73
Berlin-Stettiner Eisenbahn	8 : 3		100,00%	181,38%	22,1932	1,13942033	21.06.73
Vereinigte Laurahütte	4 : 1		110,00%	200,00%	18,0000	1,09890110	05.07.73
Hessische Ludwigsbahn	3 : 1		115,00%	156,63%	10,4063	1,07116905	01.08.73
Berlin-Potsdam-Magdeb. Eisenbahn	4 : 1		100,00%	112,00%	2,4000	1,02189781	01.10.73
Berlin-Anhaltische Eisenbahn	2 : 1		100,00%	167,00%	22,3333	1,15437788	11.10.73
Oberschlesische Eisenbahn	4 : 1		100,00%	168,00%	13,6000	1,08808290	04.01.74
Thüringische Eisenbahn	6,34 : 1		100,00%	127,75%	3,7807	1,03049668	07.02.74
Oberschlesische Eisenbahn	5 : 1		100,00%	161,00%	10,1667	1,06740331	30.05.74
Rheinische Eisenbahn	5 : 1		100,00%	118,00%	3,0000	1,02608696	08.05.75
Preußische / Dt. Reichsbank	1 : 1		130,00%	155,75%	12,8750	1,09011374	05.06.75
Oberschlesische Eisenbahn	6 : 1		100,00%	150,00%	7,1429	1,05000000	08.01.76
Berlin-Stettiner Eisenbahn	3 : 1		100,00%	110,00%	2,5000	1,02325581	07.07.77
Continental-Gas	9 : 1		120,00%	160,00%	4,0000	1,02564103	06.04.78

Gesellschaft	Verhältnis alt : jung	Anmerkung	Bezugs-preis	Kurs	rechn. BezW	Faktor	Bereinigungs-Termin
Rheinische Eisenbahn	4,2 : 1		100,00%	123,50%	4,5192	1,03798287	05.07.79
Hamburger Commerzbank	10 : 3		125,00%	143,25%	4,2115	1,03029046	10.09.81
Deutsche Bank	3 : 1		130,00%	166,50%	9,1250	1,05798253	26.11.81
Dresdner Bank	1 : 3		116,50%	127,50%	8,2500	1,06918239	02.06.83
Mecklenburgische Friedr. Franz Bahn	5 : 1		150,00%	220,70%	11,7833	1,05640207	03.01.85
Norddeutscher Lloyd	2 : 1		106,36%	111,88%	1,8400	1,01672195	05.09.85
Berliner Handelsges.	1 : 1		130,00%	140,00%	5,0000	1,03703704	24.04.86
Gelsenkirchener Bergwerk	9 : 1		100,00%	110,00%	1,0000	1,00917431	26.06.86
Dresdner Bank	3 : 1		120,00%	129,00%	2,2500	1,01775148	05.11.87
Berliner Handelsges.	3 : 1		140,00%	154,75%	3,6875	1,02441043	03.12.87
Deutsche Bank	4 : 1		140,00%	160,00%	4,0000	1,02564103	23.06.88
Discontogesellschaft	4 : 1		155,00%	248,20%	18,6400	1,08119882	06.04.89
Gelsenkirchener Bergwerk	3 : 1		120,00%	147,88%	6,9688	1,04945664	06.04.89
Darmstädter Bank	3 : 1		140,00%	179,90%	9,9750	1,05870237	13.04.89
Norddeutscher Lloyd	3 : 1		150,00%	181,50%	7,8750	1,04535637	04.05.89
Dresdner Bank	4 : 1		136,50%	152,50%	3,2000	1,02143336	15.06.89
Bochumer Gußstahl	15 : 2		200,00%	212,10%	1,4235	1,00675695	17.08.89
Gelsenkirchener Bergwerk	5 : 1		130,00%	222,75%	15,4583	1,07457286	07.12.89
Berliner Handelsges.	5 : 1		150,00%	206,50%	9,4167	1,04778013	14.12.89
Nationalbank für Deutschland	3 : 1		130,00%	155,00%	6,2500	1,04201681	22.02.90
AEG	4 : 1		165,00%	211,20%	9,2400	1,04575163	13.09.90
Hibernia Bergwerksgesellschaft	3 : 1		145,00%	192,90%	11,9750	1,06618765	25.10.90
Harpener Bergbau	7 1/3 : 1		175,00%	183,00%	0,9600	1,00527357	07.03.91
Schaafhauschen'scher Bankverein	3 : 1		110,00%	112,80%	0,7000	1,00624442	13.06.91
Leipziger Creditanstalt	3 : 1		150,00%	164,25%	3,5625	1,02217036	22.08.91
Leipziger Creditanstalt	16 : 1		165,00%	176,25%	0,6618	1,00376884	01.04.93
Bayerische Hypo	7,07 : 1		250,00%	299,00%	6,0719	1,02072819	22.04.93
Große Berliner Strassenbahn	4 : 1		110,00%	278,90%	33,7800	1,13781005	01.12.94
Schaafhauschen'scher Bankverein	4 : 1		120,00%	139,25%	3,8500	1,02843427	04.05.95
Nationalbank für Deutschland	6 : 1		127,50%	144,25%	2,3929	1,01686808	20.07.95
Deutsche Bank	3 : 1		150,00%	197,00%	11,7500	1,06342780	07.12.95
Berliner Handelsgesellschaft	5 : 1		131,00%	150,40%	3,2333	1,02197055	18.04.96
AEG	11 : 1		175,00%	239,00%	5,3333	1,02282454	25.07.96
Harpener Bergbau	7,5 : 1		145,00%	158,20%	1,5529	1,00991363	25.07.96
Gelsenkirchener Bergwerks AG	9 : 1		150,00%	169,10%	1,9100	1,01142413	14.11.96
Hapag	2 : 1		113,00%	129,40%	5,4667	1,04410974	20.02.97
Schuckert	4 : 1		210,00%	277,50%	13,5000	1,05113636	20.03.97
AEG	5 : 1		190,00%	259,70%	11,6167	1,04682566	24.04.97
Schaafhauschen'scher Bankverein	4 : 1		130,00%	146,70%	3,3400	1,02329799	08.05.97

Gesellschaft	Verhältnis alt : jung	Anmerkung	Bezugs-preis	Kurs	rechn. BezW	Faktor	Bereinigungs-Termin
Bergisch-Märkische Bank	3 : 1		139,00%	146,70%	1,9250	1,01329649	22.05.97
BASF	11 : 1		350,00%	439,50%	7,4583	1,01726300	05.06.97
Leipziger Creditanstalt	5 : 1		170,00%	217,80%	7,9667	1,03796664	17.07.97
Dresdener Bank	3,4 : 1		136,50%	160,40%	5,4318	1,03505118	11.09.97
Bayerische Vereinsbank	5 : 1		164,00%	207,00%	7,1667	1,03586322	04.12.97
Gelsenkirchener Bergwerks AG	10 : 1		152,00%	187,80%	3,2545	1,01763547	18.12.97
Nationalbank für Deutschland	4 : 1		140,00%	148,25%	1,6500	1,01125512	26.03.98
Bayerische Hypo	7,86 : 1		250,00%	318,50%	7,7314	1,02487824	02.04.98
Hibernia Bergwerksgesellschaft	6 : 1		170,00%	187,60%	2,5143	1,01358444	02.04.98
Leipziger Bank	2 : 1		155,00%	198,50%	14,5000	1,07880435	23.04.98
Große Berliner Strassenbahn	1 : 1		103,00%	467,50%	182,2500	1,63891323	30.04.98
Darmstädter Bank	4 : 1		146,00%	156,00%	2,0000	1,01298701	02.07.98
Schuckert	5 : 1		210,00%	253,30%	7,2167	1,02932611	13.08.98
Disconto Gesellschaft	8 : 1		156,00%	201,70%	5,0778	1,02582505	24.09.98
Bayerische Vereinsbank	10 : 1		165,00%	194,20%	2,6545	1,01385857	24.12.98
Leipziger Creditanstalt	6,25 : 1		165,00%	207,00%	5,7931	1,02879177	28.01.99
Hapag	4 : 1		110,00%	123,60%	2,7200	1,02250165	04.02.99
Berliner Handelsgesellschaft	10 : 1		140,00%	161,70%	1,9727	1,01235060	15.04.99
Schaafhauschen'scher Bankverein	3 : 1		130,00%	150,60%	5,1500	1,03540736	22.04.99
Dresdener Bank	7 : 1		140,00%	160,40%	2,5500	1,01615458	29.04.99
Pfälzische Bank	5 : 1		130,00%	140,20%	1,7000	1,01227437	06.05.99
BASF	10 : 1		350,00%	443,00%	8,4545	1,01945607	03.06.99
AEG	5 : 1		200,00%	295,70%	15,9500	1,05701519	17.06.99
Hiberna	6 : 1		160,00%	222,50%	8,9286	1,04180602	17.06.99
Höchster Farbwerke	15 : 1		325,00%	415,50%	5,6563	1,01380099	24.06.99
Norddeutscher Lloyd	6 : 1		110,00%	120,40%	1,4857	1,01249399	22.07.99
Harpener Bergbau	9 : 1		150,00%	203,90%	5,3900	1,02715228	02.12.99
Gelsenkirchener Bergwerks AG	12,5 : 1		160,00%	195,20%	2,6074	1,01353846	30.12.99
Große Berliner Strassenbahn	2 : 1		103,00%	257,50%	51,5000	1,25000000	30.12.99
Hapag	5 : 1		115,00%	130,20%	2,5333	1,01984334	24.03.00
Siemens	10 : 1		155,00%	170,75%	1,4318	1,00845638	16.06.00
Große Berliner Strassenbahn	4 : 1		103,00%	232,00%	25,8000	1,12512124	27.04.01
Pfälzische Bank	5,5 : 1		120,00%	129,70%	1,4923	1,01163977	25.05.01
Leipziger Creditanstalt	11 : 1		150,00%	170,00%	1,6667	1,00990099	06.07.01
Gelsenkirchener Bergwerks AG	9 : 1		145,00%	163,10%	1,8100	1,01122202	29.03.02
Bayerische Hypo	62 : 7		250,00%	287,00%	3,7536	1,01325215	05.04.02
Hapag	4 : 1		104,00%	108,10%	0,8200	1,00764355	19.04.02
Disconto-Gesellschaft	7 : 1		160,00%	185,80%	3,2250	1,01766397	10.05.02
Norddeutscher Lloyd	4 : 1		104,50%	106,20%	0,3400	1,00321179	24.05.02

Gesellschaft	Verhältnis alt : jung	Anmerkung	Bezugs-preis	Kurs	rechn. BezW	Faktor	Bereinigungs-Termin
Harpener Bergbau	13 : 2		140,00%	162,20%	2,9600	1,01858829	23.08.02
Berliner Handels-Gesellschaft	9 : 1		145,00%	165,20%	2,0200	1,01237897	16.01.04
Disconto-Gesellschaft	20 : 1		165,00%	192,70%	1,3190	1,00689226	13.02.04
Gelsenkirchener Bergwerks AG	25 : 1		180,00%	197,20%	0,6615	1,00336595	27.02.04
Große Berliner Strassenbahn	6 : 1		103,00%	201,00%	14,0000	1,07486631	14.05.04
Höchster Farbwerke	6 : 1		300,00%	361,00%	8,7143	1,02473642	25.06.04
Deutsche Bank	8 : 1		186,00%	219,70%	3,7444	1,01733896	23.07.04
Dresdner Bank	20 : 1		136,00%	149,30%	0,6333	1,00426009	23.07.04
Schaaffhausen'scher Bankverein	20 : 1		130,00%	142,60%	0,6000	1,00422535	30.07.04
Elberfelder Farbenfabriken	2 : 1		100,00%	571,00%	157,0000	1,37922705	06.08.04
Essener Credit-Anstalt	15 : 1		152,00%	164,00%	0,7500	1,00459418	05.11.04
Darmstädter Bank	10 : 1		125,00%	141,70%	1,5182	1,01083009	19.11.04
Rheinische Creditbank	10 : 1		131,00%	144,80%	1,2545	1,00873971	28.01.05
Preußische Central Boden	15 : 1		172,60%	199,00%	1,6500	1,00836078	01.07.05
Nationalbank für Deutschland	3 : 1		123,00%	129,00%	1,5000	1,01176471	22.07.05
Essener Credit-Anstalt	5 : 1		150,00%	170,25%	3,3750	1,02022472	26.08.05
Rheinisch-Westfälische Disconto Ges.	10 : 1		132,50%	139,75%	0,6591	1,00473856	14.10.05
Deutsche Bank	9 : 1		200,00%	241,60%	4,1600	1,01752022	27.01.06
AEG	8 : 1		194,50%	223,70%	3,2444	1,01471700	10.02.06
Barmer Bank-Verein	5 : 1		130,00%	137,50%	1,2500	1,00917431	24.03.06
Bayerische Hypo	69 : 7		255,00%	293,40%	3,5368	1,01220176	07.04.06
Bergisch-Märkische Bank	5 : 1		155,00%	167,00%	2,0000	1,01212121	19.05.06
Essener Credit-Anstalt	12 : 1		150,00%	165,50%	1,1923	1,00725655	04.08.06
Schaaffhausen'scher Bankverein	13 : 2		142,00%	155,60%	1,8133	1,01179123	27.10.06
Dresdner Bank	8 : 1		142,00%	155,20%	1,4667	1,00954033	27.10.06
Hapag	5 : 1		135,00%	158,50%	3,9167	1,02533693	27.10.06
Norddeutscher Lloyd	4 : 1		116,00%	126,50%	2,1000	1,01688103	27.10.06
Phönix AG für Bergbau- und Hüttenbetrieb	7 : 1		167,50%	206,00%	4,8125	1,02392047	24.11.06
Rheinische Creditbank	14 : 1		135,00%	137,00%	0,1333	1,00097418	19.01.07
Rheinisch-Westfälische Disconto Ges.	8 : 1		130,50%	138,00%	0,8333	1,00607533	09.03.07
Phönix AG für Bergbau- und Hüttenbetrieb	9 : 1		175,00%	181,00%	0,6000	1,00332594	30.03.07
Leipziger Creditanstalt	9 : 1		150,00%	165,10%	1,5100	1,00923039	11.05.07
BASF	7 : 5		105,00%	499,00%	164,1667	1,49029368	30.05.08
Elberfelder Farbenfabriken	7 : 5		105,00%	621,00%	215,0000	1,52955665	30.05.08
Höchster Farbwerke	3 : 1		150,00%	434,00%	71,0000	1,19559229	27.06.08
Berliner Handels-Gesellschaft	10 : 1		145,00%	166,00%	1,9091	1,01163435	31.10.08
Deutsch-Überseeische Elektr.-Ges.	9 : 1		125,00%	148,90%	2,3900	1,01631288	13.03.09
Gelsenkirchener Bergwerks AG	5 : 1		137,50%	188,20%	8,4500	1,04700974	15.05.09
Rheinische Creditbank	10 : 1		125,00%	137,50%	1,1364	1,00833333	03.07.09

Gesellschaft	Verhältnis alt : jung	Anmerkung	Bezugs-preis	Kurs	rechn. BezW	Faktor	Bereinigungs-Termin
Rheinisch-Westfälische Disconto Ges.	8 : 1		120,00%	129,50%	1,0556	1,00821799	04.12.09
Bayerische Hypo	9,5 : 1		250,00%	283,50%	3,1905	1,01138198	02.04.10
Deutsch-Überseeische Elektr.-Ges.	8 : 1		128,00%	190,40%	6,9333	1,03779070	09.04.10
Hohenlohe-Werke AG	10 : 1		160,00%	214,50%	4,9545	1,02364425	30.07.10
Dt.-Lux. Bergwerks- und Hütten AG	10 : 1		170,00%	205,00%	3,1818	1,01576577	08.10.10
Essener Credit-Anstalt	6 : 1		152,00%	166,50%	2,0714	1,01259774	15.10.10
AEG	10 : 1		200,00%	267,40%	6,1273	1,02345164	19.11.10
Deutsch-Überseeische Elektr.-Ges.	10 : 1		130,00%	185,00%	5,0000	1,02777778	11.03.11
Nationalbank f. Deutschl.	8 : 1		123,00%	128,75%	0,6389	1,00498699	08.04.11
Diskonto-Gesellschaft	9 : 1		166,50%	192,88%	2,6375	1,01386425	22.04.11
Rhein. Creditbank	9 : 1		127,00%	138,00%	1,1000	1,00803506	13.05.11
Bergisch Märkische Bank	15 : 1		155,00%	161,00%	0,3750	1,00233463	29.07.11
Gelsenkirchener Bergwerks AG	10 : 1		156,00%	192,25%	3,2955	1,01744046	25.11.11
Leipziger Credit-Anstalt	5 : 1		145,00%	165,00%	3,3333	1,02061856	02.03.12
Schuckert Elektr.-A.-G.	6 : 1		140,00%	157,40%	2,4857	1,01604574	09.03.12
Dt.-Uebersee. Elektr. Ges.	5 : 1		130,00%	183,20%	8,8667	1,05086042	13.04.12
Hamburg-Amerika-Linie	5 : 1		120,00%	142,20%	3,7000	1,02671480	20.04.12
Dt. Luxemburg. BW-A.-G.	5 : 1		150,00%	173,88%	3,9792	1,02342121	20.07.12
AEG	7 : 1		210,00%	237,10%	3,3875	1,01449430	28.12.12
Hamburg-Amerika-Linie	5 : 1		115,00%	131,70%	2,7833	1,02159017	29.11.13
Diskonto-Gesellschaft	10 : 1		172,00%	186,13%	1,2845	1,00694929	18.04.14
Deutsche Bank	10 : 1		210,00%	245,50%	3,2273	1,01332083	25.04.14
Hoechster Farbwerke	3 : 1		140,00%	600,00%	115,0000	1,23711340	06.06.14
Mannesmann.-Werke	8 : 1		161,50%	207,00%	5,0556	1,02503439	06.06.14
BASF	2 : 1		107,00%	569,50%	154,1667	1,37118780	18.07.14
Elberfelder Farbenfabriken	2 : 1		107,00%	570,00%	154,3333	1,37129110	18.07.14
Hoechster Farbwerke	3 : 2	**Wegen**	107,00%	415,00%	123,2000	**1,33488372**	**05.01.18**
Elberfelder Farbenfabriken	3 : 2	**Börsenschließung**	107,00%	500,00%	157,2000	**1,36694678**	**10.01.18**
BASF	3 : 2	**voll ausgeübt!**	107,00%	494,00%	154,8000	**1,37669377**	**12.01.18**
BASF	1 : 1		107,00%	466,75%	179,8750	1,62701525	31.12.19
Hoechster Farbwerke	1 : 1		107,00%	325,13%	109,0625	1,50477292	06.12.19
Elberfelder Farbenfabriken	1 : 1		107,00%	385,50%	139,2500	1,56548223	31.12.19
Rhein. Braunkohle	2 : 1		215,00%	898,00%	227,6667	1,33963202	05.03.20
Leipziger Credit-Anstalt	3,6 : 1		132,50%	189,75%	12,4457	1,07019372	12.06.20
Essener Credit-Anstalt	3,6 : 1		140,00%	162,50%	4,8913	1,03103448	09.07.20
Barmer Bank-Verein	2 : 1		129,00%	142,00%	4,3333	1,03147700	24.07.20
Siemens	1 : 1		125,00%	322,00%	98,5000	1,44071588	31.07.20
Essener Steinkohle	2 : 1		210,00%	500,00%	96,6667	1,23966942	22.01.21
Deutsche Bank	4 : 1		220,00%	320,00%	20,0000	1,06666667	29.01.21

Gesellschaft	Verhältnis alt : jung	Anmerkung	Bezugs-preis	Kurs	rechn. BezW	Faktor	Bereinigungs-Termin
DEA	2 : 1		200,00%	2675,00%	825,0000	1,44594595	07.02.21
Degussa	1 : 1		150,00%	776,00%	313,0000	1,67602592	19.02.21
AEG	2 : 1		112,5%	275,00%	54,1667	1,24528302	09.04.21
Hösch	7 : 1		100,00%	785,00%	85,6250	1,12243074	16.04.21
Hoechst	1 : 1		107,00%	480,00%	186,5000	1,63543441	17.06.21
Bayer	1 : 1		107,00%	551,00%	222,0000	1,67477204	24.06.21
AGFA	7 : 6		112,00%	521,00%	188,7692	1,56818708	01.07.21
BASF	1 : 1		107,00%	640,00%	266,5000	1,71352075	01.07.21
Felten	4 : 1		110,00%	614,00%	100,8000	1,19641465	12.08.21
Rhein. Braunkohle	5 : 2		200,00%	718,00%	148,0000	1,25964912	12.08.21
Disconto-Gesellschaft	4 : 1		180,00%	261,00%	16,2000	1,06617647	19.08.21
Dresdner Bank	3 : 1		150,00%	237,00%	21,7500	1,10104530	26.08.21
Phönix AG für Bergbau- und Hüttenbetrieb	1 : 1		110,00%	1244,00%	567,0000	1,83751846	26.08.21
Hösch	2 : 1		140,00%	1130,00%	330,0000	1,41250000	15.09.21
Köln-Neuessener Bergwerksverein	2 : 1		140,00%	1050,00%	303,3333	1,40625000	15.09.21
Orenstein	2 : 1		107,5%	1160,00%	350,8333	1,43357364	16.12.21
Commerzbank	2 : 1		250,00%	310,00%	20,0000	1,06896552	22.12.21
Dresdner Bank	2 : 1		200,00%	385,00%	61,6667	1,19072165	13.01.22
Ver. Glanzstoff	2 : 1		150,00%	3005,00%	951,6667	1,46347403	20.01.22
Norddeutscher Lloyd	5 : 3		135,00%	430,00%	110,6250	1,34637965	27.01.22
Degussa	2 : 1		300,00%	1600,00%	433,3333	1,37142857	24.02.22
Felten	3 : 1		400,00%	1185,00%	196,2500	1,19848293	24.03.22
Oberkoks.	2 : 1		100,00%	2040,00%	646,6667	1,46411483	07.04.22
Disconto-Gesellschaft	2 : 1		300,00%	490,00%	63,3333	1,14843750	21.04.22
Mannesmann	2 : 1		500,00%	990,00%	163,3333	1,19758065	30.06.22
Deutsche Bank	4 : 1		350,00%	550,00%	40,0000	1,07843137	30.06.22
Linke	2 : 1		350,00%	650,00%	100,0000	1,18181818	04.08.22
AEG	1 : 2		255,00%	900,00%	430,0000	1,91489362	18.08.22
Hoechst	1 : 1		150,00%	10500,00%	5175,0000	1,97183099	15.12.22
Bayer	1 : 1		150,00%	11000,00%	5425,0000	1,97309417	15.12.22
AEG	4 : 1		400,00%	6775,00%	1275,0000	1,23181818	15.12.22
BASF	1 : 1		150,00%	14000,00%	6925,0000	1,97879859	22.12.22
Rhein. Braunkohle	1 : 1		1500,00%	35000,00%	16750,0000	1,91780822	22.12.22
Orenstein	1 : 1		120,00%	19500,00%	9690,0000	1,98776758	29.12.22
Klöckner	10 : 1		3000,00%	50000,00%	4272,7273	1,09343936	23.03.23
Ilse Bergbau	4 : 1		1000,00%	82000,00%	16200,0000	1,24620061	06.04.23
Mansfeld	10 : 1		3000,00%	28750,00%	2340,9091	1,08864028	13.04.23
Köln-Rottweiler	5 : 2		3000,00%	48000,00%	12857,1429	1,36585366	11.05.23
DEA	4 : 1		5000,00%	171000,00%	33200,0000	1,24092888	18.05.23

Gesellschaft	Verhältnis alt : jung	Anmerkung	Bezugs-preis	Kurs	rechn. BezW	Faktor	Bereinigungs-Termin
Hösch	5 : 1		500,00%	275000,00%	45750,0000	1,19956379	18.05.23
Köln-Neuess.	5 : 1		500,00%	255000,00%	42416,6667	1,19952960	18.05.23
Deutsche Bank	4 : 1		10000,00%	39000,00%	5800,0000	1,17469880	25.05.23
Norddeutscher Lloyd	4 : 1		2000,00%	98500,00%	19300,0000	1,24368687	15.06.23
Ver. Glanzstoff	6 : 1		110,00%	305,00%	27,8571	1,10051546	08.05.26
Hapag	5 : 1		108,00%	158,00%	8,3333	1,05567929	21.08.26
Deutsche Bank	3 : 1		150,00%	174,25%	6,0625	1,03604608	28.08.26
Norddeutscher Lloyd	4 : 1		110,00%	157,88%	9,5750	1,06456507	18.09.26
Dresdner Bank	4 : 1		120,00%	139,50%	3,9000	1,02876106	25.09.26
Disconto-Gesellschaft	5 : 1		130,00%	162,75%	5,4583	1,03470199	25.09.26
I.G. Farben	5 : 1		150,00%	371,75%	36,9583	1,11039203	13.11.26
Hapag	7 : 1		130,00%	166,50%	4,5625	1,02817445	27.12.26
Norddeutscher Lloyd	2 : 1		122,00%	168,38%	15,4583	1,10108992	15.01.27
Dessauer Gas	10 : 1		125,00%	215,00%	8,1818	1,03956044	26.02.27
Mannesmann	6 : 1		150,00%	222,00%	10,2857	1,04858300	02.04.27
Hapag	5 : 1		115,00%	154,00%	6,5000	1,04406780	30.04.27
Ver. Glanzstoff	5 : 1		120,00%	730,00%	101,6667	1,16180371	01.10.27
AEG	6 : 1		140,00%	176,88%	5,2679	1,03069719	22.10.27
Köln-Neuess.	4 : 1		130,00%	138,00%	1,6000	1,01173021	19.11.27
Klöckner	6 : 1		112,50%	152,50%	5,7143	1,03892944	10.12.27
Schulth.-Patz.	4 : 1		200,00%	394,50%	38,9000	1,10939258	11.02.28
I.G. Farben	8 : 1		200,00%	260,50%	6,7222	1,02648862	24.03.28
Ver. Glanzstoff	8 : 1		125,00%	857,00%	81,3333	1,10485604	19.05.28
Gesfürel	10 : 1		135,00%	276,00%	12,8182	1,04870466	23.06.28
Kali-Industrie (Wintershall)	2 : 1		107,00%	251,50%	48,1667	1,23688525	08.09.28
Mannesmann	6 : 1		109,00%	131,50%	3,2143	1,02505568	13.10.28
Gesfürel	10 : 1		150,00%	260,00%	10,0000	1,04000000	19.01.29
Rhein. Braunkohle	7 : 1		130,00%	289,50%	19,9375	1,07396244	07.09.29
Gesfürel	10 : 1		115,00%	136,50%	1,9545	1,01452703	28.12.29
Reichsbank	Bezugsrecht auf Golddiskontbankaktien (sofort verwertet).					1,63668400	31.01.31
Stahlverein	Für 3000 RM alte Stahlverein-Aktien gibt es 2000 RM neue. s.Text.					0,66666667	02.03.35
Rheinmetall Borsig	RM 12mio zu 105% und RM2mio zu 131%					1,08686200	09.10.37
Reichsbank	Für RM 500 alte Aktien gab es RM 500 neue plus RM 400 4,5% Reichsschatzanweisungen (sofort verwertet)					1,76185866	23.12.39
AEG	3 : 1		125%	184%	14,6250	1,08660252	23.11.40
Deutsche Bank	5 : 1		130%	154%	3,9167	1,02618384	21.12.40
HEW	8 : 1		100%	188%	9,7778	1,05486284	22.03.41
Commerzbank	4 : 1		130%	161%	6,2500	1,04032258	10.04.41

Gesellschaft	Verhältnis alt : jung	Anmerkung	Bezugs-preis	Kurs	rechn. BezW	Faktor	Bereinigungs-Termin
HEW	2 : 1		100%	187,875%	29,2917	1,18470836	07.03.42
Degussa	8 : 1		100%	203%	11,4444	1,05974478	27.06.42
Daimler	3 : 1		130%	163%	8,2500	1,05331179	25.06.43
BMW	2 : 1		145%	156,25%	3,7500	1,02459016	11.08.44
Mannesmann	4 : 1		110%	178,50%	13,7000	1,08313107	27.04.54
Commerzbank	2 : 1		110%	160,00%	16,6667	1,11627907	27.08.54
AEG	4 : 1		100%	188,00%	17,6000	1,10328638	22.10.54
Bankverein	11 : 5		100%	199,50%	31,0938	1,18463537	26.11.54
DEA	4 : 1		110%	160,50%	10,1000	1,06715426	04.02.55
Hoechst	3 : 1		125%	244,00%	29,7500	1,13885648	25.03.55
Siemens	3 : 1		100%	340,00%	60,0000	1,21428571	22.04.55
RWE	4 : 1		120%	255,00%	27,0000	1,11842105	27.05.55
BASF	2 : 1		120%	288,88%	56,2917	1,24202795	29.07.55
Wintershall	4 : 1		100%	314,50%	42,9000	1,15795287	05.08.55
AEG	2 : 1		135%	261,00%	42,0000	1,19178082	21.10.55
Klöckner	5 : 1		110%	164,75%	9,1250	1,05863454	16.12.55
Bayer	5 : 2		115%	238,50%	35,2857	1,17363796	10.02.56
Gelsenkirchner Bergwerks AG	4 : 1		125%	152,00%	5,4000	1,03683492	16.03.56
Degussa	3 : 1		120%	282,00%	40,5000	1,16770186	06.04.56
Hoechst	5 : 1		120%	200,25%	13,3750	1,07157191	29.06.56
Thyssen	2 : 1		100%	163,25%	21,0833	1,14830012	31.08.56
Siemens	5 : 2		100%	236,00%	38,8571	1,19710145	05.10.56
AEG	3 : 1		100%	204,00%	26,0000	1,14606742	09.11.56
DEA	4 : 1		100%	168,25%	13,6500	1,08829237	08.02.57
AEG	4 : 1		120%	177,00%	11,4000	1,06884058	12.04.57
Deutsche Bank	4 : 1		100%	262,00%	32,4000	1,14111498	23.05.57
Mannesmann	3 : 1		100%	176,25%	19,0625	1,12127237	14.06.57
HEW	3 : 1		100%	142,50%	10,6250	1,08056872	14.06.57
BASF	5 : 1		115%	164,50%	8,2500	1,05280000	05.07.57
Rheinstahl	4 : 1		100%	171,25%	14,2500	1,09076433	26.07.57
Bayer	5 : 1		115%	211,00%	16,0000	1,08205128	07.03.58
AEG	8 : 1		100%	228,75%	14,3056	1,06670984	23.05.58
Dresdner Bank	5 : 1		100%	250,00%	25,0000	1,11111111	06.06.58
Karstadt	6 : 1		100%	377,00%	39,5714	1,11727350	27.06.58
Conti Gummi	4 : 1		100%	376,00%	55,2000	1,17206983	08.08.58
Kaufhof	5 : 1		100%	433,00%	55,5000	1,14701987	08.08.58
Ilseder Hütte	4 : 1		100%	186,00%	17,2000	1,10189573	22.08.58
Hoechst	5 : 1		150%	351,00%	33,5000	1,10551181	27.02.59
Karstadt	6 : 1		100%	1080,00%	140,0000	1,14893617	10.07.59

Gesellschaft	Verhältnis alt : jung	Anmerkung	Bezugs-preis	Kurs	rechn. BezW	Faktor	Bereinigungs-Termin
Kaufhof	6 : 1		100%	1005,00%	129,2857	1,14763458	14.08.59
BASF	7 : 1		300%	464,00%	20,5000	1,04622322	02.10.59
Commerzbank	5 : 1		200%	545,00%	57,5000	1,11794872	20.11.59

A 9 Nachgeforderte Teileinzahlungen

Auf der folgenden Seite sind sämtliche Nachforderungen auf teileingezahlte Aktien dokumentiert, die während des Untersuchungszeitraums im Index zu berücksichtigen waren. Vgl. hierzu Abschnitt 5.5.1 im Hauptteil der Arbeit.

Gesellschaft	Termin	Quote alt	Quote neu	Kurs alte Quote	Kurs alte Quote inkl. SZ	Kurs neue Quote	Kurs neue Quote inkl. SZ	Korrektur-faktor	Korrektur-faktor SZ
Hamburger Vereinsbank	.03.-26.03.1892	50%	60%	83,70	84,14	93,70	94,23	0,89327641	0,89294137
	20.-30.11.1897	60%	70%	116,25	118,43	126,25	128,79	0,92079208	0,91953517
Preußische Central-Bodenkredit-Aktienbank	01.04.1889	40%	50%	81,50	81,90	91,50	92,00	0,89071038	0,89021739
	01.04.1892	50%	60%	98,75	99,23	108,75	109,32	0,90804598	0,90765416
	05.01.1895	60%	70%	130,25	132,65	140,25	142,65	0,92869875	0,92989835
	20.06.1897	70%	80%	140,00	141,31	150,00	151,50	0,93333333	0,93275493
Süddt. Bodenkredit	01.10.1881	80%	100%	123,00	125,35	143,00	145,93	0,86013986	0,85893102

A 10 „Kriegsindex“

Erläuterungen:

- Nur zur graphischen Interpolation der Entwicklung vom 25.7.1914 bis zum 30.11.1918 wurde aus den 14 Indexgesellschaften ein „Kriegsindex“ gebildet, für die monatliche Kurse in der Datensammlung KRONENBERGERs (1920) vorlagen.
- Dieser „Kriegsindex“ ist unabhängig vom Hauptindex zu sehen, da eine Verknüpfung der beiden Indizes auf keinen Fall realistisch wäre. Daher tauchen hier Bereinigungsereignisse auf, die im Hauptindex ebenfalls (dort jedoch erst zum 30.11.1918) bereinigt werden. Dies betrifft nicht nur die nachfolgend belegten Dividenden, sondern auch die Kapitalerhöhungen während des Krieges, deren Verwertung im „Kriegsindex“ wie gewohnt zeitnah unterstellt wurde.
- Ausgangsbasis des „Kriegsindex“ ist der letzte Stand des im Hauptteil dieser Arbeit erstellten Index am 25.7.1914.

Monat	„Kriegsindex“
Jul 14	14.001,82
Aug 14	14.001,82
Sep 14	14.001,82
Okt 14	14.001,82
Nov 14	14.001,82
Dez 14	14.001,82
Jan 15	13.448,55
Feb 15	13.501,61
Mrz 15	13.351,59
Apr 15	13.591,30
Mai 15	14.315,20
Jun 15	13.830,49
Jul 15	14.419,04
Aug 15	14.697,53
Sep 15	14.591,40
Okt 15	14.488,09
Nov 15	15.001,97
Dez 15	14.684,36
Jan 16	14.604,19
Feb 16	14.581,42
Mrz 16	14.771,64
Apr 16	15.774,43
Mai 16	16.034,04
Jun 16	16.309,16
Jul 16	16.117,91
Aug 16	16.216,65
Sep 16	15.991,96
Okt 16	16.162,70
Nov 16	16.977,83
Dez 16	17.035,21
Jan 17	17.215,88
Feb 17	17.059,38
Mrz 17	17.118,42
Apr 17	17.575,56
Mai 17	17.624,81
Jun 17	18.411,60
Jul 17	18.600,86
Aug 17	18.631,32
Sep 17	18.993,46
Okt 17	19.440,52
Nov 17	21.452,65
Dez 17	20.993,63
Jan 18	20.426,57
Feb 18	20.334,29
Mrz 18	20.662,07
Apr 18	20.965,59
Mai 18	22.000,12
Jun 18	22.291,04
Jul 18	21.987,03
Aug 18	22.147,73
Sep 18	22.605,61
Okt 18	20.286,32
Nov 18	15.347,96

(Kriegs-)Indexgesellschaft	Grund-kapital	Ultimo-kurs	Börsen-kapital	Gewicht	Divi-dende	Datum Div.
25.07.1914 (Zusammensetzung für 1915)						
1 Deutsche Bank	250.000.000	220,25	550.625.000	17,514%	10	24.04.
2 Diskonto-Gesellschaft	300.000.000	172,13	516.375.000	16,425%	8	17.04.
3 AEG	155.000.000	218,25	338.287.500	10,760%	11	18.12.
4 Gelsenkirchner Bergwerks	180.000.000	161,88	291.375.000	9,268%	6	24.04.
5 Phoenix	106.000.000	211,50	224.190.000	7,131%	12	30.10.
6 Hapag	180.000.000	108,50	195.300.000	6,212%	0	-
7 BASF	36.000.000	494,00	177.840.000	5,657%	20	22.05.
8 Elberfelder Farben	36.000.000	500,00	180.000.000	5,725%	20	22.05.
9 Dt. Luxemburgische BW A	130.000.000	106,00	137.800.000	4,383%	0	-
10 Harpener Bergbau AG	85.000.000	158,00	134.300.000	4,272%	6	06.11.
11 Norddt. Lloyd	125.000.000	92,00	115.000.000	3,658%	0	-
12 Mannesmann	61.000.000	187,00	114.070.000	3,628%	10	06.11.
13 Hohenlohe-Werke AG	80.000.000	95,00	76.000.000	2,417%	0	-
14 Nationalbank für Deutschl	90.000.000	103,00	92.700.000	2,949%	6	13.03.
			3.143.862.500	100,000%		
31.12.1915 (Zusammensetzung für 1916)						
1 Deutsche Bank	250.000.000	230,00	575.000.000	16,917%	12,5	29.04.
2 Diskonto-Gesellschaft	300.000.000	177,00	531.000.000	15,623%	8,5	15.06.
3 AEG	184.000.000	222,00	408.480.000	12,018%	12	16.12.
4 Gelsenkirchner Bergwerks	180.000.000	158,00	284.400.000	8,367%	8	15.06.
5 Phoenix	106.000.000	209,00	221.540.000	6,518%	20	21.10.
6 Hapag	180.000.000	103,00	185.400.000	5,455%	0	-
7 BASF	54.000.000	457,00	246.780.000	7,261%	20	03.06.
8 Elberfelder Farben	54.000.000	451,00	243.540.000	7,165%	20	03.06.
9 Dt. Luxemburgische BW A	130.000.000	113,00	146.900.000	4,322%	7	04.11.
10 Harpener Bergbau AG	85.000.000	154,00	130.900.000	3,851%	12	04.11.
11 Norddt. Lloyd	125.000.000	88,00	110.000.000	3,236%	0	-
12 Mannesmann	72.000.000	185,00	133.200.000	3,919%	15	04.11.
13 Hohenlohe-Werke AG	80.000.000	129,00	103.200.000	3,036%	6	12.08.
14 Nationalbank für Deutschl	90.000.000	87,25	78.525.000	2,310%	4	01.04.
			3.398.865.000	100,000%		

(Kriegs-)Indexgesellschaft	Grund-kapital	Ultimo-kurs	Börsen-kapital	Gewicht	Divi-dende	Datum Div.
31.12.1916 (Zusammensetzung für 1917)						
1 Deutsche Bank	250.000.000	244,00	610.000.000	16,263%	12,5	28.04.
2 Diskonto-Gesellschaft	300.000.000	181,00	543.000.000	14,477%	10	28.04.
3 AEG	184.000.000	232,00	426.880.000	11,381%	12,5	15.12.
4 Gelsenkirchner Bergwerks	188.000.000	195,00	366.600.000	9,774%	12	21.04.
5 Phoenix	106.000.000	244,00	258.640.000	6,896%	20	27.10.
6 Hapag	180.000.000	106,00	190.800.000	5,087%	0	-
7 BASF	54.000.000	488,00	263.520.000	7,026%	20	26.05.
8 Elberfelder Farben	54.000.000	483,00	260.820.000	6,954%	20	26.05.
9 Dt. Luxemburgische BW A	130.000.000	143,00	185.900.000	4,956%	10	27.10.
10 Harpener Bergbau AG	85.000.000	186,00	158.100.000	4,215%	12	03.11.
11 Norddt. Lloyd	125.000.000	97,00	121.250.000	3,233%	0	-
12 Mannesmann	72.000.000	217,50	156.600.000	4,175%	18	03.11.
13 Hohenlohe-Werke AG	80.000.000	154,00	123.200.000	3,285%	6	22.09.
14 Nationalbank für Deutschl.	90.000.000	95,00	85.500.000	2,280%	4,5	24.03.
			3.750.810.000	100,000%		
31.12.1917 (Zusammensetzung für 1918, bis						
1 Deutsche Bank	250.000.000	263,75	659.375.000	14,962%	14	18.05.
2 Diskonto-Gesellschaft	300.000.000	204,25	612.750.000	13,904%	11	04.05.
3 AEG	184.000.000	243,50	448.040.000	10,167%	(nach 30.11.)	
4 Gelsenkirchner Bergwerks	188.000.000	215,75	405.610.000	9,204%	12	20.04.
5 Phoenix	106.000.000	270,75	286.995.000	6,512%	20	26.10.
6 Hapag	180.000.000	132,50	238.500.000	5,412%	0	-
7 BASF	54.000.000	639,00	345.060.000	7,830%	20	25.05.
8 Elberfelder Farben	54.000.000	620,00	334.800.000	7,597%	20	01.06.
9 Dt. Luxemburgische BW A	130.000.000	215,75	280.475.000	6,364%	10	02.11.
10 Harpener Bergbau AG	85.000.000	222,00	188.700.000	4,282%	12	02.11.
11 Norddt. Lloyd	125.000.000	135,00	168.750.000	3,829%	0	-
12 Mannesmann	72.000.000	265,75	191.340.000	4,342%	18	09.11.
13 Hohenlohe-Werke AG	80.000.000	171,75	137.400.000	3,118%	8	07.09.
14 Nationalbank für Deutschl.	90.000.000	121,25	109.125.000	2,476%	6	30.03.
			4.406.920.000	100,000%		

Lutz Kalka

Zielartikulationen großer europäischer Aktiengesellschaften in Geschäftsberichten

Frankfurt/M., Berlin, Bern, Bruxelles, New York, Oxford, Wien, 2002. XIV. 355 S., zahlr. Abb. und Tab.
Europäische Hochschulschriften: Reihe 5, Volks- und Betriebswirtschaft. Bd. 2840
ISBN 3-631-38934-5 · br. € 50.10*

Die Ziele großer Unternehmen sind von höchster Relevanz für die Wirtschaftspraxis, die Wirtschaftstheorie und das gesellschaftliche Umfeld der Wirtschaft. Vor diesem Hintergrund werden die Geschäftsberichte großer deutscher und anderer europäischer Aktiengesellschaften einer Inhaltsanalyse unterzogen. Die empirische Untersuchung führt zu Erkenntnissen über Anzahl, Inhalte und Muster der artikulierten Ziele sowie über nationale Unterschiede und einen stattfindenden Wandel bei Zielartikulationen. Die Analyse basiert auf einer umfangreichen theoretischen Erörterung der unterschiedlichen Unternehmensziele, einer Diskussion bisheriger Erkenntnisse der betriebswirtschaftlichen empirischen Zielforschung sowie einer Thematisierung der nationalen Umwelt als Einflußfaktor der Unternehmensführung.

Aus dem Inhalt: Einleitung · Ziele in der wirtschaftswissenschaftlichen Theorie und in der Organisationstheorie · Ziele als Objekt der betriebswirtschaftlichen empirischen Forschung · Der Einfluß der nationalen Umwelt des Unternehmens auf die Unternehmensführung · Empirische Untersuchung zu Zielartikulationen in Geschäftsberichten deutscher und ausländischer Aktiengesellschaften · Schlußwort

www.ingramcontent.com/pod-product-compliance
Ingram Content Group UK Ltd.
Pitfield, Milton Keynes, MK11 3LW, UK
UKHW021919290926
8980IPUK00015B/1347

9 783631 392010